编委会

主　编：林旭霞

副主编：郑丽清　张　娟

参　编：真煜茜　杨振锐

民法典
合同编释论
条文缕析、法条关联与案例评议

林旭霞◎编著

中国法制出版社
CHINA LEGAL PUBLISHING HOUSE

前 言

私法自治乃民法的基本价值，即私法主体在法定范围内享有广泛的行为自由，可以根据自己的意志产生、变更、消灭民事法律关系。合同自由是私法自治价值在制度层面的体现。合同法是市场经济的基本法，也是促进市场交易、鼓励财富创造的基本规则。我国民法典合同编共计 526 条，接近民法典分编条文总量的一半，足见其在我国民法典中的重要地位。

我国合同法颁行于 1999 年。民法典合同编的编纂，以合同法和其他民事单行法以及最高人民法院司法解释为基础，对现行合同制度被实践证明行之有效的予以坚持，被实践证明不合时宜的予以删除，被实践证明需要进行调整的进行修改，被实践证明需要补充的进行相应地补充，进一步完善了合同制度。主要体现在：

第一，完善电子合同的订立、履行规则。为适应电子商务和数字经济快速发展的需要，规范电子交易行为，合同编对电子合同订立、履行的特殊规则作了规定。

第二，强化对债权实现的保护力度。针对实践中一些合同当事人不信守合同、欠债不还等突出问题，为保障债权顺利实现，防范因违约可能导致的债务风险，构建诚信社会，合同编完善了合同保全、借款合同、融资租赁合同的有关规则，并增设专章规定了保证合同。

第三，加大对弱势合同当事人一方的保护。合同编完善了格式条款制度，规定了电、水、气、热力供应人以及公共承运人对社会公众的强制缔约义务；为落实党中央提出的建立租购同权住房制度的要求，保护承租人利益，促进住房租赁市场健康发展，合同编增加了住房承租人的优先承租权制度。

第四，促进生态文明建设。落实民法总则绿色原则的要求，合同编规定，当事人在合同履行中应当遵循诚信原则，根据交易习惯负有节约资源、减少污染的义务，在合同终止后负有旧物回收义务；还规定买卖合同的出卖人依法负有回收义务。

第五，根据合同理论和实践的发展，修改了合同效力、合同履行、债权转让、合同解除和违约责任等一般规则；完善了买卖合同、租赁合同、建设工程合同等典型合同的具体规则，增加了物业服务合同、合伙合同、保理合同。

第六，明确了非合同之债的法律适用规则，细化对无因管理、不当得利之债的规定。

本书在编写过程中，尤其关注上述立法动态，并结合合同编的具体条文进行评析与注释。

本书以民法典合同编为依据，对该编的各个条文进行逐条释评。本书根据立法的实际情况，对每个条文的释评基本围绕着五个方面展开：(1)“本条来源”。列出条文在旧法上的来源，以及相较于旧法的变化。(2)“立法演变”。梳理每个条文在立法进程中的演变。(3)“条文释义”。从规范意义、适用范围、构成要件、法律效果等各个方面解析各条文，并在此基础上评述国内学说和实务见解，比较域外相关立法规定及理论发展，提出忠实于规则的公允合理的解释方案，从而构建每个条文的规范化的教义学构造。(4)“法条关联”。梳理与民法典合同编条文有所关联的法律、行政法规与司法解释等法律渊源，以阐明它们与民法典合同编条文的关联性，便于读者查阅。(5)“案例评议”。梳理经典案例的核心见解，辅以学术分析，呈现在司法实践中相关法条的适用情况，形成沟通抽象法条与具体案件之桥梁。

为了便于评注，本书将民法典各分编审议稿、民法典草案等作简称处理，具体如下：

2018年8月17日十三届全国人大常委会第五次会议首次审议的《民法典各分编（草案)》简称“一次审议稿”；

2018年12月23日十三届全国人大常委会第七次会议审议的《民法典合同编（草案)》简称“二次审议稿”；

2019年12月23日十三届全国人大常委会第十五次会议审议并于2019年12月28日向全社会发布的《中华人民共和国民法典（草案)》简称“《民法典(草案)》”。

本书作者及在本书写作中的分工如下：

林旭霞：福建师范大学教授、博士生导师。撰写第1－5章、第25－27章；负责全书统稿、审定。

郑丽清：福建师范大学副教授、硕士生导师。撰写第10－12章、第18－19章；负责《第二分编 典型合同》各章审稿。

张娟：福建中医药大学副教授。撰写第6－9章、第28－29章；负责《第一分编 通则》各章审稿。

杨振锐：福建师范大学博士研究生，撰写第13－17章。

真煜茜：福建师范大学博士研究生，撰写第20－24章。

社会生活日新月异，合同法理论博大精深，学术研究未有止境。随着司法实践的开展，对民法典合同编的理论与实务问题的研究必将更加深入。由于作者学识和水平有限，本书难免存在一些疏漏、不足或可商榷之处，敬请读者不吝赐教。

林旭霞

2020年7月

目　　录*

第一分编　通　　则

* 带★号条文为实质修改条文或新增条文。

第二分编 典型合同

第三分编 准合同

第一分编

通　则

第一章　一般规定

本章概要

合同的类别比较多，有劳动法上的合同、行政法上的合同、民法上的合同等。本编所规范的合同，是民事主体之间设立、变更、终止民事权利义务关系的协议，但不包含身份合同。合同关系的成立，旨在达到一定的法律目的，法律保护当事人之间的信赖与期待。合同原则上在当事人之间发生法律效力，不及于第三人。合同相对性的突破，以法律规定为限。本章对合同解释方法的规定体现了意思自治与信赖保护。本章共六条，与《合同法》相比，内容有增有删，主要注意以下变化：一是删除与总则编基本原则的重复规定，包括平等、自愿、公平、诚信和守法原则。二是将《合同法》第八章关于合同的解释和非典型合同及其他债务关系的准用规定移至本章，结构更为合理。

第四百六十三条　【合同编的调整范围】[①]

本编调整因合同产生的民事关系。

本条来源

本条来源于《民法通则》第二条的规定："中华人民共和国民法调整平等主体的公民之间、法人之间、公民和法人之间的财产关系和人身关系。"相较于《民法通则》，本条限定了合同编的调整对象为因合同产生的民事关系，而并非所有的民事关系。

① 条文主旨为编者所加，下同。

立法演变

本条在一次审议稿第二百五十四条中规定："本编调整民事主体之间产生的合同关系。"在二次审议稿第二百五十四条中规定："本编调整因合同产生的民事关系。"改变后的立法语言更为精炼。《民法典（草案）》第四百六十三条采纳了二次审议稿的表述，并最终为本条所采用。

条文释义

本条是对合同编调整对象的规定。合同编调整平等民事主体之间交易关系，主要规范合同的订立、效力、履行、变更、解除、保全和违约责任等问题。合同的成立、履行、变更、解除和终止等都属于交易的过程。所以，民法典合同编需规定当事人订约的程序，合同的无效和被撤销的情形，合同在不履行或不完全履行时的补救等。总之，平等民事主体之间交易关系可以由合同编调整。

法条关联

◆《民法典总则编》

第二条 民法调整平等主体的自然人、法人和非法人组织之间的人身关系和财产关系。

第一百一十八条 民事主体依法享有债权。

债权是因合同、侵权行为、无因管理、不当得利以及法律的其他规定，权利人请求特定义务人为或者不为一定行为的权利。

第四百六十四条 【合同的定义和身份关系协议的法律适用】

合同是民事主体之间设立、变更、终止民事法律关系的协议。

婚姻、收养、监护等有关身份关系的协议，适用有关该身份关系的法律规定；没有规定的，可以根据其性质参照适用本编规定。

本条来源

本条来源于《合同法》第二条的规定："本法所称合同是平等主体的自

然人、法人、其他组织之间设立、变更、终止民事权利义务关系的协议。婚姻、收养、监护等有关身份关系的协议，适用其他法律的规定。”相较于原法条，本条对于婚姻、收养、监护等有关身份关系协议的法律适用规定得更加明确。

立法演变

本条在一次审议稿第二百五十五条规定：“本编所称合同是自然人、法人、非法人组织之间设立、变更、终止民事法律关系的协议。婚姻、收养、监护等有关身份关系的协议，适用其他编和其他法律的规定；没有规定的，可以根据其性质参照适用本编规定。”在二次审议稿第二百五十五条规定：“本编所称合同是民事主体之间设立、变更、终止民事法律关系的协议。婚姻、收养、监护等有关身份关系的协议，适用其他编或者其他法律的规定；没有规定的，可以根据其性质参照适用本编规定。”

二次审议稿将一次审议稿中的“自然人、法人、非法人组织”改为“民事主体”的概念，表述更加简练。同时，一次审议稿中的“婚姻、收养、监护等有关身份关系的协议，适用其他编和其他法律的规定；没有规定的，可以根据其性质参照适用本编规定”。在二次审议稿中表述为“婚姻、收养、监护等有关身份关系的协议，适用其他编或者其他法律的规定；没有规定的，可以根据其性质参照适用本编规定”。这样的改变使得身份协议的法律适用更为明确。《民法典（草案）》第四百六十四条采纳二次审议稿的表述，并最终为本条所采用。

条文释义

本条是对合同定义的规定。合同是平等主体的自然人、法人及其他组织之间设立、变更、终止民事权利义务关系的协议，也就是说，合同是一种发生民法上效果的合意。具体而言：第一，合同是平等主体之间的自然人、法人和其他组织所实施的一种民事行为；第二，合同是以设立、变更或终止民事权利义务关系为目的和宗旨；第三，合同是当事人协商一致的产物或意思表示一致的协议。

需要注意的是，婚姻、收养、监护等有关身份关系的协议，由于其已经在婚姻家庭编以及总则编中作出了规定，且这些协议的内容大多涉及身份关系的变动，所以，原则上不应受以调整交易关系为己任的合同编的调整，但是在其他法律没有规定的情况下，可以该协议的性质参照适用本编的规定。

案例评议[①]

梁昌运与霍邱县人民政府国土资源局建设用地使用权出让合同纠纷案[②]

2014年梁昌运通过招投标竞得霍国土出〔2011〕82号国有建设用地使用权，与霍邱县人民政府国土资源局签订了《国有建设用地使用权挂牌成交确认书》以及《国有建设用地使用权出让合同》。合同签订后，梁昌运交纳相应定金并交清余款，但霍邱县人民政府国土资源局未依约交付土地。梁昌运提起诉讼，请求人民法院判决霍邱县人民政府国土资源局双倍返还定金、退还已支付土地出让金及赔偿损失。

◆ 裁判规则

法院经审理认为，梁昌运依照合同约定的期限交清了全部土地出让金，霍邱县人民政府国土资源局未在合同约定的期限内交付适合开发的建设用地已构成违约，依法应当承担违约责任。根据合同约定，梁昌运有权解除合同，要求霍邱县人民政府国土资源局双倍返还定金、返还已交付的土地出让金，并承担赔偿责任。但本案合同约定的定金数额明显过高，依法应当调整。

◆ 评议

本案是关于违反国有土地使用权出让合同约定应当承担相应违约责任的典型性案例。实践中，在国有土地使用权出让过程中，由于一些地方政府的不规范行为，造成与非公有制企业签订国有土地使用权出让合同后，不能按约交付土地，侵害了非公有制经济主体的合法权益。地方政府和非公有制企业签订的土地使用权出让合同应受到合同法的调整。在此情况下，依法维护非公有制经济主体的合同权益，是对其合同权利平等保护的重要体现。

---

① “案例评议”中的完整案例详情，请按照封面前勒口处的操作步骤，登录数据库逐一查阅，全书同。

② 最高人民法院发布十起依法平等保护非公有制典型案例。

第四百六十五条　【依法成立的合同的效力】

依法成立的合同，受法律保护。

依法成立的合同，仅对当事人具有法律约束力，但是法律另有规定的除外。

本条来源

本条来源于《合同法》第八条第一款的规定："依法成立的合同，对当事人具有法律约束力。当事人应当按照约定履行自己的义务，不得擅自变更或者解除合同。"相较于原法条，本法条还指出法律另有规定的情况下，合同具有涉他的效力，对于合同的效力表述更为全面和严谨。

立法演变

本条在一次审议稿第二百五十六条规定为："依法成立的合同，仅对当事人具有法律约束力，但是法律另有规定的除外。"在二次审议稿第二百五十六条规定为："依法成立的合同，受法律保护。依法成立的合同，仅对当事人具有法律约束力，但是法律另有规定的除外。"

本条共有两款，其中第一款"依法成立的合同，受法律保护"的表述在一次审议稿中并未出现，二次审议稿中增加了"依法成立的合同，受法律保护"，并独立为一款。《民法典（草案）》第四百六十五条采纳了二次审议稿的表述，并最终为本条所采用。

条文释义

本条是对关于依法成立的合同效力的规定。第一，依法成立的合同，受法律保护。所谓受法律保护，是指如果一方当事人未取得对方当事人同意，擅自变更或者解除合同，不履行合同义务或者履行合同义务不符合约定，从而使对方当事人的权益受到损害，受损害方向人民法院起诉要求维护自己的权益时，法院应当依法予以维护，对于擅自变更或者解除合同的一方当事人，可强制其履行合同义务并承担违约责任。第二，根据合同相对性原理，合同依法成立生效以后，原则上只对当事人发生法律约束力。合同相对性原则在合同法中具有十分重要的地位。但随着经济、社会的发展和交易的日益频繁，各国立法基于现实考虑，在承认合同相对性规则的前提下，对该原则进行了适当的突破，不过以法律特别规定为限，这是对相对性原则的必要补充和例外规定。

法条关联

◆《民法典总则编》

第一百一十九条 依法成立的合同，对当事人具有法律约束力。

第一百三十六条 民事法律行为自成立时生效，但是法律另有规定或者当事人另有约定的除外。

行为人非依法律规定或者未经对方同意，不得擅自变更或者解除民事法律行为。

第一百七十六条 民事主体依照法律规定或者按照当事人约定，履行民事义务，承担民事责任。

案例评议

朱某某与北京市延庆区康庄镇东红寺村村民委员会等确认合同无效纠纷上诉案①

2008年7月19日，北京市延庆县东红寺村民委员会与朱某某签订土地租赁合同，约定了承包期限、租赁费以及承包河套林地的四至等内容。2014年5月，东红寺村委会起诉至一审法院称，现村里规划用地，双方为朱某某租赁合同中的西至发生争议，我方诉至法院，要求将租赁合同的西至由张家坟道东变更为小铺坟道东。

◆ **裁判规则**

法院经审理认为，合同是平等主体的自然人、法人、其他组织之间设立、变更、终止民事权利义务关系的协议。依法成立的合同，对当事人具有法律约束力。当事人应当按照约定履行自己的义务，不得擅自变更或者解除合同。东红寺村委会要求变更朱某某租赁土地的西至，显然违反了上述法律的规定，应当驳回其诉讼请求。

---

① 北京市第一中级人民法院（2018）京01民终2913号。

◆ **评议**

本案是一起比较常见的村委会与土地承租人之间发生的合同纠纷。在类似案件中，村委会往往因为征地拆迁补偿或者土地经营收益上涨等原因，意图变更或解除合同。在一审过程中，法院片面地采纳村委会的意见，由此作出了不符合事实和法律的判决结果。在二审中，法院通过事实分析和法律分析两个角度，否定了村委会任意单方变更合同的权利，最终维护了合同法定效力的严肃性。

第四百六十六条　【合同条款的解释】

当事人对合同条款的理解有争议的，应当依据本法第一百四十二条第一款的规定，确定争议条款的含义。

合同文本采用两种以上文字订立并约定具有同等效力的，对各文本使用的词句推定具有相同含义。各文本使用的词句不一致的，应当根据合同的相关条款、性质、目的以及诚信原则等予以解释。

本条来源

本条来源于《合同法》第一百二十五条的规定：“当事人对合同条款的理解有争议的，应当按照合同所使用的词句、合同的有关条款、合同的目的、交易习惯以及诚实信用原则，确定该条款的真实意思。合同文本采用两种以上文字订立并约定具有同等效力的，对各文本使用的词句推定具有相同含义。各文本使用的词句不一致的，应当根据合同的目的予以解释。”相较于原法条，该条对不同合同文本的解释方法更为多元。

立法演变

本条在一次审议稿第二百五十七条规定为：“当事人对合同条款的理解有争议的，应当依照总则编第一百四十二条第一款的规定，确定争议条款的含义。合同文本采用两种以上文字订立并约定具有同等效力的，对各文本使用的词句推定具有相同含义。各文本使用的词句不一致的，应当根据合同的目的予以解释。”在二次审议稿第二百五十七条规定为：“当事人对合同条款的理解有争议的，应当依照总则编第一百四十二条第一款的规定，确定争议条款的含义。合同文本采用两种以上文字订立并约定具有同等效力的，对各文本使用的词句推定具有相同含义。各文本使用的词句不一致的，应当根据合同的性质、目的以及诚信原则等予以解释。”

本条的第二款“各文本使用的词句不一致的，应当根据合同的性质、目的以及诚信原则等予以解释”，在一次审议稿中的表述为“各文本使用的词句不一致的，应当根据合同的目的予以解释”。在这里一次审议稿仅提到根据合同目的予以解释，但是依据法律解释学的原理，合同解释方法并不仅仅注重目的解释，而应拓展为“目的等”方法解释，因此二次审议稿增加“合同的性质”“诚信原则”，使法官对解释合同的方法选择更为灵活多样。《民法典（草案）》第四百六十六条采纳了二次审议稿的表述，《民法典》则增加了根据“合同的相关条款”的解释方式。

条文释义

本条是关于合同条款发生争议或者词句不一致的解释的规定。第一，合同条款应当是双方当事人意思表示一致达成的协议，但在实践中由于种种原因对某些条款的含义发生争议。合同的条款用语言文字构成。解释合同必须先从条文的含义入手。一些词句在不同的场合可能表达出不同的含义，所以应当探究当事人订立合同时的真实意思。第二，合同条款是合同的一部分，与其他条款有着密切的联系。因此，不仅要从词句的含义去解释，还要与合同中相关条款联系起来分析判断，而不是孤立地去看待某条款，才能较为准确地确定该条款的意思。当事人签订合同都是为达到一定的目的，合同中的各条款都是为达到合同目的而制定的。第三，合同目的包括了整个合同的真实意图。因此，对条款的解释还应当从符合合同目的的原则剖析。依合同目的原则解释要求，当条款表达意见含混不清或相互矛盾时，作出与合同目的协调一致的解释。第四，按照交易习惯确立合同条款的含义是国际贸易中普遍承认的原则。因此，依照交易习惯解释合同条款，是十分必要的。第五，诚实信用原则是合同法的基本原则之一，诚实信用原则贯穿合同从订立到终止的整个过程，在解释合同条款时也应遵从诚实信用原则。诚实信用原则要求实事求是地考虑各种因素，包括上述从有关条款、合同目的、交易习惯来认定争议条款或者发生歧义的词句的准确含义。

合同文本采用两种以上文字订立并约定具有同等效力的情况下，文本使用的词句应当推定具有相同的含义。当各文本使用的词句在理解上不一致时，此时按词句本身的含义或按相关的条款确定其含义已不可能，那么，应当按照订立合同的目的、合同的性质或诚信原则予以解释。

法条关联

◆《民法典总则编》

第一百四十二条　有相对人的意思表示的解释，应当按照所使用的词句，结合相关条款、行为的性质和目的、习惯以及诚信原则，确定意思表示的含义。

无相对人的意思表示的解释，不能完全拘泥于所使用的词句，而应当结合相关条款、行为的性质和目的、习惯以及诚信原则，确定行为人的真实意思。

◆《保险法》

第三十条　采用保险人提供的格式条款订立的保险合同，保险人与投保人、被保险人或者受益人对合同条款有争议的，应当按照通常理解予以解释。对合同条款有两种以上解释的，人民法院或者仲裁机构应当作出有利于被保险人和受益人的解释。

◆《最高人民法院关于适用〈中华人民共和国合同法〉若干问题的解释（二）》

第一条　当事人对合同是否成立存在争议，人民法院能够确定当事人名称或者姓名、标的和数量的，一般应当认定合同成立。但法律另有规定或者当事人另有约定的除外。

对合同欠缺的前款规定以外的其他内容，当事人达不成协议的，人民法院依照合同法第六十一条、第六十二条、第一百二十五条等有关规定予以确定。

第七条　下列情形，不违反法律、行政法规强制性规定的，人民法院可以认定为合同法所称“交易习惯”：

（一）在交易行为当地或者某一领域、某一行业通常采用并为交易对方订立合同时所知道或者应当知道的做法；

（二）当事人双方经常使用的习惯做法。

对于交易习惯，由提出主张的一方当事人承担举证责任。

第四百六十七条　【无名合同及涉外合同的法律适用】

本法或者其他法律没有明文规定的合同，适用本编通则的规定，并可以参照适用本编或者其他法律最相类似合同的规定。

在中华人民共和国境内履行的中外合资经营企业合同、中外合作经营企业合同、中外合作勘探开发自然资源合同，适用中华人民共和国法律。

本条来源

本条来源于《合同法》第一百二十四条的规定："本法分则或者其他法律没有明文规定的合同，适用本法总则的规定，并可以参照本法分则或者其他法律最相类似的规定。"

立法演变

本条在一次审议稿第二百五十八条规定为："本编或者其他法律没有明文规定的合同，适用本编第一章至第八章的规定，并可以参照适用本编或者其他法律最相类似合同的规定。"二次审议稿第二百五十八条规定为："本法或者其他法律没有明文规定的合同，适用本编通则的规定，并可以参照适用本编典型合同或者其他法律最相类似合同的规定。"

本条中"适用本编通则的规定"在一次审议稿中表述为"适用本编第一章至第八章的规定，并可以参照适用本编或者其他法律最相类似合同的规定"，二次审议稿则改为"适用本编通则的规定，并可以参照适用本编典型合同或者其他法律最相类似合同的规定"，二次审议稿的表述更加精炼。《民法典（草案）》第四百六十七条采纳了二次审议稿的表述，《民法典》增加了"在中华人民共和国境内履行的中外合资经营企业合同、中外合作经营企业合同、中外合作勘探开发自然资源合同，适用中华人民共和国法律"的规定。

条文释义

本条是关于非典型合同如何准用的规定。现实生活是丰富多彩的，各类无名合同很多。合同编只能将一些现实生活中普遍发生且为人们所熟知的合同加以规定。还有一些无名合同没有在合同编中规定，对这些无名合同如何用现有的法律进行约束和指导，是十分重要的。本编通则规定是所有合同适用的共性的规定。因此，无名合同可以适用本编通则的规定。

本条所指的法律是指经全国人民代表大会及其常务委员会审议通过的法律，不包括法规。

第四百六十八条　【非因合同产生的债权债务关系的法律适用】

非因合同产生的债权债务关系，适用有关该债权债务关系的法律规定；没有规定的，适用本编通则的有关规定，但是根据其性质不能适用的除外。

本条来源

本条来源于《合同法》第一百二十三条的规定：“其他法律对合同另有规定的，依照其规定。”相较于原法条，本法关于其他债务关系准用的规定更为具体。

立法演变

本法在一次审议稿第二百五十九条规定为：“非因合同产生的债权债务关系，适用有关该债权债务关系的法律规定；没有规定的，适用本编第四章至第七章的有关规定，但是根据其性质不能适用的除外。”在二次审议稿第二百五十九条规定为：“非因合同产生的债权债务关系，适用有关该债权债务关系的法律规定；没有规定的，适用本编通则的有关规定，但是根据其性质不能适用的除外。”

本条规定“非因合同产生的债权债务关系，适用有关该债权债务关系的法律规定；没有规定的，适用本编通则的有关规定”，而一次审议稿将该参照适用的范围限于“本编第四章至第七章”，排除准用“违约责任”章是不妥当的。因为其他债之关系，原则上也可以适用合同编第八章“违约责任”的规则，例如履行不能、瑕疵履行、损害赔偿、与有过失等规则，应由“违约责任”的规则发挥作为所有债务履行障碍的基本规则的作用。因此，二次审议稿改为“适用本编通则的有关规定”更为合理。《民法典（草案）》第四百六十八条采纳了二次审议稿的表述，并最终为本条所采用。

条文释义

本条规定因合同产生的债权债务关系的法律适用规则。一方面，非合同产生的债权债务关系，如不当得利、无因管理、侵权行为之债等，首先适用有关该债权债务的法律规定。之所以如此规定，是因为这些非合同之债性质上属于法定之债，有别于合同这种意定之债，故优先适用针对非合同之债的规则。另一方面，如果没有特别规定，非合同之债适用合同编通则的规定。因为《民法典》将传统债法分为合同编和侵权编，未设置债法总则编。但债法总则的实质性规则不可或缺，合同编必须发挥“准债法总则”的功能。如有些债的关系也涉及债的履行、保全等债的共通性规则的适用。

第二章　合同的订立

本章概要

合同订立是指缔约人为意思表示并达成合意的状态。它描述的是缔约各方自接触、洽商直至达成合议的过程，是动态行为和静态协议的统一体。该动态行为包括缔约各方的接触和洽商。达成协议前的整个讨价还价过程均属动态行为阶段。此阶段受要约邀请、要约、反要约诸制度的规范和约束，产生先合同义务和缔约过失责任。静态协议是指缔约达成合意，合同主要条款已经确定，当事人权利义务得以固定。格式条款是商业社会重要的合同形式，对其订立与内容须作出特别的规范。本章共三十三条，相较于《合同法》，本章删除与总则编民事法律行为重复的规定，其他内容变化主要有：一是吸收了《电子商务法》第四十九条的规定，规定网购商品或服务原则上提交订单成功时合同成立，适应新时期市场交易发展需求的特点。二是完善格式条款订入合同和格式条款效力的规制。三是借鉴合同法相关司法解释增设预约合同和悬赏广告条款。

第四百六十九条　【合同订立形式】

当事人订立合同，可以采用书面形式、口头形式或者其他形式。

书面形式是合同书、信件、电报、电传、传真等可以有形地表现所载内容的形式。

以电子数据交换、电子邮件等方式能够有形地表现所载内容，并可以随时调取查用的数据电文，视为书面形式。

本条来源

本条来源于《合同法》第十条和第十一条。《合同法》第十条规定："当事人订立合同，有书面形式、口头形式和其他形式。法律、行政法规规定采用书面形式的，应当采用书面形式。当事人约定采用书面形式的，应当采用书面形式。"《合同法》第十一条规定："书面形式是指合同书、信件和数据电文（包括电报、电传、传真、电子数据交换和电子邮件）等可以有形地表现所载内容的形式。"相较于原法条，本条整合了两个条文的内容。修改了书面形式的定义，删除了"法律、行政法规规定采用书面形式的，应当采用书面形式。当事人约定采用书面形式的，应当采用书面形式"等表述。

立法演变

本条在一次审议稿第二百六十条规定为："当事人订立合同，可以采用书面形式、口头形式或者其他形式。书面形式是合同书、信件等可以有形地表现所载内容的形式。能够以电报、电传、传真、电子数据交换、电子邮件等方式有形地表现所载内容，并可以随时调取查用的数据电文，视为书面形式"。在二次审议稿第二百六十条规定为："当事人订立合同，可以采用书面形式、口头形式或者其他形式。书面形式是合同书、信件等可以有形地表现所载内容的形式。以电报、电传、传真、电子数据交换、电子邮件等方式能够有形地表现所载内容，并可以随时调取查用的数据电文，视为书面形式。"

本条第三款在一次审议稿中表述为："能够以电报、电传、传真、电子数据交换、电子邮件等方式有形地表现所载内容，并可以随时调取查用的数据电文，视为书面形式。"二次审议稿对"能够"一词的语序进行调整，使得条文表意更加清晰。《民法典（草案）》第四百六十九条采纳了二次审议稿的表述，《民法典》对书面形式的定义和视为书面形式的类型进行修改，内涵更加明确。

条文释义

本条是对合同形式以及书面形式的规定。合同采用书面、口头或者其他形式订立的，只要不违反法律，民事主体双方自愿订立的合同就是有效的，合同法不应对合同再规定限制条件。

书面形式是以文字等可以再现协议内容的有形形式。这种形式明确肯定，有据可查，对于减少争议和解决纠纷，有积极意义。书面形式一般是当事人双方以合同书、书信等有形形式达成协议。

同时，电子商务合同是个不可回避的问题。合同编的立法借鉴了联合国国际贸易法委员会制定的《电子商务示范法》的有关规定，本条明确规定了电子数据交换和电子邮件作为推定的合同书面形式。

法条关联

◆《广告法》

第三十条 广告主、广告经营者、广告发布者之间在广告活动中应当依法订立书面合同。

◆《拍卖法》

第四十二条 拍卖人应当对委托人提供的有关文件、资料进行核实。拍卖人接受委托的，应当与委托人签订书面委托拍卖合同。

◆《商业银行法》

第三十七条 商业银行贷款，应当与借款人订立书面合同。合同应当约定贷款种类、借款用途、金额、利率、还款期限、还款方式、违约责任和双方认为需要约定的其他事项。

◆《民用航空法》

第十四条 民用航空器所有权的取得、转让和消灭，应当向国务院民用航空主管部门登记；未经登记的，不得对抗第三人。

民用航空器所有权的转让，应当签订书面合同。

第二十六条 民用航空器租赁合同，包括融资租赁合同和其他租赁合同，应当以书面形式订立。

第一百四十八条 通用航空企业从事经营性通用航空活动，应当与用户订立书面合同，但是紧急情况下的救护或者救灾飞行除外。

◆《旅游法》

第五十八条 包价旅游合同应当采用书面形式，包括下列内容：

（一）旅行社、旅游者的基本信息；

（二）旅游行程安排；

（三）旅游团成团的最低人数；

（四）交通、住宿、餐饮等旅游服务安排和标准；

（五）游览、娱乐等项目的具体内容和时间；

（六）自由活动时间安排；

（七）旅游费用及其交纳的期限和方式；

（八）违约责任和解决纠纷的方式；

（九）法律、法规规定和双方约定的其他事项。

订立包价旅游合同时，旅行社应当向旅游者详细说明前款第二项至第八项所载内容。

◆《草原法》

第十四条 承包经营草原，发包方和承包方应当签订书面合同。草原承包合同的内容应当包括双方的权利和义务、承包草原四至界限、面积和等级、承包期和起止日期、承包草原用途和违约责任等。承包期届满，原承包经营者在同等条件下享有优先承包权。

承包经营草原的单位和个人，应当履行保护、建设和按照承包合同约定的用途合理利用草原的义务。

◆《建筑法》

第十五条 建筑工程的发包单位与承包单位应当依法订立书面合同，明确双方的权利和义务。

发包单位和承包单位应当全面履行合同约定的义务。不按照合同约定履行义务的，依法承担违约责任。

◆《著作权法》

第二十五条 转让本法第十条第一款（五）项至第（十七）项规定的权利，应当订立书面合同。

权利转让合同包括下列主要内容：

（一）作品的名称；

（二）转让的权利种类、地域范围；

（三）转让价金；

（四）交付转让价金的日期和方式；

（五）违约责任；

（六）双方认为需要约定的其他内容。

◆《城市房地产管理法》

第十五条　土地使用权出让，应当签订书面出让合同。

土地使用权出让合同由市、县人民政府土地管理部门与土地使用者签订。

第四十一条　房地产转让，应当签订书面转让合同，合同中应当载明土地使用权取得的方式。

第五十条　房地产抵押，抵押人和抵押权人应当签订书面抵押合同。

第五十四条　房屋租赁，出租人和承租人应当签订书面租赁合同，约定租赁期限、租赁用途、租赁价格、修缮责任等条款，以及双方的其他权利和义务，并向房产管理部门登记备案。

◆《专利法》

第十条　专利申请权和专利权可以转让。

中国单位或者个人向外国人、外国企业或者外国其他组织转让专利申请权或者专利权的，应当依照有关法律、行政法规的规定办理手续。

转让专利申请权或者专利权的，当事人应当订立书面合同，并向国务院专利行政部门登记，由国务院专利行政部门予以公告。专利申请权或者专利权的转让自登记之日起生效。

◆《合伙企业法》

第四条　合伙协议依法由全体合伙人协商一致、以书面形式订立。

◆《最高人民法院关于审理买卖合同纠纷案件适用法律问题的解释》

第一条　当事人之间没有书面合同，一方以送货单、收货单、结算单、发票等主张存在买卖合同关系的，人民法院应当结合当事人之间的交易方式、交易习惯以及其他相关证据，对买卖合同是否成立作出认定。

对账确认函、债权确认书等函件、凭证没有记载债权人名称，买卖合同当事人一方以此证明存在买卖合同关系的，人民法院应予支持，但有相反证据足以推翻的除外。

第四条　人民法院在按照合同法的规定认定电子交易合同的成立及效力的同时，还应当适用电子签名法的相关规定。

◆《最高人民法院关于适用〈中华人民共和国合同法〉若干问题的解释（二）》

第二条　当事人未以书面形式或者口头形式订立合同，但从双方从事的民事行为能够推定双方有订立合同意愿的，人民法院可以认定是以合同法第十条第一款中的“其他形式”订立的合同。但法律另有规定的除外。

案例评议

湖北三江航天涂装设备工程有限公司诉天津市东昌华泰钢铁商贸有限公司买卖合同纠纷案①

2013年4月10日，特变电工湖南工程有限公司与湖北三江航天公司签订了《抛丸、喷漆烘干生产线购销合同》，约定湖北三江航天公司向特变电工湖南工程有限公司销售自动抛丸及清理室、喷漆室、烘干室等。湖北三江航天公司为履行该合同，于2013年6月19日与天津东昌华泰公司通过传真的方式签订了《产品购销合同》，向天津东昌华泰公司购买轧制Mn13钢材，总价约为14万元。湖北三江航天公司将此轧制Mn13钢材用于制作抛丸设备，并于2013年11月交付案外人使用。但在2014年7月对抛丸设备进行维修时发现存在质量问题，锰板打烂、打穿、下陷，无法使用，请求判令：天津东昌华泰公司向湖北三江航天公司退还货款，承担设备重做费用、检测费及违约金合计约28万元。

◆ **裁判规则**

法院经审理认为，传真作为合同签订中要约和承诺的方式，被广泛地运用于商业活动，《电子签名法》② 第7条规定：“数据电文不得仅因为其是以电子、光学、磁或者类似手段生成、发送、接收或者储存的而被拒绝作为证据使用。”湖北三江航天公司在庭审中提供了该合同的传真件原件。同时，该传真件的形式载体与天津东昌华泰公司认可的出库单传真件的载体一致；该传真件上以打印形式载明有天津东昌华泰公司的地址、开户行、账号、电话等详细内容，而湖北三江航天公司在合同上的地址、开户行、账号、电话等均为手书填写。湖北三江航天公司收到该传真件后盖章承诺，根据合同法的规定，要约到达受要约人时生效，承诺是受要约人同意要约的意思表示，承诺生效时合同成

---

① 湖北省武汉市武昌区人民法院（2014）鄂武昌民初字第05513号。

② 本书案例中所引用的法律文件均为判决、裁定时有效的法律文件，其后可能出现修改或失效情形。

立。据此，法院确认天津东昌华泰公司与湖北三江航天公司以书面形式订立了合同。天津东昌华泰公司认为双方从未签订任何合同与事实不符，法院不予采信。

◆ **评议**

《合同法》① 规定合同的“书面形式是指合同书、信件及数据电文（包括电报、电传、传真、电子数据交换和电子邮件）等可以有形地表现所载内容的形式”。所以符合条件的合同传真件是证据原件，但是单一的合同传真件证据不足以认定其真实性，不能单独证明案件事实，需要其他证据佐证。本案中，《产品购销合同》的传真件完整、规范地载明了双方当事人的信息数据电文的表现形式高端准确，可供随时调取查用，法院据此认定双方以传真的形式成立合同关系。

第四百七十条 【合同主要条款与示范文本】

合同的内容由当事人约定，一般包括下列条款：

（一）当事人的姓名或者名称和住所；

（二）标的；

（三）数量；

（四）质量；

（五）价款或者报酬；

（六）履行期限、地点和方式；

（七）违约责任；

（八）解决争议的方法。

当事人可以参照各类合同的示范文本订立合同。

① 本案例发生于《民法典》公布之前，援引的法条为当时有效的条文，其中的裁判规则与《民法典》生效后的内容并不冲突，仍可作为参考。全书同。

本条来源

本条来源于《合同法》第十二条的规定："合同的内容由当事人约定，一般包括以下列条款：(一) 当事人的名称或者姓名和住所；(二) 标的；(三) 数量；(四) 质量；(五) 价款或者报酬；(六) 履行期限、地点和方式；(七) 违约责任；(八) 解决争议的方法。当事人可以参照各类合同的示范文本订立合同。"条文在表述上变动。

立法演变

一次审议稿、二次审议稿的第二百六十一条和《民法典（草案）》第四百七十条作了上述改动，并最终为本条所采用。

条文释义

本条规定了合同的主要条款。合同的条款是合同中经双方当事人协商一致，规定双方当事人权利义务的具体条文。合同的条款就是合同的内容。合同的权利义务，除法律规定的以外，主要由合同的条款确定。合同的条款非常重要，其是否齐备、准确，决定了合同能否成立、生效以及能否顺利履行实现订立合同的目的，所以在此条规定了合同的主要条款。但是，这并不是说当事人签订的合同中缺了其中任何一项就会导致合同的不成立或者无效，主要条款的规定只具有提示性与示范性。合同的主要条款或者合同的内容由当事人约定，一般包括上述所列的八项条款，但不限于这些条款。当事人在合同中特别约定的条款，虽然超出本条规定的八项内容，但也作为合同的主要条款。

同时，各类合同的示范文本可以作为当事人订立合同时的参照范本。

法条关联

◆ **《最高人民法院关于适用〈中华人民共和国合同法〉若干问题的解释（二）》**

第一条　当事人对合同是否成立存在争议，人民法院能够确定当事人名称或者姓名、标的和数量的，一般应当认定合同成立。但法律另有规定或者当事人另有约定的除外。

对合同欠缺的前款规定以外的其他内容，当事人达不成协议的，人民法院依照合同法第六十一条、第六十二条、第一百二十五条等有关规定予以确定。

案例评议

金某诉上海某无纺布制造有限公司买卖合同纠纷案[①]

2011 年 5 月 7 日，金某将 5 万元汇入高某个人账户。同年 5 月 11 日，上海某无纺布制造公司出具收条称，收到高某转交的金某设备转让费 5 万元。金某起诉至法院，提出：经人介绍，被告上海某无纺布制造公司意将一套喷胶棉设备折价转让给原告金某。金某将预付款人民币 5 万元汇至上海某无纺布制造公司法定代表人高某银行卡上。原告去提货时发现该套设备及锅炉的使用年限、质量等与被告所称完全不符。后双方对转让价格又进行了多次协商，但未达成一致。现原告诉至法院，要求被告返还其预付款 5 万元。被告辩称收到原告 5 万元系双方买卖合同的定金，因原告一直不来提货，故已没收原告的定金，不同意返还。

◆ **裁判规则**

法院经审理认为，当事人订立合同，可以采取口头形式。标的系合同成立的必备条款，没有标的，合同不能成立，合同关系无法建立。本案中，原、被告双方虽有接触、磋商，但没有证据证明双方对标的达成了一致，故法院认为本案买卖合同尚未成立。关于原告支付的 5 万元，并无证据证明系定金性质且被告出具的收条也能印证，只能认定为系预付款。现原告主张被告返还预付款 5 万元，于法有据，法院应予支持。

◆ **评议**

为了对当事人订立合同提供示范和指导，《合同法》列举了 8 项主要条款，但是这些条款不全是合同成立的必备条款。根据《最高人民法院关于适用〈中华人民共和国合同法〉若干问题的解释（二）》第 1 条第 1 款的规定，除法律另有规定或者当事人另有约定外，能够确定当事人名称或者姓名、标的和数量的合同一般应当认定为已经成立。这三项内容，也被称作合同成立的必备条款。

---

① 上海市金山区人民法院（2013）金民二（商）初字第 133 号。

本案中，争议当事人虽然就预付款5万元达成了一致协议，但是没有明确的证据证明双方对于买卖合同的标的物取得了一致意见，故而属于合同必备条款不满足，依法不能成立买卖合同关系。

第四百七十一条 【合同订立方式】

当事人订立合同，可以采取要约、承诺方式或者其他方式。

本条来源

本条来源于《合同法》第十三条的规定："当事人订立合同，采取要约、承诺方式。"相较于原法条，本条增加了订立合同的其他方式。

立法演变

本条在一次审议稿第二百六十二条规定为："当事人订立合同，可以采取要约、承诺或者其他方式。"在二次审议稿第二百六十二条规定为："当事人订立合同，可以采取要约、承诺方式或者其他方式。"

本条中"采取要约、承诺方式或者其他方式"，在一次审议稿中表述为"采取要约、承诺或者其他方式"，而二次审议稿在"承诺"后增加了"方式"二字，表述更加精确严谨。《民法典（草案）》第四百七十一条采纳了二次审议稿的表述，并最终为本条所采用。

条文释义

合同是当事人之间设立、变更、终止民事权利义务关系的协议。合同本质上是一种合意。使合同得以成立的合意是指当事人对合同必备条款达成一致意见。当事人对合同内容协商一致的过程，就是主要经过要约、承诺完成的。一方提出合同条件作出签订合同的意思表示为"要约"，而另一方表示接受则为"承诺"。随着经济交往和社会生活的发展，合同的成立除采用要约和承诺之外，还有其他方式。

第四百七十二条 【要约的定义及构成要件】

要约是希望与他人订立合同的意思表示，该意思表示应当符合下列条件：

（一）内容具体确定；

（二）表明经受要约人承诺，要约人即受该意思表示约束。

本条来源

本条来源于《合同法》第十四条的规定："要约是希望和他人订立合同的意思表示，该意思表示应当符合下列规定：（一）内容具体确定；（二）表明经受要约人承诺，要约人即受该意思表示约束。"《民法典》将"规定"改为"条件"，表意更为严谨。

立法演变

一次审议稿、二次审议稿第二百六十三条，以及《民法典（草案）》第四百七十二条都沿用了合同法的规定，《民法典》作了上述修改。

条文释义

本条是对要约的定义及其构成要件的规定。按照大陆法，合同被定义为当事人的"合意"，要约则一般被定义为："以一定契约之成立为目的之确定的意思表示或者是当事人一方向另一方提出合同条件，希望另一方接受的意思表示。"在英美法，合同则被定义为"许诺"或者一系列的"许诺"，要约也被视为或者被定义为当事人所作的一种允诺。如美国《合同法重述》第二十四条规定："要约是对即时进行交易的愿望的表达。这一表达能使一个通情达理处于受要约人地位的人相信，他或她只要对该要约表示同意，即接受该要约，就可以进行交易。"尽管存在不同的理论和不同的定义方式，两大法系对要约含义的认识基本是一致的。本条采取的是最通常和最简单的定义方式：要约是希望和他人订立合同的意思表示。

一项订约的建议要成为一个要约，要取得法律效力，必须具备一定的条件。按照大陆法系合同法理论对要约的解释，要约成立的要件有四个：（1）要约是特定合同当事人的意思表示；（2）要约必须向要约人希望与之缔结合同的相对人发出；（3）要约必须具有缔约目的并表明经承诺即受此意思表示的拘束。（4）要约的内容必须具备足以使合同成立的主要条件。而四个要件中最重要的有两个：一是内容具体确定；二是表明经受要约人承诺，要约人即受该意思表示约束。本条规定了构成要约的两个要件。至于要约是否必须向特定人发出，在多数情况下是必要的，但在某些特殊场合存在例外，如悬赏广告、构成要约的商业广告等，因此，对该条件未作规定。

法条关联

◆《最高人民法院关于贯彻执行〈中华人民共和国民法通则〉若干问题的意见(试行)》

77. 意思表示由第三人义务转达，而第三人由于过失转达错误或者没有转达，使他人造成损失的，一般可由意思表示人负赔偿责任。但法律另有规定或者双方另有约定的除外。

◆《最高人民法院关于适用〈中华人民共和国合同法〉若干问题的解释（二）》

第三条 悬赏人以公开方式声明对完成一定行为的人支付报酬，完成特定行为的人请求悬赏人支付报酬的，人民法院依法予以支持。但悬赏有合同法第五十二条规定情形的除外。

案例评议

熊某某等与赵某某服务合同纠纷上诉案①

2011年6月起，熊某某、刘某之女熊乙与王甲在浙江省绍兴市务工相识并开始交往。2014年2月27日上午，王甲入住安陆市巡店镇亚平大酒店132号房间。入住时，由亚平大酒店员工王乙接待，看过身份证后并收取了住宿费。2014年2月28日，王甲将熊乙骗到亚平大酒店，并将熊乙留宿在亚平大酒店132号房间内。熊乙入住亚平大酒店时未经登记，也未交纳房费。熊某某、刘某以赵某某未经登记违法开设旅社，脱离了公安机关的监管，对造成熊乙的死亡存在明显的过错为由，请求人民法院依法判决：赵某某赔偿熊某某、刘某因熊乙死亡造成的损失约32万元。

① 湖北省孝感市中级人民法院（2015）鄂孝感中民一终字第00371号。

◆ **裁判规则**

法院经审理认为，熊乙与亚平大酒店的经营管理者之间没有邀约和承诺的意思表示，双方之间没有形成服务合同关系。对熊某某、刘某认为熊乙与亚平大酒店之间形成服务合同关系的诉讼主张不予支持。亚平大酒店的经营管理者与熊乙之间没有形成服务合同关系，故赵某某不应承担合同违约责任。孝感市中级人民法院在二审中进一步指出，受害人熊乙是受加害人王甲的邀约到赵某某经营的亚平大酒店房间留宿的，熊乙既未办理住宿登记也没有交纳住宿费，上诉人熊某某、刘某所提交的证据仍不足以证明熊乙与赵某某经营的亚平大酒店之间存在服务合同关系。

◆ **评议**

本案是一起人身伤害引起的服务合同纠纷。本案中，死者的亲属选择以合同之债，追究酒店的人身伤害责任，然而其没有证据能够证明双方之间存在要约和相应的合同关系，故而不能得到法院支持。

第四百七十三条　【要约邀请】

要约邀请是希望他人向自己发出要约的表示。拍卖公告、招标公告、招股说明书、债券募集办法、基金招募说明书、商业广告和宣传、寄送的价目表等为要约邀请。

商业广告和宣传的内容符合要约条件的，构成要约。

本条来源

本条来源于《合同法》第十五条的规定："要约邀请是希望他人向自己发出要约的意思表示。寄送的价目表、拍卖公告、招标公告、招股说明书、商业广告等为要约邀请。商业广告的内容符合要约规定的，视为要约。"相较于原法条，本条列举的要约邀请类型有所调整，并且修改了"宣传"的性质，以及将"规定"改为"条件"。

立法演变

本条在一次审议稿第二百六十四条规定为："要约邀请是希望他人向自己发

出要约的意思表示。寄送的价目表、拍卖公告、招标公告、招股说明书、商业广告等为要约邀请。商业广告的内容符合要约规定的，视为要约。”在二次审议稿第二百六十四条规定为：“要约邀请是希望他人向自己发出要约的意思表示。拍卖公告、招标公告、招股说明书、债券募集说明书、基金招募说明书、商业广告和宣传、寄送的价目表等为要约邀请。”

本条第一款规定“拍卖公告、招标公告、招股说明书、债券募集说明书、基金招募说明书、商业广告和宣传、寄送的价目表等为要约邀请”，而在合同编一次审议稿中为“寄送的价目表、拍卖公告、招标公告、招股说明书、商业广告等为要约邀请”，二次审议稿修改为“拍卖公告、招标公告、招股说明书、债券募集说明书、基金招募说明书、商业广告和宣传、寄送的价目表等为要约邀请”，二次审议稿增加了要约邀请的类型。本条第二款规定“商业广告和宣传的内容符合要约规定的，构成要约，”而在一次审议稿中为“商业广告的内容符合要约规定的，视为要约”，二次审议稿增加了“宣传的内容符合要约规定的，构成要约”。《民法典（草案)》采纳了二次审议稿的表述，《民法典》将“债券募集说明书”改为“债券募集办法”，将“规定”改为“条件”。

条文释义

本条规定要约邀请的概念及主要类型。要约邀请，又称要约引诱，是邀请或者引诱他人向自己发出订立合同的要约的意思表示。要约邀请可以是向特定人发出的，也可以是向不特定的人发出的。要约邀请与要约不同，要约是一个一经承诺就成立合同的意思表示，而要约邀请只是邀请他人向自己发出要约，自己如果承诺才成立合同。要约邀请处于合同的准备阶段，没有法律约束力。有的学者认为，要约邀请不是意思表示，只是事实行为。但要约邀请也并不是单纯地建议他人与自己进行有关合同的讨论，而是明确提出订立合同的建议，而对合同的具体内容没有明确约定。虽然，从理论上说，要约与要约邀请有很大区别，但事实上往往很难区分。当事人可能原意是发出要约，但由于内容不确定只能被看作要约邀请；当事人可能原意是发出要约邀请，但由于符合了要约的条件而会被判定为要约。因此，以法律对何为要约、何为要约邀请进行规定是一个好的办法。该条对要约邀请的典型例子以及在特殊情况下构成要约进行规定。

法条关联

◆《最高人民法院关于审理商品房买卖合同纠纷案件适用法律若干问题的解释》

第三条　商品房的销售广告和宣传资料为要约邀请，但是出卖人就商品房开发规划范围内的房屋及相关设施所作的说明和允诺具体确定，并对商品房买卖合同的订立以及房屋价格的确定有重大影响的，应当视为要约。该说明和允诺即使未载入商品房买卖合同，亦应当视为合同内容，当事人违反的，应当承担违约责任。

案例评议

王某诉小米科技有限责任公司网络购物合同纠纷案[①]

2014年4月8日，小米公司在其官方网站上发布的广告显示：10400mAh移动电源，“米粉节”特价49元。当日，王某在该网站上订购该电源为69元。王某起诉认为：小米公司提前一周打出原价69元电源“米粉节”卖49元的广告，欺骗消费者进行排队抢购，抢购时间不到20分钟，其行为已构成价格欺诈。据此，请求撤销网络购物合同，王某退还小米公司涉案的移动电源，并请求小米公司赔偿王某约600元的损失费用。

◆ **裁判规则**

法院经审理认为，由于小米公司网络抢购此种销售方式的特殊性，该广告与商品的抢购界面直接链接且消费者需在短时间内作出购买的意思表示。小米公司现认可小米商城活动界面显示错误，存在广告价格与实际结算价格不一致之情形，但其解释为电脑后台系统出现错误。由于小米公司事后就其后台出现错误问题并未在网络上向消费者作出声明，且其无证据证明“米粉节”当天其电脑后台出现故障。故认定小米公司对此存在欺诈消费者的故意。据此，该院依法判决王某退还小米公司购买的移动电源，并赔偿费用约600元，驳回王某其他诉讼请求。

◆ **评议**

对于商业广告能否构成合同欺诈，司法实践中过去存在两派观点。观点一：

---

① 北京市第一中级人民法院（2014）一中民（商）终字第8587号。

广告欺诈不等于合同欺诈。观点二：虚假广告宣传构成合同欺诈。在网购合同的缔约过程中，商家负有提供真实、准确的有关商品信息的披露义务，防止商业欺诈、促进公平交易。商家对自己向消费者披露的商家质量、商品价格等宣传内容均会对消费者订立合同产生实质性影响，如果在合同订立过程中，商家针对这些信息做了虚假披露，则构成合同欺诈。

第四百七十四条　【要约生效时间】

要约生效的时间适用本法第一百三十七条的规定。

本条来源

本条来源于《合同法》第十六条的规定："要约到达受要约人时生效。采用数据电文形式订立合同，收件人指定特定系统接收数据电文的，该数据电文进入该特定系统的时间，视为到达时间；未指定特定系统的，该数据电文进入收件人的任何系统的首次时间，视为到达时间。"相较于原法条，本条区分了对话方式的要约与非对话方式的要约二者不同的生效时间。

立法演变

一次审议稿、二次审议稿第二百六十五条以及《民法典（草案)》第四百七十四条均规定："要约生效的时间适用本法第一百三十七条的规定。"并最终为本条所采用。

条文释义

本条为准用性规则。准用的条文是《民法典》第一百三十七条：以对话方式作出的意思表示，相对人知道其内容时生效。以非对话方式作出的意思表示，到达相对人时生效。以非对话方式作出的采用数据电文形式的意思表示，相对人指定特定系统接收数据电文的，该数据电文进入该特定系统时生效；未指定特定系统的，相对人知道或者应当知道该数据电文进入其系统时生效。当事人对采用数据电文形式的意思表示的生效时间另有约定的，按照其约定。

该条是对要约生效时间的规定。要约的生效时间学术界和国外立法例有两种主张，一种是发信主义，另一种是到达主义。本条采用了第二种观点，即要约到达受要约人时生效。世界上许多国家和国际公约都持这种观点。本条区分了对话形式的要约以及非对话形式的要约。以对话方式作出的要约，相对人知道其内容时生效。以非对话方式作出的要约，到达相对人时生效。

法条关联

◆《电子签名法》

第九条　数据电文有下列情形之一的，视为发件人发送：

（一）经发件人授权发送的；

（二）发件人的信息系统自动发送的；

（三）收件人按照发件人认可的方法对数据电文进行验证后结果相符的。

当事人对前款规定的事项另有约定的，从其约定。

第十条　法律、行政法规规定或者当事人约定数据电文需要确认收讫的，应当确认收讫。发件人收到收件人的收讫确认时，数据电文视为已经收到。

第十一条　数据电文进入发件人控制之外的某个信息系统的时间，视为该数据电文的发送时间。

收件人指定特定系统接收数据电文的，数据电文进入该特定系统的时间，视为该数据电文的接收时间；未指定特定系统的，数据电文进入收件人的任何系统的首次时间，视为该数据电文的接收时间。

当事人对数据电文的发送时间、接收时间另有约定的，从其约定。

案例评议

蔡某国诉詹某定作合同纠纷案①

2014年6月，詹某经人介绍找到蔡某国，要求蔡某国为其制作火锅店的LED显示屏及宣传海报等材料，并明确了制作要求。2014年6月25日，蔡某国根据詹某的要求制作了效果图及报价单，各项制作费共计约11万元，詹某并未对该报价提出异议，后双方通过QQ对效果图做了数次调整。2014年8月初，蔡某国将广告宣传牌等安装到位。后詹某发现店招的灯光有不亮的现象，通知

① 江苏省镇江市丹徒区（县）人民法院（2015）徒民初字第00378号。

蔡某国上门维修，经蔡某国维修已修复完毕，但被告一直未给付价款。上述事实有蔡某国提供的微信聊天记录、报价单、海报、效果图QQ聊天记录、店招制作要求图、詹某提供的店招照片及当事人陈述等在卷佐证。蔡某国诉至法院，要求詹某给付制作费约11万元。

◆ **裁判规则**

法院经审理认为，原、被告虽未签订书面合同，但双方通过对火锅店门头、店招、LED显示屏及宣传海报等材料制作的协商、报价、安装，形成了事实上的定作合同关系，双方均应按照约定履行各自的义务。根据《合同法》第16条的规定，当事人可以通过数据电文的形式订立合同，由此成立的合同对双方具有约束力。本案中，原告制作的报价单通过QQ传给被告，被告接收该报价后未提出异议，应视为双方对合同价款达成了一致意见，对双方均具有约束力，故对于原告要求被告按报价单约定给付制作费11566元的诉讼请求符合法律规定，法院予以支持。

◆ **评议**

尽管QQ聊天软件属于日常生活中比较随意的沟通工具，但其一旦达成具有约束力的合意，该聊天记录就可以成为受到法律保护、具有强制执行力的合同。本案中，双方当事人没有签订纸质合同，而是通过网络QQ的方式洽谈了一个定作合司。

第四百七十五条 【要约撤回】

要约可以撤回。要约的撤回适用本法第一百四十一条的规定。

本条来源

本条来源于《合同法》第十七条的规定："要约可以撤回。撤回要约的通知应当在要约到达受要约人之前或者与要约同时到达受要约人。"

立法演变

一次审议稿第二百六十六条、二次审议稿第二百六十六条以及《民法典

(草案)》第四百七十五条均规定："要约可以撤回。要约的撤回适用本法第一百四十一条的规定。"并最终为本条所采用。

条文释义

本条为准用性规则。准用的条文是《民法典》第一百四十一条的规定："行为人可以撤回意思表示。撤回意思表示的通知应当在意思表示到达相对人前或者与意思表示同时到达相对人。"

要约的撤回，是指在要约发出之后但在发生法律效力以前，要约人欲使该要约不发生法律效力而作出的意思表示。撤回要约的条件是撤回要约的通知在要约到达受要约人之前或者同时到达受要约人，如果撤回要约的通知在要约到达受要约人以后到达，则要约已经生效，是否能够使要约失效，就要看是否符合撤销的条件。因此，要约人如欲撤回要约，必须选择快于要约的方式向受要约人发出撤回的通知，使之能在要约到达之前到达受要约人。如果要约人在发出要约以后马上又以比发出要约更快的方式发出撤回的通知，按照通常情况，撤回的通知应当先于或最迟与要约同时到达受要约人才能发生要约撤回的效力。

第四百七十六条　【要约不得撤销的情形】

要约可以撤销，但是有下列情形之一的除外：

（一）要约人以确定承诺期限或者其他形式明示要约不可撤销；

（二）受要约人有理由认为要约是不可撤销的，并已经为履行合同做了合理准备工作。

本条来源

本条来源于《合同法》第十九条规定："有下列情形之一的，要约不得撤销：（一）要约人确定了承诺期限或者以其他形式明示要约不可撤销；（二）受要约人有理由认为要约是不可撤销的，并已经为履行合同作了准备工作。"相较于原法条，本条在表述上进行修改，更为严谨。

立法演变

一次审议稿、二次审议稿的第二百六十七条和《民法典（草案）》第四百七十六条作了上述改动，《民法典》将“作了”修改为“做了”，用词更加规范。

条文释义

本条对要约不得撤销的情形进行了规定。要约的撤销，是指要约人在要约发生法律效力之后而受要约人承诺之前，欲使该要约失去法律效力的意思表示。在法律规定的特别情形下，要约是不得撤销的。主要有两种情形：一是要约中有不可撤销的表示，二是受要约人有理由认为要约不可撤销并依其信赖行事。本条的规定与《国际商事通则》第2.4条第2款的规定是一致的，该款中规定：“在下列情况下，要约不得撤销：（a）要约写明承诺的期限，或以其他方式表明要约是不可撤销的；或（b）受要约人有理由信赖该项要约是不可撤销的，而且受要约人已依赖该要约行事。”

案例评议

安徽某开发公司与安某合同纠纷案①

2007年8月8日，安徽某开发公司与安某签订一份《北岸华府幼儿园合作协议书》。协议主要内容有：合作模式为安徽某开发公司将北岸华府小区内面积约600平方米幼儿园交安某使用用于办学，安某负责教育配套设施，使用期限暂定30年左右。协议签订后，安某因种种原因没有及时取得办学审批手续。2014年3月，安某对该幼儿园进行设计及装修且已装修完并投入使用。同年9月，该幼儿园陆续招收近百名幼儿学生。目前，办学手续正在审批中。开发公司诉称这么多年安某一直批不下来办学手续，认为安某开办幼儿园已经不具备客观条件，要求根据《合同法》第94条规定，诉请解除合同。

◆ **裁判规则**

法院经审理认为，本案中开发有限公司与安某之间实际是要约与承诺的关

① 安徽省固镇县人民法院（2014）固民二初字00266号民事判决书。

系。开发公司向安某发出要约，安某予以承诺，并以协议书的方式签字确认。该协议书第 3 条规定，安某对开发公司所有的幼儿园享有 30 年左右的经营使用权。根据《合同法》第 19 条规定，本案中安某在承诺期限内为经营幼儿园已经为履行合同做了准备工作。因此，开发公司向安某的要约不得撤销。

◆ **评议**

受要约人基于对要约不可撤销的信赖所做的行为，可以包括为生产所做的准备、购买或者租用材料或者设备、负担费用等，只要这些行为在有关贸易中可被视为是正常的，或者应是要约人所预见或者知悉的行为。本案中，安某根据《北岸华府幼儿园合作协议书》，可以明确预计其开发期限为 30 年，为此对场地进行了设计装修，已经有较大的投入，此时开发公司撤销要约显然是对安某信赖利益的损害，故而无法获得法院支持。

第四百七十七条　【要约撤销的时间】

撤销要约的意思表示以对话方式作出的，该意思表示的内容应当在受要约人作出承诺之前为受要约人所知道；撤销要约的意思表示以非对话方式作出的，应当在受要约人作出承诺之前到达受要约人。

本条来源

本条来源于《合同法》第十八条的规定："要约可以撤销。撤销要约的通知应当在受要约人发出承诺通知之前到达受要约人。"相较于原法条，本条区分了以对话方式作出的撤销要约的意思表示和以非对话方式作出的撤销要约的意思表示。

立法演变

一次审议稿、二次审议稿的第二百六十八条和《民法典（草案)》第四百七十七条作了上述改动，并最终为本条所采用。

条文释义

本条规定了要约的撤销。要约的撤销发生在要约生效之后，是使一个已经发生法律效力的要约失去法律效力，要约撤销的通知在受要约人发出承诺通知之前到达受要约人。本条依照大陆法系的观点，如果在承诺之前要约人可以撤销限期承诺的要约，对受要约人欠公平。因为这一做法导致了要约人的随意性和不负责任，并给受要约人带来可能的损害，不应鼓励这一做法。因此，要约的撤销需要受到限制，即以对话方式作出的撤销要约的意思表示，应当在受要约人作出承诺之前为受要约人所知道；以非对话方式作出的撤销要约的意思表示，应当在受要约人作出承诺之前到达受要约人。

第四百七十八条　【要约失效】

有下列情形之一的，要约失效：

（一）要约被拒绝；

（二）要约被依法撤销；

（三）承诺期限届满，受要约人未作出承诺；

（四）受要约人对要约的内容作出实质性变更。

本条来源

本条来源于《合同法》第二十条的规定：“有下列情形之一的，要约失效：（一）拒绝要约的通知到达要约人；（二）要约人依法撤销要约；（三）承诺期限届满，受要约人未作出承诺；（四）受要约人对要约的内容作出实质性变更。”相较于原法条，本条将“要约人依法撤销要约”修改为“要约被依法撤销”，表意更为简明。

立法演变

一次审议稿第二百六十九条中的“（一）拒绝要约的意思表示生效；（二）要约人依法撤销要约”，在二次审议稿第二百六十九条中修改为“（一）要约被拒绝；（二）要约依法被撤销”，《民法典（草案）》采纳了二次审议稿的规定，本条将其修改为“（一）要约被拒绝；（二）要约被依法撤销”，表述更加合理。

条文释义

要约的失效，也可以称为要约的消灭或者要约的终止，是指要约丧失法律效力，要约人与受要约人均不再受其约束。要约人不再承担接受承诺的义务，受要约人亦不再享有通过承诺使合同得以成立的权利。本条规定了要约失效的几种情形。分述如下：第一，对要约的拒绝。受要约人接到要约后，通知要约人不同意与之签订合同，则拒绝了要约。在拒绝要约的通知到达要约人时，该要约失去法律效力。第二，要约人撤销要约。第三，受要约人未在承诺期限内承诺。要约中确定了承诺期限的，表明要约人规定了要约发生法律效力的期限，超过这个期限不承诺，要约的效力当然归于消灭。第四，受要约人对要约的内容作出实质性变更。受要约人对一项要约的内容作出实质性的变更，为反要约。一般而言，提出反要约就是对要约的拒绝，使要约失去效力，要约人即不受其要约的拘束。

案例评议

重庆市敦康丰足农业开发有限公司等诉重庆帮农兴源食品有限公司租赁合同纠纷案①

2013 年 1 月 8 日，帮农公司作为出租方（甲方）与敦康公司作为承租方（乙方）签订《房屋土地租赁及附条件买卖协议》，双方约定将坐落于黔江区城西街道迎宾大道塘坊居委四组的前后两栋房屋以及有关土地租赁给乙方使用，租赁期限 4 年，两栋商业用房年租金为 8.8 万元，土地和附属建筑年租金为 4.8 万元。敦康公司主张该合同于 2014 年 5 月左右因为帮农公司向其发出解除合同的要约，该公司也对该要约进行了承诺，所以合同已经解除。

◆ **裁判规则**

法院经审理认为，虽然帮农公司认可与敦康公司有过解除合同的协商，但是根据《合同法》的规定，承诺的内容应当与要约的内容一致。受要约人对要约的内容作出实质性变更的，为新要约。敦康公司在接到帮农公司解除租赁合同的要约后，提出对其生产经营损失、装修损失等计算赔偿费用，应当视为敦

① 重庆市第四中级人民法院（2015）渝四中法民终字第 00979 号。

康公司对帮农公司的要约进行了实质的变更，为新要约。因此不能认定双方之间的合同已经于2014年5月左右就解除了，而是因敦康公司对原合同内容作出实质性变更与帮农公司未达成一致导致要约失效。

◆ **评议**

受要约人对要约作出实质性的变更将导致原要约失效。要约人所发出的要约的全部内容作为一个整体，其中往往包含了要约人和受要约人的权利和义务。对于受要约人而言，其应当作出承诺或拒绝承诺的意思表示，而不能仅仅对其中赋予的权利作出承诺，而拒绝其中的实质性义务。本案中，敦康公司与帮农公司就解除租赁合同进行协商，帮农公司发出解除合同的要约，敦康公司提出损失赔偿诉求，应当视为敦康公司同意解除合同的前提是获得相应的赔偿，该诉求属于实质变更，应当为新要约。

第四百七十九条　【承诺的定义】

承诺是受要约人同意要约的意思表示。

本条来源

本条来源于《合同法》第二十一条的规定，条文无变动。

条文释义

所谓承诺，是指受要约人同意接受要约的全部条件以缔结合同的意思表示。在商业交易中，与“发盘”“发价”等相对称，承诺称作“接受”。在一般情况下，承诺作出生效后合同即告成立。作为使合同得以成立生效的承诺，必须具备一定的条件：第一，承诺必须由受要约人作出；第二，承诺须向要约人作出；第三，承诺的内容须与要约保持一致；第四，承诺必须在要约的有效期内作出。

第四百八十条　【承诺的方式】

承诺应当以通知的方式作出；但是，根据交易习惯或者要约表明可以通过行为作出承诺的除外。

本条来源

本条来源于《合同法》第二十二条的规定："承诺应当以通知的方式作出，但根据交易习惯或者要约表明可以通过行为作出承诺的除外。"本条将"但"改成"但是"。

条文释义

承诺方式，是指受要约人将其承诺的意思表示传达给要约人所采用的方式。对一项要约作出承诺即可使合同成立，因此承诺以何种方式作出是很重要的事情。本条规定，承诺应当以通知的方式作出。但是，如果要约人对承诺方式没有特定要求，也可以根据交易习惯或者以行为方式承诺。所谓以行为承诺，是由受要约人的行为来推断其作出承诺。

当然，如果要约人在要约中规定承诺需用特定方式的，承诺人作出承诺时，必须符合要约人规定的承诺方式。即使是要求的方式在一般人看来很特别，只要不为法律所禁止或者不属于在客观上根本不可能，受要约人都必须遵守。

法条关联

◆《民法典总则编》

第一百四十条　行为人可以明示或者默示作出意思表示。

沉默只有在有法律规定、当事人约定或者符合当事人之间的交易习惯时，才可以视为意思表示。

◆《最高人民法院关于适用〈中华人民共和国合同法〉若干问题的解释（二）》

第七条　下列情形，不违反法律、行政法规强制性规定的，人民法院可以认定为合同法所称"交易习惯"：

（一）在交易行为当地或者某一领域、某一行业通常采用并为交易对方订立合同时所知道或者应当知道的做法；

（二）当事人双方经常使用的习惯做法。

对于交易习惯，由提出主张的一方当事人承担举证责任。

第四百八十一条　【承诺的期限】

承诺应当在要约确定的期限内到达要约人。

要约没有确定承诺期限的，承诺应当依照下列规定到达：

（一）要约以对话方式作出的，应当即时作出承诺；

（二）要约以非对话方式作出的，承诺应当在合理期限内到达。

本条来源

本条来源于《合同法》第二十三条的规定："承诺应当在要约确定的期限内到达要约人。要约没有确定承诺期限的，承诺应当依照下列规定到达：（一）要约以对话方式作出的，应当即时作出承诺，但当事人另有约定的除外；（二）要约以非对话方式作出的，承诺应当在合理期限内到达。"相较于原法条，本条删除了"但当事人另有约定的除外"。

立法演变

一次审议稿、二次审议稿的第二百七十二条和《民法典（草案）》第四百八十一条作了上述改动，并最终为本条所采用。

条文释义

本条是对承诺到达时间的规定。要约中规定了承诺期限的，承诺必须在要约规定的期限内到达要约人。超过承诺期限，则要约失效，在此期限内作出的承诺才是有效的承诺。

第一，要约没有规定承诺期限的，如果是口头要约，则按照一般规则要求，必须即时承诺才有效。口头发出的要约包括双方面谈提出的要约和在电话交谈中提出的要约，对于这种口头要约，如当时不立即表示接受，则在谈话结束后，该项口头要约即不复存在。第二，要约没有规定承诺期限，如果要约以非对话方式作出，如何确定承诺的期限？本条没有具体规定，只规定"合理期限"。一般认为，"合理期限"应包含以下三个时间段：一是要约到达受要约人的期间；二是为承诺所必要的期间；三是承诺的通知到达要约人所必要的期间。

第四百八十二条 【以信件或者电报等作出的要约的承诺期限计算方法】

要约以信件或者电报作出的，承诺期限自信件载明的日期或者电报交发之日开始计算。信件未载明日期的，自投寄该信件的邮戳日期开始计算。要约以电话、传真、电子邮件等快速通讯方式作出的，承诺期限自要约到达受要约人时开始计算。

本条来源

本条来源于《合同法》第二十四条的规定：“要约以信件或者电报作出的，承诺期限自信件载明的日期或者电报交发之日开始计算。信件未载明日期的，自投寄该信件的邮戳日期开始计算。要约以电话、传真等快速通讯方式作出的，承诺期限自要约到达受要约人时开始计算。”相较于原法条，本条增加了“电子邮件”要约方式的承诺期间起算点。

立法演变

一次审议稿、二次审议稿的第二百七十三条和《民法典（草案）》第四百八十二条作了上述改动，并最终为本条所采用。

条文释义

本条规定了承诺期限的起算点。本条参考了《联合国国际货物销售合同公约》第二十条的规定：“发价人在电报或信件内规定的接受期间，从电报交发时刻或信上载明的发信时期起算，如信上未载明发信日期，则从信封上所载日期起算。发价人以电话、电传或其他快速通讯方法规定的接受期间，以发价送达被发价人时起算。”具体分两种标准，一是对于信件、电报方式的要约，承诺期限自信件中载明的日期起算，如果信件中没有载明日期则从信封上的日期起算，电报则从交发时起算；二是对于电话、传真等快速通讯方式的要约，承诺期限从到达受要约人时起算。

第四百八十三条　【合同成立时间】

承诺生效时合同成立，但是法律另有规定或者当事人另有约定的除外。

本条来源

本条来源于《合同法》第二十五条的规定："承诺生效时合同成立。"相较于原法条，本条增加了"但是法律另有规定或者当事人另有约定的除外"的表述。

立法演变

一次审议稿、二次审议稿的第二百七十四条和《民法典（草案）》第四百八十三条作了上述改动，并最终为本条所采用。

条文释义

本条是对合同成立时间的规定。承诺为意思表示，所以意思表示效力发生之时也就是承诺效力发生之时。承诺生效时合同成立，这是确定合同成立时间的一般原则。但合同成立在理论上还有其他方式，例如同时表示，指对话的当事人双方毫无先后之别，同时向对方为同一内容的要约的意思表示；以及意思实现，是指按照习惯或事件的性质，不需要承诺通知，或者要约人预先声明承诺无需通知，要约人在一定时间内如有可以推断受要约人有承诺意思的客观事实，则可以据此成立合同。

案例评议

友达光电（苏州）有限公司诉苏州悦家超市有限公司买卖合同纠纷案①

2015年8月31日，友达公司员工葛某向悦家超市发送主题为"2015年友达光电夏凉被订购通知"的电子邮件，内容为："1. 恭喜您成为友达光电今年中秋福利品合作商，您可在接到此通知后尽快安排生产制作。2. 合约将于近

① 江苏省苏州市工业园区人民法院（2015）园商初字第03194号。

期拟定，OK后将发给您。”友达公司将《买卖合约书》发送给悦家超市，约定友达公司向悦家超市订购小绵羊欧式印花被的数量和价格等内容。《买卖合约书》同时约定：悦家超市在该《买卖合约书》上加盖公章后交给友达公司。友达公司称其盖章后电话通知悦家超市的业务人员来领取合同，并未实际交付合同。2015年9月11日，悦家超市向友达公司发出《解约声明》，称因友达公司尚未在合约上盖章，合同尚未成立，撤销合作要约，终止合作事宜。友达公司诉至法院，认为悦家超市单方面解约的行为违法，要求判令赔偿损失5000元。

◆ 裁判规则

法院经审理认为，当事人订立合同，采取要约、承诺方式。本案中原告向几家厂商发出的采购需求传递要约意向，系要约邀请。被告向原告发出报价单，包含品牌、规格、数量、质量等信息，该行为表明其主动愿意与原告订立合同的意思表示，内容具体确定，并表明经受原告承诺，被告即受该意思表示约束，构成要约。对于该报价单原告向被告发送电子邮件，通知被告成为中秋福利合作商，邮件中对于报价单内容并无实质性变更，表明其同意要约内容的意思表示，构成有效承诺。承诺生效时合同成立，故原、被告之间的买卖合同于被告收到该承诺邮件时成立。而双方当事人另行签订合同系以书面形式将双方约定的权利义务内容固定下来，合同中有与报价单不一致的内容应视为双方经协商一致进行的变更。被告关于其在合同上盖章系要约并撤销要约的抗辩，无事实依据，法院不予采纳。

◆ 评议

承诺为意思表示，所以意思表示效力发生之时也就是承诺效力发生之时。合同因对要约的承诺而成立，所以承诺效力发生之时，就是合同成立之时。本案中友达公司向悦家超市发出订货的要约邀请，悦家超市以要约形式做了详细的报价，友达公司通知悦家超市予以同意视为承诺。至此，双方之间即形成合同法律关系。根据有约必守原则，悦家超市和友达公司均应当自觉遵守该合同，不得单方解约。因此，法院分析了争议双方的合同法律关系发展过程，最终判定合同关系是持续存在的，悦家超市主张合同已经被解除无法得到支持。

第四百八十四条　【承诺的生效时间】

以通知方式作出的承诺，生效的时间适用本法第一百三十七条的规定。

承诺不需要通知的，根据交易习惯或者要约的要求作出承诺的行为时生效。

本条来源

本条来源于《合同法》第二十六条的规定："承诺通知到达要约人时生效。承诺不需要通知的，根据交易习惯或者要约的要求作出承诺的行为时生效。采用数据电文形式订立合同的，承诺到达的时间适用本法第十六条第二款的规定。"相较于原法条，本条删除了原法条采用数据电文形式订立合同的承诺到达时间。

立法演变

一次审议稿、二次审议稿的第二百七十五条和《民法典（草案）》第四百八十四条作了上述改动，并最终为本条所采用。

条文释义

本条是对承诺生效时间的规定。承诺生效的时间即为合同成立的时间，当事人亦于此时开始享有合同权利、承担合同义务。承诺生效的时间又与合同订立的地点密切相连，与法院管辖的确定以及法律的选择适用密切相关。确定承诺生效的时间非常重要。大陆法系国家在承诺何时生效的问题上采用到达主义，或称为送达主义。根据到达主义，要约人收到承诺通知时，承诺才生效，合同才成立。承诺不需要通知的，根据交易习惯或者要约的要求作出承诺的行为时，承诺生效。

法条关联

◆《民法典总则编》

第一百三十七条　以对话方式作出的意思表示，相对人知道其内容时生效。

以非对话方式作出的意思表示，到达相对人时生效。以非对话方式作出的采用数据电文形式的意思表示，相对人指定特定系统接收数据电文的，该数据电文进入该特定系统时生效；未指定特定系统的，相对人知道或者应当知道该数据电文进入其系统时生效。当事人对采用数据电文形式的意思表示的生效时间另有约定的，按照其约定。

第一百三十八条　无相对人的意思表示，表示完成时生效。法律另有规定的，依照其规定。

第一百三十九条　以公告方式作出的意思表示，公告发布时生效。

◆**《最高人民法院关于适用〈中华人民共和国合同法〉若干问题的解释（二）》**

第七条　下列情形，不违反法律、行政法规强制性规定的，人民法院可以认定为合同法所称“交易习惯”：

（一）在交易行为当地或者某一领域、某一行业通常采用并为交易对方订立合同时所知道或者应当知道的做法；

（二）当事人双方经常使用的习惯做法。

对于交易习惯，由提出主张的一方当事人承担举证责任。

第四百八十五条　【承诺的撤回】

承诺可以撤回。承诺的撤回适用本法第一百四十一条的规定。

本条来源

本条来源于《合同法》二十七条的规定：“承诺可以撤回。撤回承诺的通知应当在承诺通知到达要约人之前或者与承诺通知同时到达要约人。”相较于原法条，本条内容上无实质变化。

立法演变

一次审议稿、二次审议稿的第二百七十六条和《民法典（草案）》的第四百八十五条作了上述改动，并最终为本条所采用。

条文释义

本条规定了承诺撤回的准用性规则。《民法典》第一百四十一条规定："行为人可以撤回意思表示。撤回意思表示的通知应当在意思表示到达相对人前或者与意思表示同时到达相对人。"由于承诺一经送达要约人即发生法律效力，合同即告成立，所以撤回承诺的通知应当在承诺通知到达之前或者与承诺通知同时到达要约人。如果撤回承诺的通知晚于承诺的通知到达要约人，则承诺已经生效，合同已经成立，受要约人便不能撤回承诺。

第四百八十六条 【迟延承诺】

受要约人超过承诺期限发出承诺，或者在承诺期限内发出承诺，按照通常情形不能及时到达要约人的，为新要约；但是，要约人及时通知受要约人该承诺有效的除外。

本条来源

本条来源于《合同法》第二十八条的规定："受要约人超过承诺期限发出承诺的，除要约人及时通知受要约人该承诺有效的以外，为新要约。"相较于原法条，本条增加了"或者在承诺期限内发出承诺，按照通常情形不能及时到达要约人的"的表述。

立法演变

本条在一次审议稿第二百七十七条规定为："受要约人超过承诺期限发出承诺的，或者在承诺期限内发出承诺，但是按照通常情形不能及时到达要约人的，除要约人及时通知受要约人该承诺有效的以外，为新要约。"在二次审议稿第二百七十七条规定为："受要约人超过承诺期限发出承诺，或者在承诺期限内发出承诺，按照通常情形不能及时到达要约人的，为新要约；但是，要约人及时通知受要约人该承诺有效的除外。"

一次审议稿第二百七十七条中"为新要约"这一词组的位置在二次审议稿第二百七十七条中得到调整，这一修改使得对新要约情形的界定更为精确。《民法典（草案)》第四百八十六条采纳了二次审议稿的表述，并最终为本条所采用。

条文释义

承诺本应在承诺期限内作出，超过有效的承诺期限，要约已经失效，对于失效的要约作出同意的意思表示，不能发生承诺的效力，应视为新要约。

《国际商事合同通则》第2.19条中规定：“逾期承诺仍应具有承诺的效力，如果要约人毫不延迟地告知受要约人该承诺具有效力或就该承诺的效力发出通知。”按照该通则的解释，逾期承诺通常无效。本条的规定参考了该通则。受要约人超过承诺期限发出承诺，要约人及时通知受要约人该承诺有效的，该承诺有效。另外，本条的“承诺期限”不仅包括要约人在要约中规定的承诺期限，也包括要约人未规定承诺期限，而根据实际需要推断的合理的承诺期限。

案例评议

周某与江某、钟某股权转让纠纷案①

钟某和周某为共进达公司的股东，各占50%的股权。周某与钟某于2012年8月31日签订《退股协议书》，约定钟某退出经营，并由周某受让其持有的共进达公司50%股份。退股协议签订后，周某支付了部分股权转让款75万元给钟某。2013年1月22日，钟某向周某发出《解除合同声明书》，载明因周某拒不履行退股协议的义务，要求解除退股协议。2013年1月24日，周某向江某、钟某发出“不同意你方无理单方解除《退股协议》的回复”，表明不同意解除退股协议。2013年5月27日，周某向钟某发出《通知催款函》，表示同意解除退股协议，要求钟某归还股权转让款75万元。此后，双方对于如何退还周某已支付的股权转让款未做出合理处理，故周某诉至法院，要求钟某退还股权转让款75万元及其利息。

◆ **裁判规则**

法院经审理认为，钟某于2013年1月22日向周某发出《解除合同声明书》

① 广东省东莞市中级人民法院（2015）东中法民二终字第1129号。

要求解除退股协议，周某于2013年1月24日向江某、钟某回复不同意解除退股协议。据此，钟某关于解除退股协议的要约已因周某拒绝而失效。周某2013年5月27日向钟某发出《通知催款函》表示同意解除退股协议，此为新要约，而钟某一直未对此新要约作出承诺。据此，周某与钟某之间并未成立解除退股协议的合同。周某要求确认退股协议已解除、要求钟某返还股权转让款75万元及利息，法院不予支持。

◆ **评议**

承诺期限届满后，要约自动失效。然而，在实践中，可能因各种原因导致在承诺期限届满后，承诺才到达要约人。合同法为了倡导鼓励交易原则，并未完全否定该行为的法律意义，而是将其作为新要约；一旦原要约人及时对该新要约作出承诺，则依然可以成立一个有效的合同。本案围绕《解除合同声明书》的效力问题展开。该声明书由钟某向周某发出，周某拒绝的回复已经到达钟某，可以视为承诺期限已经届满。此后，周某根据具体情况变化而意图改变想法，打算接受前述解约声明，但是该解约声明已经因拒绝而失去效力。为了维护交易安全和稳定，周某此时发出同意解约的意思表示只能视为新要约，在钟某作出承诺前不能当然地发生合同效力。

第四百八十七条　【未迟发而迟到的承诺】

受要约人在承诺期限内发出承诺，按照通常情形能够及时到达要约人，但是因其他原因致使承诺到达要约人时超过承诺期限的，除要约人及时通知受要约人因承诺超过期限不接受该承诺外，该承诺有效。

本条来源

本条来源于《合同法》第二十九条的规定：“受要约人在承诺期限内发出承诺，按照通常情形能够及时到达要约人，但因其他原因承诺到达要约人时超过承诺期限的，除要约人及时通知受要约人因承诺超过期限不接受该承诺的以外，该承诺有效。”本条增加了“致使”，表意更加清晰。

立法演变

一次审议稿、二次审议稿的第二百七十八条和《民法典（草案）》第四百八十七条作了上述改动，并最终为本条所采用。

条文释义

本条是对承诺并未迟延发出但到达迟到的规定。受要约人在要约的有效期限内发出承诺通知，依通常情形可于有效期限内到达要约人，但因当事人以外原因承诺迟延到达要约人，对这样的承诺，如果要约人不愿意接受，即负有对承诺人及时发送承诺迟到的通知义务。如果要约人及时发出迟到通知后，该迟到的承诺不生效力、合同不成立；如果要约人怠于发送迟到通知，则该迟到的承诺视为未迟到的承诺，具有承诺的效力，合同成立。

第四百八十八条 【承诺对要约内容的实质性变更】

承诺的内容应当与要约的内容一致。受要约人对要约的内容作出实质性变更的，为新要约。有关合同标的、数量、质量、价款或者报酬、履行期限、履行地点和方式、违约责任和解决争议方法等的变更，是对要约内容的实质性变更。

本条来源

本条来源于《合同法》第三十条，条文无变动。

条文释义

本条是关于承诺对要约的内容变更的规定。承诺的内容必须与要约的内容完全一致，不得作任何更改，否则，视为新的要约，这是两大法系一致的原则。但在解释上，也并非铁板一块。因为现实中的承诺往往不是简单地回答“是”或者“同意”，承诺是否与要约完全一致，也是需要进行判断的。例如，要约的主要内容意思一致，仅就要约的附随事项附以条件或者为其他变更，承诺仍为有效。

要求承诺与要约的内容绝对一致，不利于合同的成立，不利于鼓励交易。

对要约的内容并非绝对不可以改变，对非实质内容可以变更，改变实质内容则是一个新要约。同时，本条对实质性条款作了列举，所列项目为实质性条款，但实质性条款不限于所列各项如对法律的选择也应是实质性的条款。本条对于实质性条款项目的列举具有提示性质。所列实质性条款在实际交易的具体合同中是否构成实质性改变，还需就个案进行具体分析。

围绕解决争端等的添加或不同条件，均视为在实质上变更发价的条件。

案例评议

平湖市中兴混凝土有限公司诉浙江梯梯建设有限公司等定作合同纠纷案①

2012 年中兴公司与梯梯公司签订《预拌混凝土（砂浆）定作合同》1 份，约定中兴公司为梯梯公司承建的杭州湾钢贸城商住楼附属工程提供预拌混凝土，结算方式与付款方式按实际供货规格、方量结算。而在 2015 年 8 月 5 日，梯梯公司的代表俞某在主文下方加注“价格按每月信息价下浮 15%，数量由清单核实”等字。经中兴公司催讨，一直未付上述欠款，遂诉至法院。梯梯公司辩称，工程结算款数额及结算时间应当以 2015 年 8 月 5 日确认的清单为依据。

◆ **裁判规则**

法院经审理认为，受要约人对要约的内容作出实质性变更的，为新要约。有关合同标的、数量、质量、价款或者报酬、履行期限、履行地点和方式、违约责任和解决争议方法等的变更，是对要约内容的实质性变更。被告梯梯公司对定作货款的金额变更应视为新的要约，由于中兴公司对梯梯公司新的要约未作出承诺，故梯梯公司的新要约未生效。

◆ **评议**

在本案中，双方当事人于 2012 年就合同结算款达成了合意，其依据在于双方均签章认可了该合同。在工程实施过程中，梯梯公司在中兴公司出具的对账单上提出了与合同约定不同的要求，且该要求属于合同价款结算依据，属于合同的实质内容。由于中兴公司对梯梯公司的单方要求不予认可，故而只能根据 2012 年成立的合同结算合同价款，而不能按照 2015 年 8 月 5 日的单方要求予以结算。

① 浙江省平湖市人民法院（2015）嘉平商初字第 1186 号。

第四百八十九条　【承诺对要约内容的非实质性变更】

承诺对要约的内容作出非实质性变更的，除要约人及时表示反对或者要约表明承诺不得对要约的内容作出任何变更外，该承诺有效，合同的内容以承诺的内容为准。

本条来源

本条来源于《合同法》第三十一条的规定："承诺对要约的内容作出非实质性变更的，除要约人及时表示反对或者要约表明承诺不得对要约的内容作出任何变更的以外，该承诺有效，合同的内容以承诺的内容为准。"本条删除"的以"二字，表述更为简练。

立法演变

一次审议稿、二次审议稿的第二百八十条和《民法典（草案）》第四百八十九条作了上述改动，并最终为本条所采用。

条文释义

本条是关于承诺对要约内容作非实质性变更的规定。承诺对要约内容的非实质性变更，是指受要约人对要约中提出的有关合同标的、数量、质量、价款或者报酬、履行期限、履行地点和方式、违约责任和解决争议方法等以外的要约内容进行的补充、限制和修改。对要约内容的非实质性变更通常有以下几种情形：（1）受要约人在承诺中增加了要约人本来就应遵守的法定义务；（2）受要约人在承诺中增加了对要约的内容进一步说明但不超出要约原有内容的说明性条款；（3）受要约人在承诺中增加了一些建议性、希望性条款，是否接受取决于要约人的意志并且对原合同无关紧要；（4）受要约人在要约人授权范围内对要约作出的修改。承诺对要约的内容作出非实质性变更的，原则上该承诺有效，合同的内容以承诺的内容为准。

第四百九十条 【合同成立时间】

当事人采用合同书形式订立合同的，自当事人均签名、盖章或者按指印时合同成立。在签名、盖章或者按指印之前，当事人一方已经履行主要义务，对方接受时，该合同成立。

法律、行政法规规定或者当事人约定合同应当采用书面形式订立，当事人未采用书面形式但是一方已经履行主要义务，对方接受时，该合同成立。

本条来源

本条来源于《合同法》第三十二条的规定："当事人采用合同书形式订立合同的，自双方当事人签字或者盖章时合同成立。"《合同法》第三十六条的规定："法律、行政法规规定或者当事人约定采用书面形式订立合同，当事人未采用书面形式但一方已经履行主要义务，对方接受的，该合同成立。"《合同法》第三十七条的规定："采用合同书形式订立合同，在签字或者盖章之前，当事人一方已经履行主要义务，对方接受的，该合同成立。"相较于原法条，本条整合并简化了上述三个条文的表述，并且增加"按指印"的方式。

立法演变

本条在一次审议稿第二百八十二条规定为："当事人采用合同书形式订立合同的，自当事人均签字、盖章或者按指印时合同成立。采用合同书形式订立合同，在签字、盖章或者按指印之前，当事人一方已经履行主要义务，对方接受的，该合同成立。法律、行政法规规定或者当事人约定合同应当采用书面形式订立，当事人未采用书面形式但是一方已经履行主要义务，对方接受的，该合同成立。"在二次审议稿第二百八十二条规定为："当事人采用合同书形式订立合同的，自当事人均签字、盖章或者按指印时合同成立。在签字、盖章或者按指印之前，当事人一方已经履行主要义务，对方接受时，该合同成立。法律、行政法规规定或者当事人约定合同应当采用书面形式订立，当事人未采用书面形式但是一方已经履行主要义务，对方接受时，该合同成立。"

本条在二次审议稿中将一次审议稿的第一款和第二款进行整合。《民法典（草案）》第四百九十条沿用了二次审议稿的规定，《民法典》将“签字”改为“签名”。

条文释义

本条是对采用合同书形式订立的合同何时成立的规定。采用合同书等书面形式订立合同，由合同双方当事人签字、盖章是我国企业间订立合同的一般方式。当事人采用合同书形式订立合同的，自双方当事人签字或者盖章时合同成立。但是，双方当事人的签字盖章也只是形式问题，实质上应当追求当事人的真实意思。如果一个以合同书形式订立的合同已经履行，而仅仅是没有签字盖章，就认定合同不成立，则违背了当事人的真实意思。当事人既然已经履行，合同当然成立，除非当事人的协议违背法律的强制性规定。

法律、行政法规规定或者当事人约定采用书面形式订立合同，当事人应当采用书面形式订立合同。在未采用书面形式之前，应当推定合同不成立。但是，形式不是主要的，重要的在于当事人之间是否真正存在一个合同。如果合同已经得到履行，即使没有以规定或者约定的书面形式订立，合同也应当是成立的。如果合同不违反法律的强制性规定，就是有效的。

法条关联

◆**《电子签名法》**

第十三条　电子签名同时符合下列条件的，视为可靠的电子签名：

（一）电子签名制作数据用于电子签名时，属于电子签名人专有；

（二）签署时电子签名制作数据仅由电子签名人控制；

（三）签署后对电子签名的任何改动能够被发现；

（四）签署后对数据电文内容和形式的任何改动能够被发现。

当事人也可以选择使用符合其约定的可靠条件的电子签名。

第十四条　可靠的电子签名与手写签名或者盖章具有同等的法律效力。

◆**《最高人民法院关于适用〈中华人民共和国合同法〉若干问题的解释（二）》**

第五条　当事人采用合同书形式订立合同的，应当签字或者盖章。当事人在合同书上摁手印的，人民法院应当认定其具有与签字或者盖章同等的法律效力。

案例评议

汪甲等诉汪乙等确认合同无效纠纷案[1]

原告汪甲、罗某系夫妻关系，被告汪乙系两原告的长子，被告汪小丙系两原告的孙子（其父汪丙系两原告次子，汪丙于2013年9月因交通事故死亡）。2015年4月21日，在原告汪甲、罗某未在场的情况下，两被告擅自将属于两原告的房屋、山林、自留地等财产进行分割，并签订了书面的分家协议，两被告按分家协议的内容对财产进行分割，两原告得知上述情况后，数次要求两被告归还属于自己的财产，但两被告拒绝归还，被告汪小丙母亲将两原告床铺等物品砸坏，致两原告只能寄住在女儿处。现两原告起诉请求判令依法确认两被告于2015年4月21日所签订的分家协议无效。

◆ **裁判规则**

法院经审理认为：当事人采用合同书形式订立合同的，自双方当事人签字或者盖章时合同成立，依法成立的合同，自成立时生效。现经庭审查明，讼争分家协议中，原告汪甲签名系被告汪乙代书，原告罗某本人未签字，故讼争协议中涉及处分两原告财产及权利的条款应属无效。被告汪小丙答辩称原告汪甲授权汪乙代书签名，两原告追认协议条款且双方已按协议履行的意见法院不予采信。

◆ **评议**

采用合同书形式订立的合同，只要存在双方当事人真实的签章，便告成立。本案中，虽然存在一份书面的分家协议，但是该协议中的签字不是财产所有权人的真实签字，据此不能承认该份合同的法律效力，这也是对公民缔约自主权的保护。

第四百九十一条　【信件、数据电文形式合同和网络合同成立时间】

当事人采用信件、数据电文等形式订立合同要求签订确认书的，签订确认书时合同成立。

---

① 浙江省开化县人民法院（2015）衢开华民初字第189号。

当事人一方通过互联网等信息网络发布的商品或者服务信息符合要约条件的，对方选择该商品或者服务并提交订单成功时合同成立，但是当事人另有约定的除外。

本条来源

本条来源于《合同法》第三十三条的规定：“当事人采用信件、数据电文等形式订立合同的，可以在合同成立之前要求签订确认书。签订确认书时合同成立。”相较于原法条，本条的第二款借鉴《电子商务法》第四十九条的规定，为新增加的内容。《电子商务法》第四十九条规定：“电子商务经营者发布的商品或者服务信息符合要约条件的，用户选择该商品或者服务并提交订单成功，合同成立。当事人另有约定的，从其约定。电子商务经营者不得以格式条款等方式约定消费者支付价款后合同不成立；格式条款等含有该内容的，其内容无效。”

立法演变

本条在一次审议稿第二百八十三条规定为：“当事人采用信件、数据电文等形式订立合同要求签订确认书的，签订确认书时合同成立。当事人一方通过互联网等信息网络发布的商品或者服务信息符合要约条件的，对方选定商品或者服务并提交订单成功时合同成立，但是当事人另有约定或者另有交易习惯的除外。”在二次审议稿第二百八十三条规定为：“当事人采用信件、数据电文等形式订立合同要求签订确认书的，签订确认书时合同成立。当事人一方通过互联网等信息网络发布的商品或者服务信息符合要约条件的，对方选择该商品或者服务并提交订单成功时合同成立，但是当事人另有约定的除外。”

二次审议稿删除一次审议稿“或者另有交易习惯的”表述，以此限制当事人一方通过互联网等信息网络发布的商品或者服务信息符合要约条件的，对方选定商品或者服务并提交订单成功时合同成立的例外情形。《民法典》采纳了二次审议稿第二百八十三条及《民法典（草案）》第四百九十一条的规定，并最终为本条所采用。

条文释义

本条是对确认书的规定。当事人在合同的订立过程中，有时会提出签订确认书的要求。按照我国对外贸易企业的习惯做法，双方以函电方式达成协议后，中方往往还要提出一式两份的销售确认书，双方签字后，作为合同正式成立的依据。这种销售确认书实质上是一份简单的书面合同。

当事人对于网购合同成立的特殊书面形式有约定的依约定。

第四百九十二条　【合同成立地点】

承诺生效的地点为合同成立的地点。

采用数据电文形式订立合同的，收件人的主营业地为合同成立的地点；没有主营业地的，其住所地为合同成立的地点。当事人另有约定的，按照其约定。

本条来源

本条来源于《合同法》第三十四条：“承诺生效的地点为合同成立的地点。采用数据电文形式订立合同的，收件人的主营业地为合同成立的地点；没有主营业地的，其经常居住地为合同成立的地点。当事人另有约定的，按照其约定。”相较于原法条，本条将“经常居住地”改为“住所地”。

条文释义

本条是对合同成立地点的规定。一般来说，承诺生效合同成立的，承诺生效的地点为合同成立的地点。而法律规定或者当事人约定采用特定形式成立合同的，特定形式完成地点为合同成立的地点。以数据电文形式订立合同，其合同的成立地点规定参考了联合国贸易法委员会的《电子商业示范法》的规定，收件人的主营业地为合同成立的地点；没有主营业地的，其经常居住地为合同成立的地点。

第四百九十三条　【书面合同成立地点】

当事人采用合同书形式订立合同的，最后签名、盖章或者按指印的地点为合同成立的地点，但是当事人另有约定的除外。

本条来源

本条来源于《合同法》第三十五条的规定："当事人采用合同书形式订立合同的，双方当事人签字或者盖章的地点为合同成立的地点。"相较于原法条，本条删除"双方当事人签字或者盖章的地点为合同成立的地点"，增加"最后签名、盖章或者按指印的地点为合同成立的地点，但是当事人另有约定的除外"的表述。

立法演变

一次审议稿、二次审议稿的第二百八十五条和《民法典（草案）》的第四百九十三条作了上述改动，并最终为本条所采用。

条文释义

本条是对采用合同书形式订立合同如何确定合同成立地点的规定。要式合同，以要式达成的地点为合同成立的地点。双方当事人在合同成立以前约定以合同书形式订立合同的，以最后签字、盖章或者按指印的地点为合同成立的地点，除非当事人另有约定合同订立的地点。

法条关联

◆《电子签名法》

第十二条　发件人的主营业地为数据电文的发送地点，收件人的主营业地为数据电文的接收地点。没有主营业地的，其经常居住地为发送或者接收地点。

◆《民事诉讼法》

第三十四条　合同或者其他财产权益纠纷的当事人可以书面协议选择被告住所地、合同履行地、合同签订地、原告住所地、标的物所在地等与争议有实际联系的地点的人民法院管辖，但不得违反本法对级别管辖和专属管辖的规定。

◆《最高人民法院关于适用〈中华人民共和国合同法〉若干问题的解释（二）》

第四条 采用书面形式订立合同，合同约定的签订地与实际签字或者盖章地点不符的，人民法院应当认定约定的签订地为合同签订地；合同没有约定签订地，双方当事人签字或者盖章不在同一地点的，人民法院应当认定最后签字或者盖章的地点为合同签订地。

第五条 当事人采用合同书形式订立合同的，应当签字或者盖章。当事人在合同书上摁手印的，人民法院应当认定其具有与签字或者盖章同等的法律效力。

第四百九十四条 【依国家订货任务、指令性任务订立合同及强制要约、强制承诺】

国家根据抢险救灾、疫情防控或者其他需要下达国家订货任务、指令性任务的，有关民事主体之间应当依照有关法律、行政法规规定的权利和义务订立合同。

依照法律、行政法规的规定负有发出要约义务的当事人，应当及时发出合理的要约。

依照法律、行政法规的规定负有作出承诺义务的当事人，不得拒绝对方合理的订立合同要求。

本条来源

本条来源于《合同法》第三十八条的规定：“国家根据需要下达指令性任务或者国家订货任务的，有关法人、其他组织之间应当依照有关法律、行政法规规定的权利和义务订立合同。”相较于原法条，本条进一步明确了该类合同的要约与承诺义务，增加了“国家根据抢险救灾、疫情防控”等订立国家订货合同的情形。

立法演变

本条在一次审议稿第二百八十六条规定为：“国家根据需要下达指令性任务

或者国家订货任务的，有关法人、非法人组织之间应当依照有关法律、行政法规规定的权利和义务订立合同。依照法律、行政法规的规定负有发出要约义务的当事人应当及时发出合理的要约。依照法律、行政法规的规定负有承诺义务的当事人不得拒绝对方合理的订立合同要求。”在二次审议稿第二百八十六条规定为：“国家根据需要下达指令性任务或者国家订货任务的，有关民事主体之间应当依照有关法律、行政法规规定的权利和义务订立合同。依照法律、行政法规的规定负有发出要约义务的当事人，应当及时发出合理的要约。依照法律、行政法规的规定负有承诺义务的当事人，不得拒绝对方合理的订立合同要求。”

二次审议稿第二百八十六条将一次审议稿中的“法人、非法人组织”改为“民事主体”这一法律概念，表述更加简明。《民法典（草案）》第四百九十四条采用了二次审议稿的内容，《民法典》增加了“国家根据抢险救灾、疫情防控或者其他需要”订立国家订货合同的规定。

条文释义

本条是对依照国家的抢险救灾、疫情防控或者其他指令性任务和国家订货任务订立合同的规定。

随着改革开放的深入和扩大，建立社会主义市场经济体制，国家指令性计划管理的范围逐步缩小，数量逐步减少，作用逐渐减弱，市场对资源配置的作用明显增强。但是为了抢险救灾、疫情防控或者维护全国经济和市场的稳定，保证国防军工、重点建设以及国家战略储备的需要，对于国家还必须掌握的一些重要物资，将以国家订货方式逐步取代重要物资分配的指令性计划管理。国家订货与原有的国家指令性计划管理的区别主要是，订货的价格比过去进一步放开，同时国家也不再保证生产企业的生产条件，但可以做协调工作。

为保证国防军工、重点建设以及国家战略储备的需要，对国家下达指令性任务或者国家订货任务的，必须予以充分保障，不能借口合同自由而不落实国家下达的指令性任务或者国家订货任务。依照法律、行政法规的规定负有发出要约义务的当事人，应当及时发出合理的要约。依照法律、行政法规的规定负有作出承诺义务的当事人，不得拒绝对方合理的订立合同要求。

第四百九十五条　【预约合同】

当事人约定在将来一定期限内订立合同的认购书、订购书、预订书等，构成预约合同。

当事人一方不履行预约合同约定的订立合同义务的，对方可以请求其承担预约合同的违约责任。

本条来源

本条来源于《最高人民法院关于审理买卖合同纠纷案件适用法律问题的解释》（法释〔2012〕8号）第二条的规定："当事人签订认购书、订购书、预订书、意向书、备忘录等预约合同，约定在将来一定期限内订立买卖合同，一方不履行订立买卖合同的义务，对方请求其承担预约合同违约责任或者要求解除预约合同并主张损害赔偿的，人民法院应予支持。"相较于该司法解释，本条分两款，分别规定了预约合同的定义以及违反预约合同的违约责任。

立法演变

本条在一次审议稿第二百八十七条规定为："当事人约定在将来订立合同的认购书、订购书、预订书、意向书等，构成预约合同。当事人一方不履行预约合同约定的订立合同义务的，对方可以请求其承担预约合同的违约责任。"在二次审议稿第二百八十七条规定为："当事人约定在将来一定期限内订立合同的认购书、订购书、预订书、意向书等，构成预约合同。当事人一方不履行预约合同约定的订立合同义务的，对方可以请求其承担预约合同的违约责任。"

该条在二次审议稿中比一次审议稿多了"一定期限内"，表述更严谨。《民法典（草案）》四百九十五条采纳了二次审议稿的表述，《民法典》删除了"意向书"。

条文释义

预约合同，是指当事人之间将来订立合同的合同。对于当事人的约定是预约还是本约，虽然在理论上容易区分，但在实践中却不易判断，因此应探求当事人的真意加以认定。在交易实践中，当事人有时对合同未能采用规范的名称，如将买卖合同称为订购或预订合同。对于此类合同，不应仅以名称将其认定为预约或本约，而是应考察其内容是否已经具备该类合同的核心要素。如果已经具备，无另行订立合同的必要，则为本约。

由于预约合同具备合同所有的法律要件，因此本条规定，当事人一方不履行预约合同约定的订立合同义务的，对方可以请求其承担预约合同的违约责任。

法条关联

◆《最高人民法院关于审理商品房买卖合同纠纷案件适用法律若干问题的解释》

第五条 商品房的认购、订购、预订等协议具备《商品房销售管理办法》第十六条规定的商品房买卖合同的主要内容，并且出卖人已经按照约定收受购房款的，该协议应当认定为商品房买卖合同。

案例评议

成都讯捷通讯连锁有限公司与四川蜀都实业有限责任公司、四川友利投资控股股份有限公司房屋买卖合同纠纷案①

2006年9月20日，讯捷公司与蜀都实业公司就位于蜀都大厦北一楼及中庭建筑面积2100平方米的房屋买卖事宜达成协议，签订了《购房协议书》，对该房屋的坐落位置、面积、价款及违约责任等作了明确约定。双方口头约定，等蜀都实业公司将房屋过户至讯捷公司名下后，讯捷公司及时向蜀都实业公司付清剩余房款。后讯捷公司与蜀都实业公司就房屋过户登记及价款支付等相关事宜经过多次磋商未果。2010年3月3日，蜀都实业公司向讯捷公司送达了解除2006年9月20日双方签订的《购房协议书》的通知函。

◆ **裁判规则**

法院经审理认为，蜀都实业公司与讯捷公司在2006年9月20日签订的《购房协议书》中明确约定了双方拟进行买卖的房屋的位置、面积和价款，应当说具备了一份正式的房屋买卖合同的主要内容，可直接据此履行而无须另订本约。但是，双方当事人虽然约定了房屋的位置、面积及总价款，但仍一致认

---

① 最高人民法院（2013）民提字第90号。

为在付款方式等问题上需要日后进一步磋商，双方的这一意思表示是明确的，而且，当事人在该协议中进一步明确要在将来订立一个新的合同，以最终明确双方之间的房屋买卖法律关系的具体内容。因此，本院认为，案涉《购房协议书》的性质为预约合同，一审、二审判决认定该《购房协议书》的性质为本约是错误的，应予纠正。

◆ **评议**

判断当事人之间订立的合同系本约还是预约的根本标准应当是当事人的意思表示，也就是说，当事人是否有意在将来订立一个新的合同，以最终明确在双方之间形成某种法律关系的具体内容为准。对于当事人之间存在预约关系还是本约关系，不能仅孤立地以当事人之间签订的协议之约定为依据，而是应当综合审查相关协议的内容以及当事人嗣后为达成交易进行的磋商和有关的履行行为等事实，从中探寻当事人真实意思，并据此对当事人之间法律关系的性质作出准确界定。

第四百九十六条　【格式条款】

格式条款是当事人为了重复使用而预先拟定，并在订立合同时未与对方协商的条款。

采用格式条款订立合同的，提供格式条款的一方应当遵循公平原则确定当事人之间的权利和义务，并采取合理的方式提示对方注意免除或者减轻其责任等与对方有重大利害关系的条款，按照对方的要求，对该条款予以说明。提供格式条款的一方未履行提示或者说明义务，致使对方没有注意或者理解与其有重大利害关系的条款的，对方可以主张该条款不成为合同的内容。

本条来源

本条来源于《合同法》第三十九条的规定：“采用格式条款订立合同的，提供格式条款的一方应当遵循公平原则确定当事人之间的权利和义务，并采取合理的方式提请对方注意免除或者限制其责任的条款，按照对方的要求，对该条款予以说明。格式条款是当事人为了重复使用而预先拟定，并在订立合同时未与对方协商的条款。”相较于原法条，本条增加了“提供格式条款的一方未履行提示或者说明义务，致使对方没有注意或者理解与其有重大利害关系的条款的，对方可以主张该条款不成为合同的内容”。同时，本条将原法条第一款和第二款的顺序进行了调整。

立法演变

本条在一次审议稿第二百八十八条规定为：“采用格式条款订立合同的，提供格式条款的一方应当遵循公平原则确定当事人之间的权利和义务，并采取合理的方式提请对方注意免除或者减轻其责任等与对方有重大利害关系的条款，按照对方的要求，对该条款予以说明。提供格式条款的一方未履行提示或者说明义务，致使对方没有注意或者理解与其有重大利害关系的条款的，该条款不产生效力。格式条款是当事人预先拟定，并在订立合同时未与对方协商的条款。”在二次审议稿第二百八十八条规定为：“格式条款是当事人预先拟定，并在订立合同时未与对方协商的条款。采用格式条款订立合同的，提供格式条款的一方应当遵循公平原则确定当事人之间的权利和义务，并采取合理的方式提请对方注意免除或者减轻其责任等与对方有重大利害关系的条款，按照对方的要求，对该条款予以说明。提供格式条款的一方未履行提示或者说明义务，致使对方没有注意或者理解与其有重大利害关系的条款的，对方可以主张该条款不成为合同的组成部分。”

本条在二次审议稿时将一次审议稿中“该条款不产生效力”改为“该条款不成为合同的组成部分”，即由“效力控制”改为“订入控制”更有利于保护相对人。《民法典（草案）》第四百九十六条采纳了二次审议稿的规定，《民法典》则对格式条款的界定中补充了“重复使用”这一特征。

条文释义

“格式条款”，又称为标准条款、标准合同、格式合同、定式合同、定型化合同，也有人称作附合合同等。格式条款具有以下特点：第一，作为要约，其对象具有广泛性。第二，条款具有持久性。格式条款一般是经过认真研究拟定的，在一个相当长的时期内不会改变。第三，条款具体细致。格式条款往往内容繁杂，条款甚多，具体细致。第四，通常由经营者自行拟定或由某行业协会拟定。

使用格式条款的好处与弊端在于，提供商品或者服务的一方往往利用其优势地位，制定有利于自己而不利于交易对方的条款。因此，必须在立法上予以限制。提供格式条款的一方当事人应当采取合理的方式提请对方注意免除或者限制其责任的条款，并按照对方提出的要求，对该类条款予以说明。提供格式条款的一方未履行提示或者说明义务，致使对方没有注意或者理解与其有重大利害关系的条款的，对方可以主张该条款不成为合同的内容。

法条关联

◆《保险法》

第十七条 订立保险合同，采用保险人提供的格式条款的，保险人向投保人提供的投保单应当附格式条款，保险人应当向投保人说明合同的内容。

对保险合同中免除保险人责任的条款，保险人在订立合同时应当在投保单、保险单或者其他保险凭证上作出足以引起投保人注意的提示，并对该条款的内容以书面或者口头形式向投保人作出明确说明；未作提示或者明确说明的，该条款不产生效力。

◆《邮政法》

第二十二条 邮政企业采用其提供的格式条款确定与用户的权利义务的，该格式条款适用《中华人民共和国合同法》关于合同格式条款的规定。

◆《消费者权益保护法》

第二十六条 经营者在经营活动中使用格式条款的，应当以显著方式提请消费者注意商品或者服务的数量和质量、价款或者费用、履行期限和方式、安全注意事项和风险警示、售后服务、民事责任等与消费者有重大利害关系的内容，并按照消费者的要求予以说明。

经营者不得以格式条款、通知、声明、店堂告示等方式，作出排除或者限制消费者权利、减轻或者免除经营者责任、加重消费者责任等对消费者不公平、不合理的规定，不得利用格式条款并借助技术手段强制交易。

格式条款、通知、声明、店堂告示等含有前款所列内容的，其内容无效。

第四百九十七条　【格式条款无效的情形】

有下列情形之一的，该格式条款无效：

（一）具有本法第一编第六章第三节和本法第五百零六条规定的无效情形；

（二）提供格式条款一方不合理地免除或者减轻其责任、加重对方责任、限制对方主要权利；

（三）提供格式条款一方排除对方主要权利。

本条来源

本条来源于《合同法》第四十条的规定："格式条款具有本法第五十二条和第五十三条规定情形的，或者提供格式条款一方免除其责任、加重对方责任、排除对方主要权利的，该条款无效。"相较于原法条，格式条款无效情形的范围有所调整。

立法演变

本条在一次审议稿第二百八十九条规定为："格式条款具有下列情形之一的，该条款无效：（一）总则编第六章和本法第二百九十八条规定的无效情形；（二）提供格式条款一方不合理地免除或者减轻其责任、加重对方责任；（三）提供格式条款一方排除或者限制对方主要权利。"在二次审议稿第二百八十九条规定为："有下列情形之一的，该格式条款无效：（一）具有总则编第六章和本法第二百九十八条规定的无效情形；（二）提供格式条款一方不合理地免除或者减轻其责任、加重对方责任、限制对方主要权利；（三）提供格式条款一方排除对方主要权利。"

本条在一次审议稿将第（三）项中"限制对方主要权利"调整到二次审议稿第（二）项的位置，并明确了该行为的主观心态。《民法典（草案）》第四百九十七条采纳了二次审议稿的规定，《民法典》将"本法总则编"改为"本法第一编"。

条文释义

本条是对格式条款无效的规定。本条明确规定了格式条款在什么情况下无效。首先，具有总则编第六章第三节关于民事法律行为的效力的规定和本法第五百零六条规定合同中的下列免责条款无效：（1）造成对方人身损害的；（2）因故意或者重大过失造成对方财产损失的。其次，如果提供格式条款的一方当事人不合理地免除其责任或减轻责任、加重对方责任、排除对方当事人的主要权利，则该条款无效；“不合理”强调提供格式条款的一方当事人的主观状态。最后，提供格式条款一方排除对方主要权利，此情形并不考虑其主观状态，也应为无效的格式条款。

法条关联

◆《消费者权益保护法》

第二十六条 经营者在经营活动中使用格式条款的，应当以显著方式提请消费者注意商品或者服务的数量和质量、价款或者费用、履行期限和方式、安全注意事项和风险警示、售后服务、民事责任等与消费者有重大利害关系的内容，并按照消费者的要求予以说明。

经营者不得以格式条款、通知、声明、店堂告示等方式，作出排除或者限制消费者权利、减轻或者免除经营者责任、加重消费者责任等对消费者不公平、不合理的规定，不得利用格式条款并借助技术手段强制交易。

格式条款、通知、声明、店堂告示等含有前款所列内容的，其内容无效。

◆《最高人民法院关于适用〈中华人民共和国民事诉讼法〉的解释》

第三十一条 经营者使用格式条款与消费者订立管辖协议，未采取合理方式提请消费者注意，消费者主张管辖协议无效的，人民法院应予支持。

◆《最高人民法院关于适用〈中华人民共和国合同法〉若干问题的解释（二）》

第九条 提供格式条款的一方当事人违反合同法第三十九条第一款关于提示和说明义务的规定，导致对方没有注意免除或者限制其责任的条款，对方当事人申请撤销该格式条款的，人民法院应当支持。

第十条 提供格式条款的一方当事人违反合同法第三十九条第一款的规定，并具有合同法第四十条规定的情形之一的，人民法院应当认定该格式条款无效。

◆《最高人民法院关于审理食品药品纠纷案件适用法律若干问题的规定》

第十六条　食品、药品的生产者与销售者以格式合同、通知、声明、告示等方式作出排除或者限制消费者权利，减轻或者免除经营者责任、加重消费者责任等对消费者不公平、不合理的规定，消费者依法请求认定该内容无效的，人民法院应予支持。

案例评议

余姚众安房地产开发有限公司与周某治等商品房销售合同纠纷上诉案①

2012年11月12日，原告周某治、俞某芳（买受人）与被告众安公司（出卖人）签订《商品房买卖合同》一份。2013年9月23日，原告至被告处就房屋的质量瑕疵问题与被告交涉，房产公司承诺在将所有房屋质量问题解决之后再履行交房手续。2013年3月9日，被告登记取得余姚市城区悦龙湾X幢X号的房屋所有权证（初始登记）；2013年3月25日，被告取得余姚市城区悦龙湾X幢X号的土地使用权（土地使用权分割登记）。二原告依照合同约定将房屋价款5162730元支付给被告。至起诉之日，被告未与原告办理房屋交付手续，亦未向原告交付房地产权属证书。

◆ **裁判规则**

法院经审理认为，据《合同法》第39条、第40条规定：采用格式条款订立合同的，提供格式条款的一方应当遵循公平原则确定当事人之间的权利和义务，并采取合理的方式提请对方注意免除或者限制其责任的条款，按照对方的要求，对该条款予以说明；格式条款具有本法第52条和第53条规定情形的，或者提供格式条款一方免除其责任、加重对方责任、排除对方主要权利的，该条款无效。附件八补充协议第6条第2款系被告方提供，其内容显然置原告方的利益于不顾，导致其权益处于不确定状态，免除了被告按时交付房地产权属证书的义务，应当为无效的格式条款，故被告不能因为双方有此条款的约定而免除其逾期交付权属证书的违约责任。

---

① 浙江省宁波市中级人民法院（2014）浙甬民二终字第470号。

◆ 评议

商品房买卖中开发商的交房义务不仅仅局限于交钥匙，还需出示相应的证明文件，并签署房屋交接单等。合同中分别约定了逾期交房与逾期办证的违约责任，但同时又约定开发商承担了逾期交房的责任之后，逾期办证的违约责任就不予承担的，应认定该约定属于免除开发商按时办证义务的无效格式条款，开发商仍应按照合同约定承担逾期交房、逾期办证的多项违约之责。

第四百九十八条　【格式条款的解释】

对格式条款的理解发生争议的，应当按照通常理解予以解释。对格式条款有两种以上解释的，应当作出不利于提供格式条款一方的解释。格式条款和非格式条款不一致的，应当采用非格式条款。

本条来源

本条来源于《合同法》第四十一条的规定，条文无变动。

条文释义

本条是对格式条款解释以及格式条款与非格式条款不一致时如何处理的规定。对格式条款的理解发生争议的，应当按照通常理解予以解释。“按通常理解予以解释”指的是当提供格式条款的对方订约能力较弱时，可以不按提供格式条款的一方的理解予以解释，而是按可能订立该合同的一般人的理解予以解释，这对保护采用格式条款订立合同的公民、小企业是有利的。有两种以上解释的，应当作出不利于提供格式条款一方的解释，也就是作出有利于其相对方的解释。非格式条款一般是在格式条款外另行商定的条款，或对原来的格式条款重新协商修改的条款，是当事人特别约定的。因此，如果与格式条款不一致，当然采用非格式条款。

法条关联

◆《旅行社条例》

第二十九条 旅行社在与旅游者签订旅游合同时，应当对旅游合同的具体内容作出真实、准确、完整的说明。

旅行社和旅游者签订的旅游合同约定不明确或者对格式条款的理解发生争议的，应当按照通常理解予以解释；对格式条款有两种以上解释的，应当作出有利于旅游者的解释；格式条款和非格式条款不一致的，应当采用非格式条款。

第四百九十九条 【悬赏广告】

悬赏人以公开方式声明对完成特定行为的人支付报酬的，完成该行为的人可以请求其支付。

本条来源

本条来源于《最高人民法院关于适用〈中华人民共和国合同法〉若干问题的解释（二）》（法释〔2009〕5号）第三条的规定：“悬赏人以公开方式声明对完成一定行为的人支付报酬，完成特定行为的人请求悬赏人支付报酬的，人民法院依法予以支持。但悬赏有合同法第五十二条规定情形的除外。”相较于原司法解释，本条明确了悬赏广告中完成特定行为的人的请求权。

立法演变

一次审议稿、二次审议稿的第二百九十一条和《民法典（草案）》的第四百九十九条作了上述改动，并最终为本条所采用。

条文释义

悬赏广告是广告人以不特定的多数人为对象所发出的要约，只要某人完成指定的行为即构成承诺，双方成立合同，完成特定行为的人享有报酬请求权。我国大陆司法实践也大多认为广告人发出悬赏广告实际上是向社会不特定的人发出要约，而行为相对人一旦完成了悬赏广告中的指定行为，就是对广告人作出了有效承诺，双方就形成了债权债务关系。由此可见，我国司法实践也主要采纳了合同说。

第五百条　【缔约过失责任】

当事人在订立合同过程中有下列情形之一，造成对方损失的，应当承担赔偿责任：

（一）假借订立合同，恶意进行磋商；

（二）故意隐瞒与订立合同有关的重要事实或者提供虚假情况；

（三）有其他违背诚信原则的行为。

本条来源

本条来源于《合同法》第四十二条的规定：“当事人在订立合同过程中有下列情形之一，给对方造成损失的，应当承担损害赔偿责任：（一）假借订立合同，恶意进行磋商；（二）故意隐瞒与订立合同有关的重要事实或者提供虚假情况；（三）有其他违背诚实信用原则的行为。”相较于原法条，本条将“损害赔偿责任”改成“赔偿责任”，将“诚实信用原则”改为“诚信原则”等，表述更加精炼严谨。

立法演变

一次审议稿、二次审议稿的第二百九十二条和《民法典（草案）》第五百条作了上述改动，并最终为本条所采用。

条文释义

缔约过失责任指因当事人在订立合同过程中，因违背诚实信用原则而给对方造成损失的赔偿责任。当事人进行合同的谈判，应当遵循诚实信用原则。根据本条规定，有下列情况之一，给对方当事人造成损失的，应当承担损害赔偿责任：第一，假借订立合同，恶意进行磋商。所谓“假借”就是根本没有与对方订立合同的目的，与对方谈判只是个借口，目的是损害对方或者第三人的利益，恶意地与对方进行合同谈判。第二，在订立合同中隐瞒重要事实或者提供虚假情况。第三，其他违背诚实信用原则的行为。当事人如果违背诚实信用原则终止谈判，损害对方当事人利益，要承担缔约过失责任。

第五百零一条 【当事人保密义务】

当事人在订立合同过程中知悉的商业秘密或者其他应当保密的信息，无论合同是否成立，不得泄露或者不正当地使用；泄露、不正当地使用该商业秘密或者信息，造成对方损失的，应当承担赔偿责任。

本条来源

本条来源于《合同法》第四十三条的规定："当事人在订立合同过程中知悉的商业秘密，无论合同是否成立，不得泄露或者不正当地使用。泄露或者不正当地使用该商业秘密给对方造成损失的，应当承担损害赔偿责任。"相较于原法条，本条增加了"其他应当保密的信息"，将"损害赔偿责任"改为"赔偿责任"等。

立法演变

一次审议稿、二次审议稿的第二百九十三条和《民法典（草案）》第五百零一条作了上述改动，并最终为本条所采用。

条文释义

本条是对当事人保密义务的规定。在一般的合同订立过程中，不涉及商业秘密的问题。因此，没有必要将当事人双方在合同谈判的过程中交换的信息都作为商业秘密来处理。这些信息可能是很有用的，也很有价值。但如果不是商业秘密，当事人均可以使用这些信息。无论合同是否达成，当事人均不得泄露或者不正当使用所知悉的商业秘密，而且只要商业秘密的属性未变，无论经过了多长时间，都不得泄露或者不正当地使用，这不仅仅是合同法律的要求，其他法律如反不正当竞争法等也有规定。

法条关联

◆《反不正当竞争法》

第九条 经营者不得实施下列侵犯商业秘密的行为：

（一）以盗窃、贿赂、欺诈、胁迫、电子侵入或者其他不正当手段获取权利人的商业秘密；

（二）披露、使用或者允许他人使用以前项手段获取的权利人的商业秘密；

（三）违反保密义务或者违反权利人有关保守商业秘密的要求，披露、使用或者允许他人使用其所掌握的商业秘密；

（四）教唆、引诱、帮助他人违反保密义务或者违反权利人有关保守商业秘密的要求，获取、披露、使用或者允许他人使用权利人的商业秘密。

经营者以外的其他自然人、法人和非法人组织实施前款所列违法行为的，视为侵犯商业秘密。

第三人明知或者应知商业秘密权利人的员工、前员工或者其他单位、个人实施本条第一款所列违法行为，仍获取、披露、使用或者允许他人使用该商业秘密的，视为侵犯商业秘密。

本法所称的商业秘密，是指不为公众所知悉、具有商业价值并经权利人采取相应保密措施的技术信息、经营信息等商业信息。

第三章　合同的效力

本章概要

合同的效力是指法律赋予依法成立的合同，具有拘束当事人各方乃至第三人的强制力。合同有效与合同生效存在差异，合同生效是指合同不仅具备了有效条件，而且具备了履行的条件。合同未生效是已经成立的合同尚未具备生效要件，法律至少暂时不能完全或完全不能按照当事人的合意赋予法律拘束力，即至少暂时不能发生履行的效果。合同自由的原则是要受到限制的，例如某些合同的免责条款是无效的，并且这些免责条款有可能导致其他条款也无效。相较于《合同法》第三章十六个条文，本章只有七条，作了较大幅度的删减，内容上需特别注意的有：一是删除与总则编民事法律行为效力重复的规定，并明确本章对合同效力没有规定的，应当适用本法总则编第六章第三节的有关规定。二是吸收《全国法院民商事审判工作会议纪要》（法〔2019〕254号）和合同法相关司法解释关于报批义务的规定，明确报批义务条款的相对独立性以及违反报批义务的责任，以更好体现民法典鼓励交易、提倡诚信、保护信赖的理念。

第五百零二条　【合同生效时间】

依法成立的合同，自成立时生效，但是法律另有规定或者当事人另有约定的除外。

依照法律、行政法规的规定，合同应当办理批准等手续的，依照其规定。未办理批准等手续影响合同生效的，不影响合同中履行报批等义务条款以及相关条款的效力。应当办理申请批准等手续的当事人未履行义务的，对方可以请求其承担违反该义务的责任。

依照法律、行政法规的规定，合同的变更、转让、解除等情形应当办理批准等手续的，适用前款规定。

本条来源

本条来源于《合同法》第四十四条的规定："依法成立的合同，自成立时生效。法律、行政法规规定应当办理批准、登记等手续生效的，依照其规定。"相较于原法条，本条对"法律、行政法规规定应当办理批准等手续生效的"合同生效时间有更具体的规定，表述更加清晰严谨。

立法演变

本条在一次审议稿第二百九十四条规定为："依法成立的合同，自成立时生效，但是法律另有规定或者当事人另有约定的除外。法律、行政法规规定应当办理批准、登记等手续生效的，依照其规定。当事人未办理批准、登记等手续的，该合同不生效，但是不影响合同中履行报批、登记等义务条款以及相关条款的效力。应当办理申请批准或者登记等手续的当事人未履行该义务的，对方可以请求其承担违反该义务的责任。法律、行政法规规定合同的变更、转让、解除等情形应当办理批准、登记等手续生效的，依照前款规定处理。"

在二次审议稿第二百九十四条规定为："依法成立的合同，自成立时生效，但是法律另有规定或者当事人另有约定的除外。法律、行政法规规定应当办理批准等手续生效的，依照其规定。未办理批准等手续的，该合同不生效，但是不影响合同中履行报批等义务条款以及相关条款的效力。应当办理申请批准等手续的当事人未履行该义务的，对方可以请求其承担违反该义务的责任。法律、行政法规规定合同的变更、转让、解除等情形应当办理批准等手续生效的，依照前款规定处理。"

本条在一次审议稿中"法律、行政法规规定应当办理批准、登记等手续生效的"表达，在二次审议稿中改为"法律、行政法规规定应当办理批准等手续生效的"，删除"登记"作为合同的生效要件。《民法典（草案）》第五百零二条采用了二次审议稿的规定。《民法典》在《民法典（草案）》规定的基础上，继续作了表述上的修改，表意更为严谨清晰。

条文释义

本条规定的是合同的生效时间。第一，依法成立的合同，自成立时生效。也就是说，合同的生效，原则上是与合同的成立一致的，合同成立就产生效力。那么合同何时成立？根据《民法典合同编》第四百八十三条的规定："承诺生效时合同成立，但是法律另有规定或者当事人另有约定的除外。"例如买卖合同，如果双方当事人对合同的生效没有特别约定，那么双方当事人就买卖合同的主要内容达成一致时，合同就成立并且生效。第二，法律、行政法规规定应当办理批准等手续生效的，自批准时生效。也就是说，某些法律、行政法规规定合同的生效要经过特别程序后才产生法律效力，这是合同生效的特别要件。第三，法律、行政法规规定合同的变更、转让、解除等情形应当办理批准等手续生效的，合同生效时间应当与办理批准等手续生效的时间相同。

法条关联

◆**《最高人民法院关于审理融资租赁合同纠纷案件适用法律问题的解释》**

第三条　根据法律、行政法规规定，承租人对于租赁物的经营使用应当取得行政许可的，人民法院不应仅以出租人未取得行政许可为由认定融资租赁合同无效。

◆**《最高人民法院关于审理外商投资企业纠纷案件若干问题的规定（一）》**

第一条　当事人在外商投资企业设立、变更等过程中订立的合同，依法律、行政法规的规定应当经外商投资企业审批机关批准后才生效的，自批准之日起生效；未经批准的，人民法院应当认定该合同未生效。当事人请求确认该合同无效的，人民法院不予支持。

前款所述合同因未经批准而被认定未生效的，不影响合同中当事人履行报批义务条款及因该报批义务而设定的相关条款的效力。

第二条　当事人就外商投资企业相关事项达成的补充协议对已获批准的合同不构成重大或实质性变更的，人民法院不应以未经外商投资企业审批机关批准为由认定该补充协议未生效。

前款规定的重大或实质性变更包括注册资本、公司类型、经营范围、营业期限、股东认缴的出资额、出资方式的变更以及公司合并、公司分立、股权转让等。

第十三条 外商投资企业股东与债权人订立的股权质押合同，除法律、行政法规另有规定或者合同另有约定外，自成立时生效。未办理质权登记的，不影响股权质押合同的效力。

当事人仅以股权质押合同未经外商投资企业审批机关批准为由主张合同无效或未生效的，人民法院不予支持。

股权质押合同依照物权法的相关规定办理了出质登记的，股权质权自登记时设立。

◆《最高人民法院关于审理城镇房屋租赁合同纠纷案件具体应用法律若干问题的解释》

第四条 当事人以房屋租赁合同未按照法律、行政法规规定办理登记备案手续为由，请求确认合同无效的，人民法院不予支持。

当事人约定以办理登记备案手续为房屋租赁合同生效条件的，从其约定。但当事人一方已经履行主要义务，对方接受的除外。

◆《最高人民法院关于审理涉及农村土地承包纠纷案件适用法律问题的解释》

第十四条 承包方依法采取转包、出租、互换或者其他方式流转土地承包经营权，发包方仅以该土地承包经营权流转合同未报其备案为由，请求确认合同无效的，不予支持。

◆《最高人民法院关于审理涉及国有土地使用权合同纠纷案件适用法律问题的解释》

第八条 土地使用权人作为转让方与受让方订立土地使用权转让合同后，当事人一方以双方之间未办理土地使用权变更登记手续为由，请求确认合同无效的，不予支持。

◆《最高人民法院关于审理商品房买卖合同纠纷案件适用法律若干问题的解释》

第六条 当事人以商品房预售合同未按照法律、行政法规规定办理登记备案手续为由，请求确认合同无效的，不予支持。

当事人约定以办理登记备案手续为商品房预售合同生效条件的，从其约定，但当事人一方已经履行主要义务，对方接受的除外。

◆《最高人民法院关于审理技术合同纠纷案件适用法律若干问题的解释》

第八条 生产产品或者提供服务依法须经有关部门审批或者取得行政许可，

而未经审批或者许可的，不影响当事人订立的相关技术合同的效力。

当事人对办理前款所称审批或者许可的义务没有约定或者约定不明确的，人民法院应当判令由实施技术的一方负责办理，但法律、行政法规另有规定的除外。

◆《最高人民法院关于审理与企业改制相关的民事纠纷案件若干问题的规定》

第十七条　以协议转让形式出售企业，企业出售合同未经有审批权的地方人民政府或其授权的职能部门审批的，人民法院在审理相关的民事纠纷案件时，应当确认该企业出售合同不生效。

第五百零三条　【被代理人对无权代理合同的追认】

无权代理人以被代理人的名义订立合同，被代理人已经开始履行合同义务或者接受相对人履行的，视为对合同的追认。

本条来源

本条来源于《最高人民法院关于适用〈中华人民共和国合同法〉若干问题的解释（二）》第十二条的规定：“无权代理人以被代理人的名义订立合同，被代理人已经开始履行合同义务的，视为对合同的追认。”相较于原司法解释，本条增加了“接受相对人履行”视为对合同的追认的情形。

立法演变

一次审议稿、二次审议稿的第二百九十五条和《民法典（草案）》的第五百零三条作了上述改动，并最终为本条所采用。

条文释义

所谓无权代理合同，就是无代理权人代理他人从事民事行为所签订的合同。对于无权代理人以被代理人名义与他人签订的合同，是一种效力待定的合同。需要被代理人对该合同进行追认。本条的追认，是指被代理人对无权代理行为事后予以承认的一种单方意思表示。这种意思表示可以通过被代理人已经开始履行合同义务或者接受相对人履行的行为的方式作出。

第五百零四条　【越权订立的合同效力】

法人的法定代表人或者非法人组织的负责人超越权限订立的合同，除相对人知道或者应当知道其超越权限外，该代表行为有效，订立的合同对法人或者非法人组织发生效力。

本条来源

本条来源于《合同法》第五十条的规定："法人或者其他组织的法定代表人、负责人超越权限订立的合同，除相对人知道或者应当知道其超越权限的以外，该代表行为有效。"相较于原法条，本条将"其他组织"改为"非法人组织"，概念更为严谨，并补充"订立的合同对法人或者非法人组织发生效力"。

立法演变

一次审议稿第二百九十六条中的"除相对人知道或者应当知道其超越权限的以外"，在二次审议稿第二百九十六条中修改为"除相对人知道或者应当知道其超越权限外"，《民法典（草案）》采纳了二次审议稿的表述，并为本条所采用。同时，本条将"该合同对法人或者非法人组织发生效力"修改为"该代表行为有效，订立的合同对法人或者非法人组织发生效力"。

条文释义

在日常经济活动中，法人或者其他经济组织的经济活动都是经过其法定代表人、负责人进行的，法定代表人、负责人代表法人或者其他组织进行谈判、签订合同等。法定代表人、其他组织的负责人的权限不是无限制的，他们必须在法律规定或者法人章程规定的范围内行使职权。但是在现实经济活动中，却大量存在着法定代表人、负责人超越权限订立合同的情形。一般说来，法定代表人或者其他组织的负责人本身就是法人或者其他组织的组成部分，法定代表人的行为或者其他组织负责人的行为就是法人或者其他组织的行为，因此，他们执行职务的行为所产生的一切后果都应当由法人或者其他组织承担。对于合同的相对人来说，通常认为法定代表人或者其他组织的负责人就是代表法人或者其他组织。一般并不知道也没有义务知道法定代表人或者其他组织负责人的权限到底有哪些，法人或者其他组织的内部规定也不应对合同的相对人构成约束，否则，将不利于保护交易的安全，也不利于保护合同相对人的利益，对合同相对人来说也是不公平的。

案例评议

招商银行股份有限公司大连东港支行与大连振邦氟涂料股份有限公司、大连振邦集团有限公司借款合同纠纷案①

2006年4月30日，招行东港支行与振邦集团公司签订编号为2006年连贷字第SL006号借款合同。2006年6月8日，振邦股份公司出具了编号为2006年连保字第SL002号《不可撤销担保书》，承诺对上述贷款承担连带保证责任，保证范围包括借款本金、利息、罚息、违约金及其他一切相关费用。保证期间为自本保证书生效之日起至借款合同履行期限届满另加两年。2006年4月30日，招行东港支行与振邦股份公司分别签订了两份《抵押合同》。2006年6月8日，招行东港支行按照合同约定将1496.5万元贷款如数转入振邦集团公司账户内。贷款到期后，振邦集团公司未能偿还借款本息。经查，《股东会担保决议》的决议事项并未经过振邦股份公司股东会的同意，振邦股份公司也未就此事召开过股东大会。

2008年6月18日，招行东港支行以振邦集团公司和振邦股份公司为被告，向大连市中级人民法院提起诉讼，请求判令振邦集团公司偿还贷款本金1496.5万元及至给付之日的利息（包括逾期利息）；要求振邦股份公司对上述债务承担连带责任；要求两被告承担诉讼费、保全费等。

◆ **裁判规则**

法院经审理认为，《公司法》第16条第2款规定，公司为公司股东或者实际控制人提供担保的，必须经股东会或者股东大会决议。该条款是关于公司内部控制管理的规定，不应以此作为评价合同效力的依据。《合同法》第50条规定，法人或者其他组织的法定代表人、负责人超越权限订立的合同，除相对人知道或者应当知道超越权限的以外，该代表行为有效。

---

① 最高人民法院（2012）民提字第156号。

◆ **评议**

法定代表人超越权限订立的担保合同，债权人已尽到合理的审查义务的，即债权人经过合理审查后基于一定客观事实有正当理由相信其没有超越代表权限，债权人主观上构成善意。据此，应认定法定代表人的行为构成表见代表，其代表行为有效。担保人抗辩认为其法定代表人订立抵押合同的行为超越代表权，债权人以其对相关股东会决议履行了形式审查义务，主张担保人的法定代表人构成表见代表的，人民法院应予支持。

第五百零五条　【超越经营范围订立的合同效力】

当事人超越经营范围订立的合同的效力，应当依照本法第一编第六章第三节和本编的有关规定确定，不得仅以超越经营范围确认合同无效。

本条来源

本条来源于《最高人民法院关于适用〈中华人民共和国合同法〉若干问题的解释（一）》（法释〔1999〕19号）第十条的规定："当事人超越经营范围订立合同，人民法院不因此认定合同无效。但违反国家限制经营、特许经营以及法律、行政法规禁止经营规定的除外。"相较于原司法解释，本条表述更加明确。

立法演变

一次审议稿和二次审议稿第二百九十七条中的"应当依照总则编第六章和本编的规定确定"，在《民法典（草案）》中修改为"应当依照本法总则编第六章第三节和本编的有关规定确定"，并最终为本条所采用。《民法典》将"总则编"改为"第一编"。

条文释义

本条规定超越经营范围订立的合同效力。企业法人一般性地超越经营范围订立的合同应属有效合同。但是，如果企业法人违反国家限制经营、特许经营以及法律、行政法规禁止经营规定而订立合同，则合同无效。不过，合同之所以无效，并非因当事人超越了经营范围，而是因为该合同违反了法律、行政法规的强制性规定，即因违法而无效。因此，经营范围对企业法人所订合同的效力没有影响。

第五百零六条　【免责条款效力】

合同中的下列免责条款无效：

（一）造成对方人身损害的；

（二）因故意或者重大过失造成对方财产损失的。

本条来源

本条来源于《合同法》第五十三条："合同中的下列免责条款无效：（一）造成对方人身伤害的；（二）因故意或者重大过失造成对方财产损失的。"相较于原法条，本条将"人身伤害"改为"人身损害"。

立法演变

一次审议稿、二次审议稿的第二百九十八条和《民法典（草案）》第五百零六条作了上述改动，并最终为本条所采用。

条文释义

合同中的免责条款是指合同双方当事人在合同中约定免除或者限制一方或者双方当事人未来责任的条款。对于免责条款的效力，法律视不同情况采取了不同的态度。一般来说，当事人经过充分协商确定的免责条款，建立在当事人自愿的基础上，又不违反社会公共利益，法律承认免责条款的效力。但是对于严重违反诚实信用原则或损害社会公共利益的免责条款，法律是禁止的，不但造成免责条款的滥用，而且还会严重损害一方当事人的利益，不利于保护正常的合同交易。本条罗列两种免责条款无效的情形：第一，造成对方人身伤害；第二，因故意或者重大过失给对方造成财产损失。

法条关联

◆《最高人民法院关于适用〈中华人民共和国保险法〉若干问题的解释（二）》

第九条 保险人提供的格式合同文本中的责任免除条款、免赔额、免赔率、比例赔付或者给付等免除或者减轻保险人责任的条款，可以认定为保险法第十七条第二款规定的“免除保险人责任的条款”。

保险人因投保人、被保险人违反法定或者约定义务，享有解除合同权利的条款，不属于保险法第十七条第二款规定的“免除保险人责任的条款”。

第十条 保险人将法律、行政法规中的禁止性规定情形作为保险合同免责条款的免责事由，保险人对该条款作出提示后，投保人、被保险人或者受益人以保险人未履行明确说明义务为由主张该条款不生效的，人民法院不予支持。

第五百零七条 【争议解决条款效力】

合同不生效、无效、被撤销或者终止的，不影响合同中有关解决争议方法的条款的效力。

本条来源

本条来源于《合同法》第五十七条的规定：“合同无效、被撤销或者终止的，不影响合同中独立存在的有关解决争议方法的条款的效力。”相较于原法条，本条增加了“合同不生效”的情形，删除了“独立存在的”的表述，表述更为严谨。

立法演变

本条在一次审议稿第二百九十九条的规定为：“合同不生效、无效、被撤销或者终止的，不影响合同中独立存在的有关解决争议方法的条款的效力。”在二次审议稿第二百九十九条的规定为：“合同不生效、无效、被撤销或者终止的，不影响合同中有关解决争议方法的条款的效力。”

本条二次审议稿中删除了“独立存在的”表述。由于二次审议稿“合同中”可以广义理解为双方任何文本或载体构成的合同关系，且形式上不论独立与否，争议条款可以表现为是合同的部分条款，也可以表现为单独协议。总之，“解决争议方法的条款”的效力不受影响。《民法典（草案）》采纳了二次审议稿第二百九十九条的规定，并最终为本条所采用。

条文释义

合同无效或者被撤销，虽不能产生当事人所预期的法律效果，但并不是不产生任何法律后果。同样，在合同终止的情况下，双方当事人之间也有民事责任的存在。对于如何划分这些民事责任，解决双方之间的民事争议，取决于双方当事人在原合同中是否存在解决争议的条款，若有，意味着当事人对解决争议做出了预先安排。此类条款的效力具有相对独立性，不论合同有效与否、变更与否或者终止与否都不影响该解决争议条款的效力。

法条关联

◆《仲裁法》

第十九条　仲裁协议独立存在，合同的变更、解除、终止或者无效，不影响仲裁协议的效力。

仲裁庭有权确认合同的效力。

◆《最高人民法院关于适用〈中华人民共和国仲裁法〉若干问题的解释》

第十条　合同成立后未生效或者被撤销的，仲裁协议效力的认定适用仲裁法第十九条第一款的规定。

当事人在订立合同时就争议达成仲裁协议的，合同未成立不影响仲裁协议的效力。

第五百零八条　【合同效力援引规定】

本编对合同的效力没有规定的，适用本法第一编第六章的有关规定。

本条来源

本条为新增法条。

立法演变

此条在一次审议稿中未规定，为二次审议稿的新增条文，《民法典（草案)》的第五百零八条采纳了二次审议稿第二百九十九条之一的这一规定，《民法典》仅在适用条文的篇目上进行修改。

条文释义

合同效力的规定可以适用民事法律行为效力的相关规定。

第四章　合同的履行

本章概要

合同履行是债务人全面地、适当地完成合同债务，使债权人实现其合同债权的给付行为和给付结果的统一。合同履行是依法成立的合同所必然发生的法律效果，并且是构成合同法律效力的主要内容，因此是整个合同法的核心。从条文数量上看，本章共二十六条，比《合同法》第四章增加九个条文。从内容上看，变化较大，关键注意以下几个方面：一是增加合同履行应遵循绿色原则。二是借鉴了《电子商务法》第五十一条的规定，明确规定电子商务合同的交付时间，体现了民法典紧跟新时代技术发展的特点。三是增加规定选择之债、利益第三人合同和第三人代为履行权，填补空白。四是补充细化多数人之债的规定，毕竟多数人之债是债法体系的重要内容，总则编规定相对简单。五是吸收合同法司法解释关于情势变更原则的规定，并调和不可抗力与情势变更的关系。六是协调不安抗辩权与预期违约解除制度的关系。

第五百零九条　【合同履行的原则】

当事人应当按照约定全面履行自己的义务。

当事人应当遵循诚信原则，根据合同的性质、目的和交易习惯履行通知、协助、保密等义务。

当事人在履行合同过程中，应当避免浪费资源、污染环境和破坏生态。

本条来源

本条来源于《合同法》第六十条的规定：“当事人应当按照约定全面履行自己的义务。当事人应当遵循诚实信用原则，根据合同的性质、目的和交易习惯履行通知、协助、保密等义务。”相较于原法条，本条增加了“当事人在履行合同过程中，应当避免浪费资源、污染环境和破坏生态”的表述，将“诚实信用原则”改为“诚信原则”。

立法演变

本条在一次审议稿第三百条规定为：“当事人应当按照约定全面履行自己的义务。当事人应当遵循诚信原则，根据合同的性质、目的和交易习惯履行通知、协助、保密和节约资源、减少污染等义务。”在二次审议稿第三百条规定为：“当事人应当按照约定全面履行自己的义务。当事人应当遵循诚信原则，根据合同的性质、目的和交易习惯履行通知、协助、保密等义务。当事人在履行合同过程中，应当避免损害生态环境和浪费资源。”

由于“节约资源、减少污染”不属于合同的附随义务，因此二次审议稿单列一款，与合同的附随义务相区别。《民法典（草案）》采纳了二次审议稿第三百条的规定，并最终为本条所采用。

条文释义

诚实信用原则在合同法中居特殊地位，在合同履行中，诚信履行亦构成合同履行的基本原则。合同的当事人应当依照诚信原则行使债权，履行债务。合同的约定符合诚信原则的，当事人应当严格履行合同，不得擅自变更或者解除。诚信履行原则，又导出履行的附随义务。当事人除应当按照合同约定履行自己的义务外，也要履行合同未作约定但依照诚信原则也应当履行的协助、告知、保密、防止损失扩大等义务。

同时，当事人在履行合同过程中，应当避免浪费资源、污染环境和破坏生态。

法条关联

◆《最高人民法院关于适用〈中华人民共和国合同法〉若干问题的解释（二）》

第七条　下列情形，不违反法律、行政法规强制性规定的，人民法院可以认定为合同法所称“交易习惯”：

（一）在交易行为当地或者某一领域、某一行业通常采用并为交易对方订立合同时所知道或者应当知道的做法；

（二）当事人双方经常使用的习惯做法。

对于交易习惯，由提出主张的一方当事人承担举证责任。

第五百一十条　【合同没有约定或者约定不明的补救措施】

合同生效后，当事人就质量、价款或者报酬、履行地点等内容没有约定或者约定不明确的，可以协议补充；不能达成补充协议的，按照合同相关条款或者交易习惯确定。

本条来源

本条来源于《合同法》第六十一条的规定：“合同生效后，当事人就质量、价款或者报酬、履行地点等内容没有约定或者约定不明确的，可以协议补充；不能达成补充协议的，按照合同有关条款或者交易习惯确定。”相较于原法条，本条将“有关条款”的表述改为“相关条款”。

立法演变

一次审议稿和二次审议稿第三百零一条中的“按照合同有关条款、合同性质、目的或者交易习惯确定”，在《民法典（草案）》中修改为“按照合同有关条款、合同性质、合同目的或者交易习惯确定”，本条将其简化为“按照合同相关条款或者交易习惯确定”。

条文释义

合同的标的、数量是合同的必备条款，需由当事人明确约定。当事人没有约定，或者约定不明确的，合同内容无法确定，合同不成立。当事人约定了合同的标的、数量，不影响合同成立。对质量、价款、履行地点、履行方式、履行期限、履行费用未作出约定，或者约定不明确，当事人可以协议补充确定。不能达成补充协议的，可以通过合同的有关条款或者交易习惯确定。

法条关联

◆《最高人民法院关于审理民事案件适用诉讼时效制度若干问题的规定》

第六条 未约定履行期限的合同，依照合同法第六十一条、第六十二条的规定，可以确定履行期限的，诉讼时效期间从履行期限届满之日起计算；不能确定履行期限的，诉讼时效期间从债权人要求债务人履行义务的宽限期届满之日起计算，但债务人在债权人第一次向其主张权利之时明确表示不履行义务的，诉讼时效期间从债务人明确表示不履行义务之日起计算。

案例评议

李某诉李某全等借款合同纠纷二审案①

李某与李某全原系同事，同为天津泰达园林建设有限公司员工。2011 年 9 月 13 日，李某与李某全签订个人借款还款合同，约定李某全向李某借人民币 60 万元，期限 1 年，到期如数返还；还款期限自签订此协议之日起至 2012 年 9 月 13 日前还清，利率标准未作约定；李某全将御景园 2－4－902 房屋作为还款抵押，抵押期限自本协议生效之日起至李某全还清与本合同有关的全部款项及利率为止；李某全应按照本协议规定的时间主动偿还欠款及利率，并在签订协议之日起交付抵押物权证；李某全如因本身责任不按约支付李某欠款及利息的，应负违约责任。后李某以借款到期后，李某全、刘某伟拒不偿还为由，向法院起诉，诉请判令李某全、刘某伟连带偿还借款 60 万元及相应利息，承担本案诉讼费、保全费、公告费。

① 天津市高级人民法院（2015）二中保民终字第 176 号。

◆ **裁判规则**

本案中，法院同时适用了两类交易习惯。一是认为民事交往中存在捺印即代表郑重确认已发生事实的普遍习惯。二是认为在涉案借款9个月前，李某全向李某也曾借款60万元，亦采取了与涉案借款相似的行为模式，即仅书写借款凭证而不书写收款凭证，且该笔借款已产生诉讼，李某全、李某均未提起上诉。原审法院据此认为，在李某与李某全双方借款关系中，存在着只写借据不写收据的交易习惯，换言之，涉案借款本金60万元已经实际履行。

◆ **评议**

由于交易习惯在很大程度上发挥着替代制定法或填补制定法漏洞的功能，因此，立法者对这一法源的适用十分慎重，《民法总则》第10条明确规定，只有在法律没有规定时，才可以适用交易习惯，且不得违背公序良俗。换言之，交易习惯的适用顺位并非第一位，如果存在其他法律规定或者其他事实因素，可以导出同一裁判结论，即不宜直接适用交易习惯。

从本案所谓交易习惯本身而言，也存在适用不当之处。一是对于普遍交易习惯而言，捺手印是否代表对已发生事实的确认，无充分理由予以证实。二是对于个别交易习惯而言，必须予以说明的是：所谓当事人双方“经常”使用的习惯做法，不等于当事人双方“曾经”使用的习惯做法，而应理解为某种以前“反复”发生的做法。仅以之前曾有过此种借款方式即认定个别交易习惯的存在，理据尚有不足，通过本案当事人交易行为、诉讼行为等诸多事实因素（其中也包括之前一次的借款方式，但还应结合李某取款事实，李某全二审、再审抗辩理由等予以综合认定），即可以得出涉案借款本金60万元已经实际履行的结论，而无需直接适用交易习惯。

第五百一十一条 【合同约定不明确时的履行】

当事人就有关合同内容约定不明确，依据前条规定仍不能确定的，适用下列规定：

（一）质量要求不明确的，按照强制性国家标准履行；没有强制性国家标准的，按照推荐性国家标准履行；没有推荐性国家标准的，按照行业标准履行；没有国家标准、行业标准的，按照通常标准或者符合合同目的的特定标准履行。

（二）价款或者报酬不明确的，按照订立合同时履行地的市场价格履行；依法应当执行政府定价或者政府指导价的，依照规定履行。

（三）履行地点不明确，给付货币的，在接受货币一方所在地履行；交付不动产的，在不动产所在地履行；其他标的，在履行义务一方所在地履行。

（四）履行期限不明确的，债务人可以随时履行，债权人也可以随时请求履行，但是应当给对方必要的准备时间。

（五）履行方式不明确的，按照有利于实现合同目的的方式履行。

（六）履行费用的负担不明确的，由履行义务一方负担；因债权人原因增加的履行费用，由债权人负担。

本条来源

本条来源于《合同法》第六十二条的规定："当事人就有关合同内容约定不明确，依照本法第六十一条的规定仍不能确定的，适用下列规定：（一）质量要求不明确的，按照国家标准、行业标准履行；没有国家标准、行业标准的，按照通常标准或者符合合同目的的特定标准履行。（二）价款或者报酬不明确的，按照订立合同时履行地的市场价格履行；依法应当执行政府定价或者政府指导价的，按照规定履行。（三）履行地点不明确，给付货币的，在接受货币一方所在地履行；交付不动产的，在不动产所在地履行；其他标的，在履行义务一方所在地履行。（四）履行期限不明确的，债务人可以随时履行，债权人也可以随时要求履行，但应当给对方必要的准备时间。（五）履行方式不明确的，按照有利于实现合同目的的方式履行。（六）履行费用的负担不明确的，由履行义务一方负担。"相较于原条文，本条在第一项进行了质量要求履行标准的修改。在第六项增加了"因债权人原因增加的履行费用，由债权人负担"等表述。

立法演变

一次审议稿、二次审议稿的第三百零二条和《民法典（草案）》的第五百一十一条作了上述改动，并最终为本条所采用。

条文释义

当事人在合同中对质量、价款、履行地点、履行方式、履行期限、履行费用未约定，或者约定不明确，既不能通过协商达成补充协议，又不能按照合同的有关条款或者交易习惯确定时，法律作出履行的具体规则规定。

法条关联

◆《民事诉讼法》

第二十三条　因合同纠纷提起的诉讼，由被告住所地或者合同履行地人民法院管辖。

第三十四条　合同或者其他财产权益纠纷的当事人可以书面协议选择被告住所地、合同履行地、合同签订地、原告住所地、标的物所在地等与争议有实际联系的地点的人民法院管辖，但不得违反本法对级别管辖和专属管辖的规定。

第二百六十五条　因合同纠纷或者其他财产权益纠纷，对在中华人民共和国领域内没有住所的被告提起的诉讼，如果合同在中华人民共和国领域内签订或者履行，或者诉讼标的物在中华人民共和国领域内，或者被告在中华人民共和国领域内有可供扣押的财产，或者被告在中华人民共和国领域内设有代表机构，可以由合同签订地、合同履行地、诉讼标的物所在地、可供扣押财产所在地、侵权行为地或者代表机构住所地人民法院管辖。

◆《最高人民法院关于适用〈中华人民共和国民事诉讼法〉的解释》

第十八条　合同约定履行地点的，以约定的履行地点为合同履行地。

合同对履行地点没有约定或者约定不明确，争议标的为给付货币的，接收货币一方所在地为合同履行地；交付不动产的，不动产所在地为合同履行地；其他标的，履行义务一方所在地为合同履行地。即时结清的合同，交易行为地为合同履行地。

合同没有实际履行，当事人双方住所地都不在合同约定的履行地的，由被告住所地人民法院管辖。

第十九条 财产租赁合同、融资租赁合同以租赁物使用地为合同履行地。合同对履行地有约定的，从其约定。

第二十条 以信息网络方式订立的买卖合同，通过信息网络交付标的的，以买受人住所地为合同履行地；通过其他方式交付标的的，收货地为合同履行地。合同对履行地有约定的，从其约定。

第五百一十二条 【电子合同标的交付时间】

通过互联网等信息网络订立的电子合同的标的为交付商品并采用快递物流方式交付的，收货人的签收时间为交付时间。电子合同的标的为提供服务的，生成的电子凭证或者实物凭证中载明的时间为提供服务时间；前述凭证没有载明时间或者载明时间与实际提供服务时间不一致的，以实际提供服务的时间为准。

电子合同的标的物为采用在线传输方式交付的，合同标的物进入对方当事人指定的特定系统且能够检索识别的时间为交付时间。

电子合同当事人对交付商品或者提供服务的方式、时间另有约定的，按照其约定。

本条来源

本条来源于《电子商务法》第五十一条的规定："合同标的为交付商品并采用快递物流方式交付的，收货人签收时间为交付时间。合同标的为提供服务的，生成的电子凭证或者实物凭证中载明的时间为交付时间；前述凭证没有载明时间或者载明时间与实际提供服务时间不一致的，实际提供服务的时间为交付时间。合同标的为采用在线传输方式交付的，合同标的进入对方当事人指定的特定系统并且能够检索识别的时间为交付时间。合同当事人对交付方式、交付时间另有约定的，从其约定。"相较于原法条，本条表述更为严谨。

立法演变

本条在一次审议稿、二次审议稿第三百零三条以及《民法典（草案）》第五百一十二条均规定："通过互联网等信息网络订立的电子合同的标的为交付商品并采用快递物流方式交付的，收货人的签收时间为交付时间。电子合同的标的为提供服务的，生成的电子凭证或者实物凭证中载明的时间为交付时间；前述凭证没有载明时间或者载明时间与实际提供服务时间不一致的，实际提供服务的时间为交付时间。电子合同的标的为采用在线传输方式交付的，合同标的进入对方当事人指定的特定系统并且能够检索识别的时间为交付时间。电子合同当事人对交付方式、交付时间另有约定的，按照其约定。"《民法典》在此基础上，进行了表述上的修改。

条文释义

本条规定了电子合同的交付时间。交付的法律意义主要有三：（1）交付是出卖人履行主合同义务的行为；（2）交付产生标的物所有权转移的法律后果；（3）交付产生标的物风险转移的法律后果。电子交易合同改变了人们的交易方式。与传统的合同形式相比，电子交易合同的买卖双方或多方通常互不见面，体现了交易的效率性以及交易对象的广泛性和不确定性。电子合同因标的不同，交付时间的认定也不同，主要分为三种情况：第一，电子合同的标的为交付商品并采用快递物流方式交付的，收货人的签收时间为交付时间；第二，电子合同的标的为提供服务的，生成的电子凭证或者实物凭证中载明的时间为将会时间；第三，电子合同的标的为采用在线传输方式交付的，合同标的进入对方当事人指定的特定系统并且能够检索识别的时间为交付时间。

案例评议

甲电子（中国）有限公司诉乙电子股份有限公司买卖合同纠纷案[①]

原告甲公司是被告乙公司产品供应商之一，长期有业务往来。被告给原告

① 福建省厦门市中级人民法院（2009）厦民初字第168号。

提供一个网站订单平台供应商登录账号，并通过网站平台向原告发送订单，原告根据订单向被告指定的收货人丙控股有限公司发货。2007 年 12 月 11 日至 2008 年 10 月 9 日，被告乙公司陆续向原告甲公司发出 18 份采购订单，订购电子产品。原告登录该电子交易平台并对采购要约予以承诺。2008 年 6 月 27 日，被告向原告发送 1 份《委托书》，内容为："我司现委托丙公司代表我司接收向贵司所订货物，此安排直至另行通知。"2008 年 10 月，原告向被告指定的收货人发送货物 7 笔。丙公司先后向原告开出四张以原告为收款人或凭指示的南洋商业银行支票。原告于开票日后 3 日内收到了银行的退票通知书。被告未能举证证明直接或者通过丙公司或者任何其他人向原告支付了上述货款。原告遂起诉被告要求支付货款及利息。

◆ **裁判规则**

法院经审理认为：被告乙公司通过网络交易平台向原告甲公司发出 18 份电子采购订单，原告登录该交易平台并对该 18 份采购要约予以承诺，依照《合同法》第 16 条第 2 款、第 26 条第 2 款之规定，双方发出电子信息的行为构成要约和承诺，原、被告之间的买卖合同关系成立并生效。原告向被告指定的收货人发送了货物 7 笔。被告亦承认从丙公司收到了相应货物，故原告履行了相应的合同义务。丙公司向原告开出的 4 张银行支票，遭到退票。被告未能举证证明直接或者通过丙公司或者任何其他人向原告支付了上述货款。不管被告是否向丙公司支付了相应货款，均属于被告与其代理人之间的内部事务。若被告有向丙公司支付货款，丙公司作为代理人未向原告转支付货款的行为后果都应由作为委托人的被告来承担，而不应由交易相对方承担。

◆ **评议**

本案例中，当事人对双方之间通过电子采购订单形式成立的买卖合同本身并无异议，只是对货款是否给付发生了争议，因此，法院在本院认为部分，并未更多地涉及合同的成立及效力问题。如果双方当事人对合同是否成立与生效发生争议，则应更多地适用《合同法》关于电子合同成立及生效的相关规定；如果涉及合同签约主体的身份认定以及电子采购单的证据效力等问题，则无疑会更多地依据《电子签名法》的有关规定作出认定。

第五百一十三条　【政府定价、政府指导价】

执行政府定价或者政府指导价的，在合同约定的交付期限内政府价格调整时，按照交付时的价格计价。逾期交付标的物的，遇价格上涨时，按照原价格执行；价格下降时，按照新价格执行。逾期提取标的物或者逾期付款的，遇价格上涨时，按照新价格执行；价格下降时，按照原价格执行。

本条来源

本条来源于《合同法》第六十三条，条文无变动。

条文释义

本条是对交付期限与价格执行的规定。我国实行宏观经济调控下主要由市场形成价格的机制，价格分为市场调节价和政府指导价、政府定价。合同执行政府定价、政府指导价的，如果合同约定的履行期间政府定价、政府指导价调整，则按标的物交付时的价格计价。在违约情形下，出卖人逾期交付的，遇价格上涨时，按原价格执行；价格下降时，按新价格执行。买受人逾期受领或者逾期付款的，遇价格上涨时，按新价格执行；价格下降时，按原价格执行。

案例评议

湖南省怀化电业局沅陵电业公司与沅陵县君达经济发展有限公司供用电合同纠纷案①

2001 年 4 月 28 日，原告沅陵君达公司与被告沅陵电业公司签订了《电价协议》，约定电价每年 12 月至次年 3 月按每度 0.395 元，8 月至 11 月按每度 0.28 元，4 月至 7 月按每度 0.21 元计算。之后，国家发改委等部门联合下发两个通知，要求取消对高耗能企业的用电优惠，同时规定对高耗能企业的用电价格自 2010 年 6 月 1 日起调整到位。2010 年 4 月 7 日，被告沅陵电业公司通知取消原告沅陵君

① 湖南省怀化市中级人民法院（2015）怀中民二终字第 51 号。

达公司的优惠电价，要求重新签订供电合同，并下达了电费催交通知单。同年5月4日，原告沅陵君达公司交清了所欠电费，并于5月6日向被告沅陵电业公司申请继续执行优惠电价，此后的5月至10月都是按照优惠电价交纳电费。2010年11月19日，被告沅陵电业公司以原告欠付电费为由，对原告沅陵君达公司实施停电措施。

◆ **裁判规则**

法院经审理认为，供电企业执行的是国家上网定价，由政府物价部门对电网价格进行调整。而本案原告沅陵君达公司属于国家明令取消优惠电价的高耗能企业。根据《合同法》第63条的规定，执行政府定价或者政府指导价的，在合同约定的交付期限内政府价格调整时，按照交付时的价格计价。故原告沅陵君达公司在2010年6月1日后应按政府规定的相应电价履行交费义务。因此，原告欠缴电费的事实成立。

◆ **评议**

合同履行阶段有一个重要的调整原则叫作情势变更，是指在合同有效成立后，非因当事人双方的过错而发生情势的变更，致使继续履行会显失公平，因此根据诚实信用原则，当事人可以请求变更或者解除合同的原则。《合同法》第63条正是情势变更原则的具体体现之一：对执行政府定价的合同，当事人双方无法控制合同价格。因此，当政府价格发生调整时，根据情势变更原则，应当按照交付时政府调整的价格计算。

第五百一十四条　【金钱之债中对于履行币种约定不明时的处理】

以支付金钱为内容的债，除法律另有规定或者当事人另有约定外，债权人可以请求债务人以实际履行地的法定货币履行。

本条来源

本条为新增条文。

条文释义

对于金钱之债如何履行，法律另有规定或者当事人另有约定的，依照法律规定或当事人的约定。在金钱之债履行过程中，如果出现履行地点改变的，以实际履行地变更约定履行地的情况，债权人可以请求债务人以实际履行地的法定货币履行。

第五百一十五条　【选择之债中选择权归属与移转】

标的有多项而债务人只需履行其中一项的，债务人享有选择权；但是，法律另有规定、当事人另有约定或者另有交易习惯的除外。

享有选择权的当事人在约定期限内或者履行期限届满未作选择，经催告后在合理期限内仍未选择的，选择权转移至对方。

本条来源

本条为新增条文。

条文释义

选择之债指债的标的有数个，债务人可以择一履行或债权人可择一请求履行的债。选择之债的选择权确定方式有三：第一，法律规定、当事人约定选择权归属或依交易习惯可确定选择权归属的，则依法律规定、当事人约定或交易习惯做法；第二，享有选择权的债务人行使选择权；第三，享有选择权的当事人在约定期间内或者履行期限届满未作选择，经催告后在合理期限内仍未选择的，选择权转移至对方。

第五百一十六条　【选择权的行使方式】

当事人行使选择权应当及时通知对方，通知到达对方时，标的确定。标的确定后不得变更，但是经对方同意的除外。

可选择的标的发生不能履行情形的，享有选择权的当事人不得选择不能履行的标的，但是该不能履行的情形是由对方造成的除外。

本条来源

本条为新增条文。

立法演变

一次审议稿、二次审议稿的第三百零七条以及《民法典（草案）》第五百一十六条均规定："当事人行使选择权应当及时通知对方，通知到达对方时，债务标的确定。确定的债务标的不得变更，但是经对方同意的除外。可选择的债务标的之中发生不能履行情形的，享有选择权的 当事人不得选择不能履行的标的，但是该不能履行的情形是由对方致使的除外。"《民法典》在此基础上进行了表述上的修改。

条文释义

选择权属于形成权，债权人或债务人行使选择权的意思表示到达对方时生效；第三人行使选择权的意思表示到达合同当事人之最后一方时生效。

可选择的债务标的之中发生不能履行情形的，享有选择权的当事人不得选择该不能履行的标的，但如果是由于对方造成此标的无法履行，享有选择权的当事人依然可以选择该标的要求其履行。

第五百一十七条　【按份之债】

债权人为二人以上，标的可分，按照份额各自享有债权的，为按份债权；债务人为二人以上，标的可分，按照份额各自负担债务的，为按份债务。

按份债权人或者按份债务人的份额难以确定的，视为份额相同。

本条来源

本条来源于《民法通则》第八十六条的规定："债权人为二人以上的，按照确定的份额分享权利。债务人为二人以上的，按照确定的份额分担义务。"相较于原法条，本条增加"按份债权人或者按份债务人的份额难以确定的，视为份额相同"的表述。

立法演变

一次审议稿、二次审议稿的第三百零八条和《民法典（草案）》的第五百一十七条作了上述改动，并最终为本条所采用。

条文释义

按份之债是指债的一方当事人为多数，各自按照确定的份额享有权利或者承担债务的债，按份之债可以分为按份债权和按份债务。债权人为两人以上的乃按份债权；债务人为两人以上的乃按份债务。按份债权人或者按份债务人的份额有约定的依约定，难以确定的，视为份额相同。

第五百一十八条 【连带之债】

债权人为二人以上，部分或者全部债权人均可以请求债务人履行债务的，为连带债权；债务人为二人以上，债权人可以请求部分或者全部债务人履行全部债务的，为连带债务。

连带债权或者连带债务，由法律规定或者当事人约定。

本条来源

本条来源于《民法通则》第八十七条的规定：“债权人或者债务人一方人数为二人以上的，依照法律的规定或者当事人的约定，享有连带权利的每个债权人，都有权要求债务人履行义务；负有连带义务的每个债务人，都负有清偿全部债务的义务，履行了义务的人，有权要求其他负有连带义务的人偿付他应当承担的份额。”相较于原法条，本条增加了连带债权和连带债务的产生依据。

立法演变

一次审议稿、二次审议稿的第三百零九条和《民法典（草案）》的第五百一十八条作了上述改动，并最终为本条所采用。

条文释义

连带之债，是指在一个债的关系中，债权人或者债务人有数人时，各个债权人均得请求债务人履行全部债务，各个债务人均负有履行全部债务的义务，且全部债务因债务人全部履行而归于消灭的债。其中，具有连带关系的数个债权人为连带债权人，享有的债权为连带债权；具有连带关系的数个债务人为连带债务人，所负的债务为连带债务。规定连带之债的目的，主要是保护债权人的利益，任一连带债务人均须对连带债务承担全部责任，因而使债权人的债权能够得到最为充分的保证。连带之债中的连带债权也保护债务人的利益，即连带债权人之一向债务人请求实现债权之后，整个债权消灭，其他连带债权人对债务人的请求权消灭，使债务人不受其他连带债权人的责任追究。因此，连带之债与按份之债在保证债权人的利益，平衡债权人和债务人之间的利益，优越性更明显。

连带之债的产生基于两种原因：一是基于法律规定；二是基于当事人约定。

第五百一十九条　【连带债务人的份额确定及追偿权】

连带债务人之间的份额难以确定的，视为份额相同。

实际承担债务超过自己份额的连带债务人，有权就超出部分在其他连带债务人未履行的份额范围内向其追偿，并相应地享有债权人的权利，但是不得损害债权人的利益。其他连带债务人对债权人的抗辩，可以向该债务人主张。

被追偿的连带债务人不能履行其应分担份额的，其他连带债务人应当在相应范围内按比例分担。

本条来源

本条为新增条文。

立法演变

一次审议稿第三百一十条中的“其他连带债务人可向该债务人主张对债权

人享有的抗辩”，在二次审议稿中修改为“其他连带债务人可以向该债务人主张对债权人的抗辩”，《民法典（草案）》进一步修改为“其他连带债务人对债权人的抗辩，可以向该债务人主张”，该表达最终为本法所采用。同时，本条增加“被追偿的连带债务人不能履行其应分担份额的，其他连带债务人应当在相应范围内按比例分担”作为第三款内容。

条文释义

在连带债务中，一个或者数个连带债务人清偿了全部债务，其他债务人的债务也随之消灭。应当看到的是，在连带债务中，尽管连带债务是一个整体的债务，但最终应当分担给每一个连带债务人，而不能由一个债务人承担。因此，当一个连带债务人所清偿的债务没有超过自己应当承担的份额的，实际上是为自己清偿，但超出了自己应当承担的份额的部分，其实是为其他债务人承担，为其他债务人履行债务。所以，在连带债务中，清偿债务的债务人就其超过自己应当负担部分的给付，对其他债务人发生求偿权。

被追偿的连带债务人不能履行其应分担的债权份额的，应由其他连带债务人在相应范围内按比例分担。

第五百二十条　【连带债务涉他效力】

部分连带债务人履行、抵销债务或者提存标的物的，其他债务人对债权人的债务在相应范围内消灭；该债务人可以依据前条规定向其他债务人追偿。

部分连带债务人的债务被债权人免除的，在该连带债务人应当承担的份额范围内，其他债务人对债权人的债务消灭。

部分连带债务人的债务与债权人的债权同归于一人的，在扣除该债务人应当承担的份额后，债权人对其他债务人的债权继续存在。

债权人对部分连带债务人的给付受领迟延的，对其他连带债务人发生效力。

本条来源

本条为新增条文。

条文释义

在连带债务中，就部分债务人所发生的事项，效力及于其他债务人。此条确定了债的履行、抵销、提存、免除、混同具有涉他效力。一般而言，连带债务的外部效力仅发生于上述情形中，不可进行扩张性解释。

法条关联

◆《企业破产法》

第五十二条 连带债务人数人被裁定适用本法规定的程序的，其债权人有权就全部债权分别在各破产案件中申报债权。

◆《最高人民法院关于审理民事案件适用诉讼时效制度若干问题的规定》

第十七条 对于连带债权人中的一人发生诉讼时效中断效力的事由，应当认定对其他连带债权人也发生诉讼时效中断的效力。

对于连带债务人中的一人发生诉讼时效中断效力的事由，应当认定对其他连带债务人也发生诉讼时效中断的效力。

第五百二十一条 【连带债权的内部关系及法律适用】

连带债权人之间的份额难以确定的，视为份额相同。

实际受领债权的连带债权人，应当按比例向其他连带债权人返还。

连带债权参照适用本章连带债务的有关规定。

本条来源

本条为新增条文。

立法演变

一次审议稿第三百一十二条中的“连带债权人的份额难以确定的”及“连

带债权参照适用本编关于连带债务的有关规定”，对应在二次审议稿中修改为“连带债权人之间的份额难以确定的”及“连带债权参照适用本章连带债务的有关规定”，《民法典（草案）》采纳了二次审议稿的规定，该表述最终为本条所采用。同时，《民法典》将第二款中的“实际受领超过自己份额的连带债权人”修改为“实际受领债权的连带债权人”，并删除第三款“但书”内容，即“但是，部分连带债权人免除债务人债务的，在扣除该连带债权人的份额后，不影响其他连带债权人的债权”。

条文释义

本条规定了连带债权的份额。连带债权人之间的份额有约定依约定，无约定视为份额相同。连带债权基本上与连带债务的关系相同，只不过在受领全部给付或者受领超过其应当享有的份额的时候，应按照债权人之间确定的债权比例将其多出的部分交还给其他债权人。连带债权参照适用连带债务的有关规定。

法条关联

◆《企业破产法》

第四十九条　债权人申报债权时，应当书面说明债权的数额和有无财产担保，并提交有关证据。申报的债权是连带债权的，应当说明。

第五百二十二条　【向第三人履行的合同】

当事人约定由债务人向第三人履行债务，债务人未向第三人履行债务或者履行债务不符合约定的，应当向债权人承担违约责任。

法律规定或者当事人约定第三人可以直接请求债务人向其履行债务，第三人未在合理期限内明确拒绝，债务人未向第三人履行债务或者履行债务不符合约定的，第三人可以请求债务人承担违约责任；债务人对债权人的抗辩，可以向第三人主张。

本条来源

本条来源于《合同法》第六十四条的规定：“当事人约定由债务人向第三

人履行债务的，债务人未向第三人履行债务或者履行债务不符合约定，应当向债权人承担违约责任。”相较于原法条，本条增加了债务人向第三人承担违约责任的情形。

立法演变

一次审议稿、二次审议稿的第三百一十三条和《民法典（草案）》的第五百二十二条作了上述改动，并最终为本条所采用。

条文释义

向第三人履行的合同，又称利他合同，或者为第三人利益的合同，指双方当事人约定，由债务人向第三人履行债务，第三人直接取得请求权的合同。合同的第三人亦称受益人。向第三人履行的合同，除应具备债权人与债务人合意等合同成立的一般要件外，还需具备两项特别要件：一是债务由债务人向第三人履行，而不是向债权人履行；二是债权人享有请求债务人向第三人履行的权利。当债务人未向第三人履行债务或者履行债务不符合约定的，应当由债务人向债权人承担违约责任。

向第三人履行的合同，其结构属于基本合同加第三人约款。法律规定或者当事人约定第三人可以直接请求债务人向其履行债务，第三人未在合理期限内明确拒绝，债务人未向第三人履行债务或者履行债务不符合约定的，第三人可以请求债务人承担违约责任；债务人对债权人的抗辩，可以向第三人主张。

法条关联

◆《最高人民法院关于适用〈中华人民共和国合同法〉若干问题的解释（二）》

第十六条 人民法院根据具体案情可以将合同法第六十四条、第六十五条规定的第三人列为无独立请求权的第三人，但不得依职权将其列为该合同诉讼案件的被告或者有独立请求权的第三人。

第五百二十三条 【由第三人履行的合同】

当事人约定由第三人向债权人履行债务，第三人不履行债务或者履行债务不符合约定的，债务人应当向债权人承担违约责任。

本条来源

本条来源于《合同法》第六十五条规定“当事人约定由第三人向债权人履行债务的，第三人不履行债务或者履行债务不符合约定，债务人应当向债权人承担违约责任”。相较于原法条，将“的”进行了表述上修改。

立法演变

一次审议稿、二次审议稿的第三百一十四条和《民法典（草案)》第五百二十三条作了上述改动，并最终为本条所采用。

条文释义

本条规定了由第三人履行的合同。由第三人履行的合同，又称第三人负担的合同，指双方当事人约定债务由第三人履行的合同。由第三人履行的合同以债权人、债务人为合同双方当事人，第三人不是合同的当事人。第三人只负担向债权人履行，不承担合同责任。第三人同意履行后又反悔的，或者债务人事后征询第三人意见，第三人不同意向债权人履行的，或者第三人向债权人瑕疵履行的，违约责任均由债务人承担。第三人不履行的，债务人可以代第三人履行；债务人不代为履行，应当赔偿损失。第三人瑕疵履行的，瑕疵责任由债务人承担。

法条关联

◆《旅游法》

第七十一条　由于地接社、履行辅助人的原因导致违约的，由组团社承担责任；组团社承担责任后可以向地接社、履行辅助人追偿。

由于地接社、履行辅助人的原因造成旅游者人身损害、财产损失的，旅游者可以要求地接社、履行辅助人承担赔偿责任，也可以要求组团社承担赔偿责任；组团社承担责任后可以向地接社、履行辅助人追偿。但是，由于公共交通经营者的原因造成旅游者人身损害、财产损失的，由公共交通经营者依法承担赔偿责任，旅行社应当协助旅游者向公共交通经营者索赔。

第一百一十一条　本法下列用语的含义：

（一）旅游经营者，是指旅行社、景区以及为旅游者提供交通、住宿、餐饮、购物、娱乐等服务的经营者。

（二）景区，是指为旅游者提供游览服务、有明确的管理界限的场所或者区域。

（三）包价旅游合同，是指旅行社预先安排行程，提供或者通过履行辅助人提供交通、住宿、餐饮、游览、导游或者领队等两项以上旅游服务，旅游者以总价支付旅游费用的合同。

（四）组团社，是指与旅游者订立包价旅游合同的旅行社。

（五）地接社，是指接受组团社委托，在目的地接待旅游者的旅行社。

（六）履行辅助人，是指与旅行社存在合同关系，协助其履行包价旅游合同义务，实际提供相关服务的法人或者自然人。

◆《最高人民法院关于审理旅游纠纷案件适用法律若干问题的规定》

第一条 本规定所称的旅游纠纷，是指旅游者与旅游经营者、旅游辅助服务者之间因旅游发生的合同纠纷或者侵权纠纷。

“旅游经营者”是指以自己的名义经营旅游业务，向公众提供旅游服务的人。

“旅游辅助服务者”是指与旅游经营者存在合同关系，协助旅游经营者履行旅游合同义务，实际提供交通、游览、住宿、餐饮、娱乐等旅游服务的人。

旅游者在自行旅游过程中与旅游景点经营者因旅游发生的纠纷，参照适用本规定。

第四条 因旅游辅助服务者的原因导致旅游经营者违约，旅游者仅起诉旅游经营者的，人民法院可以将旅游辅助服务者追加为第三人。

◆《最高人民法院关于适用〈中华人民共和国合同法〉若干问题的解释（二）》

第十六条 人民法院根据具体案情可以将合同法第六十四条、第六十五条规定的第三人列为无独立请求权的第三人，但不得依职权将其列为该合同诉讼案件的被告或者有独立请求权的第三人。

第五百二十四条　【第三人清偿规则】

债务人不履行债务，第三人对履行该债务具有合法利益的，第三人有权向债权人代为履行；但是，根据债务性质、按照当事人约定或者依照法律规定只能由债务人履行的除外。

债权人接受第三人履行后，其对债务人的债权转让给第三人，但是债务人和第三人另有约定的除外。

本条来源

本条为新增法条。

立法演变

本条在一次审议稿中未出现，为二次审议稿第三百一十四条之一增加的条文，为《民法典（草案）》第五百二十四条所采纳，并最终为本条所采用。

条文释义

本条规定了第三人代为履行的效力。如果根据债务性质、按照当事人约定或者依照法律规定，债务不是必须由债务人亲自履行的，且在给付行为为法律行为时，债务清偿可以由第三人履行。债权人接受第三人履行后，原则上其对债务人的债权转让给第三人。

第五百二十五条　【同时履行抗辩权】

当事人互负债务，没有先后履行顺序的，应当同时履行。一方在对方履行之前有权拒绝其履行请求。一方在对方履行债务不符合约定时，有权拒绝其相应的履行请求。

本条来源

本条来源于《合同法》第六十六条规定："当事人互负债务，没有先后履行顺序的，应当同时履行。一方在对方履行之前有权拒绝其履行要求。一方在对方履行债务不符合约定时，有权拒绝其相应的履行要求。”相较于原法条，本条将“履行要求”改为“履行请求”，表述更为规范。

立法演变

一次审议稿、二次审议稿的第三百一十五条和《民法典（草案）》第五百二十五条作了上述改动，并最终为本条所采用。

条文释义

同时履行抗辩权，是指在双务合同中应当同时履行的一方当事人有证据证明另一方当事人在同时履行的时间不能履行或者不能适当履行，到履行期时其享有不履行或者部分履行的权利。同时履行抗辩权的发生，需具备以下条件：一是需基于同一双务合同；二是该合同需由双方当事人同时履行；三是一方当事人有证据证明同时履行的对方当事人不能履行合同或者不能适当履行合同。

同时履行抗辩权属于延期的抗辩权，只是暂时阻止对方当事人请求权的行使，非永久的抗辩权。对方当事人采取了补救措施、变违约为适当履行的情况下，同时履行抗辩权消灭，当事人应当履行自己的义务。当事人行使同时履行抗辩权致使合同迟延履行的，迟延履行的法律后果由对方当事人承担。

第五百二十六条　【后履行抗辩权】

当事人互负债务，有先后履行顺序，应当先履行债务一方未履行的，后履行一方有权拒绝其履行请求。先履行一方履行债务不符合约定的，后履行一方有权拒绝其相应的履行请求。

本条来源

本条来源于《合同法》第六十七条规定：“当事人互负债务，有先后履行顺序，先履行一方未履行的，后履行一方有权拒绝其履行要求。先履行一方履行债务不符合约定的，后履行一方有权拒绝其相应的履行要求。”相较于原法条，将“先履行一方未履行的”改为“应当先履行债务一方未履行的”，将“履行要求”改为“履行请求”，表述更为严谨。

立法演变

一次审议稿、二次审议稿的第三百一十六条和《民法典（草案）》第五百二十六条作了上述改动，并最终为本条所采用。

条文释义

后履行抗辩权，是指在双务合同中应当先履行的一方当事人未履行或者不适当履行，到履行期限的对方当事人享有不履行、部分履行的权利。后履行抗辩权的发生，需具备以下条件：一是需基于同一双务合同；二是该合同需由一方当事人先为履行；三是应当先履行的当事人不履行合同或者不适当履行合同。具备上述条件，发生后履行抗辩权，即没有先履行义务但已到履行期的对方当事人享有不履行或者部分履行的权利。

后履行抗辩权属于延期的抗辩权，只是暂时阻止对方当事人请求权的行使，非永久的抗辩权。对方当事人采取了补救措施、变违约为适当履行的情况下，后履行抗辩权消灭，当事人应当履行自己的义务。当事人行使后履行抗辩权致使合同迟延履行的，迟延履行责任应由对方当事人承担。

法条关联

◆**《最高人民法院关于审理买卖合同纠纷案件适用法律问题的解释》**

第四十四条　出卖人履行交付义务后诉请买受人支付价款，买受人以出卖人违约在先为由提出异议的，人民法院应当按照下列情况分别处理：

（一）买受人拒绝支付违约金、拒绝赔偿损失或者主张出卖人应当采取减少价款等补救措施的，属于提出抗辩；

（二）买受人主张出卖人应支付违约金、赔偿损失或者要求解除合同的，应当提起反诉。

第五百二十七条　【不安抗辩权】

应当先履行债务的当事人，有确切证据证明对方有下列情形之一的，可以中止履行：

（一）经营状况严重恶化；

（二）转移财产、抽逃资金，以逃避债务；

（三）丧失商业信誉；

（四）有丧失或者可能丧失履行债务能力的其他情形。

当事人没有确切证据中止履行的，应当承担违约责任。

本条来源

本条来源于《合同法》第六十八条，条文无变动。

立法演变

本条在一次审议稿第三百一十七条规定为：“应当先履行债务的当事人，有确切证据证明对方有下列情形之一的，可以中止履行：（一）经营状况严重恶化；（二）转移财产、抽逃资金，以逃避债务；（三）丧失商业信誉；（四）有丧失或者可能丧失履行债务能力的其他情形。当事人没有确切证据中止履行的，应当承担违约责任。”在二次审议稿第三百一十七条规定为：“应当先履行债务的当事人，有证据证明对方有下列情形之一的，可以中止履行：（一）经营状况严重恶化；（二）转移财产、抽逃资金，以逃避债务；（三）丧失商业信誉；（四）有丧失或者可能丧失履行债务能力的其他情形。当事人没有证据中止履行的，应当承担违约责任。”本条在二次审议稿删除了一次审议稿中的“确切”二字，《民法典（草案）》第五百二十七条采纳了二次审议稿的表述，《民法典》最终保留“确切”一词。

条文释义

不安抗辩权，又称先履行抗辩权，指双务合同成立后，应当先履行的当事人有证据证明对方不能履行义务，或者有不能履行合同义务的可能时，在对方没有履行或者提供担保之前，有权中止履行合同义务。在双务合同中，应当先履行的当事人没有后履行抗辩权，故法律设立不安抗辩权，使其在对方无力履行的情况下享有拒绝履行合同义务的权利。

后履行合同义务的当事人的情形发生变化，可能是财产上减少，也可能是其他变化。这种变化包括经营状况恶化，转移财产、抽逃资金以逃避债务，丧失商业信誉和其他丧失、可能丧失履行债务能力的情形。具备上述情形，不安抗辩权发生，应当先履行合同义务的当事人可以中止合同的履行。

第五百二十八条　【行使不安抗辩权】

当事人依据前条规定中止履行的，应当及时通知对方。对方提供适当担保的，应当恢复履行。中止履行后，对方在合理期限内未恢复履行能力且未提供适当担保的，视为以自己的行为表明不履行主要债务，中止履行的一方可以解除合同并可以请求对方承担违约责任。

本条来源

本条来源于《合同法》第六十九条的规定："当事人依照本法第六十八条的规定中止履行的，应当及时通知对方。对方提供适当担保时，应当恢复履行。中止履行后，对方在合理期限内未恢复履行能力并且未提供适当担保的，中止履行的一方可以解除合同。"相较于原法条，本条删除了"中止履行的一方可以解除合同"，增加了"视为以自己的行为表明不履行主要债务，中止履行的一方可以解除合同并可以请求对方承担违约责任"等表述。

立法演变

本条在一次审议稿第三百一十八条规定为："当事人依照前条规定中止履行的，应当及时通知对方。对方提供适当担保时，应当恢复履行。中止履行后，对方在合理期限内未恢复履行能力并且未提供适当担保的，视为以自己的行为表明不履行合同义务。"在二次审议稿第三百一十八条规定为："当事人依照前条规定中止履行的，应当及时通知对方。对方提供适当担保的，应当恢复履行。

中止履行后，对方在合理期限内未恢复履行能力并且未提供适当担保的，视为以自己的行为表明不履行合同主要义务，中止履行的一方可以解除合同并可以请求对方承担违约责任。”

本条中的“视为以自己的行为表明不履行主要债务”在一次审议稿表述为“视为以自己的行为表明不履行合同义务”，在二次审议稿中改为“视为以自己的行为表明不履行合同主要义务”，因为合同解除的事由是由于违反合同主要债务，此处为了保持表述一致，而且，视为不履行合同义务的效果也不明确，因此，二次审议稿还增加了中止履行方的解除权并可请求对方承担违约责任。《民法典（草案)》第五百二十八条采用了二次审议稿的规定，《民法典》在此基础上作了表述上的修改。

条文释义

行使不安抗辩权，举证责任在先履行合同义务的当事人，其应当有证据证明对方不能履行合同或者有不能履行合同的可能性。当事人行使不安抗辩权后，应当立即通知对方当事人。

不安抗辩权属延期抗辩权，当事人仅是中止合同的履行。倘若对方当事人提供了担保或者做了对待给付，不安抗辩权消灭，当事人应当履行合同。

应当先履行的当事人行使了不安抗辩权，对方当事人既未提供担保，也不能证明自己的履行能力，视为以自己的行为表明不履行合同主要义务，行使不安抗辩权的当事人有权解除合同，并可请求对方承担违约责任。

第五百二十九条　【因债权人原因致债务履行困难的处理】

债权人分立、合并或者变更住所没有通知债务人，致使履行债务发生困难的，债务人可以中止履行或者将标的物提存。

本条来源

本条来源于《合同法》第七十条的规定，条文无变动。

条文释义

本条规定了因债权人分立、合并或者变更住所没有通知债务人致使债务履行困难时的处理。

法人分立包括法人分立和分解。法人分立指法人分出一部分财产设立新法人，原法人不因分出财产而终止。法人分解是一个法人分成几个法人，原法人解体。法人合并包括法人合并和归并，法人合并是指几个法人合为一个法人，原法人均不存在。法人归并是指一个法人将其财产移交给另一个法人，被并入的法人终止。

债权人分立、合并或者变更住所没有通知债务人，以致债务人履行债务困难的，债务人可以中止履行。债务是给付标的物，标的物适合提存的，债务人也可以将标的物提存。

第五百三十条　【债务人提前履行】

债权人可以拒绝债务人提前履行债务，但是提前履行不损害债权人利益的除外。

债务人提前履行债务给债权人增加的费用，由债务人负担。

本条来源

本条来源于《合同法》第七十一条的规定："债权人可以拒绝债务人提前履行债务，但提前履行不损害债权人利益的除外。债务人提前履行债务给债权人增加的费用，由债务人负担。"相较于原法条，本条将"但"改为"但是"。

立法演变

一次审议稿、二次审议稿的第三百二十条和《民法典（草案）》的第五百三十条作了上述改动，并最终为本条所采用。

条文释义

本条规定了债权人对债务人提前履行债务的处理。债务人应当按照合同约定的期间履行债务。提前履行意味着债务人提出合同的变更。债务人提前履行债务损害债权人利益的，债权人可以拒绝债务人的履行。债务人提前履行债务不损害债权人利益的，债权人应当接受债务人的履行。但是，因债务人提前履行债务给债权人增加负担的，费用应当由债务人承担。

第五百三十一条　【债务人部分履行债务】

债权人可以拒绝债务人部分履行债务，但是部分履行不损害债权人利益的除外。

债务人部分履行债务给债权人增加的费用，由债务人负担。

本条来源

本条来源于《合同法》第七十二条的规定，仅将原条文中的“但”改为“但是”。

立法演变

一次审议稿、二次审议稿的第三百二十一条和《民法典（草案）》的第五百三十一条作了上述改动，并最终为本条所采用。

条文释义

本条规定了债权人对债务人部分履行债务的处理。债务人应当按照合同约定履行债务，仅部分履行，则构成违约。但是若债务人在履行期内先履行部分债务，再履行其余债务的，意味着债务人提出合同的变更。债务人部分履行债务损害债权人利益的，债权人可以拒绝受领。债务人部分履行债务不损害债权人利益的，债权人应当受领。但是，因债务人部分履行给债权人增加负担的，费用应当由债务人承担。

法条关联

◆《最高人民法院关于审理民事案件适用诉讼时效制度若干问题的规定》

第十一条　权利人对同一债权中的部分债权主张权利，诉讼时效中断的效力及于剩余债权，但权利人明确表示放弃剩余债权的情形除外。

第五百三十二条　【当事人变化对合同履行的影响】

合同生效后，当事人不得因姓名、名称的变更或者法定代表人、负责人、承办人的变动而不履行合同义务。

本条来源

本条来源于《合同法》第七十六条的规定，条文无变动。

条文释义

本条规定了当事人不得因姓名、名称、法定代表人的变更或者承办人的变动而不履行合同。

合同生效后，当事人应当按照诚信原则全面履行合同义务，不能因自己的姓名或者名称、法定代表人等的变更而不履行合同义务，也不得因承办人等的变动不履行合同义务。

第五百三十三条　【情势变更】

合同成立后，合同的基础条件发生了当事人在订立合同时无法预见的、不属于商业风险的重大变化，继续履行合同对于当事人一方明显不公平的，受不利影响的当事人可以与对方重新协商；在合理期限内协商不成的，当事人可以请求人民法院或者仲裁机构变更或者解除合同。

人民法院或者仲裁机构应当结合案件的实际情况，根据公平原则变更或者解除合同。

本条来源

本条来源于《最高人民法院关于适用〈中华人民共和国合同法〉若干问题的解释（二）》（法释〔2009〕5号）第二十六条的规定："合同成立以后客观情况发生了当事人在订立合同时无法预见的、非不可抗力造成的不属于商业风险的重大变化，继续履行合同对于一方当事人明显不公平或者不能实现合同目的，当事人请求人民法院变更或者解除合同的，人民法院应当根据公平原则，并结合案件的实际情况确定是否变更或者解除。”相较于原法条，本条将“客观情况”修改为“基础条件”，增加“或者仲裁机构”“受不利影响的当事人可以与对方重新协商；在合理期限内协商不成的”等内容。

立法演变

本条在一次审议稿第三百二十三条规定为：“合同成立后，订立合同的基础发生了当事人在订立合同时无法预见的、非不可抗力造成的不属于商业风险的重大变化，继续履行合同对于当事人一方明显不公平的，受不利影响的当事人可以请求与对方重新协商；在合理期限内协商不成的，当事人可以请求人民法院或者仲裁机构变更或者解除合同。人民法院或者仲裁机构应当结合案件的实际情况，根据公平原则确定变更或者解除合同。”在二次审议稿第三百二十三条规定为：“合同成立后，订立合同的基础条件发生了当事人在订立合同时无法预见的、不属于商业风险的重大变化，继续履行合同对于当事人一方明显不公平的，受不利影响的当事人可以请求与对方重新协商；在合理期限内协商不成的，当事人可以请求人民法院或者仲裁机构变更或者解除合同。人民法院或者仲裁机构应当结合案件的实际情况，根据公平原则确定变更或者解除合同。”

本条在二次审议稿时中删除了一次审议稿中“非不可抗力造成”的表述。《民法典（草案）》采纳了二次审议稿第三百二十三条的规定，并最终为本条所采用。

条文释义

本条规定了情势变更原则。所谓情势变更，是指合同有效成立后，因不可归责于双方当事人的事由发生客观情况重大变化而使合同的基础动摇或者丧失，若继续维持合同会显失公平，因此允许变更合同内容或解除合同。因为情势变更而造成合同履行的障碍，出于趋利，大批违约合同纠纷出现，困扰着司法实务部门。而引入情势变更原则的价值在于，当合同原有的利益平衡因经济的激烈动荡而导致不公正结果时，施以法律的救济。

本条要求严格区分变更的情势与正常的市场风险之间的区别，审慎适用情势变更原则。同时，在合理期限内协商不成的，当事人可以请求人民法院或者仲裁机构变更或者解除合同。人民法院或者仲裁机构应当结合案件的实际情况，根据公平原则确定变更或者解除合同。

法条关联

◆《最高人民法院关于当前形势下审理民商事合同纠纷案件若干问题的指导意见》

1. 当前市场主体之间的产品交易、资金流转因原料价格剧烈波动、市场需求关系的变化、流动资金不足等诸多因素的影响而产生大量纠纷，对于部分当事人在诉讼中提出适用情势变更原则变更或者解除合同的请求，人民法院应当依据公平原则和情势变更原则严格审查。

2. 人民法院在适用情势变更原则时，应当充分注意到全球性金融危机和国内宏观经济形势变化并非完全是一个令所有市场主体猝不及防的突变过程，而是一个逐步演变的过程。在演变过程中，市场主体应当对于市场风险存在一定程度的预见和判断。人民法院应当依法把握情势变更原则的适用条件，严格审查当事人提出的“无法预见”的主张，对于涉及石油、焦炭、有色金属等市场属性活泼、长期以来价格波动较大的大宗商品标的物以及股票、期货等风险投资型金融产品标的物的合同，更要慎重适用情势变更原则。

3. 人民法院要合理区分情势变更与商业风险。商业风险属于从事商业活动的固有风险，诸如尚未达到异常变动程度的供求关系变化、价格涨跌等。情势变更是当事人在缔约时无法预见的非市场系统固有的风险。人民法院在判断某种重大客观变化是否属于情势变更时，应当注意衡量风险类型是否属于社会一般观念上的事先无法预见、风险程度是否远远超出正常人的合理预期、风险是否可以防范和控制、交易性质是否属于通常的“高风险高收益”范围等因素，并结合市场的具体情况，在个案中识别情势变更和商业风险。

4. 在调整尺度的价值取向把握上，人民法院仍应遵循侧重于保护守约方的原则。适用情势变更原则并非简单地豁免债务人的义务而使债权人承受不利后果，而是要充分注意利益均衡，公平合理地调整双方利益关系。在诉讼过程中，人民法院要积极引导当事人重新协商，改订合同；重新协商不成的，争取调解解决。为防止情势变更原则被滥用而影响市场正常的交易秩序，人民法院决定适用情势变更原则作出判决的，应当按照最高人民法院《关于正确适用〈中华人民共和国合同法〉若干问题的解释（二）服务党和国家工作大局的通知》（法〔2009〕165号）的要求，严格履行适用情势变更的相关审核程序。

第五百三十四条　【合同监管】

对当事人利用合同实施危害国家利益、社会公共利益行为的，市场监督管理和其他有关行政主管部门依照法律、行政法规的规定负责监督处理。

本条来源

本条为新增条文。

条文释义

市场监督管理和其他有关行政主管部门有权依照法律、行政法规的规定，对当事人利用合同实施危害国家利益、社会公共利益的行为进行监督处理。

法条关联

◆《合同违法行为监督处理办法》

第五条　各级工商行政管理机关依法监督处理合同违法行为，实行查处与引导相结合，处罚与教育相结合，推行行政指导，督促、引导当事人依法订立、履行合同，维护国家利益、社会公共利益。

第五章　合同的保全

本章概要

合同的保全即合同债的保全，是法律为防止债务人的财产不当减少而给债权人的债权带来危害，允许债权人代债务人之位向第三人行使债务人的权利，或请求法院撤销债务人与第三人的法律行为的制度。债的保全涉及第三人，其效力属于合同的对外效力。债权人的代位权以及债权人的撤销权对债权实现起着积极的保障作用，意义重大。为此，本章在《合同法》三个保全条款基础上，融合合同法司法解释关于保全的适用规则，独立成章，共八条。从内容上看，延续《合同法》，吸收合同法司法解释的相关规定，以完善代位权和撤销权行使规则，此外特别增加撤销权行使法律效果的规定，即债务人影响债权人债权实现的行为被撤销的，自始没有法律约束力。

第五百三十五条　【债权人代位权】

因债务人怠于行使其债权或者与该债权有关的从权利，影响债权人的到期债权实现的，债权人可以向人民法院请求以自己的名义代位行使债务人对相对人的权利，但是该权利专属于债务人自身的除外。

代位权的行使范围以债权人的到期债权为限。债权人行使代位权的必要费用，由债务人负担。

相对人对债务人的抗辩，可以向债权人主张。

本条来源

本条来源于《合同法》第七十三条的规定：“因债务人怠于行使其到期债

权，对债权人造成损害的，债权人可以向人民法院请求以自己的名义代位行使债务人的债权，但该债权专属于债务人自身的除外。代位权的行使范围以债权人的债权为限。债权人行使代位权的必要费用，由债务人负担。”以及《最高人民法院关于适用〈中华人民共和国合同法〉若干问题的解释（一）》（法释〔1999〕19号）第十八条第一款的规定：“在代位权诉讼中，次债务人对债务人的抗辩，可以向债权人主张。”

相较于原法条，本条对代位权的行使条件以及效力规定得更加全面。首先，将债权人可行使代位权的权利由到期债权扩展为“债权”，而不论该“债权”是否已经到期，以及包括担保物权、保证责任等与该“债权”有关的从权利。其次，将原条文中的“对债权人造成损害”改为“影响债权人的到期债权的实现”，从而表述更为精确。最后，将司法解释中的“次债务人”改为“相对人”，从而扩大主体的范围。

立法演变

本条在一次审议稿第三百二十四条规定为：“因债务人怠于行使其权利，影响债权人的债权实现的，债权人可以向人民法院或者仲裁机构请求以自己的名义代位行使债务人的权利，但是该权利专属于债务人自身的除外。代位权的行使范围以债权人的债权为限。债权人行使代位权的必要费用，由债务人负担。”在二次审议稿第三百二十四条规定为：“因债务人怠于行使其权利，影响债权人的到期债权实现的，债权人可以向人民法院请求以自己的名义代位行使债务人对相对人的权利，但是该权利专属于债务人自身的除外。代位权的行使范围以债权人的到期债权为限。债权人行使代位权的必要费用，由债务人负担。相对人对债务人的抗辩，可以向债权人主张。”

相较于一次审议稿，二次审议稿删除“或者仲裁机构”的表述，并增加了“相对人对债务人的抗辩，可以向债权人主张”的内容。《民法典（草案）》采纳了二次审议稿第三百二十四条的规定，《民法典》作了表述上的修改。

条文释义

本条规定了债权人的代位权制度。代位权指债务人怠于行使权利，债权人为保全债权，以自己的名义向第三人行使债务人现有债权的权利。代位权虽有代位诉权、间接诉权之称，然其仍属债权人的实体权利。代位权发生的条件有四个：第一，需债务人对第三人享有债权，倘若债务人没有对外的债权，就无所谓代位权；第二，需债务人怠于行使其债权，债务人应当收取债务，且能够收取，而不收取；第三，债务人怠于行使自己的债权，已害及债权人的债权；第四，需债务人已陷于迟延履行。具备上述条件，债权人即可行使债务人的权利，以自己的名义请求第三人向债务人清偿债务。

法条关联

◆《最高人民法院关于审理民事案件适用诉讼时效制度若干问题的规定》

第十八条　债权人提起代位权诉讼的，应当认定对债权人的债权和债务人的债权均发生诉讼时效中断的效力。

◆《最高人民法院关于适用〈中华人民共和国合同法〉若干问题的解释（二）》

第十七条　债权人以境外当事人为被告提起的代位权诉讼，人民法院根据《中华人民共和国民事诉讼法》第二百四十一条的规定确定管辖。

第五百三十六条　【债权人代位权的提前行使】

债权人的债权到期前，债务人的债权或者与该债权有关的从权利存在诉讼时效期间即将届满或者未及时申报破产债权等情形，影响债权人的债权实现的，债权人可以代位向债务人的相对人请求其向债务人履行、向破产管理人申报或者作出其他必要的行为。

本条来源

本条为新增条文。

立法演变

一次审议稿、二次审议稿的第三百二十五条以及《民法典（草案）》第五百三十六条均规定为："债权人的债权到期前，债务人的权利可能因诉讼时效期间届满或者未及时申报破产债权等情形难以实现的，债权人可以代位向债务人的相对人请求履行、向破产管理人申报或者作出其他必要的行为。”《民法典》将“债务人的权利”改为“债务人的债权或者与该债权有关的从权利”。

条文释义

债权人的债权在到期前，债务人对外享有的债权与该债权有关的从权利存在诉讼时效期间即将届满、超过保证期间等情形。在相对人破产的情况下，还可能未及时申报破产债权等，如果对债务人的上述行为不采取措施，在债权人对债务人的债权到期后，可能会面临没有债权可以代位的情况，债务人的责任财产将因此受损。为保护债权人利益，有必要赋予债权人在债务人债权到期前，可以代位向债务人的相对人请求其向债务人履行、向破产管理人申报或者做出其他必要的行为。

第五百三十七条　【债权人代位权行使效果】

人民法院认定代位权成立的，由债务人的相对人向债权人履行义务，债权人接受履行后，债权人与债务人、债务人与相对人之间相应的权利义务终止。债务人对相对人的债权或者与该债权有关的从权利被采取保全、执行措施，或者债务人破产的，依照相关法律的规定处理。

本条来源

本条来源于《最高人民法院关于适用〈中华人民共和国合同法〉若干问题的解释（一）》（法释〔1999〕19号）第二十条的规定：“债权人向次债务人提起的代位权诉讼经人民法院审理后认定代位权成立的，由次债务人向债权人履行清偿义务，债权人与债务人、债务人与次债务人之间相应的债权债务关系即予消灭。”相较于旧法，本条增加“债务人对相对人的债权或者与该债权有关的从权利被采取保全、执行措施，或者债务人破产的，依照相关法律的规定处理”的表述。

立法演变

本条在一次审议稿第三百二十六条规定为：“人民法院或者仲裁机构认定代

位权成立的，由债务人的相对人向债权人履行义务，债权人接受履行后，债权人与债务人、债务人与其相对人之间相应的权利义务关系终止。”在二次审议稿第三百二十六条规定为：“人民法院认定代位权成立的，由债务人的相对人向债权人履行义务，债权人接受履行后，债权人与债务人、债务人与其相对人之间相应的权利义务终止。”

由于代位权涉及第三人，故而不宜通过仲裁解决。因此二次审议稿较一次审议稿，删除了向仲裁机构请求代位权，意味着仲裁协议约束签署协议的当事人。《民法典（草案）》第五百三十七条采纳二次审议稿的规定，并最终为本条所采用。

条文释义

本条将债权人行使代位权的效果直接归属于行使代位权的债权人，是一种合理的选择，理由在于：其一，激励债权人积极行使代位权。因为如果债权人对行使代位权的效果无优先受偿权，则对行使代位权的债权人有失公正，不利于鼓励债权人行使代位权。其二，由于债务人尚未进入破产程序，也未进入强制执行程序，没有必要要求所有的债权人都申报债权。所以，如果没有其他债权人对同一相对人提起代位权诉讼并获得胜诉，人民法院可以直接判令相对人向该债权人履行债务。其三，由相对人向债权人履行债务，能够节省诉讼成本，符合“诉讼经济”的思想，而且有利于解决现实经济生活中大量存在的“三角债”问题。

法条关联

◆《最高人民法院关于适用〈中华人民共和国合同法〉若干问题的解释（一）》

第二十一条　在代位权诉讼中，债权人行使代位权的请求数额超过债务人所负债务额或者超过次债务人对债务人所负债务额的，对超出部分人民法院不予支持。

第二十二条　债务人在代位权诉讼中，对超过债权人代位请求数额的债权部分起诉次债务人的，人民法院应当告知其向有管辖权的人民法院另行起诉。

债务人的起诉符合法定条件的，人民法院应当受理；受理债务人起诉的人民法院在代位权诉讼裁决发生法律效力以前，应当依法中止。

第五百三十八条　【无偿处分时的债权人撤销权行使】

债务人以放弃其债权、放弃债权担保、无偿转让财产等方式无偿处分财产权益，或者恶意延长其到期债权的履行期限，影响债权人的债权实现的，债权人可以请求人民法院撤销债务人的行为。

本条来源

本条来源于《合同法》第七十四条第一款规定："因债务人放弃其到期债权或者无偿转让财产，对债权人造成损害的，债权人可以请求人民法院撤销债务人的行为。债务人以明显不合理的低价转让财产，对债权人造成损害，并且受让人知道该情形的，债权人也可以请求人民法院撤销债务人的行为。"相较于原法条，本条将债务人以无偿行为损害债权时债权人的撤销权单独列为一个条文。

立法演变

一次审议稿、二次审议稿的第三百二十七条和《民法典（草案）》的第五百三十八条作了上述改动，并最终为本条所采用。

条文释义

引起撤销权发生的最重要条件是债务人做出损害债权的行为。债务人实施损害债权的行为主要指债务人以赠与、免除等无偿行为处分债权。无偿行为不问第三人的主观动机均得撤销。

债务人若以无偿行为损害债权，第三人无论主观上是否有过错，无论是直接受益人还是间接受益人，债权人均有权撤销其行为，恢复财产原状，保护债务人的责任财产。债务人以无偿行为损害债权，直接受益的第三人又将取得的财物以公平价格售给他人时，债权人只能向债务人和第一取得人行使撤销权，不能追及有偿取得人，第一取得人应当将所得的价款返还债务人。

法条关联

◆《最高人民法院关于适用〈中华人民共和国合同法〉若干问题的解释（一）》

第二十三条　债权人依照合同法第七十四条的规定提起撤销权诉讼的，由被告住所地人民法院管辖。

第二十四条　债权人依照合同法第七十四条的规定提起撤销权诉讼时只以债务人为被告，未将受益人或者受让人列为第三人的，人民法院可以追加该受益人或者受让人为第三人。

第二十五条　债权人依照合同法第七十四条的规定提起撤销权诉讼，请求人民法院撤销债务人放弃债权或转让财产的行为，人民法院应当就债权人主张的部分进行审理，依法撤销的，该行为自始无效。

两个或者两个以上债权人以同一债务人为被告，就同一标的提起撤销权诉讼的，人民法院可以合并审理。

第二十六条　债权人行使撤销权所支付的律师代理费、差旅费等必要费用，由债务人负担；第三人有过错的，应当适当分担。

第五百三十九条　【不合理价格交易时的债权人撤销权行使】

债务人以明显不合理的低价转让财产、以明显不合理的高价受让他人财产或者为他人的债务提供担保，影响债权人的债权实现，债务人的相对人知道或者应当知道该情形的，债权人可以请求人民法院撤销债务人的行为。

本条来源

本条来源于《合同法》第七十四条第一款规定：“因债务人放弃其到期债权或者无偿转让财产，对债权人造成损害的，债权人可以请求人民法院撤销债务人的行为。债务人以明显不合理的低价转让财产，对债权人造成损害，并且受让人知道该情形的，债权人也可以请求人民法院撤销债务人的行为。”相较于原法条，本条将债务人以有偿行为损害债权时债权人的撤销权单独列为一个条文。

立法演变

一次审议稿、二次审议稿的第三百二十八条和《民法典（草案）》的第五百三十九条作了上述改动，并最终为本条所采用。

条文释义

债务人、第三人若以有偿行为损害债权，则以债务人实施行为时明知将损害债权人以及第三人受益时明知其情形为限。往往发生债务人与第三人恶意串通，货物价值与价款悬殊，显失公平，故意损害债权人的利益。倘若第三人受益时主观上无恶意，则不能撤销其善意取得的行为，以保护交易之安全。受益的第三人包括直接受益人和间接受益人，直接受益的第三人称为第一取得人，第一取得人又将该物转给他人受益，受益的他人为间接受益的第三人，间接受益人又称转得人，转得人可以是第二取得人、第三取得人以至更后的取得人。债务人与第三人以有偿行为损害债权的，无论第三人是直接受益人还是间接受益人，债权人均有权撤销其行为，恢复财产之原状，保持债务人的责任财产。

案例评议

简某助等与简某兴债权人撤销权纠纷上诉案①

2015 年 11 月 30 日，简某助、江某年与第三人简某杰签订了房地产买卖契约，双方约定简某助、江某年将讼争房产以 224000 元的价格出售给第三人简某杰；并约定于 2015 年 11 月 30 日前以现金方式一次付清购房款，于 2015 年 12 月 1 日移交房屋。而简某助、江某年是夫妻关系，简某助、江某年与第三人简某杰是父母子女关系。简某杰于 2008 年起在大学就读，于 2015 年 10 月参加工作。

同时，简某助、江某年因金融借款、民间借贷纠纷被起诉的案件有 8 件，总计标的额为 3211960 元，并已经南靖县人民法院审理终结。审结案件中已向法院申请强制执行的有 6 件，总计标的额为 2807600 元。简某助、江某年拥有的财产有：坐落在南靖县山城镇富康路 XX 号的店面一间，建设路 XX 号的店面一间，建设路 XX 号 XX 室、XX 室房屋 2 套。上述房产已经被一审法院查封(财产价值尚未评估)。简某助、江某年自述上述房产总价值约人民币 200 余万元，没有其他债权。

① 福建省漳州市中级人民法院（2016）闽 06 民终 1486 号。

◆ **裁判规则**

法院经审理认为，根据《合同法》第74条之规定，判决撤销争讼房产的转让行为。宣判后，被告简某助、江某年，第三人简某杰不服一审判，提起上诉。福建省漳州市中级人民法院经审理后认为，一审判决认定事实清楚，适用法律正确，应予维持。判决驳回上诉，维持原判。

◆ **评议**

根据《合同法》第74条关于债权人撤销权的规定，债务人以明显不合理的低价转让财产，对债权人造成损害，并且受让人知道该情形的，债权人也可以请求人民法院撤销债务人的行为。债务人在没有履行法院确定债务的情况下，将其财产通过买卖的形式转让给其儿子，以合法的手段掩盖主观上非法转移财产之目的，导致债务人的财产明显不足以清偿法院生效裁判确定的债务总额且无其他债权，损害了债权人的合法权益。这种买卖行为不受法律保护，符合合同法规定的债权人行使撤销权的条件，应当准予撤销。

第五百四十条　【债权人撤销权行使范围以及必要费用承担】

撤销权的行使范围以债权人的债权为限。债权人行使撤销权的必要费用，由债务人负担。

本条来源

本条来源于《合同法》第七十四条第二款的规定，内容无变动。

条文释义

关于撤销权行使的范围，学界有三种不同主张：一是以行使撤销权的债权人的债权额为限；二是以全体债权人的债权额为限；三是以债务人不法处置的财产额为限。本条规定撤销权的行使范围以债权人的债权为限。此处的债权人，是指行使撤销权的债权人。但是，如果债务人侵害债权的行为的标的物是不可分物，债权人无法仅就其债权范围内的标的物部分行使撤销权，则可以就该不可分物整体主张撤销。

第五百四十一条　【债权人撤销权除斥期间】

撤销权自债权人知道或者应当知道撤销事由之日起一年内行使。自债务人的行为发生之日起五年内没有行使撤销权的，该撤销权消灭。

本条来源

本条来源于《合同法》第七十五条的规定，内容无变动。

条文释义

本条规定撤销权的期间为一年和五年。债权人知道撤销原因的，自知道之日起，为一年。债权人不知道撤销原因的，自债务人行为发生之日起，为五年。期间届满，当事人撤销权消灭。

案例评议

南京雅德投资管理咨询有限公司诉江苏省金湖县饮食服务公司等债权人撤销权纠纷再审案①

雅德公司于2011年9月21日起诉至江苏省金湖县人民法院称，江苏省淮安市中级人民法院于2002年1月4日作出（2001）淮经初字第110号民事调解书，确认饮服公司欠中国华融资产管理公司南京办事处（以下简称华融南京办）本金171万元及相应利息。饮服公司未按调解书履行义务，华融南京办向法院申请执行，但尚有1311332.72元未能执行到位，法院向华融南京办发出债权凭证。2007年10月12日，华融南京办将上述债权转让给雅德公司，并通知了债务人饮服公司。雅德公司在向法院申请恢复执行中发现，饮服公司于2008年7月7日将位于金湖县人民路50号的2415.25平方米的房产无偿转让给信用社。饮服公司该无偿转让房产的行为损害了债权人雅德公司的利益，故起诉要求撤销饮服公司与信用社之间就金湖县人民路50号房产转让的行为。

◆ **裁判规则**

法院经审理认为，饮服公司、信用社与物资公司签订的协议及补充协议系

① 江苏省高级人民法院（2014）苏民再提字第00118号。

双方真实意思表示，且已实际履行。信用社已履行了支付对价的义务，并且已于2002年12月27日取得涉案房地产的土地使用权。故雅德公司认为饮服公司无偿转让财产，无事实依据。结合信用社提供的主体变更协议书应当认定涉案房产交付时间为2003年12月。饮服公司与信用社之间的交易行为及交付行为发生在2002年及2003年间，至今已超过5年，在此期间，雅德公司未能行使撤销权，故该撤销权消灭。

◆ **评议**

撤销权自债权人知道或者应当知道撤销事由之日起1年内行使。自债务人的行为发生之日起5年内没有行使撤销权的，该撤销权消灭。据此，债权人行使撤销权的时间，应当同时受年期间和5年期间的限制。换言之，即使债权人行使撤销权的时间是在其知道或者应当知道撤销事由的1年之内，但是如果此时自债务人的处分行为发生之日已满5年的，则该撤销权依法已消灭。本案中债务人饮服公司处分财产的最后时间2003年12月至雅德公司2011年9月起诉时，也已经远远超过了5年的撤销权期间，撤销权已消灭。

第五百四十二条　【债权人撤销权行使效果】

债务人影响债权人的债权实现的行为被撤销的，自始没有法律约束力。

本条来源

本条来源于《民法总则》第一百五十五条的规定："无效的或者被撤销的民事法律行为自始没有法律约束力。"本条为《民法总则》第一百五十五条在合同编的具体规定。

立法演变

本条在一次审议稿第三百三十一条规定为："债权人请求人民法院撤销债务人损害其利益的行为，人民法院依法撤销的，该行为自始没有法律约束力。债权人请求人民法院撤销债务人行为的，可同时依法以自己的名义代位行使债务人在其行为被撤销后对相对人所享有的权利。”在二次审议稿第三百三十一条规定为：“债务人损害债权人利益的行为被人民法院撤销的，该行为自始没有法律约束力。债权人请求人民法院撤销债务人行为的，可同时依法以自己的名义代位行使债务人在其行为被撤销后对相对人所享有的权利。”

本条与其在一次审议稿中“债权人请求人民法院撤销债务人损害其利益的行为，人民法院依法撤销的”的表述和二次审议稿中“债务人损害债权人利益的行为被人民法院撤销的”的表述均不同，并且删除了原先两个草案中第二款重复意思的表达。《民法典（草案）》第五百四十二条采纳了二次审议稿的规定，并最终被本条所采用。

条文释义

债权人一旦行使撤销权，撤销债务人损害债权人利益的行为，经人民法院撤销后，该行为自始没有法律约束力。对被撤销的民事法律行为的效力作出规定，也是世界不少国家和地区立法例的做法。《德国民法典》第一百四十二条第一款规定，可撤销的法律行为被撤销的，必须视为自始无效。《日本民法典》第一百二十一条规定，可撤销的行为，视为自始无效。但限制行为能力人，以其因行为而受利益为限度，负偿还义务。《韩国民法典》第一百四十一条规定，撤销的法律行为，视为自始无效。但无能力人只于因其行为而得到的现存利益限度内，负偿还责任。我国台湾地区“民法”第一百一十四条规定，法律行为经撤销者，视为自始无效。当事人知其得撤销或可得而知者，其法律行为撤销时，准用前条之规定。从这些立法例可以看出，对无效或被撤销的民事法律行为规定为溯及既往地无效，也是各国和各地区的普遍选择。

第六章　合同的变更和转让

本章概要

合同变更与转让规则，体现了对交易安全的保护。广义的合同变更，包括合同内容的变更与合同主体的变更。合同内容的变更是指当事人不变，合同的内容予以改变的现象，它属于狭义的合同变更。合同主体的变更是指合同关系保持同一性，仅更换债权人或债务人的现象。转让合同权利，属于债权让与；转让合同义务，称为债务承担。债权债务的概括转让则指合同权利义务的概括转让。从条文数量和内容上看，本章基本延续《合同法》第五章的规定，共十四条，需要重点关注的变化有：一是增设禁止债权让与特约的对抗规则。二是对债权转让中不影响从权利转移的因素进行了明确。三是细化债务承担中债权人同意的规则。四是增加并存的债务承担规定。

第五百四十三条　【协议变更合同】

当事人协商一致，可以变更合同。

本条来源

本条来源于《合同法》第七十七条的规定："当事人协商一致，可以变更合同。法律、行政法规规定变更合同应当办理批准、登记等手续的，依照其规定。"相较于原法条，本条删除了"法律、行政法规规定变更合同应当办理批准、登记等手续的，依照其规定"的表述。

立法演变

一次审议稿、二次审议稿的第三百三十二条和《民法典（草案）》的第五百四十三条作了上述改动，并最终为本条所采用。

条文释义

合同的变更是指合同成立后，当事人在原合同的基础上对合同的内容进行修改或者补充。合同是双方当事人通过要约、承诺的方式，经协商一致达成的。合同成立后，当事人应当按照合同的约定履行合同。任何一方未经对方同意，都不得改变合同的内容。但是，当事人在订立合同时，有时不可能对涉及合同的所有问题都作出明确的规定，合同签订后，当事人在合同履行前或者履行过程中出现一些新的情况，需要对双方的权利义务关系重新进行调整和规定。因此，当事人有必要对合同内容重新修改或者补充。

第五百四十四条　【变更不明确推定为未变更】

当事人对合同变更的内容约定不明确的，推定为未变更。

本条来源

本条来源于《合同法》第七十八条的规定，条文无变动。

条文释义

合同变更的过程，就是当事人协商一致的过程。因此，合同中关于要约、承诺的规定也适用于合同变更的情况。当事人在变更合同的过程中，可能出现对需要变更的内容达不成统一意见的情况。为了减少在合同变更时可能发生的纠纷，本条明确规定，当事人对于合同变更的内容约定不明确的，推定为未变更。当事人只需按照原有合同的约定履行即可，任何一方不得要求对方履行变更中约定不明确的内容。

第五百四十五条　【债权转让】

债权人可以将债权的全部或者部分转让给第三人，但是有下列情形之一的除外：

（一）根据债权性质不得转让；

（二）按照当事人约定不得转让；

（三）依照法律规定不得转让。

当事人约定非金钱债权不得转让的，不得对抗善意第三人。当事人约定金钱债权不得转让的，不得对抗第三人。

本条来源

本条来源于《合同法》第七十九条的规定："债权人可以将合同的权利全部或者部分转让给第三人，但有下列情形之一的除外：（一）根据合同性质不得转让；（二）按照当事人约定不得转让；（三）依照法律规定不得转让。"相较于原法条，本条增加了"当事人约定非金钱债权不得转让的，不得对抗善意第三人""当事人约定金钱债权不得转让的，不得对抗第三人"的表述，以及将"合同的权利"改为"债权"。

立法演变

一次审议稿、二次审议稿的第三百三十四条和《民法典（草案）》的第五百四十五条作了上述改动，并最终为本条所采用。

条文释义

合同权利的转让是指不改变合同权利的内容，由债权人将权利转让给第三人。债权人既可以将合同权利全部转让，也可以将合同权利部分转让。合同权利全部转让的，原合同关系消灭，产生一个新的合同关系，受让人取代原债权人的地位，成为新的债权人。合同权利部分转让的，受让人作为第三人加入到原合同关系中，与原债权人共同享有债权。但是，为了维护社会公共利益和交易秩序，平衡合同双方当事人的权益，法律又应当对权利转让的范围进行一定的限制。本条明确有以下情形之一的，债权人不得转让其权利：第一，根据债权性质不得转让的权利；第二，按照当事人约定不得转让的权利；第三，依照法律规定不得转让的权利。

同时，从本条第二款调整“非金钱”不得转让的约定看，反面推论，若为金钱债权，则不适用禁止特约规则，即金钱债权即使约定不得转让，也发生效力。其规范目的在于确保金钱债权的流通性。

法条关联

◆《最高人民法院关于适用〈中华人民共和国合同法〉若干问题的解释（一）》

第二十七条 债权人转让合同权利后，债务人与受让人之间因履行合同发生纠纷诉至人民法院，债务人对债权人的权利提出抗辩的，可以将债权人列为第三人。

◆《最高人民法院关于审理涉及金融资产管理公司收购、管理、处置国有银行不良贷款形成的资产的案件适用法律若干问题的规定》

第一条 金融资产管理公司办事处领取中国人民银行颁发的《金融机构营业许可证》，并向工商行政管理部门依法办理登记的，可以作为诉讼主体参加诉讼。

第二条 金融资产管理公司受让国有银行债权后，人民法院对于债权转让前原债权银行已经提起诉讼尚未审结的案件，可以根据原债权银行或者金融资产管理公司的申请将诉讼主体变更为受让债权的金融资产管理公司。

第三条 金融资产管理公司向债务人提起诉讼的，应当由被告人住所地人民法院管辖。

原债权银行与债务人有协议管辖约定的，如不违反法律规定，该约定继续有效。

第四条 人民法院对金融资产管理公司申请支付令的，应当依法受理。债务人提出异议的，依照《中华人民共和国民事诉讼法》第十七章的规定处理。

第五条 人民法院对金融资产管理公司申请财产保全的，如金融资产管理公司与债务人之间债权债务关系明确，根据《中华人民共和国民事诉讼法》第九十二条第二款的规定，可以不要求金融资产管理公司提供担保。

第七条 债务人逾期归还贷款，原借款合同约定的利息计算方法不违反法律法规规定的，该约定有效。没有约定或者不明的，依照中国人民银行《人民币利率管理规定》计算利息和复息。

第八条 人民法院对最高额抵押所担保的不特定债权特定后，原债权银行转让主债权的，可以认定转让债权的行为有效。

第九条 金融资产管理公司受让有抵押担保的债权后，可以依法取得对债权的抵押权，原抵押权登记继续有效。

第十条 债务人在债权转让协议，债权转让通知上签章或者签收债务催收通知的，诉讼时效中断。原债权银行在全国或者省级有影响的报纸上发布的债权转让公告或通知中，有催收债务内容的，该公告或通知可以作为诉讼时效中断证据。

第十一条 本规定所称金融资产管理公司包括其依法设立在各地的办事处。

第十二条 本规定仅适用于审理涉及金融资产管理公司收购、管理、处置国有银行不良贷款形成的资产的有关案件。

案例评议

湖南绿兴源糖业有限公司与丁某耀等借款合同纠纷申请再审案①

绿兴源公司向农发行怀化分行借款，并以自有的厂房和土地使用权进行抵押。双方签订了《最高额抵押合同》，并且办理了抵押登记。此后，农发行怀化分行与原告怀化城建投公司签订《债权转让协议》，约定将绿兴源公司所欠贷款的债权转让给怀化城建投公司。但是，绿兴源公司抗辩称本案转让的标的是绿兴源公司与农发行怀化分行签订的《流动资金借款合同》，贷款人农发行怀化分行是具有经营贷款业务资格的经营单位，案涉合同系国有商业银行贷款合同。此类贷款合同属于不得转让的合同。

◆ 裁判规则

法院经审理认为，虽然《贷款通则》等对从事贷款业务的主体作出规定，但并未明确禁止从事信贷业务的银行将相关金融债权转让给第三人。银监办24号批复第二条明确规定："转让具体的贷款债权，属于债权人将合同的权利转让

① 最高人民法院（2015）民申字第2040号。

给第三人，并非向社会不特定对象发放贷款的经营性活动，不涉及从事贷款业务的资格问题，受让主体无须具备从事贷款业务的资格。”本案中城建投公司并未直接与绿兴源公司签订贷款合同，发放贷款，而系受让农发行怀化分行对绿兴源公司依法享有的债权，符合银行有关贷款债权合法转让的规定。

◆ 评议

本案的核心在于确认银行的贷款债权是否属于《合同法》第79条所规定的不得转让的债权：相关法律法规并未禁止银行转让贷款债权给第三人。另外，第79条第1款中所规定的依据合同性质不能转让的债权，一般情况下包括：(1) 以特定身份为基础的债权，如抚恤金请求权、工资请求权等；(2) 有必要与特定人结清的债权；(3) 从属于主债权的从权利，如抵押权、质权等；(4) 基于当事人之间特别信任关系的债权，如雇佣合同、委托合同等。很显然，银行的贷款债权并不具备上述特征。

第五百四十六条 【债权转让通知】

债权人转让债权，未通知债务人的，该转让对债务人不发生效力。

债权转让的通知不得撤销，但是经受让人同意的除外。

本条来源

本条来源于《合同法》第八十条的规定：“债权人转让权利的，应当通知债务人。未经通知，该转让对债务人不发生效力。债权人转让权利的通知不得撤销，但经受让人同意的除外。”相较于原法条，本条进行了表述上的修改。

立法演变

本条在一次审议稿第三百三十五条规定为：“债权人转让权利的，应当通知债务人。未经通知，该转让对债务人不发生效力，但是债务人明知该债权转让的除外。债权转让的通知不得撤销，但是经受让人同意的除外。”在二次审议稿第三百三十五条规定为：“债权人转让债权的，应当通知债务人。未经通知，该转让对债务人不发生效力，但是债务人明知该债权转让给受让人的除外。债权转让的通知不得撤销，但是经受让人同意的除外。”

本条在《民法典（草案）》第五百四十六条中删除“但是债务人明知该债权转让的除外”，明确债权转让必须通知债务人的原则。《民法典》作了表述上的修改。

条文释义

本条是关于债权人转让权利应当通知债务人的规定。债权人转让权利是法律赋予的一项权利，债权人可以在不违反法律和公共利益的基础上处分自己的权利。但是，由于债权人和债务人之间存在合同关系，债权人转让权利的行为会给债务人的履行造成一定的影响。考虑到合同双方当事人的利益的平衡，合同法在权利转让的问题上确立了权利转让只需通知债务人的原则。根据本条的规定，债权人转让权利的，应当通知债务人。通知到达债务人时转让行为生效。未经通知，该转让行为对债务人不发生效力。并且，债权转让的通知不得撤销，但是经受让人同意的除外。

法条关联

◆《最高人民法院关于审理民事案件适用诉讼时效制度若干问题的规定》

第十九条　债权转让的，应当认定诉讼时效从债权转让通知到达债务人之日起中断。

债务承担情形下，构成原债务人对债务承认的，应当认定诉讼时效从债务承担意思表示到达债权人之日起中断。

第五百四十七条　【债权转让时从权利一并变动】

债权人转让债权的，受让人取得与债权有关的从权利，但是该从权利专属于债权人自身的除外。

受让人取得从权利不因该从权利未办理转移登记手续或者未转移占有而受到影响。

本条来源

本条来源于《合同法》第八十一条的规定："债权人转让权利的，受让人取得与债权有关的从权利，但该从权利专属于债权人自身的除外。"相较于原法条，本条增加"受让人取得从权利不因该从权利未履行转移登记手续或者未转移占有而受到影响"的表述，将"债权人转让权利的"修改为"债权人转让债权的"。

立法演变

一次审议稿、二次审议稿的第三百三十七条和《民法典（草案）》的第五百四十七条作了上述改动，并最终为本条所采用。

条文释义

从权利是指附随于主权利的权利。担保物权中的抵押权、质权、保证以及附属于主债权的利息等，都属于主权利的从权利。由于从权利是从主权利派生出来的，主权利无效，从权利也无效，从权利随主权利的消灭而消灭，所以，从权利不得脱离主权利而单独存在。基于以上原因，不少国家和地区的法律都确定了合同主权利转让从权利也一并转让的制度，并且受让人取得从权利不因该从权利未履行转移登记手续或者未转移占有而受到影响。

案例评议

天津医药集团泓泽医药有限公司销售分公司与陈某等买卖合同纠纷上诉案[①]

2002年2月9日，泓泽销售分公司向海南立达公司购买了妥布拉霉素注射液800盒，单价为40.98元/盒，总计货款32784元。泓泽销售分公司收货后，未向海南立达公司支付货款。2012年12月10日，海南立达公司将该笔货款32784元的债权转让给陈某。2012年12月11日，海南立达公司以EMS国内特快专递的方式将债权转让协议的内容书面通知了泓泽销售分公司。陈某向法院提起诉讼，要求泓泽销售分公司支付欠款以及所产生的利息。

---

① 天津市第一中级人民法院（2017）津01民终1272号。

◆ **裁判规则**

法院经审理认为，因为海南立达公司与泓泽销售分公司之间未签订书面合同，双方对于付款时间没有明确约定，所以海南立达公司可随时向泓泽销售分公司主张权利。现有证据证实海南立达公司曾于2009年2月2日以电报的形式向二被上诉人主张过债权。所以泓泽销售分公司未及时给付货款，应从这个时间向海南立达公司支付利息。按照我国《合同法》的规定，债权人转让权利的，受让人取得与债权有关的从权利，但该从权利专属于债权人自身的除外。故陈某从海南立达公司受让32784元的债权后，即取得了受让主张利息的从权利，而请求支付利息的时间亦应从该时间起算。

◆ **评议**

除了利息请求权之外，保证债权也可以作为从权利随主债权一并转移。但应当注意到：主债权和从债权可能适用不同的诉讼时效的规定。例如，《最高人民法院关于适用〈中华人民共和国担保法〉若干问题的解释》第36条第1款规定，主债务诉讼时效中断，连带保证债务诉讼时效不因主债务诉讼时效中断而中断。因此，只有当主债权和从债权都在诉讼时效内，从权利才可以一并转让。

第五百四十八条　【债权转让时债务人抗辩权】

债务人接到债权转让通知后，债务人对让与人的抗辩，可以向受让人主张。

本条来源

本条来源于《合同法》第八十二条的规定，条文无变动。

条文释义

债权人转让合同权利，不需要经债务人同意。债务人接到权利转让通知后，转让行为就生效，权利的受让人成为新的债权人，享有和原债权人同样的权利，债务人向新的债权人履行合同义务。根据本条规定，债务人接到债权转让通知时，债务人对让与人的抗辩，可以向受让人主张。债务人接到权利转让通知后，可以行使抗辩权来保护自己的权利。由于债务人的抗辩权是其固有的一项权利，并不随权利的转让而消灭，所以，在权利转让的情况下，债务人可以向作为受让人的新债权人行使该权利。受让人不得以任何理由拒绝债务人权利的行使。

法条关联

◆《最高人民法院关于适用〈中华人民共和国合同法〉若干问题的解释（一）》

第二十七条 债权人转让合同权利后，债务人与受让人之间因履行合同发生纠纷诉至人民法院，债务人对债权人的权利提出抗辩的，可以将债权人列为第三人。

第五百四十九条 【债权转让时债务人抵销权】

有下列情形之一的，债务人可以向受让人主张抵销：

（一）债务人接到债权转让通知时，债务人对让与人享有债权，且债务人的债权先于转让的债权到期或者同时到期；

（二）债务人的债权与转让的债权是基于同一合同产生。

本条来源

本条来源于《合同法》第八十三条的规定："债务人接到债权转让通知时，债务人对让与人享有债权，并且债务人的债权先于转让的债权到期或者同时到期的，债务人可以向受让人主张抵销。"本条增加"债务人的债权与转让的债权是基于同一合同产生"这一情形。

立法演变

一次审议稿、二次审议稿的第三百三十九条和《民法典（草案）》的第五百四十九条作了上述改动，并最终为本条所采用。

条文释义

本条是关于权利转让时，债务人行使抵销权的规定。债权人转让权利不需要经债务人同意，债务人接到债权转让通知时，转让行为就生效。如果债务人对债权人也享有债权，同时该债权已届清偿期，那么，在这种情况下，债务人可以依照法律的规定向受让人行使抵销权。

根据本条规定，债务人接到债权转让通知时，债务人对让与人享有债权的，在两种情况下可以行使抵销权：第一，债务人的债权先于转让的债权到期或者债务人的债权和转让的债权同时到期。债务人行使抵销权时，应当以通知的方式告知受让人，通知自到达受让人时生效。第二，债务人的债权与转让的债权是基于同一合同产生。

第五百五十条　【债权转让增加的履行费用的负担】

因债权转让增加的履行费用，由让与人负担。

本条来源

本条为新增条文。

条文释义

债权转让后，让与人须对受让人承担必要的义务。如果因债权转让造成履行费用的增加，此部分应由让与人承担。如债权人将债权转让给另一个距债务人较远的受让人，那么债务人履行债务时，便会发生诸如交通费、住宿费等，无疑就会增加相应的负担。或者在发生纠纷时，债务人需到外地法院参加诉讼，相应地也会增加债务人的负担。甚至有时会出现费用高于转让的债权，对此多出的费用，应由让与人承担。

第五百五十一条　【债务转移】

债务人将债务的全部或者部分转移给第三人的，应当经债权人同意。

债务人或者第三人可以催告债权人在合理期限内予以同意，债权人未作表示的，视为不同意。

本条来源

本条来源于《合同法》第八十四条的规定："债务人将合同的义务全部或者部分转移给第三人的，应当经债权人同意。"相较于原法条，本条增加了第二款"视为债权人未同意"的情形。

立法演变

一次审议稿、二次审议稿的第三百四十一条和《民法典（草案）》的第五百五十一条作了上述改动，并最终为本条所采用。

条文释义

合同义务转移是指债务人经债权人同意，将合同的义务全部或者部分地转让给第三人。合同义务转移分为两种情况：一种情况是合同义务的全部转移，在这种情况下，新的债务人完全取代了旧的债务人，新的债务人负责全面地履行合同义务；另一种情况是合同义务的部分转移，即新的债务人加入到原债务中，和原债务人一起向债权人履行义务。债务人不论转移的是全部义务还是部分义务，都需要征得债权人同意。如果债务人或者第三人催告债权人在合理期限内予以同意，债权人未作表示的，视为不同意。

第五百五十二条　【并存的债务承担】

第三人与债务人约定加入债务并通知债权人，或者第三人向债权人表示愿意加入债务，债权人未在合理期限内明确拒绝的，债权人可以请求第三人在其愿意承担的债务范围内和债务人承担连带债务。

本条来源

本条为新增法条。

立法演变

本条在一次审议稿第三百四十四条规定为："第三人与债务人约定加入债务

并通知债权人或者向债权人表示愿意加入债务，债权人在合理期限内未明确表示拒绝的，第三人在其愿意承担的债务范围内和债务人共同履行义务。”在二次审议稿第三百四十四条规定为：“第三人与债务人约定加入债务并通知债权人或者向债权人表示愿意加入债务，债权人在合理期限内未明确表示拒绝的，债权人可以请求第三人在其愿意承担的债务范围内和债务人承担连带债务。”

本条在一次审议稿中表述为：“第三人在其愿意承担的债务范围内和债务人共同履行义务。”二次审议稿则明确为“债权人可以请求第三人在其愿意承担的债务范围内和债务人承担连带债务”。《民法典（草案）》第五百五十二条采纳了二次审议稿的规定，并最终为本条所采用。

条文释义

第三人与债务人约定加入债务并通知债权人，或者第三人向债权人表示愿意加入债务，债权人在合理期限内未明确表示拒绝的，债权人可以请求第三人在其愿意承担的债务范围内和债务人承担连带债务。本条规定第三人加入债务包括债务人与第三人达成协议和第三人与债权人达成协议两种形式。并存的债务承担，如果是第三人与债权人之间达成并存债务协议，则不问债务人之意思，即可发生效力；但若是第三人与债务人之间达成协议，应尊重该债权人的意思。

第五百五十三条　【债务转移时新债务人抗辩权】

债务人转移债务的，新债务人可以主张原债务人对债权人的抗辩；原债务人对债权人享有债权的，新债务人不得向债权人主张抵销。

本条来源

本条来源于《合同法》第八十五条的规定：“债务人转移义务的，新债务人可以主张原债务人对债权人的抗辩。”相较于原法条，增加“原债务人对债权人享有债权的，新债务人不得向债权人主张抵销”的表述，并将“义务”改为“债务”。

立法演变

一次审议稿、二次审议稿的第三百四十二条和《民法典（草案）》的第五百五十三条作了上述改动，并最终为本条所采用。

条文释义

本条是关于债务人转移债务时，新债务人抗辩权的规定。债务人转移债务的，新的债务人取代了原债务人的地位，承担其履行义务的责任。原债务人从合同关系中退出后，其享有的抗辩权由新债务人承受。债务人的抗辩权不因债务的转移而消灭。新债务人享有的抗辩权包括：履行抗辩权、先诉抗辩权、合同撤销的抗辩权、债务已履行完毕的抗辩权、债权无效的抗辩权、诉讼时效已过的抗辩权等。比如，合同义务转移后，新的债务人按照合同约定履行了义务，但是债权人还是要求其履行，债务人可以以合同履行完毕为由向债权人提出抗辩。

第五百五十四条　【债务转移时从债务一并转移】

债务人转移债务的，新债务人应当承担与主债务有关的从债务，但是该从债务专属于原债务人自身的除外。

本条来源

本条来源于《合同法》第八十六条的规定："债务人转移义务的，新债务人应当承担与主债务有关的从债务，但该从债务专属于原债务人自身的除外。"本条将原法条中的"义务"改为"债务"，将"但"改为"但是"。

立法演变

一次审议稿、二次审议稿的第三百四十三条和《民法典（草案）》第五百五十四条作了上述改动，并最终为本条所采用。

条文释义

本条是关于债务人转移义务，从债务不得与主债务分离的规定。债务人转移义务的，其从债务随着主债务的转移而转移，新债务人应当承担与主债务有关的从债务。比如，为了实现债权而设定的抵押、质押等权利以及主债务的利息等从债务，都随着主债务的转移而转移，除非从债务是专属于原债务人本身的，这些从债务不随主债务的转移而转移。

第五百五十五条 【合同权利义务一并转让】

当事人一方经对方同意，可以将自己在合同中的权利和义务一并转让给第三人。

本条来源

本条来源于《合同法》第八十八条的规定，条文无变动。

条文释义

权利和义务一并转让又称为概括转让，是指合同一方当事人将其权利和义务一并转移给第三人，由第三人全部承受这些权利和义务。权利和义务一并转让不同于权利转让或义务转让，它是合同一方当事人对合同权利和义务的全面处分，其转让的内容实际上包括权利的转让和义务的转移两部分内容。权利义务一并转让的后果，是导致原合同关系的消灭，第三人取代了转让方的地位，产生出一种新的合同关系。根据合同法有关权利转让和义务转移的规定，债权人转让权利应当通知债务人，因此，债务人转移义务的必须经债权人的同意。

法条关联

◆《最高人民法院关于审理旅游纠纷案件适用法律若干问题的规定》

第十一条 除合同性质不宜转让或者合同另有约定之外，在旅游行程开始前的合理期间内，旅游者将其在旅游合同中的权利义务转让给第三人，请求确认转让合同效力的，人民法院应予支持。

因前款所述原因，旅游经营者请求旅游者、第三人给付增加的费用或者旅游者请求旅游经营者退还减少的费用的，人民法院应予支持。

第五百五十六条　【合同权利义务一并转让的法律适用】

合同的权利和义务一并转让的，适用债权转让、债务转移的有关规定。

本条来源

本条来源于《合同法》第八十九条的规定："权利和义务一并转让的，适用本法第七十九条、第八十一条至第八十三条、第八十五条至第八十七条的规定。"

立法演变

本条在一次审议稿第三百四十六条规定为："权利和义务一并转让的，适用债权转让、债务转移的规定。"在二次审议稿第三百四十六条规定为："合同的权利和义务一并转让的，适用债权转让、债务转移的有关规定。"

二次审议稿将一次审议稿"权利和义务一并转让的"表述改为"合同的权利和义务一并转让的"，将"适用债权转让、债务转移的规定"改为"适用债权转让、债务转移的有关规定"，表述更为严谨。《民法典（草案）》第五百五十六条采纳了二次审议稿的规定，并为本条所采用。

条文释义

合同关系的一方当事人将权利和义务一并转让时，除了应当征得另一方当事人的同意外，还应当遵守债权转让、债务转移的有关规定。比如：不得转让法律禁止转让的权利；转让合同权利和义务时，从权利和从债务一并转让，受让人取得与债权有关的从权利和从债务，但该从权利和从债务专属于让与人自身的除外；转让合同权利和义务不影响债务人抗辩权的行使等。

法条关联

◆《最高人民法院关于适用〈中华人民共和国合同法〉若干问题的解释（一）》

第二十九条　合同当事人一方经对方同意将其在合同中的权利义务一并转让给受让人，对方与受让人因履行合同发生纠纷诉至人民法院，对方就合同权利义务提出抗辩的，可以将出让方列为第三人。

第七章　合同的权利义务终止

本章概要

合同关系为有期限的民事法律关系，它不能永久存续。因而，合同关系为动态关系。合同权利义务终止的原因有三类：一是基于当事人的意思，如合意解除；二是基于合同目的的消灭，如清偿、混同；三是基于法律的直接规定。合同权利义务终止后，当事人应当遵循诚实信用原则，根据交易习惯，履行后合同义务。本章共二十条，比《合同法》增加四个条文，内容上变化较大，主要注意以下变化：一是吸收合同法司法解释关于清偿抵充的规定。二是增加不定期合同解除的合理通知义务规定。三是认可以诉讼或仲裁作为行使解除权的方式，并明确解除时间。四是增设提存成立的时间及其法律效果。五是明确债务人对债权人的债务免除行为的拒绝权。

第五百五十七条　【债权债务终止情形】

有下列情形之一的，债权债务终止：

（一）债务已经履行；

（二）债务相互抵销；

（三）债务人依法将标的物提存；

（四）债权人免除债务；

（五）债权债务同归于一人；

（六）法律规定或者当事人约定终止的其他情形。

合同解除的，该合同的权利义务关系终止。

本条来源

本条来源于《合同法》第九十一条的规定："有下列情形之一的，合同的权利义务终止：(一) 债务已经按照约定履行；(二) 合同解除；(三) 债务相互抵销；(四) 债务人依法将标的物提存；(五) 债权人免除债务；(六) 债权债务同归于一人；(七) 法律规定或者当事人约定终止的其他情形。" 相较于原法条，本条区分债权债务终止和合同权利义务关系终止的不同情形，明确除了一般的债权债务终止可以导致合同权利义务终止外，合同解除是合同权利义务关系终止的特殊情形。

条文释义

合同的权利义务终止，指依法生效的合同，因具备法定情形和当事人约定的情形，合同债权、债务归于消灭，债权人不再享有合同权利，债务人也不必再履行合同义务。按照本条规定，有下列情形之一的，合同终止：第一，债务已经按照约定履行。合同是当事人为达到其利益要求而达成的合意，合同目的的实现，有赖于债务的履行。第二，债务相互抵销。债务相互抵销，指当事人互负到期债务，又互享债权，以自己的债权充抵对方的债权，使自己的债务与对方的债务在等额内消灭。第三，债务人依法将标的物提存。第四，债权人免除债务。债权人免除债务，指债权人放弃自己的债权。债权人可以免除债务的部分，也可以免除债务的全部。第五，债权债务同归于一人。第六，法律规定或者当事人约定终止的其他情形。合同的解除，指合同有效成立后，当具备法律规定的合同解除条件时，因当事人一方或双方的意思表示而使合同关系归于消灭的行为。

第五百五十八条　【债权债务终止后的义务】

债权债务终止后，当事人应当遵循诚信等原则，根据交易习惯履行通知、协助、保密、旧物回收等义务。

本条来源

本条来源于《合同法》第九十二条的规定："合同的权利义务终止后，当事人应当遵循诚实信用原则，根据交易习惯履行通知、协助、保密等义务。”相较于原法条，本条增加了“旧物回收”等义务。

立法演变

本条在一次审议稿第三百四十八条规定为：“合同的权利义务终止后，当事人应当遵循诚信原则，根据交易习惯履行通知、协助、保密、旧物回收等义务。”在二次审议稿第三百四十八条规定为：“债权债务终止后，当事人应当遵循诚信等原则，根据交易习惯履行通知、协助、保密、旧物回收等义务。”

一次审议稿中“合同的权利义务终止后”的表述在二次审议稿改为“债权债务终止后”，表明此类义务不限于合同义务，而适用所有类型的债权债务终止情形。《民法典（草案）》第五百五十八条采纳了二次审议稿的规定，并最终为本条所采用。

条文释义

本条是关于后合同义务的规定。后合同义务，指合同的权利义务终止后，当事人依照法律的规定，遵循诚实信用原则，根据交易习惯履行的义务。遵循诚实信用原则，根据交易习惯，合同终止后的义务通常有以下几个方面：

第一，通知的义务。合同权利义务终止后，一方当事人应当将有关情况及时通知另一方当事人。第二，协助的义务。合同的权利义务终止后，当事人应当协助对方处理与原合同有关的事务。第三，保密的义务。保密指保守国家秘密、商业秘密和合同约定不得泄露的事项。国家秘密事关国家安全和利益，合同的权利义务终止后，合法接触、掌握、使用国家秘密的合同当事人，对于保密期内的国家秘密，不得向第三者泄露。第四，旧物回收的义务。本条在后合同义务中提倡该项义务的目的在于节约资源，避免环境污染。

法条关联

◆《最高人民法院关于审理物业服务纠纷案件具体应用法律若干问题的解释》

第九条 物业服务合同的权利义务终止后，业主请求物业服务企业退还已经预收，但尚未提供物业服务期间的物业费的，人民法院应予支持。

物业服务企业请求业主支付拖欠的物业费的，按照本解释第六条规定处理。

第十条 物业服务合同的权利义务终止后，业主委员会请求物业服务企业退出物业服务区域、移交物业服务用房和相关设施，以及物业服务所必需的相关资料和由其代管的专项维修资金的，人民法院应予支持。

物业服务企业拒绝退出、移交，并以存在事实上的物业服务关系为由，请求业主支付物业服务合同权利义务终止后的物业费的，人民法院不予支持。

第五百五十九条 【债权的从权利消灭】

债权债务终止时，债权的从权利同时消灭，但是法律另有规定或者当事人另有约定的除外。

本条来源

本条为新增条文。

立法演变

本条在一次审议稿第三百四十九条规定为："合同的权利义务终止时，债权的从权利同时消灭，但是法律另有规定或者当事人另有约定的除外。"在二次审议稿第三百四十九条规定为："债权债务终止时，债权的从权利同时消灭，但是法律另有规定或者当事人另有约定的除外。"

一次审议稿中"合同的权利义务终止时"的表述在二次审议稿改为"债权债务终止时"，表述更为全面和严谨。《民法典（草案）》第五百五十九条采纳了二次审议稿的规定，并最终为本条所沿用。

条文释义

本条规定了从权利的消灭时间。除了法律另有规定或当事人另有约定的，债的关系消灭时，消灭的不仅包括主债权债务关系，而且包括附随于主债权的从债权。例如，担保物权、保证债权、违约金债权、利息债权等。

第五百六十条　【债的清偿抵充顺序】

债务人对同一债权人负担的数项债务种类相同，债务人的给付不足以清偿全部债务的，除当事人另有约定外，由债务人在清偿时指定其履行的债务。

债务人未作指定的，应当优先履行已经到期的债务；数项债务均到期的，优先履行对债权人缺乏担保或者担保最少的债务；均无担保或者担保相等的，优先履行债务人负担较重的债务；负担相同的，按照债务到期的先后顺序履行；到期时间相同的，按照债务比例履行。

本条来源

本条来源于《最高人民法院关于适用〈中华人民共和国合同法〉若干问题的解释（二）》（法释〔2009〕5号）第二十条的规定："债务人的给付不足以清偿其对同一债权人所负的数笔相同种类的全部债务，应当优先抵充已到期的债务；几项债务均到期的，优先抵充对债权人缺乏担保或者担保数额最少的债务；担保数额相同的，优先抵充债务负担较重的债务；负担相同的，按照债务到期的先后顺序抵充；到期时间相同的，按比例抵充。但是，债权人与债务人对清偿的债务或者清偿抵充顺序有约定的除外。"相较于原司法解释，本条补充了清偿抵充的适用条件，即当事人没有约定，也没有在清偿时指定债务履行时，才适用本条规定的债务清偿抵充。

立法演变

本条在一次审议稿第三百五十条规定为："债务人对同一债权人负担的数个债务种类相同，债务人的给付不足以清偿全部债务的，由债务人在清偿时指定其履行的债务。债务人未作指定的，应当优先履行已到期的债务；几项债务均到期的，优先履行对债权人缺乏担保或者担保最少的债务；担保数额相同的，优先履行债务负担较重的债务；负担相同的，按照债务到期的先后顺序履行；到期时间相同的，按比例履行。"在二次审议稿第三百五十条规定为："债务人对同一债权人负担的数个债务种类相同，债务人的给付不足以清偿全部债务的，除当事人另有约定外，由债务人在清偿时指定其履行的债务。债务人未作指定的，应当优先履行已到期的债务；几项债务均到期的，优先履行对债权人缺乏担保或者担保最少的债务；担保数额相同的，优先履行债务负担较重的债务；负担相同的，按照债务到期的先后顺序履行；到期时间相同的，按比例履行。”

本条在二次审议稿第一款中在“由债务人在清偿时指定其履行的债务”前增加“除当事人另有约定外”的表述。《民法典（草案）》采纳了二次审议稿的表述，《民法典》作了表述上的修改。

条文释义

清偿抵充是指债务人对同一债权人负有同种类的数宗债务，但没有能力清偿所有债务时，决定其履行行为抵充其中某宗或某几宗债务的规则。当债务人对同一债权人同时负有设有担保物权的债务与一般的债务、附条件与未附条件的债务、到期与未到期的债务的时候，债务人的清偿究竟抵充哪一宗债务，关系到当事人双方甚至是第三人的利益。清偿抵充通过决定这些债务的清偿顺序，来解决这种复杂的履行问题。

第五百六十一条 【费用、利息和主债务的抵充顺序】

债务人在履行主债务外还应当支付利息和实现债权的有关费用，其给付不足以清偿全部债务的，除当事人另有约定外，应当按照下列顺序履行：

（一）实现债权的有关费用；

（二）利息；

（三）主债务。

本条来源

本条来源于《最高人民法院关于适用〈中华人民共和国合同法〉若干问题的解释（二）》（法释〔2009〕5号）第二十一条的规定：“债务人除主债务之外还应当支付利息和费用，当其给付不足以清偿全部债务时，并且当事人没有约定的，人民法院应当按照下列顺序抵充：（一）实现债权的有关费用；（二）利息；（三）主债务。”相较于原司法解释，本条完善了“实现债权的有关费用”等表述，更加严谨。

立法演变

本法在一次审议稿第三百五十一条规定为：“除履行主债务之外，债务人还应当支付利息和实现债权的有关费用，其给付不足以清偿全部债务的，除法律另有规定或者当事人另有约定以外，应当按照下列顺序履行：（一）实现债权的有关费用；（二）利息；（三）主债务。”在二次审议稿第三百五十一条规定为：“债务人在履行主债务外还应当支付利息和实现债权的有关费用，其给付不足以清偿全部债务的，除当事人另有约定外，应当按照下列顺序履行：（一）实现债权的有关费用；（二）利息；（三）主债务。”

二次审议稿与一次审议稿相比，删除了“法律另有规定”的表述。在当事人没有约定时，则应当依法律确定的规则确定清偿顺序，故无必要多次表述。《民法典（草案）》第五百六十一条采纳了二次审议稿的规定，并最终为本条所采用。

条文释义

当债务人除了履行主债务外，还应当支付利息和实现债权的有关费用等债务的，除当事人对清偿顺序另有约定外，债务人在履行时，其给付不足以清偿全部债务的，应当按照下列顺序履行：首先是实现债权的有关费用；其次是利息；最后是主债务。这样的清偿顺序是为了尽可能地保护债权人利益。

第五百六十二条　【合同约定解除】

当事人协商一致，可以解除合同。

当事人可以约定一方解除合同的事由。解除合同的事由发生时，解除权人可以解除合同。

本条来源

本条来源于《合同法》第九十三条的规定："当事人协商一致，可以解除合同。当事人可以约定一方解除合同的条件。解除合同的条件成就时，解除权人可以解除合同。"相较于原法条，本条将原条文中的"条件"改为"事由"，表意更为严谨。

条文释义

本条是关于约定解除合同的规定。根据合同自愿原则，当事人在法律规定范围内享有协议解除合同的权利。当事人约定解除合同包括两种情况：第一，协商解除。协商解除，指合同生效后，未履行或未完全履行之前，当事人以解除合同为目的，经协商一致，订立一个解除原来合同的协议。第二，约定解除权。约定解除权，指当事人在合同中约定，合同履行过程中出现某种情况，当事人一方或者双方有解除合同的权利。

第五百六十三条　【合同法定解除】

有下列情形之一的，当事人可以解除合同：

（一）因不可抗力致使不能实现合同目的；

（二）在履行期限届满前，当事人一方明确表示或者以自己的行为表明不履行主要债务；

（三）当事人一方迟延履行主要债务，经催告后在合理期限内仍未履行；

（四）当事人一方迟延履行债务或者有其他违约行为致使不能实现合同目的；

（五）法律规定的其他情形。

以持续履行的债务为内容的不定期合同，当事人可以随时解除合同，但是应当在合理期限之前通知对方。

本条来源

本条来源于《合同法》第九十四条的规定：“有下列情形之一的，当事人可以解除合同：（一）因不可抗力致使不能实现合同目的；（二）在履行期限届满之前，当事人一方明确表示或者以自己的行为表明不履行主要债务；（三）当事人一方迟延履行主要债务，经催告后在合理期限内仍未履行；（四）当事人一方迟延履行债务或者有其他违约行为致使不能实现合同目的；（五）法律规定的其他情形。”相较于原法条，本条增加“以持续履行的债务为内容的不定期合同，以当事人可以随时解除合同，但是应当在合理期限之前通知对方”的规定。

立法演变

本条在一次审议稿第三百五十三条规定为：“有下列情形之一的，当事人可以解除合同：（一）因不可抗力或者其他客观原因致使不能实现合同目的；（二）在履行期限届满之前，当事人一方明确表示或者以自己的行为表明不履行主要债务；（三）当事人一方迟延履行主要债务，经催告后在合理期限内仍未履行；（四）当事人一方迟延履行债务或者有其他违约行为致使不能实现合同目的；（五）法律规定的其他情形。以持续履行的债务为内容的不定期合同，当事人可以随时解除合同。合同不能履行致使不能实现合同目的，解除权人不解除合同对对方明显不公平的，对方可以向人民法院或者仲裁机构请求解除合同，但是不影响其承担违约责任。”在二次审议稿第三百五十三条规定为：“有下列情形之一的，当事人可以解除合同：（一）因不可抗力致使不能实现合同目的；（二）在履行期限届满之前，当事人一方明确表示或者以自己的行为表明不履行主要债务；（三）当事人一方迟延履行主要债务，经催告后在合理期限内仍未履行；（四）当事人一方迟延履行债务或者有其他违约行为致使不能实现合同目的；（五）法律规定的其他情形。以持续履行的债务为内容的不定期合同，当事人在合理期限之前通知对方后可以解除。合同不能履行致使不能实现合同目的，有解除权的当事人不行使解除权，构成滥用权利对对方显失公平的，人民法院或者仲裁机构可以根据对方的请求解除合同，但是不影响违约责任的承担。”

本条在二次审议稿时删除一次审议稿第一款第（一）项“或者其他客观原

因”的表述；在第二款增加任意解除须“在合理期限之前通知”，这一要件控制比较合理，更加具有实践价值；一次审议稿的第三款“明显不公平的”表达比较含糊。由于第三款在立法过程中争议较大，《民法典（草案）》第五百六十三条删除了二次审议稿第三款的表述，保留了二次审议稿前两款的表述，《民法典》对第二款进行了表述上的修改。

条文释义

本条是关于法定解除合同的规定。法定解除，是指合同生效后，没有履行或者未履行完毕前，当事人在法律规定的解除条件出现时，行使解除权而使合同关系消灭。

本条规定解除合同的情形有：第一，因不可抗力致使不能实现合同的目的。只有不可抗力致使合同目的不能实现时，当事人才可以解除合同。第二，预期违约。指在合同履行期限届满之前，当事人一方明确表示或者以自己的行为表明不履行主要债务的，对方当事人可以解除合同。第三，迟延履行。当事人一方迟延履行主要债务，经催告后在合理期限内仍未履行的，对方当事人可以解除合同。第四，因迟延履行或者有其他违约行为不能实现合同目的。第五，法律规定的其他解除情形。

对于以持续履行的债务为内容的不定期合同，当事人在合理期限之前通知对方后可以解除。

法条关联

◆《保险法》

第十五条　除本法另有规定或者保险合同另有约定外，保险合同成立后，投保人可以解除合同，保险人不得解除合同。

第三十七条　合同效力依照本法第三十六条规定中止的，经保险人与投保人协商并达成协议，在投保人补交保险费后，合同效力恢复。但是，自合同效力中止之日起满二年双方未达成协议的，保险人有权解除合同。

保险人依照前款规定解除合同的，应当按照合同约定退还保险单的现金价值。

第五十八条　保险标的发生部分损失的，自保险人赔偿之日起三十日内，投保人可以解除合同；除合同另有约定外，保险人也可以解除合同，但应当提前十五日通知投保人。

合同解除的，保险人应当将保险标的未受损失部分的保险费，按照合同约定扣除自保险责任开始之日起至合同解除之日止应收的部分后，退还投保人。

◆《拍卖法》

第四十三条 拍卖人认为需要对拍卖标的进行鉴定的，可以进行鉴定。

鉴定结论与委托拍卖合同载明的拍卖标的状况不相符的，拍卖人有权要求变更或者解除合同。

◆《消费者权益保护法》

第二十四条 经营者提供的商品或者服务不符合质量要求的，消费者可以依照国家规定、当事人约定退货，或者要求经营者履行更换、修理等义务。没有国家规定和当事人约定的，消费者可以自收到商品之日起七日内退货；七日后符合法定解除合同条件的，消费者可以及时退货，不符合法定解除合同条件的，可以要求经营者履行更换、修理等义务。

依照前款规定进行退货、更换、修理的，经营者应当承担运输等必要费用。

◆《旅游法》

第六十六条 旅游者有下列情形之一的，旅行社可以解除合同：

（一）患有传染病等疾病，可能危害其他旅游者健康和安全的；

（二）携带危害公共安全的物品且不同意交有关部门处理的；

（三）从事违法或者违反社会公德的活动的；

（四）从事严重影响其他旅游者权益的活动，且不听劝阻、不能制止的；

（五）法律规定的其他情形。

因前款规定情形解除合同的，组团社应当在扣除必要的费用后，将余款退还旅游者；给旅行社造成损失的，旅游者应当依法承担赔偿责任。

◆《城市房地产管理法》

第十六条 土地使用者必须按照出让合同约定，支付土地使用权出让金；未按照出让合同约定支付土地使用权出让金的，土地管理部门有权解除合同，并可以请求违约赔偿。

第十七条 土地使用者按照出让合同约定支付土地使用权出让金的，市、县人民政府土地管理部门必须按照出让合同约定，提供出让的土地；未按照出让合同约定提供出让的土地的，土地使用者有权解除合同，由土地管理部门返还土地使用权出让金，土地使用者并可以请求违约赔偿。

◆《企业破产法》

第十八条 人民法院受理破产申请后，管理人对破产申请受理前成立而债务人和对方当事人均未履行完毕的合同有权决定解除或者继续履行，并通知对方当事人。管理人自破产申请受理之日起二个月内未通知对方当事人，或者自收到对方当事人催告之日起三十日内未答复的，视为解除合同。

管理人决定继续履行合同的，对方当事人应当履行；但是，对方当事人有权要求管理人提供担保。管理人不提供担保的，视为解除合同。

案例评议

王某辰诉北京伊露游婴儿用品有限公司公司合同纠纷案①

2013 年 9 月 3 日，王某辰在伊露游公司处体验游泳一次，并交纳办理游泳次卡押金 100 元，2013 年 9 月 5 日，王某辰母亲向伊露游公司交纳办理 40 次游泳卡余额 2498 元（期限为 2013 年 9 月 5 日至 2014 年 9 月 5 日）。此外，双方并未签订书面合同。王某辰在办卡后曾游泳一次，未出现哭闹的现象，在第 3 次和第 4 次游泳时开始哭闹。后与伊露游公司协商退还卡内剩余金额及押金，伊露游公司不同意退还。

◆ **裁判规则**

法院经审理认为，依照《合同法》第 94 条、第 96 条，《最高人民法院关于适用〈中华人民共和国合同法〉若干问题的解释（二）》第 24 条，王某辰解除合同的理由不足，其诉讼请求，本院不予支持。

◆ **评议**

本案的争议焦点在于是否因被告的行为导致合同目的无法实现。王某辰称经营范围、地址与发票问题，与合同目的无关；其所称合同目的无法实现，并非由于伊露游公司的行为导致，其虽向伊露游公司发送了解除合同通知，但伊露游公司在 3 个月内明确反对，故解除合同的理由不足，法院不予支持。

---

① 北京市丰台区人民法院（2014）丰民初字第 1258 号。

第五百六十四条　【解除权行使期限】

法律规定或者当事人约定解除权行使期限，期限届满当事人不行使的，该权利消灭。

法律没有规定或者当事人没有约定解除权行使期限，自解除权人知道或者应当知道解除事由之日起一年内不行使，或者经对方催告后在合理期限内不行使的，该权利消灭。

本条来源

本条来源于《合同法》第九十五条的规定："法律规定或者当事人约定解除权行使期限，期限届满当事人不行使的，该权利消灭。法律没有规定或者当事人没有约定解除权行使期限，经对方催告后在合理期限内不行使的，该权利消灭。"相较于原法条，本条增加"自解除权人知道或者应当知道解除事由之日起一年内不行使"的情形。

立法演变

本条在一次审议稿第三百五十四条的规定为："法律规定或者当事人约定解除权行使期限，期限届满当事人不行使的，该权利消灭。法律没有规定或者当事人没有约定解除权行使期限，经对方催告后在合理期限内不行使的，或者自解除权人知道或者应当知道解除事由之日起一年内不行使的，该权利消灭。"在二次审议稿第三百五十四条规定："法律规定或者当事人约定解除权行使期限，期限届满当事人不行使的，该权利消灭。法律没有规定或者当事人没有约定解除权行使期限，自解除权人知道或者应当知道解除事由之日起一年内不行使，或者经对方催告后在合理期限内不行使的，该权利消灭。"

二次审议稿将一次审议稿中"或者"的前后顺序调整了，前者指法律对解除权期限有规定的，后者指对解除权期限无规定的，这一修改使得逻辑更为严谨。《民法典（草案）》第五百六十四条采纳了二次审议稿的表述，并最终为本条所采用。

条文释义

解除权的行使，是法律赋予当事人保护自己合法权益的手段，但该权利的行使不能毫无限制。行使解除权会引起合同关系的重大变化，如果享有解除权的当事人长期不行使解除的权利，就会使合同关系处于不确定状态，影响当事人权利的享有和义务的履行。因此，法律规定解除权应当在一定期间行使。按照本条规定，行使解除权的期限分为两种情况：第一，按照法律规定或者当事人约定的解除权的行使期限行使。法律规定或者当事人约定解除权行使期限的，期限届满当事人不行使的，该权利消灭。第二，自解除权人知道或者应当知道解除事由之日起一年内行使，或者在对方当事人催告后的合理期限内行使。

法条关联

◆《保险法》

第十六条 订立保险合同，保险人就保险标的或者被保险人的有关情况提出询问的，投保人应当如实告知。

投保人故意或者因重大过失未履行前款规定的如实告知义务，足以影响保险人决定是否同意承保或者提高保险费率的，保险人有权解除合同。

前款规定的合同解除权，自保险人知道有解除事由之日起，超过三十日不行使而消灭。自合同成立之日起超过二年的，保险人不得解除合同；发生保险事故的，保险人应当承担赔偿或者给付保险金的责任。

投保人故意不履行如实告知义务的，保险人对于合同解除前发生的保险事故，不承担赔偿或者给付保险金的责任，并不退还保险费。

投保人因重大过失未履行如实告知义务，对保险事故的发生有严重影响的，保险人对于合同解除前发生的保险事故，不承担赔偿或者给付保险金的责任，但应当退还保险费。

保险人在合同订立时已经知道投保人未如实告知的情况的，保险人不得解除合同；发生保险事故的，保险人应当承担赔偿或者给付保险金的责任。

保险事故是指保险合同约定的保险责任范围内的事故。

◆《最高人民法院关于适用〈中华人民共和国保险法〉若干问题的解释（一）》

第五条 保险法施行前成立的保险合同，下列情形下的期间自 2009 年 10

月1日起计算：

（一）保险法施行前，保险人收到赔偿或者给付保险金的请求，保险法施行后，适用保险法第二十三条规定的三十日的；

（二）保险法施行前，保险人知道解除事由，保险法施行后，按照保险法第十六条、第三十二条的规定行使解除权，适用保险法第十六条规定的三十日的；

（三）保险法施行后，保险人按照保险法第十六条第二款的规定请求解除合同，适用保险法第十六条规定的二年的；

（四）保险法施行前，保险人收到保险标的转让通知，保险法施行后，以保险标的转让导致危险程度显著增加为由请求按照合同约定增加保险费或者解除合同，适用保险法第四十九条规定的三十日的。

◆**《最高人民法院关于审理商品房买卖合同纠纷案件适用法律若干问题的解释》**

第十五条 根据《合同法》第九十四条的规定，出卖人迟延交付房屋或者买受人迟延支付购房款，经催告后在三个月的合理期限内仍未履行，当事人一方请求解除合同的，应予支持，但当事人另有约定的除外。

法律没有规定或者当事人没有约定，经对方当事人催告后，解除权行使的合理期限为三个月。对方当事人没有催告的，解除权应当在解除权发生之日起一年内行使；逾期不行使的，解除权消灭。

案例评议

吴某某等诉湖州中奥置业有限公司房屋买卖合同纠纷案①

2010年7月18日，吴某某与中奥公司签订《商品房买卖合同》，约定吴某某向中奥公司购买御冠园的预售商品房，中奥公司应于2012年10月31日前交房，逾期超过120日后，吴某某有权解除合同。2012年10月19日，中奥公司向吴某某发送《致业主书》，通知御冠园原定的交房日期延迟，具体交房时间将另行通知。2013年9月9日，中奥公司向吴某某发送《交房通知书》及《交房须知》1份，通知交房期限为2013年9月15日至2013年9月18日。2013年12月20日吴某某通过案外人干某某通知中奥公司进行协商，如未就赔偿事项达成一致，吴某某将依法解除购房合同。2014年3月19日，吴某某委托律师向中奥公司以EMS

① 浙江省湖州市吴兴区人民法院（2015）湖吴康民初字第13号。

的方式发送《律师函》，通知中奥公司由于其严重逾期交房，构成根本性违约，自即日起解除双方间签订的御冠园买卖合同，并要求退还全部购房款及赔偿相应损失。

◆ **裁判规则**

法院经审理认为，行使解除权会引起合同关系的重大变化，如果享有解除权的当事人长期不行使解除的权利，就会使合同关系处于不确定状态，影响当事人权利的享有和义务的履行。因此，解除权应当在一定期间行使。本案中奥公司并未向吴某某催告，故吴某某享有的解除权应在2014年2月28日前行使。吴某某于2013年12月20日通过案外人干某某邮寄与中奥公司协商的通知并非解除合同的通知，而向中奥公司发送解除函的时间为2014年3月19日，已超过法定的除斥期间，故该解除权消灭。

◆ **评议**

本案原被告签订的《商品房买卖合同》约定了合同解除权。根据《最高人民法院关于审理商品房买卖合同纠纷案件适用法律若干问题的解释》第15条第2款“法律没有规定或者当事人没有约定，经对方当事人催告后，解除权行使的合理期限为3个月。对方当事人没有催告的，解除权应当在解除权发生之日起一年内行使；逾期不行使的，解除权消灭”之规定，本案中奥公司并未向吴某某催告，故享有的解除权应在2014年2月28日前行使，吴某某行使解除权时已超过法定的除斥期间，该解除权已经消灭。

第五百六十五条　【合同解除程序】

当事人一方依法主张解除合同的，应当通知对方。合同自通知到达对方时解除；通知载明债务人在一定期限内不履行债务则合同自动解除，债务人在该期限内未履行债务的，合同自通知载明的期限届满时解除。对方对解除合同有异议的，任何一方当事人均可以请求人民法院或者仲裁机构确认解除行为的效力。

当事人一方未通知对方，直接以提起诉讼或者申请仲裁的方式依法主张解除合同，人民法院或者仲裁机构确认该主张的，合同自起诉状副本或者仲裁申请书副本送达对方时解除。

本条来源

本条来源于《合同法》第九十六条的规定："当事人一方依照本法第九十三条第二款、第九十四条的规定主张解除合同的，应当通知对方。合同自通知到达对方时解除。对方有异议的，可以请求人民法院或者仲裁机构确认解除合同的效力。法律、行政法规规定解除合同应当办理批准、登记等手续的，依照其规定。"相较于原法条，本条增加了"当事人一方未通知对方，直接以提起诉讼或者申请仲裁的方式依法主张解除合同，人民法院或者仲裁机构确认该主张的，合同自起诉状副本或者仲裁申请书副本送达对方时解除"的表述。删除了"法律、行政法规规定解除合同应当办理批准、登记等手续的，依照其规定"这一内容。

立法演变

一次审议稿、二次审议稿的第三百五十五条和《民法典（草案）》的第五百六十五条作了上述改动，并最终为本条所采用。

条文释义

行使解除权应当通知对方当事人。当事人一方行使解除合同的权利，将引起合同权利义务的终止，为了防止一方当事人因不知道对方已行使合同解除权而仍为履行，从而遭受损害，本条规定，当事人根据约定解除权和法定解除权主张解除合同的，应当通知对方。合同自通知到达对方时解除。

当事人一方未通知对方，直接以提起诉讼或者申请仲裁的方式依法主张解除合同，人民法院或者仲裁机构一旦确认该主张的，合同自起诉状副本或者仲裁申请书副本送达对方时解除。

案例评议

陈某等与陈某琼等租赁合同纠纷上诉案[①]

2013年12月13日，陈某某与越丽公司签订《租赁合同》，约定：陈某某

① 广东省广州市中级人民法院（2015）穗中法民五终字第2732号。

租赁越丽公司的商铺经营皮具，租赁期间为2013年12月13日至2015年7月25日；若陈某某违反国家有关规定，在场内销售假冒伪劣产品被工商等有关部门第二次（含）查处的，有权收回商铺，陈某某无条件退出。同日，陈某某还签了《责任书》，承诺绝不经销假冒伪劣商品，如违反责任书，越丽公司有权视情节轻重解除《商铺租赁合同》。2014年7月9日，广州市工商行政管理局白云分局对陈某某租赁的上述商铺进行检查时，发现陈某某涉嫌经营侵犯注册商标专用权的手袋。同年7月17日，越丽公司在陈某某承租的商铺门上粘贴了封条。2014年9月16日，陈某某向广州市白云区人民法院提起诉讼，请求判令解除与越丽公司2013年12月13日签订的《租赁合同》。

◆ 裁判规则

一审法院经审理认为，在履行期限届满之前，当事人一方明确表示或者以自己的行为表明不履行主要债务的，对方可以解除合同。在工商行政管理机关扣押陈某某承租商铺内涉嫌侵犯他人商标专用权的商品后，越丽公司作为市场管理方，理应待事实查清后再依照《责任书》的规定，对陈某某视情节轻重给予处理，但越丽公司却在陈某某承租商铺门上粘贴了封条，又未明确解封期限，此行为应视为不再向陈某某提供商铺租赁，陈某某据此提出解除合同的请求合理合法，予以支持。

二审法院经审理认为，因陈某某违反了承诺绝不经销假冒伪劣商品的责任书条款，越丽公司在此情况下作出对涉案商铺粘贴封条的处理，可视为属于依照上述责任书规定责令停业的行为。现陈某某提出解除合同，越丽公司亦发函通知解除双方合同，故原审判决解除合同并无不当。

◆ 评议

当事人行使解除权，应按照法律规定的程序，在法律规定的期间内行使。本案中，不管是陈某某通过诉讼要求解除合同，还是越丽公司通过发函通知解除，都符合法律规定的程序。

第五百六十六条　【合同解除的效力】

合同解除后，尚未履行的，终止履行；已经履行的，根据履行情况和合同性质，当事人可以请求恢复原状或者采取其他补救措施，并有权请求赔偿损失。

合同因违约解除的，解除权人可以请求违约方承担违约责任，但是当事人另有约定的除外。

主合同解除后，担保人对债务人应当承担的民事责任仍应当承担担保责任，但是担保合同另有约定的除外。

本条来源

本条来源于《合同法》第九十七条的规定："合同解除后，尚未履行的，终止履行；已经履行的，根据履行情况和合同性质，当事人可以要求恢复原状、采取其他补救措施，并有权要求赔偿损失。"相较于原法条，本条增加解除权与违约责任的关系，以及主合同解除对从合同的担保影响。

立法演变

一次审议稿、二次审议稿的第三百五十六条和《民法典（草案）》的第五百六十六条作了上述改动，并最终为本条所采用。

条文释义

本条是关于合同解除的效力的规定。英美法系认为，合同因违约而解除的，违约一方在解除前应付的款项仍须支付，已付的款项不得收回。无辜一方付给违约一方的款项，可按一般原则收回，并可收回已支付的订金。合同解除后，双方未来的义务不再履行。本条对合同解除的效力作了比较灵活的规定，即合同解除后，尚未履行的，终止履行；已经履行的，根据履行情况和合同性质，当事人可以要求恢复原状、采取其他补救措施，并有权要求赔偿损失。

同时，合同因违约解除的，解除权人可以请求违约方承担违约责任，但是当事人另有约定的除外。此外，主合同解除后，担保人对债务人应当承担的民事责任仍应承担担保责任，但是担保合同另有约定的除外。

法条关联

◆《最高人民法院关于适用〈中华人民共和国保险法〉若干问题的解释（三）》

第十六条 保险合同解除时，投保人与被保险人、受益人为不同主体，被保险人或者受益人要求退还保险单的现金价值的，人民法院不予支持，但保险合同另有约定的除外。

投保人故意造成被保险人死亡、伤残或者疾病，保险人依照保险法第四十三条规定退还保险单的现金价值的，其他权利人按照被保险人、被保险人的继承人的顺序确定。

◆《最高人民法院关于审理融资租赁合同纠纷案件适用法律问题的解释》

第十四条 当事人在一审诉讼中仅请求解除融资租赁合同，未对租赁物的归属及损失赔偿提出主张的，人民法院可以向当事人进行释明。

第十五条 融资租赁合同因租赁物交付承租人后意外毁损、灭失等不可归责于当事人的原因而解除，出租人要求承租人按照租赁物折旧情况给予补偿的，人民法院应予支持。

第十六条 融资租赁合同因买卖合同被解除、被确认无效或者被撤销而解除，出租人根据融资租赁合同约定，或者以融资租赁合同虽未约定或约定不明，但出卖人及租赁物系由承租人选择为由，主张承租人赔偿相应损失的，人民法院应予支持。

出租人的损失已经在买卖合同被解除、被确认无效或者被撤销时获得赔偿的，应当免除承租人相应的赔偿责任。

案例评议

金家置业公司与章某某商品房买卖合同纠纷案①

2010年12月4日，章某某与金家置业公司签订《商品房买卖合同》，约定章某某向金家置业公司购买永兴路127号营业房和该楼盘的18号附房，总价款

① 浙江省绍兴市中级人民法院（2015）浙绍民终字第1308号。

941647元。合同约定付款方式为首付491647元，贷款450000元。2013年7月10日，章某某还清购房贷款本息，实际还款金额为503279.65元，其中利息为53279.65元。因章某某所购营业房楼顶被搭建阳光棚一事，章某某与金家置业公司经协商一致，于2014年3月25日向上虞区房地产管理中心申请注销商品房预（销）售合同备案登记，申请表注销原因一栏载明系“双方自愿解除合同”。合同解除后，章某某向金家置业公司催讨购房款及赔偿购房款利息、购房贷款利息损失未果，向绍兴市上虞区人民法院提起诉讼。

◆ **裁判规则**

一审法院经审理认为，章某某与金家置业公司签订《商品房买卖合同》后，已按约付清购房款，嗣后原被告双方协商一致，自愿解除该合同，并于2014年3月25日向上虞区房地产管理中心申请注销商品房预（销）售合同备案登记，涉案《商品房买卖合同》于2014年3月25日解除。根据《合同法》第97条规定，章某某要求金家置业公司返还全部购房款的诉请，实质系恢复原状之请求，依法予以支持。《合同法》第97条规定的损害赔偿请求权，是指因原有违约行为产生的损害赔偿请求权，不因合同解除而受到妨碍。章某某主张案外人在其所购营业房楼顶搭建阳光棚，未能拆除，金家置业公司存在违约行为，但是，金家置业公司并非违章建筑监管部门，不负有相应的监管职责，并且合同中也未对此作出约定。章某某不能据此向金家置业公司主张购房款及购房货款的利息损失。

二审法院经审理认为，根据《合同法》第97条之规定，合同解除后，即应恢复原状，如造成对方损失的，还应赔偿损失。本案中，金家置业公司应从合同解除之日起返还已收取的购房款，但金家置业公司未能在合同解除日起按时返还，客观上影响了章某某对该笔款项占有、使用的权益，故原审法院判决金家置业公司赔偿章某某以购房款941647元为基数，自2014年3月26日起至实际履行日止按中国人民银行同期贷款基准利率计算的利息，具有事实和法律依据。

◆ **评议**

本案中，章某某与金家置业公司协商一致，自愿解除该合同，章某某要求金家置业公司返还全部购房款的诉请，实质系恢复原状之请求，属于解除合同后的正当诉求，应当予以支持。

第五百六十七条　【合同终止后有关结算和清理条款效力】

合同的权利义务关系终止，不影响合同中结算和清理条款的效力。

本条来源

本条来源于《合同法》第九十八条的规定：“合同的权利义务终止，不影响合同中结算和清理条款的效力。”相较于原法条，本条将“将合同的权利义务终止”改为“合同的权利义务关系终止”。

立法演变

一次审议稿、二次审议稿的第三百五十七条和《民法典（草案）》第五百六十七条作了上述改动，并最终为本条所采用。

条文释义

合同终止，合同条款也相应地失去其效力。但是如果该合同尚未结算清理完毕，合同中约定的结算清理条款仍然有效。如果当事人在合同中约定了结算方式，合同终止后，应当按照约定的方式结算。清理指对债权债务进行清点、估价和处理。如果合同中约定了进行清理的主体、清理的范围以及清理的方法，应当按照合同约定进行清理。

法条关联

◆《最高人民法院关于当前形势下审理民商事合同纠纷案件若干问题的指导意见》

8. 为减轻当事人诉累，妥当解决违约金纠纷，违约方以合同不成立、合同未生效、合同无效或者不构成违约进行免责抗辩而未提出违约金调整请求的，人民法院可以就当事人是否需要主张违约金过高问题进行释明。人民法院要正确确定举证责任，违约方对于违约金约定过高的主张承担举证责任，非违约方主张违约金约定合理的，亦应提供相应的证据。合同解除后，当事人主张违约金条款继续有效的，人民法院可以根据合同法第九十八条的规定进行处理。

第五百六十八条　【债务法定抵销】

当事人互负债务，该债务的标的物种类、品质相同的，任何一方可以将自己的债务与对方的到期债务抵销；但是，根据债务性质、按照当事人约定或者依照法律规定不得抵销的除外。

当事人主张抵销的，应当通知对方。通知自到达对方时生效。抵销不得附条件或者附期限。

本条来源

本条来源于《合同法》第九十九条的规定："当事人互负到期债务，该债务的标的物种类、品质相同的，任何一方可以将自己的债务与对方的债务抵销，但依照法律规定或者按照合同性质不得抵销的除外。当事人主张抵销的，应当通知对方。通知自到达对方时生效。抵销不得附条件或者附期限。"相较于原法条，本条增加了当事人约定不得抵销的情形，将"按照合同性质不得抵销"改为"根据债务性质"不得抵销，表述更为严谨。

立法演变

一次审议稿、二次审议稿的第三百五十八条和《民法典（草案）》的第五百六十八条作了上述改动，并最终为本条所采用。

条文释义

抵销因其产生的根据不同，可分为法定抵销和协议抵销。法定抵销，指法律规定抵销的条件，具备条件时依当事人一方的意思表示即发生抵销的效力。法定抵销应当具备以下条件：第一，当事人双方互负债务互享债权；第二，双方债务均已到期；第三，债务的标的物种类、品质相同。

当事人双方互负到期债务的，任何一方可以将自己的债务与对方的债务抵销，但下列情况除外：第一，依照法律规定不得抵销的。第二，按照合同的性质不得抵销的。

抵销不得附条件或附期限。附条件的抵销意味着只有在条件成就时才能行使，而条件有可能不成就，因此附期限的抵销意味着在期限尚未到来时也不能实现。抵销附条件和附期限，使得抵销不确定，不符合设立抵销制度的目的，并可能损害一方当事人的权利。

法条关联

◆《证券投资基金法》

第六条　基金财产的债权，不得与基金管理人、基金托管人固有财产的债务相抵销；不同基金财产的债权债务，不得相互抵销。

◆《合伙企业法》

第四十一条　合伙人发生与合伙企业无关的债务，相关债权人不得以其债权抵销其对合伙企业的债务；也不得代位行使合伙人在合伙企业中的权利。

◆《企业破产法》

第四十条　债权人在破产申请受理前对债务人负有债务的，可以向管理人主张抵销。但是，有下列情形之一的，不得抵销：

（一）债务人的债务人在破产申请受理后取得他人对债务人的债权的；

（二）债权人已知债务人有不能清偿到期债务或者破产申请的事实，对债务人负担债务的；但是，债权人因为法律规定或者有破产申请一年前所发生的原因而负担债务的除外；

（三）债务人的债务人已知债务人有不能清偿到期债务或者破产申请的事实，对债务人取得债权的；但是，债务人的债务人因为法律规定或者有破产申请一年前所发生的原因而取得债权的除外。

◆《信托法》

第十八条　受托人管理运用、处分信托财产所产生的债权，不得与其固有财产产生的债务相抵销。

受托人管理运用、处分不同委托人的信托财产所产生的债权债务，不得相互抵销。

第五百六十九条　【债务约定抵销】

当事人互负债务，标的物种类、品质不相同的，经协商一致，也可以抵销。

本条来源

本条来源于《合同法》第一百条的规定："当事人互负债务，标的物种类、品质不相同的，经双方协商一致，也可以抵销。"相较于原法条，本条将"经双方协商一致"修改为"经协商一致"，表述更为简洁。

立法演变

一次审议稿、二次审议稿的第三百五十九条和《民法典（草案）》第五百六十九条作了上述改动，并最终为本条所采用。

条文释义

本条是关于约定抵销的规定。约定抵销，指当事人双方协商一致，使自己的债务与对方的债务在对等额内消灭。约定抵销使交易活动更加灵活，对当事人也更为便利，但当事人约定抵销必须坚持自愿、公平的原则，防止一方以欺诈、胁迫的手段或者乘人之危，使对方在违背真实意思的情况下作出同意抵销的表示。

第五百七十条　【标的物提存的条件】

有下列情形之一，难以履行债务的，债务人可以将标的物提存：

（一）债权人无正当理由拒绝受领；

（二）债权人下落不明；

（三）债权人死亡未确定继承人、遗产管理人，或者丧失民事行为能力未确定监护人；

（四）法律规定的其他情形。

标的物不适于提存或者提存费用过高的，债务人依法可以拍卖或者变卖标的物，提存所得的价款。

本条来源

本条来源于《合同法》第一百零一条的规定：“有下列情形之一，难以履行债务的，债务人可以将标的物提存：（一）债权人无正当理由拒绝受领；（二）债权人下落不明；（三）债权人死亡未确定继承人或者丧失民事行为能力未确定监护人；（四）法律规定的其他情形。标的物不适于提存或者提存费用过高的，债务人依法可以拍卖或者变卖标的物，提存所得的价款。”相较于原法条，本条第三项增加了“遗产管理人”这一主体。

立法演变

一次审议稿、二次审议稿的第三百六十条和《民法典（草案）》的第五百七十条作了上述改动，并最终为本条所采用。

条文释义

提存，指由于债权人的原因而无法向其交付合同标的物时，债务人将该标的物交给提存机关而消灭债务的制度。根据本条规定，有下列情形之一，难以履行债务的，债务人可以将标的物提存：第一，债权人无正当理由拒绝受领；第二，债权人下落不明；第三，债权人死亡或者丧失行为能力而未确定继承人、遗产管理人或者监护人；第四，法律规定的其他情形。法律对提存问题有规定的，应当依照法律规定。

但是，标的物不适于提存或者提存费用过高的，债务人依法可以拍卖或者变卖标的物，提存所得的价款。所谓标的物不适于提存，指标的物不适于长期保管或者长期保管将损害其价值的，比如易腐烂、变质的物品，有危险性的物品等。提存费用过高，一般指提存费与所提存的标的的价额不成比例。标的物不适于提存或者提存费用过高有悖设立提存制度的目的，但不提存，债务人又达不到合同义务消灭的目的，为此，可以依照我国拍卖法等有关法律规定，拍卖或者变卖标的物，提存所得的价款。

法条关联

◆《公证法》

第十二条 根据自然人、法人或者其他组织的申请，公证机构可以办理下列事务：

（一）法律、行政法规规定由公证机构登记的事务；

（二）提存；

（三）保管遗嘱、遗产或者其他与公证事项有关的财产、物品、文书；

（四）代写与公证事项有关的法律事务文书；

（五）提供公证法律咨询。

◆《企业破产法》

第一百一十七条 对于附生效条件或者解除条件的债权，管理人应当将其分配额提存。

管理人依照前款规定提存的分配额，在最后分配公告日，生效条件未成就或者解除条件成就的，应当分配给其他债权人；在最后分配公告日，生效条件成就或者解除条件未成就的，应当交付给债权人。

第一百一十八条 债权人未受领的破产财产分配额，管理人应当提存。债权人自最后分配公告之日起满二个月仍不领取的，视为放弃受领分配的权利，管理人或者人民法院应当将提存的分配额分配给其他债权人。

第一百一十九条 破产财产分配时，对于诉讼或者仲裁未决的债权，管理人应当将其分配额提存。自破产程序终结之日起满二年仍不能受领分配的，人民法院应当将提存的分配额分配给其他债权人。

第五百七十一条 【提存成立及提存对债务人效力】

债务人将标的物或者将标的物依法拍卖、变卖所得价款交付提存部门时，提存成立。

提存成立的，视为债务人在其提存范围内已经交付标的物。

本条来源

本条来源于《最高人民法院关于适用〈中华人民共和国合同法〉若干问题的解释（二）》（法释〔2009〕5号）第二十五条的规定："依照合同法第一百零一条的规定，债务人将合同标的物或者标的物拍卖、变卖所得价款交付提存部门时，人民法院应当认定提存成立。提存成立的，视为债务人在其提存范围内已经履行债务。"相较于原司法解释"视为债务人在其提存范围内已经履行债务"的表述，本条将其改为"视为债务人在其提存范围内已经交付标的物"，这一修改对于提存成立的效力表述更为严谨。

立法演变

一次审议稿、二次审议稿的第三百六十一条和《民法典（草案）》的第五百七十一条作了上述改动，并最终为本条所采用。

条文释义

提存标的物的所有权自提存之日起转移至债权人所有。自提存之日起，债务人的债务得到清偿，债权人对债务人的给付请求权消灭。其他从债务如利息、担保债务等归于消灭。因此，自提存之日起债务即告清偿。

第五百七十二条　【提存通知】

标的物提存后，债务人应当及时通知债权人或者债权人的继承人、遗产管理人、监护人、财产代管人。

本条来源

本条来源于《合同法》第一百零二条的规定："标的物提存后，除债权人下落不明的以外，债务人应当及时通知债权人或者债权人的继承人、监护人。"相较于原法条，本条删除了"除债权人下落不明的以外"，增加了提存后通知的对象。

立法演变

一次审议稿、二次审议稿的第三百六十二条和《民法典（草案）》的第五百七十二条作了上述改动，并最终为本条所采用。

条文释义

标的物提存后，债务消灭，但债权人还未现实地获得其合同利益。为了便于债权人受领提存物，债务人应当将提存的事实及时通知债权人或者债权人的继承人、监护人等。只有债权人下落不明，无法通知的，债务人才可以免除通知义务。通知应当告知提存的标的、提存的地点、领取提存物的时间和方法等有关提存的事项。提存通知的义务，是法律规定的后合同义务，债务人必须履行。

第五百七十三条　【提存对债权人效力】

标的物提存后，毁损、灭失的风险由债权人承担。提存期间，标的物的孳息归债权人所有。提存费用由债权人负担。

本条来源

本条来源于《合同法》第一百零三条的规定，条文无变动。

条文释义

标的物提存后，不论债权人是否提取，都产生债务消灭的法律后果。根据法律规定，标的物所有权自标的物交付时起转移。提存视为标的物的交付，因此，自提存之日起，提存物的所有权转移，债权人作为提存标的物的所有者，该标的物上的权利由其享有，义务和风险由其承担。标的物的孳息，指由标的物产生的收益。提存期间，标的物的孳息归债权人所有。提存费用包括：公告费、邮费、保管费、评估鉴定费、拍卖变卖费、保险费，以及为保管、处理、运输提存标的物所支出的其他费用，作为标的物的所有者，债权人应当支付提存费用，不支付提存费的，提存人有权留置价值相当的提存物。

第五百七十四条　【提存物的受领及受领权消灭】

债权人可以随时领取提存物。但是，债权人对债务人负有到期债务的，在债权人未履行债务或者提供担保之前，提存部门根据债务人的要求应当拒绝其领取提存物。

债权人领取提存物的权利，自提存之日起五年内不行使而消灭，提存物扣除提存费用后归国家所有。但是，债权人未履行对债务人的到期债务，或者债权人向提存部门书面表示放弃领取提存物权利的，债务人负担提存费用后有权取回提存物。

本条来源

本条来源于《合同法》第一百零四条的规定："债权人可以随时领取提存物，但债权人对债务人负有到期债务的，在债权人未履行债务或者提供担保之前，提存部门根据债务人的要求应当拒绝其领取提存物。债权人领取提存物的权利，自提存之日起五年内不行使而消灭，提存物扣除提存费用后归国家所有。"相较于原法条，本条增加了债务人对提存物的取回权。

立法演变

一次审议稿、二次审议稿的第三百六十四条和《民法典（草案）》的第五百七十四条作了上述改动，并最终为本条所采用。

条文释义

标的物提存后债务消灭，债权人取得提存物的所有权，可以随时领取提存物。但是提存仅是消灭债务的措施，为避免先行履行可能发生的风险，保证自己债权的实现，债务人可以对提存部门交付提存物的条件作出明确要求，在债权人履行了对债务人的对待债务，或者为履行提供相应的担保后，才能领取提存物。不符合条件的，提存部门应当拒绝债权人领取提存物。

债权人虽然可以随时领取提存物，但该权利长期不行使，不仅使权利长期处于不稳定状态，也会给提存部门增加负担，同时也不符合物质有效利用的原则。

因此，本条规定了领取提存物的时效期间，即债权人领取提存物的权利，自提存之日起5年内不行使而消灭。但是，债权人未履行对债务人的到期债务，或者债权人向提存部门书面放弃领取提存物权利的，债务人负担提存费用后有权取回提存物。

第五百七十五条 【债务免除】

债权人免除债务人部分或者全部债务的，债权债务部分或者全部终止，但是债务人在合理期限内拒绝的除外。

本条来源

本条来源于《合同法》第一百零五条的规定："债权人免除债务人部分或者全部债务的，合同的权利义务部分或者全部终止。"相较于原法条，本条增加了"但是债务人在合理期限内拒绝的除外"的表述。

立法演变

一次审议稿、二次审议稿的第三百六十五条和《民法典（草案）》的第五百七十五条作了上述改动，并最终为本条所采用。

条文释义

本条规定了债务免除的效力。免除，指债权人抛弃债权，从而消灭合同关系及其他债的关系。关于免除的性质有不同的学说，一种学说认为，免除是契约。理由有：(1) 债的关系是债权人与债务人之间特定的法律关系，不能仅依一方当事人的意思表示成立；(2) 债权人免除债务人的债务是一种恩惠，而恩惠不能滥施于人；(3) 债权人免除债务可能有其他动机和目的，为防止债权人滥用免除权损害债务人利益，免除应经债务人同意。另一种学说认为，免除是债权人抛弃债权的单方行为。理由有：(1) 免除使债务人享受利益，因此没有必要征得债务人同意；(2) 如果免除一定要债务人同意，债务人不同意的，等于限制了债权人对权利的处分。

从本条规定看，免除是单方的法律行为，但本条同时赋予了债务人在合理期限内的拒绝权。

案例评议

林乙、林丙与林甲民间借贷纠纷案[1]

2011年5月14日，林乙因经营生意需要向林甲借款103870元，并由林乙出具借条一份给林甲收执，双方未明确约定借款期限及利息。林丙与林乙于2011年2月17日登记结婚，2012年6月28日2人经法院判决离婚。林丙与林甲系父女关系。因林乙至今未偿还借款本息，提起诉讼，诉讼中，林甲自动放弃要求林丙承担共同还款责任。莆田市秀屿区人民法院判决林乙偿还借款103870元。林丙提起上诉，莆田市中级人民法院改判林乙支付给林甲借款51935元。

◆ **裁判规则**

法院经审理认为，林乙向林甲借款103870元未还，有林乙出具的借条为凭，该债权债务事实清楚，证据充分，可以认定。要求林乙归还该借款，符合法律规定，应予支持。林乙主张该款项系其与林丙夫妻共同债务，经审查后确认该笔借款系夫妻关系存续期间产生，林乙自愿放弃要求林丙承担共同还款要求，予以准许。林乙于2011年5月14日借款发生在其与被上诉人林丙夫妻关系存续期间，该债务为夫妻共同债务，应共同承担还款责任。作为债权人的被上诉人林甲自愿放弃要求作为债务人之一的林丙对本案债务承担共同偿还责任，该行为系其真实意思表示，也没有损害第三人的合法权益，符合民法上的债务免除特征。

◆ **评议**

根据《合同法》第105条关于"债权人免除债务人部分或者全部债务的，合同的权利义务部分或者全部终止"的规定，林甲自愿放弃要求作为债务人之一的林丙对本案债务承担共同偿还责任，该行为系其真实意思表示，也没有损害第三人的合法权益，符合民法上的债务免除特征。

---

① 福建省莆田市中级人民法院（2015）莆民终字第1300号。

第五百七十六条　【债权债务混同】

债权和债务同归于一人的，债权债务终止，但是损害第三人利益的除外。

本条来源

本条来源于《合同法》第一百零六条的规定："债权和债务同归于一人的，合同的权利义务终止，但涉及第三人利益的除外。"相较于原法条，本条将混同效力修改为导致"债权债务终止"，并且将例外情形限制为"损害第三人利益"。

立法演变

一次审议稿、二次审议稿的第三百六十六条和《民法典（草案）》的第五百七十六条作了上述改动，并最终为本条所采用。

条文释义

本条规定了债的混同。混同，指债权人和债务人同归于一人，致使合同关系及其他债的关系消灭。合同关系的存在，必须有债权人和债务人，当双方混同，合同失去存在的基础，自然应当终止。混同作为法律事实，性质上属于事件，不必由当事人为意思表示。合同终止债权消灭，债权的从权利如利息债权、违约金债权、担保债权同时消灭。

但是，当债权是他人权利的标的时，为保护第三人的利益，债权不能因混同而消灭。

第八章　违约责任

本章概要

违约责任是债务人不履行合同债务的法律后果。违约责任作为民事责任的一种，具有民事责任的一般属性。违约责任是财产责任，具有补偿性、惩罚性。在法律规定有免责条件的情况下，当事人对其不履行合同不承担违约责任。违约责任的承担方式包括继续履行、支付违约金、赔偿损失等。违约责任和侵权责任的竞合是常见的民事责任竞合，债权人不能双重请求，只能主张其一，以防其获得不当得利。本章共十八条，从内容上看，基本延续《合同法》第七章违约责任的规定，变动不大，主要变化有三：一是借鉴担保法相关规定，明确定金生效条件和定金罚则。二是增加规定债权人受领迟延在利息支付、费用赔偿上的法律后果，弥补了法律漏洞。三是在删除《合同法》第八章其他规定的基础上，将该章仅剩的四年诉讼时效规定前移到本章。

第五百七十七条　【违约责任】

当事人一方不履行合同义务或者履行合同义务不符合约定的，应当承担继续履行、采取补救措施或者赔偿损失等违约责任。

本条来源

本条来源于《合同法》第一百零七条的规定，条文无变动。

条文释义

本条规定了违约的基本形态和承担违约责任的种类。按照合同是否履行与履行状况，违约行为可分为合同的不履行和不适当履行。合同的不履行，指当事人不履行合同义务，又包括拒不履行和履行不能。拒不履行指当事人能够履行合同却无正当理由而故意不履行；履行不能指因不可归责于债务人的事由致使合同的履行在事实上已经不可能。合同的不适当履行，又称不完全给付，指当事人履行合同义务不符合约定的条件，又分为一般瑕疵履行和加害履行，一般瑕疵履行包括迟延履行。违反合同义务，需要承担违约责任。承担违约责任的种类有继续履行、采取补救措施和赔偿损失，此外，还有支付违约金及定金责任等形态。

第五百七十八条　【预期违约责任】

当事人一方明确表示或者以自己的行为表明不履行合同义务的，对方可以在履行期限届满前请求其承担违约责任。

本条来源

本条来源于《合同法》第一百零八条的规定："当事人一方明确表示或者以自己的行为表明不履行合同义务的，对方可以在履行期限届满之前要求其承担违约责任。"相较于原法条，本条将"届满之前要求"改为"届满前请求"。

立法演变

一次审议稿、二次审议稿的第三百六十八条和《民法典（草案）》第五百七十八条作了上述改动，并最终为本条所采用。

条文释义

按照违约发生的时间，可将违约分为预期违约和届期违约。违约发生于合同履行期届至之前的，为预期违约。预期违约又叫作先期违约，包括明示毁约和默示毁约。当事人在合同履行期到来之前无正当理由明确表示将不履行合同，或者以自己的行为表明将不履行合同，即构成预期违约。依照本条规定，可以在履行期之前请求其承担违约责任。

法条关联

◆《中国建设银行一般商业性助学贷款实施办法》

第三十二条 借款人发生下列情形之一时，视为借款人以自己的行为表明不能履行借款合同的按期还款义务，建设银行有权要求借款人提供建设银行认可的新的担保，有权提前收回已发放贷款本息，有权解除借款合同：

（一）转移个人资产，以逃避债务；

（二）卷入或即将卷入重大的诉讼或仲裁程序及其他法律纠纷；

（三）借款人未履行其对建设银行的其他到期债务；

（四）在债务清偿前，借款人个人资料及家庭经济状况发生变化，未在10日内通知建设银行；

（五）足以影响借款人债务清偿能力的其他情形。

◆《中国建设银行个人消费额度贷款办法》

第三十八条 借款人发生下列情形之一时，视为借款人以自己的行为表明不能履行借款合同的按期还款义务，建设银行有权要求借款人提供建设银行认可的新的担保，有权提前收回已发放贷款本息，有权解除借款合同：

一、转移个人资产，以逃避债务；

二、卷入或即将卷入重大的诉讼或仲裁程序及其他法律纠纷；

三、借款人未履行其对建设银行的其他到期债务；

四、在债务清偿前，借款人个人资料及家庭经济状况发生变化，未在10日内通知建设银行；

五、足以影响借款人债务清偿能力的其他情形。

案例评议

上海大骏物业管理有限公司诉何某房屋租赁合同纠纷案①

2015年4月13日，原告大骏物业公司、被告何某签订《房屋租赁合同》及《经营管理合同》，约定租赁期限为一年。然而，2015年9月13日，被告向原告提交退租申请一份，原告于次日将该店铺用布条封住。现本案讼争店铺已

① 上海市奉贤区（县）人民法院（2015）奉民三（民）初字第4212号。

由原告出租给案外人。原告要求被告承担违约责任未果，遂成讼。

◆ **裁判规则**

法院经审理认为，依法成立的合同，对当事人具有法律约束力。本案中，被告于2015年9月13日向原告提出退租申请，作出其不愿意再继续履行租赁合同的意思表示，原告于次日将本案讼争店铺用布条封住，可见原告以自己的行为表示其同意被告退租，故法院认为双方之间的租赁合同已于2015年9月14日解除。在租赁合同期限届满前，被告以自己的行为表明不再继续履行合同，显属违约，应按约向原告承担违约责任。

◆ **评议**

本案是一起租赁合同纠纷。承租人提交退租申请，就是以行为明确表示拒绝履行合同。据此，出租人可以要求承租人赔偿损失。

第五百七十九条　【金钱债务实际履行责任】

当事人一方未支付价款、报酬、租金、利息，或者不履行其他金钱债务的，对方可以请求其支付。

本条来源

本条来源于《合同法》第一百零九条的规定："当事人一方未支付价款或者报酬的，对方可以要求其支付价款或者报酬。"相较于原法条，本条增加了金钱债务的类型。

立法演变

一次审议稿、二次审议稿的第三百六十九条和《民法典（草案）》的第五百七十九条作了上述改动，并最终为本条所采用。

条文释义

当事人一方未支付价款、报酬、租金、利息的，对方当事人可以请求其履行，支付价款、报酬、租金、利息，并可以请求其承担其他违约责任。当事人一方迟延支付上述金钱债务的，除已支付价款或者报酬外，还应当承担违约责任，如支付违约金、赔偿逾期利息。

第五百八十条　【非金钱债务实际履行责任及违约责任】

当事人一方不履行非金钱债务或者履行非金钱债务不符合约定的，对方可以请求履行，但是有下列情形之一的除外：

（一）法律上或者事实上不能履行；

（二）债务的标的不适于强制履行或者履行费用过高；

（三）债权人在合理期限内未请求履行。

有前款规定的除外情形之一，致使不能实现合同目的的，人民法院或者仲裁机构可以根据当事人的请求终止合同权利义务关系，但是不影响违约责任的承担。

本条来源

本条来源于《合同法》第一百一十条的规定："当事人一方不履行非金钱债务或者履行非金钱债务不符合约定的，对方可以要求履行，但有下列情形之一的除外：（一）法律上或者事实上不能履行；（二）债务的标的不适于强制履行或者履行费用过高；（三）债权人在合理期限内未要求履行。"相较于原法条，本条增加了第二款的内容。

立法演变

一次审议稿、二次审议稿第三百七十条以及《民法典（草案）》第五百八十条规定均沿用了合同法的规定，《民法典》作了上述修改。

这一规定源自二次审议稿第三百五十三条第三款，该款规定："合同不能履行致使不能实现合同目的的，有解除权的当事人不行使解除权，构成滥用权利对对方显失公平的，人民法院或者仲裁机构可以根据对方的请求解除合同，但是不影响违约责任的承担"。该条即所谓"违约方申请解除权"条款。

条文释义

当事人一方不履行非金钱债务或者履行不适当，对方可以请求其履行，还可以请求其承担其他违约责任，如支付违约金、赔偿损失。如果非金钱债务在法律上或者事实上不能履行，或者履行费用过高，或者债权人在合理期限内未请求履行，则不宜以继续履行的方式承担违约责任。

本条第二款规定“违约方申请解除权”制度，引入这一制度的原因就在于《合同法》第一百一十条存在构造上的缺陷：在违约债务人已经不能履行合同的情况下，债务人虽然可以援引该条来对抗债权人的实际履行主张，但合同关系并不因此消灭，债务在合同预定的期限内始终存在。换言之，在债务人已经履行不能的情况下，他可以根据第一百一十条来对抗债权人的继续履行主张，却无法要求终止合同。债权人可以解除合同却拒绝解除，债务人想申请终止却无法律依据，这就形成了所谓的“合同僵局”。《民法典》第五百八十条增补了前引第二款，用以解决履行不能情况下的合同终止问题。将这一问题从合同解除迁移至合同终止。这一制度的本质是：在履行不能的情况下，对于已经“死亡”、无实际意义的合同，由法官在审查后宣告其终结，这是法官对“合同死亡”这一事实的确认和宣告。这就可以有效地应对前述的“合同僵局”，填补《合同法》第一百一十条的漏洞。以这一中性的“终止”替代具有强烈色彩的“解除”，也说明合同关系终结后对违约方责任的追究将另行按照违约责任的有关条款处理，因此，该款特别强调合同终止“不影响违约责任的承担”。“终止”的涵义是债权人不仅在本次诉讼中而且是终局性地永久丧失继续履行请求权，但其享有损害赔偿请求权。

第五百八十一条　【替代履行】

当事人一方不履行债务或者履行债务不符合约定，根据债务的性质不得强制履行的，对方可以请求其负担由第三人替代履行的费用。

本条来源

本条为新增条款。

条文释义

债务人不履行债务或者履行债务不符合约定时，如依据债务的性质不得强制履行，债权人不得强制债务人履行。例如，存在人身信任关系的合同所产生的债务，如果强制违约方履行义务，就是对违约方人身加以强制，这与现代法治社会的基本理念不符。还有委托合同、合伙合同以及提供服务或劳务的合同中受托人、合伙人、服务或劳务提供人的债务也不适合强制履行。但是，如果上述债务履行具有可替代性并且第三人有替代履行的意思表示，则可以由第三人替代履行该债务。第三人在替代履行过程中产生的履行费用，债权人可以请求债务人承担。

第五百八十二条　【瑕疵履行违约责任】

履行不符合约定的，应当按照当事人的约定承担违约责任。对违约责任没有约定或者约定不明确，依据本法第五百一十条的规定仍不能确定的，受损害方根据标的的性质以及损失的大小，可以合理选择请求对方承担修理、重作、更换、退货、减少价款或者报酬等违约责任。

本条来源

本条来源于《合同法》第一百一十一条的规定："质量不符合约定的，应当按照当事人的约定承担违约责任。对违约责任没有约定或者约定不明确，依照本法第六十一条的规定仍不能确定的，受损害方根据标的的性质以及损失的大小，可以合理选择要求对方承担修理、更换、重作、退货、减少价款或者报酬等违约责任。"相较于原法条，本条将"质量不符合约定的"改为"履行不符合约定的"，将"更换、重作"的顺序进行调整等，表述更为严谨。

立法演变

一次审议稿、二次审议稿的第三百七十二条和《民法典（草案）》第五百八十二条作了上述改动，并最终为本条所采用。

条文释义

本条规定了质量不符合约定的违约责任。当事人履行不符合质量约定的，应当承担违约责任。违约责任有约定的，按约定承担。没有约定或者约定不明，又不能协商确定的，受损害的一方可以合理选择请求对方承担修理、更换、重作、退货、减少价款或者报酬、赔偿损失等违约责任。

法条关联

◆《最高人民法院关于审理买卖合同纠纷案件适用法律问题的解释》

第二十一条 买受人依约保留部分价款作为质量保证金，出卖人在质量保证期间未及时解决质量问题而影响标的物的价值或者使用效果，出卖人主张支付该部分价款的，人民法院不予支持。

第二十二条 买受人在检验期间、质量保证期间、合理期间内提出质量异议，出卖人未按要求予以修理或者因情况紧急，买受人自行或者通过第三人修理标的物后，主张出卖人负担因此发生的合理费用的，人民法院应予支持。

第二十三条 标的物质量不符合约定，买受人依照合同法第一百一十一条的规定要求减少价款的，人民法院应予支持。当事人主张以符合约定的标的物和实际交付的标的物按交付时的市场价值计算差价的，人民法院应予支持。

价款已经支付，买受人主张返还减价后多出部分价款的，人民法院应予支持。

第五百八十三条 【违约损害赔偿】

当事人一方不履行合同义务或者履行合同义务不符合约定的，在履行义务或者采取补救措施后，对方还有其他损失的，应当赔偿损失。

本条来源

本条来源于《合同法》第一百一十二条的规定，条文无变动。

条文释义

违约方继续履行或者采取补救措施后，对方还有损失的，还应当赔偿损失。

法条关联

◆《产品质量法》

第四十条 售出的产品有下列情形之一的，销售者应当负责修理、更换、退货；给购买产品的消费者造成损失的，销售者应当赔偿损失：

（一）不具备产品应当具备的使用性能而事先未作说明的；

（二）不符合在产品或者其包装上注明采用的产品标准的；

（三）不符合以产品说明、实物样品等方式表明的质量状况的。

销售者依照前款规定负责修理、更换、退货、赔偿损失后，属于生产者的责任或者属于向销售者提供产品的其他销售者（以下简称供货者）的责任的，销售者有权向生产者、供货者追偿。

销售者未按照第一款规定给予修理、更换、退货或者赔偿损失的，由市场监督管理部门责令改正。

生产者之间，销售者之间，生产者与销售者之间订立的买卖合同、承揽合同有不同约定的，合同当事人按照合同约定执行。

第五百八十四条 【损害赔偿范围】

当事人一方不履行合同义务或者履行合同义务不符合约定，造成对方损失的，损失赔偿额应当相当于因违约所造成的损失，包括合同履行后可以获得的利益；但是，不得超过违约一方订立合同时预见到或者应当预见到的因违约可能造成的损失。

本条来源

本条来源于《合同法》第一百一十三条的规定："当事人一方不履行合同义务或者履行合同义务不符合约定，给对方造成损失的，损失赔偿额应当相当于因违约所造成的损失，包括合同履行后可以获得的利益，但不得超过违反合同一方订立合同时预见到或者应当预见到的因违反合同可能造成的损失。经营者对消费者提供商品或者服务有欺诈行为的，依照《中华人民共和国消费者权益保护法》的规定承担损害赔偿责任。"相较于原法条，本条删除了"经营者对消费者提供商品或者服务有欺诈行为的，依照《中华人民共和国消费者权益保护法》的规定承担损害赔偿责任”的表述，并将“违反合同”修改为“违约”，用词更简练。

立法演变

一次审议稿、二次审议稿第三百七十四条均采用了《合同法》第一百一十三条的规定，《民法典（草案）》第五百八十四条作了上述变动，并最终为本条所采用。

条文释义

赔偿损失的范围可由法律直接规定，或由双方约定。在法律没有特别规定和当事人没有另行约定的情况下，应按完全赔偿原则，赔偿全部损失，包括直接损失和间接损失。直接损失指财产上的直接减少。间接损失又称所失利益，指失去的可以预期取得的利益。可以获得的预期的利益，简称可得利益。可得利益指利润，而不是营业额。可得利益的求偿需坚持客观确定性，即预期取得的利益不仅主观上是可能的，客观上还需要是确定的。因违约行为的发生，使此利益丧失，若无违约行为，这种利益按通常情形是必得的。可得利益的求偿不能任意扩大。预见性有三个要件：一是预见的主体为违约人，而不是非违约人。二是预见的时间为订立合同之时，而不是违约之时。三是预见的内容为立约时应当预见的违约的损失，预见不到的损失，不在赔偿范围之列。

法条关联

◆ **《旅游法》**

第七十条 旅行社不履行包价旅游合同义务或者履行合同义务不符合约定的，应当依法承担继续履行、采取补救措施或者赔偿损失等违约责任；造成旅游者人身损害、财产损失的，应当依法承担赔偿责任。旅行社具备履行条件，经旅游者要求仍拒绝履行合同，造成旅游者人身损害、滞留等严重后果的，旅游者还可以要求旅行社支付旅游费用一倍以上三倍以下的赔偿金。

由于旅游者自身原因导致包价旅游合同不能履行或者不能按照约定履行，或者造成旅游者人身损害、财产损失的，旅行社不承担责任。

在旅游者自行安排活动期间，旅行社未尽到安全提示、救助义务的，应当对旅游者的人身损害、财产损失承担相应责任。

第五百八十五条 【违约金】

当事人可以约定一方违约时应当根据违约情况向对方支付一定数额的违约金，也可以约定因违约产生的损失赔偿额的计算方法。

约定的违约金低于造成的损失的，人民法院或者仲裁机构可以根据当事人的请求予以增加；约定的违约金过分高于造成的损失的，人民法院或者仲裁机构可以根据当事人的请求予以适当减少。

当事人就迟延履行约定违约金的，违约方支付违约金后，还应当履行债务。

本条来源

本条来源于《合同法》第一百一十四条的规定：“当事人可以约定一方违约时应当根据违约情况向对方支付一定数额的违约金，也可以约定因违约产生的损失赔偿额的计算方法。约定的违约金低于造成的损失的，当事人可以请求人民法院或者仲裁机构予以增加；约定的违约金过分高于造成的损失的，当事人可以请求人民法院或者仲裁机构予以适当减少。当事人就迟延履行约定违约金的，违约方支付违约金后，还应当履行债务。”相较于原法条，本条将“当事人可以请求人民法院或者仲裁机构”改为“人民法院或者仲裁机构可以根据当事人的请求”，表述更为严谨。

立法演变

一次审议稿、二次审议稿的第三百七十五条和《民法典（草案）》第五百八十五条作了上述改动，并最终为本条所采用。

条文释义

违约金是指按照当事人的约定或者法律直接规定，一方当事人违约的，应向另一方支付的金钱。违约金的标的物是金钱，但当事人也可以约定违约金的标的物为金钱以外的其他财产。违约金有法定违约金和约定违约金之分。由法律直接规定的违约金为法定违约金。违约金是由当事人约定的，为约定违约金。

当事人约定了违约金的，一方违约时，应当按照该约定支付违约金。如果约定的违约金低于造成的损失的，当事人可以请求人民法院或者仲裁机构予以增加；约定的违约金过分高于造成的损失的，当事人可以请求人民法院或者仲裁机构予以适当减少。

如果当事人专门就迟延履行约定违约金的，该种违约金仅是违约方对其迟延履行所承担的违约责任，因此，违约方支付违约金后，还应当继续履行债务。

法条关联

◆《最高人民法院关于审理民间借贷案件适用法律若干问题的规定》

第三十条 出借人与借款人既约定了逾期利率，又约定了违约金或者其他费用，出借人可以选择主张逾期利息、违约金或者其他费用，也可以一并主张，但总计超过年利率24%的部分，人民法院不予支持。

◆《最高人民法院关于审理买卖合同纠纷案件适用法律问题的解释》

第二十四条 买卖合同对付款期限作出的变更，不影响当事人关于逾期付款违约金的约定，但该违约金的起算点应当随之变更。

买卖合同约定逾期付款违约金，买受人以出卖人接受价款时未主张逾期付款违约金为由拒绝支付该违约金的，人民法院不予支持。

买卖合同约定逾期付款违约金，但对账单、还款协议等未涉及逾期付款责任，出卖人根据对账单、还款协议等主张欠款时请求买受人依约支付逾期付款违约金的，人民法院应予支持，但对账单、还款协议等明确载有本金及逾期付款利息数额或者已经变更买卖合同中关于本金、利息等约定内容的除外。

买卖合同没有约定逾期付款违约金或者该违约金的计算方法，出卖人以买受人违约为由主张赔偿逾期付款损失的，人民法院可以中国人民银行同期同类人民币贷款基准利率为基础，参照逾期罚息利率标准计算。

第二十六条 买卖合同因违约而解除后，守约方主张继续适用违约金条款的，人民法院应予支持；但约定的违约金过分高于造成的损失的，人民法院可以参照合同法第一百一十四条第二款的规定处理。

第二十七条　买卖合同当事人一方以对方违约为由主张支付违约金，对方以合同不成立、合同未生效、合同无效或者不构成违约等为由进行免责抗辩而未主张调整过高的违约金的，人民法院应当就法院若不支持免责抗辩，当事人是否需要主张调整违约金进行释明。

一审法院认为免责抗辩成立且未予释明，二审法院认为应当判决支付违约金的，可以直接释明并改判。

第五百八十六条　【定金担保】

当事人可以约定一方向对方给付定金作为债权的担保。定金合同自实际交付定金时成立。

定金的数额由当事人约定；但是，不得超过主合同标的额的百分之二十，超过部分不产生定金的效力。实际交付的定金数额多于或者少于约定数额的，视为变更约定的定金数额。

本条来源

本条来源于《担保法》第九十条的规定："定金应当以书面形式约定。当事人在定金合同中应当约定交付定金的期限。定金合同从实际交付定金之日起生效。"以及第九十一条的规定："定金的数额由当事人约定，但不得超过主合同标的额的百分之二十。"相较于原法条，本条整合两个条文内容后，表述更为简洁，同时将"生效"改为"成立"，表意更为严谨。

立法演变

一次审议稿第三百七十六条中的"实际交付的定金数额多于或者少于约定数额"，在二次审议稿中修改为"实际交付的定金数额多于或者少于约定数额的"。在此基础上，《民法典（草案）》将二次审议稿中的"定金合同自实际交付定金时成立"改为"定金合同自实际交付定金时生效"，本条又将其改回二审稿的表述，即“定金合同自实际交付定金时成立”。同时，将第二款“定金的数额由当事人约定”后的“，”改为“；”。

条文释义

定金均以货币交付，且定金数额以合同标的额的比例作为根据。定金数额由当事人约定，但是不得超过主合同标的额的百分之二十，超过的部分不产生定金效力。定金合同为实践合同，须以定金的交付作为成立要件。实际交付的定金数额多于或者少于约定数额的，视为变更约定的定金数额。

法条关联

◆《最高人民法院关于审理商品房买卖合同纠纷案件适用法律若干问题的解释》

第四条 出卖人通过认购、订购、预订等方式向买受人收受定金作为订立商品房买卖合同担保的，如果因当事人一方原因未能订立商品房买卖合同，应当按照法律关于定金的规定处理；因不可归责于当事人双方的事由，导致商品房买卖合同未能订立的，出卖人应当将定金返还买受人。

第二十三条 商品房买卖合同约定，买受人以担保贷款方式付款、因当事人一方原因未能订立商品房担保贷款合同并导致商品房买卖合同不能继续履行的，对方当事人可以请求解除合同和赔偿损失。因不可归责于当事人双方的事由未能订立商品房担保贷款合同并导致商品房买卖合同不能继续履行的，当事人可以请求解除合同，出卖人应当将收受的购房款本金及其利息或者定金返还买受人。

案例评议

上海高瞻新能源汽车销售服务有限公司与王某买卖合同纠纷上诉案[①]

2014年10月25日，王某、高瞻公司签订《汽车销售合同》，约定王某向高瞻公司购买比亚迪车辆一台，车辆补贴后价格为146550元，定金1万元，预交车时间为订单签订之日起40天；但是，如因厂方逾期到货造成高瞻公司无法按预定日期交车时，王某允许高瞻公司变更交车日期。双方约定违约责

① 上海市第二中级人民法院（2016）沪02民终65号。

任，如因王某违约或非高瞻公司原因致使本合同不能完全履行，则王某无权请求返还定金；如因高瞻公司违约致使本合同不能履行，则定金返还王某。当日，王某支付了定金1万元。但王某在预交车期限内未能拿到车。双方协商，高瞻公司不能保证交车时间。王某分别于2015年4月14日、20日两次向高瞻公司发出解除函，要求解除合同，并双倍返还定金。因高瞻公司未答复，王某提起诉讼。

◆ **裁判规则**

法院经审理认为，高瞻公司所提供证据尚不足以证明其逾期履行的原因系厂方逾期到货造成的，王某催告交车，高瞻公司在合理期限内仍未能履行交车义务，王某据此解除合同，于法有据，应予支持。双方合同对违约责任的约定，明显违反公平原则，属于格式条款，高瞻公司作为提供格式条款的一方，免除其违约责任的条款，应认定该约定无效。高瞻公司经王某催告后在合理期限内仍未能履行约定的债务，应当双倍返还定金。二审法院经审理认为，尽管高瞻公司声称其无法履行合同义务是因厂家产能不足（即第三人原因）引起，但是根据合同相对性原理，因合同以外的第三人原因导致合同一方违约的，仍应由合同违约一方向相对方承担违约责任。

◆ **评议**

本案是因为汽车销售而发生的定金合同纠纷。第一个核心问题在于，合同中明确约定商家在第三方原因导致无法交货时无须返还定金，通过格式条款的认定规则即可认定该约定无效。第二个核心问题在于，双方仅仅是约定了退还定金，但是并未约定双倍返还定金，法院在此发挥了法律解释功能，明确认定定金条款的法律规则是具有强制性的。

第五百八十七条　【定金罚则】

债务人履行债务的，定金应当抵作价款或者收回。给付定金的一方不履行债务或者履行债务不符合约定，致使不能实现合同目的的，无权请求返还定金；收受定金的一方不履行债务或者履行债务不符合约定，致使不能实现合同目的的，应当双倍返还定金。

本条来源

本条来源于《合同法》第一百一十五条的规定："当事人可以依照《中华人民共和国担保法》约定一方向对方给付定金作为债权的担保。债务人履行债务后，定金应当抵作价款或者收回。给付定金的一方不履行约定的债务的，无权要求返还定金；收受定金的一方不履行约定的债务的，应当双倍返还定金。"相较于原法条，本条将"不履行约定的债务的"改为"不履行债务，或者履行债务不符合约定，致使不能实现合同目的的"。

立法演变

一次审议稿、二次审议稿的第三百七十七条和《民法典（草案）》的第五百八十七条作了上述改动，并最终为本条所采用。

条文释义

按照本法的规定，适用定金罚则的条件是不履行债务，即违约，"谁违约，惩罚谁"，违约方是给付定金一方，则由给付定金一方承担；是收受定金一方，则由收受定金一方承担。具体的违约原因，可以是主观上的原因，也可以是客观上的原因，只要不履行债务即可适用定金罚则。

第五百八十八条　【违约金与定金竞合时的责任】

当事人既约定违约金，又约定定金的，一方违约时，对方可以选择适用违约金或者定金条款。

定金不足以弥补一方违约造成的损失的，对方可以请求赔偿超过定金数额的损失。

本条来源

本条来源于《合同法》第一百一十六条的规定："当事人既约定违约金，又约定定金的，一方违约时，对方可以选择适用违约金或者定金条款。"相较于原法条，本条增加了"定金不足以弥补一方违约造成的损失的，对方可以请求赔偿超过定金数额的损失"的表述。

立法演变

一次审议稿第三百七十八条中的“合同约定的定金不足以弥补一方违约造成的损失的”，在二次审议稿中修改为“约定的定金不足以弥补一方违约造成的损失的”，《民法典（草案）》采纳了二次审议稿的规定，本条将“约定的”删除，直接表达为“定金不足以弥补一方违约造成的损失的”，表述更简练。

条文释义

在合同当事人既约定了违约金，又约定了定金的情况下，如果一方违约，对方当事人可以选择适用违约金或者定金条款，即对方享有选择权，可以选择适用违约金条款，也可以选择适用定金条款，但二者不能并用。现实中，有些当事人在合同中既约定违约金，也约定定金，在一方违约时，对方要求违约金与定金条款并用，但是一般来说，选择适用违约金条款或定金条款，就可以达到弥补因违约受到损失的目的。

守约方根据违约金条款，可以要求对方补偿自己因违约所造成的损失。当然，在定金条款对守约方有利时，守约方也可以适用定金条款，按照定金罚则要求违约方弥补自己的损失。赋予守约方选择权，能够起到保障其合同利益，补救其违约损失的作用。因此，本条规定合同当事人选择适用违约金条款或定金条款，是必要的，也是合理的。

第五百八十九条　【拒绝受领和受领迟延】

债务人按照约定履行债务，债权人无正当理由拒绝受领的，债务人可以请求债权人赔偿增加的费用。

在债权人受领迟延期间，债务人无须支付利息。

本条来源

本条为新增条文。

条文释义

合同债权内容的实现以债权人的受领或者其他协助为必要条件，也即债务的履行需债权人之行为方能完成，债权人有协助、配合等义务。债权人拒绝受领为拒绝协助的典型表现。

债务人因债权人迟延而未能完成履行，由此产生的因保管和维持履行标的而发生的必要费用，债务人可请求债权人偿还。这些费用包括运输费用、仓储费用、采暖费用、保险费用、动物饲养费用等。应当支付利息的金钱债务，在债权人受领迟延期间，债务人支付利息的义务消灭。不过，如果债务人在债权人迟延期间自他人处收取了利息且负有向债权人交付的义务，则债务人仍应向债权人交付其收取的利息收益。

第五百九十条　【不可抗力】

当事人一方因不可抗力不能履行合同的，根据不可抗力的影响，部分或者全部免除责任，但是法律另有规定的除外。因不可抗力不能履行合同的，应当及时通知对方，以减轻可能给对方造成的损失，并应当在合理期限内提供证明。

当事人迟延履行后发生不可抗力的，不免除其违约责任。

本条来源

本条来源于《合同法》第一百一十七条第一款的规定："因不可抗力不能履行合同的，根据不可抗力的影响，部分或者全部免除责任，但法律另有规定的除外。当事人迟延履行后发生不可抗力的，不能免除责任。"以及《合同法》第一百一十八条的规定："当事人一方因不可抗力不能履行合同的，应当及时通知对方，以减轻可能给对方造成的损失，并应当在合理期限内提供证明。"相较于原法条，本条整合上述两个条文的内容，表述更加精炼。

立法演变

本条在一次审议稿第三百八十条规定为："当事人一方因不可抗力不能履行

合同的，根据不可抗力的影响，部分或者全部免除责任，但是法律另有规定的除外。因不可抗力不能履行合同的，应当及时通知对方，以减轻可能给对方造成的损失，并应当在合理期限内提供证明。当事人迟延履行后发生不可抗力的，不免除其违约责任。当事人一方因不可抗力致使继续履行合同对其明显不公平的，可以请求人民法院或者仲裁机构变更或者解除合同。”在二次审议稿第三百八十条规定为：“当事人一方因不可抗力不能履行合同的，根据不可抗力的影响，部分或者全部免除责任，但是法律另有规定的除外。因不可抗力不能履行合同的，应当及时通知对方，以减轻可能给对方造成的损失，并应当在合理期限内提供证明。当事人迟延履行后发生不可抗力的，不免除其违约责任。”

因为不可抗力导致情势变更应纳入第五百三十三条，所以二次审议稿删除一次审议稿“当事人一方因不可抗力致使继续履行合同对其明显不公平的，可以请求人民法院或者仲裁机构变更或者解除合同”的内容。《民法典（草案）》采纳了二次审议稿第三百八十条的规定，并最终为本条所采用。

条文释义

不可抗力指当事人订立合同时不可预见，它的发生不可避免，人力对其不可克服的自然灾害、战争等客观情况。

不可抗力造成违约的，违约方没有过错，因此通常是免责的，但法律规定因不可抗力造成的违约也要承担责任的，违约方仍需要承担无过错的违约责任。不可抗力与情势变更、意外事件不同，不可抗力虽然也可以引起合同的变更或者解除，但不可抗力以免除当事人的责任为己任，对不可抗力造成不能履行合同的损害，原则上免责，而情势变更、意外事件是以危险公平分担为目的，二者的法律后果不同。

第五百九十一条　【减损规则】

当事人一方违约后，对方应当采取适当措施防止损失的扩大；没有采取适当措施致使损失扩大的，不得就扩大的损失请求赔偿。

当事人因防止损失扩大而支出的合理费用，由违约方负担。

本条来源

本条来源于《合同法》第一百一十九条的规定："当事人一方违约后，对方应当采取适当措施防止损失的扩大；没有采取适当措施致使损失扩大的，不得就扩大的损失要求赔偿。当事人因防止损失扩大而支出的合理费用，由违约方承担。"相较于原法条，本条将"要求"改为"请求"，将"承担"改为"负担"，用词更为规范。

立法演变

一次审议稿、二次审议稿的第三百八十一条和《民法典（草案）》第五百九十一条作了上述改动，并最终为本条所采用。

条文释义

这一条的目的在于防止损失的扩大。当事人一方违反合同的，另一方不能无动于衷，任凭损失的扩大，而应当采取积极措施，减少损失。当事人一方已经尽了最大努力，仍然不能履行或者不能完全履行合同的，应当及时向对方说明情况，尽量避免或者减少可能造成的损失。对方在接到通知后，如果能够采取有效措施防止损失的发生或者扩大，不能履行或者不能完全履行合同的一方对此发生或者扩大的损失不承担民事责任。当事人一方因另一方违反合同受到损失的，即使没有接到违反合同一方的通知，也应当及时采取措施防止损失的扩大；没有及时采取措施致使损失扩大的，无权就扩大的损失请求赔偿。当事人因防止损失扩大支出的合理费用，由违约方承担。

案例评议

赵某诉闫某华房屋买卖合同案①

2012年11月25日，赵某与闫某华经我爱我家公司居间签订房屋买卖合同，由赵某购买闫某华名下涉诉房屋。2012年12月3日，赵某与我爱我家公司共同对涉诉房屋进行网签。网签之前，闫某华即表示不再履行合同。因合同履行问

① 北京市第三中级人民法院（2016）京03民终716号。

题发生争议，赵某于2012年12月20日诉请闫某华继续履行合同，闫某华反诉要求撤销合同。该案依法追加闫某华配偶李某作为第三人参加诉讼，李某在该案2013年3月8日一审庭审中明确表示不同意出售涉诉房屋。

◆ **裁判规则**

一审法院经审理认为：闫某华的行为构成违约，应对赵某因合同解除而产生的损失承担违约责任。关于预期利益损失，该院在2015年4月9日的估价结果的基础上，综合考虑涉诉合同的实际履行情况等因素对预期利益损失予以酌定，最终认定预期利益损失70万元。

二审法院经审理认为：闫某华的行为构成违约，应赔偿守约方的实际损失和可得利益损失。在确定可得利益损失时，应当综合运用可预见规则，最终变更预期利益损失30万元。

◆ **评议**

夫妻一方以自己名义转让登记在自己名下的共有房屋，配偶明确表示不同意转让，经审理房屋买卖合同不存在违反《合同法》第52条规定情形的，法院应认定有效，但买受人要求继续履行的，不应予以支持。法院应释明买受人可以主张解除合同，善意买受人有权要求出卖人承担包括赔偿房屋差价损失在内的违约责任。计算房屋差价损失时，应综合考虑出卖人的可预见程度和买受人对诉讼结果的合理预期，以不同意一方配偶到庭作出拒绝转让房屋之表示的时间为节点计算房屋差价损失，因诉讼持续而扩大的损失，买受人应自行承担。

第五百九十二条　【双方违约和过错相抵】

当事人都违反合同的，应当各自承担相应的责任。

当事人一方违约造成对方损失，对方对损失的发生有过错的，可以减少相应的损失赔偿额。

本条来源

本条来源于《合同法》第一百二十条的规定：“当事人双方都违反合同的，应当各自承担相应的责任。”相较于原法条，本条增加了“当事人一方违约造成对方损失，对方对损失的发生有过错的，可以减少相应的损失赔偿额”的表述。

立法演变

一次审议稿、二次审议稿的第三百八十二条和《民法典（草案）》的第五百九十二条作了上述改动，并最终为本条所采用。

条文释义

本条规定双方违约应承担的责任。按照违约的主体不同，可分为单方违约和双方违约。一方当事人违约的，为单方违约；双方当事人都违约的，为双方违约。单方违约的，违约的一方承担违约责任；双方违约的，各自承担相应的违约责任。

第五百九十三条　【第三人原因造成违约时违约责任承担】

当事人一方因第三人的原因造成违约的，应当依法向对方承担违约责任。当事人一方和第三人之间的纠纷，依照法律规定或者按照约定处理。

本条来源

本条来源于《合同法》第一百二十一条的规定：“当事人一方因第三人的原因造成违约的，应当向对方承担违约责任。当事人一方和第三人之间的纠纷，依照法律规定或者按照约定解决。”相较于原法条，本条将“应当向对方承担违约责任”改为“应当依法向对方承担违约责任”，将“解决”改为“处理”。

立法演变

一次审议稿、二次审议稿的第三百八十三条和《民法典（草案）》第五百九十三条作了上述改动，并最终为本条所采用。

条文释义

违约由第三人造成的，为因第三人原因造成的违约。因第三人原因造成一方当事人违约的，如第三人迟延交货造成一方当事人迟延履行的，该当事人应当承担违约责任。该当事人承担违约责任后，有权向第三人追偿。但是，法律规定因第三人原因造成违约由第三人直接承担责任的，第三人应当直接承担责任。

第五百九十四条　【国际贸易合同诉讼时效和仲裁时效】

因国际货物买卖合同和技术进出口合同争议提起诉讼或者申请仲裁的时效期间为四年。

本条来源

本条来源于《合同法》第一百二十九条的规定："因国际货物买卖合同和技术进出口合同争议提起诉讼或者申请仲裁的期限为四年，自当事人知道或者应当知道其权利受到侵害之日起计算。因其他合同争议提起诉讼或者申请仲裁的期限，依照有关法律的规定。"相较于原法条，本条删除起算点的规定。

立法演变

一次审议稿、二次审议稿第三百八十四条均规定："因国际货物买卖合同和技术进出口合同争议提起诉讼或者申请仲裁的期限为四年，自当事人知道或者应当知道其权利受到损害以及义务人之日起计算。"

一次审议稿、二次审议稿第三百八十四条均删除《合同法》第一百二十九条中"因其他合同争议提起诉讼或者申请仲裁的期限，依照有关法律的规定"的表述。《民法典（草案）》第五百九十四条删除两次审议稿中的"自当事人知道或者应当知道其权利受到侵害之日起计算"的表述，并最终为本条所采用。

条文释义

本条是对国际货物买卖和技术进出口合同争议提起诉讼或者申请仲裁的期

限的规定。由于国际货物买卖合同和技术进出口合同发生的争议一般都比较复杂，涉及的标的额也较大，为了更有效地保护当事人的合法权益，本法对这类合同发生争议提起诉讼或者仲裁的期限规定为四年，比国内同类案件提起诉讼或者申请仲裁的时效期间要长。

第二分编

典 型 合 同

第九章 买卖合同

本章概要

买卖合同是最基本的合同类型。合同编通则部分的规则，大多围绕着买卖合同展开。买卖合同的规则、原则适用于其他有偿合同。本章相较于《合同法》第九章，条文数有所增加，共五十三条。内容上，本章吸收《最高人民法院关于审理买卖合同纠纷案件适用法律问题的解释》关于检验期间和标准、分期付款买卖、所有权保留买卖的部分规定，其他变化主要表现在：一是完善标的物毁损、灭失的风险负担及转移规则，更加合理和完整。二是增加标的物质量瑕疵担保的免责例外。三是标的物孳息的归属增加例外情形，即当事人另有约定的除外。

第五百九十五条　【买卖合同的定义】

买卖合同是出卖人转移标的物的所有权于买受人，买受人支付价款的合同。

本条来源

本条来源于《合同法》第一百三十条，条文无变动。

条文释义

本条是关于买卖合同定义的规定。在买卖合同中，出卖人是指出售货物一方，买受人是指接受货物一方。买卖合同具有以下特征：第一，转移标的物所有权的合同。买卖合同设立的目的是取得标的物的所有权，这也是买卖合同与其他交付标的物合同最本质区别。第二，有偿合同。出卖人出卖标的物是为了得到相应价款，而买受人取得标的物的所有权应当支付相应价款，这是买卖合同有偿性的体现。第三，双务合同。双务合同是指当事人双方彼此负有相应的给付义务。在买卖合同中，出卖人负有交付标的物并确保将其所有权转移于买受人的义务，买受人负有向出卖人支付相应价款的义务。第四，诺成合同。诺成合同是指在当事人不需要实际给付的情况下，只要双方的意思表示一致，合同即成立的合同。买卖合同中，通常不以标的物或者价款的现实交付为成立要件，因此具有诺成性。此外，买卖合同一般是不要式合同。除法律另有规定之外，买卖合同的成立、生效并不以特定的形式为构成要件，当事人双方可自由协商。

法条关联

◆《最高人民法院关于审理商品房买卖合同纠纷案件适用法律若干问题的解释》

第一条 本解释所称的商品房买卖合同，是指房地产开发企业（以下统称为出卖人）将尚未建成或者已竣工的房屋向社会销售并转移房屋所有权于买受人，买受人支付价款的合同。

◆《最高人民法院关于审理买卖合同纠纷案件适用法律问题的解释》

第一条 当事人之间没有书面合同，一方以送货单、收货单、结算单、发票等主张存在买卖合同关系的，人民法院应当结合当事人之间的交易方式、交易习惯以及其他相关证据，对买卖合同是否成立作出认定。

对账确认函、债权确认书等函件、凭证没有记载债权人名称，买卖合同当事人一方以此证明存在买卖合同关系的，人民法院应予支持，但有相反证据足以推翻的除外。

第五百九十六条 【买卖合同的内容】

买卖合同的内容一般包括标的物的名称、数量、质量、价款、履行期限、履行地点和方式、包装方式、检验标准和方法、结算方式、合同使用的文字及其效力等条款。

本条来源

本条来源于《合同法》第一百三十一条的规定：“买卖合同的内容除依照本法第十二条的规定以外，还可以包括包装方式、检验标准和方法、结算方式、合同使用的文字及其效力等条款。”相较于原法条，本条增加了“标的物的名称、数量、质量、价款、履行期限、履行地点和方式”的内容，该变动为立法技术上的调整，是对原法条表述的具体化。

立法演变

本条在一次审议稿和二次审议稿沿用《合同法》第一百三十一条的表述，在《民法典（草案）》第五百九十六条表述为：“买卖合同的内容一般包括标的物名称、数量、质量、价款，履行期限、履行地点和方式、包装方式、检验标准和方法、结算方式、合同使用的文字及其效力等条款。”《民法典》在“标的物”一词后增加“的”字，该变动旨在使法条表述更符合语法要求，法条的实质内涵未发生变化。

条文释义

本条是关于买卖合同内容的规定。买卖合同的内容不仅应包括本法第四百七十条规定的一般合同的基本条款，如“标的物名称、数量、质量、价款，履行期限、履行地点和方式”；而且买卖合同双方当事人还应根据买卖合同标的物的不同，视情况约定合同的特殊条款。依买卖合同特殊性还应当包括如下条款：第一，包装方式。合同双方当事人可以就标的物的包装商定相应合同条款，包括包装的种类、费用、标准、标示以及包装物的回收等。具体包装方式也应根据标的物的特征以及具体的运输方式而定。第二，检验标准和方法。标的物的检验是指买受人在收到标的物时，依约对标的物的质量、重量、规格等情况进行检查或鉴定。买方应当在约定的时间、地点，以约定或者合理的方式，按合同约定的质量标准进行验收。第三，结算方式。结算方式是指当事人清算和了结因履行合同发生款项往来的方式。结算方式主要包括现金结算和转账结算两种。除法律特殊规定外，当事人可以协商，根据实际情况加以选择结算方式。第四，合同使用的文字及其效力。合同双方当事人来自不同国家或不同民族时，合同可以具备多个不同语种的文本。双方当事人应当约定当不同文本之间出现歧义时应当以哪种语种的文本为标准。

法条关联

◆《城市房地产管理法》

第四十一条 房地产转让，应当签订书面转让合同，合同中应当载明土地使用权取得的方式。

第四十二条 房地产转让时，土地使用权出让合同载明的权利、义务随之转移。

◆《节约能源法》

第三十六条 房地产开发企业在销售房屋时，应当向购买人明示所售房屋的节能措施、保温工程保修期等信息，在房屋买卖合同、质量保证书和使用说明书中载明，并对其真实性、准确性负责。

第五百九十七条 【无权处分效力】

因出卖人未取得处分权致使标的物所有权不能转移的，买受人可以解除合同并请求出卖人承担违约责任。

法律、行政法规禁止或者限制转让的标的物，依照其规定。

本条来源

本条第一款来源于《最高人民法院关于审理买卖合同纠纷案件适用法律问题的解释》（法释〔2012〕8号）第三条第二款的规定：“出卖人因未取得所有权或者处分权致使标的物所有权不能转移，买受人要求出卖人承担违约责任或者要求解除合同并主张损害赔偿的，人民法院应予支持。”相较于原法条，本条在表述方式上进行了适当调整，该变动仅为立法技术上的简化，法条的实质内涵未发生变化。本条第二款来源于《合同法》第一百三十二条第二款的规定：“法律、行政法规禁止或者限制转让的标的物，依照其规定。”相较于原法条，条文无变动。

立法演变

本条在一次审议稿第三百八十七条表述为："出卖人应当对出卖的标的物享有处分权。因出卖人未取得处分权致使标的物所有权不能转移的，买受人可以解除合同并要求出卖人承担违约责任。法律、行政法规禁止或者限制转让的标的物，依照其规定。"二次审议稿第三百八十七条表述为："因出卖人未取得处分权致使标的物所有权不能转移的，买受人可以解除合同并要求出卖人承担违约责任。法律、行政法规禁止或者限制转让的标的物，依照其规定。"

一次审议稿第三百八十七条中将《合同法》第一百三十二条第一款"出卖的标的物，应当属于出卖人所有或者出卖人有权处分"改为"出卖人应当对出卖的标的物享有处分权"。二次审议稿第三百八十七条将其删除，该变动为立法技术上的简化。一次审议稿第三百八十七条增设第二款"因出卖人未取得处分权致使标的物所有权不能转移的，买受人可以解除合同并请求出卖人承担违约责任"。因法条删减，该款在二次审议稿调整为本条第一款。《民法典（草案)》没有修改，并最终为本条所采用。

条文释义

本条是关于买卖合同标的物的规定。无权处分是理论界和实务届都颇具争议的问题，主要包括合同有效、无效以及效力待定三种观点，但在《最高人民法院关于审理买卖合同纠纷案件适用法律问题的解释》采纳了有效说，有效说能够充分地保护善意取得中的善意买受人的利益。本条款仍延续有效说，但对买受人的救济方式作了改进。在司法解释中，买受人有权要求出卖人承担违约责任或者要求解除合同并主张损害赔偿，不能既要求解除合同，又要求出卖人承担违约责任。而本条款则打破了这种限制，规定买受人关于解除合同和承担违约责任的主张可以并用，更好地保护了买受人的相关权益。

法律禁止流通之物不能作为买卖标的物，如枪支、毒品。虽然出卖人出卖非法标的物属无权处分，但该买卖合同应当认定为无效合同。如果买卖合同的标的物是限制流通物，对于买卖合同效力会产生不同影响：订立买卖合同的当事人无取得该标的物经营资格可能的，该买卖合同无效；如果可以经过审批手续取得标的物经营资格的，该买卖合同为尚未完全生效的合同，当事人有义务办理审批手续使合同生效。

第五百九十八条　【出卖人的基本义务】

出卖人应当履行向买受人交付标的物或者交付提取标的物的单证，并转移标的物所有权的义务。

本条来源

本条来源于《合同法》第一百三十五条，条文无变动。

条文释义

本条是关于出卖人基本义务的规定。出卖人的基本义务包括两方面：一是交付义务，即向买受人交付标的物或者交付提取标的物的单证。二是转移所有权的义务，即转移标的物所有权的义务。当买卖合同的标的物为一般动产时，出卖人的两项基本义务实际上合二为一；但在标的物为不动产或者需经登记方能转移所有权的动产的情况下，出卖人的双重义务具有实际的意义。

交付义务的方式包括现实交付和拟制交付。现实交付是指将标的物的占有转移给买受人，使其处于可以直接管领、控制标的物的地位；拟制交付是指在标的物不实际转移的情况下，出卖人将标的物的所有权凭证交于买受人。转移所有权的义务的方式则包括交付和登记。

法条关联

◆《最高人民法院关于审理买卖合同纠纷案件适用法律问题的解释》

第五条　标的物为无需以有形载体交付的电子信息产品，当事人对交付方式约定不明确，且依照合同法第六十一条的规定仍不能确定的，买受人收到约定的电子信息产品或者权利凭证即为交付。

第五百九十九条　【出卖人交付单证和资料的义务】

出卖人应当按照约定或者交易习惯向买受人交付提取标的物单证以外的有关单证和资料。

本条来源

本条来源于《合同法》第一百三十六条，条文无变动。

条文释义

本条是关于买卖合同中出卖人从给付义务的规定。交付标的物不仅包括交付标的物本身或者提取标的物的单证，还应当根据约定或者习惯交付与标的物或提取标的物的单证有关的其他一些单证和资料，比如发票、产品保修单、产品质量保证书、商品合格证、使用说明书、检疫书等，而后者就构成了从给付义务的内容。除了意定的从给付义务，有些法律也规定了法定的从给付义务，如《消费者权益保护法》第二十二条、《特种设备安全监察条例》第十五条等。

出卖人根据约定或者交易习惯交付提取标的物单证以外的有关单证和资料后，必须对这些单证和资料所载的内容承担责任，例如出卖人将质量保证书交付于买受人后，必须确保标的物符合质量保证书所认定的标准。虽然出卖人应对单证和资料所载的内容承担责任，但是从给付义务不能被认定为合同的基本义务，即在出卖人仅未履行从给付义务的情况下，买受人不能以此为由主张同时履行抗辩权。

法条关联

◆《消费者权益保护法》

第二十二条　经营者提供商品或者服务，应当按照国家有关规定或者商业惯例向消费者出具发票等购货凭证或者服务单据；消费者索要发票等购货凭证或者服务单据的，经营者必须出具。

◆《特种设备安全监察条例》

第十五条　特种设备出厂时，应当附有安全技术规范要求的设计文件、产品质量合格证明、安装及使用维修说明、监督检验证明等文件。

◆《最高人民法院关于审理买卖合同纠纷案件适用法律问题的解释》

第七条　合同法第一百三十六条规定的“提取标的物单证以外的有关单证和资料”，主要应当包括保险单、保修单、普通发票、增值税专用发票、产品合格证、质量保证书、质量鉴定书、品质检验证书、产品进出口检疫书、原产地证明书、使用说明书、装箱单等。

第八条 出卖人仅以增值税专用发票及税款抵扣资料证明其已履行交付标的物义务，买受人不认可的，出卖人应当提供其他证据证明交付标的物的事实。

合同约定或者当事人之间习惯以普通发票作为付款凭证，买受人以普通发票证明已经履行付款义务的，人民法院应予支持，但有相反证据足以推翻的除外。

案例评议

蒂森电梯有限公司深圳分公司诉东莞市成隆实业投资有限公司承揽合同纠纷案①

蒂森深圳分公司与成隆公司于2009年6月24日签订了1份《安装合同》，约定由蒂森深圳分公司为成隆公司安装11台客梯，总价款为542000元。成隆公司共分3期支付上述款项。合同签订后，成隆公司仅向蒂森深圳分公司支付了第1期款项260000元。蒂森深圳分公司遂诉至法院，请求成隆公司立即向其支付安装合同第2期、第3期款项以及违约金。成隆公司辩称，蒂森深圳分公司拒不提供相关技术资料和验收文件，未完全履行合同义务，以此为由拒绝支付款项。另查明，涉案的11台电梯中有8台在2010年11月17日前经广东省特种设备检测院检验合格，另外3台于2012年6月25日经广东省特种设备检测院检验合格。

◆ 裁判规则

法院经审理认为，《安装合同》系双方的真实意思表示，不违反法律、行政法规的强制性规定，合法有效，双方当事人均应严格按照约定履行各自义务。判决被告成隆公司向原告蒂森深圳分公司支付安装合同款项以及违约金。

◆ 评议

对于设计人身安全的特种设备，国家进行了明确的规定。《特种设备安全监察条例》第15条规定，“特种设备出厂时，应当附有安全技术规范要求的设计文件、产品质量合格证明、安装及使用维修说明、监督检验证明等文件”。由此可知，这一类的单证和资料等相关文件是合同的重要组成部分。本案中，电梯属于此类特种设备，在原告于2012年6月25日未完全提供检测合格证之前，

① 广东省东莞市第二人民法院（2013）东二法沙民二初字第51号。

合同确实未履行完毕。但原告已于2012年6月25日前办理了安全验收合格证，而被告并未按照合同约定支付第2期及第3期款项，已构成违约。

第六百条 【知识产权归属】

出卖具有知识产权的标的物的，除法律另有规定或者当事人另有约定外，该标的物的知识产权不属于买受人。

本条来源

本条来源于《合同法》第一百三十七条的规定："出卖具有知识产权的计算机软件等标的物的，除法律另有规定或者当事人另有约定的以外，该标的物的知识产权不属于买受人。"相较于原法条，本条删除"计算机软件等"的表述。随着社会的不断发展，具有知识产权的标的物的类型多样化，该变动是为了更好适应时代的变化。同时将"的以外"改为"外"，该变动仅为简化法条表述。

立法演变

本条在一次审议稿第三百九十条沿用《合同法》第一百三十七条的规定，二次审议稿第三百九十条将"的以外"改为"外"，《民法典（草案）》删除"计算机软件等"的表述，并最终为本条所采用。

条文释义

本条是关于具有知识产权的标的物买卖中知识产权归属的规定。买卖合同的本质是标的物所有权的转移，但有些标的物本身又可能是一定知识产权的载体，例如计算机软件、产品设计图纸等。本条旨在规定具有知识产权的标的物的转移，其知识产权仍属于出卖人，不属于买受人。知识产权的买卖是权利买卖的一种，其涉及权利主体转变的合同法律关系，应当订立知识产权转让合同。当然，买卖合同双方当事人可以在合同中约定知识产权的归属，如在计算机软件买卖合同中约定计算机软件的知识产权归买受人所有。同时，法律另有规定有关标的物的知识产权应当随所有权转移而转移的，应当遵循相应法律规定，如《著作权法》规定美术作品的展览权随作品原件的转移而转移。

法条关联

◆《著作权法》

第十八条 美术等作品原件所有权的转移，不视为作品著作权的转移，但美术作品原件的展览权由原件所有人享有。

案例评议

宋某麟、宋某明等与昆山奥灶馆有限公司著作权权属、侵权纠纷案①

宋某治是我国久负盛名的书画大师。1998年，宋某治为昆山奥灶馆题写了“奥灶馆”字画。原告宋某麟、宋某明、宋某薇、宋某英（宋某治4子女）发现被告昆山奥灶馆擅自将宋某治题词裁切，在面条、酒、水、茶、咖啡甚至在按摩、夜总会等项目上注册了含有“奥灶馆”或“奥灶馆御面之道百年奥灶”字样的商标23个。原告认为被告的行为侵犯了宋某治的署名权、复制发行权、信息网络传播权以及获酬权等著作权，并诉至法院要求被告刊登声明、消除影响，停止侵权行为，赔偿经济损失。

◆ **裁判规则**

法院经审理认为，“美术等作品原件所有权的转移，不视为作品著作权的转移，但美术作品原件的展览权由原件所有人享有”。本案中，被告昆山奥灶馆仅是“百年老店奥灶馆”字画作品的原件所有人，并未获得该作品除展览权之外的其他著作权，被告昆山奥灶馆将宋某治作品作为商标构成元素注册及作为商业标识使用，均需获得权利人的许可。根据现有证据及查明的事实，宋某治及四原告与被告昆山奥灶馆之间未就涉案书法作品的使用签订书面许可使用合同，被告昆山奥灶馆的行为已构成侵权。最终判定被告昆山奥灶馆刊登声明消除影响，并赔偿经济损失。驳回原告其他诉讼请求。

◆ **评议**

著作权内容包括展览权、署名权、复制发行权、信息网络传播权以及获酬权等。作为知识产权之一的著作权，其并不一定随所有权的转移而转移。本案

① 江苏省昆山市人民法院（2017）苏0583民初7981号。

中，被告昆山奥灶馆拥有字画的所有权，并且依据《著作权法》第18条依法拥有字画的展览权，但是对于展览权之外的著作权类型并不能够直接行使。因此，在被告昆山奥灶馆并未得到4原告许可的情况下，其注册商标并使用等行为构成侵权，应依法承担相应责任。

第六百零一条 【交付的时间】

出卖人应当按照约定的时间交付标的物。约定交付期限的，出卖人可以在该交付期限内的任何时间交付。

本条来源

本条来源于《合同法》第一百三十八条的规定："出卖人应当按照约定的期限交付标的物。约定交付期间的，出卖人可以在该交付期间内的任何时间交付。"相较于原法条，本条将"期限"改为"时间"、"期间"改为"期限"，该变动使法条用语更加严谨，法条的实质内涵未发生变化。

立法演变

本条在一次审议稿和二次审议稿第三百九十一条、《民法典（草案）》第六百零一条均沿用《合同法》第一百三十八条的规定，最终《民法典》作了上述变动。

条文释义

本条是关于买卖合同交付时间的规定。按时交付也是出卖人应履行的基本义务。根据具体情况和需要，买卖合同双方当事人可以对时间进行不同的约定。除占有改定交付方式外，对于时间的约定一般有三种情况：首先，可以约定为固定的时间点，时间点通常是日，也可以精确到小时、分钟。其次，可以约定为现在时点至未来某个时间点，如6月30日前交货。最后，可以约定为未来的时间点分别为起始时间点和终止时间点，如从11月13日至12月28日。后两种情况所约定的时间段为交付期间，在交付期间内出卖人可以在任意时间内交付。

第六百零二条　【交付时间的推定】

当事人没有约定标的物的交付期限或者约定不明确的，适用本法第五百一十条、第五百一十一条第四项的规定。

本条来源

本条来源于《合同法》第一百三十九条的规定："当事人没有约定标的物的交付期限或者约定不明确的，适用本法第六十一条、第六十二条第四项的规定。"相较于原法条，本条转引用条文序号发生变动。该变动仅为法律体系调整导致法条序号变动，法条的实质内涵没有发生改变。

条文释义

本条是关于买卖合同未约定标的物交付期限或者期限约定不明时如何处理的规定。当事人在合同生效后，发现没有明确约定标的物的交付期限时，首先可以签订补充协议；不能达成补充协议的，可以按照合同目的、双方交易习惯、行业交易习惯等确定合理的交付时间。如果上述方式仍无法确定交付时间，出卖人就可以随时履行，买受人也可以随时要求出卖人履行，但应当给对方必要的准备时间。即出卖人在交付前应提前通知买受人，给其合理的时间准备接收标的物，如准备货款、仓库等；买受人在要求出卖人交付之前，也应当给出卖人合理的时间去准备标的物。

第六百零三条　【交付的地点】

出卖人应当按照约定的地点交付标的物。

当事人没有约定交付地点或者约定不明确，依据本法第五百一十条的规定仍不能确定的，适用下列规定：

（一）标的物需要运输的，出卖人应当将标的物交付给第一承运人以运交给买受人；

（二）标的物不需要运输，出卖人和买受人订立合同时知道标的物在某一地点的，出卖人应当在该地点交付标的物；不知道标的物在某一地点的，应当在出卖人订立合同时的营业地交付标的物。

本条来源

本条来源于《合同法》第一百四十一条的规定："出卖人应当按照约定的地点交付标的物。当事人没有约定交付地点或者约定不明确，依照本法第六十一条的规定仍不能确定的，适用下列规定：（一）标的物需要运输的，出卖人应当将标的物交付给第一承运人以运交给买受人；（二）标的物不需要运输，出卖人和买受人订立合同时知道标的物在某一地点的，出卖人应当在该地点交付标的物；不知道标的物在某一地点的，应当在出卖人订立合同时的营业地交付标的物。"相较于原法条，本条转引用条文序号发生变动。该变动仅为法律体系调整导致法条序号变动，法条的实质内涵未发生改变。

条文释义

本条是关于标的物的交付地点的规定。买卖合同双方当事人应当在合同中明确约定标的物的交付地点。合同生效后，发现没有明确约定标的物的交付地点的，首先应当按照本法第五百一十条的规定，双方可以协商签订补充协议；不能达成补充协议的，可以按照合同目的、双方交易习惯、行业交易习惯等确定合理的交付地点。如果上述方式仍无法确定交付地点的，应当根据标的物是否需要运输进行分别确定。标的物需要运输的，出卖人将标的物交付给第一承运人时视为交给买受人；标的物不需要运输，又分为订立合同时双方当事人是否知道标的物在某一地点的。如果知道则出卖人应当在该地点交付标的物；反之，应当在出卖人订立合同时的营业地交付标的物。

法条关联

◆《最高人民法院关于审理买卖合同纠纷案件适用法律问题的解释》

第十一条　合同法第一百四十一条第二款第（一）项规定的"标的物需要运输的"，是指标的物由出卖人负责办理托运，承运人系独立于买卖合同当事人之外的运输业者的情形。标的物毁损、灭失的风险负担，按照合同法第一百四十五条的规定处理。

案例评议

赵某銮与济南川海生物科技有限公司技术转让合同纠纷案[①]

2018年8月30日，赵某銮与川海科技公司签订一份技术转让合同，合同约定技术转让和5吨配套生产设备一套，计费15000元，交纳定金8000元，待川海科技公司的设备货到和技术人员到赵某銮处一同购买化工原料后，赵某銮支付人民币7000元。后赵某銮以未收到设备为由，主张川海科技公司未履行交付义务构成违约，应按照合同约定的违约条款赔偿违约金。川海科技公司辩称其已通过安能物流将设备发往江西省吉安井冈山高新技术开发区，请求法院驳回赵某銮诉讼请求。另查明，川海科技公司技术人员已于2018年9月8日前往原告处。

◆ **裁判规则**

法院经审理认为，当事人双方合同中约定“甲方（被告）的技术人员和设备到后，乙方（原告）支付下欠柒仟元”，发货通知单上注明“货到付款”，而对于设备和技术人员需到的具体处所，当事人双方未明确约定。本案中涉案设备需要运输，被告川海科技公司已将涉案设备交付承运人，据此被告川海科技公司已完成交付义务。因此被告川海科技公司未构成违约，依法判决驳回原告赵某銮的诉讼请求。

◆ **评议**

本案中，被告川海科技公司的给付义务由两方面构成：一是交付设备，二是派遣技术人员。而案件的争议焦点就在于被告川海科技公司是否已经履行了交付设备的义务。由于双方并未明确约定交付地点，同时未进行协商补充，所以只能依据标的物是否需要运输来推定交付地点。本案中双方约定涉案设备通过运输交付，因此当设备交付给第一承运人即安能物流时，视为交付给买受人即原告赵某銮。虽然原告赵某銮未实际收到设备，但并不影响被告川海科技公司的交付义务已经履行完毕。

① 山东省济阳县人民法院（2018）鲁0125民初3305号。

第六百零四条 【标的物的风险负担】

标的物毁损、灭失的风险，在标的物交付之前由出卖人承担，交付之后由买受人承担，但是法律另有规定或者当事人另有约定的除外。

本条来源

本条来源于《合同法》第一百四十二条的规定："标的物毁损、灭失的风险，在标的物交付之前由出卖人承担，交付之后由买受人承担，但法律另有规定或者当事人另有约定的除外。"相较于原法条，本条将"但"改为"但是"，该变动使法条用语更加严谨，法条的实质内涵未发生变化。

立法演变

本条在一次审议稿和二次审议稿的第三百九十四条均沿用《合同法》第一百四十二条的规定，《民法典（草案）》将位于一次审议稿和二次审议稿第三百九十五条的第二款"出卖人按照约定将标的物运送至买受人指定地点并交付给承运人后，标的物毁损、灭失的风险由买受人承担，但是当事人另有约定的除外"，调整作为本条第二款。《民法典》将《民法典（草案）》本条第二款修改并调整至本法第六百零七条第一款。

条文释义

本条是关于标的物的风险负担规则。《民法典》沿用交付转移风险原则，即交付之前由出卖人承担，交付之后由买受人承担。交付转移风险只是一般原则，如果法律对此另有规定，或者当事人对风险转移另有约定的，可以不适用这一原则，按照法律的规定或者当事人的约定进行。如标的物交付前，其风险由出卖人承担；标的物交付后，其风险继续由出卖人承担。

此时需要明确的是，标的物的风险转移与所有权转移并不相同。在一般情况下，标的物的风险和所有权是同时转移的，如对大多数动产而言，所有权一般自交付时转移，除非当事人另有约定。但是在标的物与其所有权相分离的场合中，可能出卖人已经交付标的物，但是并未变更、交付代表所有权的单证或者资料，此时并不影响标的物风险的转移，即标的物在此期间的风险应由买受人承担。

法条关联

◆《最高人民法院关于审理商品房买卖合同纠纷案件适用法律若干问题的解释》

第十一条 对房屋的转移占有，视为房屋的交付使用，但当事人另有约定的除外。

房屋毁损、灭失的风险，在交付使用前由出卖人承担，交付使用后由买受人承担；买受人接到出卖人的书面交房通知，无正当理由拒绝接收的，房屋毁损、灭失的风险自书面交房通知确定的交付使用之日起由买受人承担，但法律另有规定或者当事人另有约定的除外。

◆《最高人民法院关于审理买卖合同纠纷案件适用法律问题的解释》

第十二条 出卖人根据合同约定将标的物运送至买受人指定地点并交付给承运人后，标的物毁损、灭失的风险由买受人负担，但当事人另有约定的除外。

第十三条 出卖人出卖交由承运人运输的在途标的物，在合同成立时知道或者应当知道标的物已经毁损、灭失却未告知买受人，买受人主张出卖人负担标的物毁损、灭失的风险的，人民法院应予支持。

第十四条 当事人对风险负担没有约定，标的物为种类物，出卖人未以装运单据、加盖标记、通知买受人等可识别的方式清楚地将标的物特定于买卖合同，买受人主张不负担标的物毁损、灭失的风险的，人民法院应予支持。

第六百零五条 【买受人的风险承担】

因买受人的原因致使标的物未按照约定的期限交付的，买受人应当自违反约定时起承担标的物毁损、灭失的风险。

本条来源

本条来源于《合同法》第一百四十三条的规定：“因买受人的原因致使标的物不能按照约定的期限交付的，买受人应当自违反约定之日起承担标的物毁损、灭失的风险。”相较于原法条，本条将“不能按照约定”改为“未按照约定”。“不能”表示出卖人已经无能力交付了，而“未”字包含了有交付能力却不能及时交付的情形，该变动使法条在表述上更加科学严谨。同时将“约定之日”改为“约定时”。

立法演变

本条在一次审议稿和二次审议稿的第三百九十五条表述为：“因买受人的原因致使标的物未按照约定的期限交付的，买受人应当自违反约定之日起承担标的物毁损、灭失的风险。出卖人按照约定将标的物运送至买受人指定地点并交付给承运人后，标的物毁损、灭失的风险由买受人承担，但是当事人另有约定的除外。”《民法典（草案）》第六百零五条删除第二款，同时将“约定之日”改为“约定时”，并最终为本条所采用。

条文释义

本条是关于买受人承担风险的规定。一般情形下，出卖人如未按约定期限交付标的物的，其应当承担标的物毁损、灭失的风险。但出卖人的违约行为是因买受人自身的原因，造成出卖人在约定期限内能交付但未及时交付的，根据公平原则，出卖人不因此承担违约责任。标的物毁损、灭失的风险自违反约定之日起由买受人自行承担。

案例评议

徐某锋诉上海丰收行水产品有限公司买卖合同案①

徐某锋持有朋友赠送的丰收行水产公司发售的6008041号嘉宾券1份，依券面记载有权提取丰收行水产公司价值500元的大闸蟹产品，但丰收行水产公司以该券已过期为由拒绝提供产品。故此徐某锋才发现嘉宾券背面印有“请在2007年10月1日前使用，过期作废”的条款。徐某锋认为被告券面所印的过期作废条款违反了我国《合同法》《消费者权益保护法》的强制性条文，属于无效条款。丰收行水产公司辩称认可持券人在原合同限定条件下以原合同约定方式向被告请求给付相应实物，并由持券人选择履行方式，但不能因持券就认为对丰收行水产公司仓库内储存的大闸蟹享有物权。徐某锋诉至法院，请求判

① 上海市第一中级人民法院（2008）沪一中民一（民）终字第1491号。

令丰收行水产公司赔偿其500元及交通费80元、误工费93元。

◆ **裁判规则**

法院经审理认为，从嘉宾券的内容来看，该嘉宾券较符合合同法上所称“提单”的法律概念，因原告徐某锋的原因致标的物不能按约定的期限交付的，原告应承担标的物毁损和灭失的风险。故驳回原告的诉讼请求。

◆ **评议**

本案中的原告只是债权受让人，原告享受合同的权利不能超越原合同限制，嘉宾券中载明的条款对原告具有约束力。同时，原告受赠取得嘉宾券后，作为嘉宾券的持有人，应当对这种带有明显季节性的产品持有谨慎的注意义务，即对嘉宾券的使用方式、使用期限、货物品种、数量、质量等进行全面的了解，故该条款对原告具有约束力。现原告超时使用该嘉宾券，应当按照《合同法》第143条的规定，由原告自己承担嘉宾券所载物品不能交付的责任。

第六百零六条　【在途标的物的风险承担】

出卖人出卖交由承运人运输的在途标的物，除当事人另有约定外，毁损、灭失的风险自合同成立时起由买受人承担。

本条来源

本条来源于《合同法》第一百四十四条的规定：“出卖人出卖交由承运人运输的在途标的物，除当事人另有约定的以外，毁损、灭失的风险自合同成立时起由买受人承担。”相较于原法条，本条将“的以外”改成“外”，该变动仅为立法技术上的简化。

立法演变

本条在一次审议稿第三百九十六条沿用《合同法》第一百四十四条的规定，二次审议稿第三百九十六条作了上述变动，并为本条所采用。

条文释义

本条是关于路货买卖中标的物的风险转移的规定。路货买卖是指出卖人向买受人所出卖的标的物正处在运输途中。在买卖合同中，标的物的所有权自标的物交付时发生转移，然而在路货买卖中标的物无法完成交付。对于此种情况，本条规定出卖处于运输途中的货物，除当事人另有约定的以外，标的物毁损、灭失的风险自合同成立时由出卖人转移给买受人。

第六百零七条　【需要运输的标的物风险负担】

出卖人按照约定将标的物运送至买受人指定地点并交付给承运人后，标的物毁损、灭失的风险由买受人承担。

当事人没有约定交付地点或者约定不明确，依据本法第六百零三条第二款第一项的规定标的物需要运输的，出卖人将标的物交付给第一承运人后，标的物毁损、灭失的风险由买受人承担。

本条来源

本条第一款来源于《最高人民法院关于审理买卖合同纠纷案件适用法律问题的解释》（法释〔2012〕8号）第十二条的规定：“出卖人根据合同约定将标的物运送至买受人指定地点并交付给承运人后，标的物毁损、灭失的风险由买受人负担，但当事人另有约定的除外。”相较于原法条，本条第一款删除了但书，同时在表述方式上进行适当简化。本条第二款来源于《合同法》第一百四十五条的规定：“当事人没有约定交付地点或者约定不明确，依照本法第一百四十一条第二款第一项的规定标的物需要运输的，出卖人将标的物交付给第一承运人后，标的物毁损、灭失的风险由买受人承担。”相较于原法条，本款仅更改相应的转引用条文序号，法条的实质内涵没有发生改变。

条文释义

本条是关于特定地点货交承运人的风险负担规则的规定。

如果双方当事人约定货物交付地点的，出卖人将标的物运送至约定地点，并交付给承运人后，标的物毁损、灭失的风险由出卖人转移至买受人。如果双方当事人未约定货物交付地点的，适用“货交第一承运人”规则，即无论标的物在运输过程中是否还需要其他承运人经手，只要出卖人将标的物交付第一承运人，即视为其已履行完交付义务，标的物毁损、灭失的风险转由买受人承担。

案例评议

王某建诉王某林买卖合同纠纷案①

2013年12月30日，王某林与王某建口头约定由王某林卖给王某建545头生猪，分两批由被告运送至王某建处。王某建于2013年12月31日和2014年1月1日分两次将货款893155元打到王某林账户上．其中第一批价值471780元的282头生猪已完成交付，第二批生猪在运输过程中运输车辆发生自燃，造成生猪死亡。王某建诉至法院，请求人民法院判决王某林返还货款421375元，并承担该货款同期贷款利息至判决生效之日起。

◆ **裁判规则**

法院经审理认为，本案适用买卖合同的相关规定，当事人没有约定交付地点或者约定不明确标的物需要运输的，出卖人将标的物交付给第一承运人后，标的物的毁损、灭失的风险由买受人承担，原告王某建的诉讼请求事实不成立，故判决驳回原告的诉讼请求。

◆ **评议**

本案虽法律关系明晰，但属于本条典型事例。原、被告没有书面合同，只是按已往的交易习惯，口头约定合同内容。按照风险转移规则中“货交第一承运人”的规定，被告王某林将生猪交由货车司机后，生猪的毁损、灭失的风险由原告王某建承担。此外，在该案中，生猪的死亡是由货车自燃造成的，如果承运人对货车自燃有过错的话，原告可以向承运人主张损害赔偿。

第六百零八条　【买受人不收取标的物的风险承担】

出卖人按照约定或者依据本法第六百零三条第二款第二项的规定将标的物置于交付地点，买受人违反约定没有收取的，标的物毁损、灭失的风险自违反约定时起由买受人承担。

① 黑龙江省肇东市人民法院（2015）肇东商初字第224号一审。

本条来源

本条来源于《合同法》第一百四十六条的规定：“出卖人按照约定或者依照本法第一百四十一条第二款第二项的规定将标的物置于交付地点，买受人违反约定没有收取的，标的物毁损、灭失的风险自违反约定之日起由买受人承担。”相较于原法条，本条转引用条文序号发生变动。该变动仅为法律体系调整导致法条序号变动。同时将原条文“依照”改为“依据”，该变动仅为提高法条表述的精准性，法条的实质内涵没有发生改变。

立法演变

本条在一次审议稿和二次审议稿的第三百九十八条规定：“出卖人按照约定或者依照本法第三百九十三条第二款第二项的规定将标的物置于交付地点，买受人违反约定没有收取的，标的物毁损、灭失的风险自违反约定之日起由买受人承担。”《民法典（草案）》作出上述变动，并最终为本条所采用。

条文释义

本条是关于在买受人不履行接受标的物义务的情况下，标的物风险如何承担的规定。在买受人没有按照约定接受标的物时，风险承担的方式有以下两种：

第一，交付地点约定明确。出卖人按照约定将标的物置于交付地点，即使买受人违反约定没有及时接收标的物，出卖人也不再承担标的物毁损、灭失的风险，标的物毁损、灭失的风险自买受人违约之日起发生转移。

第二，交付地点约定不明或未约定。出卖人按照本法第六百零三条第二款第二项规定确定标的物的交付地点，并将标的物置于上述地点，视为出卖人已经履行义务，标的物意外灭失的风险也随之转移。若由于买受人违反约定没有及时接收标的物导致标的物毁损、灭失的，该风险应当由买受人承担。

第六百零九条　【出卖人违反从给付义务的风险承担】

出卖人按照约定未交付有关标的物的单证和资料的，不影响标的物毁损、灭失风险的转移。

本条来源

本条来源于《合同法》第一百四十七条的规定，条文无变动。

条文释义

本条是关于出卖人违反从给付义务时，标的物风险如何承担的规定。出卖人所要交付的标的物不仅包括交付标的物本身或者提取标的物的单证，还应当根据约定或者习惯交付与标的物或提取标的物的单证有关的其他一些单证和资料，比如发票、产品保修单、产品质量保证书、商品合格证、使用说明书、检疫书等，前者是买卖合同的主给付义务，属于合同的基本义务；而后者是从给付义务的内容，但并非合同的基本义务。出卖人按照合同约定履行交付标的物的义务之后，即已经履行完主给付义务，标的物的所有权则发生转移。因此，即使出卖人没有按照约定或交易习惯交付有关标的物的单证和资料，也不会影响标的物毁损、灭失风险的转移。

第六百一十条　【标的物的瑕疵担保责任】

因标的物不符合质量要求，致使不能实现合同目的的，买受人可以拒绝接受标的物或者解除合同。买受人拒绝接受标的物或者解除合同的，标的物毁损、灭失的风险由出卖人承担。

本条来源

本条来源于《合同法》第一百四十八条的规定："因标的物质量不符合质量要求，致使不能实现合同目的的，买受人可以拒绝接受标的物或者解除合同。买受人拒绝接受标的物或者解除合同的，标的物毁损、灭失的风险由出卖人承担。"相较于原法条，本条删除"质量"一词。该变动仅为法条表述更为简练精准，法条的实质内涵未发生变化。

立法演变

本条在一次审议稿和二次审议稿的第四百条沿用《合同法》第一百四十八条的规定，《民法典（草案）》作出上述变动，并最终为本条所采用。

条文释义

本条是关于标的物有瑕疵，标的物风险如何承担的规定。交付标的物是出卖人的基本义务，而标的物的质量是标的物的重要内容，保证标的物的质量也必然属于出卖人的基本义务。因此，出卖人应当对买受人承担标的物的瑕疵担保责任。即因出卖人所交付的标的物不符合质量要求而导致合同目的不能实现的，买受人有权拒绝接受标的物，或直接解除合同，且此时标的物的风险不发生转移，仍由出卖人承担。

法条关联

◆《最高人民法院关于审理商品房买卖合同纠纷案件适用法律若干问题的解释》

第十二条　因房屋主体结构质量不合格不能交付使用，或者房屋交付使用后，房屋主体结构质量经核验确属不合格，买受人请求解除合同和赔偿损失的，应予支持。

第十三条　因房屋质量问题严重影响正常居住使用，买受人请求解除合同和赔偿损失的，应予支持。

交付使用的房屋存在质量问题，在保修期内，出卖人应当承担修复责任；出卖人拒绝修复或者在合理期限内拖延修复的，买受人可以自行或者委托他人修复。修复费用及修复期间造成的其他损失由出卖人承担。

◆《最高人民法院关于审理买卖合同纠纷案件适用法律问题的解释》

第三十二条　合同约定减轻或者免除出卖人对标的物的瑕疵担保责任，但出卖人故意或者因重大过失不告知买受人标的物的瑕疵，出卖人主张依约减轻或者免除瑕疵担保责任的，人民法院不予支持。

第三十三条　买受人在缔约时知道或者应当知道标的物质量存在瑕疵，主张出卖人承担瑕疵担保责任的，人民法院不予支持，但买受人在缔约时不知道该瑕疵会导致标的物的基本效用显著降低的除外。

第六百一十一条　【风险承担不影响瑕疵担保】

标的物毁损、灭失的风险由买受人承担的，不影响因出卖人履行义务不符合约定，买受人请求其承担违约责任的权利。

本条来源

本条来源于《合同法》第一百四十九条的规定："标的物毁损、灭失的风险由买受人承担的，不影响因出卖人履行债务不符合约定，买受人要求其承担违约责任的权利。"相较于原法条，本条将"债务"改为"义务"，该变动使法条用语更加严谨，法条的实质内涵未发生变化。

立法演变

本条在一次审议稿和二次审议稿第四百零一条、《民法典（草案）》第六百一十一条均沿用《合同法》第一百四十九条的规定，最终《民法典》作了上述变动。

条文释义

本条是关于买受人承担风险与出卖人违约责任之间的关系的规定。在出卖人违约的情况下，买受人虽然按照本法的规定承担了标的物的风险，但并不影响因出卖人的违约行为，买受人有请求其承担违约责任的权利。在某些特殊的情形下，标的物的损毁、灭失的风险就是由于出卖人的违约问题产生的，这就涉及买受人的风险负担责任和出卖人违约责任之间的关系。这两种责任不论是责任性质还是责任方式都有很大的差别，因此相互独立，互不影响。如果是标的物质量不符合质量要求，致使不能实现合同目的的，可以适用前条的规定。

第六百一十二条　【标的物权利瑕疵担保】

出卖人就交付的标的物，负有保证第三人对该标的物不享有任何权利的义务，但是法律另有规定的除外。

本条来源

本条来源于《合同法》第一百五十条的规定："出卖人就交付的标的物，负有保证第三人不得向买受人主张任何权利的义务，但法律另有规定的除外。"相较于原条文，本条将"不得向买受人主张任何权利"改为"对该标的物不享有任何权利"，将"但"改为"但是"，该变动仅为立法技术上的简化，法条的实质内涵未发生变化。

立法演变

本条在一次审议稿和二次审议稿的第四百零二条将"但"改为"但是"，《民法典（草案）》第六百一十二条作出上述变动，并最终为本条所采用。

条文释义

本条是关于出卖人权利瑕疵担保义务的规定。和标的物瑕疵担保不同，标的物权利瑕疵担保是指出卖人应当保证对标的物享有合法的权利，没有侵犯第三人权利或没有第三人就该标的物向买受人主张任何权利。买卖合同根本上就是标的物所有权的转让，因此，出卖人的这项义务也就是其一项最基本的义务。出卖人的保证义务包括：出卖人对标的物享有合法的权利，包括所有权和处分权；出卖人应当保证标的物上不存在他人可以主张的权利，如抵押权、租赁权等；出卖人应当保证标的物没有侵犯他人的知识产权。本条所规定的义务是买卖合同中出卖人的一项法定义务，也是一般原则性规定，如果法律对此有另外规定，则依照其他法律规定。

法条关联

◆《最高人民法院关于审理买卖合同纠纷案件适用法律问题的解释》

第三条 当事人一方以出卖人在缔约时对标的物没有所有权或者处分权为由主张合同无效的，人民法院不予支持。

出卖人因未取得所有权或者处分权致使标的物所有权不能转移，买受人要求出卖人承担违约责任或者要求解除合同并主张损害赔偿的，人民法院应予支持。

案例评议

丁某云与杨某芬买卖合同纠纷上诉案①

2004年4月1日，丁某云与案外人河口合达商贸有限公司（以下简称合达公司）签订《禄丰县土官五一磷化厂产权转让合同》，将禄丰县土官五一磷化厂的整体资产转让给合达公司。但丁某云保留泥磷的使用收益权5年。2005年5月12日，丁某云与杨某芬签订《协议书》建立买卖合同关系，杨某芬取得丁某云保留的采收泥磷权。2005年5月14日，杨某芬向丁某云支付受让款157.5万元人民币。后杨某芬在前往合达公司拉运泥磷时被该公司阻止。于是，杨某芬起诉到法院，请求解除其与丁某云之间建立的买卖合同关系，并要求返还其已支付的货款及利息。

◆ 裁判规则

法院经审理认为，因丁某云未履行买卖合同标的物泥磷的权利瑕疵担保义务，致使杨某芬拉运泥磷时被江达公司阻止，未能实现其合同目的。杨某芬的诉讼请求符合法律规定，应予支持。杨某芬与丁某云之间的买卖合同关系应予解除，丁某云应当返还杨某芬货款157.5万元，并赔偿该款项利息损失。丁某云关于合同已部分履行，应扣减已履行部分货款的上诉请求，无事实及法律依据，不予支持。原审判决认定事实清楚，适用法律正确，审理程序合法，实体处理得当，应予维持。

◆ 评议

当事人一方违约致使不能实现合同目的的，另一方可以解除合同。本案中，丁某云应保证杨某芬能够采收、拉运到泥磷。但杨某芬到合达公司拉运泥磷时被阻止，根本无法行使泥磷采收权，致使合同目的不能实现。不能采收泥磷的原因是合达公司认为泥磷为其所有，他人无权采收。丁某云未履行买卖标的物的权利瑕疵担保义务，构成违约。因此，杨某芬请求解除其与丁某云之间建立的买卖合同关系，并要求返还其已支付的货款及利息于法有据。

---

① 云南省高级人民法院（2008）云高民二终字第60号。

第六百一十三条 【权利瑕疵担保义务的免除】

买受人订立合同时知道或者应当知道第三人对买卖的标的物享有权利的，出卖人不承担前条规定的义务。

本条来源

本条来源于《合同法》第一百五十一条的规定："买受人订立合同时知道或者应当知道第三人对买卖的标的物享有权利的，出卖人不承担本法第一百五十条规定的义务。"相较于原法条，本条将"出卖人不承担本法第一百五十条规定的义务"改为"出卖人不承担前条规定的义务"，该变动仅为法条表述上的简化，法条的实质内涵未发生变化。

条文释义

本条是关于出卖人权利瑕疵担保义务免除的规定。买受人订立合同时知道或者应当知道第三人对买卖的标的物享有权利的，出卖人不承担标的物权利瑕疵担保的义务。因为在合同订立时，买受人知道或者应当知道标的物存在缺陷而没有提出异议，或者要求出卖人消除瑕疵，应当视为买受人愿意接受该瑕疵。这种情况下，相当于买受人主动放弃了对出卖人的权利担保权，因此出卖人不再承担权利担保的义务。对于买受人是否知情的事实，应由出卖人承担举证责任。

法条关联

◆《最高人民法院关于审理商品房买卖合同纠纷案件适用法律若干问题的解释》

第九条 出卖人订立商品房买卖合同时，具有下列情形之一，导致合同无效或者被撤销、解除的，买受人可以请求返还已付购房款及利息、赔偿损失，并可以请求出卖人承担不超过已付购房款一倍的赔偿责任：

（一）故意隐瞒没有取得商品房预售许可证明的事实或者提供虚假商品房预售许可证明；

（二）故意隐瞒所售房屋已经抵押的事实；

（三）故意隐瞒所售房屋已经出卖给第三人或者为拆迁补偿安置房屋的事实。

第六百一十四条　【中止支付价款权】

买受人有确切证据证明第三人对标的物享有权利的，可以中止支付相应的价款，但是出卖人提供适当担保的除外。

本条来源

本条来源于《合同法》第一百五十二条的规定：“买受人有证据证明第三人可能就标的物主张权利的，可以中止支付相应的价款，但是出卖人提供适当担保的除外。”相较于原法条，本条增加“确切”一词，同时将“可能就标的物主张权利”改为“对标的物享有权利”，该变动使法条用语更加严谨，法条的实质内涵未发生变化。

立法演变

本条在一次审议稿第四百零四条规定：“买受人有确切证据证明第三人可能就标的物主张权利的，可以中止支付相应的价款，但是出卖人提供适当担保的除外。”二次审议稿第四百零四条规定：“买受人有证据证明第三人可能就标的物主张权利的，可以中止支付相应的价款，但是出卖人提供适当担保的除外。”《民法典（草案）》第六百一十四条规定：“买受人有证据证明第三人对标的物享有权利的，可以中止支付相应的价款，但是出卖人提供适当担保的除外。”《民法典》又将“有证据证明”改为“有确切证据证明”。

条文释义

本条是关于买受人就标的物的权利缺陷行使中止支付价款权的规定。本条主要的目的在于通过赋予买受人中止支付价款权的方式，对买受人提供一种积极的保护，使其免受可能丧失标的物权利的损害。买受人行使这一权利时，应当符合四个条件：一是要有证据证明。该条件主要是举证责任的分配，买受人如果认为第三人可能就标的物主张权利，其应当负举证责任。否则，买受人应当承担违约责任。二是存在第三人可能主张权利的事实。如第三人可能是标的物的所有人、担保物权人、著作权人等。三是只能中止支付与受影响的标的物相应的价款。对于未受到第三人影响的标的物，买受人应按照约定支付价款。

四是出卖人未提供适当的担保。如果出卖人提供相应的担保，保证合同能够正常履行，则买受人无权行使终止支付价款的权利。

第六百一十五条 【标的物的质量要求】

出卖人应当按照约定的质量要求交付标的物。出卖人提供有关标的物质量说明的，交付的标的物应当符合该说明的质量要求。

本条来源

本条来源于《合同法》第一百五十三条，条文无变动。

条文释义

本条是关于出卖人的标的物质量要求的规定。质量瑕疵担保义务，是指出卖人必须保证其所交付的标的物质量符合法律规定或合同约定的标准。一旦双方在合同中就标的物质量作出约定，或卖方提供了作为交易基础组成部分的样品、模型，则其交付的标的物必须符合之前的约定或者样品。否则，买方可以要求卖方承担违约责任。另外需注意，质量瑕疵担保责任是一种无过错责任，不以出卖人的故意或者过失为条件。

法条关联

◆《最高人民法院关于审理商品房买卖合同纠纷案件适用法律若干问题的解释》

第十二条 因房屋主体结构质量不合格不能交付使用，或者房屋交付使用后，房屋主体结构质量经核验确属不合格，买受人请求解除合同和赔偿损失的，应予支持。

第十三条 因房屋质量问题严重影响正常居住使用，买受人请求解除合同和赔偿损失的，应予支持。

交付使用的房屋存在质量问题，在保修期内，出卖人应当承担修复责任；出卖人拒绝修复或者在合理期限内拖延修复的，买受人可以自行或者委托他人修复。修复费用及修复期间造成的其他损失由出卖人承担。

案例评议

杨某某诉丁某某等买卖合同纠纷案[①]

2010年1月16日，杨某某与丁某某协商后签订《合作经营协议》，约定如果原煤质量低于双方约定的标准，被判废的原煤损失由杨某某独立承担。合同签订后，杨某某共计供给丁某某原煤3008.2吨，经检验其中2152.24吨未达到双方约定的质量要求。丁某某已支付给杨某某煤款326000元，剩余煤款因原煤未达到双方合同约定的质量要求未予支付。杨某某供货后，因认为其所供给丁某某的2152.24吨原煤虽未达到合同约定的质量要求，但具有一定的商业价值，并且丁某某购煤后已将未达质量要求的该部分煤转卖给云南华电昆明发电有限公司，遂诉至法院，要求丁某某支付2152.24吨未达标的原煤货款222081元给杨某某。

◆ 裁判规则

法院经审理认为，杨某某与丁某某签订的原煤买卖合同应属双方真实意思表示，应当认定合法有效。杨某某作为出卖人，对出卖的标的物负有瑕疵担保义务，即其应当按照约定的质量向买受人交付标的物。丁某某作为买受人应当履行及时支付货款的义务，且其已实际履行了符合质量标准的原煤货款的支付义务。杨某某供给丁某某的部分不合格原煤已作判废处理，故由此产生的损失应由杨某某自行承担。但客观来讲，虽该原煤不符合双方协议约定的质量标准，但具有一定的价值。根据公平原则，作为直接受领出卖人交付买卖标的物的原审被告丁某某，应当给予原审原告杨某某适当补偿。

◆ 评议

本案件的争议焦点在于不符合标准的标的物是否具有一定的商业价值。在一审法院中，法院认为杨某某对于其提出的所供丁某某不合格煤具有一定商业价值的主张不能提交有效证据予以证实，因此并没有支持其该主张。而二审法院认为不符合标准的原煤客观上还是具有一定价值，被告也未将不符合标准的原煤返还，所以依据公平原则应当对原告给予相应补偿，遂作出上述判决。

---

① 云南省安宁市人民法院（2015）安民再初字第1号。

第六百一十六条　【标的物质量要求不明时的处理】

当事人对标的物的质量要求没有约定或者约定不明确，依据本法第五百一十条的规定仍不能确定的，适用本法第五百一十一条第一项的规定。

本条来源

本条来源于《合同法》第一百五十四条的规定："当事人对标的物的质量要求没有约定或者约定不明确，依照本法第六十条的规定仍不能确定的，适用本法第六十一条第一项的规定。"相较于原法条，本条转引用条文序号发生变动。该变动仅为法律体系调整导致法条序号变动，法条的实质内涵没有发生改变。同时将"依照"改为"依据"，该变动仅为提高法条表述的精准性，法条的实质内涵未发生变化。

立法演变

本条在一次审议稿和二次审议稿第四百零六条规定："当事人对标的物的质量要求没有约定或者约定不明确，依照本法第三百零一条的规定仍不能确定的，适用本法第三百零二条第一项的规定。"《民法典（草案）》第六百一十六条作了上述变动，并为本条所采用。

条文释义

本条是关于标的物质量要求不明时处理的规定。所谓质量瑕疵，是指标的物存在不符合规定或者通用质量规格的缺陷，或者影响使用效果等方面的情况。在现实生活中，很多情况下的买卖合同特别是即时交付的买卖合同中，双方当事人并不会专门对标的物的质量进行约定或者所作的约定不明确，这就需要对其进行推定。首先要依照本法第五百一十条的规定予以确定。不能确定的，适用本法第五百一十一条的有关一般性规定。即"质量要求不明确的，按照国家标准、行业标准履行；没有国家标准、行业标准的，按照通常标准或者符合合同目的的特定标准履行"。

第六百一十七条　【质量瑕疵担保责任】

出卖人交付的标的物不符合质量要求的，买受人可以依据本法第五百八十二条至第五百八十四条的规定请求承担违约责任。

本条来源

本条来源于《合同法》第一百五十五条的规定：“出卖人交付的标的物不符合质量要求的，买受人可以依照本法第一百一十一条的规定要求承担违约责任。”相较于原法条，本条“买受人可以依照本法第一百一十一条的规定要求承担违约责任”改为“买受人可以依照本法第五百八十二条至第五百八十四条①的规定请求承担违约责任”，该变动进一步明确了出卖人因交付不符合质量要求的标的物所要承担的损失赔偿的义务和标准。同时将原条文“依照”改为“依据”、“要求”改为“请求”，该变动仅为提高法条表述的精准性，法条的实质内涵没有发生改变。

立法演变

本条在一次审议稿和二次审议稿的第四百零七条规定：“出卖人交付的标的物不符合质量要求的，买受人可以依照本法第三百七十二条、第三百七十四条的规定要求承担违约责任。”在《民法典（草案）》第六百一十七条规定：“出卖人交付的标的物不符合质量要求的，买受人可以依据本法第五百八十二条至第五百八十四条的规定请求承担违约责任。”

本条后半句在一次审议稿和二次审议稿表述为“买受人可以依照本法第三百七十二条、第三百七十四条②的规定要求承担违约责任”，《民法典（草案）》改为上述表述，并最终为本条所采用。

条文释义

本条是关于标的物质量不符合要求时，出卖人质量瑕疵担保责任的规定。

---

① 本法第五百八十二条至第五百八十四条为原《合同法》第一百一十一条至第一百一十三条。

② 《民法典合同编（一次审议稿）》和《民法典合同编（二次审议稿）》的第三百七十二条和第三百七十四条为本法第五百八十二条和第五百八十四条。

本法第三百七十二条规定了标的物瑕疵的履行方式；第三百七十四条规定了损失赔偿额的范围和标准。出卖人交付标的物的质量不符合双方当事人的约定或者法律规定的，非违约方可以根据标的物的性质和损失的大小，合理地选择请求修理、更换、重作、退货、减少价款或报酬和赔偿损失。标的物因不符合质量要求对买受人人身、财产权益产生影响的，买受人可以依照本法要求出卖人承担违约责任，或依照《民法典侵权责任编》等其他法律要求其承担侵权责任。如果出卖人交付不符合质量要求的标的物的行为同时违反了《消费者权益保护法》等特别法的规定，应优先适用特别法。

法条关联

◆《产品质量法》

第四十一条　因产品存在缺陷造成人身、缺陷产品以外的其他财产（以下简称他人财产）损害的，生产者应当承担赔偿责任。

生产者能够证明有下列情形之一的，不承担赔偿责任：

（一）未将产品投入流通的；

（二）产品投入流通时，引起损害的缺陷尚不存在的；

（三）将产品投入流通时的科学技术水平尚不能发现缺陷的存在的。

第四十二条　由于销售者的过错使产品存在缺陷，造成人身、他人财产损害的，销售者应当承担赔偿责任。

销售者不能指明缺陷产品的生产者也不能指明缺陷产品的供货者的，销售者应当承担赔偿责任。

第四十三条　因产品存在缺陷造成人身、他人财产损害的，受害人可以向产品的生产者要求赔偿，也可以向产品的销售者要求赔偿。属于产品的生产者的责任，产品的销售者赔偿的，产品的销售者有权向产品的生产者追偿。属于产品的销售者的责任，产品的生产者赔偿的，产品的生产者有权向产品的销售者追偿。

◆《消费者权益保护法》

第十一条　消费者因购买、使用商品或者接受服务受到人身、财产损害的，享有依法获得赔偿的权利。

第三十五条　消费者在购买、使用商品时，其合法权益受到损害的，可以向销售者要求赔偿。销售者赔偿后，属于生产者的责任或者属于向销售者提供商品的其他销售者的责任的，销售者有权向生产者或者其他销售者追偿。

消费者或者其他受害人因商品缺陷造成人身、财产损害的，可以向销售者要求赔偿，也可以向生产者要求赔偿。属于生产者责任的，销售者赔偿后，有权向生产者追偿。属于销售者责任的，生产者赔偿后，有权向销售者追偿。

消费者在接受服务时，其合法权益受到损害的，可以向服务者要求赔偿。

第四十九条 经营者提供商品或者服务，造成消费者或者其他受害人人身伤害的，应当赔偿医疗费、护理费、交通费等为治疗和康复支出的合理费用，以及因误工减少的收入。造成残疾的，还应当赔偿残疾生活辅助具费和残疾赔偿金。造成死亡的，还应当赔偿丧葬费和死亡赔偿金。

第五十二条 经营者提供商品或者服务，造成消费者财产损害的，应当依照法律规定或者当事人约定承担修理、重作、更换、退货、补足商品数量、退还货款和服务费用或者赔偿损失等民事责任。

第六百一十八条 【标的物质量瑕疵担保的免责例外】

当事人约定减轻或者免除出卖人对标的物瑕疵承担的责任，因出卖人故意或者重大过失不告知买受人标的物瑕疵的，出卖人无权主张减轻或者免除责任。

本条来源

本条来源于《最高人民法院关于审理买卖合同纠纷案件适用法律问题的解释》(法释〔2012〕8号）第三十二条的规定：“合同约定减轻或者免除出卖人对标的物的瑕疵担保责任，但出卖人故意或者因重大过失不告知买受人标的物的瑕疵，出卖人主张依约减轻或者免除瑕疵担保责任的，人民法院不予支持。”相较于原法条，本条在表述方式上进行了适当调整，该变动仅为立法技术上的简化，法条的实质内涵未发生变化。

立法演变

本条在一次审议稿第四百零八条规定：“当事人约定减轻或者免除出卖人对

标的物瑕疵承担的责任，但是因出卖人故意或者重大过失不告知买受人标的物瑕疵的，出卖人无权主张减轻或者免除责任。”在二次审议稿第四百零八条和《民法典（草案）》第六百一十八条规定：“当事人约定减轻或者免除出卖人对标的物瑕疵承担的责任，因出卖人故意或者重大过失不告知买受人标的物瑕疵的，出卖人无权主张减轻或者免除责任。”该变动仅就条款中个别字词进行了修改，法条的实质内涵未发生变化。

条文释义

本条是关于出卖人交付标的物瑕疵免责例外的规定，具体包括两层含义：

第一，标的物瑕疵的免责。根据当事人意思自治原则，出卖人和买受人之间可以约定减轻或者免除出卖人对标的物瑕疵承担的责任。在此情况下，因标的物瑕疵给买受人造成损失的，出卖人可以主张减轻或者免除责任。

第二，标的物瑕疵责任的免责例外。根据诚实信用原则与公序良俗原则，如果在上述约定过程中，出卖人利用其优势地位故意或者因重大过失未告知买受人标的物瑕疵的，其免责抗辩权丧失。在此情况下，因标的物瑕疵给买受人造成损失的，出卖人无权主张减轻或者免除责任。

第六百一十九条　【标的物包装方式】

出卖人应当按照约定的包装方式交付标的物。对包装方式没有约定或者约定不明确，依据本法第五百一十条的规定仍不能确定的，应当按照通用的方式包装；没有通用方式的，应当采取足以保护标的物且有利于节约资源、保护生态环境的包装方式。

本条来源

本条来源于《合同法》第一百五十六条的规定：“出卖人应当按照约定的包装方式交付标的物。对包装方式没有约定或者约定不明确，依照本法第六十一条的规定仍不能确定的，应当按照通用的方式包装，没有通用方式的，应当采取足以保护标的物的包装方式。”相较于原法条，本条转引用条文序号发生变动。该变动仅为法律体系调整导致法条序号变动。将原条文“依照”改为“依据”，该变动仅为提高法条表述的精准性，法条的实质内涵没有发生改变。同时对包装方式规定要“有利于节约资源、保护生态环境”。

立法演变

本条在一次审议稿和二次审议稿的第四百零九条规定：“出卖人应当按照约定的包装方式交付标的物。对包装方式没有约定或者约定不明确，依照本法第三百零一条的规定仍不能确定的，应当按照通用的方式包装，没有通用方式的，应当采取足以保护标的物的包装方式。”《民法典（草案）》将引用条文序号进行调整，同时将“依照”改为“依据”。《民法典》增加“有利于节约资源、保护生态环境”的内容。

条文释义

本条是关于标的物包装方式的规定。在现实商业交易过程中，为了标的物的安全和运输方便，绝大多数标的物都要进行必要的包装后才能交付。在买卖合同中，在双方当事人对包装方式有明确约定的情况下，出卖人自应按照约定的包装方式交付标的物。如果双方当事人对包装方式没有约定或者约定不明确的，可以对相关内容协商补充；不能达成补充协议的，按照合同有关条款或者交易习惯予以确定。在根据上述方法仍不能确定的情况下，出卖人应当按照该类标的物通常使用的包装方式，例如食品应该使用符合国家卫生标准的材料进行包装。没有通用方式的，应当采取足以保护标的物的包装方式。保护标的物的包装方式是指采取对该标的物损耗最小、安全、实用的包装方式，应当充分考虑运输方式、灭失风险等。

法条关联

◆《农产品包装和标识管理办法》

第七条 农产品生产企业、农民专业合作经济组织以及从事农产品收购的单位或者个人，用于销售的下列农产品必须包装：

（一）获得无公害农产品、绿色食品、有机农产品等认证的农产品，但鲜活畜、禽、水产品除外。

（二）省级以上人民政府农业行政主管部门规定的其他需要包装销售的农产品。

符合规定包装的农产品拆包后直接向消费者销售的，可以不再另行包装。

第八条 农产品包装应当符合农产品储藏、运输、销售及保障安全的要求，便于拆卸和搬运。

第九条 包装农产品的材料和使用的保鲜剂、防腐剂、添加剂等物质必须符合国家强制性技术规范要求。

包装农产品应当防止机械损伤和二次污染。

第六百二十条 【买受人的检验义务】

买受人收到标的物时应当在约定的检验期限内检验。没有约定检验期限的，应当及时检验。

本条来源

本条来源于《合同法》第一百五十七条的规定：“买受人收到标的物时应当在约定的检验期间内检验。没有约定检验期间的，应当及时检验。”相较于原法条，本条将“期间”改为“期限”，该变动使法条用语更加严谨，法条的实质内涵未发生变化。

立法演变

本条在一次审议稿和二次审议稿第四百一十条、《民法典（草案)》第六百二十条均沿用《合同法》第一百五十七条的规定，《民法典》作了上述变动。

条文释义

本条是关于买受人对标的物检验义务的规定。买受人在收到标的物后，应当及时按照双方约定，在所协商的检验期内对标的物进行检验。如果买受人没有在双方约定的期限内对标的物进行检验，买受人应当对标的物的损坏、灭失等后果承担责任。对没有约定检验期限的，买受人也应当遵循诚实信用原则及时对收到的标的物进行检验

法条关联

◆《最高人民法院关于审理买卖合同纠纷案件适用法律问题的解释》

第十五条 当事人对标的物的检验期间未作约定，买受人签收的送货单、确认单等载明标的物数量、型号、规格的，人民法院应当根据合同法第一百五十七条的规定，认定买受人已对数量和外观瑕疵进行了检验，但有相反证据足以推翻的除外。

第六百二十一条 【买受人的通知义务及免除】

当事人约定检验期限的，买受人应当在检验期限内将标的物的数量或者质量不符合约定的情形通知出卖人。买受人怠于通知的，视为标的物的数量或者质量符合约定。

当事人没有约定检验期限的，买受人应当在发现或者应当发现标的物的数量或者质量不符合约定的合理期限内通知出卖人。买受人在合理期限内未通知或者自收到标的物之日起二年内未通知出卖人的，视为标的物的数量或者质量符合约定；但是，对标的物有质量保证期的，适用质量保证期，不适用该二年的规定。

出卖人知道或者应当知道提供的标的物不符合约定的，买受人不受前两款规定的通知时间的限制。

本条来源

本条来源于《合同法》第一百五十八条的规定：“当事人约定检验期间的，买受人应当在检验期间内将标的物的数量或者质量不符合约定的情形通知出卖人。买受人怠于通知的，视为标的物的数量或者质量符合约定。当事人没有约定检验期间的，买受人应当在发现或者应当发现标的物的数量或者质量不符合约定的合理期间内通知出卖人。买受人在合理期间内未通知或者自标的物收到之日起两年内未通知出卖人的，视为标的物的数量或者质量符合约定；但对标的物有质量保证期的，适用质量保证期，不适用该两年的规定。出卖人知道或者应当知道提供的标的物不符合约定的，买受人不受前两款规定的通知时间的限制。”相较于原法条，本条同样将“期间”改为“期限”、“标的物收到之日”改为“收到标的物之日”，同时对“但”“两”等字进行调整，该变动仅为提高法条表述的精准性，法条的实质内涵未发生变化。

立法演变

本条在一次审议稿和二次审议稿第四百一十一条沿用《合同法》第一百五十八条的规定，《民法典（草案)》第六百二十一条将“标的物收到之日”改为“收到标的物之日”，同时对“但”“两”等字进行调整，《民法典》将“期间”改为“期限”。

条文释义

本条是关于买受人对标的物有异议时，具有及时通知出卖人义务的规定。买受人在履行完检验义务后，如果其认为标的物不符合双方约定，应当及时履行通知义务，具体情况如下：

第一，双方有约定检验期限。买卖合同双方当事人有约定检验期限的，买受人应当在检验期限内将标的物的数量或者质量不符合约定的情形通知出卖人，否则推定标的物的数量、质量符合合同的约定。

第二，双方没有约定检验期限。买卖合同双方当事人没有约定检验期限的，买受人应当在发现或者应当发现标的物的数量或者质量不符合约定之后的合理期限内通知出卖人。买受人未在合理期限内或者自收到标的物之日起超过两年未通知出卖人的，视为标的物的数量或者质量符合约定。对于有质量保证期的标的物，应当适用质量保证期，即买受人在质量保证期内未为标的物瑕疵通知的，视为标的物的数量或者质量符合合同的约定。

第三，如出卖人知道或者应当知道提供的标的物不符合约定，还继续故意提供不符合约定的标的物的，其行为属于欺诈。因此该种情况下买受人不受上述通知时间的限制。

法条关联

◆《最高人民法院关于审理买卖合同纠纷案件适用法律问题的解释》

第十七条 人民法院具体认定合同法第一百五十八条第二款规定的“合理期间”时，应当综合当事人之间的交易性质、交易目的、交易方式、交易习惯、标的物的种类、数量、性质、安装和使用情况、瑕疵的性质、买受人应尽的合理注意义务、检验方法和难易程度、买受人或者检验人所处的具体环境、自身技能以及其他合理因素，依据诚实信用原则进行判断。

合同法第一百五十八条第二款规定的“两年”是最长的合理期间。该期间为不变期间，不适用诉讼时效中止、中断或者延长的规定。

第十八条 约定的检验期间过短，依照标的物的性质和交易习惯，买受人在检验期间内难以完成全面检验的，人民法院应当认定该期间为买受人对外观瑕疵提出异议的期间，并根据本解释第十七条第一款的规定确定买受人对隐蔽瑕疵提出异议的合理期间。

约定的检验期间或者质量保证期间短于法律、行政法规规定的检验期间或者质量保证期间的，人民法院应当以法律、行政法规规定的检验期间或者质量保证期间为准。

第十九条 买受人在合理期间内提出异议，出卖人以买受人已经支付价款、确认欠款数额、使用标的物等为由，主张买受人放弃异议的，人民法院不予支持，但当事人另有约定的除外。

第二十条 合同法第一百五十八条规定的检验期间、合理期间、两年期间经过后，买受人主张标的物的数量或者质量不符合约定的，人民法院不予支持。

出卖人自愿承担违约责任后，又以上述期间经过为由翻悔的，人民法院不予支持。

第二十二条 买受人在检验期间、质量保证期间、合理期间内提出质量异议，出卖人未按要求予以修理或者因情况紧急，买受人自行或者通过第三人修理标的物后，主张出卖人负担因此发生的合理费用的，人民法院应予支持。

案例评议

元丰机械制造公司与陆某买卖合同标的物质量异议纠纷案[①]

2013年7月，出卖人元丰机械制造公司作为甲方、买受人陆某作为乙方签订了3份大圆机系列产品购销合同，3份合同共涉16台机器，货款171.4万元。合同另约定乙方在验收产品时，若有缺件或其他问题，一方面应妥为保管，另一方面应在10日内书面向甲方提出异议，否则视为甲方所交产品符合合同约定；甲方所售产品的保修期为自产品交付之日起1年。买受人陆某以所购器械出现问题诉至法院。元丰机械制造公司辩称，双方约定了质量异议期限为10天，在规定的质量异议期间内，陆某并没有提出质量异议，应当推定所供货物符合合同和法律规定。

◆ 裁判规则

本案中，因双方买卖的物品是纺织机械，其性质和安装程序决定了买方是无法在10日内验收纺织机械的内在质量，故合同中约定的“10天”应属于外观瑕疵异议期间。至于本案中对隐蔽瑕疵提出异议的合理期间的认定，法院认为，双方在买卖合同中约定，元丰机械制造公司所售产品的保修期为自产品交付之日起1年。在保修期内，属陆某正常使用而出现的质量问题，由元丰机械制造公司负责免费维修并免费更换损坏的零部件。此处约定的1年期间，可以作为认定陆某对隐蔽瑕疵提出异议的合理期间的参照期间。陆某在2013年8月就对机械的运转问题提出异议，双方当事人也对此进行了沟通，元丰机械制造公司也派人进行了维修。应当认定，陆某是在合理期间内对隐蔽瑕疵提出质量异议，对元丰机械制造公司的主张，法院不予支持。

◆ 评议

该案件中双方当事人既约定了买受人瑕疵通知义务，又约定了标的物质量保证期间，争议焦点就在于二者适用的选择。我国合同法规定，买受人收到标的物时应当在约定期间内对标的物进行检验。双方当事人虽然在买卖合同中约定了检验期间，但根据产品的性质，买受人显然无法在约定期间内完成全面检

---

① 江苏省连云港市中级人民法院（2015）连商终字第00278号民事判决。

验，该期间应视为买受人对外观瑕疵提出异议的期间。对隐蔽质量瑕疵提出异议的合理期间，应当综合产品的性质、瑕疵检验方法的难易程度等因素进行认定。购买的机器在安装调试、投入使用后频繁出现故障，无法生产出合格产品，出卖人根据买受人的反映，虽多次进行维修、调试，该机器仍无法正常稳定地生产产品，应当认定买受人已经在合理期间内提出了质量异议。

第六百二十二条　【检验期限过短时的处理】

当事人约定的检验期限过短，根据标的物的性质和交易习惯，买受人在检验期限内难以完成全面检验的，该期限仅视为买受人对标的物的外观瑕疵提出异议的期限。

约定的检验期限或者质量保证期短于法律、行政法规规定期限的，应当以法律、行政法规规定的期限为准。

本条来源

本条来源于《最高人民法院关于审理买卖合同纠纷案件适用法律问题的解释》（法释〔2012〕8号）第十八条的规定：“约定的检验期间过短，依照标的物的性质和交易习惯，买受人在检验期间内难以完成全面检验的，人民法院应当认定该期间为买受人对外观瑕疵提出异议的期间，并根据本解释第十七条第一款的规定确定买受人对隐蔽瑕疵提出异议的合理期间。约定的检验期间或者质量保证期间短于法律、行政法规规定的检验期间或者质量保证期间的，人民法院应当以法律、行政法规规定的检验期间或者质量保证期间为准。”相较于原法条，本条在表述方式上进行适当调整，同时将“期间”改为“期限”。

立法演变

本条在一次审议稿和二次审议稿第四百一十二条、《民法典（草案）》第六百二十二条规定：“当事人约定的检验期间过短，根据标的物的性质和交易习惯，买受人在检验期间内难以完成全面检验的，该期间仅视为买受人对外观瑕疵提出异议的期间。约定的检验期间或者质量保证期间短于法律、行政法规规定期间的，应当以法律、行政法规规定的期间为准。”《民法典》将“期间”改为“期限”。

条文释义

本条是关于当事人约定检验期限过短时的处理的规定。虽然应当充分尊重合同双方当事人意思自治，但在买卖合同中，买受人往往由于知识等因素的限制而处于弱势地位。因此该条文放宽了买受人的检验义务要求，规定如果依标的物的性质和交易习惯很难在约定的检验期限内对标的物全面检验，则推定所约定期限仅视为买受人对外观瑕疵提出异议的期限。

如果双方当事人约定的检验期限或者质量保证期短于法律、行政法规所规定的期限，则该约定无效，应当以法律、行政法规规定的期限为准。

案例评议

宫某石与朱某荧承揽合同纠纷案①

朱某荧和宫某石于2015年2月16日签订了《定制家具采购合同》，约定宫某石按照朱某荧的要求定制家具，合同总价为18万元，合同第5条产品质量标准及质量保证中约定“产品质量必须符合国家、行业标准，生产物料不含人体有害物质并符合国家相关环保标准”，否则宫某石承担违约责任。同时约定，验收如发现不合格的货物，朱某荧应提出书面异议。家具的质量保证期为1年，质量保证期从家具验收出厂之日算起。2017年11月8日，定制家具经检验不符合国家标准。朱某荧多次找到宫某石协商解决但都协商未果，遂诉至法庭，请求解除合同并赔偿损失。宫某石辩称合同中明确约定保修期为1年，并且保修期后合同失效，现在合同已经超过保修期1年的时间，说明合同已经失效。合同中明确规定产品验收后，朱某荧发现产品不合格应提出书面异议，但其一直未提出。

---

① 辽宁省沈阳市中级人民法院（2018）辽01民终8594号。

◆ **裁判规则**

本案中，被告官某石与原告朱某荧签订的《定制家具采购合同》是双方真实意思表示，不违反法律、行政法规的强制性规定，合法有效。原告要求解除合同，但被告不同意解除，现双方已经履行了合同的主要义务，并不存在《合同法》第94条规定的法定解除合同的事由，故对原告解除合同的请求，不予支持。此外，合同法分则中承揽合同未规定强制保修期，住宅室内装饰装修工程的最低保修期间为2年。原告在接收家具后1年3个月进行了空气检测，属于合理期限，故对被告提出的超过约定质保期的抗辩，不予采纳。最终判决被告退还不达标家具的费用以及鉴定费用。

◆ **评议**

本案的焦点是关于甲醛检测是否超过合同约定的质量保证期问题。案件中的双方当事人约定保修期为1年，但是该规定明显违反合同分则的相关规定，因此该约定无效，保修期应当以法律规定的2年时间为准。依照《民法典》第411条规定，当事人没有约定检验期间的，但是对标的物有质量保证期的，适用质量保证期。因此，原告在1年3个月时进行了空气检测并通知被告属于合理期限。

第六百二十三条　【检验期限未约定时的处理】

当事人对检验期限未作约定，买受人签收的送货单、确认单等载明标的物数量、型号、规格的，推定买受人已经对数量和外观瑕疵进行检验，但是有相关证据足以推翻的除外。

本条来源

本条来源于《最高人民法院关于审理买卖合同纠纷案件适用法律问题的解释》（法释〔2012〕8号）第十五条的规定："当事人对标的物的检验期间未作约定，买受人签收的送货单、确认单等载明标的物数量、型号、规格的，人民法院应当根据合同法第一百五十七条的规定，认定买受人已对数量和外观瑕疵进行了检验，但有相反证据足以推翻的除外"。相较于原法条，本条在表述方式上进行适当调整，同时将"期间"改为"期限"。

立法演变

本条在一次审议稿和二次审议稿第四百一十三条规定："当事人对检验期间未作约定，买受人签收的送货单、确认单等载明标的物数量、型号、规格的，推定买受人已经对数量和外观瑕疵进行检验，但是有相关证据足以推翻的除外。"《民法典（草案）》第六百二十三条采用一次审议稿和二次审议稿的表述，《民法典》将"期间"改为"期限"。

条文释义

本条是关于当事人对检验期限未作约定时的处理的规定，该情形有如下适用条件：首先，该条适用的前提条件是买卖合同双方当事人对检验期间没有约定。如果当事人对检验期间有明确约定的则不能直接依该条作出推定。其次，买受人所签收的送货单、确认单等单证应当对标的物的数量、型号等信息有明确的记载。以此才能够推定买受人对标的物进行了检验。最后，仅推定买受人对标的物的数量和外观瑕疵尽到检验义务，而非推定为全面检验。如果买受人有足够的证据主张自己确实没有对标的物进行检验的，应当支持其主张。

第六百二十四条　【向第三人交付的检验标准】

出卖人依照买受人的指示向第三人交付标的物，出卖人和买受人约定的检验标准与买受人和第三人约定的检验标准不一致的，以出卖人和买受人约定的检验标准为准。

本条来源

本条来源于《最高人民法院关于审理买卖合同纠纷案件适用法律问题的解释》（法释〔2012〕8号）第十六条的规定："出卖人依照买受人的指示向第三人交付标的物，出卖人和买受人之间约定的检验标准与买受人和第三人之间约定的检验标准不一致的，人民法院应当根据合同法第六十四条的规定，以出卖人和买受人之间约定的检验标准为标的物的检验标准。"相较于原法条，本条在表述方式上进行适当调整，该变动仅为立法技术上的简化，法条的实质内涵未发生变化。

条文释义

本条是关于出卖人依买受人要求向第三人交付标的物时，当事人之间约定检验标准不一致情形的规定。在一般买卖合同中，合同双方当事人之间直接进行标的物的转移和交付。但是特殊情况下，买卖合同双方当事人可以约定出卖人向特定的第三人交付标的物后，视为向买受人完成交付。在此种情况下，通常会有两个法律关系的存在。一是出卖人和买受人之间，二是买受人和第三人之间。不同法律关系的双方当事人可以就双方之间的权利义务内容进行约定，因此就会出现本条所规定的出卖人和买受人约定的检验标准与买受人和第三人约定的检验标准不一致的情形。基于合同相对性的基本原则，买卖合同的双方当事人为出卖人和买受人，所以应以出卖人和买受人约定的检验标准为准。第三人因此受到损失的可以向买受人主张违约责任。

第六百二十五条　【出卖人的回收义务】

依照法律、行政法规的规定或者按照当事人的约定，标的物在有效使用年限届满后应予回收的，出卖人负有自行或者委托第三人对标的物予以回收的义务。

本条来源

本条为新增条款。

立法演变

本条在一次审议稿和二次审议稿第四百一十五条规定："依照法律、行政法规的规定或者当事人约定，标的物在有效使用年限届满后应予回收的，出卖人负有自行或者委托他人对标的物予以回收的义务。"《民法典（草案）》第六百二十五条规定："依照法律、行政法规的规定或者按照当事人的约定，标的物在有效使用年限届满后应予回收的，出卖人负有自行或者委托他人对标的物予以回收的义务。”《民法典》将“他人”改为“第三人”，该变动使法条用语更加严谨，法条的实质内涵未发生变化。

条文释义

本条是关于出卖人的回收义务的规定。本法第九条规定“民事主体从事民事活动，应当有利于节约资源、保护生态环境”。该条规定了绿色原则这一基本原则。为了落实绿色原则的具体要求，《民法典》第五百零九条第二款、第五百五十八条就合同的效力、合同权利义务的终止规定了当事人在合同履行中应当遵循诚信原则，根据交易习惯负有节约资源、减少污染义务，在合同终止后负有旧物回收义务。本条是在买卖合同中对绿色原则的进一步深化，具体地对买卖合同中出卖人的回收义务进行规定。随着科技的进步，新能源的开发，很多科技产品的问世对推动社会生产力、保护生态环境起到了极大的推动作用。以电动能源汽车为例，电动能源的推广和应用对保护空气污染起到促进作用。但对于电动汽车的锂电池使用人来说，其本人很难自行回收利用，如不回收处理会对环境造成更大伤害。因此法律赋予特定标的物出卖人的回收义务，即依照法律、行政法规的规定或者按照当事人约定，出卖人负有在标的物充分使用后对其进行回收的义务。

第六百二十六条　【买受人支付价款的数额和方式】

买受人应当按照约定的数额和支付方式支付价款。对价款的数额和支付方式没有约定或者约定不明确的，适用本法第五百一十条、第五百一十一条第二项和第五项的规定。

本条来源

本条来源于《合同法》第一百五十九条的规定：“买受人应当按照约定的数额支付价款。对价款没有约定或者约定不明确的，适用本法第六十一条、第六十二条第二项的规定。”相较于原法条，本条将“按照约定的数额支付价款”改为“按照约定的数额和支付方式支付价款”，该变动对支付方式约定不明情形的法条适用作出进一步明确，是对现实社会中支付方式多元化的回应；增加“对价款的数额或者支付方式没有约定或者约定不明确的，适用本法第五百一十条、第五百一十一条第二项和第五项的规定”，该变动为双方约定不明的情形提供了原则性指导，更有利于合同的履行。同时本条转引用条文序号发生变动。该变动仅为法律体系调整导致法条序号变动，法条的实质内涵没有发生改变。

立法演变

本条在一次审议稿第四百一十六条规定：“买受人应当按照约定的数额支付价款。对价款没有约定或者约定不明确的，适用本法第三百零一条、第三百零二条第二项的规定。”二次审议稿第四百一十六条规定：“买受人应当按照约定的数额和支付方式支付价款。对价款或者支付方式没有约定或者约定不明确的，适用本法第三百零一条、第三百零二条第二项和第五项的规定。”《民法典（草案）》第六百二十六条将“对价款或者支付方式”改为“对价款的数额和支付方式”，并最终为本条所采用。

条文释义

本条是关于买受人支付价款的数额和方式的规定。支付价款是买卖合同中买受人的基本义务，也是出卖人交付标的物并转移其所有权的对等条件。[①] 在一般情况下，双方当事人都会在买卖合同中就标的物的价款作出约定，买受人应依约定履行相应的支付义务。对于未直接约定价款的数目，可以通过约定方式确定具体价款数目的，应当认定属于对价款有约定的情形。如果买卖合同双方当事人对数额和支付方式没有约定或者约定不明确的，可以对相关内容进行协商补充；不能达成补充协议的，按照合同有关条款或者交易习惯予以确定。

在根据上述方法仍不能确定的情况下，对于标的物的价款数额，买受人应按照订立合同时履行地的市场价格支付价款，依法应当执行政府定价或者政府指导价的，按照规定支付价款。执行政府定价或者政府指导价的，在合同约定的交付期限内政府价格调整时，按照交付时的价格计价。逾期交付标的物的，遇价格上涨时，按照原价格执行；价格下降时，按照新价格执行。

① 胡康生主编：《中华人民共和国合同法释义》，法律出版社 2013 年版，第 268 页。

逾期提取标的物或者逾期付款的，遇价格上涨时，按照新价格执行；价格下降时，按照原价格执行。对于支付方式，应当按照有利于实现合同目的的方式履行。

法条关联

◆《最高人民法院关于审理买卖合同纠纷案件适用法律问题的解释》

第二十一条　买受人依约保留部分价款作为质量保证金，出卖人在质量保证期间未及时解决质量问题而影响标的物的价值或者使用效果，出卖人主张支付该部分价款的，人民法院不予支持。

第四十四条　出卖人履行交付义务后诉请买受人支付价款，买受人以出卖人违约在先为由提出异议的，人民法院应当按照下列情况分别处理：

（一）买受人拒绝支付违约金、拒绝赔偿损失或者主张出卖人应当采取减少价款等补救措施的，属于提出抗辩；

（二）买受人主张出卖人应支付违约金、赔偿损失或者要求解除合同的，应当提起反诉。

第六百二十七条　【支付价款的地点】

买受人应当按照约定的地点支付价款。对支付地点没有约定或者约定不明确，依据本法第五百一十条的规定仍不能确定的，买受人应当在出卖人的营业地支付；但是，约定支付价款以交付标的物或者交付提取标的物单证为条件的，在交付标的物或者交付提取标的物单证的所在地支付。

本条来源

本条来源于《合同法》第一百六十条的规定：“买受人应当按照约定的地点支付价款。对支付地点没有约定或者约定不明确，依照本法第六十一条的规定仍不能确定的，买受人应当在出卖人的营业地支付，但约定支付价款以交付标的物或者交付提取标的物单证为条件的，在交付标的物或者交付提取标的物单证的所在地支付。”相较于原法条，本条转引用条文序号发生变动。该变动仅为法律体系调整导致法条序号变动。同时将原条文“依照”改为“依据”，该变动仅为提高法条表述的精准性，法条的实质内涵没有发生改变。

立法演变

本条在一次审议稿和二次审议稿的第四百一十七条规定：“买受人应当按照约定的地点支付价款。对支付地点没有约定或者约定不明确，依照本法第三百零一条的规定仍不能确定的，买受人应当在出卖人的营业地支付，但是约定支付价款以交付标的物或者交付提取标的物单证为条件的，在交付标的物或者交付提取标的物单证的所在地支付。”《民法典（草案）》作出上述变动，并最终为本条所采用。

条文释义

本条是关于支付价款地点的规定。买受人应当在合同约定的地点支付相应的价款。如果买卖合同双方当事人对支付地点没有约定或者约定不明确，可以对支付地点进行协商补充；不能达成补充协议的，按照合同有关条款或者交易习惯予以确定。如果按上述方法仍不能确定支付地点的，分两种情况进行讨论：如果双方当事人约定买受人支付价款是以出卖人交付标的物或者交付提取标的物单证为条件的，则买受人应当在出卖人交付标的物或者交付提取标的物单证的所在地支付；如果双方当事人未约定买受人支付价款是以出卖人交付标的物或者交付提取标的物单证为条件的，买受人应当在出卖人的营业地支付。对于出卖人交付标的物或者提取标的物单证的所在地一般由双方当事人在合同中约定；双方当事人未约定交付地点或者约定不明确，适用本法第五百一十条的规定，此处不再赘述。

第六百二十八条　【支付价款的时间】

买受人应当按照约定的时间支付价款。对支付时间没有约定或者约定不明确，依据本法第五百一十条的规定仍不能确定的，买受人应当在收到标的物或者提取标的物单证的同时支付。

本条来源

本条来源于《合同法》第一百六十一条的规定：“买受人应当按照约定的时间支付价款。对支付时间没有约定或者约定不明确，依照本法第六十一条的规定仍不能确定的，买受人应当在收到标的物或者提取标的物单证的同时支付。”相较于原法条，本条转引用条文序号发生变动，该变动仅为法律体系调整导致法条序号变动。同时将原条文“依照”改为“依据”，该变动仅为提高法条表述的精准性，法条的实质内涵没有发生改变。

立法演变

本条在一次审议稿和二次审议稿的第四百一十八条规定：“买受人应当按照约定的时间支付价款。对支付时间没有约定或者约定不明确，依照本法第三百零一条的规定仍不能确定的，买受人应当在收到标的物或者提取标的物单证的同时支付。”《民法典（草案）》作出上述变动，并最终为本条所采用。

条文释义

本条是关于支付价款时间的规定。买受人应当在合同约定的时间支付相应的价款。如果买卖合同双方当事人对支付时间没有约定或者约定不明确，可以对支付时间进行协商补充；不能达成补充协议的，按照合同有关条款或者交易习惯予以确定。如果按上述方法仍不能确定支付时间的，买受人应当在收到标的物或者提取标的物单证的同时支付。

第六百二十九条　【多交标的物的处理】

出卖人多交标的物的，买受人可以接收或者拒绝接收多交的部分。买受人接收多交部分的，按照约定的价格支付价款；买受人拒绝接收多交部分的，应当及时通知出卖人。

本条来源

本条来源于《合同法》第一百六十二的规定："出卖人多交标的物的，买受人可以接收或者拒绝接收多交的部分。买受人接收多交部分的，按照合同的价格支付价款；买受人拒绝接收多交部分的，应当及时通知出卖人。"相校于原法条，本条将"合同"改为"约定"，该变动仅为提高法条表述的精准性，法条的实质内涵没有发生改变。

条文释义

本条是关于出卖人多交标的物如何处理的规定。出卖人出于让买受人多买的目的，有时在实际交易中会多交付标的物。依照本条规定，在这种情况下，买受人可以接收多交的部分。对于这部分多交的标的物，不应按照交付时的价格支付价款，而应按照双方订立合同时约定的标的物价格计算价款。买受人也有权拒绝接收多交的部分，但应及时通知出卖人。

法条关联

◆《最高人民法院关于审理买卖合同纠纷案件适用法律问题的解释》

第六条 根据合同法第一百六十二条的规定，买受人拒绝接收多交部分标的物的，可以代为保管多交部分标的物。买受人主张出卖人负担代为保管期间的合理费用的，人民法院应予支持。

买受人主张出卖人承担代为保管期间非因买受人故意或者重大过失造成的损失的，人民法院应予支持。

◆《最高人民法院关于审理商品房买卖合同纠纷案件适用法律若干问题的解释》

第十四条 出卖人交付使用的房屋套内建筑面积或者建筑面积与商品房买卖合同约定面积不符，合同有约定的，按照约定处理；合同没有约定或者约定不明确的，按照以下原则处理：

（一）面积误差比绝对值在3%以内（含3%），按照合同约定的价格据实结算，买受人请求解除合同的，不予支持；

（二）面积误差比绝对值超出3%，买受人请求解除合同、返还已付购房款及利息的，应予支持。买受人同意继续履行合同，房屋实际面积大于合同约定面积的，面积误差比在3%以内（含3%）部分的房价款由买受人按照约定的价格补足，面积误差比超出3%部分的房价款由出卖人承担，所有权归买受人；房屋实际面积小于合同约定面积的，面积误差比在3%以内（含3%）部分的房价款及利息由出卖人返还买受人，面积误差比超过3%部分的房价款由出卖人双倍返还买受人。

案例评议

朱某静与山东省种子总公司买卖合同纠纷案①

2008年4月7日，原告朱某静与被告山东省种子总公司签订1份《农作物种子生产预约合同》。合同签订后，原告组织种子生产，于2008年10月25日向被告交付种子16290kg，被告经检验后为原告出具入库单。后朱某静以山东省种子总公司未完全支付货款为由诉至法院，要求山东省种子总公司支付相应货款及利息。山东省种子总公司辩称，依照约定规格和标准，朱某静交付生产的杂交棉种子数量应为9000kg，但其违反合同约定，实际交付种子为16290kg，远远超出了杂交棉制种亩产100kg的生产能力，多次沟通后，朱某静拒不收回种子，后查证山东省种子总公司辩称属实。

◆ 裁判规则

法院经审理认为，虽原审原告实际交付种子16290kg，远超出双方书面约定的9000kg，山东省种子总公司有权拒绝接收多交的部分，但被告已实际接收多交部分，将超出部分杂交种子接收入库，因此，山东省种子总公司应按照约定的价格支付价款。故判决山东省种子总公司支付朱某静相应货款及利息。

◆ 评议

出卖人多交标的物，买受人接收多交部分，应当按照合同约定的价格支付价款。本案中原审原告相较于双方约定的标准，多交付杂交种子数量，虽然原审被告向原审原告提出异议，但原审被告并未拒绝接收多交付的杂交种子，而是接收并出具了入库单。因此原审被告对其所接收的多交付的杂交种子，应当按照合同约定的价格进行支付，这样才符合公平交易原则。

---

① 山东省济南市历城区人民法院（2015）历城民再初字第9号。

第六百三十条　【标的物孳息的归属】

标的物在交付之前产生的孳息，归出卖人所有；交付之后产生的孳息，归买受人所有。但是，当事人另有约定的除外。

本条来源

本条来源于《合同法》第一百六十三条的规定："标的物在交付之前产生的孳息，归出卖人所有，交付之后产生的孳息，归买受人所有。"相较于原法条，本条增设但书部分，该变动明确了标的物孳息的归属以当事人意思自治优先。

立法演变

本条在一次审议稿和二次审议稿的第四百二十条沿用《合同法》第一百六十三条的规定，《民法典（草案）》作出上述变动，并最终为本条所采用。

条文释义

本条是关于买卖合同标的物孳息的规定。孳息，是指由原物所生的物或收益。它分为天然孳息和法定孳息。天然孳息，是指果实、动物的出产物及其他按照物的使用方法所收获的出产物。此处所谓出产物，不仅包括有机物的出产物，如果实、鸡蛋等，也包括无机物的出产物，如矿产品、砂石等。埋藏物，属于独立于埋藏该物之物而存在的物，不存在从中"出产"的问题，所以不属于天然孳息。法定孳息，是指利息、租金及其他因法律关系所获得的收益。[①] 孳息所有权的归属依据标的物的交付确定归属，交付前标的物产生的孳息归出卖人所有，交付后标的物产生的孳息归买受人所有。本规定只是原则性规定，如法律或当事人对孳息归属另有规定或约定的，应当从其规定或约定。

① 陈华彬著：《物权法原理》，国家行政学院出版社 1998 年版，第 67 页。

案例评议

徐某与李某买卖合同纠纷案①

徐某夫妇系江苏省射阳县某乡农村农民，因要进城与儿子一起居住，遂决定将一头耕牛卖掉。2001年6月19日，徐某与同村村民李某达成口头合同，徐某将耕牛以2600元的价格卖给李某，李某须在8月底之前交付价款。同时双方还约定，合同签订之日李某即可将耕牛牵回家，但“直到李某完全付清价款，牛才真正归李某所有”。8月，李某又提出，等收了稻子卖了以后再交付价款，徐某表示同意。2001年9月3日，徐某从城里回到农村，得知自己卖给李某的耕牛在8月26日生下了一头小牛犊。于是徐某找到李某，要求李某再多支付400元，共计价款3000元，否则小牛犊由徐某牵回家。李某不同意。事后双方经过多次协商未达成一致意见。10月18日，徐某向法院起诉，要求李某将小牛返还徐某所有。

◆ 裁判规则

法院经审理认为，双方虽然约定所有权到李某全部付清价款时才转移，但是就标的物的孳息而言，以标的物的交付为分界点，交付之前归出卖人所有，交付之后归买受人所有。本案中，耕牛已经于合同签订之日交付给买受人，因此之后产生的孳息应归买受人所有。徐某的诉讼请求应依法驳回。

◆ 评议

标的物所有权转移与标的物孳息转移并没有必然联系。如果所有权转移与交付同时，则孳息的转移与所有权转移也同时，如果所有权转移与交付不同时，则孳息的转移与交付同时而与所有权转移不一致。本案中，虽依照约定耕牛的所有权没有发生转移，但已经实际交付，因此作为孳息的小牛应属于李某。

① 侍东波主编：《买卖合同案例评析》，知识产权出版社2002年版，第229－232页。

第六百三十一条　【从物与解除合同】

因标的物的主物不符合约定而解除合同的，解除合同的效力及于从物。因标的物的从物不符合约定被解除的，解除的效力不及于主物。

本条来源

本条来源于《合同法》第一百六十四条，条文无变动。

条文释义

本条是关于从物与解除合同的规定。按照物之间的关系，物可被分为主物和从物。其中，并非主物的成分，时常辅助主物的效用，而与主物同属于一人的物，是从物。从物所从属的物为主物。① 当买卖合同中的标的物包括主物和从物时，如果出卖人交付的主物不符合双方当事人约定，买受人有权解除合同。因为从物是辅助主物发挥效用的，脱离主物则不能发挥其实际效用，所以由于标的物的主物不符合约定而解除合同的情况下，解除合同的效力当然及于从物。反之，如果出卖人交付的从物不符合当事人约定，买受人同样可以主张解除合同。但起辅助作用的从物并不一定会影响主物发挥效用，因此从物解除的效力不及于主物。

第六百三十二条　【数物并存的合同解除】

标的物为数物，其中一物不符合约定的，买受人可以就该物解除。但是，该物与他物分离使标的物的价值显受损害的，买受人可以就数物解除合同。

本条来源

本条来源于《合同法》第一百六十五条的规定："标的物为数物，其中一物不符合约定的，买受人可以就该物解除，但该物与他物分离使标的物的价值

---

① 崔建远著：《物权法》，中国人民大学出版社 2011 年版，第 31 页。

显受损害的，当事人可以就数物解除合同。”相较于原法条，本条将“当事人”改为“买受人”，该变动进一步明确此类情形下合同解除的主体为买受人。

条文释义

本条是关于不符合约定的标的物为买卖合同中数个标的物的其中一个时，当事人解除合同的规定。与上一条不同，本条所指的数物之间没有主从之分。当买受人发现出卖人所交付的标的物中，有一物不符合约定标准的，买受人就可以就该物主张解除合同。如在手机买卖合同中，出卖人共计向买受人交付十部手机，买受人发现其中一部手机不符合双方约定标准。该种情形，买受人可就该部手机解除合同，且只需支付剩余九部手机价款。但买受人不能以此解除十部手机的买卖合同。

条文中的“一物”并不意味着仅指数量上的一个，应作扩大解释，即可以是一个及一个以上。值得注意的是，如果不符合约定的标的物与买卖合同中的其他标的物分离会使其他标的物的价值明显受损，买受人可以就数物解除合同。例如，买卖标的物为一对对讲机，其中一部不符合约定标准，如果只就该部对讲机解除合同，剩余一部对讲机的使用价值将显著下降，该情形下应当允许解除整个合同。

第六百三十三条 【分批交付标的物的合同解除】

出卖人分批交付标的物的，出卖人对其中一批标的物不交付或者交付不符合约定，致使该批标的物不能实现合同目的的，买受人可以就该批标的物解除。

出卖人不交付其中一批标的物或者交付不符合约定，致使之后其他各批标的物的交付不能实现合同目的的，买受人可以就该批以及之后其他各批标的物解除。

买受人如果就其中一批标的物解除，该批标的物与其他各批标的物相互依存的，可以就已经交付和未交付的各批标的物解除。

本条来源

本条来源于《合同法》第一百六十六条的规定："出卖人分批交付标的物的，出卖人对其中一批标的物不交付或者交付不符合约定，致使该批标的物不能实现合同目的的，买受人可以就该批标的物解除。出卖人不交付其中一批标的物或者交付不符合约定，致使今后其他各批标的物的交付不能实现合同目的的，买受人可以就该批以及今后其他各批标的物解除。买受人如果就其中一批标的物解除，该批标的物与其他各批标的物相互依存的，可以就已经交付和未交付的各批标的物解除。"相较于原法条，本条将"今后"改为"之后"，法条的实质内涵未发生变化。

立法演变

本条在一次审议稿和二次审议稿第四百二十三条均沿用《合同法》第一百六十六条的规定，《民法典（草案）》作了上述调整，并最终为本条所采用。

条文释义

本条是关于分批交付标的物的情况下解除合同的规定。分批交付标的物是指合同标的物的交付不是一次完成，而是出卖人根据约定的时间、数量、方式、地点等，分数次向买受人履行交付标的物的义务。此种情形下，可能会出现个别批次交付的标的物不符合约定。根据本条规定，主要分为以下几种情形：

第一，一般情况下，出卖人不履行某批标的物的交付，买受人可以针对该批标的物不履行的情况要求出卖人承担违约责任。如果"出卖人对其中一批标的物不交付或者交付不符合约定，致使该批标的物不能实现合同目的"，此种情形构成了根本违约，买受人可以就该批次标的物主张对合同的部分解除。

第二，如果出卖人对某批次标的物的根本违约，将导致对该批次之后各批次的根本违约，则买受人有权就该批次以及其后各批次标的物主张部分解除合同。

第三，某批次标的物与整个合同的其他各批次标的物相互依存、密不可分，分离会致使整个合同的履行不能或者没有意义。在这种情况下，买受人如果依法可以对该批次标的物解除，那么也可直接解除整个合同。

第六百三十四条　【分期付款买卖合同】

分期付款的买受人未支付到期价款的数额达到全部价款的五分之一，经催告后在合理期限内仍未支付到期价款的，出卖人可以请求买受人支付全部价款或者解除合同。

出卖人解除合同的，可以向买受人请求支付该标的物的使用费。

本条来源

本条来源于《合同法》第一百六十七条的规定："分期付款的买受人未支付到期价款的金额达到全部价款的五分之一的，出卖人可以要求买受人支付全部价款或者解除合同。出卖人解除合同的，可以向买受人要求支付该标的物的使用费。"相较于原法条，本条增设"经催告后在合理期限内仍未支付到期价款的"，该变化增设了分期付款买卖合同解除中出卖人的催告义务。同时对原法条中"金额""要求"等个别字词进行修改，法条的实质内涵未发生变化。

立法演变

本条在一次审议稿和二次审议稿的第四百二十四条规定："分期付款的买受人未支付到期价款的金额达到全部价款的五分之一，经催告后在合理期限内仍未支付已到期价款的，出卖人可以要求买受人支付全部价款或者解除合同。出卖人解除合同的，可以向买受人要求支付该标的物的使用费。"《民法典（草案)》作出上述变动，并最终为本条所采用。

条文释义

本条是关于分期付款买卖合同的规定。分期付款买卖是指合同订立后，出卖人一次性将合同标的物交付给买受人，买受人在一定期限内分期支付价款而发生的买卖。① 分期付款买卖中，因出卖人未得到全部价金即需移转买卖标的物，所以存在出卖人不能取得全部价金的风险。因此，本条规定如果买受人未

① 李克武、周凤琴著：《合同法要论》，华东师范大学出版社 2006 年版，第 238 页。

支付到期价款达到全部价款的五分之一，经催告后买受人仍不支付价款的，出卖人可以要求买受人支付全部价款或解除合同。解除合同后，出卖人有权要求买受人返还标的物并要求买受人支付因使用标的物而产生的使用费。

法条关联

◆《最高人民法院关于审理买卖合同纠纷案件适用法律问题的解释》

第三十八条 合同法第一百六十七条第一款规定的“分期付款”，系指买受人将应付的总价款在一定期间内至少分三次向出卖人支付。

分期付款买卖合同的约定违反合同法第一百六十七条第一款的规定，损害买受人利益，买受人主张该约定无效的，人民法院应予支持。

第三十九条 分期付款买卖合同约定出卖人在解除合同时可以扣留已受领价金，出卖人扣留的金额超过标的物使用费以及标的物受损赔偿额，买受人请求返还超过部分的，人民法院应予支持。

当事人对标的物的使用费没有约定的，人民法院可以参照当地同类标的物的租金标准确定。

第六百三十五条　【样品买卖的样品质量】

凭样品买卖的当事人应当封存样品，并可以对样品质量予以说明。出卖人交付的标的物应当与样品及其说明的质量相同。

本条来源

本条来源于《合同法》第一百六十八条，条文无变动。

条文释义

本条是关于样品买卖中样品质量的规定。样品买卖合同，又称货样买卖合同，是指当事人双方约定一定的样品，出卖人交付的标的物应与样品具有同一品质的买卖。样品买卖的基本特征在于以样品来确定买卖的标的物，出卖人交付的货物必须与样品具有同一品质。其中，样品通常是由当事人选定的用以决定标的物品质的货物。因此，为了验证买卖标的物是否与货样品质相同，凭样品买卖的当事人应当封存样品，并可以对样品质量予以说明。如果出卖人交付的标的物与样品及其说明的质量不相同，买受人可以要求出卖人承担违约责任。

案例评议

邢台市冀龙房地产开发有限公司与康某平买卖合同纠纷案①

2013年9月3日，冀龙房地产开发有限公司（以下简称冀龙房地产公司）与康某平签订了供货协议，协议约定，由康某平为冀龙房地产公司供应地板砖，使用在冀龙房地产公司承建的邢台县医院医技综合楼工程中，同时就地板砖的数量、质量及规格进行约定。上述协议签订后，康某平于2013年9月6日提供了5块样品地板砖送至邢台恒楼建筑工程检测有限公司进行检测。检测报告显示，样品砖的生产厂家为佛山市南海区齐都陶瓷有限公司，依据标准为GB/T4100－2006，但双方当事人未就样品封存。2013年11月15日该工程施工完毕，12月6日瓷砖在使用后出现了大面积变黑情况。康某平承认向冀龙房地产公司提供的工程瓷砖系从山东进的货，并非是样品砖指向的佛山公司，但拒不协商处理意见。后冀龙房地产公司进行二次铺装，致使冀龙房地产公司多支付工程款843248元。冀龙房地产公司遂诉至法院，请求法院依法判令康某平赔偿其经济损失843248元。

◆ 裁判规则

法院经审理认为，原告冀龙房地产公司与被告康某平虽依据协议对所供货物进行了检测，但对样品未进行封存，导致无法确认样品与供应的商品是否一致。原、被告均未要求进行商品质量鉴定，在无法确定该批瓷砖变黑的真正原因情况下，本院依据双方在本次买卖合同履行中存在过错程度及日常生活经验，平均承担损失。关于损失的数额，该批瓷砖均已不同程度变黑，故以被告供货数额330870元为依据。判处被告赔偿原告165435元。

◆ 评议

凭样品买卖的当事人应当封存样品。封存样品不仅为检验货物提供标准，

① 河北省邢台市桥西区人民法院（2018）冀0503民初472号。

而且在质量发生纠纷时，起到证据的作用。但是在现实交易中，当事人往往疏于封存样品，在这种情况下，就不是样品买卖，而与一般买卖无异。在本案中，双方都没有对样品进行封存，因此，法院无法核实样品的品质，只能根据合同中的条款来判断货物应该符合的质量要求。本案中，虽然双方均未要求进行商品质量鉴定，但是被告承认其所提供的工程瓷砖并非约定的佛山公司生产，因此构成违约，所以判决双方平均承担损失有失偏颇。

第六百三十六条　【样品买卖特殊责任】

凭样品买卖的买受人不知道样品有隐蔽瑕疵的，即使交付的标的物与样品相同，出卖人交付的标的物的质量仍然应当符合同种物的通常标准。

本条来源

本条来源于《合同法》第一百六十九条，条文无变动。

条文释义

本条是关于样品买卖特殊责任的规定。样品隐蔽瑕疵，是指经过一般、通常的检验不易发现的样品的品质缺陷。在凭样品买卖当中，如果样品存在买受人不知道的隐蔽瑕疵，出卖人按双方当事人约定，完全按照合同约定的样品的品质交付了标的物，即所交付的标的物与样品一样存在瑕疵，出卖人不因此免于承担瑕疵担保责任。出卖人交付标的物的质量仍然应当符合同种类物的通常标准，也就是标的物的质量应符合该种类物的通常品质。因为在买卖合同中，出卖人的质量瑕疵担保责任是一项法定责任，当事人不能以约定来排除适用。① 但是买受人在订立合同时明知该样品存在某种隐蔽瑕疵的，则就不能以出卖人交付的标的物的质量不符合同种类物的通常标准为由要求出卖人承担瑕疵担保责任。

此外，如果在凭样品买卖合同当中，当事人双方除了选定样品以外，还使

① 柳经纬主编：《债权法》，厦门大学出版社 2005 年版，第 165 页。

用语言、文字说明，那么出卖人交付的标的物不仅要与样品相符，也要与语言、文字说明相符。如果样品与语言、文字说明不一致，出卖人一般应当以语言、文字说明为标准履行合同。①

法条关联

◆《最高人民法院关于审理买卖合同纠纷案件适用法律问题的解释》

第四十条　合同约定的样品质量与文字说明不一致且发生纠纷时当事人不能达成合意，样品封存后外观和内在品质没有发生变化的，人民法院应当以样品为准；外观和内在品质发生变化，或者当事人对是否发生变化有争议而又无法查明的，人民法院应当以文字说明为准。

第六百三十七条　【试用买卖的试用期限】

试用买卖的当事人可以约定标的物的试用期限。对试用期限没有约定或者约定不明确，依据本法第五百一十条的规定仍不能确定的，由出卖人确定。

本条来源

本条来源于《合同法》第一百七十条的规定："试用买卖的当事人可以约定标的物的试用期间。对试用期间没有约定或者约定不明确，依照本法第六十一条的规定仍不能确定的，由出卖人确定。"相较于原法条，本条转引用条文序号发生变动，该变动仅为法律体系调整导致法条序号变动。同时将原条文"依照"改为"依据"、"期间"改为"期限"，该变动使法条用语更加严谨，法条的实质内涵未发生变化。

立法演变

本条在一次审议稿和二次审议稿的第四百二十七条规定："试用买卖的当事

① 中国法制出版社编著：《中华人民共和国合同法配套解读与案例注释》，中国法制出版社2015年版，第262页。

人可以约定标的物的试用期间。对试用期间没有约定或者约定不明确，依照本法第三百零一条的规定仍不能确定的，由出卖人确定。”《民法典（草案）》第六百三十七条将“依照”改为“依据”，《民法典》将“期间”改为“期限”。

条文释义

本条是关于试用买卖合同中试用期限的规定。按照该条规定，试用买卖中试用期限的确定，有三种方法：

第一，依当事人约定。对试用期限，法律未作强行规定，双方当事人可以根据自愿原则在合同中约定试用期限。

第二，依照本法第五百一十条确定。若当事人对试用期限没有约定或约定不明确的，应首先由当事人协议补充，不能达成补充协议的，按照合同的有关条款或者交易习惯加以确定。

第三，依出卖人确定。如果按照上述方法仍不能确定试用期限的，则由出卖人确定试用期限，在试用买卖中，买受人试用标的物属于无偿使用，根据权利义务相一致的规则，应由出卖人确定试用期限。如果允许买受人确定试用期限显然不利于维护出卖人的利益，有违公平交易原则。

法条关联

◆《最高人民法院关于审理买卖合同纠纷案件适用法律问题的解释》

第四十一条 试用买卖的买受人在试用期内已经支付一部分价款的，人民法院应当认定买受人同意购买，但合同另有约定的除外。

在试用期内，买受人对标的物实施了出卖、出租、设定担保物权等非试用行为的，人民法院应当认定买受人同意购买。

第四十二条 买卖合同存在下列约定内容之一的，不属于试用买卖。买受人主张属于试用买卖的，人民法院不予支持：

（一）约定标的物经过试用或者检验符合一定要求时，买受人应当购买标的物；

（二）约定第三人经试验对标的物认可时，买受人应当购买标的物；

（三）约定买受人在一定期间内可以调换标的物；

（四）约定买受人在一定期间内可以退还标的物。

第四十三条 试用买卖的当事人没有约定使用费或者约定不明确，出卖人主张买受人支付使用费的，人民法院不予支持。

第六百三十八条 【买受人对标的物的认可】

试用买卖的买受人在试用期内可以购买标的物，也可以拒绝购买。试用期限届满，买受人对是否购买标的物未作表示的，视为购买。

试用买卖的买受人在试用期内已经支付部分价款或者对标的物实施出卖、出租、设立担保物权等行为的，视为同意购买。

本条来源

本条第一款来源于《合同法》第一百七十一条的规定："试用买卖的买受人在试用期内可以购买标的物，也可以拒绝购买。试用期间届满，买受人对是否购买标的物未作表示的，视为购买。"相较于原法条，本条同样将"期间"改为"期限"。本条第二款来源于《最高人民法院关于审理买卖合同纠纷案件适用法律问题的解释》（法释〔2012〕8号）第四十一条的规定："试用买卖的买受人在试用期内已经支付一部分价款的，人民法院应当认定买受人同意购买，但合同另有约定的除外。在试用期内，买受人对标的物实施了出卖、出租、设定担保物权等非试用行为的，人民法院应当认定买受人同意购买。"相较于原法条，本条第二款在表述方式上进行适当调整，该变动仅为立法技术上的简化，法条的实质内涵未发生变化。

立法演变

本条在一次审议稿和二次审议稿第四百二十八条、《民法典（草案）》第六百三十八条均沿用《合同法》第一百七十一条的规定，最终《民法典》作了上述变动。

条文释义

本条是关于买受人对试用买卖标的物认可的规定。试用买卖的买受人对是否购买标的物有完全的选择权。买受人可以承认购买，买受人承认购买时，试用买卖合同所附条件成就，合同即时生效，买受人负有依约定向出卖人支付价款的义务。买受人承认购买的表示必须是明示的，而不是根据某种言论作出的推论。例如，不能因为买受人对标的物有夸赞的言论便认定买受人承认购买，即使这种言论是以书面形式向出卖人表示，但若未明确承认购买，亦不应作此认定。同时，买受人也可以拒绝购买，即使标的物无任何瑕疵，买受人也可以拒绝购买，拒绝购买无需理由。买受人拒绝购买的表示使合同不生效力，买受人应当返还标的物。

试用期限届满时，如果买受人对是否购买标的物未作表示，法律拟制规定买受人的默示行为视为买受人承认购买；如果买受人在试用期内已经支付一部分价款或者对标的物实施出卖、出租、设定担保物权等行为，除当事人另有约定外，法律拟制规定买受人的上述行为视为买受人同意购买。法律作如此规定的目的在于平衡当事人之间的合同利益，保护处于不利地位的出卖人，同时促使买受人及时作出购买与否的表示。①

第六百三十九条　【试用标的物的使用费】

试用买卖的当事人对标的物使用费没有约定或者约定不明确的，出卖人无权请求买受人支付。

本条来源

本条来源于《最高人民法院关于审理买卖合同纠纷案件适用法律问题的解释》（法释〔2012〕8号）第四十三条的规定："试用买卖的当事人没有约定使用费或者约定不明确，出卖人主张买受人支付使用费的，人民法院不予支持。"。相较于原法条，本条在表述方式上进行适当调整，该变动仅为立法技术上的简化，法条的实质内涵未发生变化。

条文释义

本条是关于试用标的物使用费承担的规定。试用买卖主要出现在新产品

① 吴志忠著：《买卖合同法研究》，武汉大学出版社2007年版，第214－215页。

的推介过程中，有偿试用将不利于激发消费者试用新产品的积极性，从而不利于新产品开拓市场销路。试用所产生的费用是出卖人应承担的成本中的必要组成部分，如果由买受人承担试用所产生的费用，则会产生同分期付款买卖相类似的后果。[①] 因此关于试用标的物的使用费承担，本条规定出卖人与买受人之间事先有约定的按照双方的约定处理，如果没有约定，则试用费用由出卖人承担。

案例评议

禄克申环境科技（上海）有限公司与江苏万金工具有限公司买卖合同纠纷案[②]

禄克申公司商务代理陈某阳通过微信联系万金公司法定代表人薛某金，向其推销一台工业风扇，万金公司同意试用。2018 年 7 月 30 日禄克申公司派员安装调试后，万金公司认为不能达到预期效果，而要求禄克申公司撤回。双方经微信沟通，禄克申公司同意撤回但要求万金公司承担使用费等相关费用 3000 元，万金公司未同意，禄克申公司遂诉至法院，要求万金公司支付所欠禄克申公司货款 200000 元及利息。

◆ 裁判规则

法院经审理认为，原告禄克申公司与被告万金公司双方未订立任何书面合同或协议，根据双方微信沟通的内容，可以确定原告商务代理陈某阳向被告推销一台工业风扇，双方形成试用买卖关系。风扇安装后被告认为不能达到预期效果而要求撤回，原告认为可以退货，提出要求被告承担工业风扇安装的相关费用，因该费用双方未约定且被告未予同意，故本院对原告主张要求被告支付货款及利息等诉讼请求依法不予支持。

◆ 评议

本案中的争议焦点为双方当事人所订立的合同是否成立生效。试用买卖合同经双方当事人意思表示一致而成立，但以买受人对标的物的承认为合同的生

① 吴志忠著：《买卖合同法研究》，武汉大学出版社 2007 年版，第 216 页。
② 江苏省扬州市江都区人民法院（2018）苏 1012 民初 8747 号。

效要件。若买受人对标的物不认可，合同就不生效。本案中，被告明确要求原告撤回工业风扇，该行为视为被告拒绝购买，因此涉案的试用买卖合同虽成立但没有生效。原告无权要求被告支付所欠原告货款200000元及利息。此外，案件中关于使用费等相关费用3000元的问题，因双方当事人事前没有约定，因此出卖人无权要求买受人承担。

第六百四十条　【试用期内标的物的风险承担】

标的物在试用期内毁损、灭失的风险由出卖人承担。

本条来源

本条为新增条款。

条文释义

本条是关于试用期内标的物风险承担的规定。在一般买卖合同中，标的物的风险负担适用交付主义。但这一原则是针对已生效的买卖合同。对于试用买卖合同而言，买卖可能因买受人拒绝购买而不能达成，故为试用而进行的标的物的交付与为买卖而进行的交付有重大的不同，从而标的物的风险负担亦不适用交付主义。如果标的物风险由买受人承担，标的物发生了毁损或灭失，买受人应对此负责，买受人仍有义务支付价款。对于出卖人而言，则产生合同有效的后果。而在试用期间，买卖合同尚未生效，合同是否生效取决于买受人对标的物是否认可。在标的物发生毁损或灭失时，买受人可以主张不认可标的物而使合同无效。[1] 因此本条规定，试用期内标的物毁损、灭失的风险不以交付发生转移，仍由出卖人承担。这样更符合公平交易原则，减轻买受人的心理负担，促进消费市场中试用买卖更好的发展。

① 吴志忠著：《买卖合同法研究》，武汉大学出版社2007年版，第216页。

第六百四十一条　【约定标的物所有权保留】

当事人可以在买卖合同中约定买受人未履行支付价款或者其他义务的，标的物的所有权属于出卖人。

出卖人对标的物保留的所有权，未经登记，不得对抗善意第三人。

本条来源

本条来源于《合同法》第一百三十四条的规定："当事人可以在买卖合同中约定买受人未履行支付价款或者其他义务的，标的物的所有权属于出卖人。"相较于原法条，本条增加第二款"出卖人对标的物保留的所有权，未经登记，不得对抗善意第三人"，该变化是对善意取得制度的进一步规定。

条文释义

本条是关于标的物所有权保留的规定。在买卖合同中，当事人可以约定出卖人先行交付标的物，在买受人未履行支付价款或者其他义务之前，标的物的所有权仍归出卖人所有，以担保买受人合同义务的履行，此种买卖属于保留所有权买卖。保留所有权买卖仅适用于动产买卖，不适用于不动产买卖，因为，不动产买卖仍以过户登记为所有权移转的生效要件。需要注意的是，虽然出卖人在保留所有权买卖合同履行完之前拥有标的物的所有权，但标的物已经完成了交付，已经具备归属于买受人的权利外观，因此除标的物保留的所有权已经登记的情况之外，出卖人不能以所有权保留为由，向不知情的善意第三人主张标的物所有权。

法条关联

◆《最高人民法院关于适用〈中华人民共和国企业破产法〉若干问题的规定（二）》

第二条　下列财产不应认定为债务人财产：

……

（二）债务人在所有权保留买卖中尚未取得所有权的财产；

……

第三十四条　买卖合同双方当事人在合同中约定标的物所有权保留，在标的物所有权未依法转移给买受人前，一方当事人破产的，该买卖合同属于双方均未履行完毕的合同，管理人有权依据企业破产法第十八条的规定决定解除或者继续履行合同。

◆《最高人民法院关于审理买卖合同纠纷案件适用法律问题的解释》

第三十四条 买卖合同当事人主张合同法第一百三十四条关于标的物所有权保留的规定适用于不动产的，人民法院不予支持。

◆《最高人民法院关于审理企业破产案件若干问题的规定》

第七十一条 下列财产不属于破产财产：

……

（七）债务人在所有权保留买卖中尚未取得所有权的财产；

……

案例评议

日某公司诉东某公司等侵权纠纷案①

2007年10月，日某公司与德某公司签订1份《销售合同》，约定日某公司将17台日某牌射出成形机出售给德某公司。合同约定："设备交付后，在甲方向乙方支付全部货款之前，乙方为设备的唯一及绝对所有权人，甲方为合同设备使用人。甲方向乙方支付全部货款后，合同全部设备的所有权移交与甲方所有。"日某公司称其已将设备交付给德某公司，但德某公司仅支付了部分货款，至今未付清货款。2009年8月，德某公司擅自将属于日某公司的上述12台设备转放在东某公司处，东某公司拒不返还给日某公司。日某公司遂对东某公司等提起侵权之诉。

◆ **裁判规则**

法院经审理认为，日某公司与德某公司在《销售合同》中约定了所有权保留条款，但日某公司对设备的所有权并非当然取得，而需符合合同约定的先决条件即德某公司未付清货款。日某公司未提供证据证明此先决条件已经满足，亦未向德某公司主张所有权，故日某公司不能证明其为涉案设备的所有权人。

① 深圳市宝安区人民法院（2010）深宝法民二初字第688号。

因此，日某公司不是本案侵权纠纷的适格主体，驳回日某公司对东某公司的起诉。

◆ **评议**

本案中双方在买卖合同中约定在买方支付全部货款前标的物的所有权并不转移。但日某公司并没有证据证明买方尚未完全支付货款，故其主张并未得到支持。可见双方当事人对标的物交付后卖方仍保有所有权可以约定，但这种所有权的保留是有前提的，只有在证明前提满足的情况下才能在交付后仍享有所有权。故实践中应该注意对证据的保留。

第六百四十二条　【出卖人的取回权】

当事人约定出卖人保留合同标的物的所有权，在标的物所有权转移前，买受人有下列情形之一，造成出卖人损害的，除当事人另有约定外，出卖人有权取回标的物：

（一）未按照约定支付价款，经催告后在合理期限内仍未支付；

（二）未按照约定完成特定条件；

（三）将标的物出卖、出质或者作出其他不当处分。

出卖人可以与买受人协商取回标的物；协商不成的，可以参照适用担保物权的实现程序。

本条来源

本条第一款来源于《最高人民法院关于审理买卖合同纠纷案件适用法律问题的解释》（法释〔2012〕8号）第三十五条第一款的规定：“当事人约定所有权保留，在标的物所有权转移前，买受人有下列情形之一，对出卖人造成损害，出卖人主张取回标的物的，人民法院应予支持：（一）未按约定支付价款的；（二）未按约定完成特定条件的；（三）将标的物出卖、出质或者作出其他不当处分的。”相较于原法条，本条在表述方式上进行适当调整，同时将“对出卖人造成损害”改为“造成出卖人损害”，该变动仅为立法技术上的简化，使法条表述更加严谨，法条的实质内涵未发生变化。本条第二款为新增条款。

立法演变

本条第一款在一次审议稿第四百三十二条规定："当事人约定出卖人保留合同标的物的所有权，在标的物所有权转移前，买受人有下列情形之一，对出卖人造成损害的，除法律另有规定或者当事人另有约定的以外，出卖人有权取回标的物。"二次审议稿第四百三十二条将"另有约定的以外"改为"另有约定外"，《民法典》将"对出卖人造成损害的"改为"造成出卖人损害的"。此外，本条在一次审议稿、二次审议稿、《民法典（草案）》中有第三款内容"取回的标的物价值明显减少的，出卖人有权要求买受人赔偿损失"，《民法典》将其删除。其他款项在历次修订中未发生变动。

条文释义

本条是关于出卖人行使取回权的情形。在买卖合同中，买受人具有下列行为之一的，出卖人享有取回权：未按约定支付价款的；未按约定完成特定条件的；将标的物出卖、出质或者作出其他不当处分的。取回的标的物价值显著减少，出卖人有权要求买受人赔偿损失。但是，在下列两种情形下，出卖人不享有取回权：第一是买受人已经支付标的物总价款的百分之七十五以上；第二是买受人实施无权处分后，受让人或第三人已经善意取得标的物所有权或者其他物权。出卖人取回标的物的目的在于通过买受人回赎标的物，实现期待利益（如得到全部价款），因此，取回并不意味着出卖人解除了与买受人之间的买卖合同。当然，如果符合合同解除条件，出卖人享有解除权，又愿意解除合同，也可以解除该买卖合同。

法条关联

◆《最高人民法院关于审理买卖合同纠纷案件适用法律问题的解释》

第三十六条 买受人已经支付标的物总价款的百分之七十五以上，出卖人主张取回标的物的，人民法院不予支持。

在本解释第三十五条第一款第（三）项情形下，第三人依据物权法第一百零六条的规定已经善意取得标的物所有权或者其他物权，出卖人主张取回标的物的，人民法院不予支持。

第六百四十三条　【买受人的回赎权】

出卖人依据前条第一款的规定取回标的物后，买受人在双方约定或者出卖人指定的合理回赎期限内，消除出卖人取回标的物的事由的，可以请求回赎标的物。

买受人在回赎期限内没有回赎标的物，出卖人可以以合理价格将标的物出卖给第三人，出卖所得价款扣除买受人未支付的价款以及必要费用后仍有剩余的，应当返还买受人；不足部分由买受人清偿。

本条来源

本条来源于《最高人民法院关于审理买卖合同纠纷案件适用法律问题的解释》（法释〔2012〕8号）第三十七条的规定："出卖人取回标的物后，买受人在双方约定的或者出卖人指定的回赎期间内，消除出卖人取回标的物的事由，主张回赎标的物的，人民法院应予支持。买受人在回赎期间内没有回赎标的物的，出卖人可以另行出卖标的物。出卖人另行出卖标的物的，出卖所得价款依次扣除取回和保管费用、再交易费用、利息、未清偿的价金后仍有剩余的，应返还原买受人；如有不足，出卖人要求原买受人清偿的，人民法院应予支持，但原买受人有证据证明出卖人另行出卖的价格明显低于市场价格的除外。"相较于原法条，本条在表述方式上进行适当调整，该变动仅为立法技术上的简化，法条的实质内涵未发生变化。

立法演变

本条第二款在一次审议稿和二次审议稿第四百三十三条、《民法典（草案）》第六百四十三条均规定："买受人在回赎期间内没有回赎标的物，出卖人可以以合理价格出卖标的物，出卖所得价款扣除原买受人未支付的价款及必要费用后仍有剩余的，应当返还原买受人；不足部分由原买受人清偿。"最终《民法典》作了上述变动，该变动使法条用语更加严谨，法条的实质内涵未发生变化。本条第一款在历次修订中未发生变动。

条文释义

本条是关于买受人回赎权的规定。出卖人行使取回权取回买卖标的物后，买受人在回赎期内享有回赎权。在回赎期间内，买受人消除自己的违约行为，即消除出卖人取回标的物的事由，买受人可以要求回赎标的物。回赎期由买卖双方当事人约定，不能约定的，由出卖人指定一个合理的期间。如果买受人依约支付了相应的价款、完成了特定的条件、将无权处分的财产追回，出卖人的取回权消灭，应当将标的物返还买受人。如果买受人在回赎期内没有行使回赎权回赎标的物，出卖人可以以合理价格对标的物进行处理。对于出卖标的物所得的价款，如果超出原买受人未支付的价款和一些必要费用的，出卖人应当将剩余价款返还原买受人；如果所得价款不足清偿原买受人支付的价款和一些必要费用的，出卖人仍可要求原买受人清偿。

第六百四十四条　【招投标买卖】

招标投标买卖的当事人的权利和义务以及招标投标程序等，依照有关法律、行政法规的规定。

本条来源

本条来源于《合同法》第一百七十二条，条文无变动。

条文释义

本条是关于招投标买卖的规定。招标投标买卖，是指由招标人向数人或公众发出招标通知或招标公告，在诸多投标中选择自己最满意的投标人并与之订立买卖合同的方式。招标投标买卖一般分为以下阶段：

1. 招标阶段。招标是指招标人采取招标通知或招标公告的形式，向不特定的数人或公众发出的投标邀请。招标的法律性质为要约邀请，邀请投标人投标即发出要约邀请。

2. 投标阶段。投标是指投标人按照招标文件的要求，在规定的期间内向招标人提出报价行为。投标的法律性质为要约。拟投标人必须在招标通知或招标公告规定的期限内，到指定地点索取招标文件，按该文件的规定和要求编制好有关文件、资料，做好参加投标的各项工作。

3. 开标、定标阶段。开标是指招标人在召开的投标人会议上，当众启封标书，公开标书内容的行为。定标是招标人对有效标书进行评审，选择自己满意的投标人，决定其中标。该定标的法律性质为承诺。中标人在接到中标通知后，在约定的期间与地点同招标人签订合同书。至此，合同即告完成。

法条关联

◆《招标投标法》

第三条　在中华人民共和国境内进行下列工程建设项目包括项目的勘察、设计、施工、监理以及与工程建设有关的重要设备、材料等的采购，必须进行招标：

（一）大型基础设施、公用事业等关系社会公共利益、公众安全的项目；

（二）全部或者部分使用国有资金投资或者国家融资的项目；

（三）使用国际组织或者外国政府贷款、援助资金的项目。

前款所列项目的具体范围和规模标准，由国务院发展计划部门会同国务院有关部门制订，报国务院批准。

法律或者国务院对必须进行招标的其他项目的范围有规定的，依照其规定。

第九条　招标项目按照国家有关规定需要履行项目审批手续的，应当先履行审批手续，取得批准。

招标人应当有进行招标项目的相应资金或者资金来源已经落实，并应当在招标文件中如实载明。

第二十六条　投标人应当具备承担招标项目的能力；国家有关规定对投标人资格条件或者招标文件对投标人资格条件有规定的，投标人应当具备规定的资格条件。

◆《招标投标法实施条例》

第七条　按照国家有关规定需要履行项目审批、核准手续的依法必须进行招标的项目，其招标范围、招标方式、招标组织形式应当报项目审批、核准部门审批、核准。项目审批、核准部门应当及时将审批、核准确定的招标范围、招标方式、招标组织形式通报有关行政监督部门。

第三十四条 与招标人存在利害关系可能影响招标公正性的法人、其他组织或者个人，不得参加投标。

单位负责人为同一人或者存在控股、管理关系的不同单位，不得参加同一标段投标或者未划分标段的同一招标项目投标。

违反前两款规定的，相关投标均无效。

第六百四十五条 【拍卖】

拍卖的当事人的权利和义务以及拍卖程序等，依照有关法律、行政法规的规定。

本条来源

本条来源于《合同法》第一百七十三条，条文无变动。

条文释义

本条是关于拍卖的规定。拍卖是指以公开竞价的方法，将标的物的所有权转移给最高应价者的一种买卖。拍卖一般分为以下阶段：一是拍卖的表示。拍卖的表示是指拍卖人发出的对标的物进行拍卖的意思表示，它包括拍卖公告和拍卖师在拍卖开始时所作的拍卖表示。拍卖的表示在性质上属于要约邀请。二是应买的表示。应买的表示是指参加竞买的竞买人发出的购买的意思表示。在拍卖时，是由参加购买的应买人竞争，由出价最高者购买。竞买人的应价在性质上属于要约，竞买人一经应价，不得撤回，当其他人有更高应价时，其应价即丧失效力。只有在拍卖人声明拍卖标的无保留价时，拍卖的表示属于要约，竞买人的应价为承诺。即在无更高应价时，竞买人一经应价，买卖合同即告成立。三是卖定的表示。拍卖人关于卖定的表示应属于承诺，拍卖人作出卖定的表示，则买卖成交，竞争买卖结束。拍卖经拍板成交后，买受人和拍卖人应当签署成交确认书，签署成交确认书并不是订立合同，而是对经拍卖成立的买卖的一种确认。

法条关联

◆《拍卖法》

第三十六条　竞买人一经应价，不得撤回，当其他竞买人有更高应价时，其应价即丧失约束力。

第三十九条　买受人应当按照约定支付拍卖标的的价款，未按照约定支付价款的，应当承担违约责任，或者由拍卖人征得委托人的同意，将拍卖标的再行拍卖。

拍卖标的再行拍卖的，原买受人应当支付第一次拍卖中本人及委托人应当支付的佣金。再行拍卖的价款低于原拍卖价款的，原买受人应当补足差额。

第五十一条　竞买人的最高应价经拍卖师落槌或者以其他公开表示买定的方式确认后，拍卖成交。

第六百四十六条　【买卖合同准用于有偿合同】

法律对其他有偿合同有规定的，依照其规定；没有规定的，参照适用买卖合同的有关规定。

本条来源

本条来源于《合同法》第一百七十四条的规定："法律对其他有偿合同有规定的，依照其规定；没有规定的，参照买卖合同的有关规定。"相较于原法条，本条增加"适用"两字，表述更为精确。

条文释义

根据合同一方当事人作出给付是否能获得对价给付，可将合同分为有偿合同与无偿合同。有偿合同是指双方当事人在从合同的缔结到债务的履行整个过程中，均作出相互具有对价性质的付出（并不仅限于财产的给付，也包含劳务、事务等）的合同。[①] 也就是说，一方履行合同所约定的义务而给予对方某种利

① ［日］稻本洋之助、中井美雄等：《民法讲义5·契约》，第15页。转引自韩世远：《合同法学》，高等教育出版社2010年版，第27页。

益，对方必须支付相应代价才能得到这一利益。无偿合同是指一方给付对方某种利益，对方取得该利益时并不作出任何给付或所作的给付不具有对价意义的合同。作为有偿合同重要组成部分的买卖合同，本法用一整章的内容进行详细完整的规定。其中，一些规定属于有偿合同的共通规则。出于避免重复的考虑，有关有偿合同共通性规则的条款就不再在其他有偿合同章节中规定，而是可以直接参照适用买卖合同的相关规定。若其他有偿合同的规定与买卖合同的规定有冲突，应当优先适用专门规定。

法条关联

◆《最高人民法院关于审理买卖合同纠纷案件适用法律问题的解释》

第四十五条 法律或者行政法规对债权转让、股权转让等权利转让合同有规定的，依照其规定；没有规定的，人民法院可以根据合同法第一百二十四条和第一百七十四条的规定，参照适用买卖合同的有关规定。

权利转让或者其他有偿合同参照适用买卖合同的有关规定的，人民法院应当首先引用合同法第一百七十四条的规定，再引用买卖合同的有关规定。

第四十六条 本解释施行前本院发布的有关购销合同、销售合同等有偿转移标的物所有权的合同的规定，与本解释抵触的，自本解释施行之日起不再适用。

本解释施行后尚未终审的买卖合同纠纷案件，适用本解释；本解释施行前已经终审，当事人申请再审或者按照审判监督程序决定再审的，不适用本解释。

第六百四十七条 【互易合同】

当事人约定易货交易，转移标的物的所有权的，参照适用买卖合同的有关规定。

本条来源

本条来源于《合同法》第一百七十五条的规定："当事人约定易货交易，转移标的物的所有权的，参照买卖合同的有关规定。"相较于原法条，本条增加"适用"两字，表述更为精确。

条文释义

本条是关于互易合同的规定。互易合同是指当事人约定易货交易，是财产所有权的交换的合同。与买卖合同一样同属于有偿转移财产所有权类的合同，不同的是，互易合同中取得某一财产所有权的一方当事人以另一财产的所有权为对待给付；买卖合同中买方取得财产所有权是以支付金钱为代价的。作为早期商品交换的合同形态，在货币出现后逐步被买卖合同所取代，但如今社会仍部分存在“以物换物”的交易。所以立法过程中给互易合同留出发展空间，对其概念加以规定，具体内容则参照买卖合同的相关规定。

第十章　供用电、水、气、热力合同

本章概要

供用电、水、气、热力合同具有公共利用性质，对经济发展和人民生活水平提高，有着十分重要的作用。立法采取了就供电合同作专门规定，其余几种合同参照供电合同的规定予以适用的立法技术。从条文数量上来看，本章相较于《合同法》第十章供用电、水、气、热力合同没有进行增减，仍然是九个条文。注意内容上的变化主要有：一是确认供电人的强制承诺义务，以保障用电人的基本生活。二是扩张赔偿责任范围，不局限于已经造成的损害。三是增加供电人中止供电的事前通知义务。四是明确应当节约和计划用电，是绿色原则在该章节的贯彻落实。

第六百四十八条　【供用电合同的定义及供电人的强制缔约义务】

供用电合同是供电人向用电人供电，用电人支付电费的合同。

向社会公众供电的供电人，不得拒绝用电人合理的订立合同要求。

本条来源

本条第一款来源于《合同法》第一百七十六条的规定："供用电合同是供电人向用电人供电，用电人支付电费的合同。"第一款相较于原法条，将"他人"改为"用电人"，该变化为立法技术要求，确保法条表述更为精准。本条第二款为新增内容。

条文释义

本条是关于供用电合同概念及供电人的强制缔约义务的规定。第一款是关于供用电合同概念的规定。供用电合同具有以下法律特征：第一是合同一方主体具有特殊性。供电人作为供用电合同的一方主体，应当是供电企业或者依法取得供电营业资格的非法人单位。第二是合同标的物电力为特定物，是一种特殊的、无形的物质，且具有危险性。第三是合同一般按照格式条款订立。为保证安全用电而按照技术标准和行业规程拟定的条款，用电人仅有同意或不同意的权利，而不能更改其内容。第四是电力的价格实行统一定价原则。国家对电价实行统一政策、统一定价，并实行分级管理。供用电双方都应遵守国家的电价制度，不得擅自提高或降低电价。第五是供用电合同为诺成、双务、有偿合同。

第二款是关于供电人的强制缔约义务的规定。所谓强制缔约，是指依照法律规范，对民事主体施加的与他人订立契约的义务，非有正当理由，义务人不得拒绝订立该契约。电力以及自来水、煤气、供暖、通讯等都是消费者赖以生存和生活的基本条件，而这类领域的企业通常是垄断企业，具有独占性。如果被这些企业拒绝，消费者将会失去基本的生存和生活条件。为了使消费者能够与这些垄断企业缔结以生存和生活必需品为给付的合同，以保障消费者基本的生存和生活条件，基于社会公共利益的考量，对这些提供生存生活必需品的垄断企业施加强制缔约的义务，成为立法的必然选择。所以本条规定当用电人向供电人提出合理的订立供用电合同要求时，供电人不得拒绝。

法条关联

◆《电力法》

第二十六条　供电营业区内的供电营业机构，对本营业区内的用户有按照国家规定供电的义务；不得违反国家规定对其营业区内申请用电的单位和个人拒绝供电。

申请新装用电、临时用电、增加用电容量、变更用电和终止用电，应当依照规定的程序办理手续。

供电企业应当在其营业场所公告用电的程序、制度和收费标准，并提供用户须知资料。

第二十七条 电力供应与使用双方应当根据平等自愿、协商一致的原则，按照国务院制定的电力供应与使用办法签订供用电合同，确定双方的权利和义务。

案例评议

吴某亭与国网河南省电力公司郑州供电公司供用电合同纠纷案①

吴某亭及其家人长期在郑州市中原区自家房屋居住、生活，并一直按时缴纳电费。2018年6月24日，国网河南省电力公司郑州供电公司（以下简称供电公司）将吴某亭的房屋予以断电。吴某亭称其多次与供电公司沟通，望能恢复供电，但供电公司对此置之不理，遂诉至法院要求被告承担相应的违约责任。供电公司辩称吴某亭所在住所被政府划定为拆迁范围，目前拆迁现场已经被封锁，无关人员无法进入，不具备恢复供电的条件。

◆ 裁判规则

法院经审理认为，被告供电公司向原告吴某亭提供用电，原告按规定支付电费，双方形成事实上的供用电合同，该合同不违反法律、法规的强制性规定，属有效合同。但由于国有土地改造项目征迁工作，电力设施拆除，导致供用电合同不能继续履行。因此原告主张被告存在违约行为，证据不足，所以对于要求继续履行合同并赔偿损失的诉讼请求，法院不予支持，故判决驳回原告吴某亭的诉讼请求。

◆ 评议

供用电合同属于持续供给合同。由于电力的供应与使用是连续的，因而合同的履行方式处于一种持续状态。供电人在发电、供电系统正常的情况下，应当连续向用电人供电，不得中断；用电人在合同约定的时间内，享有连续用电的权利。本案中政府的征迁行为是双方不能预见、不能避免且不能克服的客观情况，原、被告之间的供用电合同因不可抗力而不能继续履行。

---

① 河南省郑州市中原区人民法院（2018）豫0102民初9198号。

第六百四十九条 【供用电合同的内容】

供用电合同的内容一般包括供电的方式、质量、时间，用电容量、地址、性质，计量方式，电价、电费的结算方式，供用电设施的维护责任等条款。

本条来源

本条来源于《合同法》第一百七十七条的规定："供用电合同的内容包括供电的方式、质量、时间，用电容量、地址、性质，计量方式，电价、电费的结算方式，供用电设施的维护责任等条款。"相较于原法条，本条增加"一般"二字，该变动为立法技术上的调整，使法条的表述更加严谨。

立法演变

本条在一次审议稿和二次审议稿第四百三十九条均沿用《合同法》第一百七十七条的规定，《民法典（草案）》作了上述调整，并最终为本条所采用。

条文释义

本条是关于供用电合同内容的规定。供用电合同包括以下内容：供电的方式、质量和时间；用电容量、地址和性质；计量方式和电价、电费的结算方式；供用电设施的维护责任。以上所规定的内容为供用电合同应当具备的条款，除此之外，双方当事人可以在自愿协商的情形下，在合同中对其他事项进行约定，例如合同的有效期限、违约责任等条款。如果双方当事人对供用电合同内容未约定或约定不明，该情况不影响合同的效力，双方可根据本法第五百一十条进行协议补充；不能达成补充协议的按照合同有关条款或者交易习惯确定。如果仍不能确定，当事人应当按照本法第五百一十一条有关规定处理。

法条关联

◆ **《电力法》**

第三十六条 制定电价，应当合理补偿成本，合理确定收益，依法计入税金，坚持公平负担，促进电力建设。

第三十七条 上网电价实行同网同质同价。具体办法和实施步骤由国务院规定。

电力生产企业有特殊情况需另行制定上网电价的，具体办法由国务院规定。

第四十一条 国家实行分类电价和分时电价。分类标准和分时办法由国务院确定。

对同一电网内的同一电压等级、同一用电类别的用户，执行相同的电价标准。

第四十四条 禁止任何单位和个人在电费中加收其他费用；但是，法律、行政法规另有规定的，按照规定执行。

地方集资办电在电费中加收费用的，由省、自治区、直辖市人民政府依照国务院有关规定制定办法。

禁止供电企业在收取电费时，代收其他费用。

◆**《电力供应与使用条例》**

第三十三条 供用电合同应当具备以下条款：

（一）供电方式、供电质量和供电时间；

（二）用电容量和用电地址、用电性质；

（三）计量方式和电价、电费结算方式；

（四）供用电设施维护责任的划分；

（五）合同的有效期限；

（六）违约责任；

（七）双方共同认为应当约定的其他条款。

第三十四条 供电企业应当按照合同约定的数量、质量、时间、方式，合理调度和安全供电。

用户应当按照合同约定的数量、条件用电，交付电费和国家规定的其他费用。

◆**《供电营业规则》**

第九十二条 供电企业和用户应当在正式供电前，根据用户用电需求和供电企业的供电能力以及办理用电申请时双方已认可或协商一致的下列文件，签订供用电合同：

1. 用户的用电申请报告或用电申请书；

2. 新建项目立项前双方签订的供电意向性协议；

3. 供电企业批复的供电方案；

4. 用户受电装置施工竣工检验报告;

5. 用电计量装置安装完工报告;

6. 供电设施运行维护管理协议;

7. 其他双方事先约定的有关文件。

对用电量大的用户或供电有特殊要求的用户，在签订供用电合同时，可单独签订电费结算协议和电力调度协议等。

第九十三条 供用电合同应采用书面形式。经双方协商同意的有关修改合同的文书、电报、电传和图表也是合同的组成部分。

供用电合同书面形式可分为标准格式和非标准格式两类。标准格式合同适用于供电方式简单、一般性用电需求的用户；非标准格式合同适用于供用电方式特殊的用户。

省电网经营企业可根据用电类别、用电容量、电压等级的不同，分类制定出适应不同类型用户需要的标准格式的供用电合同。

第六百五十条 【供用电合同的履行地】

供用电合同的履行地点，按照当事人约定；当事人没有约定或者约定不明确的，供电设施的产权分界处为履行地点。

本条来源

本条来源于《合同法》第一百七十八条，条文无变动。

条文释义

本条是关于供用电合同履行地的规定。电力是通过电网进行传输，当电力通过电网中的某一转折点时，其所有权就由供电人转移至用电人，该转折点就是供用电的合同履行地。根据当事人意思自治原则，供用电合同双方可以在供用电合同中约定该履行地点，供用电合同约定了履行地点的，供电人应当按照该约定履行供电义务。如果供用电双方对履行地点没有约定或者约定不明确，供电设施的产权分界处为履行地点。以供电设施的产权分界处作为供用电合同的履行地点，对于履行供用电合同确定供电设施的维护管理责任，具有重要的作用。供用电双方应当根据供电设施的产权归属，承担供电设施的安装、维护、检修和管理责任。①

法条关联

◆《电力法》

第二十八条 供电企业应当保证供给用户的供电质量符合国家标准。对公用供电设施引起的供电质量问题，应当及时处理。

用户对供电质量有特殊要求的，供电企业应当根据其必要性和电网的可能，提供相应的电力。

第六十条 因电力运行事故给用户或者第三人造成损害的，电力企业应当依法承担赔偿责任。

电力运行事故由下列原因之一造成的，电力企业不承担赔偿责任：

（一）不可抗力；

（二）用户自身的过错。

因用户或者第三人的过错给电力企业或者其他用户造成损害的，该用户或者第三人应当依法承担赔偿责任。

案例评议

徐某与被告国网辽宁省电力有限公司建平县供电分公司健康权纠纷案②

2018年6月24日徐某在自家的院内收拾院子，在整理石头的过程中被电击倒后被石头砸伤右脚第四趾和第五趾，经过住院手术后现第五趾已经完全切除，造成其身体残疾。徐某认为其损害是由于国网辽宁省电力有限公司建平县供电分公司（以下简称供电公司）低压改造相关工作人员没有按照低压改造标准施工所造成，遂诉至法院，请求供电公司整改线路并赔偿因漏电造成的医药费、误工费等合计10717.62元。供电公司辩称发生事故的线路是表箱和电能表以后线路及设施，系由农户提供合格产品或出资改造，线路及设施的产权为用户自

① 胡康生主编：《中华人民共和国合同法释义》（第3版），法律出版社2013年版，第296页。

② 辽宁省建平县人民法院（2018）辽1322民初2910号。

己所有。且原告家的线路系自己私接乱接电线，使用的电线老化，完全是由自己放任过错行为造成的，应该自己承担全部法律责任。后查明供电公司辩称属实。

◆ **裁判规则**

法院经审理认为，根据法律规定，公用低压线路供电的，以供电接户线用户端最后支持物为产权分界点。据此，本案中产权分界点为原告家院外的水泥线杆，水泥线杆至原告户内部分供电设施的所有权人为原告，原告对该部分供电设施的运行具有维护、管理责任，因原告未尽到维护、管理责任，自身具有过错导致相关供电线路漏电，原告自己触电被石头砸伤，原告应当自行承担事故责任，对原告要求被告赔偿因漏电造成的原告身体受伤产生的相关费用的诉讼请求，法院不予支持，故判决驳回原告诉讼请求。

◆ **评议**

供电设施上发生事故引起的法律责任问题，应按供电设施产权归属确定，产权归属于谁，谁就承担其拥有的供电设施上引起事故的法律责任。本案中，造成事故的设施系位于产权分界点之后，且是由原告出资改造，因此应该属于原告所有。此外，事故结果是由原告自身过错行为造成的，与被告无关，因此原告应自行承担事故责任。

第六百五十一条　【供电人安全供电义务及责任】

供电人应当按照国家规定的供电质量标准和约定安全供电。供电人未按照国家规定的供电质量标准和约定安全供电，造成用电人损失的，应当承担赔偿责任。

本条来源

本条来源于《合同法》第一百七十九条的规定：“供电人应当按照国家规定的供电质量标准和约定安全供电。供电人未按照国家规定的供电质量标准和约定安全供电，造成用电人损失的，应当承担损害赔偿责任。”相较于原法条，本条将“应当承担损害赔偿责任”改为“应当承担赔偿责任”，该变动为立法技术上的调整，使法条的表述更加精炼。

立法演变

本条在一次审议稿和二次审议稿第四百四十一条均沿用《合同法》第一百七十九条的规定，《民法典（草案）》作了上述调整，并最终为本条所采用。

条文释义

本条是关于供电人安全供电义务以及违约责任的规定。第一，供电人应按照国家规定的供电标准供电。供电标准是指提供的电力的电压和频率等符合国家标准。供电人只有按照国家规定的供电质量标准供电，才能保证供电的安全，维护用电人的合法权益。第二，供电人应按照约定安全供电，即供电人按照国家有关安全供电的规章制度供应电力，电压要稳定，频率要达到标准，输电线路要安全畅通等。如果供电人未按照国家规定的供电标准向用电人供电，因此造成用电人或第三人受到损失的，供电人应承担损害赔偿责任。

第六百五十二条　【供电人中断供电的通知义务】

供电人因供电设施计划检修、临时检修、依法限电或者用电人违法用电等原因，需要中断供电时，应当按照国家有关规定事先通知用电人；未事先通知用电人中断供电，造成用电人损失的，应当承担赔偿责任。

本条来源

本条来源于《合同法》第一百八十条的规定：“供电人因供电设施计划检修、临时检修、依法限电或者用电人违法用电等原因，需要中断供电时，应当按照国家有关规定事先通知用电人。未事先通知用电人中断供电，造成用电人损失的，应当承担损害赔偿责任。”相较于原法条，本条将“应当承担损害赔偿责任”改为“应当承担赔偿责任”，该变动为立法技术上的调整，使法条的表述更加精炼。此外，本条将“。”改为“；”，该变动使法条层次更加分明。

立法演变

本条在一次审议稿和二次审议稿第四百四十二条均沿用《合同法》第一百八十条的规定，《民法典（草案）》作了上述调整，并最终为本条所采用。

条文释义

本条是关于供电人中断供电通知义务的规定。供电人在供电设施检修、依法限电或者用户违法用电等情形下可以中断供电，但应当按照国家有关规定事先通知用电人，否则造成用电人损失的，应当承担损害赔偿责任。《电力供应与使用条例》第二十八条规定因供电设施计划检修停电，供电企业应当提前七天通知用户或者进行公告；因供电设施临时检修停电，供电企业应当提前二十四小时通知重要用户；因发电、供电系统发生故障需要停电、限电时，供电企业应当按照事先确定的限电序位进行停电或者限电。但限电序位应事先通知用户。引起停电或者限电的原因消除后，供电企业应当尽快恢复供电。

法条关联

◆《电力法》

第二十九条 供电企业在发电、供电系统正常的情况下，应当连续向用户供电，不得中断。因供电设施检修、依法限电或者用户违法用电等原因，需要中断供电时，供电企业应当按照国家有关规定事先通知用户。

用户对供电企业中断供电有异议的，可以向电力管理部门投诉；受理投诉的电力管理部门应当依法处理。

◆《电力供应与使用条例》

第二十八条 除本条例另有规定外，在发电、供电系统正常运行的情况下，供电企业应当连续向用户供电；因故需要停止供电时，应当按照下列要求事先通知用户或者进行公告：

（一）因供电设施计划检修需要停电时，供电企业应当提前7天通知用户或者进行公告；

（二）因供电设施临时检修需要停止供电时，供电企业应当提前24小时通知重要用户；

（三）因发电、供电系统发生故障需要停电、限电时，供电企业应当按照事先确定的限电序位进行停电或者限电。引起停电或者限电的原因消除后，供电企业应当尽快恢复供电。

第六百五十三条　【不可抗力断电的抢修义务】

因自然灾害等原因断电，供电人应当按照国家有关规定及时抢修；未及时抢修，造成用电人损失的，应当承担赔偿责任。

本条来源

本条来源于《合同法》第一百八十一条的规定："因自然灾害等原因断电，供电人应当按照国家有关规定及时抢修。未及时抢修，造成用电人损失的，应当承担损害赔偿责任。"相较于原法条，本条将"应当承担损害赔偿责任"改为"应当承担赔偿责任"，该变动为立法技术上的调整，使法条的表述更加精炼。本条将"。"改为"；"，该变动使法条层次更加分明。

立法演变

本条在一次审议稿和二次审议稿第四百四十三条均沿用《合同法》第一百八十一条的规定，《民法典（草案）》作了上述调整，并最终为本条所采用。

条文释义

本条是关于由不可抗力的原因造成断电时，供电人抢修义务的规定。本条中的不可抗力主要是指"自然灾害等"，例如地震、台风、洪水等。因不可抗力原因致使合同不能继续履行的，当事人可以主张免责。但在不可抗力发生以后，当事人仍应当坚持诚实信用原则，尽可能减少因不可抗力所造成的损失。因此，因自然灾害等原因断电后，供电人应当按照国家有关规定及时对受损供电设备进行抢修，以减少用电人的损失。因供电人未及时抢修，给用电人造成损失，供电人应当就用电人的损失部分承担赔偿责任。

法条关联

◆《电力法》

第三十条　因抢险救灾需要紧急供电时，供电企业必须尽速安排供电，所需供电工程费用和应付电费依照国家有关规定执行。

案例评议

张某兵、国网湖南省电力有限公司沅陵县电力分公司财产损害赔偿纠纷案①

2017年7月16日张某兵创办的养鸡场突然停电，沅陵县电力分公司并未告知该线路用电户当天停电的原因。次日，张某兵致电被告请求修复该用电线路，沅陵县电力分公司没有派人进行抢修，因为停电时间过长，鸡舍通风设备没有启用，造成鸡场高温，加之天气气温较高，因此引发鸡群大量死亡。经评估公司鉴定，造成蛋鸡1035只死亡的直接经济损失为62100元，花费鉴定费4000元。

◆ **裁判规则**

法院经审理认为，张某兵养鸡场的部分蛋鸡因高温导致死亡，与事发时的天气原因、养鸡场未设置备用电设备、养鸡场系按居民生活照明用电交纳电费而未提前将其经营用电情况向沅陵县电力分公司报备及在停电后的第二天才向沅陵县电力分公司报修等相关因素有关，且属于造成张某兵相关损失的主要原因，故张某兵自己应承担主要责任。沅陵县电力分公司未事先通知用电人中断供电，在断电后未按照国家有关规定及时抢修，且在张某兵多次电话报修后未能及时抢修，故沅陵县电力分公司未尽到其应尽的义务，对用电人饲养的蛋鸡因高温死亡所造成的损失存在一定过错，亦应承担相应赔偿责任。法院判决由沅陵县电力分公司承担30%责任，即由沅陵县电力分公司赔偿张某兵经济损失19830元。

◆ **评议**

现实生活中，庞大的电网遭受不可抗力进而不得不中断供电的事实是无法避免的，但法律规定电力公司具有及时抢修的义务。本案中被告并未能告知上

① 湖南省怀化市中级人民法院（2018）湘12民终1582号。

诉人断电的事实，违反了供电合同中供电方因故停电、限电须履行的及时通知义务，同时在张某兵告知的情况下没有对问题线路进行维修，违反了抢修义务，从而导致张某兵鸡群大量死亡的损失。故而沅陵县电力分公司应承担违约责任，赔偿张某兵因停电造成的经济损失。但张某兵在此次事故中也存在重大过失，故应该承担主要责任。

第六百五十四条　【用电人支付电费和供电人通知的义务】

用电人应当按照国家有关规定和当事人的约定及时支付电费。用电人逾期不支付电费的，应当按照约定支付违约金。经催告用电人在合理期限内仍不支付电费和违约金的，供电人可以按照国家规定的程序中止供电。

供电人依据前款规定中止供电的，应当事先通知用电人。

本条来源

本条第一款来源于《合同法》第一百八十二条的规定："用电人应当按照国家有关规定和当事人的约定及时交付电费。用电人逾期不交付电费的，应当按照约定支付违约金。经催告用电人在合理期限内仍不交付电费和违约金的，供电人可以按照国家规定的程序中止供电。"相较于原法条，本条第一款将"交付"改为"支付"，该变动确保法条表述更为精准，以便适应多元化支付方式。本条第二款为新增条款，明确了即使在用电人违约的情形下，供电人仍负有提前通知义务。

立法演变

在一次审议稿时，本条第一款沿用《合同法》第一百八十二条的表述，新增设的第二款规定："供电人依照前款规定中止供电的，应当事先通知用电人。"二次审议稿时，本条第一款作了上述变动，第二款未作变动。《民法典》将本条第二款中的"依照"改为"依据"，该变动使法条用语更加严谨，法条的实质内涵未发生变化。

条文释义

本条是关于用电人支付电费的义务和供电人通知的义务的规定。

1. 用电人按时支付电费的义务。用电人应当按照国家有关规定和双方当事人之间约定的支付时间、支付方式履行支付电费的义务。用电人不得拖延支付电费。

2. 用电人不履行支付电费义务的责任承担。双方约定违约金的，用电人在未及时支付电费时，应向供电方支付双方约定的违约金；未约定违约金的，用电人在未及时支付电费时，应向供电人支付电费及利息。

3. 用电人违约情形下供电人中止供电的程序。如果用电人未按照上述规定支付电费，供电人有权催告用电人支付电费。经催告用电人仍未支付电费的，供电人可以按照国家规定的程序中止供电，但在终止供电之前，应当将终止供电的决定通知用电人。未经催告、通知，供电人不得中止供电，否则造成用电人损失的，供电人应承担赔偿责任。

第六百五十五条　【用电人安全用电义务】

用电人应当按照国家有关规定和当事人的约定安全、节约和计划用电。用电人未按照国家有关规定和当事人的约定用电，造成供电人损失的，应当承担赔偿责任。

本条来源

本条来源于《合同法》第一百八十三条的规定：“用电人应当按照国家有关规定和当事人的约定安全用电。用电人未按照国家有关规定和当事人的约定安全用电，造成供电人损失的，应当承担损害赔偿责任。”相较于原法条，本条增加了用电人节约用电和计划用电的义务，该变动是绿色原则的具体体现。同时将“应当承担损害赔偿责任”改为“应当承担赔偿责任”，该变动为立法技术上的调整，使法条的表述更加精炼。

立法演变

本条在一次审议稿和二次审议稿第四百四十五条规定："用电人应当按照国家有关规定和当事人的约定安全、节约和计划用电。用电人未按照国家有关规定和当事人的约定安全用电，造成供电人损失的，应当承担损害赔偿责任。"《民法典（草案）》将"应当承担损害赔偿责任"改为"应当承担赔偿责任"，《民法典》将"约定安全用电"中"安全"二字删除。

条文释义

本条是关于用电人安全用电的义务的规定。用电人应当按照国家的有关规定和当事人的约定安全用电，用电过程中应遵守国家规定的电压、用电功率等国家标准用电，避免用电安全事故的发生。如果用电人未按照国家有关规定和当事人的约定安全用电，擅自改变用电类别、改动电计量装置和供电设施，擅自使用违规电器，或进行其他违约或者违法行为，用电人应当承担相应的民事责任或行政责任，构成犯罪的应当承担刑事责任。用电人上述行为给供电人造成经济损失的，用电人应当承担损害赔偿责任。

法条关联

◆《电力法》

第三十二条 用户用电不得危害供电、用电安全和扰乱供电、用电秩序。

对危害供电、用电安全和扰乱供电、用电秩序的，供电企业有权制止。

第五十九条 电力企业或者用户违反供用电合同，给对方造成损失的，应当依法承担赔偿责任。

电力企业违反本法第二十八条、第二十九条第一款的规定，未保证供电质量或者未事先通知用户中断供电，给用户造成损失的，应当依法承担赔偿责任。

第六十条 因电力运行事故给用户或者第三人造成损害的，电力企业应当依法承担赔偿责任。

电力运行事故由下列原因之一造成的，电力企业不承担赔偿责任：

（一）不可抗力；

（二）用户自身的过错。

因用户或者第三人的过错给电力企业或者其他用户造成损害的，该用户或者第三人应当依法承担赔偿责任。

第六百五十六条 【供用水、气、热力合同的法律适用】

供用水、供用气、供用热力合同，参照适用供用电合同的有关规定。

本条来源

本条来源于《合同法》第一百八十四条："供用水、供用气、供用热力合同，参照供用电合同的有关规定。"相较于原法条，本条增加"适用"二字，该变动为立法技术上的调整，使法条的表述更加严谨。

条文释义

本条是关于供用水、气、热力合同参照适用供用电合同的规定。供用水、气、热力合同与供用电合同具有很多相同点：首先，电力以及自来水、煤气、供暖等都是消费者赖以生存和生活的基本条件，而这类领域的企业通常是依法取得特定营业资格的供应企业，具有独占性；其次，合同属于持续供给合同。供应方在正常情况下，应当连续向使用方供应，不得中断；使用方在合同约定的期限内，享有连续使用的权利；再次，合同一般为格式合同，使用方很难对合同内容进行修改；最后，使用方都具有安全使用义务，并在违约情况下要承担相应的法律责任，等等。基于此，出于避免立法上重复的考虑，供用水、气、热力合同的规定可以参照供用电合同的有关规定。若供用水、气、热力合同的规定与供电合同的规定有冲突，应当优先适用专门规定。

第十一章　赠与合同

本章概要

本章从内容上看，基本延续《合同法》第十一章赠与合同的规定，共十条，主要变化有二：一是限制公益、道德义务性质赠与合同不可撤销的范围。二是将《合同法》第一百八十八条、第一百八十九条合并为现行民法典第六百六十条的两款，使赠与人仅就社会公益、道德义务性质或经公证的赠与财产，因故意或重大过失致其毁损灭失时才负赔偿之责。这样修改之后，与其他赠与的任意撤销权相对比，较此前不作限制的《合同法》第一百八十九条显得更合理些。

第六百五十七条　【赠与合同的定义】

赠与合同是赠与人将自己的财产无偿给予受赠人，受赠人表示接受赠与的合同。

本条来源

本条来源于《合同法》第一百八十五条，条文无变动。

条文释义

本条是关于赠与合同定义的规定。赠与合同是指当事人一方将自己的财产无偿转移给另一方，另一方表示接受的合同。其中转让财产的一方为赠与人，接受财产的一方为受赠人，此处的财产称作赠与物。赠与合同具有以下法律特征：第一，赠与合同为转移财产所有权的合同。赠与合同以赠与人将财产给予受赠人所有为内容，因此，赠与的结果为发生财产所有权的转移。第二，赠与合同为诺成合同。赠与合同自双方当事人意思表示一致时成立。第三，赠与合同为单务、无偿和不要式合同．在赠与合同中，仅赠与人负有给付赠与财产的义务，受赠人并无对待给付义务，受赠人取得赠与的标的物无需付任何代价。第四，赠与合同为经受赠人同意接受赠与而成立的合同。赠与属于一种施惠行为，不得强制受赠人接受施惠，所以赠与合同必须经其同意方能成立。①

第六百五十八条　【赠与合同的任意撤销及其限制】

赠与人在赠与财产的权利转移之前可以撤销赠与。

经过公证的赠与合同或者依法不得撤销的具有救灾、扶贫、助残等公益、道德义务性质的赠与合同，不适用前款规定。

本条来源

本条来源于《合同法》第一百八十六条："赠与人在赠与财产的权利转移之前可以撤销赠与。具有救灾、扶贫等社会公益、道德义务性质的赠与合同或者经过公证的赠与合同，不适用前款规定。"相较于原法条，本条将"具有救灾、扶贫、助残等公益、道德义务性质的赠与合同"改为"依法不得撤销的具有救灾、扶贫、助残等公益、道德义务性质的赠与合同"，该变动进一步限制了不可撤销的赠与合同的范围。

立法演变

本条在一次审议稿和二次审议稿第四百四十八条沿用《合同法》第一百八十六条的表述，《民法典（草案）》作了上述变动，并最终为本条所采用。

条文释义

本条是关于赠与合同任意撤销及其限制的规定。在赠与合同中，赠与人表示要赠与他人财物的行为为要约，受赠人明确表示接受赠与的行为为承诺，仅在受赠方表示愿意接受赠与时赠与合同才生效。赠与合同的任意撤销权是指在

① 刘春堂：《民法债编各论》（上），三民书局2008年版，第195页。

赠与合同成立后，赠与人享有基于自己的意思任意撤销赠与合同的权利。因此赠与人行使任意撤销权应当具备以下条件：赠与合同已经成立，且赠与物权利尚未转移。但是与《合同法》相比，并非所有公益性质、道德义务性质的赠与合同都不得撤销，只有属于依照法律规定不得撤销的赠与合同方不得撤销。赠与合同被撤销后，赠与人当然无须交付赠与物，受赠人也无权主张赠与人承担违约责任。

法条关联

◆《慈善法》

第三十七条　自然人、法人和其他组织开展演出、比赛、销售、拍卖等经营性活动，承诺将全部或者部分所得用于慈善目的的，应当在举办活动前与慈善组织或者其他接受捐赠的人签订捐赠协议，活动结束后按照捐赠协议履行捐赠义务，并将捐赠情况向社会公开。

第四十一条　捐赠人应当按照捐赠协议履行捐赠义务。捐赠人违反捐赠协议逾期未交付捐赠财产，有下列情形之一的，慈善组织或者其他接受捐赠的人可以要求交付；捐赠人拒不交付的，慈善组织和其他接受捐赠的人可以依法向人民法院申请支付令或者提起诉讼：

（一）捐赠人通过广播、电视、报刊、互联网等媒体公开承诺捐赠的；

（二）捐赠财产用于本法第三条第一项至第三项规定的慈善活动，并签订书面捐赠协议的。

捐赠人公开承诺捐赠或者签订书面捐赠协议后经济状况显著恶化，严重影响其生产经营或者家庭生活的，经向公开承诺捐赠地或者书面捐赠协议签订地的民政部门报告并向社会公开说明情况后，可以不再履行捐赠义务。

◆《公益事业捐赠法》

第十二条　捐赠人可以与受赠人就捐赠财产的种类、质量、数量和用途等内容订立捐赠协议。捐赠人有权决定捐赠的数量、用途和方式。

捐赠人应当依法履行捐赠协议，按照捐赠协议约定的期限和方式将捐赠财产转移给受赠人。

◆《最高人民法院关于适用〈中华人民共和国婚姻法〉若干问题的解释（三）》

第六条　婚前或者婚姻关系存续期间，当事人约定将一方所有的房产赠与另一方，赠与方在赠与房产变更登记之前撤销赠与，另一方请求判令继续履行的，人民法院可以按照合同法第一百八十六条的规定处理。

案例评议

李某某诉王某某离婚后财产纠纷案①

李某某与王某某于2001年11月11日登记结婚，婚后因感情不和，双方于2009年9月2日在法院调解离婚。双方离婚时约定将共同共有的房屋所有权在付清贷款后归双方之子王某所有。2013年1月，李某某起诉至北京市东城区人民法院称房屋贷款尚未还清，房屋产权亦未变更至王某名下，即尚未实际赠与给王某，目前还处于李某某、王某某共有财产状态，故不计划再将该房屋属于自己的部分赠给王某，主张撤销之前的赠与行为，请求法院依法分割房屋。王某某称，离婚时双方已经将房屋协议赠与王某，正是因为李某某同意将房屋赠与王某，自己才同意离婚协议中其他加重义务的条款，出于对未成年人的考虑，不应该支持李某某的诉讼请求。

◆ 裁判规则

法院经审理认为，对于诉争房屋的处理，李某某与王某某早已达成约定，且该约定系双方在离婚时达成，即房屋赠与孩子是建立在双方夫妻身份关系解除的基础之上。在李某某与王某某离婚后，李某某不同意履行对诉争房屋的处理约定，并要求分割诉争房屋，其诉讼请求法律依据不足，亦有违诚信。故对李某某的诉讼请求，法院不予支持。

◆ 评议

在离婚协议中双方将共同财产赠与未成年子女的约定与解除婚姻关系、子女抚养、共同财产分割、共同债务清偿、离婚损害赔偿等内容构成了一个整体。如果允许一方反悔，那么男女双方离婚协议的“整体性”将被破坏。同时，该赠与协议包含父母双方将共同财产赠与未成年子女的内容，具有一定的道德义务性质，如果在婚姻关系已经解除且不可逆的情况下，允许当事人对于财产部分反悔，将助长先离婚再恶意占有财产之有违诚实信用的行为，诱发道德风险。

---

① 北京市第二中级人民法院（2013）二中民终字第09734号。

此外从物权法角度来说，房屋系2人的夫妻共同财产，由2人共同共有，原、被告2人均不单独享有对诉争房屋处分的权利，处分该房屋需双方意思表示一致。原、被告双方在离婚时已经对共同财产的处分形成合意，共同表示将房屋赠与未成年子女，该意思表示真实有效，理应对双方产生拘束力。故在未征得作为共同共有人的另一方同意的情况下，无权单方撤销赠与。

第六百五十九条　【赠与财产的登记等手续】

赠与的财产依法需要办理登记或者其他手续的，应当办理有关手续。

本条来源

本条来源于《合同法》第一百八十七条的规定："赠与的财产依法需要办理登记等手续的，应当办理有关手续。"相较于原法条，本条将"等手续"改为"或者其他手续"，该变动仅为表述上的变化，法条的实质内涵未发生变化。

条文释义

本条是关于赠与财产应办理登记等手续的规定。我国对于动产和不动产的物权变动方式有着不同的规定。对于赠与财产为一般动产的，如手机、金钱等，赠与人可以将其交付给受赠人；对于赠与财产为不动产或特殊动产的，如房屋、汽车等，赠与人还要依照有关法律、行政法规的规定，到相应的部门办理登记等有关手续。登记等手续的办理关系到赠与财产的权属是否转移至受赠人，未办理登记等手续的不影响赠与合同的效力。

第六百六十条　【受赠人的交付请求权】

经过公证的赠与合同或者依法不得撤销的具有救灾、扶贫、助残等公益、道德义务性质的赠与合同，赠与人不交付赠与财产的，受赠人可以请求交付。

依据前款规定应当交付的赠与财产因赠与人故意或者重大过失致使毁损、灭失的，赠与人应当承担赔偿责任。

本条来源

本条第一款来源于《合同法》第一百八十八条的规定："具有救灾、扶贫等社会公益、道德义务性质的赠与合同或者经过公证的赠与合同，赠与人不交付赠与的财产的，受赠人可以要求交付。"相较于原法条，本条将"具有救灾、扶贫等社会公益、道德义务性质的赠与合同"改为"依法不得撤销的具有救灾、扶贫、助残等公益、道德义务性质的赠与合同"，该变动是为与本法第六百五十八条保持一致。本条第二款来源于《合同法》第一百八十九条的规定："因赠与人故意或者重大过失致使赠与的财产毁损、灭失的，赠与人应当承担损害赔偿责任。"相较于原法条，本条在表述上进行调整，该变动仅为立法技术上的简化，法条的实质内涵未发生变化。

立法演变

本条在一次审议稿和二次审议稿第四百五十条沿用《合同法》第一百八十八条、第一百八十九条的表述，《民法典（草案）》作了上述变动，并最终为本条所采用。

条文释义

本条是关于受赠人的交付请求权的规定。对于具有社会公益、道德义务性质的赠与合同或者经过公证的赠与合同，赠与人没有任意撤销权，当赠与人迟延履行或者不履行给付赠与财产的义务时，即构成了违约。赠与人应当承担违约责任，受赠人可基于交付请求权请求赠与人履行交付义务。因为赠与合同属于单务、无偿合同，赠与人承担交付赠与财产的义务，受赠人不需要对待给付。所以受赠人请求交付的范围仅限于赠与财产本身，不包括其他预期利益。

如果在赠与合同尚未履行完毕之前，因赠与人故意或者重大过失等原因，致使赠与的财产毁损、灭失的，赠与人并不当然免除交付义务，而应当承担违约责任，对受赠人进行损害赔偿。赠与人的损害赔偿责任实行过错责任原则，即要求其主观上具有故意或者重大过失。如因不可抗力或其他非赠与人原因造成的，则赠与人无需担责。

案例评议

肖某辉诉肖某光教育费案①

肖某辉系肖某光与高某枝之子，肖某光与高某枝离婚时，双方协议大学费用及医药费肖某光与高某枝各承担50%。肖某辉称自2004年入学至毕业4年需要学费共计82900元，被告应负担41450元，但肖某光只支付了3000元便拒绝支付，遂诉至法院要求被告支付学费38450元。肖某光辩称自己收入有限，没有能力支付原告过高的学费。原告已满18岁，具有独立生活能力，学费可以自行支付。

◆ **裁判规则**

法院经审理认为，被告肖某光没有负担原告肖某辉大学学费的法定义务，故被告与原告肖某辉之间实际上存在赠与关系。由于被告与原告为父子关系，因此，该赠与又具有道德义务性质。根据法律规定，具有救灾、扶贫等社会公益、道德义务性质的赠与合同或者经过公证的赠与合同，赠与人不交付赠与财产的，受赠人可以要求交付。因此，肖某辉有权利根据协议内容，要求肖某光给付大学学费的一半。

◆ **评议**

本案的一审法院虽然支持了原告的诉讼请求，但以父母不履行抚养教育义务时，子女有要求父母给付抚养费、教育费的权利为案由进行判决。该判决适用法条错误。父母对子女有抚养教育的义务，但仅对尚在校接受高中及其以下学历教育的子女负有支付教育费用的法定义务，没有负担成年子女大学学费的法定义务。案件中父母双方离婚时所签订的承担子女教育费的协议实质上为父母与成年子女之间存在的赠与协议，且该赠与具有道德义务性质。因此，成年子女有权根据协议内容，要求父母给付其大学学费。

---

① 辽宁省大连市金州区人民法院（2006）金民权再初字第1号。

第六百六十一条 【附义务赠与】

赠与可以附义务。

赠与附义务的，受赠人应当按照约定履行义务。

本条来源

本条来源于《合同法》第一百九十条，条文无变动。

条文释义

本条是关于附义务赠与的规定。附义务赠与是指赠与人在赠与时，使受赠人对于赠与人或者第三人负担一定义务的赠与，又称附负担的赠与。[①] 原则上仅当赠与人交付赠与财产后，受赠人才开始履行所附义务。但双方也可以通过商定的方式确定赠与人交付和受赠人履行的先后顺序。

在一般的赠与中，受赠人仅享有权利而不承担义务。而在附义务的赠与合同中，赠与人对赠与附加一定的条件，使受赠人负担其所附加的义务，该义务属于赠与合同的一部分。由于赠与合同的无偿性，所以该义务并非赠与的对价。当受赠人不履行赠与合同所附义务时，赠与人不能以此为抗辩拒绝履行赠与行为，但其可以依法撤销赠与，以不当得利请求返还赠与的财产。赠与合同的目的是使受赠人获利，因此受赠人所负担的义务不能超过赠与物的价值，否则违背赠与的目的。

第六百六十二条 【赠与的瑕疵担保责任】

赠与的财产有瑕疵的，赠与人不承担责任。附义务的赠与，赠与的财产有瑕疵的，赠与人在附义务的限度内承担与出卖人相同的责任。

赠与人故意不告知瑕疵或者保证无瑕疵，造成受赠人损失的，应当承担赔偿责任。

---

① 王利明、房绍坤、王轶著：《合同法（第四版）》，中国人民大学出版社 2013 年版，第 281 页。

本条来源

本条来源于《合同法》第一百九十一条的规定：“赠与的财产有瑕疵的，赠与人不承担责任。附义务的赠与，赠与的财产有瑕疵的，赠与人在附义务的限度内承担与出卖人相同的责任。赠与人故意不告知瑕疵或者保证无瑕疵，造成受赠人损失的，应当承担损害赔偿责任。”相较于原法条，本条将“应当承担损害赔偿责任”改为“应当承担赔偿责任”，该变动为立法技术上的调整，使法条的表述更加精炼。

立法演变

本条在一次审议稿和二次审议稿第四百五十二条均沿用《合同法》第一百九十一条的规定，《民法典（草案）》作了上述调整，并最终为本条所采用。

条文释义

本条是关于赠与财产瑕疵担保责任承担的规定。赠与合同属于无偿合同，仅赠与人一方负担合同约定的义务，而受赠人纯获利。即使受赠人所接收的赠与物有瑕疵，其也不会因此遭受损失。因此基于公平原则的考虑，赠与人一般对赠与物的瑕疵不承担责任。但有两种例外情形：

第一，附义务的赠与中的赠与物存在瑕疵，赠与人在受赠人所附义务的限度内承担与出卖人相同的责任。与一般的赠与合同不同，受赠人在附义务的赠与当中需要履行约定的义务。从性质上来看，该合同并非完全的无偿性，如果赠与物存在瑕疵，将导致受赠人因履行赠与所附义务而遭到损失。因此基于公平原则的考虑，赠与人应当在受赠人所附义务的限度内，承担与买卖合同中出卖人相同的瑕疵担保责任。

第二，赠与人故意不告知瑕疵或者保证无瑕疵，并且造成受赠人损失的，应当承担损害赔偿责任。故意不告知赠与的财产有瑕疵的，说明赠与人在主观上存在较大恶意，有违诚实信用原则。在该种情形下，如果给受赠人带来损失的，赠与人应当承担损害赔偿责任。如果赠与人主观上并无故意隐瞒、不告知的主观恶意，但对赠与物质量向受赠人给予保证的，受赠人因赠与物瑕疵而遭受损失的，赠与人也应承担损害赔偿责任。

第六百六十三条　【赠与的法定撤销】

受赠人有下列情形之一的，赠与人可以撤销赠与：

（一）严重侵害赠与人或者赠与人近亲属的合法权益；

（二）对赠与人有扶养义务而不履行；

（三）不履行赠与合同约定的义务。

赠与人的撤销权，自知道或者应当知道撤销事由之日起一年内行使。

本条来源

本条来源于《合同法》第一百九十二条的规定："受赠人有下列情形之一的，赠与人可以撤销赠与：（一）严重侵害赠与人或者赠与人的近亲属；（二）对赠与人有扶养义务而不履行；（三）不履行赠与合同约定的义务。赠与人的撤销权，自知道或者应当知道撤销原因之日起一年内行使。"相较于原法条，本条将第一项"严重侵害赠与人或者赠与人的近亲属"改为"严重侵害赠与人或者赠与人近亲属的合法权益"，该变动明确"合法权益"，使法条表述更为准确。

条文释义

赠与合同的法定撤销是指在具备法定事由时由享有撤销权的人撤销赠与。法定撤销与任意撤销的区别在于：法定撤销只要具备法定事由，不论何种赠与合同，也不论赠与财产的权利是否转移，撤销权人均可撤销；而任意撤销不需要有法定事由，但受到法律的限制。法定撤销的事由包括以下三种情形：第一，受赠人严重侵害赠与人或者赠与人的近亲属；第二，受赠人对赠与人负扶养义务而不履行；第三，受赠人不履行赠与合同约定的义务。

为尽早确定赠与关系的去留，法律规定了行使撤销权的除斥期间。赠与人的撤销权，自知道或者应当知道撤销原因之日起一年内行使。超过这一期间，赠与人不得再行使撤销权。因受赠人的违法行为致使赠与人死亡或者丧失民事行为能力的，其继承人或其法定代理人可以撤销赠与。

第六百六十四条　【赠与人的继承人或法定代理人的撤销权】

因受赠人的违法行为致使赠与人死亡或者丧失民事行为能力的，赠与人的继承人或者法定代理人可以撤销赠与。

赠与人的继承人或者法定代理人的撤销权，自知道或者应当知道撤销事由之日起六个月内行使。

本条来源

本条来源于《合同法》第一百九十三条的规定："因受赠人的违法行为致使赠与人死亡或者丧失民事行为能力的，赠与人的继承人或者法定代理人可以撤销赠与。赠与人的继承人或者法定代理人的撤销权，自知道或者应当知道撤销原因之日起六个月内行使。"相较于原法条，本条将"原因"改为"事由"，该变动仅为表述上的调整。

条文释义

本条是关于赠与人的继承人或法定代理人行使撤销权的规定。本条规定了两种情形：第一，赠与人因受赠人的违法行为死亡的，赠与人的继承人可以撤销赠与。第二，赠与人因受赠人的违法行为丧失民事行为能力的，赠与人的法定代理人，即监护人可以撤销赠与。赠与合同的撤销权本来应属于赠与人，但是在上述两种情况下，受赠人违背诚信善良的行为致使赠与人无法正常行使撤销权，由赠与人的继承人或者监护人代替赠与人行使撤销权并不违背赠与人意志，因此可由其行使撤销权。

第六百六十五条　【赠与财产的返还】

撤销权人撤销赠与的，可以向受赠人请求返还赠与的财产。

本条来源

本条来源于《合同法》第一百九十四条的规定："撤销权人撤销赠与的，可以向受赠人要求返还赠与的财产。"相较于原法条，本条将"要求"改为"请求"，使法条表述更为精准。

条文释义

本条是关于赠与合同被撤销后，撤销权人可要求受赠人返还财产的规定。在撤销权行使过程中，撤销权人除了撤销与受赠人之间的赠与民事行为，同时还可以要求受赠人恢复原状。虽然赠与财产在完成交付或者办理完登记以后，所有权已经转移至受赠人，但并不影响撤销权人向受赠人要求返还赠与财产，这也是撤销赠与的法律后果之一。

第六百六十六条　【赠与人穷困抗辩】

赠与人的经济状况显著恶化，严重影响其生产经营或者家庭生活的，可以不再履行赠与义务。

本条来源

本条来源于《合同法》第一百九十五条，条文无变动。

条文释义

本条是关于赠与合同法定解除情形的规定。赠与人的经济状况显著恶化，严重影响其生产经营或者家庭生活的，可以解除赠与合同，不再履行赠与义务。赠与合同的解除，不发生溯及既往的效力，赠与人已履行的赠与，无权要求受赠人返还。该法条的适用有三个构成要件：一是赠与人的经济状况显著恶化。二是经济变化的情况已严重影响其生产经营或家庭生活。三是上述情形发生在赠与物财产权转移之前。

需要明确的是，赠与合同的法定解除与法定撤销有较大的区别：一是溯及力不同。赠与合同的法定撤销有溯及效力，赠与人可请求受赠人返还已经发生转移的赠与物，而法定解除则不能。二是目的不同。赠与合同的法定撤销的目的主要是对受赠人实施惩戒，而赠与合同的法定解除的目的主要在于帮助陷入困境之中的赠与人。

案例评议

邬某某与吕某某赠与合同纠纷案[①]

邬某某与吕某某系继父与继子关系。2011 年 10 月，邬某某与吕某某签订《房屋赠送书》一份，约定邬某某将上述房屋等赠送给吕某某“居住、所有”。目前该房屋由吕某某占有、使用，相关的《集体土地建设用地使用证》《卖屋契》亦在被告吕某某处。邬某某以赠送行为是无偿赠与且受被告胁迫及其目前经济状况显著恶化、严重影响生活的事实向法院主张撤销《房屋赠送书》，要求吕某某返还其《集体土地建设用地使用证》及《卖屋契》。

◆ **裁判规则**

法院经审理认为，原告邬某某提供的证据不能证实其主张的赠送行为受被告吕某某胁迫及原告目前经济状况显著恶化、严重影响生活的事实。同时，无偿赠与不违反法律规定，对原告关于《房屋赠送书》系无偿继而认为缺乏合法性的主张不予支持。此外，其以年老多病，无社保也无固定的经济收入为由，认为原审判决有悖于保护老年人的合法权益的原则，缺乏法律依据，亦不支持原告的诉讼请求。

◆ **评议**

赠与合同的法定撤销有溯及效力，赠与人可请求受赠人返还已经发生转移的赠与物，而法定解除则不能。本案中，受赠方被告并未出现赠与合同法定撤销所规定的行为，赠与方原告所主张的其经济状况显著恶化、严重影响生活的事实仅为赠与合同法定解除权的情形。即使原告有证据证明其享有法定解除权，但法定解除权没有溯及效力，也不能请求被告返还已经赠与的房屋。因此其主张并未得到法院支持。

① 浙江省宁波市中级人民法院（2012）浙甬民二终字第 311 号。

第十二章　借款合同

本章概要

从内容上看，本章基本延续《合同法》第十二章借款合同的规定，需要注意的是：一是删除《合同法》第一百九十八条关于借款合同的担保的规定，“订立借款合同，贷款人可以要求借款人提供担保”规定本身属于任意性规范，且需要转引的《担保法》随着民法典的出台已经废止。二是相较于《合同法》，借款合同最大的改变在于借款合同利率。现行合同编将《合同法》第二百零四条关于金融借贷利率的规定“办理贷款业务的金融机构贷款的利率，应当按照中国人民银行规定的贷款利率的上下限确定”与第二百一十一条关于自然人之间借款利率的规定“借款的利率不得违反国家有关限制借款利率的规定”整合，统一规定为：“借款的利率不得违反国家有关规定”。（第六百八十条第一款）特别值得一提的是，为解决借贷领域存在的突出问题，维护正常的金融秩序，明确规定禁止高利放贷。

第六百六十七条　【借款合同的定义】

借款合同是借款人向贷款人借款，到期返还借款并支付利息的合同。

本条来源

本条来源于《合同法》第一百九十六条，条文无变动。

条文释义

本条是关于借款合同定义的规定。传统的借贷合同是指当事人双方约定一方将金钱或物品转移于他方，他方在约定的期限内将同等种类、数量、品质的物返还的合同。以金钱为标的的货币借贷合同称为借款合同；以实物为标的的实物借贷合同又分为使用借贷合同和消费借贷合同，我国学者普遍将使用借贷合同称为借用合同，而仅将消费借贷合同称为借贷合同。① 目前我国《民法典合同编》未规定借用合同和消费借贷合同，仅规定了借款合同。目前借款合同主要调整了两部分内容，一部分是金融机构与自然人、法人和其他组织的借款合同关系，另一部分是自然人之间的借款合同关系。金融机构与自然人、法人和其他组织的借款合同是诺成合同，只要当事人意思表示一致并达成书面协议，合同就成立。自然人之间的借款合同是实践合同，当贷款人实际提供贷款时，借款合同生效。

法条关联

◆《最高人民法院关于审理民间借贷案件适用法律若干问题的规定》

第一条 本规定所称的民间借贷，是指自然人、法人、其他组织之间及其相互之间进行资金融通的行为。经金融监管部门批准设立的从事贷款业务的金融机构及其分支机构，因发放贷款等相关金融业务引发的纠纷，不适用本规定。

◆《最高人民法院关于审理存单纠纷案件的若干规定》

第六条 对以存单为表现形式的借贷纠纷案件的认定和处理。

（一）认定

在出资人直接将款项交与用资人使用，或通过金融机构将款项交与用资人使用，金融机构向出资人出具存单或进帐单、对帐单或与出资人签订存款合同，出资人从用资人或从金融机构取得或约定取得高额利差的行为中发生的存单纠纷案件，为以存单为表现形式的借贷纠纷案件。但符合本规定第七条所列委托贷款和信托贷款的除外。

……

① 郭明瑞、房绍坤著：《新合同法原理》，中国人民大学出版社 1999 年版，第 466－467 页。

第六百六十八条 【借款合同的形式及主要条款】

借款合同应当采用书面形式，但是自然人之间借款另有约定的除外。

借款合同的内容一般包括借款种类、币种、用途、数额、利率、期限和还款方式等条款。

本条来源

本条来源于《合同法》第一百九十七条的规定："借款合同采用书面形式，但自然人之间借款另有约定的除外。借款合同的内容包括借款种类、币种、用途、数额、利率、期限和还款方式等条款。"相较于原法条，本条将"内容包括"改为"内容一般包括"，该变动使法条用语更加严谨，法条的实质内涵未发生变化。

立法演变

本条第二款在一次审议稿和二次审议稿第四百五十八条规定："借款合同的内容包括借款种类、币种、用途、数额、利率、期限和还款方式等条款。"《民法典（草案）》将"内容包括"改为"内容一般包括"，并最终为本条所采用。本条第一款在历次修订中未发生变动。

条文释义

本条是关于合同的形式及其主要条款内容的规定。为了保障金融机构信贷资金的安全，对于金融机构的借款明确要求应当采用书面形式，以便明确金融机构与借款人的权利和义务。金融机构借款合同没有采取书面形式的，如果当事人双方产生纠纷，推定合同关系不成立。如果一方当事人已经履行主要义务，对方接受的，则合同成立。自然人之间借款既可以采用书面形式也可以采用口头形式，当事人可以根据合同是否有偿等具体情况选择订立合同的形式。

借款合同的内容即借款合同双方当事人订立合同的主要条款。借款合同主要包括种类、币种、用途、数额、利率、期限和还款方式等方面，但该规定只是规范性指导，借款合同的当事人还可以根据需要约定其他内容。

法条关联

◆《商业银行法》

第三十七条 商业银行贷款，应当与借款人订立书面合同。合同应当约定贷款种类、借款用途、金额、利率、还款期限、还款方式、违约责任和双方认为需要约定的其他事项。

◆《贷款通则》

第二十九条 签订借款合同：

所有贷款应当由贷款人与借款人签订借款合同。借款合同应当约定借款种类，借款用途、金额、利率，借款期限，还款方式，借、贷双方的权利、义务，违约责任和双方认为需要约定的其他事项。

保证贷款应当由保证人与贷款人签订保证合同，或保证人在借款合同上载明与贷款人协商一致的保证条款，加盖保证人的法人公章，并由保证人的法定代表人或其授权代理人签署姓名。抵押贷款、质押贷款应当由抵押人、出质人与贷款人签订抵押合同、质押合同，需要办理登记的，应依法办理登记。

◆《最高人民法院关于审理民间借贷案件适用法律若干问题的规定》

第十条 除自然人之间的借款合同外，当事人主张民间借贷合同自合同成立时生效的，人民法院应予支持，但当事人另有约定或者法律、行政法规另有规定的除外。

第六百六十九条 【借款人提供其真实情况的义务】

订立借款合同，借款人应当按照贷款人的要求提供与借款有关的业务活动和财务状况的真实情况。

本条来源

本条来源于《合同法》第一百九十九条，条文无变动。

条文释义

本条是关于借款人应当提供真实情况义务的规定。为了维护金融安全，确保贷款能够及时收回，借款人在申请贷款时具有按照贷款人的要求提供有关业务活动和财务状况真实情况的附随义务。借款人应提供的情况主要有两方面：第一，与借款人资格有关的基本情况。比如，借款人为法人、其他组织或个体工商户的，应提供其是否已经完成工商行政管理机关核准登记的证明；借款人是自然人的，应提供其是否具有完全民事行为能力的证明等。第二，借款人财务状况的真实情况。借款人应按照贷款人的要求，如实提供其所有的开户行、账号及存贷款余额情况，使贷款人全面充分地了解借款人实际账面资金的运作情况，以便贷款人判断借款人偿还借款的能力。[①]

第六百七十条 【利息不得预先扣除】

借款的利息不得预先在本金中扣除。利息预先在本金中扣除的，应当按照实际借款数额返还借款并计算利息。

本条来源

本条来源于《合同法》第二百条，条文无变动。

条文释义

本条是关于借款利息不得预先扣除的规定。一般来说，借款利息是在借款期限届满时或者合同履行期间按照约定分批偿付给贷款人。但是，现实中有的贷款人为了确保利息的收回，在提供借款时就将利息从本金中扣除，造成借款人借到的本金实质上为扣除利息后的数额。这种做法虽然使贷款人的利息提前收回，减少了借款的风险，但却损害了借款人的合法利益，使借款人实际上得到的借款少于合同约定的借款数额，影响其资金的正常使用，容易引起双方当事人的纠纷。因此，本条明确规定，贷款人在提供借款时不得预先将利息从本

① 胡康生主编：《中华人民共和国合同法释义》（第3版），法律出版社2013年版，第327页。

金中扣除。如果贷款人仍违反规定，在提供借款时将利息从本金中扣除，则借款人只需按照实际借款数额返还借款并计算利息。①

案例评议

河南华韵投资集团股份有限公司诉河南御盛陶瓷有限公司借款合同纠纷案②

御盛公司因生产经营需要向华韵公司借款200万元，并就借款期限和利息进行约定。华韵公司于2010年10月27日依约支付被告借款200万元，御盛公司先行支付利息7万元。截止到2012年3月17日，御盛公司偿还原告利息30万元，下余本息经华韵公司多次催要，御盛公司尚未偿还。华韵公司遂诉至法院，请求判令御盛公司偿还借款本金人民币200万元。

◆ **裁判规则**

法院经审理认为，对不具备从事金融业务资质的企业之间，为生产经营需要所进行的临时性资金拆借行为，如提供资金的一方并非以资金融通为常业，应当属于民间借贷。本案中，原告华韵公司并不具备从事金融业务的资质，不属于违反国家金融管制的强制性规定的情形，因此应当认定原告华韵公司与被告御盛公司的借款合同合法有效。原告预先扣除利息7万元，实际借款数额为193万元，故被告应当偿还原告本金为193万元。

◆ **评议**

在借款合同的实践中，当事人双方经常出现预先在本金中扣除利息的做法，本条明确规定该做法为无效行为。但需要明确的是该无效是部分无效，即预先扣除的部分无效，而不是整个借款合同无效。本案中，虽借款合同载明的借款金额为200万元，但预先扣除利息无效，因此实际借款数额为193万元。另外，实践中应用本条最大的难点在于事实认定问题，主张存在预先扣除事实的一方应当承担充分的举证责任。

---

① 法律出版社法规中心编：《中华人民共和国合同法（注释本）》，法律出版社2014年版，第111页。

② 鹤壁市山城区人民法院（2013）山民初字第2272号。

第六百七十一条　【贷款违约责任】

贷款人未按照约定的日期、数额提供借款，造成借款人损失的，应当赔偿损失。

借款人未按照约定的日期、数额收取借款的，应当按照约定的日期、数额支付利息。

本条来源

本条来源于《合同法》第二百零一条，条文无变动。

条文释义

本条是关于贷款违约责任的规定。按照约定的日期、数额提供借款和收取借款是贷款人和借款人的主要义务。贷款人按照约定提供贷款时，借款人就能将所借款项如期投入正常的生产活动当中。如果贷款人未按照约定履行提供借款的义务，则会直接影响借款人的生产活动，造成借款人的损失。同样，借款人如不按照约定的日期和数额收取借款，则贷款人就不能实现发放贷款的目的即收息盈利，损害贷款人的可期待利益。因此，本条规定，贷款人未按照约定提供借款且造成借款人损失的，贷款人应当赔偿损失；借款人未按照约定收取借款的，借款人应依约支付利息。

法条关联

◆《商业银行法》

第四十二条　借款人应当按期归还贷款的本金和利息。

借款人到期不归还担保贷款的，商业银行依法享有要求保证人归还贷款本金和利息或者就该担保物优先受偿的权利。商业银行因行使抵押权、质权而取得的不动产或者股权，应当自取得之日起二年内予以处分。

借款人到期不归还信用贷款的，应当按照合同约定承担责任。

第六百七十二条　【贷款人的检查、监督权】

贷款人按照约定可以检查、监督借款的使用情况。借款人应当按照约定向贷款人定期提供有关财务会计报表或者其他资料。

本条来源

本条来源于《合同法》第二百零二条的规定："贷款人按照约定可以检查、监督借款的使用情况。借款人应当按照约定向贷款人定期提供有关财务会计报表等资料。"相较于原法条，本条将"等资料"改为"或者其他资料"，该变动使法条用语更加严谨，法条的实质内涵未发生变化。

立法演变

本条在一次审议稿和二次审议稿第四百六十二条沿用《合同法》第二百零二条的规定，《民法典（草案）》第六百七十二条作了上述调整，并最终为本条所采用。

条文释义

本条是关于贷款人具有检查、监督借款人使用借款权利的规定。借款人的资信状况会随着其经营状况的变化而不断地变化。为了保证贷款的正常使用，促使借款人认真履行合同，在借款合同成立后，贷款人对借款的使用情况具有一定的监督权。同时，贯彻国家信贷政策，维护贷款人的合法权益，金融机构应按照法律的规定通过信贷管理和结算管理，监督借款人是否按照合同约定的目的和用途使用贷款。借款人应就贷款的使用情况接受贷款人的检查和监督。为了配合贷款人的检查、监督，借款人应当定期向贷款人提供有关财务会计报表等资料。

第六百七十三条　【借款使用的限制】

借款人未按照约定的借款用途使用借款的，贷款人可以停止发放借款、提前收回借款或者解除合同。

本条来源

本条来源于《合同法》第二百零三条，条文无变动。

条文释义

本条是关于借款人违约使用借款时，贷款人的救济手段的规定。借款用途是借款人使用借款的目的，同时也是借款合同的主要内容。借款方当事人应当按照约定的内容，全面履行借款合同中规定的义务，不得擅自变更合同规定的借款用途，特别是金融机构作为贷款人的情况下，借款用途更是合同中不可缺少的条款。此外，借款用途与借款人能否按期偿还借款有着很直接的关系。借款用途是贷款人在订立借款合同时所要考虑的重要因素，如果借款人擅自改变借款用途，会使贷款人的预期收益变得不确定，增加了借款人无法如期还款的风险。因此本条明确强调借款人应当按照约定的用途使用借款，如果借款人未按照约定用途使用借款，贷款人可以停止发放贷款。如果借款已经借出，贷款人发现借款人有法律规定的这一违约行为，贷款人可以将已借出的款项提前收回。此外，贷款人还有权直接解除合同。

案例评议

范某丽诉苏某夫等虚假民间借贷纠纷案①

2010年7月26日，范某丽和苏某夫、顺丰公司签订协议约定：范某丽出借给苏某夫、顺丰公司2000万元，借款人承诺借入的资金用于顺丰公司业务发展需要，出借人有权监控资金的使用。如借款人擅自改变借款用途，出借人有权要求借款人全额归还借款本金，并按合同约定支付违约金。2010年8月5日，范某丽以其发现借款并未用于顺丰公司业务发展，而是被挪用到其他高风险行业为由诉至法院，要求苏某夫、顺丰公司归还借款本金2000万元及利息等。另查明，2010年7月28日，范某丽通过网银分5次打至苏某夫农行卡上2000万元，当天，又从苏某夫农行卡中转至尹某雄（案外人）账户，尹某雄取出现金2000万元转至宜兴市兆昌贸易有限公司（法定代表人系范某丽的丈

① 江苏省无锡市滨湖区人民法院（2011）锡滨民再初字第3号。

夫），宜兴市兆昌贸易有限公司于同日分5次将2000万元通过网银转至范某丽账户。

◆ **裁判规则**

法院经审理认为，范某丽汇给苏某夫银行卡2000万元系事实，但该款已于汇款当日回到了范某丽账户。这表明，苏某夫在2010年8月5日范某丽起诉之日并未实际取得2000万元借款，尽管苏某夫自认，但涉及他人合法权益，人民法院仍应当根据事实作出裁判。范某丽在苏某夫未取得协议约定借款的情况下要求苏某夫归还借款，无事实和法律依据，对范某丽的诉讼请求不予支持。遂驳回范某丽的诉讼请求。

◆ **评议**

自然人之间的借款合同为实践合同，以借款人实际提供借款为生效要件。本案中，苏某夫并未实际取得2000万元借款，双方当事人之间并未产生借贷关系，因此借款人苏某夫也不具有按照约定的借款用途使用借款的义务。假设案件中双方当事人借贷关系成立，苏某夫挪用借款到其他高风险行业，已经违反了借款用途的约定，贷款人范某丽当然具有提前收回借款的权利。

第六百七十四条　【借款人支付利息的期限】

借款人应当按照约定的期限支付利息。对支付利息的期限没有约定或者约定不明确，依据本法第五百一十条的规定仍不能确定，借款期间不满一年的，应当在返还借款时一并支付；借款期间一年以上的，应当在每届满一年时支付，剩余期间不满一年的，应当在返还借款时一并支付。

本条来源

本条来源于《合同法》第二百零五条的规定：“借款人应当按照约定的期限支付利息。对支付利息的期限没有约定或者约定不明确，依照本法第六十一条的规定仍不能确定，借款期间不满一年的，应当在返还借款时一并支付；借款期间一年以上的，应当在每届满一年时支付，剩余期间不满一年的，应当在返还借款时一并支付。”相较于原法条，本条转引用条文序号发生变动。该变动仅为法律体系调整导致法条序号变动，法条的实质内涵没有发生改变。

条文释义

本条是关于借款人支付利息期限的规定。利息支付期限是对利息支付的时间上的要求。借款人不仅应当按照约定的数额支付利息，而且还应当在约定的期限向贷款人支付。如果当事人对利息支付期限有约定的，借款人应当按照合同约定的期限支付利息。未按照约定支付利息的，借款人应当承担违约责任。如果双方当事人对利息支付期限没有约定或者约定不明确的，首先可以签订补充协议；不能达成补充协议的，可以按照合同目的、双方交易习惯、行业交易习惯等确定合理的支付利息期限。如果上述方式仍无法确定支付期限，应当采取法定的支付期限，即借款合同在一年以内的，在返还借款时一并支付，利息在借款合同期限届满时和本金一并支付；借款在一年以上的，在每届满一年时支付；剩余期间不满一年的，在返还借款时一并支付。

法条关联

◆《商业银行法》

第四十二条　借款人应当按期归还贷款的本金和利息。

借款人到期不归还担保贷款的，商业银行依法享有要求保证人归还贷款本金和利息或者就该担保物优先受偿的权利。商业银行因行使抵押权、质权而取得的不动产或者股权，应当自取得之日起二年内予以处分。

借款人到期不归还信用贷款的，应当按照合同约定承担责任。

第六百七十五条　【借款的返还期限】

借款人应当按照约定的期限返还借款。对借款期限没有约定或者约定不明确，依据本法第五百一十条的规定仍不能确定的，借款人可以随时返还；贷款人可以催告借款人在合理期限内返还。

本条来源

本条来源于《合同法》第二百零六条的规定："借款人应当按照约定的期限返还借款。对借款期限没有约定或者约定不明确，依照本法第六十一条的规定仍不能确定的，借款人可以随时返还；贷款人可以催告借款人在合理期限内返还。"相较于原法条，本条转引用条文序号发生变动。该变动仅为法律体系调整导致法条序号变动，法条的实质内涵没有发生改变。

条文释义

本条是关于借款人借款返还期限的规定。借款返还期限是对借款人返还借款本金的时间上的要求。按照合同约定的期限返还借款是借款人的一项主要义务。如果当事人对借款返还期限有约定的，借款人应当按照合同约定的期限返还借款。未按照约定返还借款的，借款人应当承担违约责任。如果双方当事人对借款返还期限没有约定或者约定不明确的，首先可以签订补充协议；不能达成补充协议的，可以按照合同目的、双方交易习惯、行业交易习惯等确定合理的借款返还期限。如果上述方式仍无法确定返还期限，借款人可以随时返还；贷款人可以催告借款人在合理期限内返还。

法条关联

◆《贷款通则》

第十一条 贷款期限：

贷款期限根据借款人的生产经营周期、还款能力和贷款人的资金供给能力由借贷双方共同商议后确定，并在借款合同中载明。

自营贷款期限最长一般不得超过10年，超过10年应当报中国人民银行备案。

票据贴现的贴现期限最长不得超过6个月，贴现期限为从贴现之日起到票据到期日止。

第三十二条 贷款归还：

借款人应当按照借款合同规定按时足额归还贷款本息。

贷款人在短期贷款到期1个星期之前、中长期贷款到期1个月之前，应当向借款人发送还本付息通知单；借款人应当及时筹备资金，按时还本付息。

贷款人对逾期的贷款要及时发出催收通知单，做好逾期贷款本息的催收工作。

贷款人对不能按借款合同约定期限归还的贷款，应当按规定加罚利息；对不能归还或者不能落实还本付息事宜的，应当督促归还或者依法起诉。

借款人提前归还贷款，应当与贷款人协商。

第六百七十六条 【逾期利息】

借款人未按照约定的期限返还借款的，应当按照约定或者国家有关规定支付逾期利息。

本条来源

本条来源于《合同法》第二百零七条，条文无变动。

条文释义

本条是关于借款人未依约定期限返还借款的利息的规定。所谓逾期利息，就是借款人未按照借款合同约定的期限返还借款，在原订利息之外支付的利息。逾期利息也称为罚息，性质上是违约金，是借款人违约的一种法律后果。借款人应当按照合同约定的期限和方式偿还借款。借款人未按照约定的期限返还借款的，应当按照约定或者国家有关规定支付逾期利息。这种约定既可以是自然人之间对是否收取逾期利息或者逾期利率为多少的约定，也可以是金融机构与借款人在国家规定的幅度内对逾期利率的确定。如果金融机构借款时，没有对逾期利率作出约定，金融机构应按照国家有关规定的利率向借款人收取逾期利息。[1]

法条关联

◆《最高人民法院关于审理民间借贷案件适用法律若干问题的规定》

第二十九条 借贷双方对逾期利率有约定的，从其约定，但以不超过年利

---

① 胡康生主编：《中华人民共和国合同法释义》（第3版），法律出版社2013年版，第337页。

率24%为限。

未约定逾期利率或者约定不明的，人民法院可以区分不同情况处理：

（一）既未约定借期内的利率，也未约定逾期利率，出借人主张借款人自逾期还款之日起按照年利率6%支付资金占用期间利息的，人民法院应予支持；

（二）约定了借期内的利率但未约定逾期利率，出借人主张借款人自逾期还款之日起按照借期内的利率支付资金占用期间利息的，人民法院应予支持。

第三十条 出借人与借款人既约定了逾期利率，又约定了违约金或者其他费用，出借人可以选择主张逾期利息、违约金或者其他费用，也可以一并主张，但总计超过年利率24%的部分，人民法院不予支持。

第六百七十七条 【提前返还借款的利息计算】

借款人提前返还借款的，除当事人另有约定外，应当按照实际借款的期间计算利息。

本条来源

本条来源于《合同法》第二百零八条的规定：“借款人提前偿还借款的，除当事人另有约定外，应当按照实际借款的期间计算利息。”相较于原法条，本条将“偿还”改为“返还”该变动使法条用语更加严谨，法条的实质内涵未发生变化。

立法演变

本条在一次审议稿和二次审议稿第四百六十七条、《民法典（草案）》第六百七十七条均沿用《合同法》第二百零八条的规定，最终《民法典》作了上述变动。

条文释义

本条是关于借款人提前偿还借款时利息如何计算的规定。借款人提前还款实际上是借款人提前履行合同的行为，根据本法第五百三十一条的规定，债权人可以拒绝债务人提前履行债务，但是提前履行不损害债权人利益的除外。因此本条规定，如果双方当事人在借款合同中对借款人提前还款事项有约定的，则按照双方约定确定提前还款是否需要贷款人同意、利息是以约定期限还是实际期限计算等问题。如果双方当事人在借款合同中未对借款人是否可以提前还款作出约定，当借款人提前还款未对贷款人利益造成损害的，借款人可不经贷款人同意，利息按照实际借款期间计算；当借款人提前还款会对贷款人利益造成损害的，贷款人有权拒绝借款人提前还款的要求。贷款人同意提前还款的，等于贷款人同意变更合同的履行期，因此，借款人应当按照变更后的期间向贷款人支付利息。

法条关联

◆《贷款通则》

第十三条　贷款利率的确定：

贷款人应当按照中国人民银行规定的贷款利率的上下限，确定每笔贷款利率，并在借款合同中载明。

第十四条　贷款利息的计收：

贷款人和借款人应当按借款合同和中国人民银行有关计息规定按期计收或交付利息。

贷款的展期期限加上原期限达到新的利率期限档次时，从展期之日起，贷款利息按新的期限档次利率计收。

逾期贷款按规定计收罚息。

第十五条　贷款的贴息：

根据国家政策，为了促进某些产业和地区经济的发展，有关部门可以对贷款补贴利息。

对有关部门贴息的贷款，承办银行应当自主审查发放，并根据本通则有关规定严格管理。

第十六条　贷款停息、减息、缓息和免息：

除国务院决定外，任何单位和个人无权决定停息、减息、缓息和免息。贷款人应当依据国务院决定，按照职责权限范围具体办理停息、减息、缓息和免息。

第六百七十八条　【借款展期】

借款人可以在还款期限届满前向贷款人申请展期；贷款人同意的，可以展期。

本条来源

本条来源于《合同法》第二百零九条的规定："借款人可以在还款期限届满之前向贷款人申请展期。贷款人同意的，可以展期。"相较于原法条，本条将条文中"之前"改为"前"，将原条文第一句句末"。"改为"；"，该变动仅为立法技术上的调整，法条的实质内涵未发生变化。

立法演变

本条在一次审议稿和二次审议稿第四百六十八条、《民法典（草案）》第六百七十八条均沿用《合同法》第二百零九条的规定，最终《民法典》作了上述变动。

条文释义

本条是关于借款展期的规定。借款展期是指在还款期限届满之前，经贷款人同意，延长原借款的期限，使借款人能够继续使用借款的规定。借款展期的实现需要满足两个条件：第一是申请时间。借款人需在还款期限届满之前提出申请，不能在还款期限到期时或之后提出。这样才能够给贷款人留以足够的时间对资金的使用进行安排。第二是须贷款人同意。借款人提出借款展期的申请本质上来说属于新的要约，贷款人同意说明其接受该要约并对此作出承诺。从合同变更角度来看，借款展期实际上是对原合同的履行期限的变更。根据本法第五百四十三条规定"当事人协商一致，可以变更合同"，因此，借款展期应当以贷款人同意为前提。

法条关联

◆《贷款通则》

第十二条　贷款展期：

不能按期归还贷款的，借款人应当在贷款到期日之前，向贷款人申请贷款展期。是否展期由贷款人决定。申请保证贷款、抵押贷款、质押贷款展期的，还应当由保证人、抵押人、出质人出具同意的书面证明。已有约定的，按照约定执行。

短期贷款展期期限累计不得超过原贷款期限；中期贷款展期期限累计不得超过原贷款期限的一半；长期贷款展期期限累计不得超过3年。国家另有规定者除外。借款人未申请展期或申请展期未得到批准，其贷款从到期日次日起，转入逾期贷款账户。

第六百七十九条 【自然人之间借款合同的成立时间】

自然人之间的借款合同，自贷款人提供借款时成立。

本条来源

本条来源于《合同法》第二百一十条的规定："自然人之间的借款合同，自贷款人提供借款时生效。"相较于原法条，本条将"自贷款人提供借款时生效"改为"自贷款人提供借款时成立"，使法条表述更为精准。

立法演变

本条在一次审议稿和二次审议稿第四百六十九条规定："自然人之间的借款合同，自贷款人提供借款时成立。"《民法典（草案）》第六百七十九条沿用《合同法》第二百一十条的规定，即"自然人之间的借款合同，自贷款人提供借款时生效。"《民法典》又改为一次审议稿和二次审议稿的表述。

条文释义

本条是关于自然人之间的借款合同成立时间的规定。自然人之间的借款合同自贷款人提供借款时成立。借款合同以调整金融机构借款合同为主，同时对于自然人之间的借款合同也作出了规定。对于自然人之间的借款合同应从以下两个方面把握：第一，自然人之间的借款合同双方当事人均是自然人，如有一方不是自然人，则不得适用本条的规定。第二，自然人之间的借款合同为实践合同。借款合同的实践性表现在借款合同成立时需要交付标的物。其原因主要在于：与金融借贷的经营性不同，自然人之间的借款一般属于互助性质，多为无偿，且标的额一般较小，因此对贷款人的权利给予特殊的保护，以体现贷款自由。在贷款人未提供贷款时合同并未成立，借款人不得追究贷款人的违约责任，也不得诉求法院强制贷款人提供贷款，否则会加重贷款人的负担。

第六百八十条　【借款合同的利率和利息】

禁止高利放贷，借款的利率不得违反国家有关规定。

借款合同对支付利息没有约定的，视为没有利息。

借款合同对支付利息约定不明确，当事人不能达成补充协议的，按照当地或者当事人的交易方式、交易习惯、市场利率等因素确定利息；自然人之间借款的，视为没有利息。

本条来源

本条来源于《合同法》第二百一十一条的规定：“自然人之间的借款合同对支付利息没有约定或者约定不明确的，视为不支付利息。自然人之间的借款合同约定支付利息的，借款的利率不得违反国家有关限制借款利率的规定。”相较于原法条，本条将适用范围由自然人之间的借款合同扩大至所有的借款合同，同时将“禁止高利放贷”明确写入条文内，该变动是为了解决民间借贷领域存在的问题，维护正常的金融秩序，进一步表明了对高利贷坚决禁止和严厉打击的态度。

立法演变

本条在一次审议稿第四百七十条规定：“借款合同约定支付利息的，借款的利率不得违反国家的有关规定；对支付利息没有约定或者约定不明确的，按照当地或者当事人的交易方式、交易习惯、市场利率等因素确定利息。自然人之间的借款合同对支付利息没有约定或者约定不明确的，视为不支付利息。”在二次审议稿第四百七十条规定：“借款合同约定支付利息的，借款的利率不得违反国家的有关规定。借款合同对支付利息没有约定的，视为没有利息。借款合同对支付利息约定不明确的，按照当地或者当事人的交易方式、交易习惯、市场利率等因素确定利息；自然人之间借款的，视为没有利息。”

本条在一次审议稿和二次审议稿中的表述有较大的变化，但是该变动仅为表述方式上的调整，使法条在表述上更加清晰明了。在《民法典（草案）》加入“禁止高利放贷”内容，并最终为本条所采用。

条文释义

本条是关于借款合同利率和利息的规定。借款人和贷款人可以在借款合同中就借款的利率进行约定，但是其约定不得违反国家有关限制借款利率的规定。对于贷款人来说，禁止其高利放贷的行为。对于预定利率超出国家的有关规定的部分，法律不予保护。

双方当事人在借款合同中没有约定利息的，视为该借款合同为无息合同。而双方当事人对利息约定不明，本条款区分为两种情形：第一是在自然人之间的借款合同中利息约定不明的，则视为双方当事人签订的借款合同为无息合同。第二是在非自然人之间的借款合同中利息约定不明的，双方当事人应当进行协商补充，不能达成补充协议的，按照当地或者当事人的交易方式、交易习惯、市场利率等因素确定利息。

法条关联

◆**《最高人民法院关于审理民间借贷案件适用法律若干问题的规定》**

第二十六条　借贷双方约定的利率未超过年利率24%，出借人请求借款人按照约定的利率支付利息的，人民法院应予支持。

借贷双方约定的利率超过年利率36%，超过部分的利息约定无效。借款人请求出借人返还已支付的超过年利率36%部分的利息的，人民法院应予支持。

第二十九条　借贷双方对逾期利率有约定的，从其约定，但以不超过年利率24%为限。

未约定逾期利率或者约定不明的，人民法院可以区分不同情况处理：

（一）既未约定借期内的利率，也未约定逾期利率，出借人主张借款人自逾期还款之日起按照年利率6%支付资金占用期间利息的，人民法院应予支持；

（二）约定了借期内的利率但未约定逾期利率，出借人主张借款人自逾期还款之日起按照借期内的利率支付资金占用期间利息的，人民法院应予支持。

第三十条 出借人与借款人既约定了逾期利率，又约定了违约金或者其他费用，出借人可以选择主张逾期利息、违约金或者其他费用，也可以一并主张，但总计超过年利率24%的部分，人民法院不予支持。

案例评议

邱某娇诉吴某坚民间借贷纠纷案①

2014年7月30日，吴某坚以周转资金为由向邱某娇借款人民币440000元，吴某坚立据交邱某娇存执。借款后吴某坚至今没有付还借款，后邱某娇多次向被告吴某坚催讨无果，遂诉至法院，要求吴某坚付还邱某娇借款人民币440000元及该款自起诉之日起至还款之日止按银行同期贷款利率计的利息损失。

◆ **裁判规则**

原告邱某娇与被告吴某坚双方的借款行为，系双方当事人在平等自愿、协商一致的基础上达成的，是双方的真实意思表示；被告作为借款人，依法应履行还款义务，但被告没有付还原告借款，其行为已构成违约，除应付还原告借款本金外，还应付还借款利息。双方没有约定还款期限及借款利息，原告主张自起诉之日起至还款之日止按中国人民银行同期同类贷款计算利息损失，本院予以支持。

◆ **评议**

借款合同对支付利息没有约定的，视为没有利息。本案中，原被告之间并未约定利息，应当视为没有利息。但借款仅在借款期间不产生利息，超出双方当事人所约定借款期间的，借款人仍需支付相应利息。本案中，双方当事人未就还款期限进行约定，因此推定双方借款的最后期日为原告起诉之日，即在起诉之日之后，被告仍不还款的话需支付相应利息。原被告双方也未就利率进行约定，因此按照本法第六百七十六条规定，被告应按照国家有关规定支付逾期利息。

① 广东省潮州市枫溪人民法院（2018）粤5191民初56号。

第十三章　保证合同

本章概要

保证合同是合同编新增的一类典型合同，分为两节，共二十二条。从内容上看，对比担保法及其司法解释中涉及保证合同的规定，存在重大变化，很多条文与此前的规定都存在一定的差异，几乎对保证担保制度进行了“重塑”。其中在立法思路上发生了极大改变，一改此前侧重保护债权人利益的思路，改采侧重保护保证人利益的思路。立法思路上的变化，导致具体规则上发生明显的转变，如保证合同对保证方式未约定或约定不明时，依照《担保法》规定，按连带责任方式处理，而现行合同编改为按一般保证方式处理；又如将原“保证合同约定保证人承担保证责任直至主债务本息还清时为止等类似内容的，视为约定不明，保证期间为主债务履行期届满之日起二年”，与没有约定保证期间相统一，统一规定保证期间为主债务履行期限届满之日起六个月。保证合同变化可见一斑，影响重大。

第一节　一 般 规 定

第六百八十一条　【保证合同的定义】

保证合同是为保障债权的实现，保证人和债权人约定，当债务人不履行到期债务或者发生当事人约定的情形时，保证人履行债务或者承担责任的合同。

本条来源

本条来源于《担保法》第六条的规定：“本法所称保证，是指保证人和债权人约定，当债务人不履行债务时，保证人按照约定履行债务或者承担责任的行为。”相较于原法条，原法条是对保证行为进行定义，本条在此基础上进行借鉴和修改，对保证合同进行定义。

条文释义

本条是关于保证合同定义的规定。债务人违约是保证人承担保证责任的前提条件，只有当债务人不履行到期债务或者发生当事人约定的情形时，保证人才需依照约定履行债务或者承担责任。

保证合同是指债务人以外的第三人做保证人，与债权人订立的以确保债务人能够履行债务的合同。如果债务人不履行债务，那么由第三人承担责任，从而确保债权人的权利不受损失。保证合同是保证人以自己的信用来担保债务人履行债务。所以，保证人只能是债务人之外的第三人，而不能是债务人本人。保证合同具有以下特点：第一，保证合同属于从合同。保证合同依附于债务人和债权人之间的主合同，并保障主合同中的债权实现。第二，保证合同属于单务合同。保证人虽负有保证债务，但是债权人却不负有对待给付的债务。第三，保证合同属于诺成合同。保证人与债权人意思表示一致，保证合同即可成立。

法条关联

◆《最高人民法院关于适用〈中华人民共和国担保法〉若干问题的解释》

第十三条 保证合同中约定保证人代为履行非金钱债务的，如果保证人不能实际代为履行，对债权人因此造成的损失，保证人应当承担赔偿责任。

第六百八十二条 【保证合同无效及其法律后果】

保证合同是主债权债务合同的从合同。主债权债务合同无效的，保证合同无效，但是法律另有规定的除外。

保证合同被确认无效后，债务人、保证人、债权人有过错的，应当根据其过错各自承担相应的民事责任。

本条来源

本条来源于《担保法》第五条的规定："担保合同是主合同的从合同，主合同无效，担保合同无效。担保合同另有约定的，按照约定。担保合同被确认无效后，债务人、担保人、债权人有过错的，应当根据其过错各自承担相应的民事责任。"相较于原法条，本条第一款后半句由"担保合同另有约定的，按照约定"改为"但是法律另有规定的除外"。该变化将保证合同无效的例外情形由约定例外改为法定例外，能够更好地适应司法实践。

立法演变

本条在一次审议稿和二次审议稿第四百七十二条规定："保证合同是主债权债务合同的从合同。主债权债务合同无效，保证合同无效，但是法律另有规定的除外。保证合同被确认无效后，债务人、保证人、债权人应当根据其过错各自承担相应的民事责任。"《民法典（草案）》第六百八十二条将第二款改为："保证合同被确认无效后，债务人、保证人、债权人有过错的，应当根据其过错各自承担相应的民事责任。"《民法典》将第一款中"主债权债务合同无效"改为"主债权债务合同无效的"，该变动使法条用语更加严谨，法条的实质内涵未发生变化。

条文释义

本条是关于保证合同无效及其法律后果的规定。从合同以主合同的存在为前提，因主合同的无效或消灭而相应地无效或消灭。保证合同是主债权债务合同的从合同，因此当主债权债务合同无效时，保证合同无效，保证人不再承担保证责任。但法律另有规定保证合同的效力，不受主合同影响的除外。该情形主要是指涉外经济贸易中独立担保合同，如即付担保等。但我国司法实践上不承认独立保证在国内贸易上的合法地位，即当事人之间不能约定保证合同不因主合同无效而无效，因此作出上述规定。

保证合同无效的原因有两种：一是主合同无效致使其无效；二是其自身原因致使其无效。虽保证人在保证合同无效后不再承担担保责任，但其应当和债务人、债权人一样依其是否有过错，对担保合同的无效承担过错责任。

法条关联

◆《最高人民法院关于适用〈中华人民共和国担保法〉若干问题的解释》

第三条 国家机关和以公益为目的的事业单位、社会团体违反法律规定提供担保的，担保合同无效。因此给债权人造成损失的，应当根据担保法第五条第二款的规定处理。

第四条 董事、经理违反《中华人民共和国公司法》第六十条的规定，以公司资产为本公司的股东或者其他个人债务提供担保的，担保合同无效。除债权人知道或者应当知道的外，债务人、担保人应当对债权人的损失承担连带赔偿责任。

第五条 以法律、法规禁止流通的财产或者不可转让的财产设定担保的，担保合同无效。

以法律、法规限制流通的财产设定担保的，在实现债权时，人民法院应当按照有关法律、法规的规定对该财产进行处理。

第六条 有下列情形之一的，对外担保合同无效：

（一）未经国家有关主管部门批准或者登记对外担保的；

（二）未经国家有关主管部门批准或者登记，为境外机构向境内债权人提供担保的；

（三）为外商投资企业注册资本、外商投资企业中的外方投资部分的对外债务提供担保的；

（四）无权经营外汇担保业务的金融机构、无外汇收入的非金融性质的企业法人提供外汇担保的；

（五）主合同变更或者债权人将对外担保合同项下的权利转让，未经担保人同意和国家有关主管部门批准的，担保人不再承担担保责任。但法律、法规另有规定的除外。

第七条 主合同有效而担保合同无效，债权人无过错的，担保人与债务人对主合同债权人的经济损失，承担连带赔偿责任；债权人、担保人有过错的，担保人承担民事责任的部分，不应超过债务人不能清偿部分的二分之一。

第八条 主合同无效而导致担保合同无效，担保人无过错的，担保人不承担民事责任；担保人有过错的，担保人承担民事责任的部分，不应超过债务人不能清偿部分的三分之一。

第九条　担保人因无效担保合同向债权人承担赔偿责任后，可以向债务人追偿，或者在承担赔偿责任的范围内，要求有过错的反担保人承担赔偿责任。

担保人可以根据承担赔偿责任的事实对债务人或者反担保人另行提起诉讼。

第六百八十三条　【保证人的限制】

机关法人不得为保证人，但是经国务院批准为使用外国政府或者国际经济组织贷款进行转贷的除外。

以公益为目的的非营利法人、非法人组织不得为保证人。

本条来源

本条来源于《担保法》第八条："国家机关不得为保证人，但经国务院批准为使用外国政府或者国际经济组织贷款进行转贷的除外。"第九条："学校、幼儿园、医院等以公益为目的的事业单位、社会团体不得为保证人。"第十条第一款："企业法人的分支机构、职能部门不得为保证人。"相较于原法条，本条将原内容进行整合，并在表述方式上适当调整，该变动仅为立法技术上的简化。

立法演变

本条在一次审议稿和二次审议稿第四百七十三条表述为："下列组织不得担任保证人：（一）机关法人，但是经国务院批准为使用外国政府或者国际经济组织贷款进行转贷的除外；（二）以公益为目的的法人、非法人组织；（三）法人的分支机构。法人的分支机构取得法人书面授权的，可以在授权范围内提供保证。"《民法典（草案）》将其简化为上述表达，并最终为本条所采用。

条文释义

本条是关于保证合同中对保证人范围限制的规定。机关法人主要职责是代表国家行使公权力，并且其财产和经费来自于国家财政和地方财政的拨款，并主要用于与公务有关的活动，保障机关法人能够正常履行其职责。"如果允许国家机关为他人债务提供保证的话，国家机关就可能要承担保证责任，存在清偿债务的风险，这样必然会影响国家机关的正常职能的实现。”① 所以机关法人一般不得为保证人。但在特殊情况下，可经国务院批准为使用外国政府或者国际经济组织贷款进行转贷。此例外情形由于“外国政府贷款和国际经济组织贷款一般由国家有关主管机关负责借入，然后按照规定转贷给国内的有关单位。在转贷时，一般要求国内借款单位提供担保，这种担保可以由国家机关提供”。②

除了机关法人以外，以公益为目的的非营利法人（如学校、医院）以及非法人组织（如企业法人的分支机构、职能部门）也不得作为保证人。

法条关联

◆《最高人民法院关于适用〈中华人民共和国担保法〉若干问题的解释》

第十六条 从事经营活动的事业单位、社会团体为保证人的，如无其他导致保证合同无效的情况，其所签定的保证合同应当认定为有效。

第十八条 企业法人的职能部门提供保证的，保证合同无效。债权人知道或者应当知道保证人为企业法人的职能部门的，因此造成的损失由债权人自行承担。

债权人不知保证人为企业法人的职能部门，因此造成的损失，可以参照担保法第五条第二款的规定和第二十九条的规定处理。

第一百二十四条 企业法人的分支机构为他人提供保证的，人民法院在审理保证纠纷案件中可以将该企业法人作为共同被告参加诉讼。但是商业银行、保险公司的分支机构提供保证的除外。

案例评议

青海湘亚医院与金某章、青海兴华医院建设工程施工合同纠纷案③

金某章承建了青海兴华医院的二十一项工程，青海兴华医院尚欠原告工程款 1237567.54 元。当事人约定青海兴华医院以 100 平方米的商铺用于偿还金某章欠款及经济补偿。同时约定青海湘亚医院为本协议项下债务承担连带担保责

① 《中华人民共和国担保法注解与配套（第四版）》，中国法制出版社 2017 年版，第 12 页。
② 《中华人民共和国担保法注解与配套（第四版）》，中国法制出版社 2017 年版，第 13 页。
③ 青海省高级人民法院（2019）青民终 55 号。

任。后青海兴华医院和青海湘亚医院均未偿还工程款，金某章遂诉至法院，诉请青海兴华医院和青海湘亚医院赔偿其欠款及经济补偿。青海湘亚医院辩称其系非营利性医疗机构，主张其不具备担保人资格，后查证属实。

◆ **裁判规则**

法院经审理认为，青海湘亚医院是非营利性医疗机构，系公益法人，不能作为保证人，因此，其不应对青海兴华医院的债务承担连带保证责任。另外法院认为金某章、青海湘亚医院均存在过错，故判决青海湘亚医院责任范围为青海兴华医院不能清偿部分的50%。

◆ **评议**

非营利性质的医院作为保证人为他人债务作保证的行为，严重违背医院设立的目的，法律禁止此类公益性的非营利法人作为担保人。但是这对于一些不知道保证人不具备资格的债务人来说，其权益很难受到保障。因此法律规定如果保证人有过错，其也应当承担过错责任。本案中，青海湘亚医院虽不具有担保人资格，但其在明知不适格的情况下仍签订保证合同，具有过错，因此需承担责任。

第六百八十四条　【保证合同的内容】

保证合同的内容一般包括被保证的主债权的种类、数额，债务人履行债务的期限，保证的方式、范围和期间等条款。

本条来源

本条来源于《担保法》第十五条的规定："保证合同应当包括以下内容：（一）被保证的主债权种类、数额；（二）债务人履行债务的期限；（三）保证的方式；（四）保证担保的范围；（五）保证的期间；（六）双方认为需要约定的其他事项。保证合同不完全具备前款规定内容的，可以补正。"相较于原法条，本条将原内容进行整合，并在表述方式上适当调整，该变动仅为立法技术上的简化。

立法演变

本条在一次审议稿和二次审议稿第四百七十四条规定："保证合同的内容由当事人约定，一般包括以下条款：（一）被保证的主债权的种类、数额；（二）债务人履行债务的期限；（三）保证的方式；（四）保证的范围；（五）保证的期间；（六）当事人认为需要约定的其他事项。"

一次审议稿和二次审议稿删除《担保法》第十五条最后一款"保证合同不完全具备前款规定内容的，可以补正"，其余部分沿用《担保法》表述。《民法典（草案）》作了上述简化，并最终为本条所采用。

条文释义

本条是关于保证合同内容的规定。双方当事人在保证合同中应当就主债权的种类、数额，债务人履行债务的期限以及保证人保证的方式、范围和期间等内容进行约定。但上述条款并非保证合同成立的必要条件。保证合同没有完全具备上述条款的，双方当事人可以通过协商等方式加以补充，但其不影响保证合同的效力。保证合同订立后，保证人和债权人可以根据具体情况协议增加有关内容。保证合同没有完全具备法律规定的内容，事后又没有作出补充的，应当按照本法中对没有约定情况的有关规定处理。

法条关联

◆《最高人民法院关于审理经济合同纠纷案件有关保证的若干问题的规定》

7. 保证合同没有约定保证人承担何种保证责任，或者约定不明确的，视为保证人承担赔偿责任。当被保证人不履行合同时，债权人应当首先请求被保证人清偿债务。强制执行被保证人的财产仍不足以清偿其债务的，由保证人承担赔偿责任。

8. 保证合同对保证范围有明确约定的，保证人在约定的保证范围内承担责任；保证合同没有约定保证范围或者对保证范围约定不明确的，保证人应当对被保证人的全部债务承担保证责任。

第六百八十五条　【保证合同的形式】

保证合同可以是单独订立的书面合同，也可以是主债权债务合同中的保证条款。

第三人单方以书面形式向债权人作出保证，债权人接收且未提出异议的，保证合同成立。

本条来源

本条来源于《最高人民法院关于适用〈中华人民共和国担保法〉若干问题的解释》（法释〔2000〕44号）第二十二条的规定："第三人单方以书面形式向债权人出具担保书，债权人接受且未提出异议的，保证合同成立。主合同中虽然没有保证条款，但是，保证人在主合同上以保证人的身份签字或者盖章的，保证合同成立。"相较于原法条，本条在表述方式上进行适当调整，该变动仅为立法技术上的简化，法条的实质内涵未发生变化。

立法演变

本条第二款在一次审议稿和二次审议稿第四百七十五条规定："第三人单方以书面形式向债权人出具保证书，债权人接收且未提出异议的，保证合同成立。"《民法典（草案）》第六百八十五条规定："第三人单方以书面形式向债权人作出保证的，债权人接收且未提出异议的，保证合同成立。"《民法典》将"作出保证的"改为"作出保证"。

条文释义

本条是关于保证合同订立形式的规定。按照本条规定，保证合同应当采用书面形式订立。就具体形式而言，保证合同可以是保证人与债权人单独订立的合同，也可以是在主债权债务合同中与债权人约定多个保证条款的合同。保证人与债权人以口头形式订立保证合同的，保证合同不成立。如果保证人自愿履行口头保证合同所约定的保证义务，应当认定口头保证合同成立，保证人事后不得再以保证合同未采用书面形式而主张保证合同无效。

保证合同是债权人与保证人之间订立的合同，同时保证合同属于单务、无偿合同，即债权人不用履行给付义务而取得对待的利益，因此保证人在不经过债务人的同意下，单方向债权人作出书面保证的，只要债权人未提出异议，保证合同则生效成立。

第六百八十六条　【保证方式及其推定】

保证的方式包括一般保证和连带责任保证。

当事人在保证合同中对保证方式没有约定或者约定不明确的，按照一般保证承担保证责任。

本条来源

本条来源于《担保法》第十六条：“保证的方式有：（一）一般保证；（二）连带责任保证。”第十九条：“当事人对保证方式没有约定或者约定不明确的，按照连带责任保证承担保证责任。”相较于原法条，本条第一款在表述方式上进行适当调整；第二款将“按照连带责任保证承担保证责任”改为“按照一般保证承担保证责任”，该变动将在保证方式约定不明或者没有约定的情形下，统一推定保证人的保证方式为一般保证。

立法演变

本条在一次审议稿四百七十六条规定：“保证的方式包括一般保证和连带责任保证。当事人在保证合同中对保证方式没有约定或者约定不明确的，按照连带责任保证承担保证责任，但是自然人之间的保证合同除外。”相较于《担保法》第十九条，一次审议稿第四百七十六条增加“但是自然人之间的保证合同除外”一句，该变动体现了立法者考虑到不同保证主体对风险的认识与承受能力的差异，认为普通的民事保证和为商行为保证应当就保证方式加以区分。二次审议稿则改为上述表述，该表述并未区分合同主体，而是将一般保证责任确立为保证责任的一种新常态。该变动更符合保证制度所追求的价值目标，有利于促进信用经济的发展。

条文释义

本条是关于保证方式及其推定的规定。一般保证，是指在债务人不履行债务时，保证人仅对该债务负补充责任的保证。补充责任保证是指在债务人和债权人之间的主合同纠纷经审判或者仲裁，并依法强制执行债务人财产后，债务人仍不能履行债务时，保证人才对债务人所不能履行的部分承担保证责任。

连带责任保证，是指保证人在债务人不履行债务时与债务人负连带责任的保证。连带责任保证是指当债务人发生履行期届满不履行债务的事实时，在不经过审判、仲裁或强制执行等程序，债权人即可直接要求保证人在其保证范围内承担保证责任。

传统民法上，保证都是以一般保证为原则，连带责任为例外。一般情况下，保证人和债权人应当在保证合同中就保证方式进行明确约定。只有在保证合同中有明确约定时，保证人才承担连带责任。如果双方当事人就保证方式没有约定或者约定不明，则推定保证人的保证方式为一般保证。

案例评议

王某德与鲁华建材有限公司保证合同纠纷案①

2016 年 3 月 29 日，于某某自鲁华公司购买型材欠价款 46170 元未支付。于某某找到王某德提供保证担保，并共同出具欠条 1 份，确定欠鲁华公司型材款 46170 元，欠款期限 2 个月，如到期偿还不了，由王某德无条件偿还，于某某、王某德分别在欠款人、担保人处签名捺印。后于某某下落不明，鲁华公司遂诉至法院。

◆ 裁判规则

法院经审理认为，王某德与鲁华公司双方关于“如到期偿还不了，由王某德无条件偿还”的约定，应依法认定王某德为连带责任保证，王某德对所欠货款承担连带清偿责任。王某德承担清偿责任后，有权向于某某追偿。故判决王某德于判决生效之日起 10 日内偿付鲁华公司担保货款 46170 元。

◆ 评议

在旧的《担保法》中规定，当事人就担保方式没有约定或约定不明的，应

① 济南市章丘区人民法院（2017）鲁 0181 民初 4841 号。

推定保证人承担连带责任保证。本案中，当事人之间的保证方式为约定不明，认定为连带责任保证确属无误。但《民法典》对该种情形的保证方式的推定进行了变动，认为当事人就担保方式没有约定或约定不明的，推定保证人承担一般责任保证。

第六百八十七条　【一般保证及先诉抗辩权】

当事人在保证合同中约定，债务人不能履行债务时，由保证人承担保证责任的，为一般保证。

一般保证的保证人在主合同纠纷未经审判或者仲裁，并就债务人财产依法强制执行仍不能履行债务前，有权拒绝向债权人承担保证责任，但是有下列情形之一的除外：

（一）债务人下落不明，且无财产可供执行；

（二）人民法院已经受理债务人破产案件；

（三）债权人有证据证明债务人的财产不足以履行全部债务或者丧失履行债务能力；

（四）保证人书面表示放弃本款规定的权利。

本条来源

本条来源于《担保法》第十七条的规定："当事人在保证合同中约定，债务人不能履行债务时，由保证人承担保证责任的，为一般保证。一般保证的保证人在主合同纠纷未经审判或者仲裁，并就债务人财产依法强制执行仍不能履行债务前，对债权人可以拒绝承担保证责任。有下列情形之一的，保证人不得行使前款规定的权利：（一）债务人住所变更，致使债权人要求其履行债务发生重大困难的；（二）人民法院受理债务人破产案件，中止执行程序的；（三）保证人以书面形式放弃前款规定的权利的。"相较于原法条，本条将原例外情形"债务人住所变更，致使债权人要求其履行债务发生重大困难的"改为"债务人下落不明，且无财产可供执行"，删除"中止执行程序的"，增设"债权人有证据证明债务人的财产不足以履行全部债务或者丧失履行债务能力"例外情形，该变动是根据实践情况作出的适时调整。同时增加“已经”“表示”“向债权人”等词，该变动使法条用语更加严谨。

立法演变

本条在一次审议稿和二次审议稿第四百七十七条规定：“当事人在保证合同中约定，债务人不能履行债务时，由保证人承担保证责任的，为一般保证。一般保证的保证人在就债务人的财产依法强制执行仍不能履行债务前，有权拒绝承担保证责任。有下列情形之一的，保证人不得行使前款规定的权利：（一）债务人下落不明，且无财产可供执行；（二）人民法院受理债务人破产案件，中止执行程序；（三）债权人有证据证明债务人的财产不足以履行全部债务或者明显缺乏履行债务能力；（四）保证人明确放弃前款规定的权利。”《民法典（草案）》将审议稿第三款第二项“人民法院受理债务人破产案件，中止执行程序”中“中止执行程序”删除。《民法典》增加保证人拒绝承担保证责任的前提条件，继续沿用《担保法》第十七条的表述，同时增加“已经”“表示”“向债权人”等词。

条文释义

本条是关于一般保证及先诉抗辩权的规定。出于对保证人的保护，法律规定保证人具有先诉抗辩权。先诉抗辩权是指债权人在主合同纠纷未经审判或者仲裁，并未就债务人的财产依法强制执行前，不得对保证人提出履行保证责任，清偿债务人所负债务的请求。但是为了均衡当事人之间的利益，保证债权人的债权能够得到充分保障，法律特别规定行使先诉抗辩权的例外情形，包括债务人下落不明，且无财产可供执行；人民法院已经受理债务人破产案件；债权人有证据证明债务人的财产不足以履行全部债务或者丧失履行债务能力；保证人书面表示放弃本款规定的权利。在上述情形中，债权人要求保证人承担保证责任的，保证人不得以享有先诉抗辩权为由拒绝履行保证责任。

法条关联

◆《最高人民法院关于适用〈中华人民共和国担保法〉若干问题的解释》

第二十四条　一般保证的保证人在主债权履行期间届满后，向债权人提供了债务人可供执行财产的真实情况的，债权人放弃或者怠于行使权利致使该财产不能被执行，保证人可以请求人民法院在其提供可供执行财产的实际价值范围内免除保证责任。

第二十五条 担保法第十七条第三款第（一）项规定的债权人要求债务人履行债务发生的重大困难情形，包括债务人下落不明、移居境外，且无财产可供执行。

第二十六条 第三人向债权人保证监督支付专款专用的，在履行了监督支付专款专用的义务后，不再承担责任。未尽监督义务造成资金流失的，应当对流失的资金承担补充赔偿责任。

第六百八十八条 【连带责任保证】

当事人在保证合同中约定保证人和债务人对债务承担连带责任的，为连带责任保证。

连带责任保证的债务人不履行到期债务或者发生当事人约定的情形时，债权人可以请求债务人履行债务，也可以请求保证人在其保证范围内承担保证责任。

本条来源

本条来源于《担保法》第十八条的规定："当事人在保证合同中约定保证人与债务人对债务承担连带责任的，为连带责任保证。连带责任保证的债务人在主合同规定的债务履行期届满没有履行债务的，债权人可以要求债务人履行债务，也可以要求保证人在其保证范围内承担保证责任。"相较于原法条，本条将连带保证责任的适用情形由"连带责任保证的债务人在主合同规定的债务履行期届满没有履行债务的"改为"连带责任保证的债务人不履行到期债务或者发生当事人约定的情形时"。原规定关于适用情形过于局限，该变动能明确和保障连带保证责任的范围和适用。

条文释义

本条是关于连带责任保证的规定。连带保证责任是保证人与主债务人就债务承担连带责任的一种担保方式。连带责任保证与一般保证最为关键的差别在于，连带责任保证的保证人不享有先诉抗辩权。在担保债务已经开始计算诉讼时效的情形下，不再适用有关保证期间的规定。

第六百八十九条　【反担保】

保证人可以要求债务人提供反担保。

本条来源

本条来源于《担保法》第四条第一款的规定："第三人为债务人向债权人提供担保时，可以要求债务人提供反担保。"相较于原法条，本条在表述方式上进行适当调整，该变动仅为立法技术上的简化，法条的实质内涵未发生变化。

条文释义

反担保，是指保证人为了保证自己在承担保证责任之后，其对于债务人的追偿权能够得到实现，可以要求债务人为追偿权的实现提供担保。反担保的主要意义在于使得担保人能够安心为被担保人提供担保，解除其提供担保的后顾之忧，从而以此保证经济交往的迅速进行。反担保人的权利义务，依相应的担保方式而定。①

反担保人可以是债务人，也可以是债务人之外的其他人。反担保方式可以是债务人提供的抵押或者质押，也可以是其他人提供的保证、抵押或者质押。反担保与担保的区别在于，担保所担保的是主债权，而反担保所担保的是担保人的追偿权，即附条件的未来债权。

法条关联

◆《最高人民法院关于适用〈中华人民共和国担保法〉若干问题的解释》

第二条　反担保人可以是债务人，也可以是债务人之外的其他人。

---

① 《中华人民共和国担保法注解与配套（第四版）》，中国法制出版社 2017 年版，第 5 页。

反担保方式可以是债务人提供的抵押或者质押，也可以是其他人提供的保证、抵押或者质押。

案例评议

山东日金集团有限公司诉日照古棉纺织有限公司等担保追偿权纠纷案①

2008年12月5日，古棉公司从日照银行股份有限公司贷款1500000元，贷款期限约为1年，即从2008年12月25日至2009年12月1日，日金公司为该笔贷款提供担保。该笔贷款到期后，古棉公司无力还款。2009年12月17日，张某栋、夏某分别与日金公司签订了反担保书，约定张某栋、夏某愿意对日金公司的担保追偿权提供反担保，与古棉公司承担连带还款责任。反担保的范围为向日照银行垫付的本金及利息及追偿垫付款所发生的一切合理的费用。2009年12月29日，日金公司与日照古棉公司、刑某签订了一份反担保协议，刑某作为日金公司的反担保人在该协议上签字确认。该协议约定日金公司作为担保人代替古棉公司偿还银行贷款后，古棉公司应当在2010年6月30日之前偿还日金公司的垫付款。刑某为日金公司的担保行为提供反担保，负连带保证责任。协议还约定利息自日金公司偿还银行贷款时起算，利率为日照银行股份有限公司的同期贷款利率。日金公司作为担保人为履行担保义务，于2009年12月30日从日照银行股份有限公司贷款1600000元，将该笔款中的1571453.37元用于偿还古棉公司的借款。日金公司承担还款和保证责任后，多次找被告催要无果，遂诉至法院。

◆ **裁判规则**

法院经审理认为，原告山东日金集团有限公司与被告日照古棉纺织有限公司、张某栋、刑某、夏某之间签订的反担保合同，系各方当事人之间真实的意思表示，该合同成立并生效，原告主张被告日照古棉纺织有限公司支付为其垫付的本金及利息1571453.37元，本院予以支持。故判决被告日照古棉纺织有限公司偿还原告山东日金集团有限公司垫付款1571453.37元，并按照协议约定向原告偿还银行贷款自2010年1月1日起的利息；被告张某栋、刑某、夏某对上述垫付款承担连带清偿责任，上述垫付款偿还后，有权向被告日照古棉纺织有限公司追偿。

---

① 山东省日照市经济开发区人民法院（2010）日开商初字第193号。

◆ **评议**

在反担保中，反担保人可以是债务人，也可以是债务人之外的其他人。本案中的反担保人为债务人之外的第三人，反担保人在反担保书上的签名及所担保的内容均为有效的约定，应当对原告承担担保责任。各反担保人承担责任后，有权向债务人进行追偿。

第六百九十条 【最高额保证合同】

保证人与债权人可以协商订立最高额保证的合同，约定在最高债权额限度内就一定期间连续发生的债权提供保证。

最高额保证除适用本章规定外，参照适用本法第二编最高额抵押权的有关规定。

本条来源

本条第一款来源于《担保法》第十四条的规定："保证人与债权人可以就单个主合同分别订立保证合同，也可以协议在最高债权额限度内就一定期间连续发生的借款合同或者某项商品交易合同订立一个保证合同。"相较于原法条，本条第一款在表述方式上进行适当调整，该变动仅为立法技术上的简化，法条的实质内涵未发生变化。本条第二款为新增条款，规定最高额保证合同参照适用本法第二编即物权编最高额抵押权的有关规定。

立法演变

本条在一次审议稿位于本章第二节保证责任的最后一条，而在二次审议稿中调整至本章第一节一般规定的最后一条，该变动使法条内在逻辑更为清晰。《民法典》将第一款"最高额保证合同"改为"最高额保证的合同"。同时第二款中的"物权编"改为"本法第二编"，该变动为立法技术上的调整，使法条更具有体系性，法条的实质内涵未发生变化。

条文释义

本条是关于最高额保证合同的规定。最高额保证合同是指保证人在最高债权额限度内，为一定期间连续发生的债权提供保证担保的合同。最高额保证合同具有以下特点：第一，最高额保证的生效与被保证的债务是否实际发生无关；第二，所担保的债务为一定期间内连续发生的债务；第三，最高额保证约定了保证人承担保证责任的最高限额；第四，最高额保证所担保的是债务整体，各笔债务的清偿期仅对债务人有意义，并不影响保证人承担保证责任。①

因为民法典物权编中关于最高额抵押权规定得较为详细，同时最高额保证与最高额抵押权之间有较多共同之处，因此最高额保证合同除适用本章规定外，其他的规定可以参照适用物权编最高额抵押权的有关规定。

法条关联

◆《最高人民法院关于适用〈中华人民共和国担保法〉若干问题的解释》

第二十三条 最高额保证合同的不特定债权确定后，保证人应当对在最高债权额限度内就一定期间连续发生的债权余额承担保证责任。

第三十七条 最高额保证合同对保证期间没有约定或者约定不明的，如最高额保证合同约定有保证人清偿债务期限的，保证期间为清偿期限届满之日起六个月。没有约定债务清偿期限的，保证期间自最高额保证终止之日或自债权人收到保证人终止保证合同的书面通知到达之日起六个月。

第二节 保证责任

第六百九十一条 【保证范围】

保证的范围包括主债权及其利息、违约金、损害赔偿金和实现债权的费用。当事人另有约定的，按照其约定。

本条来源

本条来源于《担保法》第二十一条第一款的规定："保证担保的范围包括

① 《中华人民共和国担保法注解与配套（第四版）》，中国法制出版社2017年版，第18页。

主债权及利息、违约金、损害赔偿金和实现债权的费用。保证合同另有约定的，按照约定。”相较于原法条，本条将“保证合同另有约定的”改为“当事人另有约定的”，并作了删去“担保”、增加“其”等调整，这些变动使法条表述更为精准。

条文释义

本条是关于保证范围的规定。保证范围是指保证人在主债务人不履行债务时，向债权人承担的代为履行义务的限度①。双方当事人在设立保证合同时，应当明确保证人的保证责任范围。如双方当事人未约定，则应依保证责任的法定范围加以确定。因为保证债务独立于主债务，因此，保证责任的范围得由当事人自由约定。此时，保证责任的范围不必与主债务的范围相一致，但不得大于或强于主债务。当事人对保证责任的范围有明确约定的，保证人仅在约定的限度内负保证责任，对超出约定范围的债务，保证人不负保证责任。

保证责任的法定范围除包括主债权以外，还及于主债权的利息、违约金、损害赔偿和实现债权的费用。约定保证责任范围具有优先于法定保证责任范围的效力，即保证人和主债权人如在保证合同中对保证责任范围作了明确约定，即使其约定与法定的保证责任范围不一致，亦应优先适用约定的保证责任范围，而排除法定保证责任范围的适用。

法条关联

◆《最高人民法院关于适用〈中华人民共和国担保法〉若干问题的解释》

第二十六条　第三人向债权人保证监督支付专款专用的，在履行了监督支付专款专用的义务后，不再承担责任。未尽监督义务造成资金流失的，应当对流失的资金承担补充赔偿责任。

第二十七条　保证人对债务人的注册资金提供保证的，债务人的实际投资与注册资金不符，或者抽逃转移注册资金的，保证人在注册资金不足或者抽逃转移注册资金的范围内承担连带保证责任。

① 高圣平著：《担保法论》，法律出版社2008年版，第164页。

第六百九十二条　【保证期间】

保证期间是确定保证人承担保证责任的期间，不发生中止、中断和延长。

债权人与保证人可以约定保证期间，但是约定的保证期间早于主债务履行期限或者与主债务履行期限同时届满的，视为没有约定；没有约定或者约定不明确的，保证期间为主债务履行期限届满之日起六个月。

债权人与债务人对主债务履行期限没有约定或者约定不明确的，保证期间自债权人请求债务人履行债务的宽限期届满之日起计算。

本条来源

本条来源于《最高人民法院关于适用〈中华人民共和国担保法〉若干问题的解释》（法释〔2000〕44号）第三十一条：“保证期间不因任何事由发生中断、中止、延长的法律后果。”第三十二条：“保证合同约定的保证期间早于或者等于主债务履行期限的，视为没有约定，保证期间为主债务履行期届满之日起六个月。保证合同约定保证人承担保证责任直至主债务本息还清时为止等类似内容的，视为约定不明，保证期间为主债务履行期届满之日起二年。”第三十三条：“主合同对主债务履行期限没有约定或者约定不明的，保证期间自债权人要求债务人履行义务的宽限期届满之日起计算。”相较于原法条，本条在表述方式上进行适当调整，同时将保证期间约定不明时推定保证期间为“主债务履行期限届满之日起两年”改为“主债务履行期限届满之日起六个月”，该变动将保证期间约定不明和没有约定保证期间的推定时长进行了统一。

立法演变

本条第一款在一次审议稿和二次审议稿第四百八十一条、《民法典（草案）》第六百九十二条均规定：“保证期间是保证人承担保证责任的期间，不发生中止、中断和延长。”《民法典》增加“确定”二字，法条用语更加严谨，法条的实质内涵未发生变化。其他款项在历次修改中未进行修改。

条文释义

本条是关于保证期间的规定。保证期间是指依据法律规定或者当事人的约定，保证人承担保证责任的期间。保证期间不因任何事由发生中断、中止、延长的法律后果。保证期间以约定为原则，以法定为例外。但是约定的保证期间早于主债务履行期限或者与主债务履行期限同时届满的，视为没有约定。而对于双方当事人对保证期间没有约定或者约定不明确的，法律推定保证期间为主债务履行期限届满之日起六个月。如果双方当事人对主债务履行期限也没有约定或者约定不明确的，法律推定保证期间自债权人请求债务人履行债务的宽限期届满之日起计算。

第六百九十三条　【保证责任的消灭】

一般保证的债权人未在保证期间对债务人提起诉讼或者申请仲裁的，保证人不再承担保证责任。

连带责任保证的债权人未在保证期间请求保证人承担保证责任的，保证人不再承担保证责任。

本条来源

本条来源于《担保法》第二十五条第二款："在合同约定的保证期间和前款规定的保证期间，债权人未对债务人提起诉讼或者申请仲裁的，保证人免除保证责任；债权人已提起诉讼或者申请仲裁的，保证期间适用诉讼时效中断的规定。"第二十六条第二款："在合同约定的保证期间和前款规定的保证期间，债权人未要求保证人承担保证责任的，保证人免除保证责任。"相较于原法条，本条在表述方式上进行适当调整，该变动仅为立法技术上的简化，法条的实质内涵未发生变化。

立法演变

本条在一次审议稿和二次审议稿第四百八十二条、《民法典（草案）》第六百九十三条均规定："一般保证的债权人未在保证期间内对债务人提起诉讼或者申请仲裁的，保证人不再承担保证责任。连带责任保证的债权人未在保证期间对保证人主张承担保证责任的，保证人不再承担保证责任。”《民法典》将第一款中的“保证期间内”改为“保证期间”。同时对第二款的语序进行了修改，做了如上的变动。该变动仅为法条表述更为简练精准，法条的实质内涵未发生变化。

条文释义

本条是关于保证人因债权人不行使权利而不再承担保证责任的规定。债权人对保证人的请求权仅存在于保证期间。如果在保证期间届满前，债权人不向保证人主张权利，保证人不再承担保证责任。判断债权人是否行使权利的标准因保证方式的不同而有所不同。在一般保证中，债权人行使权利的标准为债权人是否在保证期间届满前以仲裁或者诉讼的方式向债务人请求履行债务；而在连带责任保证中，债权人行使权利的标准为债权人是否在保证期间届满前向保证人主张保证债权。

第六百九十四条　【保证债务诉讼时效的起算】

一般保证的债权人在保证期间届满前对债务人提起诉讼或者申请仲裁的，从保证人拒绝承担保证责任的权利消灭之日起，开始计算保证债务的诉讼时效。

连带责任保证的债权人在保证期间届满前请求保证人承担保证责任的，从债权人请求保证人承担保证责任之日起，开始计算保证债务的诉讼时效。

本条来源

本条来源于《最高人民法院关于适用〈中华人民共和国担保法〉若干问题的解释》第三十四条的规定：“一般保证的债权人在保证期间届满前对债务人提起诉讼或者申请仲裁的，从判决或者仲裁裁决生效之日起，开始计算保证合同的诉讼时效。连带责任保证的债权人在保证期间届满前要求保证人承担保证责任的，从债权人要求保证人承担保证责任之日起，开始计算保证合同的诉讼时效。”相较于原法条，本条第一款将一般保证中保证债务的诉讼时效起算点由

“判决或者仲裁裁决生效之日起”改为“保证人拒绝承担保证责任的权利消灭之日起”，该变动是为了与保证人的先诉抗辩权相适应，同时也更符合本法总则中关于诉讼时效的规定。

立法演变

本条在一次审议稿沿用《最高人民法院关于适用〈中华人民共和国担保法〉若干问题的解释》第三十四条表述，二次审议稿作了上述变动，并最终为本条所采用。

条文释义

本条是关于保证债务诉讼时效起算点的规定。一般诉讼时效起算点是从债权人知道或者应当知道自己权利受到侵犯时开始计算，保证债务诉讼时效起算点亦是如此。在保证合同中，当保证债权可得行使时，债权人向保证人主张保证债权受阻，即知道或者应当知道自己权利受到侵犯，此时保证债务的诉讼时效期间即开始计算①。在一般保证中，因保证人有先诉抗辩权，债权人只有在主债务人确实无力履行或赔偿损失时，才能向保证人要求代为履行或赔偿损失，此时债权人的保证债权才可得行使。因此本条规定在保证期间届满前对债务人提起诉讼或者申请仲裁的，从保证人拒绝承担保证责任的权利消灭之日起，开始计算保证债务的诉讼时效。而对于连带责任保证来说，保证人与主债务人对于债务清偿处于相同地位，保证人也无抗辩权之说。因此，从债权人请求保证人承担保证责任而保证人拒绝承担时，债权人则知道自己保证债权受到侵犯，即从债权人请求保证人承担保证责任之日起，开始计算保证债务的诉讼时效。

案例评议

中国长城资产管理公司大连办事处
诉鞍山市工业燃料总公司等借款合同案②

1996 年 2 月 14 日至 2004 年 9 月 20 日，鞍山市工业燃料公司与工行鞍山分

① 高圣平著：《担保法论》，法律出版社 2008 年版，第 134 页。

② 辽宁省鞍山市中级人民法院（2007）鞍民三初字第 280 号。

行签订了3份短期借款合同，鞍山市热电公司提供保证担保。合同签订后，工行鞍山分行按合同约定履行了自己的全部义务，但鞍山市工业燃料和鞍山市热电公司在合同到期后一直没有偿还借款，至今尚欠借款274.6万元及利息。2005年7月15日，工行鞍山分行将上述债权转让给长城资产管理公司。故长城资产管理公司诉至法院，请求判令燃料公司偿还原告借款本金274.6万元及利息2388067.14元；热电公司承担连带保证责任。热电公司辩称其仅担保258.5万元，其余两笔没有担保，另外长城资产管理公司的诉请已经超过两年的保证期间。另查明工行鞍山分行曾在2000年（具体日期不详）和2004年9月20日向热电公司发出两份逾期贷款催保通知。

◆ **裁判规则**

法院经审理认为，工行鞍山分行与燃料公司签订的3份借款合同、与热电公司签订的保证合同均合法有效。工行鞍山分行已将此笔债权转让给长城资产管理公司，符合法律规定。由于长城资产管理公司提供的保证合同明确了保证担保的金额为258.5万元，所以热电公司关于保证范围的辩解成立，应认定其提供保证担保的范围为258.5万元。关于保证期间，借款合同约定的借款期限为1998年6月17日至1999年5月20日，保证合同约定的保证期间为两年，自借款人不履行债务之日起计算。本案的保证期间应为1999年5月21日至2001年5月21日。工行鞍山分行诉称其曾于2000年向热电公司发出催保通知。但由于该催保通知上没有具体日期的记载，故该催保通知不能成为计算保证债务诉讼时效具体起始日期的证据。即便从充分保护债权人的角度考虑，把催保通知单上的日期推定为2000年12月31日，那么按长城资产管理公司所述有热电公司盖章的第2份催保通知单回执为2004年9月20日签收，亦超过保证债务的诉讼时效。因热电公司享有诉讼时效期间届满的抗辩权，其有权以该项抗辩权对抗长城资产管理公司的请求，所以，在保证债务超过诉讼时效期间的情况下，热电公司仅在催保通知单回执上盖章的行为，并不能成为热电公司承担保证责任的理由。故法院仅判决燃料公司偿还原告长城资产管理公司本金及利息。

◆ **评议**

在本案中，热电公司按照约定承担连带保证责任，且保证期间为两年。第一次催保通知发生在保证期间届满之前，因此保证债务的诉讼时效应当从2000

年开始计算，即使从充分保护债权人的角度分析，该保证债务的诉讼时效截至2002年12月31日已经届满。因此，第2份2004年9月20日的催保通知单不会产生诉讼时效中断的情形，热电公司也因此享有诉讼时效抗辩权。

第六百九十五条 【主合同变更对保证责任的影响】

债权人和债务人未经保证人书面同意，协商变更主债权债务合同内容，减轻债务的，保证人仍对变更后的债务承担保证责任；加重债务的，保证人对加重的部分不承担保证责任。

债权人和债务人变更主债权债务合同的履行期限，未经保证人书面同意的，保证期间不受影响。

本条来源

本条来源于《最高人民法院关于适用〈中华人民共和国担保法〉若干问题的解释》（法释〔2000〕44号）第三十条的规定："保证期间，债权人与债务人对主合同数量、价款、币种、利率等内容作了变动，未经保证人同意的，如果减轻债务人的债务的，保证人仍应当对变更后的合同承担保证责任；如果加重债务人的债务的，保证人对加重的部分不承担保证责任。债权人与债务人对主合同履行期限作了变动，未经保证人书面同意的，保证期间为原合同约定的或者法律规定的期间。债权人与债务人协议变动主合同内容，但并未实际履行的，保证人仍应当承担保证责任。"相较于原法条，本条在表述方式上进行适当调整，该变动仅为立法技术上的简化，法条的实质内涵未发生变化。

立法演变

本条在一次审议稿和二次审议稿第四百八十五条规定："债权人和债务人在保证期间内未经保证人同意，协商变更主合同内容，减轻债务的，保证人仍对变更后的债务承担保证责任；加重债务的，保证人对加重的部分不承担保证责任。债权人与债务人对主合同履行期限作了变更，未经保证人同意的，保证期间为原合同约定或者法律规定的期间。"《民法典（草案）》第六百九十五条规定："债权人和债务人未经保证人书面同意，协商变更主债权债务合同内容，减轻债务的，保证人仍对变更后的债务承担保证责任；加重债务的，保证人对加重的部分不承担保证责任。债权人与债务人对主债权债务合同履行期限作了变更，未经保证人书面同意的，保证期间不受影响。"《民法典》将第二款中"债权人与债务人对主债权债务合同履行期限作了变更"修改为"债权人和债务人变更主债权债务合同的履行期限"，表述更为简练精准。

条文释义

本条是关于在债权人和债务人私自变更主合同内容的情况下，保证人如何承担保证责任的规定。在当事人变更主合同，并增加主债的数额或强度时，如果未经保证人同意，对超过原债额或强度的部分，径直要求保证人承担保证责任，这一方面会使债权人获得经保证人允诺以外的利益，另一方面当然也就使保证人蒙受其允诺外的不测损害，对保证人是不公平的。因此本条规定主合同变更加重了保证人债务的，保证人对加重的部分不承担保证责任。如果主合同的变更减轻了保证人债务的，该变更没有超出保证人允诺的利益范围，没有损害保证人的任何利益，因此本条规定该情况保证人仍对变更后的债务承担保证责任。但对于主债权债务合同履行期限，无论债权人和债务人限缩还是延长，只要未经保证人书面同意的，该变更对保证人没有影响，即保证人仍按照变更前的主合同确定保证期间的起算点，依法律规定或双方当事人约定确定保证期限。

案例评议

王某中诉陈某元、陈某虎民间借贷保证责任纠纷案①

2012年2月13日，陈某元向王某中借款60万元，陈某元出具借条1份并口头约定月利率3%，陈某虎作为担保人在借条上签字并捺印。后陈某元与王某中协商归还利息17万元。因陈某元未能还款，陈某虎未能承担保证责任，王某中遂诉至法院。

---

① 江苏省盐城市中级人民法院（2018）苏09民终337号。

◆ **裁判规则**

法院经审理认为，案涉借条未载明借款存在利息约定，出借人王某中与借款人陈某元口头约定案涉借款月利率3%，是在未经保证人陈某虎同意的情况下，对借条中未约定支付利息的借款重新约定了利率，因该变动内容明显加重了借款人陈某元的债务，保证人陈某虎对加重的债务不承担担保责任。故判决陈某元偿还王某中借款60万元并承担逾期利息；保证人陈某虎对陈某元上述债务中的43万元及逾期利息承担连带清偿责任。

◆ **评议**

借款借据上虽未约定利息，但出借人与借款人口头约定借款利息的，应认定借款为有息借款。在本案中，借款人也已经偿还17万元利息。但在保证人并不知晓口头利息约定的情形下，应当认定保证人的担保范围仅为借款本金。对于借款人按照约定已经支付的利息部分，保证人要求在其承担的担保范围内予以扣减，因此在本案中，陈某元所归还的17万元是否为利息可根据其与王某中的约定来判断，但对于保证人陈某虎来说应当在其保证范围内予以扣减。

第六百九十六条　【债权让与对保证责任的影响】

债权人转让全部或者部分债权，未通知保证人的，该转让对保证人不发生效力。

保证人与债权人约定禁止债权转让，债权人未经保证人书面同意转让债权的，保证人对受让人不再承担保证责任。

本条来源

本条来源于《最高人民法院关于适用〈中华人民共和国担保法〉若干问题的解释》（法释〔2000〕44号）第二十二条的规定："保证期间，债权人依法将主债权转让给第三人的，保证债权同时转让，保证人在原保证担保的范围内对受让人承担保证责任。但是保证人与债权人事先约定仅对特定的债权人承担保证责任或者禁止债权转让的，保证人不再承担保证责任。"相较于原法条，本条在表述方式上进行适当调整，同时增加了两部分内容：一是债权人转让债权应履行通知保证人的义务；二是在保证人书面同意情况下，债权人可对事前约定的禁止转让的债权进行转让，保证人应在同意范围内继续承担保证责任。

立法演变

本条在一次审议稿和二次审议稿第四百八十六条规定："债权人在保证期间内将全部或者部分债权转让给第三人，通知保证人后，保证人对受让人承担相应的保证责任。未经通知，该转让对保证人不发生效力。保证人与债权人约定仅对特定的债权人承担保证责任或者禁止债权转让，债权人在保证期间内未经保证人同意转让全部或者部分债权的，保证人就受让人的债权不再承担保证责任。"《民法典（草案)》第六百九十六条规定："债权人将全部或者部分债权转让给第三人，通知保证人后，保证人对受让人承担相应的保证责任。未经通知，该转让对保证人不发生效力。保证人与债权人约定仅对特定的债权人承担保证责任或者禁止债权转让，债权人未经保证人书面同意转让全部或者部分债权的，保证人就受让人的债权不再承担保证责任。"《民法典》对法条的表述作了大幅度的简化，该变动仅为法条表述更为简练精准，法条的实质内涵未发生变化。

条文释义

本条是关于债权让与对保证责任的影响的规定。从性质上来看，保证合同是从属于主债务合同的从合同。根据从属性原则，主债权人转让主债权时，从债权一同转让，即债权人将全部或者部分债权转让给第三人后，保证人对受让人继续承担相应的保证责任。但是本条规定，保证人继续承担保证责任的前提是债权人履行了告知义务，如果债权人未将债权让与的事实告知保证人，该转让对保证人不发生效力，但不影响债权人和受让人之间的关系。

保证人可以与债权人约定，禁止债权人转让债权。不过，禁止债权转让的约定仅对保证人是否承担保证责任产生影响，对债权人转让债权的效力不发生影响。即在此约定下，债权人仍可以转让债权，但保证人不再承担保证责任，除非保证人书面同意转让债权的。

第六百九十七条　【债务承担对保证责任的影响】

债权人未经保证人书面同意，允许债务人转移全部或者部分债务，保证人对未经其同意转移的债务不再承担保证责任，但是债权人和保证人另有约定的除外。

第三人加入债务的，保证人的保证责任不受影响。

本条来源

本条来源于《最高人民法院关于适用〈中华人民共和国担保法〉若干问题的解释》（法释〔2000〕44号）第二十九条："保证期间，债权人许可债务人转让部分债务未经保证人书面同意的，保证人对未经其同意转让部分的债务，不再承担保证责任。但是，保证人仍应当对未转让部分的债务承担保证责任。"《担保法》第二十三条："保证期间，债权人许可债务人转让债务的，应当取得保证人书面同意，保证人对未经其同意转让的债务，不再承担保证责任。"相较于原法条，本条第一款将其内容进行整合，该变动更能表达立法本意，避免适用异议；增加"债权人和保证人另有约定的除外"规定，该变动规定了债务承担对保证责任影响的意定情形，是当事人意思自治原则的体现。同时增设第二款，该变动规定了保证人的保证责任不因第三人加入债务受影响。

条文释义

本条是关于债务承担对保证责任影响的规定。在保证合同中，主债权关系的当事人应为债权人和主债务人，而非债权人与保证人。债权人转让其债权是其权利，保证人无权干涉。因此债权人可未经保证人书面同意，允许债务人转移全部或者部分债务。保证人对未经其同意转移的债务不再承担保证责任，如果债务人是部分转让债务的，保证人仍应当对为转让部分的债务承担保证责任，但是债权人和保证人另有约定的除外。第三人作为债务人加入主债务之中的，其加入并未加重保证人的担保责任，因此保证人的保证责任不受影响。

第六百九十八条 【一般保证责任的免除】

一般保证的保证人在主债务履行期限届满后，向债权人提供债务人可供执行财产的真实情况，债权人放弃或者怠于行使权利致使该财产不能被执行的，保证人在其提供可供执行财产的价值范围内不再承担保证责任。

本条来源

本条来源于《最高人民法院关于适用〈中华人民共和国担保法〉若干问题的解释》（法释〔2000〕44号）第二十四条的规定："一般保证的保证人在主债权履行期间届满后，向债权人提供了债务人可供执行财产的真实情况的，债权人放弃或者怠于行使权利致使该财产不能被执行，保证人可以请求人民法院在其提供可供执行财产的实际价值范围内免除保证责任。"相较于原法条，本条在表述方式上进行适当调整，该变动仅为立法技术上的简化，法条的实质内涵未发生变化。

条文释义

本条是关于一般保证责任免除的一种情形。一般保证责任是一种补充责任，仅在主合同纠纷经审判或者仲裁，并依法被强制执行债务人财产后，债权人仍不能得到清偿时，保证人才对债务人所不能履行的部分承担保证责任。如果债务人确有可供执行财产，债权人由于自身原因放弃或者怠于行使权利，错失执行机会致使债权不能够实现的，此种情形下如让保证人承担该后果并且继续履行保证债务，显然有损公平，必然会损害保证人的利益。因此本条规定，主债务履行期限届满后，在保证人提供债务人具有可供执行财产的情况下，债权人仍放弃或者怠于行使权利的，保证人在其提供可供执行财产的价值范围内不再承担保证责任。

案例评议

戈某征与龚某合同纠纷案①

2013年3月，付某波与龚某签订借款合同1份，戈某征作为保证人与龚某签订担保合同一份，双方约定由戈某征为付某波上述借款提供连带责任担保。付某波在偿还部分借款后去向不明，龚某遂要求戈某征履行保证责任。2014年初，龚某提起诉讼，请求戈某征及案外人付某波支付余下本金及利息，后龚某认为戈某征代偿欠款本息的还款方案不达预期遂撤诉。此后，戈某征和龚某签订了《代偿还款协议》1份，双方约定由戈某征自愿代偿案外人付某波借款831000元。该协议签订后，戈某征向龚某代偿了借款300000元，其后拒绝再向龚某代偿借款，并诉至法院，主张因被上诉人龚某撤诉致使案外人付某波被查封的两套住房被解封，由此导致的债务无法履行的责任应由被上诉人龚某自行承担，其保证责任免除。

◆ 裁判规则

法院经审理认为，“债权人放弃或者怠于行使权利致使该财产不能被执行的，保证人在其提供可供执行财产的价值范围内不再承担保证责任”的适用前提为一般保证。因上诉人戈某征与被上诉人龚某在《保证合同》中明确约定为连带责任保证，并非一般保证，故本院不予支持，遂驳回上诉，维持原判。

◆ 评议

仅在一般保证中，保证人才具有先诉抗辩权。先诉抗辩权是一种延期履行的抗辩权而非免责抗辩权，延期履行的作用就是敦促债权人更充分地向主债务人主张权利。而在连带责任保证中，保证人和债务人处于相同的地位，无论债权人是否积极向主债务人主张权利，保证人的保证责任都不受影响。本案中，当事人双方所约定的保证方式为连带责任保证，因此不能使用本条规定。

---

① 湖北省咸宁市中级人民法院（2018）鄂12民终855号。

第六百九十九条　【共同保证】

同一债务有两个以上保证人的，保证人应当按照保证合同约定的保证份额，承担保证责任；没有约定保证份额的，债权人可以请求任何一个保证人在其保证范围内承担保证责任。

本条来源

本条来源于《担保法》第十二条的规定：“同一债务有两个以上保证人的，保证人应当按照保证合同约定的保证份额，承担保证责任。没有约定保证份额的，保证人承担连带责任，债权人可以要求任何一个保证人承担全部保证责任，保证人都负有担保全部债权实现的义务。已经承担保证责任的保证人，有权向债务人追偿，或者要求承担连带责任的其他保证人清偿其应当承担的份额。”相较于原法条，本条将没有约定保证份额的保证责任由“保证人承担全部保证责任”改为“保证人在其保证范围内承担保证责任”。

条文释义

本条是关于共同保证的规定。共同保证是指数个保证人就同一债务人的同一债务所作的保证。数个保证人之间应当对保证份额进行明确的约定。如果共同保证人之间明确了各自承担的份额，则相当于各共同保证人均就主债务的特定部分设定保证。在此种情形下，债权人只能请求每一个保证人就其保证份额承担保证责任，无权请求其中某个保证人就全部保证债务承担责任；如果共同保证人之间未明确约定保证份额，则债权人可以请求其中任何一个保证人承担其保证范围内的保证责任。

第七百条　【保证人的追偿权】

保证人承担保证责任后，除当事人另有约定外，有权在其承担保证责任的范围内向债务人追偿，享有债权人对债务人的权利，但是不得损害债权人的利益。

本条来源

本条来源于《担保法》第三十一条的规定："保证人承担保证责任后，有权向债务人追偿。"相较于原法条，本条将保证人向债务人追偿中的规则和权利内容予以细化。

条文释义

本条是关于保证人追偿权的规定。保证人的追偿权是指保证人承担保证责任后，有权向主债务人请求返还其履行的保证债务。追偿权是对保证人履行保证债务的一种补偿，因此保证人有权在其承担保证责任的范围内向债务人追偿。同时保证人还可以向债务人主张债权人对其享有的权利，但保证人不得以此损害债权人的利益。如果当事人双方约定保证人承担保证责任后不享有追偿权的，应从其约定。

第七百零一条 【保证人的一般抗辩权】

保证人可以主张债务人对债权人的抗辩。债务人放弃抗辩的，保证人仍有权向债权人主张抗辩。

本条来源

本条来源于《担保法》第二十条的规定："一般保证和连带责任保证的保证人享有债务人的抗辩权。债务人放弃对债务的抗辩权的，保证人仍有权抗辩。抗辩权是指债权人行使债权时，债务人根据法定事由，对抗债权人行使请求权的权利。"相较于原法条，本条第一款在表述方式上进行适当调整，并且删除了第二款，该变动仅为立法技术上的简化，确保表述精准简练，避免重复。

条文释义

本条是关于保证人的一般抗辩权的规定。保证债务具有从属于主债务的属性，主债务人对于债权人所享有的任何抗辩权或者其他权利，保证人均可以主张以对抗债权人的请求。当主债务人行使了抗辩权时，该抗辩权的效力及于保证人。如果主债务人怠于行使对抗债权人的抗辩权时，由保证人自己来行使主债务人的抗辩权，则能充分保护保证人的合法利益。因此本条规定，保证人享有主债务人的抗辩权。值得注意的是，保证人的一般抗辩权属于其依法享有的抗辩权，独立于主债务人的抗辩权而发生效力。即保证人行使抗辩权时是以自己的名义而非主债务人代理人的身份。不论保证人的保证责任为一般保证责任还是连带保证责任，均享有一般抗辩权。

第七百零二条 【基于抵销权和撤销权的保证责任减免】

债务人对债权人享有抵销权或者撤销权的，保证人可以在相应范围内拒绝承担保证责任。

本条来源

本条为新增条款。

立法演变

本条为一次审议稿新增条款，二次审议稿和《民法典（草案）》均未作修改，并最终为本条所采用。

条文释义

本条是关于保证人基于债务人抵销权和撤销权，向债权人主张减轻保证责任的规定。撤销权是指债务人对于债权人危害债权实现的行为，有请求人民法院撤销该行为的权利。抵销权是指当事人双方之间互相负有债务时，各自用其债权来充当债务的清偿从而使双方债务在对等范围内归于消灭。无论是抵销权亦或是撤销权，债务人有效行使该权利后，必然都能够缩小债务范围，必然会减轻保证人的保证责任。因此本条规定在债务人享有对债权人抵销权或者撤销权时，保证人可以在相应范围内拒绝承担保证责任。

第十四章　租赁合同

本章概要

从条文数量和条文内容上看，本章相较于《合同法》第十三章租赁合同进行了一定的增减，本章共三十二条，比《合同法》增加七个条文数。内容上主要注意以下变化：一是增加租赁合同未备案不影响合同的效力，因为法律、行政法规要求办理租赁合同登记备案手续的规定，只是管理性规定，而非效力性规定。二是借鉴《最高人民法院关于审理城镇房屋租赁合同纠纷案件具体应用法律若干问题的解释》对超期转租效力、次承租人代付租金和违约金后的代偿请求权等的规定。三是增加明知转租六个月内无异议的视为出租人同意转租的规定。四是对房屋租赁合同承租人的优先购买权的行使范围、时间限制、救济途径等进行了完善和补充。

第七百零三条　【租赁合同的定义】

租赁合同是出租人将租赁物交付承租人使用、收益，承租人支付租金的合同。

本条来源

本条来源于《合同法》第二百一十二条，条文无变动。

条文释义

本条是关于租赁合同定义的规定。租赁合同是出租人将租赁物交付承租人使用、收益，承租人支付租金并于期限届满时归还原物的合同。租赁合同中交付租赁物供对方使用、收益的一方为出租人，使用租赁物的一方为承租人。交付使用的物为租赁物，租金则为使用租赁物的代价。租赁合同具有以下特征：第一，租赁合同的标的物只能是依法可租赁的非消耗物。租赁合同终止后，承租人必须把租赁的财产返还给出租人。第二，租赁合同是转移财产使用权的合同。租赁合同以承租人使用、收益租赁物为直接目的，承租人仅取得租赁物的使用收益权，租赁期限届满，承租人需将原物归还给出租人。第三，租赁合同是诺成、双务、有偿合同。租赁合同的成立，只需出租人与承租人双方意思表示达成一致即可，不以租赁物的实际交付为合同的生效要件。出租人承担交付租赁物供承租人使用、收益的义务，承租人取得租赁物的使用权须负担交付租金的义务。第四，租赁合同具有临时性。我国租赁合同最长存续期限不超过二十年。

法条关联

◆《城市房地产管理法》

第五十三条 房屋租赁，是指房屋所有权人作为出租人将其房屋出租给承租人使用，由承租人向出租人支付租金的行为。

第五十五条 住宅用房的租赁，应当执行国家和房屋所在城市人民政府规定的租赁政策。租用房屋从事生产、经营活动的，由租赁双方协商议定租金和其他租赁条款。

◆《海商法》

第一百二十九条 定期租船合同，是指船舶出租人向承租人提供约定的由出租人配备船员的船舶，由承租人在约定的期间内按照约定的用途使用，并支付租金的合同。

第一百四十四条 光船租赁合同，是指船舶出租人向承租人提供不配备船员的船舶，在约定的期间内由承租人占有、使用和营运，并向出租人支付租金的合同。

第七百零四条 【租赁合同的主要条款】

租赁合同的内容一般包括租赁物的名称、数量、用途、租赁期限、租金及其支付期限和方式、租赁物维修等条款。

本条来源

本条来源于《合同法》第二百一十三条的规定："租赁合同的内容包括租赁物的名称、数量、用途、租赁期限、租金及其支付期限和方式、租赁物维修等条款。"相较于原法条，本条增加"一般"两个字，该变动仅为提高法条表述的准确性。

条文释义

本条是关于租赁合同主要条款的规定。在一般情况下，双方当事人应当在租赁合同中约定租赁物的名称、数量、用途、租赁期限、租金及其支付期限和方式、租赁物维修等内容。该规定只是规范性指导，租赁合同的当事人还可以根据需要约定其他内容，缺少上述内容的对合同效力不产生影响。

法条关联

◆《海商法》

第一百三十条　定期租船合同的内容，主要包括出租人和承租人的名称、船名、船籍、船级、吨位、容积、船速、燃料消耗、航区、用途、租船期间、交船和还船的时间和地点以及条件、租金及其支付，以及其他有关事项。

第一百四十五条　光船租赁合同的内容，主要包括出租人和承租人的名称、船名、船籍、船级、吨位、容积、航区、用途、租船期间、交船和还船的时间和地点以及条件、船舶检验、船舶的保养维修、租金及其支付、船舶保险、合同解除的时间和条件，以及其他有关事项。

◆《城市房地产管理法》

第五十四条　房屋租赁，出租人和承租人应当签订书面租赁合同，约定租赁期限、租赁用途、租赁价格、修缮责任等条款，以及双方的其他权利和义务，并向房产管理部门登记备案。

第五十六条　以营利为目的，房屋所有权人将以划拨方式取得使用权的国有土地上建成的房屋出租的，应当将租金中所含土地收益上缴国家。具体办法由国务院规定。

◆《商品房屋租赁管理办法》

第七条 房屋租赁当事人应当依法订立租赁合同。房屋租赁合同的内容由当事人双方约定，一般应当包括以下内容：

（一）房屋租赁当事人的姓名（名称）和住所；

（二）房屋的坐落、面积、结构、附属设施，家具和家电等室内设施状况；

（三）租金和押金数额、支付方式；

（四）租赁用途和房屋使用要求；

（五）房屋和室内设施的安全性能；

（六）租赁期限；

（七）房屋维修责任；

（八）物业服务、水、电、燃气等相关费用的缴纳；

（九）争议解决办法和违约责任；

（十）其他约定。

房屋租赁当事人应当在房屋租赁合同中约定房屋被征收或者拆迁时的处理办法。

建设（房地产）管理部门可以会同工商行政管理部门制定房屋租赁合同示范文本，供当事人选用。

第七百零五条 【租赁期限】

租赁期限不得超过二十年。超过二十年的，超过部分无效。

租赁期限届满，当事人可以续订租赁合同；但是，约定的租赁期限自续订之日起不得超过二十年。

本条来源

本条来源于《合同法》第二百一十四条的规定：“租赁期限不得超过二十年。超过二十年的，超过部分无效。租赁期间届满，当事人可以续订租赁合同，但约定的租赁期限自续订之日起不得超过二十年。”相较于原法条，本条将“期间”改为“期限”，该变动使法条用语更加严谨，法条的实质内涵未发生变化。

立法演变

本条在一次审议稿和二次审议稿第四百九十六条、《民法典（草案）》第七百零五条均沿用《合同法》第二百一十四条的规定，最终《民法典》作了上述变动。

条文释义

本条是关于租赁期限的规定。租赁合同具有临时性，该特征是针对租赁合同的期限而言，出租人只是将其财产的使用权临时性转移给承租人，租赁物的实际价值和客观情况可能会随着时间的推移而产生变化。如果租赁时间太长可能会导致租赁人的所有权落空，因此，租赁合同有一定期限的限制，非永久性使用。各国法律大都规定了租赁合同的最长存续期限。[①] 本条规定租赁合同的期限最长不得超过二十年，超过二十年的，超过二十年的部分无效，但并不导致租赁合同无效。租赁期限届满，当事人可以续订租赁合同，但约定的租赁期限自续订之日起不得超过二十年。

法条关联

◆《公共租赁住房管理办法》

第十八条　公共租赁住房租赁期限一般不超过5年。

◆《最高人民法院关于审理城镇房屋租赁合同纠纷案件具体应用法律若干问题的解释》

第三条　出租人就未经批准或者未按照批准内容建设的临时建筑，与承租人订立的租赁合同无效。但在一审法庭辩论终结前经主管部门批准建设的，人民法院应当认定有效。

租赁期限超过临时建筑的使用期限，超过部分无效。但在一审法庭辩论终结前经主管部门批准延长使用期限的，人民法院应当认定延长使用期限内的租赁期间有效。

---

① 例如，日本民法规定，租赁契约的存续期间不得超过20年，如果所订租赁契约比这个期间长的，要缩短为20年。意大利民法典规定，租赁不得超过30年，如果约定期间超过30年或者永久的，则将被减至30年。德国也规定30年。我国台湾地区“民法”规定，租赁契约之期限不得逾20年，逾20年者，缩短为20年。

第七百零六条　【租赁合同登记备案手续对合同效力影响】

当事人未依照法律、行政法规规定办理租赁合同登记备案手续的，不影响合同的效力。

本条来源

本条来源于《最高人民法院关于审理城镇房屋租赁合同纠纷案件具体应用法律若干问题的解释》（法释〔2009〕11号）第四条第一款的规定：“当事人以房屋租赁合同未按照法律、行政法规规定办理登记备案手续为由，请求确认合同无效的，人民法院不予支持。”相较于原法条，本条在表述方式上进行适当调整，该变动仅为立法技术上的简化，法条的实质内涵未发生变化。

立法演变

本条在一次审议稿和二次审议稿的第四百九十七条规定：“当事人未依照法律、行政法规规定办理租赁合同登记备案手续的，不影响合同的效力，但是当事人另有约定的除外。”《民法典（草案）》将但书部分删除，并最终为本条所采用。

条文释义

本条是关于租赁合同登记备案手续对合同效力影响的规定。为了规范特殊租赁物管理，我国对于一些租赁合同实行备案登记制度，但是该制度仅属于管理性规定，而非强制性规定，即备案登记制度不能作为租赁合同的生效要件。例如，我国城市房屋租赁实行登记备案制度，双方当事人未就房屋租赁合同进行登记备案的，房屋租赁合同有效性不受影响。

第七百零七条　【租赁合同的形式】

租赁期限六个月以上的，应当采用书面形式。当事人未采用书面形式，无法确定租赁期限的，视为不定期租赁。

本条来源

本条来源于《合同法》第二百一十五条的规定："租赁期限六个月以上的，应当采用书面形式。当事人未采用书面形式的，视为不定期租赁。"相较于原法条，本条增加"无法确定租赁期限"的内容，排除了可以确定租赁期限的情形，这一补充使法条表述更为严谨。

条文释义

本条是关于租赁合同形式的规定。租赁合同是不要式合同，合同采用何种形式，可由当事人自由决定。但是，对于固定期限合同来说，本条根据租赁合同期限的不同，对合同的形式作了区别要求。期限六个月以下的租赁合同，双方当事人既可以采用口头形式也可以采用书面形式。但是法律另有规定的除外；对期限在六个月以上的租赁合同，双方当事人应当采用书面形式；期限在六个月以上的租赁合同，双方当事人没有采用书面形式，如果双方已经履行合同的主要义务，则合同有效。如果合同的主要义务没有履行，且当事人仅对租赁期限有争议，则该租赁合同视为不定期租赁，租赁合同仍然有效。不定期租赁合同双方当事人具有解除权，可以随时解除合同。

案例评议

刘某清与赵某生等房屋租赁合同纠纷案①

2005 年 5 月 31 日，赵某生与杨某林签订房屋租赁合同，该合同约定：赵某生将其在庆阳市体校校门外南侧临街门面房 2 间租赁给杨某林作为营业用房；租赁期限 5 年，2005 年 6 月 1 日至 2010 年 5 月 3 日；租金每年 9600 元，租赁合同期满可续签新的租赁合同；杨某林不得中途退房，更不得将房屋转租给第三者。2010 年 6 月，该合同到期后，赵某生与杨某林再未续签新的书面合同，但双方继续按以前约定的租费标准进行租赁。2013 年 10 月，杨某林之妻刘某珍在未告知赵某生的情况下，将该房屋转租给刘某清用于经营食品门市。2014 年 1 月，赵某生因该房屋的拆迁事项回到西峰，发现该房屋已被转租，要求杨

---

① 甘肃省庆阳市中级人民法院（2014）庆中民终字第 291 号。

某林、刘某清腾房。刘某清未按约定腾房，赵某生遂起诉至法院。

◆ **裁判规则**

法院经审理认为，赵某生与杨某林签订的房屋租赁合同于2010年5月31日到期后，双方虽然按照以前的合同约定继续履行，但再未续签合同，应当认定为不定期租赁合同，双方在合理期限内可以随时解除原租赁合同。杨某林陈述将该房屋转租给刘某清时，赵某生并不知情，因此，该转租行为对赵某生无约束力。赵某生仍有权随时要求杨某林或者房屋现实际承租人刘某清交回房屋。故判决杨某林、刘某清共同腾退所占赵会生的门面房两间；杨某林按照租赁合同的标准给付赵某生其所欠房屋租赁费。

◆ **评议**

不定期租赁包括以下四种情形：一是当事人对于租赁期限没有约定的；二是当事人对于租赁期限约定不明确的；三是租赁期限为6个月以上但未采用书面形式的；四是租赁期限届满，承租人继续使用租赁物，出租人没有提出异议的。不定期租赁合同的双方当事人可以随时解除合同，但是出租人解除合同应当在合理期限之前通知承租人。本案中，房屋租赁合同期满后，承租人杨某林继续使用租赁物，出租人赵某生没有提出异议，原租赁合同继续生效，但租赁期限为不定期，当事人可以随时解除该租赁合同。虽承租人杨某林将房屋进行转租，但出租人赵某生并不知情，因此杨某林不当然退出租赁关系。

第七百零八条　【出租人基本义务】

出租人应当按照约定将租赁物交付承租人，并在租赁期限内保持租赁物符合约定的用途。

本条来源

本条来源于《合同法》第二百一十六条的规定："出租人应当按照约定将租赁物交付承租人，并在租赁期间保持租赁物符合约定的用途。"相较于原法条，本条将"期间"改为"期限内"，该变动使法条用语更加严谨，法条的实质内涵未发生变化。

立法演变

本条在一次审议稿和二次审议稿第四百九十九条、《民法典（草案）》第七百零八条均沿用《合同法》第二百一十六条的规定，最终《民法典》作了上述变动。

条文释义

本条是关于出租人基本义务的规定。租赁合同最大的目的就是承租人能够对租赁物使用、收益，因此出租人需要承担交付租赁物和瑕疵担保的义务。

第一，交付租赁物的义务。

承租人承租租赁物的目的在于对租赁物的占有、使用和收益，而租赁合同是诺成性合同，无须将标的物的交付作为合同的成立要件，因此为实现承租人的上述目的，出租人应按照合同约定时间交付租赁物，此义务构成了出租人于租赁合同成立后的一项基本义务。

第二，瑕疵担保义务。

出租人的瑕疵担保责任包括物的瑕疵担保责任和权利瑕疵担保责任。

租赁物的瑕疵担保是指出租人应担保所交付的租赁物能够为承租人依约正常使用、收益。租赁物在交付前存在瑕疵的，承租人可以请求解除合同或者减少租金。如果租赁物可由出租人修理完善或另换同类财产交付使用，承租人可要求先行修理或更换租赁物。若承租人事前明知租赁物存在瑕疵的，出租人可不负物的瑕疵担保责任。但是，若租赁物危及承租人的安全或者健康的，即使承租人订立合同时明知该租赁物质量不合格，仍然可以随时解除合同。

权利的瑕疵担保是指出租人应担保不因第三人对承租人主张权利而使承租人不能依约对租赁物进行使用、收益。如因第三人主张权利，致使承租人不能对租赁物进行使用、收益的，承租人可以要求减少租金或者不支付租金。因此给承租人造成损失的，出租人还应负赔偿责任。需要注意的是，第三人主张权利须发生在租赁物交付之前，若发生在交付之后，则承租人的权利本身具有对抗第三人的效力，第三人权利对于承租人对租赁物的使用、收益不发生影响，故不发生出租人的担保责任问题。

法条关联

◆《海商法》

第一百三十一条 出租人应当按照合同约定的时间交付船舶。

出租人违反前款规定的，承租人有权解除合同，出租人将船舶延误情况和船舶预期抵达交船港的日期通知承租人的，承租人应当自接到通知时起四十八小时内，将解除合同或者继续租用船舶的决定通知出租人。

因出租人过失延误提供船舶致使承租人遭受损失的，出租人应当负赔偿责任。

第一百三十二条 出租人交付船舶时，应当做到谨慎处理，使船舶适航。交付的船舶应当适于约定的用途。

出租人违反前款规定的，承租人有权解除合同，并有权要求赔偿因此遭受的损失。

◆《商品房屋租赁管理办法》

第六条 有下列情形之一的房屋不得出租：

（一）属于违法建筑的；

（二）不符合安全、防灾等工程建设强制性标准的；

（三）违反规定改变房屋使用性质的；

（四）法律、法规规定禁止出租的其他情形。

◆《最高人民法院关于审理城镇房屋租赁合同纠纷案件具体应用法律若干问题的解释》

第二条 出租人就未取得建设工程规划许可证或者未按照建设工程规划许可证的规定建设的房屋，与承租人订立的租赁合同无效。但在一审法庭辩论终结前取得建设工程规划许可证或者经主管部门批准建设的，人民法院应当认定有效。

第三条 出租人就未经批准或者未按照批准内容建设的临时建筑，与承租人订立的租赁合同无效。但在一审法庭辩论终结前经主管部门批准建设的，人民法院应当认定有效。租赁期限超过临时建筑的使用期限，超过部分无效。但在一审法庭辩论终结前经主管部门批准延长使用期限的，人民法院应当认定延长使用期限内的租赁期间有效。

第六条 出租人就同一房屋订立数份租赁合同，在合同均有效的情况下，承租人均主张履行合同的，人民法院按照下列顺序确定履行合同的承租人：

（一）已经合法占有租赁房屋的；

（二）已经办理登记备案手续的；

（三）合同成立在先的。

不能取得租赁房屋的承租人请求解除合同、赔偿损失的，依照合同法的有关规定处理。

第八条 因下列情形之一，导致租赁房屋无法使用，承租人请求解除合同的，人民法院应予支持：

（一）租赁房屋被司法机关或者行政机关依法查封的；

（二）租赁房屋权属有争议的；

（三）租赁房屋具有违反法律、行政法规关于房屋使用条件强制性规定情况的。

第七百零九条 【承租人基本义务】

承租人应当按照约定的方法使用租赁物。对租赁物的使用方法没有约定或者约定不明确，依据本法第五百一十条的规定仍不能确定的，应当根据租赁物的性质使用。

本条来源

本条来源于《合同法》第二百一十七条的规定：“承租人应当按照约定的方法使用租赁物。对租赁物的使用方法没有约定或者约定不明确，依照本法第六十一条的规定仍不能确定的，应当按照租赁物的性质使用。”相较于原法条，本条转引用条文序号发生变动。该变动仅为法律体系调整导致法条序号变动，法条的实质内涵没有发生改变。

条文释义

本条是关于承租人基本义务的规定。承租人在占有租赁物后，应当依照约定的方法使用租赁物；对使用租赁物的方法没有约定或者约定不明确的，当事人双方应就租赁物的使用方法进行协商；协商不成的，应当按照租赁物的性质使用。确定承租人是否依约定的方法使用租赁物，是确定租赁物的损耗是否正常的标准，而损耗正常与否又直接关系到承租人的责任。如果承租人按照约定的方法或者租赁物的性质使用租赁物，租赁物损耗也是正常的，承租人不承担损害赔偿责任。如果承租人未依照约定的方法或者租赁物的性质使用租赁物，致使租赁物受到损失的，此时的损耗不属于正常损耗，出租人可以解除合同并要求赔偿损失。

法条关联

◆《商品房屋租赁管理办法》

第十条 承租人应当按照合同约定的租赁用途和使用要求合理使用房屋，不得擅自改动房屋承重结构和拆改室内设施，不得损害其他业主和使用人的合法权益。

承租人因使用不当等原因造成承租房屋和设施损坏的，承租人应当负责修复或者承担赔偿责任。

第七百一十条 【正当使用租赁物的责任】

承租人按照约定的方法或者根据租赁物的性质使用租赁物，致使租赁物受到损耗的，不承担赔偿责任。

本条来源

本条来源于《合同法》第二百一十八条的规定："承租人按照约定的方法或者租赁物的性质使用租赁物，致使租赁物受到损耗的，不承担损害赔偿责任。"相较于原法条，本条将"应当承担损害赔偿责任"改为"应当承担赔偿责任"，该变动为立法技术上的调整，使法条的表述更加精炼。

立法演变

本条在一次审议稿和二次审议稿第五百零一条均沿用《合同法》第一百一十八条的规定，《民法典（草案）》作了上述调整，并最终为本条所采用。

条文释义

本条是关于承租人在正当范围内使用租赁物时，对其正常损耗不承担责任的规定。承租人按照约定的方法或者租赁物的性质使用租赁物，不仅是其应尽的义务，而且是其行使租赁权、保障租赁目的的权利。租赁物因使用受到损耗是一种正常情况，也是出租人能够预料到的。承租人向出租人支付的租金中应已包含与正常损耗相应的折算价值。因此，只要承租人按照约定方法或者租赁物的性质正常使用租赁物，对租赁物的正常损耗、价值的减少不承担责任。

第七百一十一条　【未正当使用租赁物的责任】

承租人未按照约定的方法或者未根据租赁物的性质使用租赁物，致使租赁物受到损失的，出租人可以解除合同并请求赔偿损失。

本条来源

本条来源于《合同法》第二百一十九条的规定："承租人未按照约定的方法或者租赁物的性质使用租赁物，致使租赁物受到损失的，出租人可以解除合同并要求赔偿损失。"相较于原法条，本条在"租赁物的性质"之前增加"未根据"，并将"要求"改为"请求"，该变动使法条表达更精确。

立法演变

本条在一次审议稿和二次审议稿第五百零二条均沿用《合同法》第二百一十九条的规定，《民法典（草案）》在"租赁物的性质"之前增加"根据"二字，《民法典》将"根据"改为"未根据"。

条文释义

本条是关于承租人未按约定方法使用租赁物时，应承担租赁物受损的法律后果的规定。承租人不当使用租赁物并致使租赁物受到损失的行为已经构成了违约，出租人有权选择解除合同并要求承租人承担赔偿相应损失的责任。如果出租人能够通过其他方式阻止承租人的违约行为的，其也可以选择不解除合同，仅要求承租人进行损害赔偿。需要强调的是，条文中的“承租人”应当作扩大解释，即不仅包括承租人自己的行为，而且包括承租人的共同居住人或者经承租人允许使用租赁物的第三人。当上述人的行为造成租赁物损失的，承租人也应当对出租人承担损害赔偿责任，出租人同样享有合同的解除权。

法条关联

◆《最高人民法院关于审理城镇房屋租赁合同纠纷案件具体应用法律若干问题的解释》

第七条 承租人擅自变动房屋建筑主体和承重结构或者扩建，在出租人要求的合理期限内仍不予恢复原状，出租人请求解除合同并要求赔偿损失的，人民法院依照合同法第二百一十九条的规定处理。

案例评议

王某琴诉江苏冠宇机械设备制造有限公司租赁合同纠纷案[①]

2011年9月9日，王某琴将其房屋租赁给冠宇公司，租金每月1500元。根据租房合同约定，冠宇公司在租住期间应爱护所租房屋，保持墙体、地面、楼梯等处的清洁，不得随地吐痰，不得损坏门窗玻璃及附属设施，否则照原样赔偿；被告公司租住人员上下楼梯需穿软底拖鞋，避免磨坏楼梯瓷砖。但被告公司工作人员未能遵守约定，造成王某琴房屋墙壁、地面、房门、天花板、吊扇等多处污染，产生了未清理的生活垃圾，房门、楼梯砖、灯具、插座、门玻璃等多处损坏。王某琴多次要求冠宇公司修理，但冠宇公司至租期结束也未能修理，王某琴遂诉至法院，要求冠宇公司赔偿因不能出租房屋所造成的损失6000元、房屋维修等费用4281元。冠宇公司辩称：租赁期间不存在人为损坏的情形，系使用过程中的自然损坏。

◆ **裁判规则**

法院经审理认为，承租人未按照约定的方法或者租赁物的性质使用租赁物，致使租赁物受到损失的，出租人有权要求承租人赔偿损失。本案中，原告王某琴与被告冠宇公司之间的租房合同合法有效，被告应当赔偿因其违约给原告造

① 江苏省仪征市中级人民法院（2014）仪新民初字第0424号。

成的各项损失。对于原告所主张的房租损失，因其未能在被告不予修理后的合理期限内先行对房屋损坏进行修复，故原告就因其自身原因扩大的租金损失无权要求赔偿。故判决，被告冠宇公司于本判决生效之日起10日内给付原告王某琴房屋修复费用3445元、房租损失3000元，合计6445元。

◆ **评议**

在承租人拒绝修复而出租人已经修复租赁物，且承租人的行为对出租人将租赁物正常对外出租造成影响的情况下，出租人的损失包含租赁物的修复费用以及出租人的租金损失两部分。本案中，原告主张被告赔偿因被告一直不对房屋损坏进行维修导致原告不能及时将房屋对外出租造成的自租赁合同期满之日起4个月的租金损失6000元。因被告在租赁期间届满后亦未能修复房屋及其设施的损坏，客观上造成了原告房屋不能及时对外出租的后果，故原告有权向被告主张赔偿租金损失。被告虽一直未予修理，原告也不应继续放任不管而促成损失扩大。依据减损规则，原告应在合理期限内积极采取措施先行修复损坏，以避免影响房屋的正常对外出租。

第七百一十二条　【出租人对租赁物的维修义务】

出租人应当履行租赁物的维修义务，但是当事人另有约定的除外。

本条来源

本条来源于《合同法》第二百二十条的规定："出租人应当履行租赁物的维修义务，但当事人另有约定的除外。"相较于原法条，本条仅将"但"改为"但是"，无其他变动。

条文释义

本条是关于出租人对租赁物维修义务的规定。修缮既是为了保持租赁物适合于使用、收益状态，又是出租人的一项权利，在出租人对租赁物进行修缮时，承租人应积极配合，不得妨碍其修缮。要使出租人负担修缮租赁物的义务，须具备以下条件：第一是租赁物有修缮的必要。所谓租赁物有修缮的必要，是指租赁物发生毁损等事情，如不修缮则不能继续对租赁物进行使用、收益。若租赁物虽有损毁但并不妨碍承租人正常使用、收益的，则租赁物无修缮的必要。第二是租赁物有修缮的可能。若租赁物已经没有修缮的可能，或修缮本身耗费过大，从经济上考虑并不合算的，则无修缮的必要。第三是承租人已为修缮的通知。承租人对于租赁物损坏的情况，应当及时通知出租人。

如果当事人对租赁物发生损坏时的修缮问题另有约定的，应当依其约定处理。出租人负有修缮租赁物的义务时，出租人应当及时履行修缮义务，出租人不履行这一义务的，承租人可以要求其在合理期限内维修。出租人仍不履行的，承租人可以自行维修，维修费用由出租人负担。因维修租赁物影响承租人使用的，应当相应减少租金或者延长租期。

法条关联

◆《海商法》

第一百三十三条 船舶在租期内不符合约定的适航状态或者其他状态，出租人应当采取可能采取的合理措施，使之尽快恢复。

船舶不符合约定的适航状态或者其他状态而不能正常营运连续满二十四小时的，对因此而损失的营运时间，承租人不付租金，但是上述状态是由承租人造成的除外。

◆《商品房屋租赁管理办法》

第九条 出租人应当按照合同约定履行房屋的维修义务并确保房屋和室内设施安全。未及时修复损坏的房屋，影响承租人正常使用的，应当按照约定承担赔偿责任或者减少租金。

房屋租赁合同期内，出租人不得单方面随意提高租金水平。

第七百一十三条 【承租人要求维修的权利与自行维修】

承租人在租赁物需要维修时可以请求出租人在合理期限内维修。出租人未履行维修义务的，承租人可以自行维修，维修费用由出租人负担。因维修租赁物影响承租人使用的，应当相应减少租金或者延长租期。

因承租人的过错致使租赁物需要维修的，出租人不承担前款规定的维修义务。

本条来源

本条第一款来源于《合同法》第二百二十一条的规定："承租人在租赁物需要维修时可以要求出租人在合理期限内维修。出租人未履行维修义务的，承租人可以自行维修，维修费用由出租人负担。因维修租赁物影响承租人使用的，应当相应减少租金或者延长租期。"相较于原法条，本条将"要求"改为"请求"，该变动使法条用语更加严谨，法条的实质内涵未发生变化。本条第二款为新增条款，该变动为出租人的维修义务划定了范围。

立法演变

本条第一款在一次审议稿和二次审议稿第五百零四条沿用《合同法》第二百二十一条的规定，《民法典（草案)》第七百一十三条将"要求"改为"请求"。

本条第二款在一次审议稿和二次审议稿第五百零四条、《民法典（草案)》第七百一十三条规定："因承租人的过错致使租赁物需要维修的，出租人不承担前款规定的责任。"《民法典》将"责任"改为"维修义务"，该变动仅为提高法条表述的精准，法条的实质内涵未发生变化。

条文释义

本条是关于出租人对租赁物负维修义务的补充规定。租赁物确有必要维修的，出租人应当及时履行修缮义务，出租人不履行这一义务的，承租人可以要求其在合理期限内维修。如出租人拒绝维修或不能在合理期限内进行维修的，承租人可以自行维修。承租人自行维修所支出的相应费用应当由出租人负担，承租人已经垫付的，有权要求出租人偿还或者从租金中扣除。出租人拒不履行维修义务，致使承租人不能正常使用租赁物及合同目的不能实现的，该行为构成根本违约，承租人有权解除合同并请求出租人承担违约责任。因维修影响承租人使用租赁物的，无论是出租人维修还是承租人自行维修，承租人都有权要求出租人减少租金或者延长租期。

案例评议

王某与马某房屋租赁合同纠纷案①

2011年6月25日，王某与马某经房屋中介公司介绍签订房屋租赁合同1份，约定王某将其房屋出租给马某使用，租期自2011年6月26日起至2012年6月25日止。后房屋内燃气灶出现问题，王某要求马某更换煤气灶，而马某未及时更换。2011年12月3日，王某向马某催要房租，马某告知王某房屋内冰箱、空调及燃气灶均不能使用，要求其予以更换，王某未予以更换。2011年12月10日。马某扣除空调修理费350元后转账给王某房租2450元，并以房屋存在安全隐患为由要求提前解除合同。王某遂诉至法院，要求马某支付房租以及其垫付的水电费。另查明，马某于2011年12月19日将房屋钥匙快递给了中介公司。

◆ 裁判规则

法院经审理认为，王某与马某签订的房屋租赁合同，系双方真实意思表示，对合同双方当事人具有法律约束力，双方均应严格按照合同约定履行义务。王某未能及时维修更换，马某可以自行维修，费用由王某承担，但马某亦未维修更换，仅据此提出解除合同，法院认为马某不具有合同解除权。鉴于马某已向王某交付了房屋钥匙，王某亦已将房屋另行出租，本院依法确认双方合同已解除，但马某仍应支付占用房屋期间的房屋租金。空调维修费用数额亦系合理，依法应由王某承担。

◆ 评议

承租人在租赁物需要维修时可以要求出租人在合理期限内维修。出租人未履行维修义务的，承租人可以自行维修，维修费用由出租人负担。本案中，在原告王某未及时履行维修义务的情况下，被告马某可代替王某履行维修义务，所产生的维修费用也应由王某承担。双方当事人未将该情况约定为解除合同的情形，同时该情况也不属于合同法定解除的情形，因此不能成为马某解除租赁合同的理由。

---

① 上海市浦东新区人民法院（2012）浦民一（民）初字第9921号。

第七百一十四条　【租赁物的保管】

承租人应当妥善保管租赁物，因保管不善造成租赁物毁损、灭失的，应当承担赔偿责任。

本条来源

本条来源于《合同法》第二百二十二条的规定："承租人应当妥善保管租赁物，因保管不善造成租赁物毁损、灭失的，应当承担损害赔偿责任。"相较于原法条，本条将"应当承担损害赔偿责任"改为"应当承担赔偿责任"，该变动为立法技术上的调整，使法条的表述更加精炼。

立法演变

本条在一次审议稿和二次审议稿第五百零五条均沿用《合同法》第二百二十二条的规定，《民法典（草案）》第七百一十四条作了上述调整，并最终为本条所采用。

条文释义

本条是关于承租人妥善保管租赁物义务的规定。由于承租人在租赁期间虽对租赁物无所有权，但承租人实际占有租赁物，因此应由承租人对租赁物尽到妥善保管的义务。承租人的保管义务主要包括按照约定的方式或者租赁物性质所要求的方式保管租赁物；按照租赁物的使用状况进行正常的维护；在租赁物出现质量问题需要维修时，应当及时通知出租人进行维修。如果承租人保管不善，致使租赁物毁损、灭失的，应当承担损害赔偿责任。承租人未经出租人同意，不得对租赁物擅自改善或者增设他物，否则，出租人可以要求承租人恢复原状或赔偿损失。

第七百一十五条　【租赁物的改善和增设】

承租人经出租人同意，可以对租赁物进行改善或者增设他物。

承租人未经出租人同意，对租赁物进行改善或者增设他物的，出租人可以请求承租人恢复原状或者赔偿损失。

本条来源

本条来源于《合同法》第二百二十三条的规定：“承租人经出租人同意，可以对租赁物进行改善或者增设他物。承租人未经出租人同意，对租赁物进行改善或者增设他物的，出租人可以要求承租人恢复原状或者赔偿损失。”相较于原法条，本条将“要求”改为“请求”，该变动使法条用语更加严谨，法条的实质内涵未发生变化。

立法演变

本条在一次审议稿和二次审议稿第五百零六条均沿用《合同法》第二百二十三条的规定，《民法典（草案）》第七百一十五条作了上述调整，并最终为本条所采用。

条文释义

本条是关于承租人对租赁物进行改善或增设他物的规定。租赁物的改善是指在租赁期间，承租人对租赁物进行改善或者增加其他设施的行为。在租赁关系当中，承租人对租赁物依据合同的约定得行使占有、使用、收益的权利。但是出租人为租赁物的所有权人，承租人通常无权对租赁物进行处分，包括事实上的处分和法律上的处分通常都不得进行，否则构成侵权。为了最大限度地发挥租赁物的使用价值，承租人在取得租赁物的占有之后，有时需要对租赁物进行一定的改善。因此本条规定，允许承租人在经过出租人同意的情况下，对租赁物进行改善或者增设其他设施。未经出租人同意，出租人可以请求承租人恢复租赁物原状或者赔偿损失。

租赁物的改善会提高租赁物的价值，在出租人同意承租人改善的情况下，当租赁期限届满时，出租人和承租人对因租赁物改善或增设他物支出必要费用的承担问题，承租人可以就租赁物价值增加的部分要求出租人偿还，以合同终止时租赁物增加的价值额，而非以承租人实际的支出为准；对于增设的他物，可以拆除又不影响租赁物原状的，承租人有权拆除。若出租人对不拆除增设物表示同意并愿意支付相应增加费用的，也可以不拆除。

法条关联

◆《最高人民法院关于审理城镇房屋租赁合同纠纷案件具体应用法律若干问题的解释》

第九条　承租人经出租人同意装饰装修，租赁合同无效时，未形成附合的装饰装修物，出租人同意利用的，可折价归出租人所有；不同意利用的，可由承租人拆除。因拆除造成房屋毁损的，承租人应当恢复原状。

已形成附合的装饰装修物，出租人同意利用的，可折价归出租人所有；不同意利用的，由双方各自按照导致合同无效的过错分担现值损失。

第十条　承租人经出租人同意装饰装修，租赁期间届满或者合同解除时，除当事人另有约定外，未形成附合的装饰装修物，可由承租人拆除。因拆除造成房屋毁损的，承租人应当恢复原状。

第十一条　承租人经出租人同意装饰装修，合同解除时，双方对已形成附合的装饰装修物的处理没有约定的，人民法院按照下列情形分别处理：

（一）因出租人违约导致合同解除，承租人请求出租人赔偿剩余租赁期内装饰装修残值损失的，应予支持；

（二）因承租人违约导致合同解除，承租人请求出租人赔偿剩余租赁期内装饰装修残值损失的，不予支持。但出租人同意利用的，应在利用价值范围内予以适当补偿；

（三）因双方违约导致合同解除，剩余租赁期内的装饰装修残值损失，由双方根据各自的过错承担相应的责任；

（四）因不可归责于双方的事由导致合同解除的，剩余租赁期内的装饰装修残值损失，由双方按照公平原则分担。法律另有规定的，适用其规定。

第十二条　承租人经出租人同意装饰装修，租赁期间届满时，承租人请求出租人补偿附合装饰装修费用的，不予支持。但当事人另有约定的除外。

第十三条　承租人未经出租人同意装饰装修或者扩建发生的费用，由承租人负担。出租人请求承租人恢复原状或者赔偿损失的，人民法院应予支持。

第十四条　承租人经出租人同意扩建，但双方对扩建费用的处理没有约定的，人民法院按照下列情形分别处理：

（一）办理合法建设手续的，扩建造价费用由出租人负担；

（二）未办理合法建设手续的，扩建造价费用由双方按照过错分担。

第七百一十六条　【转租】

承租人经出租人同意，可以将租赁物转租给第三人。承租人转租的，承租人与出租人之间的租赁合同继续有效；第三人造成租赁物损失的，承租人应当赔偿损失。

承租人未经出租人同意转租的，出租人可以解除合同。

本条来源

本条来源于《合同法》第二百二十四条的规定："承租人经出租人同意，可以将租赁物转租给第三人。承租人转租的，承租人与出租人之间的租赁合同继续有效，第三人对租赁物造成损失的，承租人应当赔偿损失。承租人未经出租人同意转租的，出租人可以解除合同。"相较于原法条，本条将"对租赁物造成损失"改为"造成租赁物损失"，该变动仅为提高法条表述的精准，法条的实质内涵未发生变化。

条文释义

本条是关于转租的规定。转租是指承租人不退出租赁合同关系，而将租赁物出租给次承租人使用、收益。在转租中，次承租人与承租人之间是一种租赁关系，而承租人与出租人间的租赁关系仍然存在。转租分为合法转租与不合法转租。承租人经出租人同意转租的，为合法转租。此时出租人和承租人的租赁关系继续有效，因次承租人的过错给租赁物造成损害的，承租人应向出租人赔偿损失。不合法转租，是指未经出租人同意所进行的转租。承租人未经出租人同意转租的，出租人有权解除合同，并请求损害赔偿。当出租人解除租赁关系时，出租人可以直接向次承租人请求返还租赁物。若出租人不解除合同，次承租人的租赁权基于承租人的租赁权而发生和存在，在承租人有租赁权的期间，次承租人对租赁物的占有和使用及收益并非不法，出租人不能依所有权直接向次承租人请求返还租赁物。

法条关联

◆《海商法》

第一百三十七条　承租人可以将租用的船舶转租，但是应当将转租的情况及时通知出租人。租用的船舶转租后，原租船合同约定的权利和义务不受影响。

◆《商品房屋租赁管理办法》

第十一条　承租人转租房屋的，应当经出租人书面同意。

承租人未经出租人书面同意转租的，出租人可以解除租赁合同，收回房屋并要求承租人赔偿损失。

◆《最高人民法院关于审理城镇房屋租赁合同纠纷案件具体应用法律若干问题的解释》

第十七条　因承租人拖欠租金，出租人请求解除合同时，次承租人请求代承租人支付欠付的租金和违约金以抗辩出租人合同解除权的，人民法院应予支持。但转租合同无效的除外。

次承租人代为支付的租金和违约金超出其应付的租金数额，可以折抵租金或者向承租人追偿。

第十八条　房屋租赁合同无效、履行期限届满或者解除，出租人请求负有腾房义务的次承租人支付逾期腾房占有使用费的，人民法院应予支持。

第七百一十七条　【超期转租的合同效力】

承租人经出租人同意将租赁物转租给第三人，转租期限超过承租人剩余租赁期限的，超过部分的约定对出租人不具有法律约束力，但是出租人与承租人另有约定的除外。

本条来源

本条来源于《最高人民法院关于审理城镇房屋租赁合同纠纷案件具体应用法律若干问题的解释》（法释〔2009〕11号）第十五条的规定：“承租人经出租人同意将租赁房屋转租给第三人时，转租期限超过承租人剩余租赁期限的，人民法院应当认定超过部分的约定无效。但出租人与承租人另有约定的除外。”

本条借鉴原法条的表述，将“租赁房屋转租”改为“租赁物转租”，同时在表述方式上进行适当调整，这些变动为立法技术上的调整，使法条的表述更加精炼，用词更恰当，法条的实质内涵未发生变化。

条文释义

本条是关于承租人与次承租人约定的转租期限超过剩余原租赁期限的规定。在转租中，承租人不退出租赁合同关系，而将租赁物出租给次承租人使用、收益，其与出租人之间的原租赁合同仍有效。承租人所转让的承租权来自于原租赁合同，因此原租赁合同对承租人和次承租人都能发生效力并且具有优先性。因此，当承租人将租赁物转租给第三人时，转租期限超过承租人剩余原租赁期限的，超过部分的约定对出租人不具有法律约束力，但是出租人与承租人另有约定的除外。

案例评议

严某国、谢某先房屋租赁合同纠纷案①

2014年9月23日，出租人严某国与承租人谢某先签订房屋租赁合同，约定严某国将其房屋租给乙方使用；租期3年，自2014年10月1日至2017年10月1日，租期届满后乙方优先享有续租权利；合同期间乙方享有转让转租的权利，转租转让所得归乙方所有，但必须按照此合同约定内容进行转让，并让受转让人知晓合同内容并同意，甲方需同意签订三方转让协议。合同签订后，严某国将房屋交付给谢某先，谢某先依约支付租金。2016年11月27日，谢某先将涉案房屋整体转租给冯某明并签订租赁合同，并约定每年租金8万元，以后租金在上年租金基础上递增8%，押金1万元；租赁期限5年，自2017年1月1日至2022年12月30日。严某国以房屋产权所有人身份在租赁合同尾部签名。租赁合同签订后，冯某明依约向谢某先支付了2017年度租金，而谢某先收取了冯某明的租金后，未向严某国支付2017年10月2日起的租金。2018年3月12日，严某国以谢某先将承租房屋转租给冯某明且谢某先、冯某明不支付租金为由诉至法院，要求解除与谢某先、冯某明之间的租赁合同并要求谢某先、冯某明支付占用期间的租金40000元及违约金等。

---

① 四川省平昌县人民法院（2018）川1923民再10号。

◆ **裁判规则**

严某国与谢某先签订的房屋租赁合同，主体适格、意思真实、内容合法，该房屋租赁合同有效，双方均应按合同约定履行自己的合同义务。被告谢某先在承租期内将承租房屋转租给被告冯某明使用，虽转租期限超过原房屋租赁合同的约定期限，但原告严某国在被告谢某先与被告冯某明所签订的租赁合同上作为房屋所有权人签名，应视为原告严某国同意转租，转租合同亦应当认定有效。后因租金给付问题各方发生矛盾，该房屋出租、承租的合同目的已不能实现，原告严某国解除合同的主张，符合法律规定。故判决解除谢某先、冯某明、严某国间的《租赁合同》；被告谢某先支付2017年10月2日起至2017年12月31日止的租金13500元；被告冯某明返还房屋并支付2018年1月至2018年7月2日的租金31500元。

◆ **评议**

法条规定“承租人经出租人同意将租赁物转租给第三人，转租期限超过承租人剩余租赁期限的，超过部分的约定对出租人不具有法律约束力”，其中“出租人同意”是指出租人同意承租人转租的行为。在本案中，严某国以房屋产权所有人身份在租赁合同尾部签名，其不仅是同意了谢某先的转租行为，同时对转租期限“5年”予以肯定，因此转租合同合法有效。原告是以合同目的不能实现行使合同的法定解除权。

第七百一十八条 【同意转租的推定】

出租人知道或者应当知道承租人转租，但是在六个月内未提出异议的，视为出租人同意转租。

本条来源

本条来源于《最高人民法院关于审理城镇房屋租赁合同纠纷案件具体应用法律若干问题的解释》（法释〔2009〕11号）第十六条第一款的规定：“出租人知道或者应当知道承租人转租，但在六个月内未提出异议，其以承租人未经同意为由请求解除合同或者认定转租合同无效的，人民法院不予支持。”相较于原法条，本条在表述方式上进行适当调整，该变动仅为立法技术上的简化，法条的实质内涵未发生变化。

条文释义

本条是关于推定出租人同意承租人转租的规定。承租人未经出租人同意转租的，出租人可以解除合同。但为督促出租人及时行使合同解除权，维护再次交易的稳定性，本条规定出租人知道或者应当知道承租人转租，但在六个月内未提出异议的，推定为出租人已经同意了转租行为。超过六个月后，出租人不得再以未经其同意为由来行使合同解除权或请求认定转租行为无效。解除权为形成权，该六个月期限的性质为除斥期间，不适用诉讼时效关于中断与中止、延长的规定。

第七百一十九条　【次承租人的代偿请求权】

承租人拖欠租金的，次承租人可以代承租人支付其欠付的租金和违约金，但是转租合同对出租人不具有法律约束力的除外。

次承租人代为支付的租金和违约金，可以充抵次承租人应当向承租人支付的租金；超出其应付的租金数额的，可以向承租人追偿。

本条来源

本条来源于《最高人民法院关于审理城镇房屋租赁合同纠纷案件具体应用法律若干问题的解释》（法释〔2009〕11 号）第十七条的规定："因承租人拖欠租金，出租人请求解除合同时，次承租人请求代承租人支付欠付的租金和违约金以抗辩出租人合同解除权的，人民法院应予支持。但转租合同无效的除外。次承租人代为支付的租金和违约金超出其应付的租金数额，可以折抵租金或者向承租人追偿。"相较于原法条，本条在表述方式上进行适当调整，同时将"折抵"改为"充抵"，该变动为立法技术上的调整，使法条的表述更加精炼，用词更恰当，法条的实质内涵未发生变化。

立法演变

本条在一次审议稿和二次审议稿第五百一十条规定：“承租人拖欠租金的，次承租人可以代承租人支付其欠付的租金和违约金，但是转租合同无效的除外。次承租人代为支付的租金和违约金超出其应付的租金数额的，可以折抵次承租人应当向承租人支付的租金或者向承租人追偿。”《民法典（草案）》第七百一十九条规定：“承租人拖欠租金的，次承租人可以代承租人支付其欠付的租金和违约金，但是转租合同对出租人不具有法律约束力的除外。次承租人代为支付的租金和违约金，可以折抵次承租人应当向承租人支付的租金；超出其应付的租金数额的，可以向承租人追偿。”《民法典》将《民法典（草案）》第二款中“折抵”修改为“充抵”，表述更精确。

条文释义

本条是关于次承租人的代偿请求权的规定。承租人无正当理由不支付或迟延支付租金的，出租人经催告后可以解除合同。但是在次承租人没有任何过错的情况下，特别是在承租人所拖欠的租金数额远小于因出租人解除合同给次承租人带来的损失的话，此时仍片面地保护出租人的利益颇为不公。为平衡次承租人所处的弱势地位，保持租赁合同的稳定状态，本条特别规定了次承租人的代偿请求权。在转租合同有效的场合，若出租人因承租人不支付或迟延支付租金而行使合同解除权时，次承租人可以代偿请求权抗辩出租人的合同解除权。在转租合同无效的场合，如转租合同未经出租人同意，次承租人无代偿请求权。次承租人代承租人支付租金与违约金后，可向承租人主张以其支付的租金和违约金充抵其应支付给承租人的租金。应付租金充抵之后仍有剩余的，次承租人可向承租人追偿。

案例评议

陈某鸣与资兴粤华房地产开发有限公司租赁合同纠纷案①

2014 年 1 月 12 日，陈某鸣购买了粤华地产商铺 1 间，后双方签订《商铺租

① 湖南省资兴市人民法院（2019）湘 1081 民初 582 号。

赁协议》，协议约定陈某鸣将商铺出租给粤华地产，租期为15年，第1－5年的月租金为14350元，粤华地产可将此商铺转租其他商家，协议还约定了其他内容。2014年6月25日，粤华地产与生源公司签订《租赁合同》，合同约定粤华地产将其所租赁商铺转租给生源公司。因粤华地产没有支付陈某鸣2019年第一季度的租金，陈某鸣遂诉至法院，请求判令粤华地产支付2019年第一季度租金43050元及逾期损失；解除其与粤华地产签订的《商铺租赁协议》并要求粤华地产及生源公司返还租赁商铺。生源公司辩称，其与粤华地产签订的《租赁合同》合法有效。其作为合法的次承租人，且在合同履行过程中不存在违约行为，有权行使代偿请求权抗辩陈某鸣的合同解除权，请求法院驳回陈某鸣解除合同的诉讼请求。

◆ **裁判规则**

法院经审理认为，原告陈某鸣与被告粤华地产签订的《商铺租赁协议》以及被告粤华地产与第三人生源公司签订的《租赁合同》，均系合同各方的真实意思表示，亦不违反我国相关法律、法规的禁止性规定，故上述两份合同均为有效合同。根据上述租赁合同的约定，被告粤华地产作为承租人理应如期及时向陈某鸣支付租金，现因被告粤华地产拖欠租金，原告陈某鸣起诉要求解除双方之间的租赁合同，但次承租人生源公司表示要求继续履行上述《租赁合同》并自愿代被告粤华地产支付租金。因此，原告陈某鸣要求解除原、被告之间的《商铺租赁协议》不符合法律规定，本院不予支持。根据原、被告之间的《商铺租赁协议》约定，被告粤华地产应当在2019年3月31日前支付原告陈某鸣2019年第一季度的租金，但被告粤华地产至今未支付相应的租金已构成违约。故判决被告粤华地产支付原告陈某鸣租金43050元及违约损失；第三人生源公司承担连带清偿责任。

◆ **评议**

次承租人的代偿请求权的前提条件是转租合同对出租人具有法律约束。本案中，原告陈某鸣在与被告粤华地产所签订的租赁合同中明确表示同意转租，因此被告粤华地产与第三人生源公司的转租合同对出租人即原告陈某鸣具有法律约束力。虽被告粤华地产拖欠租金的行为已构成根本违约，原告陈某鸣有权要求解除双方之间的租赁合同。但次承租人生源公司可以代偿请求权抗辩出租人的合同解除权。

第七百二十条　【租赁物的收益】

在租赁期限内因占有、使用租赁物获得的收益，归承租人所有，但是当事人另有约定的除外。

本条来源

本条来源于《合同法》第二百二十五条的规定：“在租赁期间因占有、使用租赁物获得的收益，归承租人所有，但当事人另有约定的除外。”相较于原法条，本条将“期间”改为“期限内”，该变动使法条用语更加严谨，法条的实质内涵未发生变化。

条文释义

本条是关于租赁物的收益归属的规定。租赁合同是出租人将租赁物交付承租人使用、收益，承租人支付租金并于期限届满时归还原物的合同。从租赁合同的性质来看，承租人以支付租金为对价，除当事人在合同中另有约定外，租赁期间承租人占有使用租赁物获得的收益归承租人所有。本条中的收益包括两类：一类是因为占有租赁物而产生的收益；另一类是使用租赁物而产生的收益，如承租人从房屋租赁的转租中收取的超额租金，承租人租用汽车经营货物运输获得的收益等。根据意思自治原则，如果双方当事人就租赁期间租赁物的收益归属问题有所约定，则应当依照其约定处理。

第七百二十一条　【支付租金的期限】

承租人应当按照约定的期限支付租金。对支付租金的期限没有约定或者约定不明确，依据本法第五百一十条的规定仍不能确定，租赁期限不满一年的，应当在租赁期限届满时支付；租赁期限一年以上的，应当在每届满一年时支付，剩余期限不满一年的，应当在租赁期限届满时支付。

本条来源

本条来源于《合同法》第二百二十六条的规定："承租人应当按照约定的期限支付租金。对支付期限没有约定或者约定不明确，依照本法第六十一条的规定仍不能确定，租赁期间不满一年的，应当在租赁期间届满时支付；租赁期间一年以上的，应当在每届满一年时支付，剩余期间不满一年的，应当在租赁期间届满时支付。"相较于原法条，本条转引用条文序号发生变动，该变动仅为法律体系调整导致法条序号变动。同时将"期间"改为"期限"，该变动使法条用语更加严谨，法条的实质内涵没有发生改变。

立法演变

本条在一次审议稿和二次审议稿第五百一十二条规定："承租人应当按照约定的期限支付租金。对支付期限没有约定或者约定不明确，依照本法第三百零一条的规定仍不能确定，租赁期间不满一年的，应当在租赁期间届满时支付；租赁期间一年以上的，应当在每届满一年时支付，剩余期间不满一年的，应当在租赁期间届满时支付。"《民法典（草案）》第七百二十一条规定："承租人应当按照约定的期限支付租金。对支付租金的期限没有约定或者约定不明确，依据本法第五百一十条的规定仍不能确定，租赁期间不满一年的，应当在租赁期间届满时支付；租赁期间一年以上的，应当在每届满一年时支付，剩余期间不满一年的，应当在租赁期间届满时支付。"最终《民法典》作了上述变动。

条文释义

本条是关于租金支付期限的规定。租金是承租人取得租赁物的代价，也是出租人将租赁物转移给承租人使用、收益的根本目的。支付租金也就成为承租人的一项主要义务。承租人应当依照约定的数额、期限和方式支付租金。当事人对支付期限没有约定或者约定不明确且事后又未能达成补充协议的，可依交易习惯支付；仍不能确定的，如果租赁期限不满一年，租金应当在租赁期限届满时支付；如果租赁期限为一年以上，应当在每届满一年时支付；剩余期限不满一年，应当在租赁期限届满时支付。

第七百二十二条　【租金未支付、迟延支付的法律后果】

承租人无正当理由未支付或者迟延支付租金的，出租人可以请求承租人在合理期限内支付；承租人逾期不支付的，出租人可以解除合同。

本条来源

本条来源于《合同法》第二百二十七条的规定："承租人无正当理由未支付或者迟延支付租金的，出租人可以要求承租人在合理期限内支付。承租人逾期不支付的，出租人可以解除合同。"相较于原法条，本条将"要求"改为"请求"，该变动使法条用语更加严谨，法条的实质内涵未发生变化。

立法演变

本条在一次审议稿和二次审议稿第五百一十三条均沿用《合同法》第二百二十七条的规定，《民法典（草案）》第七百二十二条作了上述调整，并最终为本条所采用。

条文释义

本条是关于承租人违反支付租金义务的法律后果的规定。承租人应当按照约定向出租人支付租金。但如果承租人有正当理由，其可以拒付或者迟延支付租金。正当理由包括：因不可抗力或意外事件，使租赁物部分或者全部毁损、灭失的，承租人已无法对租赁物使用、收益，承租人可以请求不支付租金；出租人没有履行义务，如交付的租赁物不符合约定的使用要求；在租赁期间租赁物出现质量问题，出租人不尽维修义务的；承租人本身发生一些意外事件致使其暂时无力支付租金的。承租人无正当理由不支付或迟延支付租金的行为已构成根本违约，按照法律规定出租人享有解除合同的权利，但为了保持合同的稳定性，给承租人一些对违约的补救机会，本条规定，如果承租人无正当理由未支付或者延迟支付租金的，出租人可以要求承租人在合理期限内支付。此期限为宽限期，承租人逾期不支付的，出租人可以解除合同。

法条关联

◆《海商法》

第一百四十条 承租人应当按照合同约定支付租金。承租人未按照合同约定支付租金的，出租人有权解除合同，并有权要求赔偿因此遭受的损失。

第一百四十一条 承租人未向出租人支付租金或者合同约定的其他款项的，出租人对船上属于承租人的货物和财产以及转租船舶的收入有留置权。

第七百二十三条 【租赁物的权利瑕疵担保】

因第三人主张权利，致使承租人不能对租赁物使用、收益的，承租人可以请求减少租金或者不支付租金。

第三人主张权利的，承租人应当及时通知出租人。

本条来源

本条来源于《合同法》第二百二十八条的规定：“因第三人主张权利，致使承租人不能对租赁物使用、收益的，承租人可以要求减少租金或者不支付租金。第三人主张权利的，承租人应当及时通知出租人。”相较于原法条，本条将“要求”改为“请求”，该变动使法条用语更加严谨，法条的实质内涵未发生变化。

立法演变

本条在一次审议稿和二次审议稿第五百一十四条均沿用《合同法》第二百二十八条的规定，《民法典（草案）》第七百二十三条作了上述调整，并最终为本条所采用。

条文释义

本条是关于出租人的权利瑕疵担保责任的规定。权利的瑕疵担保，是指出租人应担保不因第三人对承租人主张权利而使承租人不能依约对租赁物进行使用、收益。因第三人主张权利，致使承租人不能对租赁物使用、收益的，承租人可以要求减少租金或者不支付租金。因此给承租人造成损失的，出租人还应负赔偿责任。需要注意的是，第三人主张权利须发生在租赁物交付之前，若发生在交付之后，则承租人的权利本身具有对抗第三人的效力，第三人权利对于承租人对租赁物的使用、收益不发生影响，故不发生出租人的担保责任问题。承租人就第三人主张权利的事实具有向出租人告知的义务。如因承租人未及时通知致使出租人能够救济而未能及时救济的，则出租人对承租人的损失不负赔偿责任。

法条关联

◆《最高人民法院关于适用〈中华人民共和国担保法〉若干问题的解释》

第六十六条　抵押人将已抵押的财产出租的，抵押权实现后，租赁合同对受让人不具有约束力。

抵押人将已抵押的财产出租时，如果抵押人未书面告知承租人该财产已抵押的，抵押人对出租抵押物造成承租人的损失承担赔偿责任；如果抵押人已书面告知承租人该财产已抵押的，抵押权实现造成承租人的损失，由承租人自己承担。

第七百二十四条　【承租人的合同解除权】

有下列情形之一，非因承租人原因致使租赁物无法使用的，承租人可以解除合同：

（一）租赁物被司法机关或者行政机关依法查封、扣押；

（二）租赁物权属有争议；

（三）租赁物具有违反法律、行政法规关于使用条件的强制性规定情形。

本条来源

本条来源于《最高人民法院关于审理城镇房屋租赁合同纠纷案件具体应用法律若干问题的解释》（法释〔2009〕11号）第八条的规定：“因下列情形之一，导致租赁房屋无法使用，承租人请求解除合同的，人民法院应予支持：（一）租赁房屋被司法机关或者行政机关依法查封的；（二）租赁房屋权属有争议的；（三）租赁房屋具有违反法律、行政法规关于房屋使用条件强制性规定情况的。”相较于原法条，本条租赁物无法使用的原因限定在非因承租人的范围，同时在表述方式上进行适当调整。

立法演变

本条在一次审议稿和二次审议稿第五百一十五条、《民法典（草案）》第七百二十四条规定：“有下列情形之一，因出租人原因致使租赁物无法使用的，承租人可以解除合同：（一）租赁物被司法机关或者行政机关依法查封；（二）租赁物权属有争议；（三）租赁物具有违反法律、行政法规关于使用条件强制性规定情形。”《民法典》将“因出租人原因”改为“非因承租人原因”，同时在第一项增加“扣押”情形，第三项“条件”后增加“的”，该变动使法条在表述上更加合理。

条文释义

本条是关于承租人合同解除权的规定。承租人在租赁合同中最主要的目的就是使用租赁物并且获取收益。由于在租赁关系中，出租人仅是将租赁物使用、收益的权利转移给承租人，租赁物的所有权仍保留在出租人手中。因此，在租赁合同履行过程中，承租人很有可能因出租人自身优势地位，致使其利益受损。所以本条规定非因承租人原因致使租赁物无法使用的，承租人可以解除合同，并且规定了以下几种具体情形：租赁物被司法机关或者行政机关依法查封、扣押；租赁物权属有争议；租赁物具有违反法律、行政法规关于使用条件强制性规定情形。

第七百二十五条　【所有权变动后的合同效力】

租赁物在承租人按照租赁合同占有期限内发生所有权变动的，不影响租赁合同的效力。

本条来源

本条来源于《合同法》第二百二十九条的规定：“租赁物在租赁期间发生所有权变动的，不影响租赁合同的效力。”本条将“租赁期间”改为“承租人按照租赁合同占有期限内”，该变动使法条用语更加严谨，法条的实质内涵未发生变化。

立法演变

本条在一次审议稿和二次审议稿第五百一十六条、《民法典（草案）》第七百二十五条均沿用《合同法》第二百二十九条的规定，最终《民法典》作了上述变动。

条文释义

本条是关于所有权变动后租赁合同效力的规定，即买卖不破租赁的规定。随着社会经济的发展，民法学界逐渐地承认在房屋等财产的租赁关系中，租赁物所有权在租赁期间内的变动并不影响承租人的权利，原租赁合同对受让的第三人仍然有效，该第三人不得解除租赁合同。这一原则突破了传统的合同相对性原则，使租赁权具有了对抗第三人的效力。适用买卖不破租赁有四个条件：一是租赁合同已成立并生效；二是租赁物已交付承租人；三是所有权发生变动是在租赁期间；四是出租人或租赁物的所有人将租赁物的所有权让与了第三人。上述条件成就时，即使买受人为善意第三人，租赁关系仍然能够对抗该买受人。值得注意的是，买卖不破租赁并不仅限于出售租赁物的行为，还应包括租赁物抵押、赠与以及遗赠、互易甚至将租赁物作为合伙投资等涉及租赁物的所有权变动问题。该规定对于保护承租人的利益，以及稳定社会关系都具有十分重要的意义。

法条关联

◆《最高人民法院关于适用〈中华人民共和国担保法〉若干问题的解释》

第六十五条　抵押人将已出租的财产抵押的，抵押权实现后，租赁合同在有效期内对抵押物的受让人继续有效。

◆《最高人民法院关于人民法院民事执行中拍卖、变卖财产的规定》

第三十一条　拍卖财产上原有的担保物权及其他优先受偿权，因拍卖而消灭，拍卖所得价款，应当优先清偿担保物权人及其他优先受偿权人的债权，但当事人另有约定的除外。

拍卖财产上原有的租赁权及其他用益物权，不因拍卖而消灭，但该权利继续存在于拍卖财产上，对在先的担保物权或者其他优先受偿权的实现有影响的，人民法院应当依法将其除去后进行拍卖。

第七百二十六条　【房屋承租人的优先购买权及例外规定】

出租人出卖租赁房屋的，应当在出卖之前的合理期限内通知承租人，承租人享有以同等条件优先购买的权利；但是，房屋按份共有人行使优先购买权或者出租人将房屋出卖给近亲属的除外。

出租人履行通知义务后，承租人在十五日内未明确表示购买的，视为承租人放弃优先购买权。

本条来源

本条第一款前半句来源于《合同法》第二百三十条："出租人出卖租赁房屋的，应当在出卖之前的合理期限内通知承租人，承租人享有以同等条件优先购买的权利。"条文内容无变动。本条第一款后半句及第二款来源于《最高人民法院关于审理城镇房屋租赁合同纠纷案件具体应用法律若干问题的解释》（法释〔2009〕11号）第二十四条："具有下列情形之一，承租人主张优先购买房屋的，人民法院不予支持：（一）房屋共有人行使优先购买权的；（二）出租人将房屋出卖给近亲属，包括配偶、父母、子女、兄弟姐妹、祖父母、外祖父母、孙子女、外孙子女的；（三）出租人履行通知义务后，承租人在十五日内未明确表示购买的；（四）第三人善意购买租赁房屋并已经办理登记手续的。"相较于原法条，本款在表述方式上进行适当调整，该变动仅为立法技术上的简化，法条的实质内涵未发生变化。

立法演变

本条在一次审议稿第五百一十七条规定："出租人出卖租赁房屋的，应当在出卖之前的合理期限内通知承租人，承租人享有以同等条件优先购买的权利，但是房屋共有人行使优先购买的权利或者出租人将房屋出卖给近亲属的除外。

出租人履行通知义务后，承租人在十五日内未明确表示购买的，视为承租人放弃优先购买的权利。”二次审议稿第五百一十七条规定：“出租人出卖租赁房屋的，应当在出卖之前的合理期限内通知承租人，承租人享有以同等条件优先购买的权利，但是房屋共有人行使优先购买权或者出租人将房屋出卖给近亲属的除外。出租人履行通知义务后，承租人在十五日内未明确表示购买的，视为承租人放弃优先购买权。”《民法典（草案）》第七百二十六条对第一款对标点符号进行修改，规定：“出租人出卖租赁房屋的，应当在出卖之前的合理期限内通知承租人，承租人享有以同等条件优先购买的权利；但是，房屋共有人行使优先购买权或者出租人将房屋出卖给近亲属的除外。”《民法典》在此基础上，将“房屋共有人”改为“房屋按份共有人”，该变动使法条用语更加严谨。

条文释义

本条是关于出租人出卖该房屋的，在同等条件下承租人有优先购买的权利及例外的规定。房屋承租人的优先购买权，是指当出租人出卖房屋时，承租人在同等条件下，依法享有优先于其他人购买房屋的权利。承租人对承租房屋享有优先购买权必须符合以下条件：一是房屋租赁合同合法有效；二是出租人在房屋租赁合同有效期间出卖已经出租的房屋；三是承租人承诺的购买条件与其他人承诺的购买条件相同。承租人的优先购买权是基于用益物权的特殊性而由法律直接加以规定的，无需当事人在房屋租赁合同中特别约定。因此，只要房屋租赁合同合法有效，即使当事人在合同中对承租人的优先购买权没有约定或者约定不明确，也应当认定承租人享有该权利，但承租人明确表示放弃该权利的除外。[①] 出租人在出卖租赁物之前应当在合理的期限内通知承租人，但是出于对双方权利义务的公平考虑，如果承租人在接到通知后十五日没有明确表示购买的，则其不再享有优先购买权。

对于承租人的优先购买权有两种例外情形：一是当房屋按份共有人主张优先购买权时，该权利基于其对房屋享有的共有权这一物权。而承租人的优先购买权基于租赁合同，实为债权的一种表现形式。根据物权优于债权的原则，房屋共有人的优先购买权优先于承租人的优先购买权。二是当出租人是与其近亲

---

① 谭秋桂编著：《租赁合同、融资租赁合同实务》，知识产权出版社 2005 年版，第 145 页。

属之间买卖房屋时，该房屋买卖合同具有强烈的人身关系属性，出于对家庭内部财产关系的考虑，在该种情形下，承租人不得主张优先购买权。

法条关联

◆《最高人民法院关于审理城镇房屋租赁合同纠纷案件具体应用法律若干问题的解释》

第二十条 租赁房屋在租赁期间发生所有权变动，承租人请求房屋受让人继续履行原租赁合同的，人民法院应予支持。但租赁房屋具有下列情形或者当事人另有约定的除外：

（一）房屋在出租前已设立抵押权，因抵押权人实现抵押权发生所有权变动的；

（二）房屋在出租前已被人民法院依法查封的。

第二十一条 出租人出卖租赁房屋未在合理期限内通知承租人或者存在其他侵害承租人优先购买权情形，承租人请求出租人承担赔偿责任的，人民法院应予支持。但请求确认出租人与第三人签订的房屋买卖合同无效的，人民法院不予支持。

第二十二条 出租人与抵押权人协议折价、变卖租赁房屋偿还债务，应当在合理期限内通知承租人。承租人请求以同等条件优先购买房屋的，人民法院应予支持。

第二十三条 出租人委托拍卖人拍卖租赁房屋，应当在拍卖五日前通知承租人。承租人未参加拍卖的，人民法院应当认定承租人放弃优先购买权。

案例评议

肖某华诉江苏瑞南实达房地产开发有限公司承租人优先购买权案①

2007年8月29日，瑞南开发公司将其商铺一间出租给肖某华，租期两年。租赁合同约定，肖某华增设、变更有关装修、设施设备的，应事先征得瑞南开发公司的书面同意；瑞南开发公司有权在该房屋的租赁期内将该套商业用房出售给他人，肖某华不得干涉。该套商业用房出售他人后，本合同继续有效，在本合同租赁期满后若肖某华要续租，则由肖某华直接和购买方签约。合同履行

① 江苏省宜兴市人民法院（2009）宜民一初字第4659号。

期间，肖某华如数交纳了租金，同时对商铺进行了整体装饰和装修。2009 年 7 月 31 日，瑞南开发公司通知肖某华，租赁商铺已转让给史军强。肖某华认为瑞南开发公司出卖商铺时未在合理期限内通知肖某华，侵犯了肖某华的优先购买权，遂诉至法院，要求瑞南开发公司承担赔偿责任。

◆ **裁判规则**

法院经审理认为，承租人因出租人出卖租赁房屋未在合理期限内通知承租人而侵害承租人优先购买权的，出租人应承担赔偿责任。但本案中，原告肖某华和被告瑞南开发公司订立合同时，原告知道或者应当知道其在租赁期内依法享有优先购买权，但因双方在合同中已作出特别约定：被告有权在租赁期内将该套商业用房出售给他人，原告不得干涉。该约定表明，租赁合同履行期间，原告同意抛弃优先购买权，任由被告将租赁房屋出卖给他人。被告在租赁期内将该套商业用房出售给他人时，可不必通知原告。租赁合同系双方真实意思表示，前述特别约定条款也不违背法律、行政法规的强制性规定，应属有效，对原被告双方都具有法律约束力。故判决驳回原告的诉讼请求。

◆ **评议**

优先购买权是法律赋予承租人的特殊民事权利。作为民事权利的一种，权利人可积极主张或放弃此项权利。本案中，原告在与被告订立租赁合同时已经明确放弃其优先购买权，系依法处分自己的民事权利，且租赁合同为双方真实的意思表示。因此，原告此时主张优先购买权无法得到法院支持。

第七百二十七条　【委托拍卖时房屋承租人的优先购买权】

出租人委托拍卖人拍卖租赁房屋的，应当在拍卖五日前通知承租人。承租人未参加拍卖的，视为放弃优先购买权。

本条来源

《最高人民法院关于审理城镇房屋租赁合同纠纷案件具体应用法律若干问题的解释》（法释〔2009〕11 号）第二十三条的规定："出租人委托拍卖人拍卖租赁房屋，应当在拍卖五日前通知承租人。承租人未参加拍卖的，人民法院应当认定承租人放弃优先购买权。”相较于原法条，本条在表述方式上进行适当调整，该变动仅为立法技术上的简化，法条的实质内涵未发生变化。

条文释义

本条是关于委托拍卖时房屋承租人优先购买权的规定。由于优先购买权属“准物权”，有一定的优先效力，在拍卖程序中亦不例外。而由于拍卖的特质，拍卖物的出价是不断变化的，这就会造成优先购买权的前提条件——“同等条件下”不断改变，这也就导致其与承租人的优先购买权存在一定冲突。因此本条规定，在拍卖负担有优先购买权的租赁房屋时，出租人应在拍卖五日前以书面或者其他能够确认收悉的适当方式，通知优先购买权人及承租人于拍卖日到场参加竞拍。如果承租人未参加拍卖的，则视为其放弃优先购买权。如果承租人参加拍卖的，与其他竞买人一样进行竞买登记、缴纳竞买保证金，在拍卖日到场参加竞拍。若承租人在出现最高应价时未作出以该价格购买的意思表示，则拍卖房屋由最高应价人购买。

法条关联

◆《商品房屋租赁管理办法》

第十三条　房屋租赁期间出租人出售租赁房屋的，应当在出售前合理期限内通知承租人，承租人在同等条件下有优先购买权。

◆《最高人民法院关于人民法院民事执行中拍卖、变卖财产的规定》

第十六条　拍卖过程中，有最高应价时，优先购买权人可以表示以该最高价买受，如无更高应价，则拍归优先购买权人；如有更高应价，而优先购买权人不作表示的，则拍归该应价最高的竞买人。

顺序相同的多个优先购买权人同时表示买受的，以抽签方式决定买受人。

第七百二十八条　【侵害房屋承租人优先购买权的法律后果】

出租人未通知承租人或者有其他妨害承租人行使优先购买权情形的，承租人可以请求出租人承担赔偿责任。但是，出租人与第三人订立的房屋买卖合同的效力不受影响。

本条来源

本条来源于《最高人民法院关于审理城镇房屋租赁合同纠纷案件具体应用法律若干问题的解释》（法释〔2009〕11号）第二十一条的规定："出租人出卖租赁房屋未在合理期限内通知承租人或者存在其他侵害承租人优先购买权情形，承租人请求出租人承担赔偿责任的，人民法院应予支持。但请求确认出租人与第三人签订的房屋买卖合同无效的，人民法院不予支持。"相较于原法条，本条在表述方式上进行适当调整，该变动仅为立法技术上的简化。

立法演变

本条在一次审议稿和二次审议稿第五百一十八条规定："出租人未通知承租人或者有其他妨害承租人行使优先购买权情形的，承租人可以请求出租人承担损害赔偿责任，但是出租人与第三人订立的房屋买卖合同的效力不受影响。"《民法典（草案）》第七百二十八条对标点符号进行修改，规定："出租人未通知承租人或者有其他妨害承租人行使优先购买权情形的，承租人可以请求出租人承担损害赔偿责任。但是，出租人与第三人订立的房屋买卖合同的效力不受影响。"《民法典》将"应当承担损害赔偿责任"改为"应当承担赔偿责任"，该变动为立法技术上的调整，使法条的表述更加精确。

条文释义

本条规定了承租人优先购买权受到侵害时的法律后果。因出租人未通知承租人行使优先购买权，或者有其他情形妨害承租人行使权利，造成承租人损失的，承租人可以向出租人主张损害赔偿。承租人的优先购买权仅适用在租赁物作为买卖合同标的物时，在赠与、互易以及因公证用等法律关系中则不得适用，因此承租人亦不能主张优先购买权的损害赔偿请求权。承租人虽然有权请求出租人赔偿因侵害其优先购买权而造成的损失，但因合同具有独立性，承租人不得主张出租人与第三人签订的房屋买卖合同无效。

案例评议

唐某中诉洪雅县农村信用合作联社侵权案[①]

唐某中租赁洪雅县农村信用社（以下简称农信社）的门市1间，双方签订了《房屋租赁合同》，后唐某中将该门市转租给案外人。2013年8月8日唐某中与信用社又续签了《房屋租赁合同》，约定："租赁期限自2013年1月1日起至2016年12月31日止；在租赁期内，农信社出售房屋，须提前60天向唐某中发出书面通知；房屋租赁期间，唐某中未经农信社书面同意，转租、转借、调换承租房屋的，农信社有权解除合同，收回出租房屋。"2014年11月8日，被告农信社在未通知唐某中的情况下便以自行组织拍卖的方式整体转让了包括涉案门面在内的6间门市。唐某中以其优先购买权遭受侵害为由，诉至法院，要求农信社赔偿损失。信用社认为唐某中并非适格的承租人，其理由是在处置资产前唐某中从未实际使用过该争议门市，而是转租给了他人，虽然双方签订了房屋租赁合同但唐某中未使用该门市，故其丧失了优先购买权。即使他是承租人，也只对租赁的那一间门市享有优先购买权，而信用社系整体转让6间门市，故唐某中不具备同等条件优先购买权利。

◆ 裁判规则

法院经审理认为，同等条件优先购买权是法律赋予承租人的权利，应当得到保护。优先购买权遭受侵害时，权利人有权提出赔偿。在整体出卖房屋时判断部分承租人是否享有优先购买权可以从房屋的使用功能上看。如果承租人承租的部分房屋与房屋的其他部分可以分，使用功能相对独立，则承租人的优先购买权应仅及于其承租的部分房屋。本案中，唐某中承租的第6间门市与前面5间是可区分的，使用功能也是相对独立的，其作为第6间门市的承租人，对该门市享有优先购买权。信用社未在合理期限内向承租人唐某中告知其出卖门市，而将门市卖给叶琴的行为已经侵犯了唐某中对其承租房屋的优先购买权，应当对唐某中进行赔偿。

◆ 评议

本案的焦点就在于原告唐某中是否具有优先购买权。优先购买权是为了保

---

① 四川省洪雅县人民法院（2015）洪民初字第954号。

障承租人的生存利益和安全利益，因此该权利为承租人特有的权利。本案中，虽然原告违约将所租赁门市转租给第三人，但是根据合同的相对性，该行为并不因此影响原、被告之间所订立的房屋租赁合同。在上述租赁关系中，原告仍为承租人，因此当然享有租赁房屋的优先购买权。另外，原告与案外人所订立的转租合同，因出租人农信社知道承租人转租且6个月内未提出异议，应当推定出租人同意转租，所以转租合同合法有效。

第七百二十九条　【租赁物的灭失】

因不可归责于承租人的事由，致使租赁物部分或者全部毁损、灭失的，承租人可以请求减少租金或者不支付租金；因租赁物部分或者全部毁损、灭失，致使不能实现合同目的的，承租人可以解除合同。

本条来源

本条来源于《合同法》第二百三十一条的规定："因不可归责于承租人的事由，致使租赁物部分或者全部毁损、灭失的，承租人可以要求减少租金或者不支付租金；因租赁物部分或者全部毁损、灭失，致使不能实现合同目的的，承租人可以解除合同。"相较于原法条，本条将"要求"改为"请求"，该变动使法条用语更加严谨，法条的实质内涵未发生变化。

立法演变

本条在一次审议稿和二次审议稿第五百二十条均沿用《合同法》第二百三十一条的规定，《民法典（草案）》第七百二十九条作了上述调整，并最终为本条所采用。

条文释义

本条是关于在租赁期间租赁物因不可归责于承租人的事由发生毁损、灭失的法律后果的规定。承租人在租赁期间对租赁物具有妥善保管义务，如因承租人自身原因致使租赁物毁损、灭失的，承租人不仅要承担自身的利益损失，同时也要对出租人承担赔偿责任。但是因不可归责于承租人的事由致使租赁物部分或全部毁损、灭失的风险，由出租人承担。不可归责于承租人的事由包括如下情形：一是不可抗力导致租赁物毁损、灭失；二是因第三人过错导致租赁物毁损、灭失；三是因出租人过错导致租赁物毁损、灭失。因上述事由致使租赁物部分或全部毁损、灭失，导致承租人无法正常使用租赁物并获取收益的，承租人可以向出租人主张减少租金或不支付租金。如果租赁物部分或全部毁损、灭失，致使合同目的不能实现的，承租人可解除合同。

第七百三十条　【租期不明的处理】

当事人对租赁期限没有约定或者约定不明确，依据本法第五百一十条的规定仍不能确定的，视为不定期租赁；当事人可以随时解除合同，但是应当在合理期限之前通知对方。

本条来源

本条来源于《合同法》第二百三十二条的规定："当事人对租赁期限没有约定或者约定不明确，依照本法第六十一条的规定仍不能确定的，视为不定期租赁。当事人可以随时解除合同，但出租人解除合同应当在合理期限之前通知承租人。"相较于原法条，本条转引用条文序号发生变动。该变动仅为法律体系调整导致法条序号变动，法条的实质内涵没有发生改变。同时，将最后一句"但出租人解除合同应当在合理期限之前通知承租人"改为"但是应当在合理期限之前通知对方"，该变化仅为立法技术上的简化，法条的实质内涵未发生变化。

立法演变

本条在一次审议稿第五百二十一条沿用《合同法》第二百三十三条的规定，二次审议稿第五百二十一条将但书作了上述修改，《民法典》将"。"改为"；"。

条文释义

本条是关于租赁期限没有约定或者约定不明的法律后果的规定。出租人和承租人应当就租赁期间在租赁合同中进行明确约定；对租赁期限没有约定或者约定不明确的，双方当事人首先可以签订补充协议；不能达成补充协议的，可以按照合同目的、双方交易习惯、行业交易习惯等确定租赁期限。如果按照上述方式仍不能确定的，则该租赁合同应当被视为不定期租赁合同。对于不定期租赁合同，双方当事人有权随时解除合同。但出租人解除合同时，应当依诚实信用原则，在一个合理期限之前通知承租人。

法条关联

◆《最高人民法院关于审理涉及农村土地承包纠纷案件适用法律问题的解释》

第十七条 当事人对转包、出租地流转期限没有约定或者约定不明的，参照合同法第二百三十二条规定处理。除当事人另有约定或者属于林地承包经营外，承包地交回的时间应当在农作物收获期结束后或者下一耕种期开始前。

对提高土地生产能力的投入，对方当事人请求承包方给予相应补偿的，应予支持。

第七百三十一条 【租赁物的瑕疵担保】

租赁物危及承租人的安全或者健康的，即使承租人订立合同时明知该租赁物质量不合格，承租人仍然可以随时解除合同。

本条来源

本条来源于《合同法》第二百三十三条，条文无变动。

条文释义

本条是关于租赁物危及承租人的安全或健康时，承租人享有合同解除权的规定。一般情况下，在租赁合同订立时，租赁物确有瑕疵且承租人不知情的，除出租人存在免责事由的情形，承租人依法享有合同解除权。因此，承租人的不知情是其合同解除权的前提条件之一。但是生命安全和身体健康高于一切合同利益，如果租赁物危及承租人安全或健康，仍按照一般原则要求承租人严格履行合同，将使其人身安全处于重大风险之中，因此本条规定如果租赁物危及承租人安全或健康，即使在合同订立时承租人明知租赁物存在瑕疵，承租人仍然可以随时解除合同，以保证其人身安全和健康。

第七百三十二条　【共同居住人或者共同经营人的继续承租权】

承租人在房屋租赁期限内死亡的，与其生前共同居住的人或者共同经营人可以按照原租赁合同租赁该房屋。

本条来源

本条来源于《合同法》第二百三十四条的规定："承租人在房屋租赁期间死亡的，与其生前共同居住的人可以按照原租赁合同租赁该房屋。"相较于原法条，本条在适用对象上增加了"共同经营人"，该变化扩大了法条的适用范围。同时将"期间"改为"期限内"，该变动使法条用语更加严谨。

立法演变

本条在一次审议稿和二次审议稿第五百二十三条、《民法典（草案）》第七百三十二条规定："承租人在房屋租赁期间死亡的，与其生前共同居住的人或者共同经营人可以按照原租赁合同租赁该房屋。"最终《民法典》将"期间"改为"期限内"。

条文释义

本条是关于房屋承租人的共同居住人或者共同经营人的继续承租权的规定。房屋作为重要的生活资料，是公民最基本的生活需要和条件。除了居住功能外，房屋也具有生产功能，是重要的生产资料。维护房屋租赁合同的稳定关乎公民的生活质量和幸福指数。因此，在租赁合同中，除了要保护承租人的租赁权，承租人的共同居住人的居住利益和承租人的共同经营人的生产利益同样值得保护。所以本条规定，承租人在租赁期限内死亡的，与其共同居住的人或者共同经营的人有继续在租赁的房屋内居住或使用房屋的权利，出租人无权干涉，但应与出租人办理续租手续，变更承租人。承租人死亡后无共同居住之人或者共同经营人的，租赁关系终止。

第七百三十三条 【租赁物的返还】

租赁期限届满，承租人应当返还租赁物。返还的租赁物应当符合按照约定或者根据租赁物的性质使用后的状态。

本条来源

本条来源于《合同法》第二百三十五条的规定："租赁期间届满，承租人应当返还租赁物。返还的租赁物应当符合按照约定或者租赁物的性质使用后的状态。"相较于原法条，本条将"期间"改为"期限"，并增加"根据"二字，该变动使法条用语更加严谨，法条的实质内涵未发生变化。

立法演变

本条在一次审议稿和二次审议稿第五百二十四条、《民法典（草案）》第七百三十三条均沿用《合同法》第二百三十五条的规定，最终《民法典》作了上述变动。

条文释义

本条是关于租赁物返还的规定。租赁关系终止后，承租人应当返还租赁物。返还的租赁物应当符合按照约定或者租赁物性质使用后的状态。承租人在租赁期限未经出租人同意，对租赁物进行改建、改装或者增加附着物的，在返还租赁物时，出租人有权要求予以拆除，恢复租赁物的原状。承租人的上述行为经出租人同意的，可不恢复租赁物的原状，并可以向出租人请求偿还有益费用。承租人不及时返还租赁物的，应当负违约责任。

第七百三十四条 【续租】

租赁期限届满，承租人继续使用租赁物，出租人没有提出异议的，原租赁合同继续有效，但是租赁期限为不定期。

租赁期限届满，房屋承租人享有以同等条件优先承租的权利。

本条来源

本条第一款来源于《合同法》第二百三十六条的规定："租赁期间届满，承租人继续使用租赁物，出租人没有提出异议的，原租赁合同继续有效，但租赁期限为不定期。"本条第二款为新增条款，该款项规定了房屋承租人优先承租权，该变动是为了落实建立租购同权住房制度的要求，保护承租人利益，促进住房租赁市场健康发展。

立法演变

本条在一次审议稿和二次审议稿第五百二十五条、《民法典（草案）》第七百三十四条规定："租赁期间届满，承租人继续使用租赁物，出租人没有提出异议的，原租赁合同继续有效，但是租赁期限为不定期。租赁期间届满，房屋承租人享有以同等条件优先承租的权利。"最终《民法典》作了上述变动。

条文释义

本条是关于承租人在租赁期届满后继续使用租赁物的规定。定期租赁合同在租赁期限届满后即告终止。双方当事人可在租赁期限届满时续订合同。续订合同又称为期限更新，它不同于一般合同中履行期限的变更。续订合同相当于在原租赁合同结束之后双方当事人之间订立了一个全新的租赁合同，其存在两个合同关系，而期限的变更仅是在原租赁合同中变更，其只存在一个合同关系。租赁双方当事人续订合同有约定更新和法定更新两种方式：约定更新是指当事人于租赁期限届满后另订一个合同，约定延长租赁期限；法定更新是指当事人用行为表明其租赁关系将持续存在，如承租人继续使用租赁物，出租人继续收取租金等。由于在法定更新中当事人对租赁期限没有重新约定，所以原定期租赁更改为不定期租赁，任何一方当事人均可以随时解除合同。此外本条还规定了承租人的优先承租权，即在同等条件下，房屋承租人相较于其他人具有优先享受租赁物的租赁权的权利。

第十五章　融资租赁合同

本章概要

本章相较于《合同法》第十四章融资租赁合同，无论从条文数量和条文内容都进行了较大的改变，与《合同法》只有十四条相比，本章共二十六条，大大增加条文数量，增加和修改的内容主要来源于《最高人民法院关于审理融资租赁合同纠纷案件适用法律问题的解释》，有些在表述方式上进行适当调整，有些进行立法技术上的简化。此外，为更好地规范和引导融资租赁业务及行业的健康发展，本章增加规定，如果当事人以虚构租赁物等方式订立合同，该融资租赁合同无效。

第七百三十五条　【融资租赁合同的定义】

融资租赁合同是出租人根据承租人对出卖人、租赁物的选择，向出卖人购买租赁物，提供给承租人使用，承租人支付租金的合同。

本条来源

本条来源于《合同法》第二百三十七条，条文无变动。

立法演变

本条在一次审议稿和二次审议稿第五百二十六条、《民法典（草案）》第七百三十五条增设第二款规定：“承租人将其自有物出卖给出租人，再通过融资租赁合同将租赁物从出租人处租回的，承租人和出卖人系同一人不影响融资租赁合同的成立。”《民法典》将该条款删除，仅保留现有内容。

条文释义

融资租赁是出租人根据承租人提出的条件和要求，与供货商订立购买合同，买进承租人所需的设备，并与承租人订立租赁合同，在约定的期间内将租赁物交由承租人使用，出租人以收取租金的形式分期收回货款、利息和其他费用的合同。① 融资租赁与一般租赁不同，融资租赁具有融资、担保和使用功能，是一种贸易与信贷相结合，融资与融物相结合的综合性交易。融资租赁合同是指出租人根据承租人对出卖人、租赁物的选择，向出卖人购买租赁物，提供给承租人使用，承租人支付租金的合同。融资租赁合同具有以下法律特征：第一是由三方当事人和两个合同构成。融资租赁合同由买卖合同和租赁合同构成，这两个合同互相对应、互相衔接，并互为存在的条件，两个合同的标的物是同一的。第二是承租人对租赁物享有使用权。融资租赁合同中的出租人在租赁期间内，租赁物的所有权属于出租人，承租人以支付租金方式取得租赁物的使用权，承租人不得擅自处分、变卖租赁物。第三是当事人的中途解除权受到严格限制。第四是融资租赁合同是诺成合同和要式合同。

法条关联

◆《金融租赁公司管理办法》

第三条 本办法所称融资租赁，是指出租人根据承租人对租赁物和供货人的选择或认可，将其从供货人处取得的租赁物按合同约定出租给承租人占有、使用，向承租人收取租金的交易活动。

第四条 本办法所称售后回租业务，是指承租人将自有物件出卖给出租人，同时与出租人签订融资租赁合同，再将该物件从出租人处租回的融资租赁形式。售后回租业务是承租人和供货人为同一人的融资租赁方式。

◆《最高人民法院关于审理融资租赁合同纠纷案件适用法律问题的解释》

第一条 人民法院应当根据合同法第二百三十七条的规定，结合标的物的性质、价值、租金的构成以及当事人的合同权利和义务，对是否构成融资租赁

① 李国安：《国际融资租赁法律问题研究》，载《国际经济法论丛》（第1卷），法律出版社1998年版，第319页。

法律关系作出认定。

对名为融资租赁合同，但实际不构成融资租赁法律关系的，人民法院应按照其实际构成的法律关系处理。

第七百三十六条　【融资租赁合同的内容及形式】

融资租赁合同的内容一般包括租赁物的名称、数量、规格、技术性能、检验方法，租赁期限，租金构成及其支付期限和方式、币种，租赁期限届满租赁物的归属等条款。

融资租赁合同应当采用书面形式。

本条来源

本条来源于《合同法》第二百三十八条的规定："融资租赁合同的内容包括租赁物名称、数量、规格、技术性能、检验方法、租赁期限、租金构成及其支付期限和方式、币种、租赁期间届满租赁物的归属等条款。融资租赁合同应当采用书面形式。"相较于原法条，本条将"期间"改为"期限"、"租赁物名称"改为"租赁物的名称"，增加"一般"二字，该变动使法条用语更加严谨，法条的实质内涵未发生变化，此外，还修改三处标点符号，层次更分明。

立法演变

本条在一次审议稿和二次审议稿第五百二十八条、《民法典（草案）》第七百三十七条均沿用《合同法》第二百三十八条的规定，最终《民法典》作了上述变动，并将该法条的位置由《民法典（草案）》第七百三十七条调整至此。

条文释义

本条是关于融资租赁合同内容和形式的规定。融资租赁合同的内容主要包括以下几点：第一是与租赁物有关的条款。融资租赁合同的标的物是合同当事人双方权利和义务指向的对象，租赁物的条款应写明租赁物的名称、质量、数量、规格、型号、技术性能、检验方法等。第二是与租金有关的条款。融资租赁合同对租金的规定包括租金总额、租金构成、租金支付方式、支付地点和次数、租金支付期限、每期租金额、租金计算方法、租金币种等。第三是与租赁期限有关的条款，包括租赁起止日期以及在租赁期内，当事人双方无正当、充分的理由，不得单方要求解约或退租。第四是有关租赁期限届满租赁物归属的条款，租赁期限内租赁物的所有权归出租人享有。除此之外，融资租赁合同一般还应包括租赁物的交付使用、保养、维修和保险、担保违约责任、合同发生争议时的解决方法、合同签订日期和地点等条款。上述内容仅为规范性规定，双方当事人可依据意思自治原则，结合租赁方式的不同对合同内容进行协商确定。由于融资租赁合同的法律关系比较复杂，融资金额一般较大，履行期较长，为了明确当事人的权利义务关系，融资租赁合同必须采用书面形式。①

法条关联

◆《最高人民法院关于审理融资租赁合同纠纷案件适用法律问题的解释》

第三条　根据法律、行政法规规定，承租人对于租赁物的经营使用应当取得行政许可的，人民法院不应仅以出租人未取得行政许可为由认定融资租赁合同无效。

第四条　融资租赁合同被认定无效，当事人就合同无效情形下租赁物归属有约定的，从其约定；未约定或者约定不明，且当事人协商不成的，租赁物应当返还出租人。但因承租人原因导致合同无效，出租人不要求返还租赁物，或者租赁物正在使用，返还出租人后会显著降低租赁物价值和效用的，人民法院可以判决租赁物所有权归承租人，并根据合同履行情况和租金支付情况，由承租人就租赁物进行折价补偿。

第七百三十七条　【无效的融资租赁合同】

当事人以虚构租赁物方式订立的融资租赁合同无效。

① 胡康生主编：《中华人民共和国合同法释义》（第3版），法律出版社2013年版，第385－386页。

本条来源

本条为新增条款。

立法演变

本条在一次审议稿和二次审议稿第五百二十七条、《民法典（草案）》第七百三十六条规定："当事人以虚构租赁物等方式订立融资租赁合同掩盖非法目的的，融资租赁合同无效。"《民法典》删除了"掩盖非法目的"的无效条件，并在表述上作了如上变动，同时将该法条的位置由《民法典（草案）》第七百三十六条调整至此。

条文释义

本条是关于无效融资租赁合同的规定。融资租赁交易具有融资与融物相结合的特征，旨在促进金融与实业的结合，推动经济的发展。但是在实践中，部分合同虽然名为融资租赁合同，但实际上并无实际的租赁物，双方当事人仅有资金的借贷，而无租赁物的占用、使用，极大地违背了融资租赁合同的目的。为更好地规范和引导融资租赁业务及行业的健康发展，本条规定，如果双方当事人虚构租赁物，以融资租赁之名，行借款、贷款之实，该融资租赁合同无效。

第七百三十八条　【租赁物经营许可对合同效力的影响】

依照法律、行政法规的规定，对于租赁物的经营使用应当取得行政许可的，出租人未取得行政许可不影响融资租赁合同的效力。

本条来源

本条来源于《最高人民法院关于审理融资租赁合同纠纷案件适用法律问题的解释》（法释〔2014〕3号）第三条的规定："根据法律、行政法规规定，承租人对于租赁物的经营使用应当取得行政许可的，人民法院不应仅以出租人未取得行政许可为由认定融资租赁合同无效。"相较于原法条，本条删除了"承租人”一词，并在表述方式上进行适当调整，该变动仅为立法技术上的简化，法条的实质内涵未发生变化。

立法演变

本条在一次审议稿和二次审议稿第五百二十九条、《民法典（草案）》第七百三十八条规定：“依照法律、行政法规的规定，承租人对于租赁物的经营使用应当取得行政许可的，出租人未取得行政许可不影响融资租赁合同的效力。”《民法典》删除了“承租人”一词。

条文释义

本条是关于租赁物经营许可对合同效力影响的规定。在一般物品租赁的过程中，承租人对租赁设备的经营是不需获得行政许可的。但是对于一些特殊物品的租赁，如医疗器械租赁、电力设备租赁等，承租人需取得特许经营权。而在融资租赁合同法律关系中，出租人在融资租赁交易中主要承担资金融通的功能，其购买租赁物的目的系提供给承租人使用，而非将租赁物作为其自身从事生产经营活动的工具。承租人作为租赁物的直接经营使用人才应当是行政许可监管的对象。对承租人来说，减少对出租人经营许可的限制也更有利于承租人获得更多的资金支持。因此本条规定，承租人对租赁物的经营使用应当取得行政许可的，出租人未取得行政许可不影响融资租赁合同的效力。另外，本条仅适用于经营使用租赁物行为本身需要取得许可的情形，而使用租赁物从事的工程或项目是否取得许可并不影响融资租赁合同的效力。

法条关联

◆《最高人民法院关于审理融资租赁合同纠纷案件适用法律问题的解释》

第四条 融资租赁合同被认定无效，当事人就合同无效情形下租赁物归属有约定的，从其约定；未约定或者约定不明，且当事人协商不成的，租赁物应当返还出租人。但因承租人原因导致合同无效，出租人不要求返还租赁物，或者租赁物正在使用，返还出租人后会显著降低租赁物价值和效用的，人民法院可以判决租赁物所有权归承租人，并根据合同履行情况和租金支付情况，由承租人就租赁物进行折价补偿。

案例评议

万载县鼎翔汽运有限公司、倪某宝融资租赁合同纠纷案[①]

2014年11月12日，鼎翔公司购买了根据倪某宝选择的两辆半挂牵引车。倪某宝支付了部分购车款，其余的购车款由鼎翔公司支付。同日，倪某宝对两辆车分别向鼎翔公司递交了融资租赁车辆申请书，又以倪某宝为乙方，鼎翔公司为甲方，分别签订《汽车融资租赁合同》。2015年3月3日鼎翔公司将两辆车进行变卖，为此，倪某宝诉至本院。庭审中，倪某宝称鼎翔公司没有融资租赁资质，故其所签订的融资租赁合同无效。倪某宝是案涉车辆的所有权人，鼎翔公司未经倪某宝允许采取暴力手段变卖车辆，侵害了倪某宝的所有权，应当向倪某宝赔偿损失。另查明，鼎翔公司的经营范围不包括融资租赁。

◆ 裁判规则

法院经审理认为，出租人未取得行政许可不影响融资租赁合同无效。虽鼎翔公司登记的经营范围未有融资租赁，但融资租赁合同未违反法律强制性规定。据此，倪某宝与鼎翔公司之间的融资租赁合同有效，双方应全面履行合同。倪某宝未按约定履行支付租金的义务，违反合同约定属违约行为，应承担相应的民事责任。

◆ 评议

在融资租赁合同中，出租人仅提供资金支持，并未直接经营使用租赁物，因此不必要以出租人经营许可范围来限制融资租赁合同的效力。本案中，虽然鼎翔公司不具有融资租赁的资质，但这并不影响融资租赁合同的效力，承租人仍应按照双方约定履行合同中所约定的义务。

第七百三十九条　【租赁物的购买】

出租人根据承租人对出卖人、租赁物的选择订立的买卖合同，出卖人应当按照约定向承租人交付标的物，承租人享有与受领标的物有关的买受人的权利。

---

① 江西省宜春市中级人民法院（2018）赣09民终25号。

本条来源

本条来源于《合同法》第二百三十九条，条文无变动。

条文释义

本条是关于融资租赁中租赁物交付的规定。在传统租赁合同的法律关系中，合同主体仅包括出租人和承租人，即出租人是将自己现有的物或者根据自己的意愿购买的物出租给承租人，承租人与出卖人之间不存在任何法律关系。而在融资租赁中，融资租赁合同的租赁物即是买卖合同的标的物。融资租赁合同最重要的法律特征就是融资与融物相结合，融资为融物服务。买卖合同是出租人根据承租人对出卖人和租赁物的选择订立的，作为买受人的出租人只负支付货款的义务，而承租人是租赁物的占有、使用、收益人，且了解租赁物。出租人实质上是为承租人购买租赁物提供资金，真正的买卖双方是承租人和出卖人。[①]因此本条规定，出卖人应直接向承租人交付标的物，承租人享有与受领标的物有关的买受人的权利。

第七百四十条　【拒绝受领租赁物】

出卖人违反向承租人交付标的物的义务，有下列情形之一的，承租人可以拒绝受领出卖人向其交付的标的物：

（一）标的物严重不符合约定；

（二）未按照约定交付标的物，经承租人或者出租人催告后在合理期限内仍未交付。

承租人拒绝受领标的物的，应当及时通知出租人。

本条来源

本条来源于《最高人民法院关于审理融资租赁合同纠纷案件适用法律问题的解释》（法释〔2014〕3 号）第五条的规定："出卖人违反合同约定的向承租

① 胡康生主编：《中华人民共和国合同法释义》（第 3 版），法律出版社 2013 年版，第 387 页。

人交付标的物的义务，承租人因下列情形之一拒绝受领租赁物的，人民法院应予支持：（一）租赁物严重不符合约定的；（二）出卖人未在约定的交付期间或者合理期间内交付租赁物，经承租人或者出租人催告，在催告期满后仍未交付的。承租人拒绝受领租赁物，未及时通知出租人，或者无正当理由拒绝受领租赁物，造成出租人损失，出租人向承租人主张损害赔偿的，人民法院应予支持。”相较于原法条，本条在表述方式上进行适当调整，该变动仅为立法技术上的简化，法条的实质内涵未发生变化。

条文释义

本条是关于承租人可以拒绝受领出卖人向其交付的租赁物的规定，同时对拒绝受领租赁物后承租人应当履行的义务及其法律后果作出安排。出卖人具有按照约定及时向承租人交付标的物的义务，而承租人对出卖人交付的租赁物应当进行接收，承租人无正当理由不得拒绝接受租赁物。承租人对因其无故迟延受领或拒收而给出卖人或者出租人造成的损失必须承担责任。但是当出卖人所交付的租赁物严重不符合合同约定，或者出卖人未按照约定交付租赁物时，经承租人或者出租人催告后，在合理期限内仍未交付的，承租人有权拒绝受领出卖人向其交付的租赁物。如果承租人行使拒绝接收租赁物的权利，则应当及时通知出租人。如果承租人因未履行及时通知出租人的义务造成出租人的损失，其应当承担损害赔偿责任。

第七百四十一条　【索赔权】

出租人、出卖人、承租人可以约定，出卖人不履行买卖合同义务的，由承租人行使索赔的权利。承租人行使索赔权利的，出租人应当协助。

本条来源

本条来源于《合同法》第二百四十条，条文无变动。

条文释义

本条是关于行使索赔权的规定。在一般的买卖合同中，当出卖人不履行买卖合同的义务时，应当承担违约责任。根据合同相对性原则，仅买受人享有向出卖人请求损害赔偿的权利。但在融资租赁合同当中，由于出租人是根据承租人对出卖人、租赁物的选择与出卖人订立的买卖合同，订立合同的目的在于使承租人获得租赁物的使用权和收益权，出卖人的违约行为必然会损害承租人租赁权的实现。同时，租赁物是由出卖人直接向承租人交付，对于是否符合约定标准，承租人更能作出合理判断。因此本条规定，如果出卖人存在违反买卖合同约定的情况，出租人、出卖人、承租人可以约定，由承租人直接向出卖人行使索赔的权利。在承租人向出卖人行使索赔的权利时，出租人应当履行协助的义务。该约定不但有利于保护承租人和出租人的利益，同时也能及时高效地化解纠纷。

法条关联

◆《最高人民法院关于审理融资租赁合同纠纷案件适用法律问题的解释》

第六条 承租人对出卖人行使索赔权，不影响其履行融资租赁合同项下支付租金的义务，但承租人以依赖出租人的技能确定租赁物或者出租人干预选择租赁物为由，主张减轻或者免除相应租金支付义务的除外。

第七百四十二条 【索赔权行使与租金给付义务】

承租人对出卖人行使索赔权利，不影响其履行支付租金的义务。但是，承租人依赖出租人的技能确定租赁物或者出租人干预选择租赁物的，承租人可以请求减免相应租金。

本条来源

本条来源于《最高人民法院关于审理融资租赁合同纠纷案件适用法律问题的解释》（法释〔2014〕3号）第六条的规定："承租人对出卖人行使索赔权，不影响其履行融资租赁合同项下支付租金的义务，但承租人以依赖出租人的技能确定租赁物或者出租人干预选择租赁物为由，主张减轻或者免除相应租金支付义务的除外。”相较于原法条，本条在表述方式上进行适当调整，该变动仅为立法技术上的简化，法条的实质内涵未发生变化。

条文释义

本条是关于承租人行使对出卖人的索赔权与融资租赁合同中租金给付义务的关系问题的规定。从合同相对性的理论出发，买卖合同的履行存在瑕疵不能直接影响融资租赁合同的履行，并且融资租赁的特征决定了出租人的本质义务是为承租人提供融资，在承租人选定出卖人、租赁物的前提下，履行买卖合同的风险也应由承租人承担。因此本条规定，承租人对出卖人行使索赔权利，不影响其履行支付租金的义务。但承租人依赖出租人的技能确定租赁物或者出租人干预选择租赁物的，出租人的上述行为在其与承租人的租赁关系中已经构成违约，因此承租人在行使索赔权的同时，也可以向出租人主张减免相应的租金。

案例评议

东风汽车财务有限公司诉朱某芬等融资租赁合同纠纷案①

2013 年 9 月 11 日，东风财务公司作为买方（出租人）、诚维信公司作为卖方（供货人）、朱某芬作为承租人，三方共同订立《融资租赁车辆购销合同》。该合同约定，应朱某芬的申请及其对供货人的自主决定，东风财务公司出资向诚维信公司购买型号为 DFL4251 A10 的牵引车及型号为 CSQ9401 XXY 的挂车。东风财务公司将所购车辆出租给朱某芬使用；租赁期限为 24 个月；若朱某芬未按期足额支付租金，每迟延一天应支付相当于当期应付租金 5‰的违约金。后东风财务公司因朱某芬未及时支付租金诉至法院，要求其支付租金及违约金。朱某芬辩称讼争融资租赁合同项下的挂车不是合格车辆，拒绝支付挂车部分的租金。

◆ **裁判规则**

法院经审理认为，讼争的《车辆融资租赁合同》系各方当事人的真实意思表示，未违反法律法规的强制性规定，应认定为合法有效，当事人应按合同约定履行各自义务。从合同约定来看，讼争融资租赁车辆系根据朱某芬对出卖人、

---

① 福建省厦门市湖里区人民法院（2015）湖民初字第 6963 号。

租赁物的选择而购买，朱某芬未提供证据证明东风财务公司对租赁物的选择进行了干预，即使讼争融资租赁车辆存在质量问题，也不能减轻或免除朱某芬支付租金的义务，朱某芬可就车辆质量问题另行向出卖人主张权利，对其抗辩不予支持。朱某芬未按约定期限支付租金，构成违约，应承担相应违约责任。故判决，朱某芬应向东风财务公司支付租金及逾期付款违约金。

◆ **评议**

在融资租赁合同中，承租人行使索赔权的同时，能够要求减免租金的情形有两种：一是出租人为发挥其技能，履行协助承租人确定租赁物的义务；二是出租人干预选择租赁物。在上述两种情形下，承租人可以请求出租人减免相应租金。本案的争议焦点就在于承租人对出卖人行使索赔权是否影响其支付租金的义务。本案中，出租人东风财务公司并未出现上述情形，因此承租人朱某芬认为租赁物不合格时，仅能向出卖方行使索赔权，而不能拒付租金。

第七百四十三条　【妨碍索赔责任承担】

出租人有下列情形之一，致使承租人对出卖人行使索赔权利失败的，承租人有权请求出租人承担相应的责任：

（一）明知租赁物有质量瑕疵而不告知承租人；

（二）承租人行使索赔权利时，未及时提供必要协助。

出租人怠于行使只能由其对出卖人行使的索赔权利，造成承租人损失的，承租人有权请求出租人承担赔偿责任。

本条来源

本条来源于《最高人民法院关于审理融资租赁合同纠纷案件适用法律问题的解释》（法释〔2014〕3号）第十八条的规定：“出租人有下列情形之一，导致承租人对出卖人索赔逾期或者索赔失败，承租人要求出租人承担相应责任的，人民法院应予支持：（一）明知租赁物有质量瑕疵而不告知承租人的；（二）承租人行使索赔权时，未及时提供必要协助的；（三）怠于行使融资租赁合同中约定的只能由出租人行使对出卖人的索赔权的；（四）怠于行使买卖合同中约定的只能由出租人行使对出卖人的索赔权的。”相较于原法条，本条在表述方式上进行适当调整，该变动仅为立法技术上的简化，法条的实质内涵未发生变化。

条文释义

本条是关于出租人妨碍承租人依约对出卖人行使索赔权而应向承租人承担责任的具体情形的规定。根据本法第七百四十一条的规定，承租人行使买卖合同中的索赔权，出租人有协助义务。但在司法实践中，各地法院对出租人违反协助义务的情形和违反该项义务应当承担的责任掌握的标准不一。本条对此作出指引，具体列出了两种情形：一是出租人明知租赁物有质量瑕疵而不告知承租人，有违诚信原则，故应当对承租人承担相应的责任；二是从反面规定出租人未履行本法第七百四十一条规定的协助义务。此外，如果买卖合同的索赔权只能由出租人行使而出租人怠于行使，导致出卖人有正当的抗辩理由，产生承租人索赔不成的败诉后果，由此造成承租人损失的，承租人有权请求出租人承担赔偿责任。

第七百四十四条　【出租人不得变更买卖合同】

出租人根据承租人对出卖人、租赁物的选择订立的买卖合同，未经承租人同意，出租人不得变更与承租人有关的合同内容。

本条来源

本条来源于《合同法》第二百四十一条，条文无变动。

条文释义

本条是关于出租人在未经承租人同意的情况下，擅自变更与出卖人之间的买卖合同的规定。买卖合同是双方当事人意思表示一致的产物，在当事人协商一致的情况下，可以对合同内容进行修改变更。但是，融资租赁合同本身就是由租赁合同和买卖合同两部分构成，两者联系紧密。并且出租人与出卖人之间的买卖合同是根据承租人对出卖人与租赁物的选择而订立的，所以融资租赁合同中的买卖合同牵涉承租人的利益。如果出租人未经承租人同意，擅自变更与承租人有关的合同内容，必然会影响承租人使用权与收益权的实现。因此本条规定，出租人根据承租人对出卖人、租赁物的选择订立的买卖合同，未经承租人同意，出租人不得变更与承租人有关的合同内容。

第七百四十五条 【租赁物的善意取得】

出租人对租赁物享有的所有权，未经登记，不得对抗善意第三人。

本条来源

本条来源于《合同法》第二百四十二条的规定："出租人享有租赁物的所有权。承租人破产的，租赁物不属于破产财产。"相较于原法条，本条在表述方式上进行适当调整，同时删除了可以对抗善意第三人的例外情形，该变动主要例外情形过于具体，不适宜在法典中直接规定。

条文释义

本条是关于租赁物的善意取得问题的规定。在租赁期间，出租人享有租赁物的所有权，但租赁物实际为承租人所占有使用。对有明确登记机关的飞机、轮船、企业厂房等租赁物而言，因租赁物的所有权以登记为公示方式，故承租人占有使用租赁物，并不影响租赁物所有权在法律上的归属。但对大量没有所有权登记机关的机械设备及其他无所有权登记机关的动产而言，占有为所有权的主要公示方式。[①] 为了更好地保护善意第三人，本条规定承租人处理未经登记的租赁物时，受让人可以根据善意取得制度取得租赁物的相应物权。

法条关联

◆《最高人民法院关于审理融资租赁合同纠纷案件适用法律问题的解释》

第九条 承租人或者租赁物的实际使用人，未经出租人同意转让租赁物或者在租赁物上设立其他物权，第三人依据物权法第一百零六条的规定取得租赁

① 宋晓明、刘竹、梅原爽：《〈关于审理融资租赁合同纠纷案件适用法律问题的解释〉的理解与适用》，载《人民司法（应用）》2014 年第 7 期。

物的所有权或者其他物权，出租人主张第三人物权权利不成立的，人民法院不予支持，但有下列情形之一的除外：

（一）出租人已在租赁物的显著位置作出标识，第三人在与承租人交易时知道或者应当知道该物为租赁物的；

（二）出租人授权承租人将租赁物抵押给出租人并在登记机关依法办理抵押权登记的；

（三）第三人与承租人交易时，未按照法律、行政法规、行业或者地区主管部门的规定在相应机构进行融资租赁交易查询的；

（四）出租人有证据证明第三人知道或者应当知道交易标的物为租赁物的其他情形。

案例评议

安徽信成融资租赁有限公司诉乐山市沙湾中盛陶瓷有限公司、乐山市商业银行股份有限公司沙湾支行融资租赁合同案①

2012年4月25日，安徽信成公司与沙湾中盛公司签订了《融资租赁合同》，约定安徽信成公司将从广东科达公司处购买的设备出租给沙湾中盛公司。2012年7月11日，安徽信成公司就上述融资租赁设备在中国人民银行征信中心融资租赁登记系统进行了融资租赁物初始登记，并在5台KD3800C瓷质砖自动液压机的显著位置上标示："本机器属于融资租赁设备，所有权人为：安徽信成融资租赁有限公司。"2015年4月22日，沙湾中盛公司与乐山市商业银行沙湾支行签订了《流动资金借款合同》，沙湾中盛公司向商业银行沙湾支行借款1800万元，将上述部分融资租赁物抵押给商业银行沙湾支行提供抵押担保。安徽信成公司诉至法院，请求撤销沙湾中盛公司将安徽信成公司融资租赁设备抵押给商业银行沙湾支行的侵权抵押行为；注销沙湾中盛公司与商业银行沙湾支行在乐山市沙湾区工商行政管理局对安徽信成公司融资租赁设备的抵押登记。

◆ **裁判规则**

法院经审理认为，沙湾中盛公司与商业银行沙湾支行签订的《最高额抵押

① 四川省乐山市沙湾区人民法院（2015）沙湾民初字第850号。

合同》中涉及的部分租赁物属于安徽信成公司所有的融资租赁物。被告沙湾中盛公司未付清原告租金及原告未向沙湾中盛公司出具《所有权转移证明书》之前，该租赁物的所有权属于原告。另外，原告已在租赁设备的显著位置上作出标识，表明此批设备属于融资租赁物且属于原告所有。商业银行沙湾支行与被告沙湾中盛公司签订抵押合同时，未按照银行行业规定登录融资租赁登记公示系统进行融资租赁交易查询，未尽到审查义务，不属于善意第三人。故判决确认沙湾中盛公司将融资租赁物抵押给被告商业银行沙湾支行的行为无效；沙湾中盛公司应注销融资租赁物的抵押登记。

◆ **评议**

第三人在取得无权处分人所转让的财物时为善意的情形下，其才能构成善意取得。在本案中，融资租赁物已经备案登记，同时也在显著位置作了明显标示，可推定商业银行沙湾支行的行为并非善意。因此，沙湾中盛公司与商业银行沙湾支行之间的抵押合同无效。

第七百四十六条　【租金的确定】

融资租赁合同的租金，除当事人另有约定外，应当根据购买租赁物的大部分或者全部成本以及出租人的合理利润确定。

本条来源

本条来源于《合同法》第二百四十三条的规定："融资租赁合同的租金，除当事人另有约定的以外，应当根据购买租赁物的大部分或者全部成本以及出租人的合理利润确定。"相较于原法条，本条将"的以外"改成"外"，该变动仅为立法技术上的简化，法条的实质内涵未发生变化。

条文释义

本条是关于融资租赁合同租金构成的规定。在融资租赁合同中，承租人支付的租金并非仅是使用、收益租赁物的对价，还包括了"融资"的代价。因此，租金由出租人购买租赁物的成本及其合理利润两部分构成。租赁物的成本一般包括租赁物的购买价的本息、运输费、途中保险费等。如果租赁期满时租赁物返还给出租人的，应当将租赁物剩余价值从成本中扣除。租金的另一组成部分是出租人的合理利润，它一般是通过手续费的形式表现出来的。对于合理利润的标准没有明文规定，可由出租人和承租人协商确定，或者是根据交易习惯确定。

第七百四十七条 【租赁物的瑕疵担保责任】

租赁物不符合约定或者不符合使用目的的，出租人不承担责任。但是，承租人依赖出租人的技能确定租赁物或者出租人干预选择租赁物的除外。

本条来源

本条来源于《合同法》第二百四十四条的规定："租赁物不符合约定或者不符合使用目的的，出租人不承担责任，但承租人依赖出租人的技能确定租赁物或者出租人干预选择租赁物的除外。"相较于原法条，本条将"但"改为"但是"，同时对个别标点符号进行修改，该变动使法条表述更加严谨，层次更加分明。

立法演变

本条在一次审议稿和二次审议稿第五百三十八条均沿用《合同法》第二百四十四条的规定，《民法典（草案）》第七百四十七条作了上述调整，并最终为本条所采用。

条文释义

本条是关于出租人不承担租赁物瑕疵担保责任的原则及其例外的规定。在一般租赁合同中，出租人应当就租赁物承担瑕疵担保责任。而在融资租赁合同中，出租人仅是向承租人提供资金，完全按照承租人的要求和指示去购买租赁物，租赁物的购买并不是依靠出租人的技能和判断，而是由承租人指定和选择，大多数情况下都是由承租人与出卖人商定后才指定出租人与出卖人签订买卖合同的，而且出租人也不对租赁物进行实际的占有、使用和收益，因此融资租赁合同中的标的物的瑕疵担保责任由出卖人直接承担，出租人不承担相关责任。但在特殊情形下，出租人也应当承担瑕疵担保责任：一是承租人依赖出租人的技能确定租赁物的。该情形中的租赁物是依赖出租人的技能确定的，出租人应当对租赁物所出现的瑕疵承担责任，而非出卖人承担。二是出租人干预选择租赁物的。一般情形下，租赁物和出卖人都是由承租人自己选择，如果出租人干预了承租人的选择，导致租赁物出现瑕疵的，出租人不得免除其瑕疵担保责任。

第七百四十八条　【租赁物的占有和使用】

出租人应当保证承租人对租赁物的占有和使用。

出租人有下列情形之一的，承租人有权请求其赔偿损失：

（一）无正当理由收回租赁物；

（二）无正当理由妨碍、干扰承租人对租赁物的占有和使用；

（三）因出租人的原因致使第三人对租赁物主张权利；

（四）不当影响承租人对租赁物占有和使用的其他情形。

本条来源

本条第一款来源于《合同法》第二百四十五条，条文无变动。本条第二款来源于《最高人民法院关于审理融资租赁合同纠纷案件适用法律问题的解释》（法释〔2014〕3 号）第十七条的规定："出租人有下列情形之一，影响承租人对租赁物的占有和使用，承租人依照合同法第二百四十五条的规定，要求出租人赔偿相应损失的，人民法院应予支持：（一）无正当理由收回租赁物；（二）无正当理由妨碍、干扰承租人对租赁物的占有和使用；（三）因出租人的原因导致第三人对租赁物主张权利；（四）不当影响承租人对租赁物占有、使用的其他情形。"相较于原法条，本条在表述方式上进行适当调整，该变动仅为立法技术上的简化。同时，本条转引用条文序号发生变动，该变动仅为法律体系调整导致法条序号变动，法条的实质内涵没有发生改变。

条文释义

本条是关于出租人的保证义务及违约情形的规定。在融资租赁关系中，出租人是所有权人，承租人是用益物权人，因此出租人不得干涉承租人对租赁物的占有、使用和收益。此外，出租人收取承租人支付的租金，其应当保证承租人对租赁物的占有和使用。

出租人妨碍承租人使用租赁物的行为构成违约，应当承担损害赔偿责任，具体情形包括：出租人无正当理由取回租赁物，无正当理由妨碍、干扰承租人对租赁物的占有和使用，因出租人的原因导致第三人对租赁物主张权利，以及不当影响承租人对租赁物占有、使用的其他情形。其中，前两种情形中的“无正当理由”系排除出租人对租赁物的正常检查、维护等有正当理由的情形，避免承租人以妨碍租赁物的占有和使用为由，拒绝出租人正当行使取回权或者对租赁物进行必要的查验；第三种情形主要针对因出租人对外转让融资租赁合同项下的权利，危及承租人对租赁物的正常占有和使用的情形。①

第七百四十九条　【租赁物造成损害的责任】

承租人占有租赁物期间，租赁物造成第三人人身损害或者财产损失的，出租人不承担责任。

本条来源

本条来源于《合同法》第二百四十六条的规定：“承租人占有租赁物期间，租赁物造成第三人的人身伤害或者财产损害的，出租人不承担责任。”相较于原法条，本条将“第三人的人身伤害”改为“第三人人身损害”，将“财产损害”改为“财产损失”，该变动使法条用语更加严谨，法条的实质内涵未发生变化。

① 宋晓明、刘竹、梅原爽：《〈关于审理融资租赁合同纠纷案件适用法律问题的解释〉的理解与适用》，载《人民司法（应用）》2014 年第 7 期。

立法演变

本条在一次审议稿和二次审议稿第五百四十一条、《民法典（草案）》第七百四十九条均沿用《合同法》第二百四十六条的规定，最终《民法典》作了上述变动。

条文释义

本条是关于租赁物造成损害时责任承担的规定。在融资租赁关系中，出租人虽是租赁物的所有权人，但其仅拥有形式上的所有权。出租人既不占有也不使用租赁物，租赁物由承租人实际掌握、控制和支配。因此，租赁物造成第三人的人身伤害或者财产损害的，出租人均不承担责任。受到损害的第三人应根据实际受损原因向相关侵权人主张损害赔偿。例如，因租赁物质量致损，则向租赁物的出卖人主张损害赔偿。

值得注意的是，出租人不承担责任的前提条件是租赁物由承租人占有。因为只有实际占有者才有防止租赁物对他人造成人身伤害或者财产损害的义务，也才应当承担因此而产生的侵权责任。如果租赁物不是在承租人占有而是在出租人占有的期间造成第三人的人身损害或者财产损失的，则出租人应当承担相应责任。

第七百五十条　【租赁物的保管、使用和维护】

承租人应当妥善保管、使用租赁物。

承租人应当履行占有租赁物期间的维修义务。

本条来源

本条来源于《合同法》第二百四十七条，条文无变动。

条文释义

本条是关于承租人妥善保管、使用和维修租赁物义务的规定。在融资租赁关系中，虽承租人拥有占有、使用租赁物等相关权利，但租赁物的所有权仍然属于出租人，出租人在租赁期间届满时享有收回标的物供其使用或者处分的期待利益。承租人有义务确保其交付给出租人的租赁物处于完整状态，以保证出租人期待利益的实现。因此本条规定承租人应当妥善保管租赁物，采用适当的方法管理租赁物，负责租赁物的安全，防止租赁物毁损、灭失。同时，承租人要妥善使用租赁物，严格按照合同约定、操作规范及租赁物的性质，以合理的方式使用租赁物。最后，承租人应当维修租赁物。在一般租赁合同中，出租人应当履行租赁物的维修义务。但在融资租赁关系中，由所有权引起的成本包括维修成本，已经转让给了承租人。[①] 因此，承租人应当履行占有租赁物期间的维修义务。

第七百五十一条　【租赁物的风险负担】

承租人占有租赁物期间，租赁物毁损、灭失的，出租人有权请求承租人继续支付租金，但是法律另有规定或者当事人另有约定的除外。

本条来源

本条来源于《最高人民法院关于审理融资租赁合同纠纷案件适用法律问题的解释》（法释〔2014〕3号）第七条的规定：“承租人占有租赁物期间，租赁物毁损、灭失的风险由承租人承担，出租人要求承租人继续支付租金的，人民法院应予支持。但当事人另有约定或者法律另有规定的除外。”相较于原法条，本条在表述方式上进行适当调整，该变动仅为立法技术上的简化，法条的实质内涵未发生变化。

条文释义

本条是关于融资租赁中租赁物的风险负担的规定。一般情况下，标的物毁损、灭失的风险由其所有权人承担。而在融资租赁中，出租人虽为租赁物的所有权人，但其最大的功能在于提供资金而非租赁物的使用。根据公平原则，不

① 吴高盛主编：《〈中华人民共和国合同法〉释义及实用》，中国民主法制出版社2014年版，第393页。

应要求出租人承担租赁物毁损、灭失的风险，该风险应由租赁物的实际控制人，即承租人承担。所以，承租人的租金给付义务并不必然免除，即承租人占有租赁物期间租赁物毁损、灭失的，承租人应继续履行合同义务。因此本条规定，承租人占有租赁物期间，租赁物毁损、灭失的，出租人有权请求承租人继续支付租金。另外需要注意的是，上述有关风险负担的规定为补充性规定，如其他法律另有规定或出租人与承租人另有约定的，应从其规定或约定。

案例评议

环宇邮电国际租赁有限公司诉天津市同盛数码科技有限公司融资租赁合同纠纷案①

2006年2月14日，环宇租赁公司与同盛数码公司签订融资租赁合同1份，合同约定环宇租赁公司根据同盛数码公司的要求从新锐公司购买总价值为650000元的富士数码冲印设备Frontier340，由新锐公司负责向同盛数码公司交付设备，环宇租赁公司向新锐公司支付货款。在租赁期满、同盛数码公司支付完全部租金后，同盛数码公司向环宇租赁公司支付留购价格100元，环宇租赁公司向同盛数码公司发出设备转让证书，将设备所有权转让给同盛数码公司；租赁期限4年，按月支付租金。同盛数码公司迟延支付租金时，应按每日4‰支付迟延利息，对于同盛数码公司不能付款、停止付款、不能履行规定的条款时，环宇租赁公司有权要求同盛数码公司立即偿还租金、损失金额和留购价格。同日，环宇租赁公司与新锐公司签订富士数码冲印设备Frontier340的买卖合同。后环宇租赁公司以同盛数码公司仅支付了7期租金，剩余租金一直未支付为由，诉至法院，诉请同盛数码公司按期支付租金。同盛数码公司则辩称因地震导致该套富士数码冲印设备已完全报废，无法使用。因环宇租贸公司系租赁物的所有权人，而同盛数码公司已经无法占有和使用租赁物，故其无须继续支付剩余租金。

◆ 裁判规则

法院经审理认为，本案环宇租赁公司与同盛数码公司签订的融资租赁合同，是当事人真实意思表示，不违反法律及行政法规的强制性规定，故为合法有效，

① 北京市东城区人民法院（2008）东民初字第03956号。

双方应严格履行合同约定的义务。在合同签订后，环宇租赁公司已按约定向供货方新锐公司支付了设备款，同盛数码公司亦收到了设备，并进行了验收。环宇租赁公司已履行了自己的合同义务。根据合同约定，租赁期间，租赁物的风险由承租人承担，故因地震导致的租赁物毁损、不能使用的风险应由同盛数码公司承担。同盛数码公司的抗辩理由不能成立，故判决支持环宇租赁公司的诉讼请求。

◆ **评议**

本案中，因不可抗力而导致租赁物无法正常使用。根据该融资租赁合同的约定，租赁物的毁损、灭失风险应当由承租人承担。故承租人同盛数码公司以租赁物毁损致使无法使用作为对未付租金的行为进行抗辩的理由，人民法院不应支持。因此，租赁物因不可抗力导致灭失的，并不当然影响承租人的租金支付义务。融资租赁合同在未解除前，对承租人仍有法律约束力，承租人仍应按期支付租金。

第七百五十二条 【承租人拒付租金的后果】

承租人应当按照约定支付租金。承租人经催告后在合理期限内仍不支付租金的，出租人可以请求支付全部租金；也可以解除合同，收回租赁物。

本条来源

本条来源于《合同法》第二百四十八条的规定："承租人应当按照约定支付租金。承租人经催告后在合理期限内仍不支付租金的，出租人可以要求支付全部租金；也可以解除合同，收回租赁物。"相较于原法条，本条将"要求"改为"请求"，该变动使法条用语更加严谨，法条的实质内涵未发生变化。

立法演变

本条在一次审议稿和二次审议稿第五百四十四条均沿用《合同法》第二百四十八条的规定，《民法典（草案）》第七百五十二条作了上述调整，并最终为本条所采用。

条文释义

本条是关于承租人拒付租金的法律后果的规定。支付租金是承租人最主要的义务，承租人应当按照合同约定的币种、数量、支付方式和时间向出租人支付租金。承租人不依照约定支付租金，经催告，在规定的期限内仍不支付租金的，承租人应当承担违约责任。出租人可采取以下两种救济措施：一是请求承租人支付全部租金，包括已到期和未到期的全部租金。正常情形下，承租人对未到期租金享有一种期限利益，即出租人无权请求承租人支付未到期的租金。但在承租人不依约定按时交付租金，并且经催告仍逾期交付时，承租人则因违约行为而丧失期限利益，出租人不仅有权请求承租人支付已到期的租金，而且可以请求承租人交付未到期的全部租金。二是解除合同，收回租赁物。如果出租人不选择请求承租人支付全部租金，可以选择解除合同，收回租赁物。因为出租人对于租赁物享有所有权，该所有权具有担保其租金债权的功能，所以在承租人不依约支付租金时，出租人可不选择要求承租人支付全部租金，而选择解除合同并收回租赁物。

法条关联

◆《最高人民法院关于审理融资租赁合同纠纷案件适用法律问题的解释》

第二十条 承租人逾期履行支付租金义务或者迟延履行其他付款义务，出租人按照融资租赁合同的约定要求承租人支付逾期利息、相应违约金的，人民法院应予支持。

第七百五十三条 【出租人的解除权】

承租人未经出租人同意，将租赁物转让、抵押、质押、投资入股或者以其他方式处分的，出租人可以解除融资租赁合同。

本条来源

本条来源于《最高人民法院关于审理融资租赁合同纠纷案件适用法律问题的解释》（法释〔2014〕3 号）第十二条第一项的规定：“有下列情形之一，出租人请求解除融资租赁合同的，人民法院应予支持：承租人未经出租人同意，将租赁物转让、转租、抵押、质押、投资入股或者以其他方式处分租赁物的……”相较于原法条，本条在表述方式上进行适当调整，该变动仅为立法技术上的简化，法条的实质内涵未发生变化。

条文释义

本条是关于出租人解除权的规定。在融资租赁关系中，承租人仅享有对租赁物的占有、使用、收益等有关的权利。承租人如果擅自处分租赁物，将侵犯出租人对租赁物的所有权，威胁出租人租金债权的实现。因此本条规定，在未经出租人同意，将租赁物转让、抵押、质押、投资入股或者以其他方式处分的，出租人可以解除融资租赁合同。

第七百五十四条　【融资租赁合同的解除】

有下列情形之一的，出租人或者承租人可以解除融资租赁合同：

（一）出租人与出卖人订立的买卖合同解除、被确认无效或者被撤销，且未能重新订立买卖合同；

（二）租赁物因不可归责于当事人的原因毁损、灭失，且不能修复或者确定替代物；

（三）因出卖人的原因致使融资租赁合同的目的不能实现。

本条来源

本条来源于《最高人民法院关于审理融资租赁合同纠纷案件适用法律问题的解释》（法释〔2014〕3号）第十一条的规定：“有下列情形之一，出租人或者承租人请求解除融资租赁合同的，人民法院应予支持：（一）出租人与出卖人订立的买卖合同解除、被确认无效或者被撤销，且双方未能重新订立买卖合同的；（二）租赁物因不可归责于双方的原因意外毁损、灭失，且不能修复或者确定替代物的；（三）因出卖人的原因致使融资租赁合同的目的不能实现的。”相较于原法条，本条在表述方式上进行适当调整，该变动仅为立法技术上的简化，法条的实质内涵未发生变化。

条文释义

本条是关于解除融资租赁合同具体情形的规定。为保证出租人和承租人的期待利益，融资租赁合同在履行过程中不可随意解除。首先，如果允许承租人中途解约，即使将租赁物返还给出租人，由于租赁物系承租人选定或为承租人定制，出租人难以再次转让以弥补其损失。其次，承租人一般通过融资租赁物的长期使用以获得更大的利润。如允许出租人任意解约，也将给承租人的生产经营带来不利影响，因此，本条规定了出租人或者承租人可以解约的三种情形：一是出租人与出卖人订立的买卖合同解除、被确认无效或者被撤销，且不能重新订立买卖合同的；二是租赁物因不可归责于双方的原因意外毁损、灭失，且未能修复或者确定替代物的；三是因出卖人的原因致使融资租赁合同的目的不能实现的。需要特别强调的是，在第三种情形中，虽然承租人与出卖人之间并无直接的法律关系，但为了避免出现因出租人不作为致使承租人过分负担融资租赁合同义务的情形，所以特别赋予承租人以解除融资租赁合同的方式进行救济的权利。

第七百五十五条　【融资租赁合同受买卖合同影响而解约的后果】

融资租赁合同因买卖合同解除、被确认无效或者被撤销而解除，出卖人、租赁物系由承租人选择的，出租人有权请求承租人赔偿相应损失；但是，因出租人原因致使买卖合同解除、被确认无效或者被撤销的除外。

出租人的损失已经在买卖合同解除、被确认无效或者被撤销时获得赔偿的，承租人不再承担相应的赔偿责任。

本条来源

本条来源于《最高人民法院关于审理融资租赁合同纠纷案件适用法律问题的解释》（法释〔2014〕3号）第十六条的规定："融资租赁合同因买卖合同被解除、被确认无效或者被撤销而解除，出租人根据融资租赁合同约定，或者以融资租赁合同虽未约定或约定不明，但出卖人及租赁物系由承租人选择为由，主张承租人赔偿相应损失的，人民法院应予支持。出租人的损失已经在买卖合同被解除、被确认无效或者被撤销时获得赔偿的，应当免除承租人相应的赔偿责任。”相较于原法条，本条在表述方式上进行适当调整，并增加例外情形，更加公平合理。

立法演变

本条在一次审议稿第五百四十八条第一款和二次审议稿第五百四十六条之一第一款规定：“融资租赁合同因买卖合同解除、被确认无效或者被撤销而解除，但是出卖人及租赁物系由承租人选择的，出租人有权要求承租人赔偿相应损失。”第二款规定：“出租人的损失已经在买卖合同解除、被确认无效或者被撤销时获得赔偿的，应当免除承租人相应的赔偿责任。”《民法典（草案）》第七百五十五条第一款规定：“融资租赁合同因买卖合同解除、被确认无效或者被撤销而解除，出卖人及租赁物系由承租人选择的，出租人有权请求承租人赔偿相应损失。”第二款规定：“出租人的损失已经在买卖合同解除、被确认无效或者被撤销时获得赔偿的，承租人不再承担相应的赔偿责任。”《民法典》在沿用《民法典（草案）》规定的基础上，在第一款后增加了“但书”内容，即“但是，因出租人原因致使买卖合同解除、被确认无效或者被撤销的除外”，规定了出租人请求承租人赔偿损失的例外情形，同时将“但书”前的“。”改为“；”。

条文释义

本条是关于融资租赁合同受买卖合同影响而解除后的损失承担的规定。融资租赁合同是由买卖合同和租赁合同两个合同构成，并且租赁合同以买卖合同为基础，因此买卖合同解除、被确认无效或者被撤销会导致融资租赁合同的解除。如果买卖合同因承租人或出卖人的过错解除、被确认无效或者被撤销，而导致融资租赁合同解除的，出租人可要求承租人或出卖人赔偿相应损失。如果买卖合同因合同当事人以外第三方的过错解除、被确认无效或者被撤销，而导致融资租赁合同解除的，该情形下的出租人对买卖合同的缔约及履行无过错，要其承担买卖合同损失显失公平。虽承租人对此并无直接过错，但由于融资租赁合同的出卖人、租赁物系由承租人选择，因此本条规定，出租人因融资租赁合同解除而遭受的损失可以向承租人主张赔偿。但是若是由于出租人自身原因导致合同解除、无效或被撤销的，则承租人不承担赔偿责任。

第七百五十六条　【承租人的补偿义务】

融资租赁合同因租赁物交付承租人后意外毁损、灭失等不可归责于当事人的原因解除的，出租人可以请求承租人按照租赁物折旧情况给予补偿。

本条来源

本条来源于《最高人民法院关于审理融资租赁合同纠纷案件适用法律问题的解释》（法释〔2014〕3号）第十五条的规定："融资租赁合同因租赁物交付承租人后意外毁损、灭失等不可归责于当事人的原因而解除，出租人要求承租人按照租赁物折旧情况给予补偿的，人民法院应予支持。"相较于原法条，本条在表述方式上进行适当调整，该变动仅为立法技术上的简化，法条的实质内涵未发生变化。

条文释义

本条是关于在租赁期间租赁物因不可归责于当事人的原因发生毁损、灭失的法律后果的规定。

融资租赁合同因买卖合同被解除、被确认无效或者被撤销而解除的，属于因融资租赁合同当事人以外的原因导致合同解除，承租人虽无违约行为，但如果合同事先已明确约定由承租人承担损失赔偿责任，承租人应依约承担责任。合同虽然未事先明确约定由承租人承担损失赔偿责任，但如果买卖合同的出卖人、租赁物系由承租人选择，承租人亦应对选择的后果负责，即对由此而给出租人造成的损失承担赔偿责任。需要注意的是，买卖合同如因出租人的过错而被解除、被撤销或被确认无效的，承租人对融资租赁合同的解除不承担损失赔偿责任，出租人应自担其责。

由于融资租赁合同被解除对出租人造成的损失与买卖合同被解除、被撤销或被确认为无效对出租人造成的损失往往存在一定的交叉和重合，为保护承租人的合法权益，避免出租人通过在不同法律关系中分别求偿而获得双重利益，本条规定在买卖合同中已经获得赔偿的，应在融资租赁合同索赔中相应予以扣除[①]。

第七百五十七条 【租赁期满租赁物归属】

出租人和承租人可以约定租赁期限届满租赁物的归属；对租赁物的归属没有约定或者约定不明确，依据本法第五百一十条的规定仍不能确定的，租赁物的所有权归出租人。

本条来源

本条来源于《合同法》第二百五十条的规定："出租人和承租人可以约定租赁期间届满租赁物的归属。对租赁物的归属没有约定或者约定不明确，依照本法第六十一条的规定仍不能确定的，租赁物的所有权归出租人。"相较于原法条，本条转引用条文序号发生变动，该变动仅为法律体系调整导致法条序号变动。同时将"期间"改为"期限"，该变动使法条用语更加严谨，法条的实质内涵没有发生改变。此外，将"。"改为"；"，该变动使法条层次更加分明。

立法演变

本条在一次审议稿和二次审议稿第五百五十条规定："出租人和承租人可以约定租赁期间届满租赁物的归属。对租赁物的归属没有约定或者约定不明确，依照本法第三百零一条的规定仍不能确定的，租赁物的所有权归出租人。"《民法典（草案）》第七百五十七条规定："出租人和承租人可以约定租赁期间届满租赁物的归属。对租赁物的归属没有约定或者约定不明确，依据本法第五百一十条的规定仍不能确定的，租赁物的所有权归出租人。"最终《民法典》作了上述变动。

---

① 最高人民法院民事审判第二庭：《最高人民法院关于融资租赁合同司法解释理解与适用》，人民法院出版社2016年版，第241页。

条文释义

本条是关于租赁期届满后租赁物归属的规定。融资租赁合同兼具融物与融资的双重属性，而且通常以融资为主要目的，以融物为手段。因此，出租人保有租赁物的所有权，从根本意义上仅是为了担保租金债权的实现。出租人对租赁物看中的，仅是其所具有的交换价值，至于租赁物的使用价值如何，与其并无太大干系。① 因此本条规定，在融资租赁合同租赁期间届满时，当事人可就租赁物的所有权归属进行约定；对租赁物的归属没有约定或者约定不明确的，双方当事人首先可以签订补充协议；不能达成补充协议的，可以按照合同目的、双方交易习惯、行业交易习惯等确定租赁物的归属。如果按照上述方式仍不能确定的，则认定租赁物的所有权归出租人。

第七百五十八条　【租赁物无法返还时的救济】

当事人约定租赁期限届满租赁物归承租人所有，承租人已经支付大部分租金，但是无力支付剩余租金，出租人因此解除合同收回租赁物，收回的租赁物的价值超过承租人欠付的租金以及其他费用的，承租人可以请求相应返还。

当事人约定租赁期限届满租赁物归出租人所有，因租赁物毁损、灭失或者附合、混合于他物致使承租人不能返还的，出租人有权请求承租人给予合理补偿。

本条来源

本条第一款来源于《合同法》第二百四十九条的规定：“当事人约定租赁期间届满租赁物归承租人所有，承租人已经支付大部分租金，但无力支付剩余租金，出租人因此解除合同收回租赁物的，收回的租赁物的价值超过承租人欠付的租金以及其他费用的，承租人可以要求部分返还。”相较于原法条，本条将“期间”改为“期限”、“但”改为“但是”、“要求部分”改为“请求相应”，

① 王利明、房绍坤、王轶著：《合同法（第四版）》，中国人民大学出版社2013年版，第315页。

使法条用语更加严谨，法条的实质内涵未发生变化。本条第二款来源于《最高人民法院关于审理融资租赁合同纠纷案件适用法律问题的解释》第十条的规定："当事人约定租赁期间届满后租赁物归出租人的，因租赁物毁损、灭失或者附合、混同于他物导致承租人不能返还，出租人要求其给予合理补偿的，人民法院应予支持。"相较于原法条，本条将"期间"改为"期限"，并在表述方式上进行适当调整，该变动仅为立法技术上的简化，法条的实质内涵未发生变化。

立法演变

本条在一次审议稿第五百四十九条规定："当事人约定租赁期间届满租赁物归承租人所有，承租人已经支付大部分租金，但是无力支付剩余租金，出租人因此解除合同收回租赁物的，收回的租赁物的价值超过承租人欠付的租金以及其他费用的，承租人可以要求部分返还。当事人约定租赁期间届满租赁物归出租人所有，因租赁物毁损、灭失或者附合、混同于他物致使承租人不能返还的，出租人有权要求承租人给予合理补偿。"二次审议稿第五百四十九条、《民法典(草案)》第七百五十八条将第二款中的"混同"改为"混合"。《民法典》在此基础上删除"回收租赁物的"中的"的"，将"可以请求部分返还"修改为"可以请求相应返还"，并将"期间"改为"期限"。

条文释义

本条是关于租赁物无法返还时如何救济的规定。在融资租赁中，当事人可自行协商租赁期限届满后租赁物归出租人或承租人所有。

如果当事人约定租赁期限届满租赁物归承租人所有，但承租人经出租人催告后在合理期限内仍不支付租金的，出租人可以解除合同，收回租赁物。如果出租人收回租赁物的价值超过承租人欠付的租金以及其他费用的，该情形对承租人显失公平，为更好地平衡出租人和承租人之间的利益，本条规定，如果收回的租赁物的价值超过承租人欠付的租金以及其他费用的，承租人可以请求出租人部分返还。

如果当事人约定租赁期限届满租赁物归出租人所有，到期的租赁物承租人应予以返还。由于融资租赁合同履行期限较长，可能存在因租赁物意外毁损、灭失或已经无法拆卸等客观原因导致租赁物无法返还的情形。该情形中承租人主观上没有过错，租赁物是因第三人过错的原因导致毁损、灭失或者附合、混合于他物，因此基于公平原则，本条规定此情形中的出租人可以要求承租人对租赁物的残值进行补偿。但租赁物的毁损、灭失是因承租人过错造成的，则构成承租人的违约行为，出租人可依违约责任要求承租人赔偿，不适用本条。

第七百五十九条　【租赁物归属的推定】

当事人约定租赁期限届满，承租人仅需向出租人支付象征性价款的，视为约定的租金义务履行完毕后租赁物的所有权归承租人。

本条来源

本条为新增条款。

立法演变

本条在一次审议稿第五百五十一条规定："当事人约定租赁期间届满，承租人仅需向出租人支付象征性价款的，视为约定的租金义务履行完毕后租赁物归承租人所有。"二次审议稿第五百五十一条、《民法典（草案)》第七百五十九条将"租赁物归承租人所有"改为"租赁物的所有权归承租人"。《民法典》将"期间"改为"期限"，该变动使法条用语更加严谨，法条的实质内涵未发生变化。

条文释义

本条是关于当事人仅约定象征性价款时，对租赁物归属推定的规定。在租赁期内租赁物件的所有权属于出租人所有，承租人拥有租赁物件的使用权。租赁期届满，租金支付完毕并且承租人根据融资租赁合同的规定履行完全部义务后，租赁物所有权可以转让给承租人，也可以不转让。因融资租赁物都是由承租人选择或定制，出租人一般很难更好地利用或转让，所以在现实经济生活中，绝大多数会以象征性价格向承租人转让所有权。因此本条规定，当事人未就租赁期届满后租赁物归属进行约定，仅约定租赁期届满后，承租人仅需向出租人支付象征性价款的，则推定当事人约定的租金义务履行完毕后租赁物的所有权归承租人。

第七百六十条　【融资租赁合同无效时租赁物的归属】

融资租赁合同无效，当事人就该情形下租赁物的归属有约定的，按照其约定；没有约定或者约定不明确的，租赁物应当返还出租人。但是，因承租人原因致使合同无效，出租人不请求返还或者返还后会显著降低租赁物效用的，租赁物的所有权归承租人，由承租人给予出租人合理补偿。

本条来源

本条来源于《最高人民法院关于审理融资租赁合同纠纷案件适用法律问题的解释》第四条的规定："融资租赁合同被认定无效，当事人就合同无效情形下租赁物归属有约定的，从其约定；未约定或者约定不明，且当事人协商不成的，租赁物应当返还出租人。但因承租人原因导致合同无效，出租人不要求返还租赁物，或者租赁物正在使用，返还出租人后会显著降低租赁物价值和效用的，人民法院可以判决租赁物所有权归承租人，并根据合同履行情况和租金支付情况，由承租人就租赁物进行折价补偿。"相较于原法条，本条在表述方式上进行适当调整，该变动仅为立法技术上的简化，法条的实质内涵未发生变化。

条文释义

本条是关于融资租赁合同无效时租赁物归属的规定。当事人应当就融资租赁合同无效情形下租赁物的归属进行约定，没有约定或者约定不明确的，租赁物应当返还出租人。但在现实中存在出租人选择解除合同，收回租赁物，但此时租赁物的残值低于出租人的债权，或者回收后租赁物的效用会显著降低。因此本条规定因承租人原因致使合同无效，出租人不请求返还或者返还后会显著降低租赁物效用的，租赁物的所有权归承租人，由承租人给予出租人合理补偿。应予注意的是，租赁物价值与租金存在对应关系，故在出租人选择收回租赁物的前提下，租赁物价值相对应的那部分损失额应当从损失赔偿额中扣除，以免导致出租人双重受偿和承租人双重赔偿的不公。

第十六章　保理合同

本章概要

保理合同是合同编新增的一类典型合同，共九条。尽管在民法典编纂过程中理论界对是否将保理合同作为一类典型合同争议比较大，但是近年来保理行业出现了虚构基础交易、伪造应收账款转让通知、以金融创新为名过度扩张信用等乱象，一方面造成银行和商业保理公司过高的负债率，侵蚀金融机构资本金和风险抵御能力；另一方面信用交易异化为金融借贷，不利于为实体经济发展创造良好的货币金融环境。因此，最终在民法典合同编专设保理合同一章，并着重从虚构应收账款的法律后果、保理人的通知义务、同一应收账款订立多个保理合同的受偿顺序和保理合同的类型等方面进行规定。

第七百六十一条　【保理合同的定义】

保理合同是应收账款债权人将现有的或者将有的应收账款转让给保理人，保理人提供资金融通、应收账款管理或者催收、应收账款债务人付款担保等服务的合同。

本条来源

本条为新增条款。

立法演变

本条在一次审议稿未作规定，在二次审议稿规定第五百五十二条之一规定为："保理合同是应收账款债权人将应收账款转让给保理人，保理人提供资金融通、应收账款管理或者催收、应收账款债务人付款保证等服务的合同。应收账款包括已经发生的和将来发生的债权。”法条分为两款，第一款是对保理合同的定义，第二款是对应收账款的解释。《民法典（草案）》将二次审议稿的两款内容整合作了上述变动，并最终为本条所采用。

条文释义

本条是关于保理合同概念的规定。保理，又称保付代理，指银行、保险公司等有资质的保理商以卖方的应收账款为前提，所提供集应收账款催收、管理、坏账担保以及融资于一体的综合性服务。保理合同则是保理人为应收账款债权人提供保理服务时所订立的合同。保理合同所包括的服务内容主要有以下几种：一是资金融通。该服务是以应收账款合法、有效转让为前提的融资服务。如果仅以应收账款为质押而订立的有关合同，不属于保理合同范围。二是应收账款管理。保理人根据债权人的要求，定期或不定期向其提供关于应收账款的回收情况、逾期账款情况、对账单等财务和统计报表，协助其进行应收账款管理。三是应收账款催收。保理人根据应收账款账期，主动或应债权人要求对债务人进行催收。四是担保应收账款债务人付款。保理人与债权人签订保理协议后，为债务人核定信用额度，并在核准额度内，对债权人无商业纠纷的应收账款，提供约定的付款担保。

保理合同的构成应满足以下两个条件：一是债权的让与，即应收账款债权人将现有的或者将有的应收账款转让给保理人。二是保理人至少需提供资金融通、应收账款管理或者催收、应收账款债务人付款担保等服务中的一项。如果仅有债权让与，则非保理；如果无债权让与，则或为借款，或为委托（收取债权、管理债权），或为担保，均非保理。[①] 保理合同作为典型商事合同“入典”能更好地为中小企业拓宽融资渠道，改变保理合同相关法律规范性文件的立法层次较低、相互冲突较多的现状，具有重大立法意义。

法条关联

◆《商业银行保理业务管理暂行办法》

第六条　本办法所称保理业务是以债权人转让其应收账款为前提，集应收

① 李宇：《保理合同立法论》，载《法学》2019 年第 12 期。

账款催收、管理、坏账担保及融资于一体的综合性金融服务。债权人将其应收账款转让给商业银行，由商业银行向其提供下列服务中至少一项的，即为保理业务：

（一）应收账款催收：商业银行根据应收账款账期，主动或应债权人要求，采取电话、函件、上门等方式或运用法律手段等对债务人进行催收。

（二）应收账款管理：商业银行根据债权人的要求，定期或不定期向其提供关于应收账款的回收情况、逾期账款情况、对账单等财务和统计报表，协助其进行应收账款管理。

（三）坏账担保：商业银行与债权人签订保理协议后，为债务人核定信用额度，并在核准额度内，对债权人无商业纠纷的应收账款，提供约定的付款担保。

（四）保理融资：以应收账款合法、有效转让为前提的银行融资服务。

以应收账款为质押的贷款，不属于保理业务范围。

第七百六十二条 【保理合同的内容与形式】

保理合同的内容一般包括业务类型、服务范围、服务期限、基础交易合同情况、应收账款信息、保理融资款或者服务报酬及其支付方式等条款。

保理合同应当采用书面形式。

本条来源

本条为新增条款。

立法演变

本条在一次审议稿和二次审议稿均未作规定，《民法典（草案）》第七百六十二条规定："保理合同的内容一般包括业务类型、服务范围、服务期限、基础交易合同情况、应收账款信息、转让价款、服务报酬及其支付方式等条款。保理合同应当采用书面形式。"《民法典》将"转让价款"改为"保理融资款"，该变动使法条用语更加严谨和精确。

条文释义

本条是关于保理合同主要条款的规定。在一般情况下，双方当事人应当在保理合同中约定业务类型、服务范围、服务期限、基础交易合同情况、应收账款信息、转让价款、服务报酬及其支付方式等条款。该规定只是规范性指导，保理合同的当事人还可以根据需要约定其他内容，缺少上述内容的对合同效力不产生影响。

第七百六十三条　【虚构应收账款的法律后果】

应收账款债权人与债务人虚构应收账款作为转让标的，与保理人订立保理合同的，应收账款债务人不得以应收账款不存在为由对抗保理人，但是保理人明知虚构的除外。

本条来源

本条为新增条款。

立法演变

本条在一次审议稿未作规定，二次审议稿增设本条内容，并最终为本条所采用。

条文释义

本条是关于应收账款债权人与债务人虚构应收账款的法律后果。在保理实务中，应收账款虚假或所谓贸易背景虚假是较为突出的问题。在债权转让中，如果债权人并非债权之权利人的，原则上不发生债权让与的效力，且债权不适用类似于物权的善意取得制度。如果应收账款债权人与债务人虚构应收账款，即使保理商已经履行了向债务人核实应收账款真实性的义务，但事后保理商向债务人主张权利时，债务人会以基础交易合同不实或应收账款虚假等为由抗辩。本条规定，上述情形中应收账款债务人不得以应收账款不存在为由对抗保理人，但保理人在订立保理合同之前已经明知应收账款为虚构的除外。

案例评议

路桥公司与北京银行股份有限公司上海分行财产损害赔偿纠纷案[①]

2012年2月9日，北京银行上海分行与案外人罗依莱路用分公司签订有追索权保理额度主合同，约定：罗依莱路用分公司作为保理业务申请人，愿按本合同的规定将相应的应收账款转让给北京银行上海分行；北京银行上海分行同意以本合同的条款与条件为前提，在一定额度和期限内为申请人提供针对债务人的有追索权保理服务。债务人为第一市政公司（后更名为上海公路桥梁有限公司），保理总额度为人民币1500万元。北京银行上海分行和罗依莱路用分公司向第一市政公司发出了应收债权转让通知书，第一市政公司盖章确认并出具承诺书。合同订立后北京银行上海分行依约向罗依莱路用分公司发放保理融资款。后罗依莱路用分公司负责人顾雪某因伙同他人虚构保理合同的应收账款被立案调查，北京银行上海分行起诉请求判令路桥公司赔偿其经济损失1875万元及利息损失121.8万元。路桥公司辩称：北京银行上海分行的保理融资款本金仅为1500万元。1875万元应收账款客观上是不存在的。北京银行上海分行在对应收账款真实性审查时，未尽到足够谨慎的注意义务，对损失具有一定过错。

◆ **裁判规则**

法院经审理认为，罗依莱路用分公司负责人顾雪某虽以虚构的应收账款骗取北京银行上海分行保理融资，但在应收账款转让事实向债务人通知的环节，路桥公司作为债务人以盖章的方式对顾雪某虚构的应收账款予以确认。北京银行上海分行基于路桥公司同意支付应收账款的确认以及对路桥公司良好资信的信赖从而向罗依莱路用分公司发放了保理融资款，导致最后发生损失。故路桥公司的盖章确认行为与北京银行上海分行的资金损失之间存在法律上的因果关系，其盖章确认行为构成对北京银行上海分行的侵权行为。同时，北京银行上海分行在涉案保理业务的客户准入和应收账款真实性审查上存在一定程度的不足，对其保理融资款的损失有不可推卸的责任。故判决路桥公司赔偿北京银行上海分行1160万元及利息75.4万元。

---

① 上海市第二中级人民法院（2015）沪二中民六（商）终字第386号。

◆ 评议

债务人已对保理人就基础合同项下的应收账款真实性进行确认的，根据诚实信用原则，可以作为债务人对应收账款不持异议的有效证据，但债务人能够提供其他证据足以推翻的除外。债务人对应收账款的确认和承诺如有不当，并给保理商造成损失的，债务人还可能承担侵权责任。本案中，在应收账款不实的情况下，路桥公司作为名义上的债务人，在应收账款债权转让通知书上盖章确认，该盖章确认的行为对保理商已构成侵权，故路桥公司应承担损害赔偿责任。

第七百六十四条　【保理人表明身份义务】

保理人向应收账款债务人发出应收账款转让通知的，应当表明保理人身份并附有必要凭证。

本条来源

本条为新增条款。

立法演变

本条在一次审议稿未作规定，二次审议稿增设本条内容，并最终为本条所采用。

条文释义

本条是关于保理人表明身份义务的规定。本法第五百四十六条第一款规定："债权人转让债权，未通知债务人的，该转让对债务人不发生效力。"该条规定在债权转让中，通知债务人债权转让的义务人为债权人。但在保理合同中，保理人和债权人都能及时了解债权转让情况，同时债权转让通知是否通知到位，直接关系到保理合同中的债权转让对债务人的效力，也关系到保理人是否有可能获取应收账款。保理人也能通过应收账款转让通知向债务人核实应收账款的真实性。为了避免债权人虚构应收账款的情况，本条赋予保理人应收账款转让通知的义务，规定保理人向应收账款债务人发出应收账款转让通知，并同时附带能够表明身份的必要凭证。需要明确的是，债务人是否收到通知不影响保理合同的效力。

第七百六十五条　【基础交易合同变更或者终止对保理人的影响】

应收账款债务人接到应收账款转让通知后，应收账款债权人与债务人无正当理由协商变更或者终止基础交易合同，对保理人产生不利影响的，对保理人不发生效力。

本条来源

本条为新增条款。

立法演变

本条在一次审议稿和二次审议稿均未作规定，《民法典（草案）》增设本条内容，《民法典》将"债权人和债务人"中的"和"改为"与"。

条文释义

本条是关于应收账款债权人和债务人变更或者终止基础交易合同对保理人影响的规定。在一般债权转让中，只要当事人协商一致，即可以变更合同。而在保理业务中，因存在应收账款的转让，债权人与债务人之间的基础合同如若仅依应收账款债权人和债务人的意志变动，则会给应收账款的稳定性带来变化，进而影响保理商取得应收账款利益的实现。因此本条规定，应收账款债务人接到应收账款转让通知后，应收账款债权人和债务人无正当理由协商变更或者终止基础交易合同，对保理人产生不利影响的，对保理人不发生效力。如果合同的修改行为是发生在通知债务人之前，债务人对债权让与并不知情，并对变更或终止后的基础交易合同内容具有信赖利益，此时造成何种于保理商不利的后果，债务人不承担责任，该合同变更或终止对保理人发生效力。

案例评议

中国工商银行股份有限公司杭州保俶支行诉被告德高公司、高安某、杨丽某、南一堂公司、润意公司金融借款合同纠纷案[①]

2011年6月10日，工商银行保俶支行与德高公司签订《国内保理业务合同》，约定德高公司将其对润意公司的应收账款及相关权利转让给工商银行保俶支行，工商银行保俶支行向德高公司提供总额为450万元的保理融资，并约定若润意公司在约定期限内不能足额偿付应收账款，工商银行保俶支行有权向德高公司追偿。高安某、杨丽某提供抵押担保，南一堂公司提供保证。现该笔保理融资款已到期，德高公司未归还。同时，润意公司亦未将应收账款支付给工商银行保俶支行。工商银行保俶支行遂诉至法院。被告润意公司辩称，工商银行保俶支行所主张的应收账款，其已向德高公司全部清偿；同时，润意公司至今未收到工商银行保俶支行或德高公司的通知，润意公司对债权转让不知情也不认可，也不能因为债权转让合同产生法律义务。另查明，润意公司未就所欠德高公司的账款进行偿还。

◆ 裁判规则

法院经审理认为，原告工商银行保俶支行与被告德高公司之间签订的《国内保理业务合同》、原告与被告高安某、杨丽某之间签订的《最高额抵押合同》、原告与被告南一堂公司签订的《保证合同》均系合同双方当事人之真实意思表示，未违反法律、行政法规的强制性规定，均应认定有效，当事人均应按合同约定履行各自的合同义务。关于保理期届满后，润意公司未履行偿付应收账款的义务，虽原告系在保理合同到期后才向被告润意公司发出《应收账款债权转让通知书》，但此情形并不影响被告润意公司依照法律规定及合同约定所应承担的偿付应收账款的义务。故判决润意公司偿还工商银行保俶支行应收账款4548180元；德高公司归还中国工商银行股份有限公司杭州保俶支行保理融资款罚息、复息11861.14元，对润意公司上述给付事项不能偿还部分承担赔偿责任；其他被告依约承担担保责任。

---

① 杭州市西湖区人民法院（2012）杭西商初字第751号。

◆ 评议

本案焦点在于被告润意公司能否以原告系在保理合同到期后，即2012年1月29日才向被告润意公司发出《应收账款债权转让通知书》为由，主张其不应承担偿付应收账款的义务。保理人未及时履行应收账款转让通知义务只是使债务人享有对抗保理商的抗辩权。债权转让不以债权转让通知作为其生效要件，没有及时向债务人履行通知义务并不影响应收账款转让协议的效力，因此认为保理商已经取得该债权，债务人仍应履行偿付应收账款的义务。

第七百六十六条　【有追索权的保理】

当事人约定有追索权保理的，保理人可以向应收账款债权人主张返还保理融资款本息或者回购应收账款债权，也可以向应收账款债务人主张应收账款债权。保理人向应收账款债务人主张应收账款债权，在扣除保理融资款本息和相关费用后有剩余的，剩余部分应当返还给应收账款债权人。

本条来源

本条为新增条款。

立法演变

本条在一次审议稿未作规定，二次审议稿第五百五十二条之四增设规定："当事人约定有追索权保理的，保理人有权选择向应收账款债权人主张返还保理融资款本息或者回购应收账款债权，或者向应收账款债务人主张应收账款债权。保理人向应收账款债务人主张应收账款债权，在扣除保理融资款本息和相关费用后有剩余的，剩余部分应当返还给应收账款债权人。"《民法典（草案）》对"有权选择""或者"等个别用词进行修改，并最终为本条所采用。

条文释义

本条是关于有追索权保理的规定。以保理人是否有权要求债权人回购应收账款或归还融资为标准，将保理区分为有追索权保理和无追索权保理。有追索权保理又称回购型保理，指保理商不承担为债务人核定信用额度和提供坏账担保的义务，仅提供包括融资在内的其他金融服务。无论应收账款因何种原因不能收回，保理商都有权向债权人追索已付融资款项并拒付尚未收回的差额款项，或者要求债权人回购应收账款。①

有追索权的保理合同的应收账款转让系债权让与担保。从外部关系来看，应收账款债权已转让给保理人；从内部关系来看，保理人只是代为管理该应收账款，并将收回款项优先清偿卖方所欠付保理融资款，保理人与债权人实为信托关系；从清算程序上来看，若保理人收取的应收账款超过保理融资款，应当将余款退还给卖方，避免银行不当获利而损害债务人或第三方的利益，符合让与担保清算要件。

第七百六十七条　【无追索权的保理】

当事人约定无追索权保理的，保理人应当向应收账款债务人主张应收账款债权，保理人取得超过保理融资款本息和相关费用的部分，无需向应收账款债权人返还。

本条来源

本条为新增条款。

立法演变

本条在一次审议稿未作规定，二次审议稿增设本条内容，并最终为本条所采用。

条文释义

本条是关于无追索权保理的规定。无追索权保理又称买断型保理，指保理商根据债权人提供的债务人核准信用额度，在信用额度内承购债权人对债务人

① 李超：《保理合同纠纷裁判规则与典型案例》，中国法制出版社2017年版，第44页。

的应收账款并提供坏账担保责任。债务人因发生信用风险未按基础合同约定按时足额支付应收账款时，保理商不能向债权人追索。[①] 无追索权保理的性质属于债权买卖，所以保理人承担债务人的信用风险，并不及于债务人主张基础交易所生抗辩、抵销权、解除权等风险，遇此情形，保理人仍有权请求应收账款让与人回购债权或承担其他违约责任。[②]

第七百六十八条　【同一应收账款订立多个保理合同的受偿顺序】

应收账款债权人就同一应收账款订立多个保理合同，致使多个保理人主张权利的，已经登记的先于未登记的取得应收账款；均已经登记的，按照登记时间的先后顺序取得应收账款；均未登记的，由最先到达应收账款债务人的转让通知中载明的保理人取得应收账款；既未登记也未通知的，按照保理融资款或者服务报酬的比例取得应收账款。

本条来源

本条为新增条款。

立法演变

本条在一次审议稿未作规定，二次审议稿第五百五十二条之六增设规定："应收账款债权人将同一应收账款重复转让，致使多个保理人主张权利的，已登记的先于未登记的受偿；均已登记的，按照登记的先后顺序受偿；均无登记的，由应收账款债务人最先收到的转让通知中载明的保理人受偿。"《民法典（草案）》将"重复转让"改为"订立多个保理合同"，同时增加在"既未登记也未通知的"情形下，应收账款的受偿规则，并最终为本条所采用。该变动明晰了法条表述，完善了适用规则。《民法典》将"受偿"改为"取得应收账款"，将"应收账款比例"改为"保理融资款或者服务报酬的比例取得"，同时对个别字词进行修改，该变动使法条表述更加清晰严谨，法条的实质内涵未发生变化。

① 李超：《保理合同纠纷裁判规则与典型案例》，中国法制出版社2017年版，第44页。
② 李宇：《保理合同立法论》，载《法学》2019年第12期。

条文释义

本条是关于就同一应收账款订立多个保理合同的，不同保理人之间受偿顺序的规定。根据本条规定，同一应收账款被订立多个保理合同，致使多个保理人主张权利的，应按照以下顺序受偿：首先，已办理应收账款转让登记的保理人优先受偿于未办理登记的保理人。其次，均已办理应收账款转让登记的保理人则按照登记时间的先后顺序受偿；均未办理登记的保理人，则由最先到达应收账款债务人的转让通知中载明的保理人受偿。最后，未进行应收账款转让登记，也未向债务人发出应收账款转让通知的，保理人应按照应收账款比例清偿。

第七百六十九条　【保理合同法律适用的一般规定】

本章没有规定的，适用本编第六章债权转让的有关规定。

本条来源

本条为新增条款。

立法演变

本条在一次审议稿和二次审议稿均未作规定，《民法典（草案）》增设本条内容，并最终为本条所采用。

条文释义

本条是关于保理合同法律适用的兜底性规定。保理合同关系虽和债权转让关系有较大的差异，但是债权转让仍是保理合同的重要组成部分。本章从保理合同的特征出发，对其作出了特别规定。对保理合同与债权转让一致的部分，本条规定适用本编第六章债权转让的有关规定，以此避免重复。

第十七章　承揽合同

本章概要

本章从数量和条文内容上看，基本延续《合同法》第十五章承揽合同的规定，保留原十八个条文，只是个别条款作了改变，主要表现在：一是在承揽人完成工作成果后，定作人未向承揽人支付报酬或者材料费等价款时，承揽人对完成的工作成果由《合同法》"享有留置权"改为"享有留置权或者有权拒绝交付"，这主要是由于承揽合同中加工材料的提供者可能是定作人也可能是承揽人，定作人提供材料进行加工的，承揽人对完成的工作成果可以行使留置权，而对于承揽人提供材料的，并不具备留置权的成立条件，因此使用"拒绝交付"是恰当的表达。二是定作人行使任意解除权应在承揽人完成工作前，而不是随时都可以解除。

第七百七十条　【承揽合同的定义和承揽主要类型】

承揽合同是承揽人按照定作人的要求完成工作，交付工作成果，定作人支付报酬的合同。

承揽包括加工、定作、修理、复制、测试、检验等工作。

本条来源

本条来源于《合同法》第二百五十一条的规定："承揽合同是承揽人按照定作人的要求完成工作，交付工作成果，定作人给付报酬的合同。承揽包括加工、定作、修理、复制、测试、检验等工作。"相较于原法条，本条将"给付报酬"修改为"支付报酬"，该变动仅就条款中个别字词进行了修改，法条的实质内涵未发生变化。

立法演变

本条在一次审议稿、二次审议稿第五百五十三条中均沿用《合同法》第二百五十一条的规定。《民法典（草案）》第七百七十条规定为："承揽合同是承揽人按照定作人的要求完成工作，交付工作成果，定作人支付报酬的合同。承揽包括加工、定作、修理、复制、测试、检验等工作。"最终为本条所采用。

条文释义

本条是关于承揽合同的定义的规定。本条规定了承揽合同是承揽人按照定作人的要求完成工作，交付工作成果，定作人支付报酬的合同。承揽合同的当事人包括承揽人和定作人，其中承揽人是指完成工作并交付工作成果的一方；定作人是指接受工作成果并给付报酬的另一方。承揽合同的法律特征如下：

第一，承揽合同是双务合同。承揽人负有完成工作并将工作成果交付给定作人的义务，定作人负有向承揽人给付报酬的义务，且双方当事人之间互负等价义务，因此承揽合同是双务合同。

第二，承揽合同是诺成合同。诺成合同是指合同的成立仅需双方意思表示一致，由于承揽合同仅需双方当事人意思表示一致即可成立，因此承揽合同为诺成合同。

第三，承揽合同是不要式合同。不要式合同是指合同的成立不需要特定的形式，无论是采用书面或口头形式均不影响合同成立。承揽合同的成立无需采用特定的形式，为不要式合同。

第四，承揽合同成立的是结果之债。结果之债，是指依据法律规定、当事人约定以及交易惯例，只有因债务人的行为实现了特定后果时，债务人才履行了其义务。

本条第二款规定的是承揽合同的类型。依承揽具体内容的不同，承揽合同有以下几个主要类型：加工合同、定作合同、修理合同、复制合同、测试合同、检验合同。此外，还存在包装、出版、印刷、设计、翻译、鉴定、测绘、广告等其他承揽合同。

案例评议

中电建建筑集团有限公司、十堰弘泰建设投资有限公司机动车交通事故责任纠纷案①

十堰弘泰公司承包了中电建建筑公司一工程。在施工过程中，工地上负责转运混合土的高某，驾驶自己无行车证、未投保险的报废车辆致王某受伤致残。王某住院期间，高某为王某垫付医疗费。王某就受到的损害请求被告中电建建筑集团有限公司、十堰弘泰建设投资有限公司和高某承担责任。中电建建筑公司认为十堰弘泰建设投资公司与高某之间不存在承揽关系，王某受伤是高某单独侵权所致，不应承担赔偿责任。因此产生纠纷提起诉讼。

◆ **裁判规则**

一审法院经审理认为，高某与十堰弘泰公司之间构成承揽合同关系，该公司作为工程项目的定作人，未审慎尽到对承揽人的选任的注意义务，将工程承揽给无行车证、未投保险的报废车辆的驾驶人高某，导致王某受伤致残，十堰弘泰公司应当承担相应的赔偿责任。

二审法院经审理认为，高某使用自己的交通工具，以自己的驾驶技术、劳务，按照十堰弘泰公司的要求，完成转运土方的工作，交付工作成果，由该公司支付报酬，高某与十堰弘泰公司形成加工承揽关系。转运土方的路线是特定的，报酬的计算、车辆的管理与修理、油耗与一般意义上的运输合同均不同。十堰弘泰公司的上诉理由不成立，其上诉请求应予驳回。

◆ **评议**

本案中，涉及的核心问题是承揽关系的认定。二审法院认为因高某使用自己的交通工具，以自己的驾驶技术、劳务，按照十堰弘泰公司的要求，完成转运土方的工作，交付工作成果，该公司支付报酬，所以两者之间是加工承揽关系。承揽合同与雇佣合同都具有劳务供给的内容，不容易加以区分。在学理上，区分标准如下：第一，承揽合同以工作成果为目的，劳务供给仅仅是手段或过程，重点关注完成并交付工作成果，而雇佣合同关注劳务本身。第二，承揽人

① 湖北省襄阳市中级人民法院民事判决书（2019）鄂06民终456号。

完成工作成果获得报酬，雇佣合同中提供劳务即获得报酬，而有无工作成果在所不问。第三，承揽人提供的劳务具有独立性，而受雇人则须听从雇主指令，具有从属性。第四，承揽人在一定条件下可将劳务转授他人为之，受雇人的劳务则须亲自为之。本案中高某作为劳务提供者，以交付工作成果为主要目的，只有完成工作才能获得报酬，符合承揽合同的特征。且其转运土方的工作有一定的独立性，高某与十堰弘泰公司不具有从属性，并非雇佣关系。

第七百七十一条　【承揽合同的主要内容】

承揽合同的内容一般包括承揽的标的、数量、质量、报酬，承揽方式，材料的提供，履行期限，验收标准和方法等条款。

本条来源

本条来源于《合同法》第二百五十二条的规定："承揽合同的内容包括承揽的标的、数量、质量、报酬、承揽方式、材料的提供、履行期限、验收标准和方法等条款。"相较于原法条，本条修改了四处标点符号，使法条层次更清晰。

条文释义

本条规定了承揽合同的主要内容。第一，标的。承揽合同的标的是指承揽合同中权利义务指向的对象，该对象具体指的是承揽人向定作人交付的定作成果。第二，数量。承揽合同的标的并不仅仅是由一个物定作而成，有可能是由多个物作为材料定作而成。定作成果也有数量的要求，因此需要确定数量。第三，质量。承揽合同中标的质量需详细制订，是承揽合同的主要条款之一。当事人在签订合同时，应当详尽写明质量要求。第四，材料的提供。材料是指完成承揽工作所需的原料。当事人应当明确提供材料的主体、时间、地点、材料的数量和质量等。第五，履行期限。在承揽合同中履行期限主要是指双方当事人履行义务的时间。第六，验收的标准和方法。当事人可以约定验收标准和方法，验收的标准是指检验材料、承揽工作质量的标准。

第七百七十二条　【承揽工作主要完成人】

承揽人应当以自己的设备、技术和劳力，完成主要工作，但是当事人另有约定的除外。

承揽人将其承揽的主要工作交由第三人完成的，应当就该第三人完成的工作成果向定作人负责；未经定作人同意的，定作人也可以解除合同。

本条来源

本条来源于《合同法》第二百五十三条的规定：“承揽人应当以自己的设备、技术和劳力，完成主要工作，但当事人另有约定的除外。承揽人将其承揽的主要工作交由第三人完成的，应当就该第三人完成的工作成果向定作人负责；未经定作人同意的，定作人也可以解除合同。”相较于原法条，本条将“但”改为“但是”，该变动仅是字词修改，法条的实质内涵未发生变化。

条文释义

本条是关于承揽人完成承揽工作的义务的规定。承揽人的主要义务是指按照合同的约定，以自己的技术、设备和劳力完成所承揽的工作。当事人对于开始工作的期限有约定的按照约定，没有约定的，承揽合同成立后，承揽人一般即应着手工作，不得拖延。承揽人无正当理由未按时开始工作的，定作人可以请求其立即着手工作。

承揽工作包括了主要工作和辅助工作。这里的“主要工作”，是指对工作成果的质量起决定性作用的那部分工作，多数情况下是技术要求较高的部分。而“辅助工作”则是指主要工作以外的工作。在经过定作人许可的情况下，承揽人可以将其承揽的主要工作交由第三人完成；在未经定作人许可的情况下，也可以将辅助工作交由第三人完成。承揽人将其承揽的主要工作或辅助工作交由第三人完成的，都应当就该第三人完成的工作成果向定作人负责。承揽合同的订立通常是建立在定作人对承揽人完成工作的条件和能力的信任基础之上的，因此，承揽人未经定作人同意将承揽工作交给第三人，定作人可以解除合同。

案例评议

石家庄市永兴机械有限公司与黄骅市兰天热力投资有限公司合同纠纷案①

石家庄市永兴机械有限公司与黄骅市兰天热力投资有限公司通过采购招标的方式签订《黄骅市兰天热力集中供热工程除渣上煤设备采购合同》，合同约定，由永兴机械公司向兰天热力公司提供包括桥式抓斗起重机在内的除渣上煤系统一套，兰天热力公司所采购的所有设备产地均为石家庄。合同签订后，永兴机械公司陆续向兰天热力公司供货，但双方约定的桥式抓斗起重机，永兴机械公司至今未向兰天热力公司履行。双方在履行合同过程中产生纠纷。经过调解于2014年11月21日作出（2014）黄民初字第4796号民事调解书。后石家庄市永兴机械有限公司又提出诉讼，认为责任在黄骅市兰天热力投资有限公司，系因被告桥式抓斗起重机的安装场地未达到安装条件，而兰天热力公司认为（2014）黄民初字第4796号民事调解书对双方签订合同涉及的所有争议已经解决，剩余合同只需要继续履行。

◆ 裁判规则

法院经审理认为，原、被告双方对《黄骅市兰天热力集中供热工程除渣上煤设备采购合同》的合法性、有效性均予以认可，予以确认。当事人应当按照约定全面履行自己的义务。承揽人应当以自己的设备、技术和劳力，完成主要工作，但当事人另有约定的除外。承揽人将其承揽的主要工作交由第三人完成的，应当就该第三人完成的工作成果向定作人负责；未经定作人同意的，定作人也可以解除合同。根据合同约定，兰天热力投资有限公司所采购的所有设备产地均为石家庄，在永兴机械有限公司未提供其将被告定作的桥式抓斗起重机交由第三人河南省矿山起重机有限公司完成系经过被告同意的充足证据证明的情况下，应认定永兴机械有限公司已构成违约。

◆ 评议

本案中，原告石家庄市永兴机械有限公司作为承揽人，应当以自己的设备技术和劳力完成主要工作。因此有义务按合同约定向被告交付自己公司生产的

① 河北省黄骅市人民法院（2015）黄民初字第3476号。

桥式抓斗起重机。若原告将承揽的主要工作交给第三人河南省矿山起重机有限公司完成，不仅要就该第三人完成工作向被告黄骅市兰天热力投资有限公司负责，还需要经过被告同意，否则被告作为定作人，有权利解除合同。由于本案中原告没有充分的证据证明将承揽主要工作交给第三人完成是经过被告的同意，推定原告未经被告同意，将承揽工作的主要工作交由第三人完成。因此法院认为，原告已违反合同约定，被告有权解除合同。

第七百七十三条　【承揽辅助工作转交】

承揽人可以将其承揽的辅助工作交由第三人完成。承揽人将其承揽的辅助工作交由第三人完成的，应当就该第三人完成的工作成果向定作人负责。

本条来源

本条来源于《合同法》第二百五十四条，条文无变动。

条文释义

本条是关于承揽人对辅助性工作的责任的规定。承揽人将承揽的辅助工作交由第三人完成可以不必经定作人同意。这里的“辅助工作”是指承揽工作中主要工作之外的部分，是相对于“主要工作”而言的。例如，在装修合同中，风格设计、装修用料选择是承揽人的主要工作，而废弃材料的处理是其辅助性工作。辅助工作对工作成果的整体质量没有太大的影响，因此承揽人将辅助工作交由第三人完成的，可以不经定作人同意，这样的规定符合承揽工作的一般交易习惯。

案例评议

关某伟、关某翔侵权责任纠纷案①

关某伟将一套房屋交由王某军包工包料进行室内整体装修。王某军在关某

① 山东省枣庄市中级人民法院民事判决书（2019）鲁04民终834号。

伟不知情的情况下与关某翔口头协商，王某军将承揽的该房屋的隔热断桥门窗、不锈钢护栏、塑钢门窗装修项目交由关某翔加工制作。后关某翔将承揽的隔热断桥门窗、不锈钢护栏两项定作物加工制作完毕，向王某军告催要劳动报酬，但王某军一直未予给付。关某翔在多次向王某军催要劳动报酬无望的情况下，将其已安装好的7个窗户扇拆走，以此达到向王某军催要劳动报酬的目的。关某伟发现装修的窗户扇拆走后，立即以他人入室盗取个人财物为由向公安机关报警。后因滕州市公安局龙泉派出所对双方之间的纠纷进行调解未果，关某伟以关某翔拆走涉案争议的窗户扇构成侵权为由提出诉讼。

◆ **裁判规则**

法院经审理认为，承揽合同是承揽人按照定作人的要求完成工作，交付工作成果，定作人给付报酬的合同。承揽包括加工、定作修理、复制、检验、测试等工作，承揽人可以将其承揽装修的的辅助工作交由第三人完成。承揽人将其承揽的辅助工作交由第三人完成的，应当就该第三人完成的工作成果向定作人负责。依据法律规定，关某伟将其房屋交由王某军包工包料进行室内整体装修，其与王某军已形成了承揽合同关系，承揽人王某军享有与关某翔订立次承揽合同的权利。承揽合同与次承揽合同各自独立，其当事人各不相同。因此，基于合同相对性的原理，承揽合同的关某伟对次承揽合同关某翔不存在任何合同上的请求权，关某翔对承揽人关某伟亦不负有任何合同上的义务。本案中，关某伟诉请关某翔赔偿经济损失5000元，未有法律依据，故法院对关某翔诉讼请求不予支持。

◆ **评议**

本案中涉及的第一个问题是关于关某翔承担辅助工作的次承揽合同是否有效。次承揽合同，简称为次承揽，也叫再承揽，是指承揽人作为定作人，将自己承揽工作的全部或一部再次交由他人承揽，并支付报酬的承揽合同。本案中原告作为承揽人与定作人签订的承揽合同叫做原承揽合同。承揽人王某军与被告关某翔订立的是次承揽合同。由于被告关某翔承担的是房屋的隔热断桥门窗、不锈钢护栏、塑钢门窗装修项目，是王某军承揽工作中的辅助工作。根据本条规定，承揽人无需经过定作人的同意，可以将其承揽的辅助工作交由第三人完成。承揽人王某军与被告关某翔订立的次承揽合同，无需经过原告同意，合同即可生效。

本案中涉及的第二个问题是次承揽合同中承揽人是否有权请求原定作人支付报酬。次承揽合同与原承揽合同各为独立的承揽合同，根据合同相对性，次承揽合同的成立、生效乃至效力如何，与原承揽合同无关。次承揽合同不成立或无效，不影响原承揽合同的效力。次承揽人与原定作人之间不发生权利义务关系，原定作人对次承揽人无完成工作并交付工作成果的请求权，次承揽人对原定作人无报酬请求权。本案中被告关某翔作为次承揽若对原定作人无报酬请求权。

第七百七十四条　【承揽人提供材料时的义务】

承揽人提供材料的，应当按照约定选用材料，并接受定作人检验。

本条来源

本条来源于《合同法》第二百五十五条的规定："承揽人提供材料的，承揽人应当按照约定选用材料，并接受定作人检验。"相较于原法条，本条将"承揽人应当按照约定选用材料"中"承揽人"一词删去，该变动仅就条款中个别字词进行了删减，法条的实质内涵未发生变化。

立法演变

本条在一次审议稿和二次审议稿第五百五十七条均沿用《合同法》第二百五十五条的规定。《民法典（草案）》第七百七十四条规定为："承揽人提供材料的，应当按照约定选用材料，并接受定作人检验。"最终为本条所采用。

条文释义

本条是对承揽人提供材料时的义务的规定。在承揽合同中，承揽工作中所需要的材料可以由定作人提供，也可以由承揽人自己准备。若依据当事人的约定由承揽人自己提供材料的，材料要符合合同约定的质量标准。合同中对材料的质量标准没有约定的，可补充协议来确定，仍无法确定的，可以按照定作物的性质及定作的目的来确定。定作人对承揽人选用的材料有权进行检验，如果依定作物的性质应当由定作人对材料进行检验，而定作人未在合理时期内对承揽人提供的材料进行检验的，则视为定作人对材料的质量没有异议。

第七百七十五条　【定作人提供材料时双方当事人的义务】

定作人提供材料的，应当按照约定提供材料。承揽人对定作人提供的材料应当及时检验，发现不符合约定时，应当及时通知定作人更换、补齐或者采取其他补救措施。

承揽人不得擅自更换定作人提供的材料，不得更换不需要修理的零部件。

本条来源

本条来源于《合同法》第二百五十六条的规定："定作人提供材料的，定作人应当按照约定提供材料。承揽人对定作人提供的材料，应当及时检验，发现不符合约定时，应当及时通知定作人更换、补齐或者采取其他补救措施。承揽人不得擅自更换定作人提供的材料，不得更换不需要修理的零部件。"相较于原法条，本条将"定作人应当按照约定提供材料"中"定作人"一词删去，并删减标点符号"，"，该变动仅就条款中个别字词进行了删减，法条的实质内涵未发生变化。

立法演变

本条在一次审议稿第五百五十八条和二次审议稿第五百五十八条均沿用《合同法》第二百五十六条的规定。《民法典（草案）》第七百七十五条规定为："定作人提供材料的，应当按照约定提供材料。承揽人对定作人提供的材料，应当及时检验，发现不符合约定时，应当及时通知定作人更换、补齐或者采取其他补救措施。承揽人不得擅自更换定作人提供的材料，不得更换不需要修理的零部件。"最终为本条所采用。

条文释义

本条是关于定作人提供材料时的双方当事人的义务的规定。本条规定定作人提供材料的，定作人应当依据约定提供材料。承揽人应当及时接受定作人交付的材料，并及时对材料进行验收，如发现定作人提供的材料不符合约定的，应及时通知定作人更换、补齐或者采取其他补救措施。提供的材料符合约定的，承揽人应接受并开始工作，同时对定作人提供的材料负有妥善保管的义务。承揽人不得擅自更换定作人提供的材料，不得更换不需要修理的零部件。承揽人对定作人提供的材料必须合理使用。因承揽人的行为，导致定作人提供的材料浪费的，承揽人须负赔偿责任。

案例评议

阮某诉张某学承揽合同纠纷案①

原告阮某与被告张某学签订承包装修合同，约定由张某学为原告及其父母所有的位于钟山区大河镇房屋进行装修，并约定了合同价款及付款方式等，原被告在合同中签名加盖手印。合同签订后被告开始进场进行装修，装修材料由原告提供，原告支付10000元给被告，被告要求原告继续支付12000元报酬，原告以质量问题为由未支付，被告就未继续对房屋进行装修。因此产生纠纷诉至法院。

◆ 裁判规则

法院经审理认为，被告张某学辩称系原告张某学所购买材料存在问题所致，但根据法律规定被告对原告提交的材料应及时检验，发现不符合约定的，应当及时通知原告更换、补齐或采取其他补救措施，因被告长期从事装修，其对于材料质量应比原告更为了解，被告未提交证据证明其向原告提出以上对存在问题材料进行更换等要求，被告在本院组织现场勘查时陈述其告知原告只能做到百分之六十，不能做到百分之百，该陈述不符合履行合同应有的责任义务；双方合同虽未具体约定装修质量问题，但原告签订合同的目的是为了自己房屋的装修入住，不可能会允许出现质量问题，故被告对合同履行存在不符合约定情况。本案合同目的不能实现的责任属于被告，被告应承担违约责任。

◆ 评议

本案关于承揽人对定作人提供不合格材料具有及时检验并通知义务。承揽

---

① 贵州省六盘水市钟山区人民法院（2019）黔0201民初4184号。

人对定作人提供的材料，应当及时检验，发现不符合约定时，应当及时通知定作人更换、补齐或者采取其他补救措施。被告张某学作为承揽人，应该对原告阮某提供的材料进行检验，发现不符合约定时，应当及时通知定作人更换、补齐或者采取其他补救措施。并且应该以明确的方式通知原告，若未及时通知，致使合同目的不能实现，被告张某学承担违约责任。

第七百七十六条 【定作人要求不合理时双方当事人的义务】

承揽人发现定作人提供的图纸或者技术要求不合理的，应当及时通知定作人。因定作人怠于答复等原因造成承揽人损失的，应当赔偿损失。

本条来源

本条来源于《合同法》第二百五十七条，条文无变动。

条文释义

本条是对定作人要求不合理时双方当事人的义务的规定。承揽合同中承揽人应按照定作人的工作要求进行工作，定作人通过提供图纸或者技术要求的方式以保证工作成果符合定作人的要求。如果承揽人在工作过程中发现定作人提供的图纸或者技术要求不合理的，继续按照这不合理的图纸或要求工作致使工作成果难以合格的情况下，承揽人应该及时通知定作人。

定作人需在收到承揽人的通知后的合理期间内给予答复，并采取相应的措施。若定作人没有答复或者未在合理期间内答复，由此给承揽人造成的相关的损失，由定作人承担。同样，承揽人没有在合理期间通知定作人，因未及时通知给承揽人自己造成的损失，不得要求定作人承担。

第七百七十七条 【定作人变更工作要求的法律后果】

定作人中途变更承揽工作的要求，造成承揽人损失的，应当赔偿损失。

本条来源

本条来源于《合同法》第二百五十八条的规定，条文无变动。

条文释义

本条是关于中途变更定作工作要求的法律的规定。承揽工作的性质是承揽人按照定作人的要求进行工作，提供符合定作人特殊需要的工作成果。承揽人只有严格按照合同约定要求完成工作，才能满足定作人订立合同的目的。如果定作人在承揽人工作期间认为按照原先的要求，不能满足自己的需要，定作人可以中途变更承揽工作的要求。根据本条规定，定作人可以中途变更承揽工作的要求，但定作人中途变更对承揽工作的要求，造成承揽人损失的，应当赔偿承揽人的损失。承揽人按照原要求完成部分工作的，定作人应当支付该部分工作的报酬。由承揽人提供材料的，定作人应当支付完成该部分工作所耗费的材料的价款和保管费。

案例评议

毛某诉攀枝花大盛世纪新能源科技开发有限公司公司承揽合同纠纷案①

毛某与大盛公司签订《5KW 晶硅光伏发电系统施工安装合同书》。合同签订次日，毛某预付了工程款 2 万元。大盛公司购买了工程所需的多晶太阳能板、并网逆变器等材料。其后，该工程因电力部门不批准并网无法建设，毛某与大盛公司又签订了一份《空气能供销安装合同》。大盛公司签订合同的代表人何莉在毛某持有的合同上以手书的方式添加了补充条款：“原 2015 年 3 月 30 日签订的 5KW 晶硅光伏发电系统合同作废；原收款 20000 元（贰万元整）为热水工程款；乙方合同未有补充条款，但具有同等的法律效力。”因大盛公司未履行《空气能供销安装合同》，毛某提起诉讼。

◆ **裁判规则**

法院经审理认为，定作人中途变更承揽工作的要求，造成承揽人损失的，

① 四川省攀枝花市东区人民法院（2016）川 0402 民初 1488 号。

应当赔偿损失。毛某中途变更定作要求，应对大盛公司的损失进行赔偿。虽然大盛公司为履行《5KW晶硅光伏发电系统施工安装合同书》购买了工程所需的多晶太阳能板、并网逆变器等材料，但该材料并非特制物，可用于其他工程项目，不构成实际损失，被告因定作内容中途变更所造成的损失，应限于可得利益损失。

◆ **评议**

适用本条规定需满足的要件有三：一是定作人中途变更承揽工作的要求，二是承揽人发生损失，三是两者间存在因果关系。除了满足上述3个要件，适用本条的还需满足两个法律前提，第一个法律前提为该合同是承揽合同，此时涉及承揽合同的定义性法条。第二个法律前提为合同依法成立并生效，这里涉及要约、承诺等一系列法律条文。本案中毛某与大盛公司签订的是承揽合同且合法有效，符合适用本条的法律前提。毛某作为定作人中途变更承揽工作的要求，给大盛公司造成损失应该承担赔偿责任，但是损失只限于可得利益的损失。

第七百七十八条　【定作人的协助义务】

承揽工作需要定作人协助的，定作人有协助的义务。定作人不履行协助义务致使承揽工作不能完成的，承揽人可以催告定作人在合理期限内履行义务，并可以顺延履行期限；定作人逾期不履行的，承揽人可以解除合同。

本条来源

本条来源于《合同法》第二百五十九条，条文无变动。

条文释义

本条是关于定作人的协助义务的规定。在承揽合同中承揽工作需要定作人协助的，定作人有协助的义务。按照承揽合同的约定应由定作人提供材料、设计图纸、技术要求、样品、工作场所及承揽人完成工作所需的生活条件和工作环境的，定作人应当及时提供。如提供的材料有误不符合要求，应及时更换、补齐。定作人不履行协助义务，构成违约行为的，承揽人可以确定合理期限催促其履行。如其逾期仍不履行，导致承揽工作无法继续的，承揽人有权解除合同。

第七百七十九条 【定作人监督检验】

承揽人在工作期间，应当接受定作人必要的监督检验。定作人不得因监督检验妨碍承揽人的正常工作。

本条来源

本条来源于《合同法》第二百六十条，条文无变动。

条文释义

本条是关于定作人监督检验承揽人工作的规定。在承揽合同中，承揽人在工作期间，定作人可以对承揽人的工作进行必要的检验和监督，承揽人不得拒绝其检验和监督。如果发现承揽人使用不合格的材料，承揽人有义务调换；如果发现定作物质量违反约定的，承揽人有义务依照定作人的要求采取补救措施。当然定作人不能因监督检查而妨碍承揽人的正常工作，若因此给承揽人造成损失的，应当承担赔偿损失的责任。

第七百八十条 【承揽人工作成果交付】

承揽人完成工作的，应当向定作人交付工作成果，并提交必要的技术资料和有关质量证明。定作人应当验收该工作成果。

本条来源

本条来源于《合同法》第二百六十一条，条文无变动。

条文释义

本条是关于承揽工作完成时当事人的义务的规定。承揽工作完成后，按照本条的规定，当事人还需负有下列义务：第一，承揽人负有向定作人交付工作成果的义务。承揽人不仅要完成承揽工作，还需要将工作成果交付给定作人，定作人取得工作成果是其订立承揽合同的主要目的。因此承揽人应当向定作人交付工作成果。第二，承揽人负有提交必要的技术资料和有关质量证明的义务。为了方便定作人使用工作成果，承揽人需提交技术资料。承揽人的工作成果需符合合同规定，因此承揽人需提交有关质量证明，以证明产品符合标准。第三，定作人负有验收该工作成果的义务。定作人验收工作成果合格后，应收取工作成果，若验收不合格，承揽人应当承担相应的责任。

案例评议

刘某旗诉北京世纪亿康商贸有限公司公司承揽合同纠纷案①

世纪亿康公司支付给刘某旗4万元模具费，并提供脚轮样品，要求刘某旗制作4套脚轮模具。刘某旗依约制作了4套模具，并依模具进行脚轮生产，并陆续向世纪亿康公司送货。现上述4套模具存放在刘某旗处。因世纪亿康公司未支付送货单载明的货款，刘某旗诉至法院。世纪亿康公司提出反诉，称刘某旗的利用模具加工产品出现严重质量问题，世纪亿康公司要求刘某旗返还模具。

◆ 裁判规则

法院经审理认为，承揽人完成工作的，应当向定作人交付工作成果，并提交必要的技术资料和有关质量证明。定作人应当验收该工作成果。世纪亿康公司提交的刘某旗签字的证明，可以体现其已经向承揽人刘某旗交付了模具加工款，刘某旗应当根据世纪亿康公司的要求提供工作成果即模具。

◆ 评议

在承揽合同中，承揽人负有对工作成果的瑕疵担保义务，在交付工作成果时，一并提交必要的技术资料和有关质量证明。定作人应当验收该工作成果。本案中世纪亿康公司提交的刘某旗签字的证明，证明刘某旗完成模具生产后世纪亿康公司交付了模具加工款。没有约定期限支付报酬，定作人应当在承揽人交付工作成果时支付报酬。由于本案中世纪亿康公司已经支付模具加工款，承

---

① 北京市大兴区人民法院（2015）大民（商）初字第5253号。

揽人刘某旗也应该同时交付工作成果。但是刘某旗却没有交付工作成果，没有履行承揽人的义务。因此刘某旗应当根据世纪亿康公司的要求提供工作成果即模具。

第七百八十一条 【工作成果不符合质量要求时的违约责任】

承揽人交付的工作成果不符合质量要求的，定作人可以合理选择请求承揽人承担修理、重作、减少报酬、赔偿损失等违约责任。

本条来源

本条来源于《合同法》第二百六十二条的规定“承揽人交付的工作成果不符合质量要求的，定作人可以要求承揽人承担修理、重作、减少报酬、赔偿损失等违约责任。”相较于原法条，本条将“要求”改为“合理选择请求”，该变动使得法条用语更为严谨，法条的实质内涵未发生变化。

立法演变

本条在一次审议稿第五百六十四条和二次审议稿第五百六十四条均沿用《合同法》第二百六十二条的规定。《民法典（草案）》第七百八十一条规定为：“承揽人交付的工作成果不符合质量要求的，定作人可以请求承揽人承担修理、重作、减少报酬、赔偿损失等违约责任。”最终《民法典》第七百八十一条将“请求”改为“合理选择请求”。

条文释义

本条是对承揽人工作成果瑕疵担保义务的规定。承揽人负有对工作成果的瑕疵担保义务。本条规定，承揽人所完成的工作成果应符合合同中约定的质量标准和要求。若不符合标准和要求的，或使工作成果的价值减少或不符合通常效用的，承揽人应承担瑕疵担保责任，定作人可合理选择请求承揽人承担修理、重作、减少报酬、赔偿损失等违约责任。如工作成果依其性质在短期内难以发现瑕疵，或者是工作成果存在隐蔽瑕疵的，定作人可于验收受领后的相当期限内请求承揽人承担责任。

第七百八十二条　【定作人支付报酬期限】

定作人应当按照约定的期限支付报酬。对支付报酬的期限没有约定或者约定不明确，依据本法第五百一十条的规定仍不能确定的，定作人应当在承揽人交付工作成果时支付；工作成果部分交付的，定作人应当相应支付。

本条来源

本条来源于《合同法》第二百六十三条的规定："定作人应当按照约定的期限支付报酬。对支付报酬的期限没有约定或者约定不明确，依照本法第六十一条的规定仍不能确定的，定作人应当在承揽人交付工作成果时支付；工作成果部分交付的，定作人应当相应支付。"相较于原法条，本条将"依照本法第六十一条的规定"改为"依据本法第五百一十条的规定"，该变动仅为法律体系调整导致法条序号变动，法条的实质内涵没有发生改变。

立法演变

本条在一次审议稿第五百六十五条和二次审议稿第五百六十五条均规定为："定作人应当按照约定的期限支付报酬。对支付报酬的期限没有约定或者约定不明确，依照本法第三百零一条的规定仍不能确定的，定作人应当在承揽人交付工作成果时支付；工作成果部分交付的，定作人应当相应支付。"《民法典（草案）》第七百八十二条将"依照本法第三百零一条的规定"改为"依据本法第五百一十条的规定"，最终为本条所采用。

条文释义

本条是关于定作人支付报酬义务的规定。向承揽人支付报酬是定作人的最基本的义务。本条中的"报酬"包括承揽人的工作报酬、承揽人提供材料时的材料费、定作人提供材料时或其迟延接受时承揽人的保管费用等。定作人应当按照约定的期限支付报酬。对支付报酬的期限没有约定或者约定不明确，可以补充协议。不能达成补充协议的，按照合同有关条款或者交易习惯确定。若仍不能确定的，定作人应当在承揽人交付工作成果时支付；工作成果部分交付的，定作人应当相应支付。定作人迟延交付报酬的，应向承揽人支付迟延期间的利息。定作人拒不支付报酬的，承揽人对定作人享有所有权的工作成果可以依法留置，并以留置权担保其报酬请求权。

第七百八十三条　【定作人未履行付款义务时承揽人权利】

定作人未向承揽人支付报酬或者材料费等价款的，承揽人对完成的工作成果享有留置权或者有权拒绝交付，但是当事人另有约定的除外。

本条来源

本条来源于《合同法》第二百六十四条的规定："定作人未向承揽人支付报酬或者材料费等价款的，承揽人对完成的工作成果享有留置权，但当事人另有约定的除外。"相较于原法条，本条将"承揽人对完成的工作成果享有留置权"改为"承揽人对完成的工作成果享有留置权或者有权拒绝交付"，该变动增加了承揽人处置工作成果的方式。

立法演变

本条在一次审议稿第五百六十六条规定："定作人未向承揽人支付报酬或者材料费等价款的，承揽人对完成的工作成果享有留置权或者有权拒绝交付，但是当事人另有约定的除外。"二次审议稿第五百六十六条和《民法典（草案）》第七百八十三条均无变动，最终为本条所采用。

条文释义

本条是关于定作人未履行付款义务时承揽人权利的规定。定作人应当按照约定支付报酬是定作人的基本义务。本条规定，如果由承揽人提供材料完成工作成果的，定作人还应当向承揽人支付报酬以外的材料费。承揽人为完成工作而垫付的其他费用，定作人也应当偿还。如果定作人无正当理由不履行支付报酬等价款，承揽人有权对完成的工作成果享有留置权，或者当定作人请求交付工作成果时承揽人有权拒绝交付。直到定作人支付相应费用后，交付工作成果或者留置权消灭。

承揽人对完成的工作成果享有留置权或者拒绝交付。付款期限届满时，承揽人通知定作人在合理期限内支付报酬以及其他应付价款，定作人逾期仍不履行的，承揽人可以与债务人协议将留置的工作成果折价，也可以依法拍卖、变卖该工作成果，以所得价款优先受偿。受偿的范围包括定作人未付的报酬及利息、承揽人提供材料的费用、工作成果的保管费、合同中约定的违约金以及承揽人的其他损失，等等。工作成果折价或者拍卖、变卖后，其价款超过定作人应付款额的，归定作人所有，不足部分由定作人清偿。

第七百八十四条　【承揽人保管义务】

承揽人应当妥善保管定作人提供的材料以及完成的工作成果，因保管不善造成毁损、灭失的，应当承担赔偿责任。

本条来源

本条来源于《合同法》第二百六十五条的规定："承揽人应当妥善保管定作人提供的材料以及完成的工作成果，因保管不善造成毁损、灭失的，应当承担损害赔偿责任。"相较于原法条，本条将"损害赔偿责任"改为"赔偿责任"，该变动对法条表达进行了简化，法条的实质内涵未发生变化。

条文释义

本条是关于承揽人对材料和工作成果的保管义务的规定。承揽人的主要义务是完成并交付工作成果，在完成承揽工作之前，承揽人应该妥善保管定作人提供的材料。在承揽工作完成后还未交付之前，工作成果是在承揽人占有之下的，承揽人应当妥善保管工作成果，保证如期交付。如果承揽人未尽妥善保管义务，造成工作成果毁损、灭失的，承揽人应当自负费用准备材料，重新完成工作并交付工作成果。因重作而迟延交付的，承揽人应当承担迟延履行的违约责任并赔偿因此给定作人造成的损失。如果工作完成后，承揽人按照约定交付工作成果而定作人迟延受领的，定作人承担迟延受领期间工作成果的风险，即在承揽人交付至定作人实际受领期间，工作成果发生毁损、灭失的，定作人仍有义务按照约定向承揽人支付报酬及其他费用。

第七百八十五条　【承揽人保密义务】

承揽人应当按照定作人的要求保守秘密，未经定作人许可，不得留存复制品或者技术资料。

本条来源

本条来源于《合同法》第二百六十六条，条文无变动。

条文释义

本条是关于承揽人的保密义务的规定。定作人对承揽的工作提出保密要求的，承揽人有义务为其保密，在工作完成后，承揽人应将涉密的图纸和技术资料等一并返还定作人，不得留存，不得以任何方式泄露秘密，否则应承担违约责任。因其违反此义务给定作人造成损失的，定作人还可以向其请求损害赔偿。

第七百八十六条　【共同承揽人连带责任】

共同承揽人对定作人承担连带责任，但是当事人另有约定的除外。

本条来源

本条来源于《合同法》第二百六十七条的规定："共同承揽人对定作人承担连带责任，但当事人另有约定的除外。"相较于原法条，本条将"但"改为"但是"，该变动仅就条款中个别字词进行了修改，法条的实质内涵未发生变化。

立法演变

本条在一次审议稿第五百六十九条作了上述变动，二次审议稿第五百六十九条和《民法典（草案）》第七百八十六条均无变动，最终为本条所采用。

条文释义

本条是关于共同承揽人连带责任的规定。共同承揽是指由两个或者两个以上的人共同完成承揽工作的合同。共同完成承揽工作的人称共同承揽人。共同承揽可以由共同承揽人与定作人共同订立承揽合同，也可以根据承揽人的约定由其中一个承揽人代表所有共同承揽人与定作人订立承揽合同。本条规定共同承揽人对定作人承担连带责任。共同承揽人应当按照约定完成工作，将工作成果交付给定作人。每一个共同承揽人都应当对承揽的全部工作向定作人负责。如果交付的工作成果不符合要求，定作人可以要求共同承揽中的任何一个承揽人承担违约责任，任何一个共同承揽人都应当无条件承担违约责任。承担责任的共同承揽人，可以向其他共同承揽人追偿超出其实际应承担的责任份额，也就是说，任何一个共同承揽人承担责任后，共同承揽人再根据约定或者过错大小承担相应责任。

案例评议

靳某财与周某超、孙某明承揽合同纠纷案①

原告靳某财委托被告周某超、孙某明为其建造大、小两座仓储彩钢棚。双方就小棚建设签订了《钢结构承包合同》。合同签订后，被告孙某明向靳某财提供了图纸，并在实际施工中负责雇佣工人，指挥施工及工资发放，被告周某超负责购买材料。工程完工后，该彩钢大棚西墙边钢罩棚倒塌。因此原告靳某财与包头市源东彩板钢构有限公司签订两份《钢结构施工合同》。原告委托内蒙古科技大学建筑科学研究所出具《托克托县五申粮库倒塌仓储彩钢棚倒塌原因分析报告》，该报告结论为：仓储彩钢棚倒塌的主要原因是无设计图纸、结构形式不满足规范要求，连接构造不合理、结构布置不合理，倒塌仓储彩钢棚结构承载力不满足国家现行规范要求。且被告周某超、孙某明无施工资质。原告靳某财为维护其合法权益提起诉讼。

◆ 裁判规则

法院经审理认为，共同完成承揽工作的人为共同承揽人。共同承揽人对定作人承担连带责任，但当事人另有约定的除外。本案中，孙某明虽未在书面合同上签字，但二人共同施工完成该彩钢棚建设。周某超负责采购建筑材料，孙某明负责工程实际施工，双方有共同承揽的行为，具备共同承揽人的实质性特

① 托克托县人民法院（2019）内0122民初356号。

征，二被告属于共同承揽人，应对定作人承担连带责任。孙某明辩称其与周某超之间属于雇佣关系，根据双方提交的证据及庭审陈述，孙某明在合同履行过程中能够自行决定雇佣工人及工资发放，对外有自主执行事务的权利，同时能够直接接受工程款并出具收条，因此对孙某明的抗辩理由，法院不予采信。

◆ **评议**

被告周某超与孙某明之间法律关系如何认定，是本案的焦点之一。由于共同承揽中，包括根据承揽人的约定由其中一个承揽人代表所有共同承揽人与定作人订立承揽合同的类型，导致在实践中共同承揽与转承揽的认定常常被混淆。因共同承揽与转承揽的认定不清会导致判决出现不同的结果。虽然共同承揽与转承揽都是由多个人完成的工作，但两者存在重要的不同之处。共同承揽人都是承揽合同的当事人，就是说参与工作的都是承揽人，是合同实际上的当事人；转承揽中的第三人虽然参与完成工作，但不是承揽合同的当事人，只是转承揽合同中的当事人，根据合同的相对性与承揽合同中的定作人无关。周某超与孙某明之间存在共同承揽关系，而非转承揽关系。认定理由为孙某明虽未在书面合同上签字，但二人共同施工完成该彩钢棚建设。周某超负责采购建筑材料，孙某明负责工程实际施工，且原告也知晓并默认孙某明的施工行为。孙某明虽然未在承揽合同上签字，事实上双方有共同承揽的行为，具备共同承揽人的实质性特征。

第七百八十七条　【定作人任意解除权】

定作人在承揽人完成工作前可以随时解除合同，造成承揽人损失的，应当赔偿损失。

本条来源

本条来源于《合同法》第二百六十八条的规定：“定作人可以随时解除承揽合同，造成承揽人损失的，应当赔偿损失。”相较于原法条，本条将“定作人可以随时解除承揽合同”改为“定作人在承揽人完成工作前可以随时解除合同”，增加了定作人解除合同的时间限制。

立法演变

本条在一次审议稿第五百七十条中规定为：“定作人在承揽人完成工作前可以随时解除承揽合同，造成承揽人损失的，应当赔偿损失。”二次审议稿第五百七十条和《民法典（草案）》第七百八十七条均无变动，最终为本条所采用。

条文释义

本条是关于定作人任意解除权的规定。根据本条的规定，定作人在承揽人完成工作前可以随时解除合同。在承揽合同中，定作人除了享有本编通则规定的解除权外，可以享有在承揽人完成工作前随时解除合同的权利，这是承揽合同的一大特点，也是根据承揽合同性质所决定的。承揽合同是定作人为了满足其特殊需求而订立的，承揽人根据定作人的指示进行工作，如果定作人于合同成立后由于各种原因不再需要承揽人完成工作，则应当允许定作人解除合同。定作人解除合同的前提条件是赔偿承揽人的损失。这样处理，可以避免给定作人造成更大的浪费。为了给承揽人减少造成的损失，对定作人的解除权设定了时间条件，即承揽人完成工作前。若承揽人完成承揽工作后，合同已经实际履行，此时定作人不享有解除权。

第十八章 建设工程合同

本章概要

本章在延续《合同法》第十六章建设工程合同的基础上，通过将《最高人民法院关于审理建设工程施工合同纠纷案件适用法律问题的解释》（下称《建设工程施工合同司法解释》）部分内容予以修改并法典化而成，本章共二十一条，比《合同法》增加两个条文：一是在整合《建设工程施工合同司法解释》第二条和第三条的基础上，形成建设工程施工合同无效的处理规则，作为合同编新增条款；二是赋予发包人在一定条件下合同解除权，比如在承包人转包、违法分包等情形下。

第七百八十八条 【建设工程合同的定义和类型】

建设工程合同是承包人进行工程建设，发包人支付价款的合同。

建设工程合同包括工程勘察、设计、施工合同。

本条来源

本条来源于《合同法》第二百六十九条，条文无变动。

条文释义

本条是关于建设工程合同的概念及内容的规定。建设工程合同，通常又称为基本建设工程合同，是指承包人进行工程建设，发包人支付价款的合同。建设工程合同依其内容不同，又分为工程勘察、设计、施工、监理合同。建设工程合同是在承揽合同的基础上发展起来的，两者具有一定相同的特征：如两者均为诺成合同、双务合同及有偿合同；都是当事人一方按照另一方的要求完成一定工作成果，并由另一方支付报酬的合同。建设工程合同与承揽合同相比较仍有其特殊之处，表现在：

第一，建设工程合同的标的是建设工程项目。建设工程合同的标的只能是基本建设工程而不能是其他的事物。通常是建筑物、地下设施、附属设施的建筑，以及对线路、管道、设备进行的安装建设等。正由于建设工程合同的标的是基本建设工程，而基本建设工程本身有着特殊的要求和意义，建设工程合同才成为与承揽合同不同的一类合同。

第二，建设工程合同的主体应具备相应的条件。建设项目往往具有建设投资多，工作量大，技术复杂，综合性强等特点，因此，建设工程合同的双方当事人的主体资格是有限制的，发包人只能是经过批准建设工程的法人，承包人也只能是具有从事勘察、设计、建筑、安装资格的法人。承揽合同的主体则没有限制，可以是公民个人，也可以是法人。故个人为建设个人住房而与其他公民或建筑队签订的合同，不属于建设工程合同，而是承揽合同。

第三，建设工程合同具有较强的计划性和国家管理性。对于国家重大建设工程合同，应当按照国家规定的程序和国家批准的投资计划、可行性研究报告等文件订立。建设工程因涉及基本建设规划，承包人所完成的工作成果大多数为不动产，而且须长期存在和发挥效用。事关国计民生，因此，国家实行严格的监督和管理。对于承揽合同国家一般不予特殊的监督和管理。

第四，建设工程合同的要式性和程序性。建设工程合同应当采用书面形式，这决定于建设工程合同具有要式性特征。建设工程合同应按照国家规定的程序进行，未经立项，没有计划任务书，则不能进行签订勘察设计合同的工作；没有完成勘察设计工作也不能签订施工合同。

法条关联

◆《建设工程勘察设计管理条例》

第二条　从事建设工程勘察、设计活动，必须遵守本条例。

本条例所称建设工程勘察，是指根据建设工程的要求，查明、分析、评价建设场地的地质地理环境特征和岩土工程条件，编制建设工程勘察文件的活动。

本条例所称建设工程设计，是指根据建设工程的要求，对建设工程所需的技术、经济、资源、环境等条件进行综合分析、论证，编制建设工程设计文件的活动。

◆《最高人民法院关于审理建设工程施工合同纠纷案件适用法律问题的解释》

第二十四条 建设工程施工合同纠纷以施工行为地为合同履行地。

第二十五条 因建设工程质量发生争议的，发包人可以以总承包人、分包人和实际施工人为共同被告提起诉讼。

第二十六条 实际施工人以转包人、违法分包人为被告起诉的，人民法院应当依法受理。

实际施工人以发包人为被告主张权利的，人民法院可以追加转包人或者违法分包人为本案当事人。发包人只在欠付工程价款范围内对实际施工人承担责任。

案例评议

李某林与谭某于等建设工程施工合同纠纷案①

李某林与永业兴达公司签订《供货合同》，由永业兴达公司为其提供用于铺设李某林所建别墅楼的屋面和穹顶的材料，同时李某林在供货合同中注明：供货方负责安装技术指导。后永业兴达公司按约定为李某林供货，李某林给付永业兴达公司瓦款。后永业兴达公司再为李某林提供部分脊瓦及辅料，李某林签收，但未书面约定价格，李某林亦未付款。经永业兴达公司介绍，谭某于与李某林签订了《施工协议》，由谭某于承包了李某林别墅楼的屋面陶瓦和空顶铜瓦的安装工程，承包方式为包工加辅料。后因合同纠纷诉至法院，李某林以建设工程施工合同为案由和诉讼请求，经一审法院释明，仍坚持其意见不变更案由和诉讼请求，一审法院驳回李某林的起诉。故李某林提起上诉。

◆ **裁判规则**

法院经审理认为，建设工程合同是承包人进行工程建设，发包人支付价款的合同。建设工程合同包括工程勘察、设计、施工合同。李某林与谭某于签订的《施工协议》中约定，由李某林提供原材料并支付劳务费，谭某于的合同义

---

① 北京市第一中级人民法院（2018）京01民终2611号。

务是屋面瓦安装和施工用辅料，其中的内容并不涉及工程建设，故双方之间签订的《施工协议》不属于建设工程施工合同，应认定为承揽合同。

◆ **评议**

本案中争议的焦点之一是李某林与谭某于签订的《施工协议》的合同性质认定。李某林主张自己签订的合同为建设施工合同而法院认定该合同为承揽合同。承揽合同与建设工程合同具备一定的相通性。但是建设施工合同有其特殊之处。首先，建设工程合同的标的是建设工程项目。其次，对建设工程合同发包人和承包人的主体资格均有严格要求：发包人一般为建设工程建设单位，承包人为具有从事勘察、设计、施工业务资格的法人，且需具有相应资质，即自然人不能成为建设工程合同的发包人，也不能成为承包人。本案中李某林与谭某于签订的《施工协议》，合同标的是李某林别墅楼的屋面陶瓦和空顶铜瓦的安装工程，并非房屋的基本建设工程。且谭某于作为自然人没有建设工程相关的资质，所以不符合建设工程合同的法律特征，应认定为承揽合同。

第七百八十九条　【建设工程合同的形式】

建设工程合同应当采用书面形式。

本条来源

本条来源于《合同法》第二百七十条，条文无变动。

条文释义

本条是关于建设工程合同的形式要求的规定。建设工程合同应当采用书面形式，不能采取口头承诺等形式，这是国家对基本建设进行监督管理的需要，也是由建设工程合同履行的特点所决定的。因此，建设工程合同是要式性合同。

法条关联

◆ **《建筑法》**

第十五条　建筑工程的发包单位与承包单位应当依法订立书面合同，明确双方的权利和义务。

发包单位和承包单位应当全面履行合同约定的义务。不按照合同约定履行义务的，依法承担违约责任。

第七百九十条 【建设工程招投标活动的原则】

建设工程的招标投标活动，应当依照有关法律的规定公开、公平、公正进行。

本条来源

本条来源于《合同法》第二百七十一条，条文无变动。

条文释义

本条是关于建设工程招投标活动的原则的规定。建设工程招标投标活动是指建设工程的发包人作为招标方采用适当的方式，发布拟建工程的有关信息，如工程的内容和主要的技术条件，对承包人的资质要求等，但不标明工程的造价，通过这些行为表明发包人将选择符合条件的承包人与之订立建设工程合同的意向，由有意承包该工程项目的承包人作为投标方向招标方提出自己的工程报价和其他承包条件，参加投标竞争，经招标方对各投标方的报价和其他条件进行审查比较后，从中择优选定中标者，并与之签订建设工程合同的活动。

根据本条的规定，建设工程的招标投标应当按照公开、公平和公正的原则进行。所谓的公开，是指进行招标投标活动的有关信息要公开，并在公开提供的招标文件中，载明招标工程的主要技术要求以及投标人的资格要求等内容，使所有符合条件的承包商都能有机会参与投标竞争。同时，招标投标的程序要公开，每步程序应当公开透明，以便各方面监督，不允许进行“暗箱操作”。所谓的公平，是指招标方平等地对待每一份投标，投标方也要以正当手段进行竞争，不得向投标方及其工作人员行贿、提供回扣等不正当竞争行为，以保证竞争的平等。所谓的公正，是指招标方在招标过程中要严格按照公开的招标文件和程序办事，严格按照既定的评标标准定标，公平地对待每一个投标者，不得厚此薄彼、亲亲疏疏。

法条关联

◆《建筑法》

第二十条　建筑工程实行公开招标的，发包单位应当依照法定程序和方式，发布招标公告，提供载有招标工程的主要技术要求、主要的合同条款、评标的标准和方法以及开标、评标、定标的程序等内容的招标文件。

开标应当在招标文件规定的时间、地点公开进行。开标后应当按照招标文件规定的评标标准和程序对标书进行评价、比较，在具备相应资质条件的投标者中，择优选定中标者。

第二十二条　建筑工程实行招标发包的，发包单位应当将建筑工程发包给依法中标的承包单位。建筑工程实行直接发包的，发包单位应当将建筑工程发包给具有相应资质条件的承包单位。

第二十三条　政府及其所属部门不得滥用行政权力，限定发包单位将招标发包的建筑工程发包给指定的承包单位。

◆《招标投标法》

第三条　在中华人民共和国境内进行下列工程建设项目包括项目的勘察、设计、施工、监理以及与工程建设有关的重要设备、材料等的采购，必须进行招标：

（一）大型基础设施、公用事业等关系社会公共利益、公众安全的项目；

（二）全部或者部分使用国有资金投资或者国家融资的项目；

（三）使用国际组织或者外国政府贷款、援助资金的项目。

前款所列项目的具体范围和规模标准，由国务院发展计划部门会同国务院有关部门制订，报国务院批准。

法律或者国务院对必须进行招标的其他项目的范围有规定的，依照其规定。

◆《招标投标法实施条例》

第二条　招标投标法第三条所称工程建设项目，是指工程以及与工程建设有关的货物、服务。

前款所称工程，是指建设工程，包括建筑物和构筑物的新建、改建、扩建及其相关的装修、拆除、修缮等；所称与工程建设有关的货物，是指构成工程不可分割的组成部分，且为实现工程基本功能所必需的设备、材料等；所称与工程建设有关的服务，是指为完成工程所需的勘察、设计、监理等服务。

第七百九十一条　【建设工程的发包、承包、分包】

发包人可以与总承包人订立建设工程合同，也可以分别与勘察人、设计人、施工人订立勘察、设计、施工承包合同。发包人不得将应当由一个承包人完成的建设工程支解成若干部分发包给数个承包人。

总承包人或者勘察、设计、施工承包人经发包人同意，可以将自己承包的部分工作交由第三人完成。第三人就其完成的工作成果与总承包人或者勘察、设计、施工承包人向发包人承担连带责任。承包人不得将其承包的全部建设工程转包给第三人或者将其承包的全部建设工程支解以后以分包的名义分别转包给第三人。

禁止承包人将工程分包给不具备相应资质条件的单位。禁止分包单位将其承包的工程再分包。建设工程主体结构的施工必须由承包人自行完成。

本条来源

本条来源于《合同法》第二百七十二条的规定："发包人可以与总承包人订立建设工程合同，也可以分别与勘察人、设计人、施工人订立勘察、设计、施工承包合同。发包人不得将应当由一个承包人完成的建设工程肢解成若干部分发包给几个承包人。总承包人或者勘察、设计、施工承包人经发包人同意，可以将自己承包的部分工作交由第三人完成。第三人就其完成的工作成果与总承包人或者勘察、设计、施工承包人向发包人承担连带责任。承包人不得将其承包的全部建设工程转包给第三人或者将其承包的全部建设工程肢解以后以分包的名义分别转包给第三人。禁止承包人将工程分包给不具备相应资质条件的单位。禁止分包单位将其承包的工程再分包。建设工程主体结构的施工必须由承包人自行完成。"相较于原法条，本条将"几个承包人"修改为"数个承包人"，将"肢解"改为"支解"，该变动使得法条用语更为严谨。

立法演变

本条在一次审议稿第五百七十四条、二次审议稿第五百七十四条均沿用

《合同法》第二百七十二条的规定。《民法典（草案）》第七百九十一条规定为："发包人可以与总承包人订立建设工程合同，也可以分别与勘察人、设计人、施工人订立勘察、设计、施工承包合同。发包人不得将应当由一个承包人完成的建设工程支解成若干部分发包给几个承包人。总承包人或者勘察、设计、施工承包人经发包人同意，可以将自己承包的部分工作交由第三人完成。第三人就其完成的工作成果与总承包人或者勘察、设计、施工承包人向发包人承担连带责任。承包人不得将其承包的全部建设工程转包给第三人或者将其承包的全部建设工程支解以后以分包的名义分别转包给第三人。禁止承包人将工程分包给不具备相应资质条件的单位。禁止分包单位将其承包的工程再分包。建设工程主体结构的施工必须由承包人自行完成。"将"肢解"改为"支解"。最终《民法典》第七百九十一条作了上述变动。

条文释义

本条是关于建设工程合同发包、承包和分包的规定。建设工程合同可以根据承包人承包的工作内容，分为直接承包和分包两大类。直接承包是指发包人直接将工程承包给承包人，包括工程总承包和单项工程承包两种方式。分包是指总承包人、勘察、设计、施工承包人经发包人同意，可以将自己承包的部分工作交由第三人完成。

依据本条规定，建设工程的发包总承包方式还是单项工程承包方式，可以由发包人根据实际情况自行确定。但是不论发包人采取何种方式与承包人签订合同，都不得将建设工程肢解发包，即不得将应当由一个承包人完成的建设工程肢解成若干部分发包给几个承包人。这是针对目前我国建设市场中多有发生且危害较大的将工程肢解发包的实际情况所作出的规定。

本条规定的"分包"，是指工程总承包人、勘察承包人、设计承包人、施工承包人承包建设工程后，将其承包的某一部分工程或某几部分工程，再发包给其他承包人，与其签订承包合同项下的分包合同。总承包人、勘察、设计、施工承包人在分包合同中即成为分包合同的发包人。总承包人、勘察、设计、施工承包人分包建设工程的，应当符合以下条件：（1）总承包人、勘察、设计、施工承包人只能将部分工程分包给具有相应资质条件的分包人；（2）为防止总承包人、勘察、设计、施工承包人擅自将应当由自己完成的工程分包出去或者将工程分包给发包人所不信任的第三人，分包工程必须经过发包人的同意。

本条规定的“转包”，是指建设工程的承包人将其承包的建设工程倒手转让给第三人，使该第三人实际上成为该建设工程新的承包人的行为。转包与分包的根本区别在于：转包行为中，原承包人将其工程全部倒手转给他人，自己并不实际履行合同约定的义务；而在分包行为中，承包人只是将其承包工程的某一部分或某几部分再分包给其他承包人，承包人仍然要就承包合同约定的全部义务的履行向发包人负责。根据本法和其他法律规定，承包人经发包人同意将其部分工程分包给他人的行为是允许的，但承包人的转包行为是禁止的。本条明确规定承包人不得将其承包的全部建设工程转包给第三人或者将其承包的全部建设工程肢解以后以分包的名义分别转包给第三人。

本条第三款规定，禁止承包人将工程分包给不具备相应资质条件的单位。禁止分包单位将其承包的工程再分包。为避免因层层分包造成责任不清以及因中间环节过多造成实际用于工程费用减少的问题，根据本款的规定，分包人不得将其承包的工程再分包，即对工程建设项目只能实行一次分包。实行施工承包的，建设工程的主体结构必须由承包人自行完成，不得分包，即承包人承包工程全部施工任务的，该工程的主体结构必须由承包人自行完成，即使经发包人同意，也不得将主体工程的施工再分包给第三人，承包人违反本款规定，将工程主体部分的施工任务分包给第三人的，该分包合同无效。

法条关联

◆《建筑法》

第二十四条 提倡对建筑工程实行总承包，禁止将建筑工程肢解发包。

建筑工程的发包单位可以将建筑工程的勘察、设计、施工、设备采购一并发包给一个工程总承包单位，也可以将建筑工程勘察、设计、施工、设备采购的一项或者多项发包给一个工程总承包单位；但是，不得将应当由一个承包单位完成的建筑工程肢解成若干部分发包给几个承包单位。

第二十八条 禁止承包单位将其承包的全部建筑工程转包给他人，禁止承包单位将其承包的全部建筑工程肢解以后以分包的名义分别转包给他人。

第二十九条 建筑工程总承包单位可以将承包工程中的部分工程发包给具有相应资质条件的分包单位；但是，除总承包合同中约定的分包外，必须经建设单位认可。施工总承包的，建筑工程主体结构的施工必须由总承包单位自行完成。

建筑工程总承包单位按照总承包合同的约定对建设单位负责；分包单位按照分包合同的约定对总承包单位负责。总承包单位和分包单位就分包工程对建设单位承担连带责任。

禁止总承包单位将工程分包给不具备相应资质条件的单位。禁止分包单位将其承包的工程再分包。

◆《建设工程质量管理条例》

第七十八条 本条例所称肢解发包，是指建设单位将应当由一个承包单位完成的建设工程分解成若干部分发包给不同的承包单位的行为。

本条例所称违法分包，是指下列行为：

（一）总承包单位将建设工程分包给不具备相应资质条件的单位的；

（二）建设工程总承包合同中未有约定，又未经建设单位认可，承包单位将其承包的部分建设工程交由其他单位完成的；

（三）施工总承包单位将建设工程主体结构的施工分包给其他单位的；

（四）分包单位将其承包的建设工程再分包的。

本条例所称转包，是指承包单位承包建设工程后，不履行合同约定的责任和义务，将其承包的全部建设工程转给他人或者将其承包的全部建设工程肢解以后以分包的名义分别转给其他单位承包的行为。

◆《最高人民法院关于审理建设工程施工合同纠纷案件适用法律问题的解释》

第七条 具有劳务作业法定资质的承包人与总承包人、分包人签订的劳务分包合同，当事人以转包建设工程违反法律规定为由请求确认无效的，不予支持。

第二十五条 因建设工程质量发生争议的，发包人可以以总承包人、分包人和实际施工人为共同被告提起诉讼。

第二十六条 实际施工人以转包人、违法分包人为被告起诉的，人民法院应当依法受理。

实际施工人以发包人为被告主张权利的，人民法院可以追加转包人或者违法分包人为本案当事人。发包人只在欠付工程价款范围内对实际施工人承担责任。

案例评议

刘某志等诉福建省筑信建设集团有限公司公司买卖合同纠纷案[1]

被告筑信公司与四川省名山中学签订《四川省名山中学灾后重建培训楼项目艺术培训交流中心新建工程施工合同》，约定：由筑信公司承建艺术培训交流中心新建工程的土建及安装工程。被告筑信公司在工程中标后，将全部建设工程转包给没有施工资质的第三人侯某满，由侯某满自行组织人员进行施工，并且以筑信公司的名义施工。原告刘某志向项目工地供应沙子、石子等材料，支付部分货款后，侯某满向刘某志出具欠条。第三人侯某满在项目施工过程中，向原告刘某志购买了砂石等材料，在双方结算后，第三人侯某满未及时付清欠款，因此产生纠纷诉至法院。

◆ **裁判规则**

法院经审理认为，总承包人或者勘察、设计、施工承包人经发包人同意，可以将自己承包的部分工作交由第三人完成。第三人就其完成的工作成果与总承包人或者勘察、设计、施工承包人向发包人承担连带责任。承包人不得将其承包的全部建设工程转包给第三人或者将其承包的全部建设工程肢解以后以分包的名义分别转包给第三人。筑信公司将全部建设工程转包给侯某满，违反了法律的禁止性规定，筑信公司作为名义上的施工人与实际施工人的侯某满，应依法共同对该工程项目产生的欠款承担连带责任。

◆ **评议**

法律规定承包人不得将其承包的全部建设工程转包给第三人。本案中筑信公司将全部建设工程转包给侯某满，该转包违反法律禁止性的规定，转包合同无效。且侯某满没有施工资质，也不符合建设工程合同的当事人的要求，筑信公司作为名义上的施工人与实际施工人的侯某满，即转包合同的当事人需对该工程共同承担连带责任。

---

① 四川省雅安市名山区人民法院（2017）川1803民初460号。

第七百九十二条　【订立国家重大建设工程合同】

国家重大建设工程合同，应当按照国家规定的程序和国家批准的投资计划、可行性研究报告等文件订立。

本条来源

本条来源于《合同法》第二百七十三条，条文无变动。

条文释义

本条是关于订立国家重大建设工程合同的规定。订立任何建设工程合同都要有一定的依据，尤其是国家重大项目的建设工程合同，更应当依据相关的文件才可以订立。由于受国家的管理和约束，国家重大建设工程合同应当根据国家规定的程序和国家批准的投资计划、可行性研究报告等文件订立。在实践中，并不是国家政府投资的项目都属于国家重大建设工程，一般列入国家重点投资计划，投资额巨大，建设周期特别长，由中央政府全部投资或者参与投资的工程，属于国家重大建设项目。

第七百九十三条　【建设工程合同无效、验收不合格的处理】

建设工程施工合同无效，但是建设工程经验收合格的，可以参照合同关于工程价款的约定折价补偿承包人。

建设工程施工合同无效，且建设工程经验收不合格的，按照以下情形处理：

（一）修复后的建设工程经验收合格的，发包人可以请求承包人承担修复费用；

（二）修复后的建设工程经验收不合格的，承包人无权请求参照合同关于工程价款的约定折价补偿。

发包人对因建设工程不合格造成的损失有过错的，应当承担相应的责任。

本条来源

本条来源于《最高人民法院关于审理建设工程施工合同纠纷案件适用法律问题的解释》（法释〔2004〕14 号）第二条："建设工程施工合同无效，但建设工程经竣工验收合格，承包人请求参照合同约定支付工程价款的，应予支持。"第三条："建设工程施工合同无效，且建设工程经竣工验收不合格的，按照以下情形分别处理：（一）修复后的建设工程经竣工验收合格，发包人请求承包人承担修复费用的，应予支持；（二）修复后的建设工程经竣工验收不合格，承包人请求支付工程价款的，不予支持。因建设工程不合格造成的损失，发包人有过错的，也应承担相应的民事责任。"本条将原司法解释第二条与第三条合并，以填补法律关于建设工程施工合同无效规定的空白。

立法演变

本条为一次审议稿第五百七十六条的新增条款，规定为："建设工程施工合同无效，但是建设工程经竣工验收合格的，承包人可以请求参照合同的约定支付工程价款。建设工程施工合同无效，且建设工程经竣工验收不合格的，按照以下情形处理：（一）修复后的建设工程经竣工验收合格的，发包人可以要求承包人承担修复费用；（二）修复后的建设工程经竣工验收不合格的，承包人不能要求支付工程价款。发包人对因建设工程不合格造成的损失有过错的，应当承担相应的责任。"

二次审议稿第五百七十六条规定为："建设工程施工合同无效，但是建设工程经竣工验收合格的，可以参照合同关于工程价款的约定补偿承包人。建设工程施工合同无效，且建设工程经竣工验收不合格的，按照以下情形处理：（一）修复后的建设工程经竣工验收合格的，发包人可以要求承包人承担修复费用；（二）修复后的建设工程经竣工验收不合格的，承包人不能要求参照合同关于工程价款的约定补偿。发包人对因建设工程不合格造成的损失有过错的，应当承担相应的责任。"在一次审议稿的基础上，第二款第一项中将"承包人可以请求参照合同的约定支付工程价款"修改为"修复后的建设工程经验收合格的，发包人可以请求承包人承担修复费用"；在第二项中将"承包人不能要求支付工程价款"修改为"承包人不能要求参照合同关于工程价款的约定补偿"。

《民法典（草案）》第七百九十三条规定为："建设工程施工合同无效，但是建设工程经验收合格的，可以参照合同关于工程价款的约定折价补偿承包人。建设工程施工合同无效，且建设工程经验收不合格的，按照以下情形处理：（一）修复后的建设工程经验收合格的，发包人可以请求承包人承担修复费用；（二）修复后的建设工程经验收不合格的，承包人不能请求参照合同关于工程价款的约定补偿。发包人对因建设工程不合格造成的损失有过错的，应当承担相应的责任。"在二次审议稿的基础上，将两处"要求"修改为"请求"。《民法典》第七百九十三条在第二款第二项中将"承包人不能请求参照合同关于工程价款的约定补偿"修改为"承包人无权请求参照合同关于工程价款的约定折价补偿"。

条文释义

本条是关于建设工程施工合同无效的规定。依据本条规定，建设工程施工合同无效时的情况如下：

第一，建设工程施工合同无效，但建设工程经过验收合格的情况。虽然建设工程施工合同无效，但是建设工程经过验收质量合格，不影响建设工程的实际使用。由于承包人自身存在过错导致施工合同无效，施工合同中的约定也无效，发包人可以参照合同关于工程价款的约定折价补偿承包人。

第二，建设工程施工合同无效，建设工程经验收不合格的情况。建设工程经验收不合格的，按照以下情形处理：修复后的建设工程经验收合格的，发包人可以请求承包人承担修复费用；修复后的建设工程经验收不合格的，承包人不能请求参照合同关于工程价款的约定补偿。因承包人的原因致使建设工程验收不合格，承包人负有修复建设工程的义务。修复后仍然不合格，没有达到交付的标准，承包人构成根本违约，无权请求发包人给予相应的补偿。发包人对因建设工程不合格造成的损失有过错的，也应当承担相应的责任。

第七百九十四条　【勘察、设计合同的内容】

勘察、设计合同的内容一般包括提交有关基础资料和概预算等文件的期限、质量要求、费用以及其他协作条件等条款。

本条来源

本条来源于《合同法》第二百七十四条的规定："勘察、设计合同的内容包括提交有关基础资料和文件（包括概预算）的期限、质量要求、费用以及其他协作条件等条款。"相较于原法条，本条将"提交有关基础资料和文件（包括概预算）"改为"提交有关基础资料和概预算等文件"，该变动使得法条逻辑更为清晰。

立法演变

本条在一次审议稿第五百七十七条与二次审议稿第五百七十七条均采用《合同法》第二百七十四条的规定。《民法典（草案）》第七百九十四条规定为："勘察、设计合同的内容一般包括提交有关基础资料和概预算等文件的期限、质量要求、费用以及其他协作条件等条款。"最终为本条所采用。

条文释义

本条是关于勘察、设计合同的主要内容的规定。本条中的"勘察、设计合同"，是勘察合同和设计合同的统称，指工程的发包人或承包人与勘察人、设计人之间订立的，由勘察人、设计人完成一定的勘察设计工作，发包人或承包人支付相应价款的合同。根据本条规定，勘察、设计合同的内容一般包括提交有关基础资料和概预算等文件的期限、质量要求、费用以及其他协作条件等条款，具体可以概括为：建设工程名称、规模、投资额、建设地点；勘察人的勘察范围、进度、质量，设计人的设计要求、进度、质量、设计文件份数；勘察费、设计费的支付；建设单位提供基础资料的内容、技术要求及期限。

第七百九十五条　【施工合同的内容】

施工合同的内容一般包括工程范围、建设工期、中间交工工程的开工和竣工时间、工程质量、工程造价、技术资料交付时间、材料和设备供应责任、拨款和结算、竣工验收、质量保修范围和质量保证期、相互协作等条款。

本条来源

本条来源于《合同法》第二百七十五条的规定："施工合同的内容包括工程范围、建设工期、中间交工工程的开工和竣工时间、工程质量、工程造价、技术资料交付时间、材料和设备供应责任、拨款和结算、竣工验收、质量保修范围和质量保证期、双方相互协作等条款。"相较于原法条，本条将"双方相互协作等条款"中的"双方"删除，增加"一般"二字，该变动使得法条内容更为合理。

立法演变

本条在一次审议稿第五百七十八条规定为："施工合同的内容包括工程范围、建设工期、中间交工工程的开工和竣工时间、工程质量、工程造价、技术资料交付时间、材料和设备供应责任、拨款和结算、竣工验收、质量保修范围和质量保证期、相互协作等条款。"二次审议稿第五百七十八条和《民法典（草案）》第七百九十五条均无变动，最终为本条所采用。

条文释义

本条是关于施工合同内容的规定。建设施工合同是指发包人（建设单位）和承包人（施工单位）为完成商定的建筑施工工程，明确相互权利义务关系的协议。根据本法规定，建设施工合同的主要条款大致包括：工程名称、地点；工程范围的内容；设计文件、技术资料等的提供；材料和设备的供应和进场期限；建设工期、中间交工工程的开工和竣工时间；工程造价、拨款和结算时间；工程质量要求及交工验收的办法；工程质量保修范围和质量保证期；双方相互协作条款。

法条关联

◆《最高人民法院关于审理建设工程施工合同纠纷案件适用法律问题的解释》

第十四条　当事人对建设工程实际竣工日期有争议的，按照以下情形分别处理：

（一）建设工程经竣工验收合格的，以竣工验收合格之日为竣工日期；

（二）承包人已经提交竣工验收报告，发包人拖延验收的，以承包人提交验收报告之日为竣工日期；

（三）建设工程未经竣工验收，发包人擅自使用的，以转移占有建设工程之日为竣工日期。

第十六条 当事人对建设工程的计价标准或者计价方法有约定的，按照约定结算工程价款。

因设计变更导致建设工程的工程量或者质量标准发生变化，当事人对该部分工程价款不能协商一致的，可以参照签订建设工程施工合同时当地建设行政主管部门发布的计价方法或者计价标准结算工程价款。

建设工程施工合同有效，但建设工程经竣工验收不合格的，工程价款结算参照本解释第三条规定处理。

第七百九十六条 【建设工程监理】

建设工程实行监理的，发包人应当与监理人采用书面形式订立委托监理合同。发包人与监理人的权利和义务以及法律责任，应当依照本编委托合同以及其他有关法律、行政法规的规定。

本条来源

本条来源于《合同法》第二百七十六条的规定："建设工程实行监理的，发包人应当与监理人采用书面形式订立委托监理合同。发包人与监理人的权利和义务以及法律责任，应当依照本法委托合同以及其他有关法律、行政法规的规定。"相较于原法条，本条将"应当依照本法委托合同"改为"应当依照本编委托合同"，该变动仅就条款中个别字词进行了修改，法条的实质内涵未发生变化。

立法演变

本条在一次审议稿第五百七十九条作了上述变动，二次审议稿第五百七十九条和《民法典（草案）》第七百九十六条均无变动，最终为本条所采用。

条文释义

本条是关于建设工程监理合同的规定。建设工程监理制度是我国保证工程质量的一项重要制度。目前我国的建设监理包括政府监理、社会监理和建设单位自行监理三类。政府监理是指政府建设主管部门对建设单位的建设行为实行的强制性监理和对社会监理单位实行的监督管理，政府机构的监理行为是其履行职责的表现。社会监理是指社会监理单位接受建设单位的委托，对工程建设实施的监理，社会监理的运用最为普遍。建设单位自行监理是指建设单位委派本单位和工作人员对工程建设亲自监督检查，建设单位自行监理是尽自身管理义务的表现。政府监理和建设单位自行监理均无需进一步采用合同形式予以约定。建设工程监理合同主要是针对社会监理而言。

法条关联

◆《建设工程质量管理条例》

第十二条 实行监理的建设工程，建设单位应当委托具有相应资质等级的工程监理单位进行监理，也可以委托具有工程监理相应资质等级并与被监理工程的施工承包单位没有隶属关系或者其他利害关系的该工程的设计单位进行监理。

下列建设工程必须实行监理：

（一）国家重点建设工程；

（二）大中型公用事业工程；

（三）成片开发建设的住宅小区工程；

（四）利用外国政府或者国际组织贷款、援助资金的工程；

（五）国家规定必须实行监理的其他工程。

第七百九十七条 【发包人的检查权】

发包人在不妨碍承包人正常作业的情况下，可以随时对作业进度、质量进行检查。

本条来源

本条来源于《合同法》第二百七十七条，条文无变动。

条文释义

本条是关于发包人检查权的规定。发包人对工程作业的检查一般通过两种方式。一种是委派具体管理人员作为工地代表。发包人委派工地代表后，应当及时通知承包人。另一种是发包人委托监理人实施对工程建设过程中的检查。国家规定强制监理的工程，发包人应当委托监理人对工程实施监理。除此之外，发包人也可以自愿委托监理人对工程进行监理。根据本条的规定，发包人可以随时对工程作业的进度和质量进行检查。发包人有权对承包人的工程作业进行检查，但另一方面发包人的检查行为要合理，不能因此妨碍承包人的正常作业。这也是从平等对待双方当事人，维护承包人的合法权益出发，对发包人的检查权进行合理的限制。

案例评议

宋某雄与宋某鹏建设工程施工合同纠纷案①

宋某雄与宋某鹏口头约定，由宋某鹏为宋某雄承建其楼房一栋，约定工程建设的建筑所需材料由宋某雄供给，宋某鹏只负责工程施工，宋某雄按工程进度向宋某鹏给付人工费用。在宋某鹏向宋某雄要求提供室内装修材料时，宋某雄称没有材料，因宋某雄未向宋某鹏供给材料致工程进度拖延。在此期间，宋某鹏要求宋某雄先给付一部分费用，但宋某雄未能给付，因此，宋某鹏对承建的楼房工程停工。停工后宋某雄采取了对剩余工程自建的方式完成了全部剩余工程，致使宋某鹏为宋某雄建设的工程存在的质量问题及剩余工程已无法正确核实，产生纠纷。

◆ **裁判规则**

法院经审理认为，发包人在不妨碍承包人正常作业的情况下，可以随时对

① 甘肃省白银市中级人民法院民事判决书（2019）甘04民终939号。

作业进度、质量进行检查，因施工人的原因致使建设工程质量不符合约定的，发包人有权要求施工人在合理期限内无偿修理或者返工、改建。经过修理或者返工、改建后，造成逾期交付的，施工人应当承担违约责任。宋某鹏在施工过程中，发包人宋某雄应当对该工程的进度、质量进行检查。宋某雄经检查发现工程存在质量等问题后，应当在合理期限内要求宋某鹏修理或者返工、改建。宋某雄未提交有效的证据证明其在合理期限内要求宋某鹏修理或者返工、改建，且在宋某鹏停建后，未及时采取合法合理的方式保护其权利，对剩余工程自行施工建设，完成了全部剩余工程，致使宋某鹏建设的工程存在的质量问题及剩余工程的范围已无法正确核实。因宋某雄未能证明其遭受的实际损失，宋某鹏为宋某雄承建的工程原状已不存在的真实情况，法院对宋某雄主张的损失酌定为1万元，判决宋某雄给付宋某鹏剩余劳务费，宋某鹏赔偿宋某雄1万元损失。

◆ **评议**

发包人有权对建设工程的进度、质量进行检查。若发现承包人承包的工程有问题，应该及时采取合法的方式保护自身权利。本案中宋某雄有权对建设工程的质量进行检查。经检查发现工程存在质量等问题后，未在合理期限内要求宋某鹏修理或者返工、改建，还擅自施工完成剩下部分，致使无法核实该建设工程的质量问题由谁承担。宋某雄在行使检查权后未及时保护自身权利，无法保护好承包人违约的证据，只能自己承担举证不能的后果。可知，发包人在行使检查权后，针对存在的问题应该保留好证据，而不是私自施工破坏现场。

第七百九十八条 【隐蔽工程】

隐蔽工程在隐蔽以前，承包人应当通知发包人检查。发包人没有及时检查的，承包人可以顺延工程日期，并有权请求赔偿停工、窝工等损失。

本条来源

本条来源于《合同法》第二百七十八条的规定：“隐蔽工程在隐蔽以前，

承包人应当通知发包人检查。发包人没有及时检查的，承包人可以顺延工程日期，并有权要求赔偿停工、窝工等损失。”相较于原法条，本条将“要求”改为“请求”，该变动使得法条用语更为严谨。

立法演变

本条在一次审议稿第五百八十一条和二次审议稿第五百八十一条中均沿用《合同法》第二百七十八条的规定。《民法典（草案）》第七百九十八条作了上述变动，并最终为本条所采用。

条文释义

本条是关于隐蔽工程的规定。隐蔽工程是指在建筑工程内部的，如电气管线、供水供热管线、排水管道等需要覆盖、掩盖的工程。由于隐蔽工程在隐蔽后，如果发生质量问题，还得重新拆除覆盖和返工掩盖，会造成非常大的损失。本条规定承包人在隐蔽工程隐蔽以前，应当通知发包人检查，发包人检查合格的，方可进行隐蔽工程。发包人在接到通知后，没有按期对隐蔽工程条件进行检查的，承包人应当催告发包人在合理期限内进行检查。承包人通知发包人检查而发包人未能及时进行检查的，承包人有权暂停施工，同时承包人可以顺延工期，并要求发包人赔偿因此造成的停工、窝工、材料和构件积压等损失。

第七百九十九条　【建设工程的竣工验收】

建设工程竣工后，发包人应当根据施工图纸及说明书、国家颁发的施工验收规范和质量检验标准及时进行验收。验收合格的，发包人应当按照约定支付价款，并接收该建设工程。

建设工程竣工经验收合格后，方可交付使用；未经验收或者验收不合格的，不得交付使用。

本条来源

本条来源于《合同法》第二百七十九条，条文无变动。

条文释义

本条是关于发包人竣工验收的规定。建设工程的竣工验收，是指建设工程已按照设计要求完成全部工作任务，准备交付给发包人投入使用时，由发包人或者有关主管部门依照国家关于建设工程竣工验收制度的规定，做好竣工后的验收工作。在工程完成时，发包人应当按照约定组织竣工验收，对验收合格的工程应及时接收。发包人对未经验收的工程提前使用和擅自动用的，发现质量问题的，由发包人自行负责。

法条关联

◆《建设工程质量管理条例》

第十六条　建设单位收到建设工程竣工报告后，应当组织设计、施工、工程监理等有关单位进行竣工验收。

建设工程竣工验收应当具备下列条件：

（一）完成建设工程设计和合同约定的各项内容；

（二）有完整的技术档案和施工管理资料；

（三）有工程使用的主要建筑材料、建筑构配件和设备的进场试验报告；

（四）有勘察、设计、施工、工程监理等单位分别签署的质量合格文件；

（五）有施工单位签署的工程保修书。

建设工程经验收合格的，方可交付使用。

◆《最高人民法院关于审理建设工程施工合同纠纷案件适用法律问题的解释》

第十三条　建设工程未经竣工验收，发包人擅自使用后，又以使用部分质量不符合约定为由主张权利的，不予支持；但是承包人应当在建设工程的合理使用寿命内对地基基础工程和主体结构质量承担民事责任。

第八百条　【勘察人、设计人对勘察、设计的责任】

勘察、设计的质量不符合要求或者未按照期限提交勘察、设计文件拖延工期，造成发包人损失的，勘察人、设计人应当继续完善勘察、设计，减收或者免收勘察、设计费并赔偿损失。

本条来源

本条来源于《合同法》第二百八十条，条文无变动。

条文释义

本条是关于勘察、设计人对勘察、设计质量责任的规定。建设工程的勘察、设计人应当按照现行的标准、规范、规程和技术条例以及合同的约定进行勘察、设计工作，并按照合同规定的进度提交符合质量要求的勘察、设计成果。勘察人、设计人对其完成和交付的勘察成果、设计文件应负瑕疵担保责任。

勘察、设计的质量不符合要求，包括勘察、设计的质量没有达到合同的要求或者勘察设计的质量不符合法律、法规的强行性标准，给发包人造成损失的，由勘察人、设计人继续完善勘察、设计；减收或者免收应得的勘察、设计费并赔偿损失。

勘察、设计文件的迟延致使工期拖延给发包人造成损失的，发包人可以请求勘察人、设计人赔偿损失。在催告后合理期限内仍未能提交勘察、设计文件，严重影响工程进度的，发包人可以解除合同，委托其他勘察人、设计人完成工作。

第八百零一条　【施工人对建设工程质量承担的民事责任】

因施工人的原因致使建设工程质量不符合约定的，发包人有权请求施工人在合理期限内无偿修理或者返工、改建。经过修理或者返工、改建后，造成逾期交付的，施工人应当承担违约责任。

本条来源

本条来源于《合同法》第二百八十一条的规定："因施工人的原因致使建设工程质量不符合约定的，发包人有权要求施工人在合理期限内无偿修理或者返工、改建。经过修理或者返工、改建后，造成逾期交付的，施工人应当承担违约责任。"相较于原法条，本条将"要求"改为"请求"，该修改是立法技术完善的表现。

立法演变

本条一次审议稿第五百八十六条和二次审议稿第五百八十六条均沿用《合同法》第二百八十一条的表述。《民法典（草案）》第八百零一条规定为："因施工人的原因致使建设工程质量不符合约定的，发包人有权请求施工人在合理期限内无偿修理或者返工、改建。经过修理或者返工、改建后，造成逾期交付的，施工人应当承担违约责任。"最终为本条所采用。

条文释义

本条是关于施工人对建设工程质量承担民事责任的规定。施工人需要按照建设工程合同中的约定，完成建设工程实体的建设。若无勘验、设计的问题，建设工程开始施工后工程的质量是否合格取决于施工人对工程质量的管控。因此，施工人需要对其施工的建设工程的质量承担责任。依据本条规定，因施工人的原因致使建设工程质量不符合约定的责任承担如下：

第一，施工人应在合理期限内无偿修理或者返工、改建。因建设工程质量不符合约定，发包人提出对建设工程进行修理或者返工、改建，施工人应当在合理期限内完成。由于建设工程的质量存在问题是施工人自己的原因导致，施工人对建设工程进行修理或者返工、改建的费用，无权要求发包人支付，均由施工人自己承担。

第二，施工人承担逾期交付的责任。施工人对建设工程进行修理或者返工、改建后，虽然建设工程达到合同约定的质量，但是逾期交付的，施工人仍需就迟延交付承担违约责任。

法条关联

◆《建筑法》

第五十八条　建筑施工企业对工程的施工质量负责。

建筑施工企业必须按照工程设计图纸和施工技术标准施工，不得偷工减料。工程设计的修改由原设计单位负责，建筑施工企业不得擅自修改工程设计。

第五十九条　建筑施工企业必须按照工程设计要求、施工技术标准和合同的约定，对建筑材料、建筑构配件和设备进行检验，不合格的不得使用。

第六十条 建筑物在合理使用寿命内，必须确保地基基础工程和主体结构的质量。

建筑工程竣工时，屋顶、墙面不得留有渗漏、开裂等质量缺陷；对已发现的质量缺陷，建筑施工企业应当修复。

◆《建设工程质量管理条例》

第二十五条 施工单位应当依法取得相应等级的资质证书，并在其资质等级许可的范围内承揽工程。

禁止施工单位超越本单位资质等级许可的业务范围或者以其他施工单位的名义承揽工程。禁止施工单位允许其他单位或者个人以本单位的名义承揽工程。

施工单位不得转包或者违法分包工程。

第二十六条 施工单位对建设工程的施工质量负责。

施工单位应当建立质量责任制，确定工程项目的项目经理、技术负责人和施工管理负责人。

建设工程实行总承包的，总承包单位应当对全部建设工程质量负责；建设工程勘察、设计、施工、设备采购的一项或者多项实行总承包的，总承包单位应当对其承包的建设工程或者采购的设备的质量负责。

第二十七条 总承包单位依法将建设工程分包给其他单位的，分包单位应当按照分包合同的约定对其分包工程的质量向总承包单位负责，总承包单位与分包单位对分包工程的质量承担连带责任。

第二十八条 施工单位必须按照工程设计图纸和施工技术标准施工，不得擅自修改工程设计，不得偷工减料。

施工单位在施工过程中发现设计文件和图纸有差错的，应当及时提出意见和建议。

第二十九条 施工单位必须按照工程设计要求、施工技术标准和合同约定，对建筑材料、建筑构配件、设备和商品混凝土进行检验，检验应当有书面记录和专人签字；未经检验或者检验不合格的，不得使用。

第三十条 施工单位必须建立、健全施工质量的检验制度，严格工序管理，作好隐蔽工程的质量检查和记录。隐蔽工程在隐蔽前，施工单位应当通知建设单位和建设工程质量监督机构。

第三十一条 施工人员对涉及结构安全的试块、试件以及有关材料，应当在建设单位或者工程监理单位监督下现场取样，并送具有相应资质等级的质量检测单位进行检测。

第三十二条　施工单位对施工中出现质量问题的建设工程或者竣工验收不合格的建设工程，应当负责返修。

第三十三条　施工单位应当建立、健全教育培训制度，加强对职工的教育培训；未经教育培训或者考核不合格的人员，不得上岗作业。

第八百零二条　【合理使用期限内质量保证责任】

因承包人的原因致使建设工程在合理使用期限内造成人身损害和财产损失的，承包人应当承担赔偿责任。

本条来源

本条来源于《合同法》第二百八十二条的规定："因承包人的原因致使建设工程在合理使用期限内造成人身和财产损害的，承包人应当承担损害赔偿责任。"相较于原法条，本条将"造成人身和财产损害"改为"造成人身损害和财产损失的"，该变化提高了法条的内在逻辑性，使得法条用语更加准确，

立法演变

本条在一次审议稿第五百八十七条中规定为："因承包人的原因致使建设工程在合理使用期限内造成人身损害和财产损失的，承包人应当承担损害赔偿责任。"二次审议稿第五百八十七条和《民法典（草案》第八百零二条均无变动，最终为本条所采用。

条文释义

本条是关于承包人在建设工程合理使用期限内质量保证责任的规定。承包人对建设工程在合理使用期间的质量安全承担责任。根据本条的规定，承包人承担损害赔偿责任应当具备以下条件：

第一，因承包人承包的建设工程引起的人身损害、财产损失。承包人对承建的工程质量负有瑕疵担保责任。建设工程的承包人应当按照法律的规定认真

履行工程质量保证义务。建设工程的施工人必须严格按照合同约定的标准进行施工，不得有任何偷工减料的行为。若不属于承包人的原因，例如，用户使用不当等原因造成的人身、财产损害的，承包人不承担责任。

第二，人身损害、财产损失是发生在建设工程合理使用期限内。建设工程一旦建成，必然将长期使用。要求在建设工程合理使用期限内，不能有危及使用安全的质量问题，否则将会对人身和财产安全构成威胁。

法条关联

◆《建设工程质量管理条例》

第三十九条 建设工程实行质量保修制度。

建设工程承包单位在向建设单位提交工程竣工验收报告时，应当向建设单位出具质量保修书。质量保修书中应当明确建设工程的保修范围、保修期限和保修责任等。

第四十条 在正常使用条件下，建设工程的最低保修期限为：

（一）基础设施工程、房屋建筑的地基基础工程和主体结构工程，为设计文件规定的该工程的合理使用年限；

（二）屋面防水工程、有防水要求的卫生间、房间和外墙面的防渗漏，为5年；

（三）供热与供冷系统，为2个采暖期、供冷期；

（四）电气管线、给排水管道、设备安装和装修工程，为2年。

其他项目的保修期限由发包方与承包方约定。

建设工程的保修期，自竣工验收合格之日起计算。

第四十一条 建设工程在保修范围和保修期限内发生质量问题的，施工单位应当履行保修义务，并对造成的损失承担赔偿责任。

第四十二条 建设工程在超过合理使用年限后需要继续使用的，产权所有人应当委托具有相应资质等级的勘察、设计单位鉴定，并根据鉴定结果采取加固、维修等措施，重新界定使用期。

◆《最高人民法院关于审理建设工程施工合同纠纷案件适用法律问题的解释》

第十一条 因承包人的过错造成建设工程质量不符合约定，承包人拒绝修理、返工或者改建，发包人请求减少支付工程价款的，应予支持。

第八百零三条　【发包人未按约定的时间和要求提供相关物资的违约责任】

发包人未按照约定的时间和要求提供原材料、设备、场地、资金、技术资料的，承包人可以顺延工程日期，并有权请求赔偿停工、窝工等损失。

本条来源

本条来源于《合同法》第二百八十三条的规定："发包人未按照约定的时间和要求提供原材料、设备、场地、资金、技术资料的，承包人可以顺延工程日期，并有权要求赔偿停工、窝工等损失。"相较于原法条，本条将"要求"改为"请求"，该变动使得法条用语更为严谨。

立法演变

本条在一次审议稿五百八十八条、二次审议稿第五百八十八条中均沿用《合同法》第二百八十三条的规定。《民法典（草案》第八百零三条作了上述变动，最终为本条所采用。

条文释义

本条是关于发包人未按约定的时间和要求提供相关物资的违约责任的规定。依据本条规定，工程承包合同中约定由发包人提供原材料、设备、场地、资金、技术资料的，发包人应当按照合同的约定向承包人提供建设所需的原材料、设备及其产品合格证明。承包人与发包人应当一起对原材料、设备进行检验、验收后，由承包人妥善保管，发包人支付相应的保管费用。经检验发现发包人提供的原材料、设备的种类、规格、型号、质量等级与约定不符合的，承包人有权拒绝接收保管，并可以要求发包人运出施工现场并予以更换。发包人未按照约定时间提供原材料、设备的，承包人可以中止施工并顺延工期，因此造成承包人停工、窝工损失的，由发包人承担损害赔偿责任。

案例评议

安仁县国土资源局诉株洲长兴建筑工程有限责任公司建设工程合同纠纷案①

原告安仁县国土资源局就安仁县永乐江镇、龙市乡土地整治项目进行招标，被告株洲长兴建筑工程有限责任公司中标该项目，并向被告发出了中标通知书。之后原、被告签订了《工程建设承包合同》，被告在签订合同时原告变更施工期限，被告未提出异议。后原告变更设计方案。被告延长工期导致竣工日前超出原先合同约定的日期。原告因被告存在质量问题整改到位后的日期为竣工日期不妥当，产生纠纷。

◆ **裁判规则**

法院经审理认为，发包人未按照约定的时间和要求提供原材料、设备、场地、资金、技术资料的，承包人可以顺延工程日期，并有权要求赔偿停工、窝工等损失。被告株洲长兴建筑工程有限责任公司的抗辩意见符合该条款规定的情形，被告可以顺延工期。但涉案工程的开工日期为2013年11月30日，至涉案变更批复准许日期2014年7月21日，施工历时7个多月，已远远超出合同约定的期限，即使扣除部分因天气、材料运输困难等原因的影响，被告亦存在延误工期的现象。因原告未提供证据证实被告具体延期天数，对变更前的延期天数不予认定。设计方案变更后，因原、被告双方未就设计变更后的施工期限重新作出约定，且变更后亦超过了双方合同约定的施工期限8天（2014年7月21日至2014年11月17日历时118天），延期事实存在，本院认定延期天数至少8天以上，本院酌定被告8天延期违约。至于原告要求被告承担146天延期违约责任，因其未提供足够证据证实，应当承担举证不能的责任。原告要求被告支付违约金利息，竣工验收后因原告已按合同约定支付了95%的工程价款给被告，而合同约定如果被告违约，原告可以扣除违约金，因此原告要求被告支付违约金及利息的诉求不能支持。

◆ **评议**

本案中被告株洲长兴建筑工程有限责任公司对在履行合同中延长工期亦提

---

① 湖南省安仁县人民法院（2016）湘1028民初939号。

出抗辩意见，延长工期是因为原告在履行合同过程中变更设计施工方案、增加工程量而引起的，不存在违约情形。原告大规模变更设计方案，导致被告未能按照原合同约定的方案施工，推迟竣工日期。本案中法院认为被告建设工程的施工历时7个多月，已远远超出合同约定的110天的期限。本条规定：“发包人未按照约定的时间和要求提供原材料、设备、场地、资金、技术资料的，承包人可以顺延工程日期，……”注意法条规定的是“顺延”工程日期，而非无限延长竣工时间。建设工程合同中一般都规定工程开工到竣工的时长，若没有重新约定施工期限，一般情况下“顺延”工程日期是指从下一个时间点工程开始到工程竣工的时长仍然按照原合同中规定的工程时长计算。本案中原被告在《工程建设承包合同》中约定施工时长为110天，被告要顺延工程日期，即从原告通知变更设计方案之日起开始按照合同约定的110天的工程时长，重新计算竣工时间。

第八百零四条 【因发包人原因造成工程停建、缓建所应承担责任】

因发包人的原因致使工程中途停建、缓建的，发包人应当采取措施弥补或者减少损失，赔偿承包人因此造成的停工、窝工、倒运、机械设备调迁、材料和构件积压等损失和实际费用。

本条来源

本条来源于《合同法》第二百八十四条，条文无变动。

条文释义

本条是关于因发包人原因造成工程停建、缓建所应承担责任的规定。在工程建设过程中，发包人应当按照合同约定履行自己的义务，为承包人的建设工作提供必要的条件，保证工程建设顺利进行。如果因发包人的原因，致使工程建设无法按照约定的进度进行，承包人可以停建或者缓建，及时通知发包人。承包人在停建、缓建期间应当采取合理措施减少和避免损失，妥善保护好已完成工程和做好已购材料、设备的保护和移交工作。发包人因自身原因致使工程停建、缓建的，发包人应当承担违约责任。发包人还应当赔偿承包人在停建、缓建期间的损失，包括停工、窝工、倒运、机械设备调迁、材料和构件积压所造成的损失和实际发生的费用。建设工程停建、缓建的，发包人应当采取必要措施，以弥补或者减少损失。

案例评议

赣州市伟鑫建筑工程有限公司诉赣州宇森照明科技有限公司公司建设工程施工合同纠纷案①

赣州市伟鑫建筑工程有限公司与赣州宇森照明科技有限公司签订《建设工程施工合同》，约定原告伟鑫建筑工程公司承建被告的厂房。原告依约陆续完成了基础工程及楼层工程建设等，但被告宇森照明科技公司未依约支付工程款。被告通知原告停止施工，并承诺三个月内付清拖欠的工程款，但被告只付款50万元工程款。后伟鑫建筑工程公司将工程结算书完整提交给建设单位和监理公司，但宇森照明科技公司至今未确认及付款，因此产生纠纷。

◆ **裁判规则**

法院经审理认为，因发包人的原因致使工程中途停建、缓建的，发包人应当采取措施弥补或减少损失，赔偿承包人因此造成的停工、窝工、倒运、机械设备调迁、材料和构件积压等损失和实际费用。案涉工程系被告宇森照明科技公司非因原告过错而要求原告停工，应认定为发包人的原因致使工程停建，则被告应赔偿原告因停工而造成的相关实际损失。原告主张的外架钢管租金、施工安全文明措施费、机械设备损失及期待利益损失，因未提供证据证明，且外架钢管租金、施工安全文明措施费、机械设备损失已计算在司法鉴定意见中，期待利益损失不属于实际损失，故本院不予支持。

◆ **评议**

本案的被告宇森照明科技公司作为发包人要求原告停工，符合本条“因发包人的原因致使工程中途停建、缓建的”情况，因此被告应当赔偿原告因此造成的停工、窝工、倒运、机械设备调迁、材料和构件积压等损失和实际费用。根据本条规定，被告赔偿的费用为“损失和实际费用”，只限于实际损失而不

① 江西省赣州市南康市人民法院（2014）康民一初字第1237号。

包括原告提出的期待利益损失。所以原告主张被告赔偿期待利益损失，不被法院支持。

第八百零五条　【因发包人原因造成勘察、设计的返工、停工或者修改设计所应承担责任】

因发包人变更计划，提供的资料不准确，或者未按照期限提供必需的勘察、设计工作条件而造成勘察、设计的返工、停工或者修改设计，发包人应当按照勘察人、设计人实际消耗的工作量增付费用。

本条来源

本条来源于《合同法》第二百八十五条，条文无变动。

条文释义

本条是关于因发包人原因造成勘察、设计的返工、停工或者修改设计所应承担责任的规定。依据本条规定，发包人造成勘察、设计的返工、停工或者修改设计的主要原因：第一，发包人变更计划。发包人变更计划会导致原有勘察、设计不适用，需要返工重新进行勘查、设计。发包人应当按照勘察人、设计人实际消耗的工作量增付费用。第二，发包人提供的资料不准确。发包人提供不准确的资料使得勘察、设计工作产生偏差，导致原先的勘察、设计需要重新修改。发包人应当按照勘察人、设计人实际消耗的工作量增付费用。第三，发包人未按照期限提供必需的勘察、设计工作条件。发包人有义务提供必需的勘察、设计工作条件，辅助勘察人、设计人完成工作。若未按照期限提供必需的勘察、设计工作条件，勘察人、设计人无法及时完成工作，造成停工。针对发包人的问题，勘察人、设计人应当通知发包人在合理期限内提供资料，如果发包人未提供必要的资料或者工作条件致使勘察、设计工作无法正常进行的，勘察人、设计人有权停工、顺延工期，并要求发包人承担勘察人、设计人停工期间的损失。

第八百零六条 【合同解除及后果处理的规定】

承包人将建设工程转包、违法分包的，发包人可以解除合同。

发包人提供的主要建筑材料、建筑构配件和设备不符合强制性标准或者不履行协助义务，致使承包人无法施工，经催告后在合理期限内仍未履行相应义务的，承包人可以解除合同。

合同解除后，已经完成的建设工程质量合格的，发包人应当按照约定支付相应的工程价款；已经完成的建设工程质量不合格的，参照本法第七百九十三条的规定处理。

本条来源

本条为新增条款。

立法演变

本条为一次审议稿第五百九十一条新增条款，规定为："承包人将建设工程转包、违法分包的，发包人可以解除合同。发包人提供的主要建筑材料、建筑构配件和设备不符合强制性标准或者不履行协助义务，致使承包人无法施工，且在催告的合理期限内仍未履行相应义务的，承包人可以解除合同。合同解除后，已经完成的建设工程质量合格的，发包人应当按照约定支付相应的工程价款；已经完成的建设工程质量不合格的，参照本法第五百七十六条的规定处理。"该变动增加发包人法定解除权，即在符合法律规定的情况下可以解除建设工程合同，填补了法律的空白。二次审议稿第五百九十一条和《民法典（草案）》第八百零六条均采用一次审议稿的规定。《民法典》第八百零六条第二款中将"且在催告的合理期限内仍未履行相应义务的"修改为"经催告后在合理期限内仍未履行相应义务的"。该变动仅就条款中个别字词进行了修改，法条的实质内涵未发生变化。

条文释义

本条是关于合同解除及后果处理的规定。本条规定的建设工程合同解除的情况如下：

第一，承包人将建设工程转包、违反分包，发包人可以解除合同。禁止承包人将其承包的全部建设工程转包给第三人，或者将其承包的全部建设工程肢解以后以分包的名义分别转包给第三人。禁止承包人将工程分包给不具备相应资质条件的单位。禁止分包单位将其承包的工程再分包。由于建设工程主体结构的施工必须由承包人自行完成。因此，建设工程承包人转包、违法分包违反法律禁止性规定，发包人可以与承包人解除合同。发包人解除合同后，若承包人已经完成的建设工程经过验收后质量合格，发包人仍需按照约定支付相应的工程价款。若承包人已经完成的建设工程经过验收后质量不合格，按照本章第七百九十三条建设工程经验收不合格的情形处理。

第二，发包人提供的主要建筑材料、建筑构配件和设备不符合强制性标准或者不履行协助义务，致使承包人无法施工，且在催告的合理期限内仍未履行相应义务的，承包人可以解除合同。发包人提供的主要建筑材料、建筑构配件和设备不符合强制性标准或者不履行协助义务，承包人因此无法施工，发包人构成根本违约。需要注意的是，承包人不能直接解除合同，需要经过必经程序，即在合理期限内催告发包人履行义务且发包人不履行时，才有权解除合同。发包人因此给承包人造成的损失，需要承担赔偿责任。

第八百零七条　【发包人未支付工程价款的责任】

发包人未按照约定支付价款的，承包人可以催告发包人在合理期限内支付价款。发包人逾期不支付的，除根据建设工程的性质不宜折价、拍卖外，承包人可以与发包人协议将该工程折价，也可以请求人民法院将该工程依法拍卖。建设工程的价款就该工程折价或者拍卖的价款优先受偿。

本条来源

本条来源于《合同法》第二百八十六条的规定：“发包人未按照约定支付价款的，承包人可以催告发包人在合理期限内支付价款。发包人逾期不支付的，除按照建设工程的性质不宜折价、拍卖的以外，承包人可以与发包人协议将该工程折价，也可以申请人民法院将该工程依法拍卖。建设工程的价款就该工程折价或者拍卖的价款优先受偿。”相较于原法条，本条将“除按照建设工程的性质不宜折价、拍卖的以外”改为“除根据建设工程的性质不宜折价、拍卖外”，并将“申请要求人民法院将该工程依法拍卖”改为“请求人民法院将该工程依法拍卖”，该变动仅为立法技术上的变化。

立法演变

本条在一次审议稿第五百九十二条和二次审议稿第五百九十二条均沿用《合同法》的规定，《民法典（草案）》第八百零七条规定为：“发包人未按照约定支付价款的，承包人可以催告发包人在合理期限内支付价款。发包人逾期不支付的，除根据建设工程的性质不宜折价、拍卖外，承包人可以与发包人协议将该工程折价，也可以请求人民法院将该工程依法拍卖。建设工程的价款就该工程折价或者拍卖的价款优先受偿。”最终为本条所采用。

条文释义

本条是关于发包人未支付工程价款的责任的规定。发包人有按照约定支付工程价款的义务。发包人对竣工验收合格的工程，应当按照合同约定向承包人支付工程价款。发包人未按照约定支付价款的，承包人可以催告发包人在合理期限内支付价款。发包人逾期不支付的，除按照建设工程的性质不宜折价、拍卖的以外，承包人可以与发包人协议将该工程折价，也可以申请人民法院将该工程依法拍卖。建设工程的价款就该工程折价或者拍卖的价款优先受偿。

发包人不支付价款的，承包人不能立即将该工程折价、拍卖，而是应当催告发包人在合理期限内支付价款。如果在催告后的合理期限内，发包人仍不能支付价款的，承包人才能将该工程折价或者拍卖以优先受偿。

案例评议

安徽恒尚置业投资有限公司诉四川省建筑机械化工程公司、成都市新锦江旧城改造开发有限公司案外人执行异议之诉案

——第三人以房抵债取得的建设工程所有权能否对抗承包人的建设工程价款优先受偿权[①]

原告恒尚置业与被告新锦江公司签订6份《商品房买卖合同》及《补充协议》，约定因新锦江公司尚欠恒尚置业的债务及需退的前期开发费，新锦江公司同意将其尚未销售的全部房产过户给恒尚置业，用以折抵对恒尚置业的债务及前期开发费。新锦江公司协助恒尚置业在房屋登记部门办理了包含案涉6套房屋在内的用以抵债的37套房屋的合同备案登记。恒尚置业在办理产权登记的过程中了解到案涉6套房屋被法院查封。案涉房屋中一楼的3套房屋一直被本案中另一被告省机司使用。恒尚置业认为自己系已支付全部购房款并占有使用房屋的消费者，其权利优于省机司的建设工程价款优先受偿权。省机司则认为，由于新锦江公司拖欠工程款，案涉6套房屋一直没有交付给新锦江公司，恒尚置业并没有实际占有使用房屋。因此产生纠纷诉至法院。

◆ 裁判规则

法院经审理认为，关于该优先受偿权能否对抗安徽恒尚公司的排除执行请求的问题。根据《最高人民法院关于建设工程价款优先受偿权问题的批复》第1条“人民法院在审理房地产纠纷案件和办理执行案件中，应当依照《中华人民共和国合同法》第二百八十六条的规定，认定建筑工程的承包人的优先受偿权优于抵押权和其他债权”、第2条“消费者交付购买商品房的全部或者大部分款项后，承包人就该商品房享有的工程价款优先受偿权不得对抗买受人”的规定可以认定：建设工程价款优先受偿权的效力高于抵押权，且仅在买受人是消费者的情况下，才有可能对抗承包人的建设工程价款优先受偿权。《最高人民法院关于人民法院办理执行异议和复议案件若干问题的规定》第29条第2项明确规定“所购商品房系用于居住且买受人名下无其他用于居住的房屋”，而

① 四川省成都市中级人民法院（2016）川01民终2746号。

本案中，安徽恒尚公司与新锦江公司系通过以房抵债的形式签订商品房买卖合同，案涉6套房屋系商铺而非用于居住的房屋，故安徽恒尚公司并非上述法律规定的消费者，也并非《中华人民共和国消费者权益保护法》规定的“为生活消费需要购买、使用商品或者接受服务”的消费者。综上，安徽恒尚公司并非消费者，省机司的建设工程价款优先受偿权能产生对抗其排除执行请求的效力。

◆ **评议**

本案中，依据《最高人民法院关于建设工程价款优先受偿权问题的批复》第1条的规定，建设工程承包人的优先受偿权优先于抵押权。该优先权是一种法定权利，其依法并不需要登记。承包人的建设工程价款优先受偿权的客体可以及于第三人通过以房抵债方式取得的建设工程，本案建设工程存在建设工程优先受偿权是不争的事实，恒尚置业系通过以房抵债的方式受让案涉房屋，作为建设工程优先受偿权人的省机司可以对恒尚置业通过以房抵债方式取得的房屋优先受偿。作为工程发包人新锦江公司的债权人取得部分建设工程不能适用善意取得原则来对抗工程承包人省机司的优先受偿权。

《最高人民法院关于建设工程价款优先受偿权问题的批复》第2条规定“消费者交付购买商品房的全部或者大部分款项后，承包人就该商品房享有的工程价款优先受偿权不得对抗买受人”。恒尚置业并不属于《批复》第2条所规定的消费者的范畴。《最高人民法院关于人民法院办理执行异议和复议案件若干问题的规定》第29条第2项明确规定“所购商品房系用于居住且买受人名下无其他用于居住的房屋”，而本案中，恒尚置业与新锦江公司系通过以房抵债的形式签订商品房买卖合同，案涉6套房屋系商铺而非用于居住的房屋，故恒尚置业并非上述法律规定的消费者，也并非《中华人民共和国消费者权益保护法》规定的消费者。省机司的建设工程价款优先受偿权能产生对抗其排除执行请求的效力。

第八百零八条 【适用承揽合同】

本章没有规定的，适用承揽合同的有关规定。

本条来源

本条来源于《合同法》第二百八十七条，条文无变动。

条文释义

本条是关于适用承揽合同的规定。本条是建设工程合同的兜底条款，本章没有规定的部分，建设工程合同可以适用承揽合同的有关规定。承揽合同和建设工程合同也具有相同的特征：都是诺成合同、双务合同、有偿合同，都以完成一定工作为目的，标的都具有特定性。因此，本条规定了，本章没有规定而承揽合同一章有规定的，可以根据建设工程合同的性质适用承揽合同中的相关规定。

第十九章　运输合同

本章概要

从条文数量上看，本章与《合同法》第十七章保持一致，共三十四条。但是内容上主要针对客运合同双方权利义务作出增加或修改：一是完善了旅客持票的表述，增加了“时间、班次、座位号”等规定，将“乘运”统一修改为“乘坐”，增加了持实名制客票乘客享有“挂失补办”的权利，使法条的规范内容更加准确、全面。二是对旅客携带的行李增加品类限制。三是明确承运人的安全运输基本义务和无法运输的安置义务，同时增加旅客的协助配合义务，以保障运输过程的安全性。

第一节　一 般 规 定

第八百零九条　【运输合同的定义】

运输合同是承运人将旅客或者货物从起运地点运输到约定地点，旅客、托运人或者收货人支付票款或者运输费用的合同。

本条来源

本条来源于《合同法》第二百八十八条，条文无变动。

条文释义

本条是关于运输合同含义的规定。运输合同，又称运送合同，是指承运人将旅客或者货物从起运地点运输到约定地点，旅客、托运人或者收货人支付票款或者运输费用的合同。运输合同具有以下法律特征：

第一，运输合同的标的是运送行为。运输合同属于提供劳务类合同，以运输货物或者旅客为直接目的，其标的不是被运输的货物或者旅客，而是运送行为本身。与承揽合同不同，运输合同提供的是运输服务，而不是完成某项工作成果。

第二，运输合同通常是有偿合同。在运输合同中，承运人负有将旅客或货物运送到约定地点的义务，旅客或托运人负有按照规定支付票款或运费的义务，双方义务互为对价关系，故运输合同是有偿合同。但作为例外情形，运输合同也有无偿的情况，如允许未达到一定高度的小孩免费搭乘等。

第三，运输合同多为格式合同。运输合同的承运人为从事客货运输营业的人。合同的主要条款、当事人的权利义务及责任基本上是由专门法规调整。合同的格式、旅客的车票、行李单、包裹单、货运单、提单等是统一印制的，运费一般也是执行统一的规定，因而，运输合同多为格式合同。当然，这并不排除有的运输合同不采用格式合同的形式，而由双方协商订立。

第八百一十条 【承运人强制缔约义务】

从事公共运输的承运人不得拒绝旅客、托运人通常、合理的运输要求。

本条来源

本条来源于《合同法》第二百八十九条，条文无变动。

条文释义

本条是关于运输合同的强制缔约性的规定。根据本条规定，从事公共运输的承运人不得拒绝旅客、托运人通常、合理的运输要求。法律之所以这样规定，其目的是衡平作为弱者的社会公众与往往处于垄断经营地位的运输单位之间的利益。这表明，对从事公共运输的承运人而言，运输合同的缔结过程具有强制性，法律限制了从事公共运输的承运人可以自由承诺或不承诺的选择权利，只要旅客或托运人决定签订运输合同，公共运输的承运人无正当理由，不得拒绝签订合同和提供服务。

案例评议

马士基航运有限公司、上港集团长江物流湖北有限公司运输合同纠纷、委托合同纠纷案①

马士基公司与上港集团签订《代理协议》约定，上港集团为马士基公司代理订舱，此后可续签此协议；上港集团的责任包括：有义务从相关第三方处收取约定的和/或可适用的运费及其他与订舱有关的费用，之后将该费用转付马士基公司。后上港集团与本案第三人耀星公司签订《出口货物运输委托代理协议》。耀星公司向上港集团出具《订舱委托书》，要求预订驳船。上港集团根据耀星公司的委托向马士基公司订舱，马士基公司知晓订舱人为耀星公司。由于耀星公司推迟发货时间，在案涉货物到达目的港之前，上港集团就滞箱费一事已经向马士基公司发出了《声明》和提醒，马士基公司也曾与收货人一方就滞箱费的支付问题进行过协商，并表示如无解决方案，就会采取留置货物或取消给予收货人的运费优惠等措施，但在滞箱费未达成妥善解决方案时，马士基公司未采取上述措施并放货。放货之后，马士基公司亦未积极采取措施向相关责任人主张滞箱费，加重了上港集团的合同义务，其以《代理协议》的约定为由，要求上港集团承担支付责任，因此产生滞箱费等费用的纠纷，诉至法院。

◆ **裁判规则**

法院经审理认为，关于马士基公司是否为公共承运人。根据相关规定，公共承运人必须具有承担一定社会公共职责，不得拒绝托运人通常、合理的要约以及强制缔约义务等特征，马士基公司虽是从事集装箱货物运输的企业，但不具有上述公共承运人的特征，故马士基公司不应认定为公共承运人。一审判决将马士基公司认定为公共承运人不当，本院予以纠正。一审中“该协议的目的是帮助原告马士基公司对外揽货订舱，并非凡是被告上港集团任何时候向其订

① 湖北省高级人民法院民事判决书（2018）鄂民终932号。

舱，全部都要受到此特定协议中责任条款的约束”的判决理由也予以纠正。上港集团在本案中仅为耀星公司的委托代理人，不应受案涉《代理协议》的约束。由于马士基公司对案涉滞箱费问题的处理有悖法律规定，其关于上港集团应该支付滞箱费的上诉请求本院亦不予支持。马士基公司上诉理由部分成立，一审判决虽部分事实认定不当，但不影响本案最终实体处理。因此驳回上诉，维持原判。

◆ **评议**

本案上述的焦点问题之一为马士基公司是否为公共承运人。法律规定：“从事公共运输的承运人不得拒绝旅客、托运人通常、合理的运输要求。”公共运输履行着为社会公众提供运输服务的社会职能，具有公益性、垄断性等特征。我国法律法规除对公共运输规定较严格的市场准入条件和价格管制等监管措施外，还对从事公共运输的承运人规定了强制缔约义务。我国法律规定了国际班轮运输应当遵守法定的严格市场准入条件，但国际班轮运价不具有公共运输价格受严格管制的特征，不符合公共运输的法律特征。由于马士基公司从事的国际海上集装箱班轮运输业务，国际海上集装箱班轮运输是服务于国际贸易的商事经营活动，不属于公用事业，不具有公益性特征，无需履行强制缔约义务。因此马士基公司不属于公共承运人，不必须承担一定的社会公共职责，不负有强制缔约义务。

第八百一十一条　【承运人安全运输义务】

承运人应当在约定期限或者合理期限内将旅客、货物安全运输到约定地点。

本条来源

本条来源于《合同法》第二百九十条的规定：“承运人应当在约定期间或者合理期间内将旅客、货物安全运输到约定地点。”相较于原法条，本条将两处“期间”修改为“期限”，该变动使得法条用语更为严谨。

立法演变

本条在一次审议稿第五百九十六条、二次审议稿第五百九十六条和《民法典（草案）》第八百一十一条均沿用《合同法》第二百九十条的规定。最终《民法典》第八百一十一条作了上述变动。

条文释义

本条是关于承运人安全运输义务的规定。按照约定时间进行安全运输是承运人的一项主要义务。该项义务包含三个要件：第一，承运人应当在约定的期间内或者合理的期间内进行运输。如果由于承运人的原因造成旅客或者货物不能按时到达目的地的，承运人就要承担运输迟延的违约责任。第二，承运人应当在运输中保证旅客或者货物的安全。运输行为是一项带有危险性的活动，因此强调运输活动的安全性是运输行业的一项基本原则，也是运输合同立法的基本原则。第三，承运人应当将旅客、货物运到约定的地点。如果承运人不按合同约定的地点运输，将旅客或者货物错运到另一个地点，承运人就应当承担违约责任。

案例评议

程某等诉广安永祥公共交通有限公司等公路旅客运输合同纠纷案①

原告之子龙某某乘坐被告客运公司的公交车，龙某某因与车上另一乘客杜某斗殴，杜某用携带的匕首捅中龙某某右胸部，致其死亡。司机在事发后拨打了110报警电话。原告以被告违约，要求广安永祥公共交通有限公司承担赔偿责任，诉至法院。

◆ **裁判规则**

法院经审理认为，虽然死者与被告客运公司建立起了客运合同关系，但客运公司作为承运人并没有违约，龙某某的死亡系案外人杜某的犯罪行为所致，与客运公司作为承运人没有因果关系。根据《合同法》第290条的规定，虽然

① 四川省广安区人民法院（2018）川1602民初4670号。

承运人有义务将旅客安全运输到约定地点，但结合本案来看，龙某某的死亡与客运公司没有因果关系，客运公司没有违反《合同法》第290条的规定。在本次事故中，龙某某的死亡系第三人杜某的侵权行为导致，客运公司在承运过程中尽到了合理的安全保障义务，事情发生时，客运公司进行了及时制止、及时救助，对龙某某的死亡不负责任。本案的损害结果发生系第三人杜某的侵权行为介入所致，应由侵权行为人杜某承担赔偿责任。

◆ **评议**

承运人应当在约定的期间或者合理期限内将乘客、货物安全运输到约定地点。本案中因第三人杜某用匕首伤害龙某某，致其死亡。龙某某的死亡虽然发生在运输旅客过程中，但是因杜某的侵权导致损害结果的发生，杜某的侵权行为与龙某某的死亡存在因果关系。且司机及时拨打110，尽到了及时救助义务，与龙某某的死亡无关，承运人不承担损害赔偿责任。通过本案可知，在客运合同中，若损害结果的发生系第三人的侵权行为介入所致，承运人已尽到安全保障义务，乘客的死亡与承运人没有因果关系，承运人不承担损害赔偿责任。

第八百一十二条　【承运人合理运输义务】

承运人应当按照约定的或者通常的运输路线将旅客、货物运输到约定地点。

本条来源

本条来源于《合同法》第二百九十一条，条文无变动。

条文释义

本条是关于承运人按照约定或者通常运输路线进行运输的规定。运输合同是从起运地点到目的地的位移，所以承运人运输时都要按照一定的运输路线进行运输。在运输中，当事人应当按照合同约定的路线进行运输，否则就要承担违约责任。如果当事人没有约定的，承运人应当按通常的运输路线进行运输，不得无故绕行。

法条关联

◆《铁路法》

第十条 铁路运输企业应当保证旅客和货物运输的安全，做到列车正点到达。

第八百一十三条 【支付票款或者运输费用】

旅客、托运人或者收货人应当支付票款或者运输费用。承运人未按照约定路线或者通常路线运输增加票款或者运输费用的，旅客、托运人或者收货人可以拒绝支付增加部分的票款或者运输费用。

本条来源

本条来源于《合同法》第二百九十二条，条文无变动。

条文释义

本条是关于旅客、托运人或者收货人支付票款或者运输费用的规定。支付票款或者运费是旅客、托运人或者收货人的重要的义务。本条规定旅客、托运人或者收货人有向承运人支付票款或者运费的义务，同时也规定，承运人未按照约定路线或者合理路线运输而增加票款或者运费的，旅客、托运人或者收货人可以拒绝支付增加部分的票款或者运费。承运人没有正当理由不按照约定的路线或者合理的路线进行运输，是其自己的过错，旅客、托运人或者收货人没有任何过错，因此，旅客、托运人或者收货人可以拒绝支付增加部分的票款或者运费。

案例评议

袁某印与杨某祥运输合同纠纷[①]

杨某祥有一批羊饲料需要从务川自治县运往开阳，袁某印、杨某祥取得联系并达成协议由袁某印为杨某祥运输货物（羊饲料），运输费用为 4400 元。袁

① 贵州省务川仡佬族苗族自治县人民法院民事判决书（2019）黔 0326 民初 3002 号。

某印运输该批货物至开阳贵州绿丰种养殖农民专业合作社。袁某印卸货后返回。杨某祥向袁某印出具欠条，确认欠袁某印运输费4400元。但杨某祥至今未付，故袁某印诉至本院。

◆ **裁判规则**

法院经审理认为，杨某祥因货物运输需要与袁某印达成协议，由袁某印为其运输货物，双方系货物运输合同关系。袁某印已按照约定履行了货物运输义务，杨某祥未按约定支付运输费已构成违约。根据《中华人民共和国合同法》第292条“旅客、托运人或者收货人应当支付票款或者运输费用。承运人未按照约定路线或者通常路线运输增加票款或者运输费用的，旅客、托运人或者收货人可以拒绝支付增加部分的票款或者运输费用”的规定，杨某祥应当支付袁某印运输费4400元，对袁某印的诉讼请求本院予以支持 。

◆ **评议**

本案是合同运输纠纷。在运输合同中，支付票款或者运费是旅客、托运人或者收货人的重要的义务。原告袁某印作为承运人已经按照合同的约定，履行了运输义务，作为托运人的被告杨某祥应该按照合同约定支付运输费用。只有当承运人未按照约定路线或者通常路线运输增加票款或者运输费用的，旅客、托运人或者收货人才有拒绝支付增加部分的票款或者运输费用的抗辩权。本案中原告按照合同约定路线运输货物，被告无权拒绝支付运输费用。

第二节　客运合同

第八百一十四条　【客运合同成立时间】

客运合同自承运人向旅客出具客票时成立，但是当事人另有约定或者另有交易习惯的除外。

本条来源

本条来源于《合同法》第二百九十三条的规定：“客运合同自承运人向旅

客交付客票时成立，但当事人另有约定或者另有交易习惯的除外。” 相较于原法条，本条将“交付”改为“出具”，“但当事人另有约定”改为“但是当事人另有约定”，该变动仅就条款中个别字词进行了修改，法条的实质内涵未发生变化。

立法演变

本条在一次审议稿第五百九十九条规定为：“客运合同自承运人向旅客交付客票时成立，但是当事人另有约定或者另有交易习惯的除外。”二次审议稿第五百九十九条和《民法典（草案）》第八百一十四条均沿用一次审议稿的表述，最终《民法典》第八百一十四条将“交付”改为“出具”。

条文释义

本条是关于旅客运输合同的成立的规定。客运合同，又称旅客运输合同，是承运人与旅客关于承运人将旅客及其行李安全运送到目的地，旅客为此支付运费的协议。客运合同的法律特征有：第一，客运合同的标的为运输旅客的行为。旅客本身是运输合同的一方当事人。客运合同与旅游合同有许多相似之处，但其内容不尽相同。旅游合同的标的除了将旅游者运至一定地点的行为外，还包括向旅游者提供食宿、导游服务。第二，客运合同通常采用票证形式。客运合同的订立，往往是通过旅客的购票行为和承运人的售票行为结合而成，各种的车票、船票、机票即是客运合同的表现形式，此时，客运合同自承运人向旅客交付客票时成立。但有时按照当事人的约定或者依照交易习惯旅客先上车、船后买票（或补票），于此情形下，客运合同是自旅客上车、船时成立。

本条规定了客运合同成立的时间条件。客运合同的成立时间是承运人向旅客交付客票时合同成立。但是在运输合同的当事人另有约定的情况下，旅客运输合同的成立时间可以不是在客票的交付时成立，例如，在航空运输中，旅客与承运人约定航空运输合同从旅客登上飞机时成立，则该航空运输合同的成立时间即为旅客登上飞机那一刻。本条还规定，在另有交易习惯的情况下，旅客运输合同的成立时间也可以不在交付客票时成立，例如在出租车运输中，客票的交付时间一般在运输行为完成后，按出租车运输的交易习惯，该运输合同在旅客登上出租车时就成立。

第八百一十五条 【旅客乘运义务的一般规定】

旅客应当按照有效客票记载的时间、班次和座位号乘坐。旅客无票乘坐、超程乘坐、越级乘坐或者持不符合减价条件的优惠客票乘坐的，应当补交票款，承运人可以按照规定加收票款；旅客不支付票款的，承运人可以拒绝运输。

实名制客运合同的旅客丢失客票的，可以请求承运人挂失补办，承运人不得再次收取票款和其他不合理费用。

本条来源

本条来源于《合同法》第二百九十四条的规定："旅客应当持有效客票乘运。旅客无票乘运、超程乘运、越级乘运或者持失效客票乘运的，应当补交票款，承运人可以按照规定加收票款。旅客不交付票款的，承运人可以拒绝运输。"相较于原法条，本条将"旅客应当持有效客票乘运"改为"旅客应当按照有效客票记载的时间、班次和座位号乘坐"；将"乘运"改为"乘坐"；将"旅客不交付票款的"改为"旅客不支付票款的"；将"持失效客票"改为"持不符合减价条件的优惠客票"。并在原有条文基础上增加了第二款："实名制客运合同的旅客丢失客票的，可以请求承运人挂失补办，承运人不得再次收取票款和其他不合理费用。"该变化扩大了旅客的义务，增加了实名制客运合同的规定。

立法演变

本条在一次审议稿第六百条沿用《合同法》第二百九十四条的规定。二次审议稿第六百条规定为："旅客应当按照有效客票记载的时间、班次和座位号乘运。旅客无票乘运、超程乘运、越级乘运或者持失效客票乘运的，应当补交票款，承运人可以按照规定加收票款。旅客不交付票款的，承运人可以拒绝运输。实名制客运合同的旅客丢失客票的，可以要求承运人挂失补办，承运人不得再次收取票款和其他不合理费用。"将"旅客应当持有效客票乘运"改为"旅客应当按照有效客票记载的时间、班次和座位号乘运"，并增加第二款。

《民法典（草案）》第八百一十五条规定为："旅客应当按照有效客票记载

的时间、班次和座位号乘坐。旅客无票乘坐、超程乘坐、越级乘坐或者持失效客票乘坐的，应当补交票款，承运人可以按照规定加收票款；旅客不支付票款的，承运人可以拒绝运输。实名制客运合同的旅客丢失客票的，可以请求承运人挂失补办，承运人不得再次收取票款和其他不合理费用。”将“乘运”改为“乘坐”；将“旅客不交付票款的”改为“旅客不支付票款的”。最终《民法典》第八百一十五条将“持失效客票”改为“持不符合减价条件的优惠客票”。

条文释义

本条是关于旅客乘运义务的一般规定。客运合同成立之后，客票是旅客运输合同的证明。同时里面也记载了旅客和承运人订立客运合同的内容，即客票上记载的时间、班次和座位号。对于旅客而言，按照所持有的有效客票上记载的时间、班次和座位号乘坐既是旅客的权利也是旅客的义务。旅客于检票时须向承运人提交有效客票才能乘运。旅客无票乘运、超程乘运、越级乘运或者持不符合减价条件的优惠客票乘运的，应当补交票款，承运人可以按照规定加收票款。旅客不交付票款的，承运人可以拒绝承运。

若客运合同的旅客丢失客票的，实名制的客运合同旅客可以请求承运人挂失补办，承运人不得再次收取票款和其他不合理费用；非实名制的客运合同的旅客则不可以免收取票款进行挂失补办。

法条关联

◆《铁路法》

第十四条 旅客乘车应当持有效车票。对无票乘车或者持失效车票乘车的，应当补收票款，并按照规定加收票款；拒不交付的，铁路运输企业可以责令下车。

◆《海商法》

第一百一十条 旅客客票是海上旅客运输合同成立的凭证。

第一百一十二条 旅客无票乘船、越级乘船或者超程乘船，应当按照规定补足票款，承运人可以按照规定加收票款；拒不交付的，船长有权在适当地点令其离船，承运人有权向其追偿。

第八百一十六条　【旅客办理退票或者变更乘运手续】

旅客因自己的原因不能按照客票记载的时间乘坐的，应当在约定的期限内办理退票或者变更手续；逾期办理的，承运人可以不退票款，并不再承担运输义务。

本条来源

本条来源于《合同法》第二百九十五条的规定：“旅客因自己的原因不能按照客票记载的时间乘坐的，应当在约定的时间内办理退票或者变更手续。逾期办理的，承运人可以不退票款，并不再承担运输义务。”相较于原法条，本条将“时间”修改为“期限”，该变动使得法条用语更为严谨。

立法演变

本条在一次审议稿第六百零一条、二次审议稿第六百零一条、《民法典(草案)》第八百一十六条均沿用《合同法》的规定，最终《民法典》第八百一十六条作了上述变动。

条文释义

本条是关于旅客办理退票或者变更乘运手续的规定。承运人有义务按照有效客票载明的时间、座位进行乘运，并且要保证旅客在载明的时间内到达目的地。如果旅客因自己的原因不能按照客票记载的时间进行乘坐的，承运人或者有关部门的规定一般都允许旅客在一定的期限内退票或者变更客票。承运人或者有关部门规定赋予了旅客单方解除客运合同或者单方变更客运合同的权利。但是旅客解除客运合同有时间限制，需要在客运合同约定的期限内办理退票或者变更手续，否则超过该时间后，承运人可以不退票款，并且也不再承担运输旅客的义务。

第八百一十七条　【行李携带及托运要求】

旅客随身携带行李应当符合约定的限量和品类要求；超过限量或者违反品类要求携带行李的，应当办理托运手续。

本条来源

本条来源于《合同法》第二百九十六条的规定："旅客在运输中应当按照约定的限量携带行李。超过限量携带行李的，应当办理托运手续。"相较于原法条，本条作出了大幅度的修改，在限量携带行李的基础上，增加了旅客随身携带行李的品类的要求。

立法演变

本条在一次审议稿第六百零二条和二次审议稿第六百零二条均沿用《合同法》第二百九十六条的规定。《民法典（草案）》第八百一十七条规定为："旅客携带行李应当符合约定的限量和品类要求；超过限量或者违反品类要求携带行李的，应当办理托运手续。"《民法典》第八百一十七条将"旅客携带行李"改为"旅客随身携带行李"。

条文释义

本条是关于行李携带及托运要求的规定。旅客运输合同中，承运人或者有关部门一般允许旅客随身携带一定数量的行李。携带行李是旅客的一项权利，但按照规定携带行李又是旅客履行运输合同的一项义务。在运输中，旅客想要随身携带行李，应当按照旅客运输规则的规定限量、限类携带。旅客随身携带的行李超过限量或者违反品类要求，应当办理托运手续。

第八百一十八条　【禁止旅客携带危险物品、违禁物品】

旅客不得随身携带或者在行李中夹带易燃、易爆、有毒、有腐蚀性、有放射性以及可能危及运输工具上人身和财产安全的危险物品或者违禁物品。

旅客违反前款规定的，承运人可以将危险物品或者违禁物品卸下、销毁或者送交有关部门。旅客坚持携带或者夹带危险物品或者违禁物品的，承运人应当拒绝运输。

本条来源

本条来源于《合同法》第二百九十七条规定为："旅客不得随身携带或者在行李中夹带易燃、易爆、有毒、有腐蚀性、有放射性以及有可能危及运输工具上人身和财产安全的危险物品或者其他违禁物品。旅客违反前款规定的，承运人可以将违禁物品卸下、销毁或者送交有关部门。旅客坚持携带或者夹带违禁物品的，承运人应当拒绝运输。"相较于原法条，本条在第一款中将"有可能危及"改为"可能危及"，将"危险物品或者其他违禁物品"改为"危险物品或者违禁物品"；在第二款中在"违禁物品"前增加"危险物品或者"。该变动仅为立法技术上的简化，法条的实质内涵未发生变化。

立法演变

本条在一次审议稿第六百零三条沿用《合同法》第二百九十七条的规定，二次审议稿第六百零三条和《民法典（草案）》第八百一十八条均规定为："旅客不得随身携带或者在行李中夹带易燃、易爆、有毒、有腐蚀性、有放射性以及有可能危及运输工具上人身和财产安全的危险物品或者违禁物品。旅客违反前款规定的，承运人可以将违禁物品卸下、销毁或者送交有关部门。旅客坚持携带或者夹带违禁物品的，承运人应当拒绝运输。"将"危险物品或者其他违禁物品"改为"危险物品或者违禁物品。《民法典》第八百一十八条在第一款中将"有可能危及"改为"可能危及"，在第二款中在"违禁物品"前增加"危险物品或者"。

条文释义

本条是关于禁止旅客携带危险物品、违禁物品的规定。承运人必须保证旅客在运输中的人身安全和财产安全，强制性要求旅客不得随身携带或者在行李中夹带易燃、易爆、有毒、有腐蚀性、有放射性以及有可能危及运输工具上人身和财产安全的危险物品或者违禁物品。本条中提到的危险物品是指危及人身安全和财产安全的物品，具体所指就是本条提到的易燃、易爆、有毒等物品，如烟花爆竹、炸药等。本条所指的违禁物品就是指有可能对国家利益和整个社会的利益造成影响的物品，如管制刀具、枪支弹药等。

若旅客违反规定，私自把危险物品或者违禁物品带上运输工具，根据本条第二款的规定，承运人可以将危险物品或者违禁物品卸下、销毁或者送交有关部门。在承运人将危险物品或者违禁物品卸下、销毁或者送交有关部门的情况下，承运人可以不负赔偿责任。如果旅客坚持要携带或者夹带违禁物品的，承运人应当拒绝运输。

法条关联

◆《铁路法》

第二十八条 托运、承运货物、包裹、行李，必须遵守国家关于禁止或者限制运输物品的规定。

◆《海商法》

第一百一十三条 旅客不得随身携带或者在行李中夹带违禁品或者易燃、易爆、有毒、有腐蚀性、有放射性以及有可能危及船上人身和财产安全的其他危险品。

承运人可以在任何时间、任何地点将旅客违反前款规定随身携带或者在行李中夹带的违禁品、危险品卸下、销毁或者使之不能为害，或者送交有关部门，而不负赔偿责任。

旅客违反本条第一款规定，造成损害的，应当负赔偿责任。

第八百一十九条 【承运人的告知义务和旅客的协助义务】

承运人应当严格履行安全运输义务，及时告知旅客安全运输应当注意的事项。旅客对承运人为安全运输所作的合理安排应当积极协助和配合。

本条来源

本条来源于《合同法》第二百九十八条的规定：“承运人应当向旅客及时告知有关不能正常运输的重要事由和安全运输应当注意的事项。”相较于原法条，本条重新进行修改，扩大了承运人应承担的义务，并增加了旅客积极协助和配合的义务。

立法演变

本条在一次审议稿第六百零四条中规定为："承运人应当向旅客及时告知有关不能正常运输的重要事由和安全运输应当注意的事项。旅客对承运人为安全运输所作的合理安排应当积极协助配合。"

二次审议稿第六百零四条和《民法典（草案）》第八百一十九条均规定为："承运人应当严格履行安全运输义务，及时告知旅客安全运输应当注意的事项。旅客对承运人为安全运输所作的合理安排应当积极协助和配合。遇有不能正常运输的特殊情形和重要事由，承运人应当及时告知旅客并采取必要的安置措施。"在一次审议稿的基础上，重新进行修改。

《民法典》第八百一十九条删去第二款："遇有不能正常运输的特殊情形和重要事由，承运人应当及时告知旅客并采取必要的安置措施。"

条文释义

本条关于承运人的告知义务和旅客的协助义务的规定。客运合同中，承运人负有安全运输的义务，承运人应当严格保证旅客的运输安全，同时要求旅客负有积极配合和协助的义务。依据本条规定，承运人严格履行安全运输义务的包括承运人应及时告知旅客安全运输应当注意的事项。由于旅客并非专业运输人员，对安全乘运知识可能了解不多，为了让旅客安全乘坐，承运人就应当向旅客及时告知安全运输应当注意的事项。例如，在民用航空运输中，航空承运人就应当在起飞前向乘客告知安全乘机知识。旅客在接受客运服务的同时，不仅享有了解安全运输的注意事项的权利，同时也应当积极协助和配合承运人为安全运输所作的合理安排。例如，乘坐飞机时，航空承运人会要求旅客系好安全带、大件行李进行托运等，为了飞机运输安全，旅客在乘坐飞机出行时，应当遵守相关规定。

对于本条需要注意的是，承运人应当"及时"告知旅客有关不能正常运输的重要事项和安全运输应当注意的事项。这里的"及时"是一个弹性要求，应当视具体情况来决定承运人的告知是否及时。

第八百二十条　【承运人按照约定运输的义务】

承运人应当按照有效客票记载的时间、班次和座位号运输旅客。承运人迟延运输或者有其他不能正常运输情形的，应当及时告知和提醒旅客，采取必要的安置措施，并根据旅客的要求安排改乘其他班次或者退票；由此造成旅客损失的，承运人应当承担赔偿责任，但是不可归责于承运人的除外。

本条来源

本条来源于《合同法》第二百九十九条的规定："承运人应当按照客票载明的时间和班次运输旅客。承运人迟延运输的，应当根据旅客的要求安排改乘其他班次或者退票。"相较于原法条，本条做了较大修改，将"客票"修改为"有效客票"，并在其后增加了"座位号"；将"承运人迟延运输的"修改为"承运人迟延运输或者有其他不能正常运输情形的"；增加了"应当及时告知和提醒旅客，采取必要的安置措施"；在条文最后增加了承运人迟延运输的赔偿责任："由此造成旅客损失的，承运人应当承担赔偿责任，但是不可归责于承运人的除外。"

立法演变

本条在一次审议稿第六百零五条中规定为："承运人应当按照客票载明的时间和班次运输旅客。承运人迟延运输的，应当履行告知和提醒义务，并根据旅客的要求安排改乘其他班次或者退票；由此给旅客造成损失的，承运人应当赔偿，但是不可归责于承运人的除外。"二次审议稿第六百零五条规定："承运人应当按照有效客票记载的时间、班次和条件运输旅客。承运人迟延运输的，应当履行告知和提醒义务，并根据旅客的要求安排改乘其他班次或者退票；由此给旅客造成损失的，承运人应当赔偿，但是不可归责于承运人的除外。"《民法典（草案）》第八百二十条规定："承运人应当按照有效客票记载的时间、班次和座位号运输旅客。承运人迟延运输的，应当履行告知和提醒义务，并根据旅客的要求安排改乘其他班次或者退票；由此造成旅客损失的，承运人应当承担赔偿责任，但是不可归责于承运人的除外。”

一次审议稿第六百零五条增加了承运人的“履行告知和提醒义务”，并新增了“由此给旅客造成损失的，承运人应当赔偿，但是不可归责于承运人的除外”的内容，明确了承运人的赔偿责任。该变动丰富了原法条的内容，扩大承运人的告知义务，明确了承运人迟延运输的责任。二次审议稿第六百零五条在一次审议稿的基础上，将“承运人应当按照客票载明的时间和班次”改为“承运人应当按照有效客票记载的时间、班次和条件”。《民法典（草案）》第八百二十条将“应当按照有效客票记载的时间、班次和条件运输旅客”改为“应当按照有效客票记载的时间、班次和座位号运输旅客”，该变动明确了除时间、班次外，客票记载的内容“条件”是座位号；同时还将“由此给旅客造成损失的，承运人应当赔偿”改为“由此造成旅客损失的，承运人应当承担赔偿责任”，该变动是立法技术上的进步，使得法条的表述更为合理。最终《民法典》第八百二十条作了上述变动。

条文释义

本条是关于承运人迟延运输或者有其他不能正常运输情形时的规定。依据本条规定，承运人负有按照有效客票记载的时间、班次和座位号运输旅客的义务。若承运人未及时按照客票记载的时间履行运输义务，构成迟延运输。本条第一款的迟延运输包括由于承运人的责任造成的，也包括其他原因造成的。迟延运输经常发生在旅客运输中。承运人迟延运输的，应当履行告知和提醒义务，并且根据旅客的要求安排改乘其他班次或者退票。针对承运人迟延运输的情况，本条规定旅客可以选择退票也可以选择改乘其他班次。除了承运人迟延运输，有其他不能正常运输情形时，应当及时告知和提醒旅客。在旅客运输中，常常会出现一些特殊情况导致运输行为不能正常进行，例如极端天气影响、运输工具发生故障。在遇到这些不能正常运输的特殊情形和重要事由时，不管承运人对此是否有过错，承运人都应当及时向旅客告知，并采取必要的安置措施。

承运人迟延运输造成旅客损失的，承运人应当承担赔偿责任，但是不可归责于承运人的除外。这里的迟延运输只包括因承运人的责任造成的。不可归责于承运人的迟延运输，如不可抗力导致迟延运输，承运人不承担赔偿责任。

法条关联

◆《铁路法》

第十二条 铁路运输企业应当保证旅客按车票载明的日期、车次乘车，并到达目的站。因铁路运输企业的责任造成旅客不能按车票载明的日期、车次乘车的，铁路运输企业应当按照旅客的要求，退还全部票款或者安排改乘到达相同目的站的其他列车。

第八百二十一条 【承运人擅自降低或者提高服务标准的后果】

承运人擅自降低服务标准的，应当根据旅客的请求退票或者减收票款；提高服务标准的，不得加收票款。

本条来源

本条来源于《合同法》第三百条的规定："承运人擅自变更运输工具而降低服务标准的，应当根据旅客的要求退票或者减收票款；提高服务标准的，不应当加收票款。"相较于原法条，本条将"要求"改为"请求"，将"承运人擅自变更运输工具而降低服务标准的"改为"承运人擅自降低服务标准的"，该变动扩大了承运人"降低服务标准"的情况。

立法演变

本条在一次审议稿第六百零六条与二次审议稿第六百零六条均沿用《合同法》第三百条的规定。《民法典（草案）》第八百二十一条规定为："承运人擅自降低服务标准的，应当根据旅客的请求退票或者减收票款；提高服务标准的，不得加收票款。"最终为本条所采用。

条文释义

本条是关于承运人擅自变更服务标准的规定。在旅客运输中，依据本条规定，承运人应当按照旅客运输合同约定的运输标准进行运输。但是有的承运人在运输过程中却擅自降低运输标准，例如在汽车客运中，承运人在合同中约定提供豪华旅游大巴作为运输工具，但是在实际运输中却用一般公共汽车进行运输，这种擅自降低服务标准的行为，没有经过旅客的同意，违反运输合同的约定，甚至有可能会对旅客的利益造成损害。在这种情况下，应当尊重旅客的选择权，旅客要求退票的，承运人应当退还旅客的全部票款；旅客要求减收票款的，承运人应当按照旅客的要求减收票款。

若承运人擅自提高运输标准，例如在汽车运输中，承运人在合同中承诺用一般的公共汽车进行运输，但在实际运输中，却用豪华客车进行了运输。在这种情况下，是承运人擅自变更运输标准，未经旅客的同意，承运人的行为不符合合同的约定。即使提高了服务标准，承运人也不应当加收旅客的票款。

第八百二十二条 【承运人救助义务】

承运人在运输过程中，应当尽力救助患有急病、分娩、遇险的旅客。

本条来源

本条来源于《合同法》第三百零一条，条文无变动。

条文释义

本条是对承运人对旅客救助的义务的规定。承运人在运输过程中，应当尽力救助患有急病、分娩、遇险的旅客。如果承运人对患有急病、分娩、遇险的旅客不予救助，应当承担相应的民事责任。

第八百二十三条 【旅客人身伤亡责任】

承运人应当对运输过程中旅客的伤亡承担赔偿责任；但是，伤亡是旅客自身健康原因造成的或者承运人证明伤亡是旅客故意、重大过失造成的除外。

前款规定适用于按照规定免票、持优待票或者经承运人许可搭乘的无票旅客。

本条来源

本条来源于《合同法》第三百零二条的规定："承运人应当对运输过程中旅客的伤亡承担损害赔偿责任，但伤亡是旅客自身健康原因造成的或者承运人证明伤亡是旅客故意、重大过失造成的除外。前款规定适用于按照规定免票、持优待票或者经承运人许可搭乘的无票旅客。"相较于原法条，本条在第一款中将"承担损害赔偿责任"改为"承担赔偿责任"，该变动使得法条用语更为严谨。将"但伤亡"改为"但是，伤亡"，该变动仅就条款中个别字词进行了修改，法条的实质内涵未发生变化。

立法演变

本条在一次审议稿第六百零八条和二次审议稿第六百零八条均规定为："承运人应当对运输过程中旅客的伤亡承担损害赔偿责任，但是伤亡是旅客自身健康原因造成的或者承运人证明伤亡是旅客故意、重大过失造成的除外。前款规定适用于按照规定免票、持优待票或者经承运人许可搭乘的无票旅客。"

《民法典（草案）》第八百二十三条规定为："承运人应当对运输过程中旅客的伤亡承担赔偿责任；但是，伤亡是旅客自身健康原因造成的或者承运人证明伤亡是旅客故意、重大过失造成的除外。前款规定适用于按照规定免票、持优待票或者经承运人许可搭乘的无票旅客。"在第一款中将"承担损害赔偿责任"改为"承担赔偿责任"，最终为本条采用。

条文释义

本条是关于承运人对旅客伤亡应负责任的规定。在客运活动中，承运人应当对运输过程中旅客的伤亡承担赔偿责任，体现法律对旅客实行严格的保护。但并非所有情况下，承运人都应该对旅客的伤亡承担赔偿责任，本条规定承运人的免责事由包括：第一，旅客的故意或者重大过失。如旅客自己寻短见从火车上跳车自杀的，承运人不需承担赔偿责任。但是这里需要注意的是，只有旅客有重大过失的情况下，承运人才可以免责。如果旅客对伤亡的造成只有一般过失，承运人仍应当负赔偿责任。但需要注意的是，免责事由应当由承运人举证。第二，旅客因自身健康原因造成的伤亡。如旅客在运输途中突发重病而死亡的。本条第二款规定，对于按照规定免票、持优待票或者经承运人许可搭乘的无票旅客也应当适用本条第一款的规定。

案例评议

中国人民财产保险股份有限公司三明市分公司、李某芳公路旅客运输合同纠纷①

李某芳购买石狮到建宁的长途汽车票一张。因车辆检修，李某芳应车辆工作人员要求到修理厂上车，上车时长途汽车停放在车棚内。李某芳上车后在寻找自己的座位过程中，经过过道中门位置摔倒。车辆到达建宁后，李某芳的丈夫李某水拨打110报警并带李某芳到建宁县总医院检查并住院治疗，住院治疗20天。本案长途汽车业务是在三明市环宇运输有限公司建宁分公司名下开展。三明市环宇运输有限公司建宁分公司还向中国人民财产保险股份有限公司三明市分公司投保。李某芳因在车上受伤与三明市环宇运输有限公司建宁分公司产生纠纷。

◆ 裁判规则

法院经审理认为，李某芳购买车票在发车当日发车时间之后，由车辆工作人员引导上车，与环宇建宁公司成立公路旅客运输合同关系，环宇建宁公司应当按照合同约定将李某芳安全运抵约定地点，李某芳在车上摔倒受伤。承运人应当对运输过程中旅客的伤亡承担损害赔偿责任，但是伤亡是旅客自身健康原因造成的或者承运人证明伤亡是旅客故意、重大过失造成的除外。环宇建宁公司没有证据证明李某芳对本次事故发生存在故意或重大过失，亦不是李某芳自身健康原因造成损失的发生，故环宇建宁公司应对李某芳受伤造成的损失承担赔偿责任。

◆ 评议

本案争议的问题之一是环宇运输有限公司建宁分公司是否对李某芳在车上摔倒负赔偿责任。客运活动中，承运人负有安全运输的义务，应当对运输过程中旅客的伤亡承担赔偿责任。本案中李某芳是在上车后摔倒，虽然车辆未开始行驶，但也算是客运活动期间。法律规定承运人对旅客伤亡的免责事由为旅客

---

① 福建省三明市中级人民法院（2019）闽04民终1663号。

自身健康原因造成的或者承运人证明伤亡是旅客故意造成。环宇运输有限公司建宁分公司无法证明李某芳的受伤是本人故意造成的，李某芳自身也没有这方面的健康问题，因此环宇建宁公司应对李某芳受伤造成的损失承担赔偿责任。

第八百二十四条　【旅客随身携带物品毁损、灭失的责任承担】

在运输过程中旅客随身携带物品毁损、灭失，承运人有过错的，应当承担赔偿责任。

旅客托运的行李毁损、灭失的，适用货物运输的有关规定。

本条来源

本条来源于《合同法》第三百零三条的规定："在运输过程中旅客自带物品毁损、灭失，承运人有过错的，应当承担损害赔偿责任。旅客托运的行李毁损、灭失的，适用货物运输的有关规定。"相较于原法条，本条在第一款中将"旅客自带物品"改为"旅客随身携带物品"，将"应当承担损害赔偿责任"改为"应当承担赔偿责任"，该变动使得法条用语更为严谨。

立法演变

本条在一次审议稿六百零九条和二次审议稿六百零九条中均沿用《合同法》第三百零三条的规定。《民法典（草案）》第八百二十四条作了上述变动，最终为本条采用。

条文释义

本条是关于承运人对旅客行李的赔偿责任的规定。在旅客运输中，旅客一般都随身携带行李，旅客携带的行李，承运人也应当尽足够的责任和义务保证物品的安全。在运输过程中旅客随身携带物品毁损、灭失的，承运人只有在有过错的情况下，才应当负赔偿责任。本条明确了承运人承担赔偿责任采用的是过错责任原则，在发生旅客自带物品毁损、灭失的情况下，承运人对自带物品的毁损、灭失有过错的，才承担责任。

本条第二款规定，旅客托运的行李毁损、灭失的，适用货物运输的有关规定。这是因为托运的行李不是旅客随身携带的，其从实质上讲，是货物运输合同，所以应当适用货物运输的有关规定。

法条关联

◆《铁路法》

第十六条 铁路运输企业应当按照合同约定的期限或者国务院铁路主管部门规定的期限，将货物、包裹、行李运到目的站；逾期运到的，铁路运输企业应当支付违约金。

铁路运输企业逾期三十日仍未将货物、包裹、行李交付收货人或者旅客的，托运人、收货人或者旅客有权按货物、包裹、行李灭失向铁路运输企业要求赔偿。

第十七条 铁路运输企业应当对承运的货物、包裹、行李自接受承运时起到交付时止发生的灭失、短少、变质、污染或者损坏，承担赔偿责任：

（一）托运人或者旅客根据自愿申请办理保价运输的，按照实际损失赔偿，但最高不超过保价额。

（二）未按保价运输承运的，按照实际损失赔偿，但最高不超过国务院铁路主管部门规定的赔偿限额；如果损失是由于铁路运输企业的故意或者重大过失造成的，不适用赔偿限额的规定，按照实际损失赔偿。

托运人或者旅客根据自愿可以向保险公司办理货物运输保险，保险公司按照保险合同的约定承担赔偿责任。

托运人或者旅客根据自愿，可以办理保价运输，也可以办理货物运输保险；还可以既不办理保价运输，也不办理货物运输保险。不得以任何方式强迫办理保价运输或者货物运输保险。

第十八条 由于下列原因造成的货物、包裹、行李损失的，铁路运输企业不承担赔偿责任：

（一）不可抗力。

（二）货物或者包裹、行李中的物品本身的自然属性，或者合理损耗。

（三）托运人、收货人或者旅客的过错。

◆《民用航空法》

第一百二十五条 因发生在民用航空器上或者在旅客上、下民用航空器过程中的事件，造成旅客随身携带物品毁灭、遗失或者损坏的，承运人应当承担责任。因发生在航空运输期间的事件，造成旅客的托运行李毁灭、遗失或者损坏的，承运人应当承担责任。

旅客随身携带物品或者托运行李的毁灭、遗失或者损坏完全是由于行李本身的自然属性、质量或者缺陷造成的，承运人不承担责任。

本章所称行李，包括托运行李和旅客随身携带的物品。

因发生在航空运输期间的事件，造成货物毁灭、遗失或者损坏的，承运人应当承担责任；但是，承运人证明货物的毁灭、遗失或者损坏完全是由于下列原因之一造成的，不承担责任：

（一）货物本身的自然属性、质量或者缺陷；

（二）承运人或者其受雇人、代理人以外的人包装货物的，货物包装不良；

（三）战争或者武装冲突；

（四）政府有关部门实施的与货物入境、出境或者过境有关的行为。

本条所称航空运输期间，是指在机场内、民用航空器上或者机场外降落的任何地点，托运行李、货物处于承运人掌管之下的全部期间。

航空运输期间，不包括机场外的任何陆路运输、海上运输、内河运输过程；但是，此种陆路运输、海上运输、内河运输是为了履行航空运输合同而装载、交付或者转运，在没有相反证据的情况下，所发生的损失视为在航空运输期间发生的损失。

第三节　货运合同

第八百二十五条　【托运人如实申报义务】

托运人办理货物运输，应当向承运人准确表明收货人的姓名、名称或者凭指示的收货人，货物的名称、性质、重量、数量，收货地点等有关货物运输的必要情况。

因托运人申报不实或者遗漏重要情况，造成承运人损失的，托运人应当承担赔偿责任。

本条来源

本条来源于《合同法》第三百零四条的规定："托运人办理货物运输，应当向承运人准确表明收货人的名称或者姓名或者凭指示的收货人，货物的名称、性质、重量、数量，收货地点等有关货物运输的必要情况。因托运人申报不实或者遗漏重要情况，造成承运人损失的，托运人应当承担损害赔偿责任。"相较于原法条，本条将"收货人的名称或者姓名"改为"收货人的姓名、名称"，将"损害赔偿责任"改为"赔偿责任"，该变动仅为立法技术上的简化，法条的实质内涵未发生变化。

立法演变

本条在一次审议稿第六百一十条和二次审议稿第六百一十条均沿用《合同法》第三百零四条的规定。《民法典（草案）》第八百二十五条规定为："托运人办理货物运输，应当向承运人准确表明收货人的姓名或者名称或者凭指示的收货人，货物的名称、性质、重量、数量，收货地点等有关货物运输的必要情况。因托运人申报不实或者遗漏重要情况，造成承运人损失的，托运人应当承担赔偿责任。"《民法典》第八百二十五条将"收货人的姓名或者名称"改为"收货人的姓名、名称"。

条文释义

本条是关于托运人如实申报义务的规定。申报有关货物运输情况，以便承运人知晓运输的货物性质，是承运人履行托运义务的前提。本条规定，托运人办理货物运输，应当向承运人准确表明收货人的名称或者姓名或者凭指示的收货人，货物的名称、性质、重量、数量，收货地点等有关货物运输的必要情况。因托运人申报不实或者遗漏重要情况，造成承运人损失的，托运人应当承担损害赔偿责任。

法条关联

◆《民用航空法》

第一百一十七条　托运人应当对航空货运单上所填关于货物的说明和声明

的正确性负责。

因航空货运单上所填的说明和声明不符合规定、不正确或者不完全，给承运人或者承运人对之负责的其他人造成损失的，托运人应当承担赔偿责任。

◆《铁路法》

第十九条 托运人应当如实填报托运单，铁路运输企业有权对填报的货物和包裹的品名、重量、数量进行检查。经检查，申报与实际不符的，检查费用由托运人承担；申报与实际相符的，检查费用由铁路运输企业承担，因检查对货物和包裹中的物品造成的损坏由铁路运输企业赔偿。

托运人因申报不实而少交的运费和其他费用应当补交，铁路运输企业按照国务院铁路主管部门的规定加收运费和其他费用。

◆《海商法》

第六十六条 托运人托运货物，应当妥善包装，并向承运人保证，货物装船时所提供的货物的品名、标志、包数或者件数、重量或者体积的正确性；由于包装不良或者上述资料不正确，对承运人造成损失的，托运人应当负赔偿责任。

承运人依照前款规定享有的受偿权利，不影响其根据货物运输合同对托运人以外的人所承担的责任。

第八百二十六条 【托运人提交有关文件义务】

货物运输需要办理审批、检验等手续的，托运人应当将办理完有关手续的文件提交承运人。

本条来源

本条来源于《合同法》第三百零五条，条文无变动。

条文释义

本条是关于托运人提交有关文件义务的规定。货物的运输往往需要办理各种手续，如果没有相应的手续，承运人不能进行正常运输。所以在运输前，承运人一般都要求托运人办理这些手续，并且应当将办理完的文件提交给承运人，以便于承运人运输。本条对托运人应当办理的手续列举了审批、检验两种，但是托运人在货物运输前应当办理的手续不限于这两种，一般还包括检疫、港口准入、危险品运输的许可手续。对于托运人没有向承运人提供这些手续或者提供的手续不完备或者没有及时提供这些手续，给承运人造成损失的，托运人应当赔偿损失。

法条关联

◆《民用航空法》

第一百二十三条　托运人应当提供必需的资料和文件，以便在货物交付收货人前完成法律、行政法规规定的有关手续；因没有此种资料、文件，或者此种资料、文件不充足或者不符合规定造成的损失，除由于承运人或者其受雇人、代理人的过错造成的外，托运人应当对承运人承担责任。

除法律、行政法规另有规定外，承运人没有对前款规定的资料或者文件进行检查的义务。

◆《海商法》

第六十七条　托运人应当及时向港口、海关、检疫、检验和其他主管机关办理货物运输所需要的各项手续，并将已办理各项手续的单证送交承运人；因办理各项手续的有关单证送交不及时、不完备或者不正确，使承运人的利益受到损害的，托运人应当负赔偿责任。

第八百二十七条　【托运人货物包装义务】

托运人应当按照约定的方式包装货物。对包装方式没有约定或者约定不明确的，适用本法第六百一十九条的规定。

托运人违反前款规定的，承运人可以拒绝运输。

本条来源

本条来源于《合同法》第三百零六条的规定：“托运人应当按照约定的方式包装货物。对包装方式没有约定或者约定不明确的，适用本法第一百五十六条的规定。托运人违反前款规定的，承运人可以拒绝运输。”相较于原法条，本条将“适用本法第一百五十六条”改为“适用本法第六百一十九条”，该变动仅为法律体系调整导致法条序号变动，法条的实质内涵没有发生改变。

立法演变

本条在一次审议稿第六百一十二条和二次审议稿第六百一十二条均规定为：“托运人应当按照约定的方式包装货物。对包装方式没有约定或者约定不明确的，适用本法第四百零九条的规定。托运人违反前款规定的，承运人可以拒绝运输。”《民法典（草案）》第八百二十七条将“适用本法第四百零九条”改为“适用本法第六百一十九条”，最终为本条所采用。

条文释义

本条是关于托运人应当对货物履行包装义务的规定。对于一般货物，托运人可按照约定的方式包装货物。对包装方式没有约定或者约定不明确的，可以协议补充；不能达成补充协议的，按照合同有关条款、合同性质、合同目的或者交易习惯确定。若还是无法确定包装的方式，应当按照通用的方式包装；没有通用方式的，应当采取足以保护标的物的包装方式。

法条关联

◆《铁路法》

第二十条 托运货物需要包装的，托运人应当按照国家包装标准或者行业包装标准包装；没有国家包装标准或者行业包装标准的，应当妥善包装，使货物在运输途中不因包装原因而受损坏。

铁路运输企业对承运的容易腐烂变质的货物和活动物，应当按照国务院铁路主管部门的规定和合同的约定，采取有效的保护措施。

第八百二十八条　【运输危险货物】

托运人托运易燃、易爆、有毒、有腐蚀性、有放射性等危险物品的，应当按照国家有关危险物品运输的规定对危险物品妥善包装，做出危险物品标志和标签，并将有关危险物品的名称、性质和防范措施的书面材料提交承运人。

托运人违反前款规定的，承运人可以拒绝运输，也可以采取相应措施以避免损失的发生，因此产生的费用由托运人负担。

本条来源

本条来源于《合同法》第三百零七条的规定："托运人托运易燃、易爆、有毒、有腐蚀性、有放射性等危险物品的，应当按照国家有关危险物品运输的规定对危险物品妥善包装，作出危险物标志和标签，并将有关危险物品的名称、性质和防范措施的书面材料提交承运人。托运人违反前款规定的，承运人可以拒绝运输，也可以采取相应措施以避免损失的发生，因此产生的费用由托运人承担。"相较于原法条，本条将"作出危险物标志和标签"改为"做出危险物品标志和标签"；将"因此产生的费用由托运人承担"改为"因此产生的费用由托运人负担"。该变动使得法条用语更加准确，法条的实质内涵未发生变化。

立法演变

本条在一次审议稿第六百一十三条中规定为："托运人托运易燃、易爆、有毒、有腐蚀性、有放射性等危险物品的，应当按照国家有关危险物品运输的规定对危险物品妥善包装，作出危险物标志和标签，并将有关危险物品的名称、性质和防范措施的书面材料提交承运人。托运人违反前款规定的，承运人可以拒绝运输，也可以采取相应措施以避免损失的发生，因此产生的费用由托运人负担。"二次审议稿第六百一十三条和《民法典（草案）》第八百二十八条均沿用一次审议稿的规定。《民法典》第八百二十八条将"作出危险物标志和标签"改为"做出危险物品标志和标签"。

条文释义

本条是关于运输危险货物的规定。在货物运输中，托运人托运易燃、易爆、有毒、有腐蚀性的、有放射性等危险物品时，对托运人规定了三项义务：第一，对危险物品进行妥善包装。第二，托运人应当在危险物品上作出标志和标签。第三，托运人还应当将有关危险物品的名称、性质和防范措施的书面材料提交承运人。托运人不得将危险物品报成非危险物品的名称，否则就要承担相应责任。

本条第二款规定，如果托运人在托运危险物品时没有履行上述三项义务，承运人可以拒绝进行运输；如果是在运输过程中发现了托运人托运的是危险物品的，承运人也可以采取各种措施避免损失的发生。承运人因采取措施而产生的各种费用应当由托运人承担。若承运人知道危险物品的性质并且同意运输的，承运人应采取各种相应的措施以避免损失的发生。而产生的各种费用应当由承运人自己承担。

法条关联

◆《民用航空法》

第一百零一条 公共航空运输企业运输危险品，应当遵守国家有关规定。

禁止以非危险品品名托运危险品。

禁止旅客随身携带危险品乘坐民用航空器。除因执行公务并按照国家规定经过批准外，禁止旅客携带枪支、管制刀具乘坐民用航空器。禁止违反国务院民用航空主管部门的规定将危险品作为行李托运。

危险品品名由国务院民用航空主管部门规定并公布。

◆《铁路法》

第二十八条 托运、承运货物、包裹、行李，必须遵守国家关于禁止或者限制运输物品的规定。

◆《海商法》

第六十八条 托运人托运危险货物，应当依照有关海上危险货物运输的规定，妥善包装，作出危险品标志和标签，并将其正式名称和性质以及应当采取的预防危害措施书面通知承运人；托运人未通知或者通知有误的，承运人可以在任何时间、任何地点根据情况需要将货物卸下、销毁或者使之不能为害，而不负赔偿责任。托运人对承运人因运输此类货物所受到的损害，应当负赔偿责任。

承运人知道危险货物的性质并已同意装运的，仍然可以在该项货物对于船舶、人员或者其他货物构成实际危险时，将货物卸下、销毁或者使之不能为害，而不负赔偿责任。但是，本款规定不影响共同海损的分摊。

◆《道路运输条例》

第二十六条　国家鼓励货运经营者实行封闭式运输，保证环境卫生和货物运输安全。

货运经营者应当采取必要措施，防止货物脱落、扬撒等。

运输危险货物应当采取必要措施，防止危险货物燃烧、爆炸、辐射、泄漏等。

第二十七条　运输危险货物应当配备必要的押运人员，保证危险货物处于押运人员的监管之下，并悬挂明显的危险货物运输标志。

托运危险货物的，应当向货运经营者说明危险货物的品名、性质、应急处置方法等情况，并严格按照国家有关规定包装，设置明显标志。

◆《国内水路运输管理条例》

第二十条　水路运输经营者运输危险货物，应当遵守法律、行政法规以及国务院交通运输主管部门关于危险货物运输的规定，使用依法取得危险货物适装证书的船舶，按照规定的安全技术规范进行配载和运输，保证运输安全。

第八百二十九条　【托运人变更或者解除运输合同权利】

在承运人将货物交付收货人之前，托运人可以要求承运人中止运输、返还货物、变更到达地或者将货物交给其他收货人，但是应当赔偿承运人因此受到的损失。

本条来源

本条来源于《合同法》第三百零八条的规定："在承运人将货物交付收货人之前，托运人可以要求承运人中止运输、返还货物、变更到达地或者将货物交给其他收货人，但应当赔偿承运人因此受到的损失。"相较于原法条，本条将

“但应当赔偿承运人”改为“但是应当赔偿承运人”，该变动仅就条款中个别字词进行了修改，法条的实质内涵未发生变化。

立法演变

本条在一次审议稿第六百一十四条中作了上述变动，二次审议稿第六百一十四条和《民法典（草案）》第八百二十九条均无变动，最终为本条采用。

条文释义

本条是关于托运人变更或者解除运输合同权利的规定。所谓托运人的变更权，就是货物运输合同成立后，托运人有权变更合同。托运人变更合同的内容包括：要求承运人中止运输、返还货物、变更到达地或者将货物交给其他收货人。这种变更可以不经过承运人同意，承运人也无权过问相对方变更合同的原因，只要托运人提出变更运输，均应予以变更或者解除。但是如果因为单方变更或者解除合同给承运人造成损失的，托运人或者提货凭证持有人应当赔偿损失，并承担因变更或者解除合同而产生的各种费用。

法条关联

◆《民用航空法》

第一百一十九条 托运人在履行航空货物运输合同规定的义务的条件下，有权在出发地机场或者目的地机场将货物提回，或者在途中经停时中止运输，或者在目的地点或者途中要求将货物交给非航空货运单上指定的收货人，或者要求将货物运回出发地机场；但是，托运人不得因行使此种权利而使承运人或者其他托运人遭受损失，并应当偿付由此产生的费用。

托运人的指示不能执行的，承运人应当立即通知托运人。

承运人按照托运人的指示处理货物，没有要求托运人出示其所收执的航空货运单，给该航空货运单的合法持有人造成损失的，承运人应当承担责任，但是不妨碍承运人向托运人追偿。

收货人的权利依照本法第一百二十条规定开始时，托运人的权利即告终止；但是，收货人拒绝接受航空货运单或者货物，或者承运人无法同收货人联系的，托运人恢复其对货物的处置权。

第一百二十条　除本法第一百一十九条所列情形外，收货人于货物到达目的地点，并在缴付应付款项和履行航空货运单上所列运输条件后，有权要求承运人移交航空货运单并交付货物。

除另有约定外，承运人应当在货物到达后立即通知收货人。

承运人承认货物已经遗失，或者货物在应当到达之日起七日后仍未到达的，收货人有权向承运人行使航空货物运输合同所赋予的权利。

◆《海商法》

第八十九条　船舶在装货港开航前，托运人可以要求解除合同。但是，除合同另有约定外，托运人应当向承运人支付约定运费的一半；货物已经装船的，并应当负担装货、卸货和其他与此有关的费用。

第八百三十条　【提货】

货物运输到达后，承运人知道收货人的，应当及时通知收货人，收货人应当及时提货。收货人逾期提货的，应当向承运人支付保管费等费用。

本条来源

本条来源于《合同法》第三百零九条，条文无变动。

条文释义

本条是关于承运人提货的规定。依据本条规定，当运输货物到达合同约定的地点时，承运人和收货人负有的义务包括：

第一，承运人及时通知的义务。承运人将货物运输到目的地后，承运人知道收货人的，应当及时通知收货人，以便收货人提取货物。在收货人领取之前承运人负有妥善保管货物的义务。若因承运人通知迟延导致货物毁损的，承运人应承担赔偿责任。若因收货人不明或收货人拒绝受领货物的，承运人应当请求托运人在相当的期限就运输货物的处置给以指示。托运人在相当的期限内未给予指示或者其指示事实上不能实行时，承运人可以对托运货物予以提存。

第二，收货人及时提货的义务。收货人应当及时提货，提货时应当将提单或者其他提货凭证交还给承运人。收货人逾期提货的，应当向承运人支付保管费等费用。收货人无正当理由拒绝受领货物，承运人可以提存运输的货物，由提存所产生的权利义务及费用由收货人享受和承担。

第八百三十一条　【收货人检验货物】

收货人提货时应当按照约定的期限检验货物。对检验货物的期限没有约定或者约定不明确，依据本法第五百一十条的规定仍不能确定的，应当在合理期限内检验货物。收货人在约定的期限或者合理期限内对货物的数量、毁损等未提出异议的，视为承运人已经按照运输单证的记载交付的初步证据。

本条来源

本条来源于《合同法》第三百一十条的规定："收货人提货时应当按照约定的期限检验货物。对检验货物的期限没有约定或者约定不明确，依照本法第六十一条的规定仍不能确定的，应当在合理期限内检验货物。收货人在约定的期限或者合理期限内对货物的数量、毁损等未提出异议的，视为承运人已经按照运输单证的记载交付的初步证据。"相较于原法条，本条将"依照本法第六十一条的规定"改为"依据本法第五百一十条的规定"，该变动仅为法律体系调整导致法条序号变动，法条的实质内涵没有发生改变。

立法演变

本条在一次审议稿第六百一十六条和二次审议稿第六百一十六条均规定为："收货人提货时应当按照约定的期限检验货物。对检验货物的期限没有约定或者约定不明确，依照本法第三百零一条的规定仍不能确定的，应当在合理期限内检验货物。收货人在约定的期限或者合理期限内对货物的数量、毁损等未提出异议的，视为承运人已经按照运输单证的记载交付的初步证据。"《民法典（草案）》第八百三十一条将"依照本法第三百零一条的规定"改为"依据本法第五百一十条的规定"，最终为本条所采用。

条文释义

本条是关于收货人验货的义务的规定。收货人提货时，有对货物及时进行验收的义务。收货人应当按照约定的期限检验货物。对检验货物的期限没有约定或者约定不明确，当事人可以协议补充，不能达成协议的，按照合同有关条款或者交易习惯确定。仍不能确定的，应当在合理期限内检验货物。收货人在约定的期限或者合理期限内对货物的数量、毁损等未提出异议的，视为承运人已经按照合同约定履行了义务。

第八百三十二条 【运输过程中货物毁损、灭失的责任承担】

承运人对运输过程中货物的毁损、灭失承担赔偿责任。但是，承运人证明货物的毁损、灭失是因不可抗力、货物本身的自然性质或者合理损耗以及托运人、收货人的过错造成的，不承担赔偿责任。

本条来源

本条来源于《合同法》第三百一十一条的规定："承运人对运输过程中货物的毁损、灭失承担损害赔偿责任，但承运人证明货物的毁损、灭失是因不可抗力、货物本身的自然性质或者合理损耗以及托运人、收货人的过错造成的，不承担损害赔偿责任。"相较于原法条，本条将"损害赔偿责任"改为"赔偿责任"，将"但"改为"但是"，该变动使得法条用语更为严谨。

立法演变

本条在一次审议稿第六百一十七条和二次审议稿第六百一十七条均规定："承运人对运输过程中货物的毁损、灭失承担损害赔偿责任，但是承运人证明货物的毁损、灭失是因不可抗力、货物本身的自然性质或者合理损耗以及托运人、收货人的过错造成的，不承担损害赔偿责任。"将"但承运人证明"改为"但是承运人证明"。

《民法典（草案）》第八百三十二条规定为："承运人对运输过程中货物的毁损、灭失承担赔偿责任，但是承运人证明货物的毁损、灭失是因不可抗力、货物本身的自然性质或者合理损耗以及托运人、收货人的过错造成的，不承担赔偿责任。”将“不承担损害赔偿责任”修改为“不承担赔偿责任”。最终为本条所采用。

条文释义

本条是关于运输过程中货物毁损、灭失的责任承担的规定。承运人对运输的货物负有安全运输的义务，若货物在运输过程中毁损、灭失应该承担赔偿责任。本条的“毁损”是指搬运的货物因损坏而价值减少；“灭失”是指承运人无法将货物交付给收货人，既包括货物物质上的灭失，也包括占有的更新丧失及法律上不能回复占有的各种情形。本条规定了承运人的三种免责事由：第一，不可抗力导致货物毁损、灭失；第二，货物本身的自然性质或者合理损耗导致货物毁损、灭失；第三，托运人、收货人的过错。这主要是指由于托运人或者收货人自身的原因造成的货物损失。

法条关联

◆《民用航空法》

第一百二十五条 因发生在民用航空器上或者在旅客上、下民用航空器过程中的事件，造成旅客随身携带物品毁灭、遗失或者损坏的，承运人应当承担责任。因发生在航空运输期间的事件，造成旅客的托运行李毁灭、遗失或者损坏的，承运人应当承担责任。

旅客随身携带物品或者托运行李的毁灭、遗失或者损坏完全是由于行李本身的自然属性、质量或者缺陷造成的，承运人不承担责任。

本章所称行李，包括托运行李和旅客随身携带的物品。

因发生在航空运输期间的事件，造成货物毁灭、遗失或者损坏的，承运人应当承担责任；但是，承运人证明货物的毁灭、遗失或者损坏完全是由于下列原因之一造成的，不承担责任：

（一）货物本身的自然属性、质量或者缺陷；

（二）承运人或者其受雇人、代理人以外的人包装货物的，货物包装不良；

（三）战争或者武装冲突；

（四）政府有关部门实施的与货物入境、出境或者过境有关的行为。

本条所称航空运输期间，是指在机场内、民用航空器上或者机场外降落的任何地点，托运行李、货物处于承运人掌管之下的全部期间。

航空运输期间，不包括机场外的任何陆路运输、海上运输、内河运输过程；但是，此种陆路运输、海上运输、内河运输是为了履行航空运输合同而装载、交付或者转运，在没有相反证据的情况下，所发生的损失视为在航空运输期间发生的损失。

第一百二十六条　旅客、行李或者货物在航空运输中因延误造成的损失，承运人应当承担责任；但是，承运人证明本人或者其受雇人、代理人为了避免损失的发生，已经采取一切必要措施或者不可能采取此种措施的，不承担责任。

◆《铁路法》

第十八条　由于下列原因造成的货物、包裹、行李损失的，铁路运输企业不承担赔偿责任：

（一）不可抗力。

（二）货物或者包裹、行李中的物品本身的自然属性，或者合理损耗。

（三）托运人、收货人或者旅客的过错。

◆《铁路货物运输合同实施细则》

第二十一条　货物运输合同遇有下列情况，承运人或托运人免除责任：

一、因不可抗力或铁路发生重大事故影响排空送车，企业发生重大事故以及停电影响装车，超过24小时时；

二、根据国家和省、自治区、直辖市的主管行政机关的书面要求停止装车时；

三、由于组织轻重配装或已完成货物吨数而未完成车数时；

四、由于海运港口、国境口岸站车辆积压堵塞，不能按计划接车而少装时。

◆《水路货物运输合同实施细则》

第二十一条　由于下列原因造成货物灭失、短少、变质、污染、损坏的，承运人不承担赔偿责任：

一、不可抗力；

二、货物的自然属性和潜在缺陷；

三、货物的自然减量和合理损耗，以及托运人自行确定的重量不正确；

四、包装内在缺陷或包装完整、内容不符；

五、标记错制、漏制、不清；

六、有生动植物的疾病、死亡、枯萎、减重；

七、非责任性海损事故的货物损失；

八、免责范围内的甲板货物损失；

九、其他经承运人举证或经合同管理机关或审判机关查证非承运人责任造成的损失。

案例评议

东莞市载信物流有限公司、东莞市台富机械有限公司运输合同纠纷①

东莞台富公司委托东莞载信公司运输注塑机，双方签订货物运输合同书，显示货物价款为42000元。对于此货物运输合同书为货物受损后补签，目的是在保险公司理赔。东莞载信公司承运东莞台富公司的货物后又委托了案外第三人中山市东凤镇事事保成物流服务部进行运输，该货物运输保险由保成物流向众安在线财产保险股份有限公司购买，在运输过程中因卸货失误导致货物损坏，事故发生后，东莞台富公司、东莞载信公司及保成物流均参与处理并配合保险公司定损理赔。后东莞台富公司、东莞载信公司因赔偿纠纷诉至法院。

◆ **裁判规则**

法院经审理认为，承运人对运输过程中货物的毁损、灭失承担损害赔偿责任，但承运人证明货物的毁损、灭失是因不可抗力、货物本身的自然性质或者合理损害以及托运人、收货人的过错造成的，不承担损害赔偿责任。东莞载信公司没有提供证据证明其作为承运人存在不承担赔偿责任的情形，东莞载信公司应向东莞台富公司就案涉注塑机的毁损承担赔偿责任，一审认定东莞载信公司与东莞台富公司就案涉货物损失承担责任比例为8∶2，东莞台富公司未提出上诉，二审法院予以维持。

◆ **评议**

本案争议焦点为，东莞载信公司是否应向东莞台富公司承担货物毁损赔偿

① 广东省东莞市中级人民法院（2018）粤19民终4788号。

责任。东莞载信公司作为承运人对运输的货物负有安全运输的义务。除非东莞载信公司能证明货物的毁损、灭失是因不可抗力、货物本身的自然性质或者合理损耗以及托运人、收货人的过错造成的，否则需要承担赔偿责任。东莞载信公司与东莞台富公司没有约定包装，应当按照通用的方式包装。然而东莞台富公司只在托运物底部有安装卡板，包装过于简陋，东莞台富公司自身存在一定的过错。东莞载信公司与东莞台富公司就案涉货物损失承担责任比例为8∶2。托运人的过错只是货物损毁、灭失的部分原因，且承运人也有过错，托运人只对货物损毁承担部分责任。

第八百三十三条　【确定货物赔偿额】

货物的毁损、灭失的赔偿额，当事人有约定的，按照其约定；没有约定或者约定不明确，依据本法第五百一十条的规定仍不能确定的，按照交付或者应当交付时货物到达地的市场价格计算。法律、行政法规对赔偿额的计算方法和赔偿限额另有规定的，依照其规定。

本条来源

本条来源于《合同法》第三百一十二条的规定："货物的毁损、灭失的赔偿额，当事人有约定的，按照其约定；没有约定或者约定不明确，依照本法第六十一条的规定仍不能确定的，按照交付或者应当交付时货物到达地的市场价格计算。法律、行政法规对赔偿额的计算方法和赔偿限额另有规定的，依照其规定。"相较于原法条，本条将"依照本法第六十一条的规定"改为"依据本法第五百一十条的规定"，该变动仅为法律体系调整导致法条序号变动，法条的实质内涵没有发生改变。

立法演变

本条在一次审议稿第六百一十八条和二次审议稿第六百一十八条均规定："货物的毁损、灭失的赔偿额，当事人有约定的，按照其约定；没有约定或者约定不明确，依照本法第三百零一条的规定仍不能确定的，按照交付或者应当交付时货物到达地的市场价格计算。法律、行政法规对赔偿额的计算方法和赔偿限额另有规定的，依照其规定。”《民法典（草案）》第八百三十三条规定为：“货物的毁损、灭失的赔偿额，当事人有约定的，按照其约定；没有约定或者约定不明确，依据本法第五百一十条的规定仍不能确定的，按照交付或者应当交付时货物到达地的市场价格计算。法律、行政法规对赔偿额的计算方法和赔偿限额另有规定的，依照其规定。”最终为本条所采用。

条文释义

本条是关于如何确定货物赔偿额的规定。在货物发生毁损、灭失的情况下，确定损害赔偿额遵循以下规则：首先，当事人对货物毁损、灭失的赔偿额有约定的，就应当按约定数额进行赔偿。其次，当事人对赔偿额没有约定或者约定不明确的，则承运人赔偿的数额应当依照本法第五百一十条的规定进行确定。即合同生效后，当事人就质量、价款或者报酬、履行地点等内容没有约定或者约定不明确的，可以协议补充；不能达成补充协议的，按照合同有关条款或者交易习惯确定。最后，如果仍不能确定的，则按照交付或者应当交付时货物到达地的市场价格计算。若法律、行政法规对赔偿额的计算方法和赔偿限额另有规定的，应当依照其规定进行赔偿。

法条关联

◆《民用航空法》

第一百二十九条 国际航空运输承运人的赔偿责任限额按照下列规定执行：

（一）对每名旅客的赔偿责任限额为16600计算单位；但是，旅客可以同承运人书面约定高于本项规定的赔偿责任限额。

（二）对托运行李或者货物的赔偿责任限额，每公斤为17计算单位。旅客或者托运人在交运托运行李或者货物时，特别声明在目的地点交付时的利益，并在必要时支付附加费的，除承运人证明旅客或者托运人声明的金额高于托运行李或者货物在目的地点交付时的实际利益外，承运人应当在声明金额范围内承担责任。

托运行李或者货物的一部分或者托运行李、货物中的任何物件毁灭、遗失、损坏或者延误的，用以确定承运人赔偿责任限额的重量，仅为该一包件或者数包件的总重量；但是，因托运行李或者货物的一部分或者托运行李、货物中的任何物件的毁灭、遗失、损坏或者延误，影响同一份行李票或者同一份航空货运单所列其他包件的价值的，确定承运人的赔偿责任限额时，此种包件的总重量也应当考虑在内。

（三）对每名旅客随身携带的物品的赔偿责任限额为332计算单位。

◆《铁路法》

第十七条 铁路运输企业应当对承运的货物、包裹、行李自接受承运时起到交付时止发生的灭失、短少、变质、污染或者损坏，承担赔偿责任：

（一）托运人或者旅客根据自愿申请办理保价运输的，按照实际损失赔偿，但最高不超过保价额。

（二）未按保价运输承运的，按照实际损失赔偿，但最高不超过国务院铁路主管部门规定的赔偿限额；如果损失是由于铁路运输企业的故意或者重大过失造成的，不适用赔偿限额的规定，按照实际损失赔偿。

托运人或者旅客根据自愿可以向保险公司办理货物运输保险，保险公司按照保险合同的约定承担赔偿责任。

托运人或者旅客根据自愿，可以办理保价运输，也可以办理货物运输保险；还可以既不办理保价运输，也不办理货物运输保险。不得以任何方式强迫办理保价运输或者货物运输保险。

◆《海商法》

第五十五条 货物灭失的赔偿额，按照货物的实际价值计算；货物损坏的赔偿额，按照货物受损前后实际价值的差额或者货物的修复费用计算。

货物的实际价值，按照货物装船时的价值加保险费加运费计算。

前款规定的货物实际价值，赔偿时应当减去因货物灭失或者损坏而少付或者免付的有关费用。

第五十六条 承运人对货物的灭失或者损坏的赔偿限额，按照货物件数或者其他货运单位数计算，每件或者每个其他货运单位为666.67计算单位，或者按照货物毛重计算，每公斤为2计算单位，以二者中赔偿限额较高的为准。但是，托运人在货物装运前已经申报其性质和价值，并在提单中载明的，或者承运人与托运人已经另行约定高于本条规定的赔偿限额的除外。

货物用集装箱、货盘或者类似装运器具集装的，提单中载明装在此类装运器具中的货物件数或者其他货运单位数，视为前款所指的货物件数或者其他货运单位数；未载明的，每一装运器具视为一件或者一个单位。

装运器具不属于承运人所有或者非由承运人提供的，装运器具本身应当视为一件或者一个单位。

第八百三十四条　【相继运输】

两个以上承运人以同一运输方式联运的，与托运人订立合同的承运人应当对全程运输承担责任；损失发生在某一运输区段的，与托运人订立合同的承运人和该区段的承运人承担连带责任。

本条来源

本条来源于《合同法》第三百一十三条，条文无变动。

条文释义

本条是关于相继运输的规定。相继运输，指多个承运人以同一种运输方式共同完成货物运输的一种运输方式。在相继运输中，托运人只与数个承运人中的某一个承运人签订运输合同。相继运输属于单式联运合同，与多式联运合同相区别，相继运输只使用一种运输方式。在实践中，托运人主要是与第一承运人签订运输合同。相继运输中，一方面，同一运输方式的运输路线分为不同的运输区段，而完成这一运输过程必须经过若干运输区段、由不同运输区段的承运人完成；另一方面，运输关系要求特定的货物运输从起点到终点具有连续性、不能中断、不可分割的特性。

依据本条规定，相继运输的责任承担，是由与托运人签订运输合同的承运人对运输全程负责。在相继运输中，托运人无从知道各承运人之间的关系，一旦发生责任，托运人一般也只找与之签订运输合同的承运人，由签订运输合同的承运人承担责任。签订合同的承运人对托运人承担责任后，其可以向其他承运人追偿。同时本条还规定，如果损失发生的区段是明确的，则与托运人订立合同的承运人和该区段的承运人承担连带责任。

法条关联

◆《民用航空法》

第一百三十六条　由几个航空承运人办理的连续运输，接受旅客、行李或者货物的每一个承运人应当受本法规定的约束，并就其根据合同办理的运输区段作为运输合同的订约一方。

对前款规定的连续运输，除合同明文约定第一承运人应当对全程运输承担责任外，旅客或者其继承人只能对发生事故或者延误的运输区段的承运人提起诉讼。

托运行李或者货物的毁灭、遗失、损坏或者延误，旅客或者托运人有权对第一承运人提起诉讼，旅客或者收货人有权对最后承运人提起诉讼，旅客、托运人和收货人均可以对发生毁灭、遗失、损坏或者延误的运输区段的承运人提起诉讼。上述承运人应当对旅客、托运人或者收货人承担连带责任。

案例评议

东莞市盛辉物流有限公司、东莞仕能机械设备有限公司运输合同纠纷①

仕能公司作为托运方（即甲方）与盛辉公司（即乙方）作为承运方签订了《货物运输合同》，仕能公司委托盛辉公司运输折边机到浙江省宁波市，后盛辉公司与冯某杰签订委托运输合同，冯某杰是案涉事故车辆的驾驶员即实际运输人员。顶大公司仅是案涉事故车辆的登记车主。承运人冯某杰因自身驾驶操作不当致运输车辆撞向路边路墩发生翻车的交通事故，导致仕能公司货物损毁、灭失。仕能公司与盛辉公司、顶大公司因赔偿问题产生纠纷诉至法院。

◆ **裁判规则**

法院经审理认为，两个以上承运人以同一运输方式联运的，与托运人订立合同的承运人应当对全程运输承担责任。损失发生在某一运输区段的，与托运人订立合同的承运人和该区段的承运人承担连带责任。盛辉公司主张与冯某杰签订了委托运输合同，虽然盛辉公司并未提交相关的证据佐证，但是冯某杰是案涉事故车辆的驾驶员即实际运输人员，且冯某杰并未到庭进行抗辩亦未提交

① 广东省东莞市中级人民法院（2019）粤19民终2046号。

相关证据予以反驳，因此原审法院认为冯某杰应当与盛辉公司承担连带责任。一审判决处理结果并无不当，应予以维持。

◆ **评议**

本案中是承运人盛辉公司与托运人仕能公司签订运输合同，因此承运人盛辉公司应当对全程运输承担责任。后盛辉公司与冯某杰签订委托运输合同，冯某杰作为承运人应当就托运货物对损毁、灭失对盛辉公司负责。由于仕能公司的货物损失发生在冯某杰运输区段，冯某杰应当与盛辉公司承担连带责任。从本案可知，根据合同的相对性规则，货损发生某一区段的承运人未与托运人签订合同，不直接对托运人承担赔偿责任，但是根据本条法律规定，与托运人订立合同的承运人和该一区段的承运人承担连带责任。

第八百三十五条　【货物因不可抗力灭失的运费处理】

货物在运输过程中因不可抗力灭失，未收取运费的，承运人不得请求支付运费；已经收取运费的，托运人可以请求返还。法律另有规定的，依照其规定。

本条来源

本条来源于《合同法》第三百一十四条的规定："货物在运输过程中因不可抗力灭失，未收取运费的，承运人不得要求支付运费；已收取运费的，托运人可以要求返还。"相较于原法条，本条将"要求"改为"请求"，将"已收取运费"改为"已经收取运费"，该变动使得法条用语更为严谨。增加了"法律另有规定的，依照其规定"。

立法演变

本条在一次审议稿第六百二十条和二次审议稿第六百二十条均沿用《合同法》第三百一十四条的规定。《民法典（草案）》第八百三十五条规定："货物在运输过程中因不可抗力灭失，未收取运费的，承运人不得请求支付运费；已收取运费的，托运人可以请求返还。"将"要求"改为"请求"。《民法典》第八百三十五条将"已收取运费的"改为"已经收取运费的"，增加了"法律另有规定的，依照其规定"。

条文释义

本条是关于货物因不可抗力灭失的运费处理的规定。在货物运输过程中，托运的货物在运输过程中因不可抗力灭失，货物的这种灭失不是因为承运人的原因而造成的，也不是因为托运人、收货人的过错造成的。作为承运人不承担货物的损害赔偿责任，但是对运费的支付存在风险负担问题。本条规定承运人未收取运费的，不得请求支付运费。托运人已经因货物的灭失而遭受了极大的损失，如果其还要负担运费，就意味着要承担双重损失。对于已经收取运费的承运人，从公平和诚实信用的角度来讲，法律应当允许托运人请求承运人返还已支付的运费。但是，法律另有规定的，依照其规定。

法条关联

◆《海商法》

第九十条　船舶在装货港开航前，因不可抗力或者其他不能归责于承运人和托运人的原因致使合同不能履行的，双方均可以解除合同，并互相不负赔偿责任。除合同另有约定外，运费已经支付的，承运人应当将运费退还给托运人；货物已经装船的，托运人应当承担装卸费用；已经签发提单的，托运人应当将提单退还承运人。

第九十一条　因不可抗力或者其他不能归责于承运人和托运人的原因致使船舶不能在合同约定的目的港卸货的，除合同另有约定外，船长有权将货物在目的港邻近的安全港口或者地点卸载，视为已经履行合同。

船长决定将货物卸载的，应当及时通知托运人或者收货人，并考虑托运人或者收货人的利益。

第八百三十六条　【承运人留置权】

托运人或者收货人不支付运费、保管费或者其他费用的，承运人对相应的运输货物享有留置权，但是当事人另有约定的除外。

本条来源

本条来源于《合同法》第三百一十五条："托运人或者收货人不支付运费、保管费以及其他运输费用的，承运人对相应的运输货物享有留置权，但当事人另有约定的除外。"相较于原法条，本条将"以及其他运输费用的"改为"或者其他费用的"，表明不再限于运输费用。将"但当事人另有约定的除外"改为"但是当事人另有约定的除外"，该变动仅就条款中个别字词进行了修改，法条的实质内涵未发生变化。

立法演变

本条在一次审议稿第六百二十一条和二次审议稿第六百二十一条均规定为："托运人或者收货人不支付运费、保管费以及其他运输费用的，承运人对相应的运输货物享有留置权，但是当事人另有约定的除外。"《民法典（草案）》第八百三十六条规定为："托运人或者收货人不支付运费、保管费以及其他费用的，承运人对相应的运输货物享有留置权，但是当事人另有约定的除外。"最终《民法典》第八百三十六条将"以及其他费用"改为"或者其他费用"。

条文释义

本条是关于承运人留置权的规定。承运人有权收取运费、保管费以及其他费用。当承运人履行了合同约定的托运义务后，在托运人或者收货人不交付运费、保管费以及其他费用的情况下，若当事人没有特殊的约定，承运人对相应的运输货物享有留置权。

承运人在行使留置权时，应当注意下列事项：第一，除法律另有规定或者当事人另有约定外，承运人可以自行留置货物，不必通过法定程序。第二，承运人在行使留置权时有限制。本条规定承运人对相应的货物有留置权，承运人对可分的货物进行留置应当合理和适当；对于不可分的货物，承运人可以对全部货物进行留置。第三，承运人在留置货物后，应该尽到基本的保管义务，以避免被留置的货物有损毁、灭失的风险。

法条关联

◆《海商法》

第八十六条　在卸货港无人提取货物或者收货人迟延、拒绝提取货物的，船长可以将货物卸在仓库或者其他适当场所，由此产生的费用和风险由收货人承担。

第八百三十七条　【货物的提存】

收货人不明或者收货人无正当理由拒绝受领货物的，承运人依法可以提存货物。

本条来源

本条来源于《合同法》第三百一十六条的规定："收货人不明或者收货人无正当理由拒绝受领货物的，依照本法第一百零一条的规定，承运人可以提存货物。"相较于原法条，本条将"依照本法第一百零一条的规定"删去。

立法演变

本条在一次审议稿第六百二十二条和二次审议稿第六百二十二条均沿用《合同法》第三百一十条的规定。《民法典（草案）》第八百三十七条修改为："收货人不明或者收货人无正当理由拒绝受领货物的，承运人依法可以提存货物。"最终为本条所采用。

条文释义

本条是关于承运人货物提存的规定。在承运人按照运输合同的规定，将货物托运到收货人所在地，若发生收货人不明无法交付货物或者收货人拒绝受领货物的情况，乘运人可以提存货物。本条中的"收货人不明"既包括收货人下落不明，也包括托运人并没有向承运人指明收货人等情况。若货物是易于腐烂或者不易保存的物品，则承运人不能直提存该物品。在货物被提存后，承运人应当及时通知托运人，在收货人明确的情况下，应当及时通知收货人。

法条关联

◆《铁路法》

第二十二条 自铁路运输企业发出领取货物通知之日起满三十日仍无人领取的货物，或者收货人书面通知铁路运输企业拒绝领取的货物，铁路运输企业应当通知托运人，托运人自接到通知之日起满三十日未作答复的，由铁路运输企业变卖；所得价款在扣除保管等费用后尚有余款的，应当退还托运人，无法退还、自变卖之日起一百八十日内托运人又未领回的，上缴国库。

自铁路运输企业发出领取通知之日起满九十日仍无人领取的包裹或者到站后满九十日仍无人领取的行李，铁路运输企业应当公告，公告满九十日仍无人领取的，可以变卖；所得价款在扣除保管等费用后尚有余款的，托运人、收货人或者旅客可以自变卖之日起一百八十日内领回，逾期不领回的，上缴国库。

对危险物品和规定限制运输的物品，应当移交公安机关或者有关部门处理，不得自行变卖。

对不宜长期保存的物品，可以按照国务院铁路主管部门的规定缩短处理期限。

◆《海商法》

第八十六条 在卸货港无人提取货物或者收货人迟延、拒绝提取货物的，船长可以将货物卸在仓库或者其他适当场所，由此产生的费用和风险由收货人承担。

第四节 多式联运合同

第八百三十八条 【多式联运经营人应当负责履行或者组织履行合同】

多式联运经营人负责履行或者组织履行多式联运合同，对全程运输享有承运人的权利，承担承运人的义务。

本条来源

本条来源于《合同法》第三百一十七条，条文无变动。

条文释义

本条是关于多式联运经营人应当负责履行或者组织履行合同的规定。本条中的联运合同，又称联合运输合同，是指当事人约定由两个或两个以上的承运人通过衔接运送，用同一凭证将货物运送到指定地点，托运人支付运输费用而订立的协议。

联运合同包括单式联运合同和多式联运合同。单式联运合同，是指当事人约定由两个以上承运人以同一种运输方式将货物运至约定地点，托运人支付运费的货物运输合同。多式联运合同是指多式联运经营人与托运人订立的，约定以两种或者两种以上的不同运输方式，采用同一运输凭证将货物运输至约定地点的货物运输合同。从本条的规定可知，多式联运经营人要根据多式联运合同履行运输义务或者组织承运人履行运输义务。

本条规定了多式联运经营人享有与承运人一样的权利和义务，实践中多式联运经营人并不等同于承运人。多式联运经营人的类型有：第一，多式联运经营人自己拥有运输工具，并且直接参加运输。第二，多式联运经营人自己不拥有运输工具或者不经营运输工具，也不直接参与运输，而是在签订多式联运合同后，通过双边合同与各运输方式承运人又单独签订各区段运输合同，组织其他承运人进行运输。

案例评议

深圳市和丰饲料有限公司、青岛海顺航国际物流有限公司合同纠纷案①

和丰公司与位于胶州市北外球中段的青岛古船食品有限公司（以下简称古船公司）签订买卖合同，约定和丰公司向古船公司购买56吨麸皮，在古船公司仓库交货，运输由和丰公司负责。和丰公司与海顺航公司通过传真签订沿海内贸货物托运委托书。海顺航公司接受委托后，委托其他公司完成了自古船公司仓库至青

① 广东省高级人民法院（2016）粤民终50号。

岛港的公路区段运输，并委托青岛中远国际货运有限公司胶州分公司完成青岛港至蛇口港的水路区段运输。中远胶州分公司出具货物证明，载明该公司受海顺航公司委托运输涉案两个集装箱货物，涉案货物被运抵蛇口港后，多次催促海顺航公司提货，海顺航公司以货主不提货为由拒绝提货。涉案货物一直堆存在蛇口港，因涉案货物到港时间较长，所运输的麸皮严重腐烂变质，失去货物价值，该公司将货物倒掉，集装箱由该公司收回。和丰公司托运的货物损毁，因此产生纠纷诉至法院。

◆ **裁判规则**

法院经审理认为，法律规定多式联运经营人负责履行或者组织履行多式联运合同，对全程运输享有承运人的权利，承担承运人的义务。由此表明，多式联运合同中的承运人可以自行完成全程各区段的运输工作或只完成部分区段的运输工作，亦可不实际参与运输，而是组织、安排由其他方完成运输工作。虽然依照相关规定，在国内从事水路货物运输业务属于许可经营项目，经营者需持有国内水路运输经营许可证，但并未明确要求从事多式联运业务需具备特殊资质并经审批许可。就涉案货物的多式联运，海顺航公司并未实际参与运输，而是委托其他公司分别完成自古船公司仓库至青岛港的公路运输、青岛港至蛇口港的沿海运输，本案及关联另案均无证据证明实际完成运输工作的企业不具备相应的运输资质，亦无证据证明涉案合同存在其他可能导致合同无效的情形，上诉人和丰公司仅以海顺航公司不具有国内水路运输经营资质为由主张涉案多式联运合同无效，其理据不足。一审判决关于涉案多式联运合同合法有效、双方应依约履行的认定并无明显不当，二审法院予以维持。

◆ **评议**

本案中多式联运承运人海顺航公司并未实际参与运输，而是委托其他公司分别完成各个阶段的运输工作。虽然海顺航公司不具有国内水路运输经营资质，但是其委托的不同区段承运人均具备相应的运输资质，各区段承运人的运输是合法的。海顺航公司未实际参与运输，并未在不具备运输资质的情况下非法运输，其与和丰公司签订的运输合同不因其不具备水路运输经营资质而无效。本案属于多式联运经营人负责组织履行多式联运合同的情况，即使多式联运承运人并未实际参与运输，只要有组织履行多式联运的行为，就需对全程运输享有承运人的权利，承担承运人的义务。

第八百三十九条　【多式联运合同责任制度】

多式联运经营人可以与参加多式联运的各区段承运人就多式联运合同的各区段运输约定相互之间的责任；但是，该约定不影响多式联运经营人对全程运输承担的义务。

本条来源

本条来源于《合同法》第三百一十八条的规定："多式联运经营人可以与参加多式联运的各区段承运人就多式联运合同的各区段运输约定相互之间的责任，但该约定不影响多式联运经营人对全程运输承担的义务。"相较于原法条，本条将"但"改为"但是"，该变动仅是个别字词修改，法条的实质内涵未发生变化。

条文释义

本条是关于多式联运合同中责任制度的规定。本条规定了多式联运运输中实行统一责任制度。多式联运统一责任制度是指，多式联运经营人可以与参加多式联运的各区段承运人就多式联运合同的各区段运输约定相互之间的责任，但该约定不影响多式联运经营人对全程运输承担的义务。多式联运经营人对全程运输中所发生的责任对托运人或者收货人负全责，但是多式联运经营人可以与参加多式联运的各区段运输约定相互之间的责任。多式联运经营人与各区段承运人约定相互责任后，对内有经营人与各区段承运人之间分担运输责任，对外依然由多式联运经营人承担全部责任。多式联运经营人对托运人或者收货人对外负全程的运输责任后，可以依据其与每一区段的运输承运人签订的合同，向其他承运人追偿。

法条关联

◆《海商法》

第一百零二条　本法所称多式联运合同，是指多式联运经营人以两种以上的不同运输方式，其中一种是海上运输方式，负责将货物从接收地运至目的地交付收货人，并收取全程运费的合同。

前款所称多式联运经营人，是指本人或者委托他人以本人名义与托运人订立多式联运合同的人。

第八百四十条　【多式联运单据】

多式联运经营人收到托运人交付的货物时，应当签发多式联运单据。按照托运人的要求，多式联运单据可以是可转让单据，也可以是不可转让单据。

本条来源

本条来源于《合同法》第三百一十九条，条文无变动。

条文释义

本条是关于签发多式联运单据的规定。多式联运经营人收到托运人交付的货物时，应当向托运人签发多式联运单据，规定了多式联运经营人负有签发多式联运单据的义务。所谓多式联运票据，是指由多式联运经营人签发的，用以证明多式联运经营人已经收到托运人交付的多式联运合同项下的货物，并保证据此交付货物的单证。[①] 多式联运单据作为多式联运合同成立并生效的凭证，且记载了多式联运合同当事人之间约定的内容，是十分重要的证明。本条规定，多式联运单据按照托运人的要求，可以是可转让的单据，也可以是不可转让的单据。由于多式联运单据具有物权凭证的性质和作用，如果签发的是可转让的多式联运单据时，应当列明是指示交付还是向持票人交付。如果多式联运经营人按托运人的要求签发了不可转让多式联运单据，则应当记载明确的记名收货人。

第八百四十一条　【托运人承担过错责任】

因托运人托运货物时的过错造成多式联运经营人损失的，即使托运人已经转让多式联运单据，托运人仍然应当承担赔偿责任。

---

① 魏耀荣著：《中华人民共和国合同法释论（分则）》，中国法制出版社2000年版，第408页。

本条来源

本条来源于《合同法》第三百二十条的规定："因托运人托运货物时的过错造成多式联运经营人损失的，即使托运人已经转让多式联运单据，托运人仍然应当承担损害赔偿责任。"相较于原法条，本条将"损害赔偿责任"改为"赔偿责任"，该变动使得法律用语更为严谨。

立法演变

本条在一次审议稿第六百二十六条和二次审议稿第六百二十六条均沿用《合同法》第三百二十条的规定。《民法典（草案）》第八百四十一条作了上述变动，最终为本条所采用。

条文释义

本条是关于托运人承担过错责任的规定。在多式联运中，即使托运人已经转让多式联运单据，如果托运人因自己的过错给多式联运经营人造成损失的，托运人仍然应当承担赔偿责任。也就是说，托运人赔偿多式联运经营人的损失不受多式联运单据是否转让的影响，只要因托运人的过错造成多式联运经营人损失的，不管多式联运单据在谁手中，多式联运经营人都可向托运人要求赔偿，而不能向持票人或者收货人要求赔偿。

第八百四十二条　【多式联运经营人赔偿责任的法律适用】

货物的毁损、灭失发生于多式联运的某一运输区段的，多式联运经营人的赔偿责任和责任限额，适用调整该区段运输方式的有关法律规定；货物毁损、灭失发生的运输区段不能确定的，依照本章规定承担赔偿责任。

本条来源

本条来源于《合同法》第三百二十一条的规定："货物的毁损、灭失发生于多式联运的某一运输区段的，多式联运经营人的赔偿责任和责任限额，适用调整该区段运输方式的有关法律规定。货物毁损、灭失发生的运输区段不能确定的，依照本章规定承担损害赔偿责任。”相较于原法条，本条将“损害赔偿责任”改为“赔偿责任”，该变动使得法律用语更为严谨。

立法演变

本条在一次审议稿第六百二十七条和二次审议稿第六百二十七条均沿用《合同法》第三百二十一条的规定。《民法典（草案）》第八百四十二条作了上述变动，最终为本条所采用。

条文释义

本条是关于多式联运经营人承担赔偿责任所适用法律的规定。多式联运中最大的特点是用不同的运输方式进行运输，是一种分区段的运输方式。然而，采用各个不同的运输方式，其赔偿责任和赔偿限额的规定是不相同的。依据本条规定，货物的毁损、灭失发生于多式联运的某一运输区段的，若该区段是确定的，多式联运经营人的赔偿责任和责任限额，适用调整该区段运输方式的有关法律的规定。在多式联运中，货损发生的运输区段有时不易查清，对于发生区段不能确定的隐蔽货损，依据本条规定，货物发生毁损、灭失的运输区段不能确定的，多式联运经营人应当依照本章的规定承担损害赔偿责任。

第二十章　技术合同

本章概要

本章从内容上看，基本延续《合同法》第十八章技术合同的规定，本章分四节，共四十五条，从条文内容来看，变化主要在：一是借鉴《最高人民法院关于审理技术合同纠纷案件适用法律若干问题的解释》，对技术转让合同和技术许可合同进行了定义。二是增加集成电路布图设计、植物新品种、计算机软件著作权等其他知识产权的转让和许可，参照适用技术转让合同和技术许可合同的有关规定；增加技术许可合同双方应承担违约责任的，参照技术转让合同违约责任的有关规定。三是明确除另有约定外，受托人负担对其正常开展技术咨询、技术服务所需的费用。

第一节　一般规定

第八百四十三条　【技术合同的定义】

技术合同是当事人就技术开发、转让、许可、咨询或者服务订立的确立相互之间权利和义务的合同。

本条来源

本条来源于《合同法》第三百二十二条的规定："技术合同是当事人就技术开发、转让、咨询或者服务订立的确立相互之间权利和义务的合同。"相较于原法条，本条增加"许可"一词，该变动增加了技术许可合同。

立法演变

本条在一次审议稿第六百二十八条中规定："技术合同是当事人就技术开发、转让、咨询或者服务订立的确立相互之间权利和义务的合同。"二次审议稿第六百二十八条和《民法典（草案）》第八百四十三条均无变动，最终为本条所采用。

条文释义

本条是关于技术合同的定义的规定。技术合同是当事人就技术开发、转让、许可、咨询或者服务订立的确立相互之间权利和义务的合同。技术合同是以技术为标的的合同总称，具体包括技术开发合同、技术转让合同、技术许可合同、技术咨询合同和技术服务合同等。技术合同具有以下法律特征：

第一，技术合同的标的是提供技术行为。提供技术行为包括提供现存的技术成果、对尚未开发的技术进行开发、提供与技术有关的辅助性帮助等行为，即技术开发、技术转让、技术许可、技术咨询或技术服务行为。因此，技术合同实质上属于特种买卖合同，其标的所涉及的对象不是一般商品，而是技术。

第二，技术合同是要式和诺成合同。由于技术合同的内容非常复杂，所涉及的内容方方面面，且较为重大，故技术合同应采用书面形式。技术合同的成立，除法律规定必须经有关主管部门批准外，一律自双方当事人达成合意时起即告成立，因此技术合同为诺成合同。

第三，技术合同的履行具有特殊性。技术合同的履行常因涉及与技术有关的其他权利归属，如发明权、科技成果权、专利权等，故技术合同既受合同法约束，又受知识产权制度的规范。

案例评议

徐某与刘某技术合同纠纷案①

刘某作为甲方、徐某作为乙方，双方签订合作协议，约定：乙方持有的智能全彩美甲机技术，是一项采用机电控制实现自动化美甲的新型技术项目，甲方出资30万元获得该专利的共享权，并约定了给付方式。后刘某分别5次向徐

① 江苏省扬州市中级人民法院民事判决书（2019）苏10民终2452号。

某汇款，共计23万元。刘某通过电子邮箱向徐某发出履行合同告知函，要求徐某在2017年4月12日前完成初期第1款样机，并成功开模，徐某回函称其已制作出智能全彩美甲机一款，初具开模或样品定制的条件。徐某还要求刘某履行完剩余8万元的专利共享款，并按协议约定积极推动该项目的后期工作，同日，刘某回复要求徐某快递一台给其方验证或提供第三方认证机构出具验证报告。后因徐某的样机存在问题，产生纠纷诉至法院。

◆ **裁判规则**

法院经审理认为，技术合同是当事人就技术开发、转让、咨询或者服务订立的确立相互之间权利和义务的合同。本案系因刘某与徐某在履行双方签订的智能全彩美甲机项目合作协议中引发的纠纷，该合同就项目产品开发、专利权的享有及产品的销售等进行了约定，故本案系技术合同纠纷。

◆ **评议**

本案是一起典型的技术合同纠纷案件。在审理徐某与刘某的纠纷之前，法院需要对本案的性质进行定性。在实践中，技术合同往往与联营合同、包销合同、经销合同等合同混合在一起。对于当事人将技术合同和其他合同订立为一个合同，应当根据当事人有争议的权利义务的内容，来确定案件的性质。本案中，由于徐某未能有效证实其已经履行了完成样机的合同义务，也未能证明交付的样机符合合同约定，因此徐某与刘某的纠纷是因为智能全彩美甲机的技术开发而产生，因此法院认为本案系技术合同纠纷。

第八百四十四条　【技术合同订立的目的】

订立技术合同，应当有利于知识产权的保护和科学技术的进步，促进科学技术成果的研发、转化、应用和推广。

本条来源

本条来源于《合同法》第三百二十三条的规定："订立技术合同，应当有利于科学技术的进步，加速科学技术成果的转化、应用和推广。"相较于原法条，本条进一步完善了订立技术合同的原则。

立法演变

本条在一次审议稿第六百二十九条中规定为："订立技术合同，应当有利于科学技术的进步，加速科学技术成果的转化、应用和推广。"在《合同法》第三百二十三条的基础上，将"加速科学技术成果的转化、应用和推广"改为"加速科学技术成果的研发、转化、应用和推广"。

二次审议稿第六百二十九条和《民法典（草案）》第八百四十四条均规定为："订立技术合同，应当有利于知识产权的保护和科学技术的进步，促进科学技术成果的研发、转化、应用和推广。"在一次审议稿的基础上，将"应当有利于科学技术的进步"改为"应当有利于知识产权的保护和科学技术的进步"，该变动增加了对知识产权保护的原则，最终为本条所采用。

条文释义

本条是关于技术合同订立的目的的规定。当事人订立技术合同，除应当遵循平等、自愿、公平、诚实信用、遵守法律等民法基本原则外，还应遵循有利于科学技术进步等特殊原则，当事人通过技术合同明确相互之间的权利、义务和责任，应当鼓励科技人员加大科研力度，多出科研成果，并尽可能地将科学技术成果运用于生产实践、转化为现实的生产力、提高质量、降低成本、改善经营管理、提高经济效益和社会效益，使先进的科学技术成果能够在工农业生产、国防以及其他各行业得以应用和推广。

法条关联

◆《最高人民法院关于审理技术合同纠纷案件适用法律若干问题的解释》

第一条 技术成果，是指利用科学技术知识、信息和经验作出的涉及产品、工艺、材料及其改进等的技术方案，包括专利、专利申请、技术秘密、计算机软件、集成电路布图设计、植物新品种等。

技术秘密，是指不为公众所知悉、具有商业价值并经权利人采取保密措施的技术信息。

第八百四十五条　【技术合同的主要条款】

技术合同的内容一般包括项目的名称，标的的内容、范围和要求，履行的计划、地点和方式，技术信息和资料的保密，技术成果的归属和收益的分配办法，验收标准和方法，名词和术语的解释等条款。

与履行合同有关的技术背景资料、可行性论证和技术评价报告、项目任务书和计划书、技术标准、技术规范、原始设计和工艺文件，以及其他技术文档，按照当事人的约定可以作为合同的组成部分。

技术合同涉及专利的，应当注明发明创造的名称、专利申请人和专利权人、申请日期、申请号、专利号以及专利权的有效期限。

本条来源

本条来源于《合同法》第三百二十四条的规定："技术合同的内容由当事人约定，一般包括以下条款：（一）项目名称；（二）标的的内容、范围和要求；（三）履行的计划、进度、期限、地点、地域和方式；（四）技术情报和资料的保密；（五）风险责任的承担；（六）技术成果的归属和收益的分成办法；（七）验收标准和方法；（八）价款、报酬或者使用费及其支付方式；（九）违约金或者损失赔偿的计算方法；（十）解决争议的方法；（十一）名词和术语的解释。与履行合同有关的技术背景资料、可行性论证和技术评价报告、项目任务书和计划书、技术标准、技术规范、原始设计和工艺文件，以及其他技术文档，按照当事人的约定可以作为合同的组成部分。技术合同涉及专利的，应当注明发明创造的名称、专利申请人和专利权人、申请日期、申请号、专利号以及专利权的有效期限。"相较于原法条，本条作出了相应的删减，该变动为立法技术上的简化。

立法演变

本条在一次审议稿第六百三十条和二次审议稿第六百三十条均沿用《合同法》第三百二十四条的规定。《民法典（草案）》第八百四十五条规定为："技术合同的内容一般包括项目的名称、内容、范围和要求，履行的计划、地点和方式，技术情报和资料的保密，技术成果的归属和收益的分配办法，验收标准和方法，名 词和术语的解释等条款。与履行合同有关的技术背景资料、可行性论证和技术评价报告、项目任务书和计划书、技术标准、技术规范、原始设计和工艺文件，以及其他技术文档，按照当事人的约定可以作为合同的组成部分。技术合同涉及专利的，应当注明发明创造的名称、专利申请人和专利权人、申请日期、申请号、专利号以及专利权的有效期限。”《民法典》第八百四十五条将“内容”修改为“标的的内容”，将“技术情报和资料的保密”修改为“技术信息和资料的保密”。

条文释义

本条是关于技术合同主要条款的规定。当事人应当在平等、自愿的基础上，协商确定技术合同内容。一般情况下，由合同双方当事人协商确定技术合同条款，无需由法律作出具体规定。但是，仍然有必要在法律中作一些规定，指导当事人订立技术合同，以确保交易安全。

技术合同的条款一般包括项目的名称，标的的内容、范围和要求，履行的计划、地点和方式，技术信息和资料的保密，技术成果的归属和收益的分配办法，验收标准和方法，名词和术语的解释等条款。这些条款是指导性条款，不要求技术合同必须具备上述条款，也不限制当事人在合同中约定其他事项，如当事人可以约定对技术合同的担保等。与履行合同有关的技术背景资料、可行性论证和技术评价报告、项目任务书和计划书、技术标准、技术规范、原始设计和工艺文件，以及其他技术文档，按照当事人的约定可以作为合同的组成部分。技术合同涉及专利的，还应当遵守专利法的有关规定。

第八百四十六条　【技术合同价款、报酬或使用费】

技术合同价款、报酬或者使用费的支付方式由当事人约定，可以采取一次总算、一次总付或者一次总算、分期支付，也可以采取提成支付或者提成支付附加预付入门费的方式。

约定提成支付的，可以按照产品价格、实施专利和使用技术秘密后新增的产值、利润或者产品销售额的一定比例提成，也可以按照约定的其他方式计算。提成支付的比例可以采取固定比例、逐年递增比例或者逐年递减比例。

约定提成支付的，当事人可以约定查阅有关会计账目的办法。

本条来源

本条来源于《合同法》第三百二十五条的规定："技术合同价款、报酬或者使用费的支付方式由当事人约定，可以采取一次总算、一次总付或者一次总算、分期支付，也可以采取提成支付或者提成支付附加预付入门费的方式。约定提成支付的，可以按照产品价格、实施专利和使用技术秘密后新增的产值、利润或者产品销售额的一定比例提成，也可以按照约定的其他方式计算。提成支付的比例可以采取固定比例、逐年递增比例或者逐年递减比例。约定提成支付的，当事人应当在合同中约定查阅有关会计帐目的办法。"相较于原法条，本条在第三款中将"当事人应当在合同中约定查阅有关会计帐目的办法"改为"当事人可以约定查阅有关会计账目的办法"，该变动表明技术合同中有约定提成支付的，当事人并不必须在合同中约定"查阅有关会计账目的办法"，可以自行决定。

条文释义

本条是关于技术合同价款、报酬或者使用费的支付的规定。技术合同的价款、报酬和使用费如何支付，可由当事人在合同中约定。技术合同价款的支付有如下方式：第一，一次总算，一次总付。即当事人将合同价款一次算清并全部一次性支付。这样的价款等费用是固定的数额，支付的方式也是明确的某一期限。第二，一次总算，分期支付。即当事人将合同价款一次算清但分期分批支付。第三，提成支付方式。当事人约定提成支付的，可以按照产品价格、实施专利和使用技术秘密后新增的产值、利润或者产品销售额的一定比例提成，也可以按照约定的其他方式计算。第四，提成支付附加预付"入门费"方式。即指受让方首先在一定期限内向转让方另外支付一部分固定的费用作为该项技术的入门费，其余的价款则采用提成方式分期支付。

法条关联

◆《最高人民法院关于审理技术合同纠纷案件适用法律若干问题的解释》

第十四条 对技术合同的价款、报酬和使用费，当事人没有约定或者约定不明确的，人民法院可以按照以下原则处理：

（一）对于技术开发合同和技术转让合同，根据有关技术成果的研究开发成本、先进性、实施转化和应用的程度，当事人享有的权益和承担的责任，以及技术成果的经济效益等合理确定；

（二）对于技术咨询合同和技术服务合同，根据有关咨询服务工作的技术含量、质量和数量，以及已经产生和预期产生的经济效益等合理确定。

技术合同价款、报酬、使用费中包含非技术性款项的，应当分项计算。

第八百四十七条 【职务技术成果的财产权权属】

职务技术成果的使用权、转让权属于法人或者非法人组织的，法人或者非法人组织可以就该项职务技术成果订立技术合同。法人或者非法人组织订立技术合同转让职务技术成果时，职务技术成果的完成人享有以同等条件优先受让的权利。

职务技术成果是执行法人或者非法人组织的工作任务，或者主要是利用法人或者非法人组织的物质技术条件所完成的技术成果。

本条来源

本条来源于《合同法》第三百二十六条的规定："职务技术成果的使用权、转让权属于法人或者其他组织的，法人或者其他组织可以就该项职务技术成果订立技术合同。法人或者其他组织应当从使用和转让该项职务技术成果所取得的收益中提取一定比例，对完成该项职务技术成果的个人给予奖励或者报酬。法人或者其他组织订立技术合同转让职务技术成果时，职务技术成果的完成人享有以同等条件优先受让的权利。职务技术成果是执行法人或者其他组织的工作任务，或者主要是利用法人或者其他组织的物质技术条件所完成的技术成果。"相较于原法条，本条将"其他组织"修改为"非法人组织"，由于民事主体不再包括“其他组织”，该变动是为了保持法条内容的一致。同时删去“法人或者其他组织应当从使用和转让该项职务技术成果所取得的收益中提取一定比例，对完成该项职务技术成果的个人给予奖励或者报酬”这一内容，该变动删除了法人或者非法人组织给予奖励或者报酬的义务。

立法演变

本条在一次审议稿第六百三十二条和二次审议稿第六百三十二条中均规定为：“职务技术成果的使用权、转让权属于法人或者非法人组织的，法人或者非法人组织可以就该项职务技术成果订立技术合同。法人或者非法人组织应当从使用和转让该项职务技术成果所取得的收益中提取一定比例，对完成该项职务技术成果的个人给予奖励或者报酬。法人或者非法人组织订立技术合同转让职务技术成果时，职务技术成果的完成人享有以同等条件优先受让的权利。职务技术成果是执行法人或者非法人组织的工作任务，或者主要是利用法人或者非法人组织的物质技术条件所完成的技术成果。”

《民法典（草案）》第八百四十七条规定为：“职务技术成果的使用权、转让权属于法人或者非法人组织的，法人或者非法人组织可以就该项职务技术成果订立技术合同。法人或者非法人组织订立技术合同转让职务技术成果时，职务技术成果的完成人享有以同等条件优先受让的权利。职务技术成果是执行法人或者非法人组织的工作任务，或者主要是利用法人或者非法人组织的物质技术条件所完成的技术成果。”

一次审议稿第六百三十二条和二次审议稿第六百三十二条将《合同法》第三百二十六条中的“其他组织”修改为“非法人组织”。《民法典（草案）》第八百四十七条在此基础上，删去“法人或者其他组织应当从使用和转让该项职务技术成果所取得的收益中提取一定比例，对完成该项职务技术成果的个人给予奖励或者报酬”的内容，并最终为本条所采用。

条文释义

本条是关于职务技术成果财产权归属的规定。职务技术成果是执行法人或者非法人组织的工作任务或者主要是利用法人或者非法人组织的物质技术条件所完成的技术成果。依据这一规定，确认职务技术成果的标准有两条：一是执行法人或者非法人组织的工作任务；二是主要是利用法人或者非法人组织的物质技术条件。依据本条规定“执行法人或者非法人组织的工作任务”的情况包括：第一，履行法人或者非法人组织的岗位职责或者承担其交付的其他技术开发任务；第二，离职后一年内继续从事与其原所在法人或者非法人组织的岗位职责或者交付的任务有关的技术开发工作，但法律、行政法规另有规定的除外。本条所指的“主要利用法人或者非法人组织的物质技术条件”，包括职工在技术成果的研究开发过程中，全部或者大部分利用了法人或者非法人组织的资金、设备、器材或者原材料等物质条件，且这些物质条件对形成该技术成果具有实质性的影响；还包括该技术成果实质性内容是在法人或者非法人组织尚未公开的技术成果、阶段性技术成果基础上完成的情形。

职务技术成果的使用权、转让权属于法人或者非法人组织，法人或者非法人组织可以就该项职务技术成果订立技术合同。个人未经法人或者非法人组织同意，擅自以生产经营为目的使用、转让法人或者非法人组织的职务技术成果，是侵犯法人或者非法人组织技术权益的侵权行为。此外，还规定法人或者非法人组织订立技术合同转让职务技术成果时，职务技术成果的完成人享有以同等条件优先受让的权利。

法条关联

◆《专利法》

第六条 执行本单位的任务或者主要是利用本单位的物质技术条件所完成的发明创造为职务发明创造。职务发明创造申请专利的权利属于该单位；申请被批准后，该单位为专利权人。

非职务发明创造，申请专利的权利属于发明人或者设计人；申请被批准后，该发明人或者设计人为专利权人。

利用本单位的物质技术条件所完成的发明创造，单位与发明人或者设计人订有合同，对申请专利的权利和专利权的归属作出约定的，从其约定。

第十六条 被授予专利权的单位应当对职务发明创造的发明人或者设计人给予奖励；发明创造专利实施后，根据其推广应用的范围和取得的经济效益，对发明人或者设计人给予合理的报酬。

第十七条 发明人或者设计人有权在专利文件中写明自己是发明人或者设

计人。

专利权人有权在其专利产品或者该产品的包装上标明专利标识。

◆《专利法实施细则》

第十二条　专利法第六专利法第六条所称执行本单位的任务所完成的职务发明创造，是指：

（一）在本职工作中作出的发明创造；

（二）履行本单位交付的本职工作之外的任务所作出的发明创造；

（三）退休、调离原单位后或者劳动、人事关系终止后1年内作出的，与其在原单位承担的本职工作或者原单位分配的任务有关的发明创造。

专利法第六条所称本单位，包括临时工作单位；专利法第六条所称本单位的物质技术条件，是指本单位的资金、设备、零部件、原材料或者不对外公开的技术资料等。

第七十六条　被授予专利权的单位可以与发明人、设计人约定或者在其依法制定的规章制度中规定专利法第十六条规定的奖励、报酬的方式和数额。

企业、事业单位给予发明人或者设计人的奖励、报酬，按照国家有关财务、会计制度的规定进行处理。

第七十七条　被授予专利权的单位未与发明人、设计人约定也未在其依法制定的规章制度中规定专利法第十六条规定的奖励的方式和数额的，应当自专利权公告之日起3个月内发给发明人或者设计人奖金。一项发明专利的奖金最低不少于3000元；一项实用新型专利或者外观设计专利的奖金最低不少于1000元。

由于发明人或者设计人的建议被其所属单位采纳而完成的发明创造，被授予专利权的单位应当从优发给奖金。

第七十八条　被授予专利权的单位未与发明人、设计人约定也未在其依法制定的规章制度中规定专利法第十六条规定的报酬的方式和数额的，在专利权有效期限内，实施发明创造专利后，每年应当从实施该项发明或者实用新型专利的营业利润中提取不低于2%或者从实施该项外观设计专利的营业利润中提取不低于0.2%，作为报酬给予发明人或者设计人，或者参照上述比例，给予发明人或者设计人一次性报酬；被授予专利权的单位许可其他单位或者个人实施其专利的，应当从收取的使用费中提取不低于10%，作为报酬给予发明人或者设计人。

◆《最高人民法院关于审理技术合同纠纷案件适用法律若干问题的解释》

第五条 个人完成的技术成果，属于执行原所在法人或者其他组织的工作任务，又主要利用了现所在法人或者其他组织的物质技术条件的，应当按照该自然人原所在和现所在法人或者其他组织达成的协议确认权益。不能达成协议的，根据对完成该项技术成果的贡献大小由双方合理分享。

第七条 不具有民事主体资格的科研组织订立的技术合同，经法人或者其他组织授权或者认可的，视为法人或者其他组织订立的合同，由法人或者其他组织承担责任；未经法人或者其他组织授权或者认可的，由该科研组织成员共同承担责任，但法人或者其他组织因该合同受益的，应当在其受益范围内承担相应责任。

前款所称不具有民事主体资格的科研组织，包括法人或者其他组织设立的从事技术研究开发、转让等活动的课题组、工作室等。

第八百四十八条 【非职务技术成果的财产权权属】

非职务技术成果的使用权、转让权属于完成技术成果的个人，完成技术成果的个人可以就该项非职务技术成果订立技术合同。

本条来源

本条来源于《合同法》第三百二十七条，条文无变动。

条文释义

本条是关于非职务技术成果财产权权属的规定。未执行法人或者非法人组织的工作任务，也未利用法人或者非法人组织的物质技术条件所完成的技术成果，是非职务技术成果。利用法人或者非法人组织提供的物质技术条件，有约定返还资金或者交纳使用费的，以及在技术成果完成后利用法人或非法人组织的物质技术条件对技术方案进行验证、测试的，也属于非职务技术成果。

非职务技术成果的财产权包括非职务技术成果的使用权、转让权等，依据本条规定非职务技术成果的财产权属于完成技术成果的个人。完成技术成果的个人有权就该项非职务技术订立技术合同，有权获得因使用或者转让该项技术成果所取得的收益。法人或者非法人组织擅自以生产经营目的使用或者转让属于个人的非职务技术成果，是侵犯个人合法权益的行为。

法条关联

◆《专利法》

第六条　执行本单位的任务或者主要是利用本单位的物质技术条件所完成的发明创造为职务发明创造。职务发明创造申请专利的权利属于该单位；申请被批准后，该单位为专利权人。

非职务发明创造，申请专利的权利属于发明人或者设计人；申请被批准后，该发明人或者设计人为专利权人。

利用本单位的物质技术条件所完成的发明创造，单位与发明人或者设计人订有合同，对申请专利的权利和专利权的归属作出约定的，从其约定。

第七条　对发明人或者设计人的非职务发明创造专利申请，任何单位或者个人不得压制。

第八百四十九条　【技术成果的人身权归属】

完成技术成果的个人享有在有关技术成果文件上写明自己是技术成果完成者的权利和取得荣誉证书、奖励的权利。

本条来源

本条来源于《合同法》第三百二十八条的规定："完成技术成果的个人有在有关技术成果文件上写明自己是技术成果完成者的权利和取得荣誉证书、奖励的权利。"相较于原法条，本条将"有在有关技术成果文件上"修改为"享有在有关技术成果文件上"，该变动仅为个别字词的修改，法条的实质内涵未发生变化。

立法演变

本条在一次审议稿第六百三十四条、二次审议稿第六百三十四条、《民法典（草案）》第八百四十九条中均沿用《合同法》第三百二十八条的规定。《民法典》第八百四十九条作了上述变动。

条文释义

本条是关于技术成果的人身权归属的规定。技术成果的精神权属表现为技术成果的人身权。技术成果的人身权是与完成技术成果的个人有着密切关系的权利。技术成果的人身权，是指在有关技术成果文件上署名以及取得国家荣誉证书、奖章和其他奖励的权利。依据本条规定，完成技术成果的个人享有在有关技术成果文件上写明自己是技术成果完成者的权利和取得荣誉证书、奖励的权利。即使完成技术成果的个人不享有该成果的所有权，技术成果的人身权仍然属于完成该项技术成果的人。本条中的完成技术成果的个人不包括提供辅助工作的工作人员以及提供资金、材料、设备的人员。

第八百五十条　【技术合同无效】

非法垄断技术或者侵害他人技术成果的技术合同无效。

本条来源

本条来源于《合同法》第三百二十九条的规定："非法垄断技术、妨碍技术进步或者侵害他人技术成果的技术合同无效。"相较于原法条，本条删去"妨碍技术进步"，该变动为立法技术上的调整，使法条的表述更加精炼。

立法演变

本条在一次审议稿第六百三十五条、二次审议稿第六百三十五条和《民法典（草案）》第八百五十条均沿用《合同法》第三百二十九条的规定。最终《民法典》第八百五十条作了上述变动。

条文释义

本条是关于技术合同无效的规定。技术合同的无效是指合同因欠缺技术合同生效要求，而不产生法律效力。除去合同无效的一般情形，本条特别规定："非法垄断技术或者侵害他人技术成果的技术合同无效。"非法垄断技术，主要是指一方当事人利用合同条款限制另一方在合同技术的基础上进行新的研究开发，限制另一方从其他渠道吸收技术，或者阻碍另一方根据市场的需要，按照合同的方式充分实施专利和非专利技术等情形。由于其不利于技术进步、技术成果的转化应用和推广，违背技术合同应遵循的原则，应当受到法律的禁止，合同当然无效。侵害他人技术成果主要是指当事人一方侵害另一方或者第三方的专利权、专利申请权、专利实施权、非专利技术使用权和转让权或者发明权、发现权以及其他科技成果权而订立的技术合同，应认定合同无效。无效的合同，从订立时起就没有法律约束力。

案例评议

建科机械（天津）股份有限公司、舒开泰、原审第三人马鞍山黑马钢筋焊网有限公司技术合同纠纷案[①]

建科公司和舒开泰签订一份合作生产、销售“GT 系列高效钢筋矫直切断机”的协议书。舒开泰方负责提供生产矫切机的全部机械图纸、电气原理图、相关专利及生产技术。后建科公司和舒开泰签订技术转让协议和关于“技术转让协议”的补充说明。由于前述技术转让协议不符合税务机关的规定，无法备案，故建科公司和舒开泰签订技术秘密转让合同。舒开泰申请对该专利进行检索，国家知识产权局作出专利检索报告，认为该专利不具备创造性。建科公司认为舒开泰转让的技术秘密系侵害第三人黑马公司的技术成果。2010 年初，舒开泰离开建科公司未再提供技术服务，并要求建科公司支付剩余 18 万元。建科公司表示已不再根据该技术生产矫切机，建科公司认可双方已经对账的提成费，并认为虽然建科公司未支付 18 万元，但因为专利无效等原因不需要再支付。因此产生纠纷，诉至法院。

◆ 裁判规则

法院经审理认为，非法垄断技术、妨碍技术进步或者侵害他人技术成果的技术合同无效。本案中，建科公司主张舒开泰转让的技术秘密系侵害黑马公司的技术成果，黑马公司对此表示认可。且舒开泰的技术秘密来源于其受聘黑马公司期间参与测绘和制造德国“钢筋矫直切断机”的技术。舒开泰关于其提供

① 天津市高级人民法院民事判决书（2017）津民终 396 号。

给建科公司的技术秘密与黑马公司的技术存在根本区别的主张，事实依据不足。另外，舒开泰虽主张无论黑马公司的技术还是其提供给建科公司的技术秘密均属于现有技术，但其对该主张并未提供充分证据予以证明，况且技术合同的转让方本就不能以技术转让的名义提供已进入公有领域的技术并收取转让费。根据以上分析，舒开泰向建科公司转让的技术秘密侵犯了黑马公司的技术成果，涉案协议中涉及技术秘密部分的合同内容应属无效。因此法院对舒开泰要求建科公司继续支付相关提成费的反诉请求，不予支持。

◆ **评议**

本案是关于技术秘密合同无效的典型案例。技术合同无效的法定情形包括：非法垄断技术、妨碍技术进步和侵害他人技术成果。舒开泰的技术秘密来源于其受聘黑马公司期间参与测绘和制造德国“钢筋矫直切断机”的技术。黑马公司并未授权舒开泰使用该项技术，且舒开泰没有证据证明自己提供的技术区别于黑马公司的“钢筋矫直切断机”的技术，可以认定舒开泰实际上是将他人技术成果违法使用，符合“侵害他人技术成果”的情形。因此法院认为，涉案协议中涉及技术秘密部分的合同内容应属无效。

第二节　技术开发合同

第八百五十一条　【技术开发合同的定义及合同形式】

技术开发合同是当事人之间就新技术、新产品、新工艺、新品种或者新材料及其系统的研究开发所订立的合同。

技术开发合同包括委托开发合同和合作开发合同。

技术开发合同应当采用书面形式。

当事人之间就具有实用价值的科技成果实施转化订立的合同，参照适用技术开发合同的有关规定。

本条来源

本条来源于《合同法》第三百三十条的规定：“技术开发合同是指当事人

之间就新技术、新产品、新工艺或者新材料及其系统的研究开发所订立的合同。技术开发合同包括委托开发合同和合作开发合同。技术开发合同应当采用书面形式。当事人之间就具有产业应用价值的科技成果实施转化订立的合同，参照技术开发合同的规定。”相较于原法条，本条在第一款中将“是指当事人之间就新技术、新产品、新工艺、或者新材料”改为“是当事人之间就新技术、新产品、新工艺、新品种或者新材料”，该变动增加了“新品种”这一类型；在最后一款中，将“当事人之间就具有产业应用价值的科技成果实施转化订立的合同，参照适用技术开发合同的有关规定”改为“当事人之间就具有实用价值的科技成果实施转化订立的合同，参照适用技术开发合同的有关规定”，该变动使得法条用语更为严谨。

立法演变

本条在一次审议稿第六百三十六条和二次审议稿第六百三十六条均规定为：“技术开发合同是当事人之间就新技术、新产品、新工艺、新品种或者新材料及其系统的研究开发所订立的合同。技术开发合同包括委托开发合同和合作开发合同。技术开发合同应当采用书面形式。当事人之间就具有产业应用价值的科技成果实施转化订立的合同，参照技术开发合同的规定。”

《民法典（草案）》第八百五十一条规定为：“技术开发合同是当事人之间就新技术、新产品、新工艺、新品种或者新材料及其系统的研究开发所订立的合同。技术开发合同包括委托开发合同和合作开发合同。技术开发合同应当采用书面形式。当事人之间就具有实用价值的科技成果实施转化订立的合同，参照适用技术开发合同的有关规定。”最终为本条采用。

条文释义

本条是关于技术开发合同定义及合同形式的规定。技术开发合同是指当事人之间就新技术、新产品、新工艺或者新材料及其系统的研究开发所订立的合同，包括委托开发合同和合作开发合同。当事人之间就具有实用价值的科技成果实施转化订立的合同，参照适用技术开发合同的有关规定。委托开发合同是指当事人一方委托另一方进行研究开发所订立的合同。合作开发合同是指当事人各方就共同进行研究开发所订立的合同。依据本条规定，技术开发合同的特征包括：

第一，技术开发合同的标的是具有创造性的技术成果。技术开发合同的标的是一种创造性技术成果，即新技术、新产品、新工艺、新材料及其系统。这种新技术成果是当事人在订立合同时尚不掌握的，不存在的，只有经过研究开发人的创造性科技活动才能取得。

第二，技术开发合同具有高风险。新技术成果的研究开发是属于探索性的技术生产活动，本身存在失败的风险。因此，合同法规定，在技术开发合同履行过程中，因出现无法克服的技术困难，导致研究开发失败或者部分失败的，该风险责任由当事人约定。没有约定或者约定不明确的，风险责任由当事人合理分担。

第三，技术开发合同是要式、双务、有偿、诺成合同。技术开发合同的履行期限较长且存在一定的风险，为了明确当事人之间的权利和义务，本条规定技术开发合同应当采用书面形式，故技术开发合同为要式合同。技术开发合同的履行具有协作性。技术开发合同的双方当事人都互相负有一定的义务，每一方从他方取得利益都须支付一定代价，因此技术开发合同为双务合同、有偿合同。技术开发合同自双方当事人意思表示一致时起即可成立，并不以交付实物为合同的成立生效要件，故为诺成合同。

法条关联

◆《技术合同认定规则》

第二十条 技术开发合同是当事人之间就新技术、新产品、新工艺、新材料、新品种及其系统的研究开发所订立的合同。

技术开发合同包括委托开发合同和合作开发合同。委托开发合同是一方当事人委托另一方当事人进行研究开发工作并提供相应研究开发经费和报酬所订立的技术开发合同。合作开发合同是当事人各方就共同进行研究开发工作所订立的技术开发合同。

第二十一条 技术开发合同的认定条件是：

（一）有明确、具体的科学研究和技术开发目标；

（二）合同标的为当事人在订立合同时尚未掌握的技术方案；

（三）研究开发工作及其预期成果有相应的技术创新内容。

第二十三条　下列各项符合本规则第二十一条规定的，属于技术开发合同：

（一）小试、中试技术成果的产业化开发项目；

（二）技术改造项目；

（三）成套技术设备和试验装置的技术改进项目；

（四）引进技术和设备消化、吸收基础上的创新开发项目；

（五）信息技术的研究开发项目，包括语言系统、过程控制、管理工程、特定专家系统、计算机辅助设计、计算机集成制造系统等，但软件复制和无原创性的程序编制的除外；

（六）自然资源的开发利用项目；

（七）治理污染、保护环境和生态项目；

（八）其他科技成果转化项目。

前款各项中属一般设备维修、改装、常规的设计变更及其已有技术直接应用于产品生产的，不属于技术开发合同。

第二十四条　下列合同不属于技术开发合同：

（一）合同标的为当事人已经掌握的技术方案，包括已完成产业化开发的产品、工艺、材料及其系统；

（二）合同标的为通过简单改变尺寸、参数、排列，或者通过类似技术手段的变换实现的产品改型、工艺变更以及材料配方调整；

（三）合同标的为一般检验、测试、鉴定、仿制和应用。

第八百五十二条　【委托开发合同的委托人义务】

委托开发合同的委托人应当按照约定支付研究开发经费和报酬，提供技术资料，提出研究开发要求，完成协作事项，接受研究开发成果。

本条来源

本条来源于《合同法》第三百三十一条的规定：“委托开发合同的委托人应当按照约定支付研究开发经费和报酬；提供技术资料、原始数据；完成协作事项；接受研究开发成果。”相较于原法条，本条增加了“提出研究开发要求”

这一内容，该变动增加了委托开发合同中委托人的义务。同时删除“原始数据”，该变动为立法技术上的简化，使得法条用语更为严谨。

立法演变

本条在一次审议稿第六百三十七条中沿用《合同法》第三百三十一条的表述。二次审议稿第六百三十七条和《民法典（草案）》第八百五十二条均规定为：“委托开发合同的委托人应当按照约定支付研究开发经费和报酬；提供技术资料、原始数据；提出研究开发要求；完成协作事项；接受研究开发成果。”最终《民法典》第八百五十二条删除“原始数据”。

条文释义

本条是关于委托开发合同的委托人主要义务的规定。委托人的主要义务包括：

第一，按照约定支付研究开发经费和报酬。委托人所负担的研究开发经费，是受托人完成研究开发工作所需要的成本。除合同另有约定，委托人应当提供全部研究开发工作所需要的经费，包括购买必备的设备仪器、试验材料、能源、试制、安装以及实验资料等项费用。研究开发经费是委托开发合同委托人所必须支付的费用，具体的支付方式可以由当事人约定，但不得影响研究开发工作的正常进行。委托人向受托人支付的报酬，是指研究开发成果的使用费和受托人的科研补贴，是受托人完成研究开发应获得的劳动收入。支付报酬的多少可由当事人进行约定。

第二，按照约定提供技术资料。委托开发工作是受托人根据委托人的要求进行的，只有委托人提供完备的技术资料等相关材料，并做好相应的协助工作，研究开发才能更好地符合委托人的要求。

第三，按照约定提出研究开发要求。受托人根据委托人的要求进行委托开发工作，合同成立后，委托人负有按照合同约定提出研究开发要求的义务，以确保研究开发人的研究开发成果符合委托人的要求。

第四，按照约定完成协作事项。委托人有协助受托人的完成协作事项的义务，例如补充有关的背景资料、数据等协作工作。但是，委托人完成的协作工作，只是辅助性劳动，而不能认为是参与开发研究，将委托开发合同变为合作开发合同。

第五，按照约定接受研究开发成果。委托开发合同履行后，委托人享有接受该项研究开发成果的权利，这也是委托人的义务，委托人应当按期接受这一成果。当事人可以在合同中约定委托人接受研究开发成果的方式、时间或者期限，便于合同及时履行。

第八百五十三条　【委托开发合同的研究开发人义务】

委托开发合同的研究开发人应当按照约定制定和实施研究开发计划，合理使用研究开发经费，按期完成研究开发工作，交付研究开发成果，提供有关的技术资料和必要的技术指导，帮助委托人掌握研究开发成果。

本条来源

本条来源于《合同法》第三百三十二条的规定："委托开发合同的研究开发人应当按照约定制定和实施研究开发计划；合理使用研究开发经费；按期完成研究开发工作，交付研究开发成果，提供有关的技术资料和必要的技术指导，帮助委托人掌握研究开发成果。"相较于原法条，本条修改了两个标点符号，使法条层次更加清晰。

条文释义

本条是关于委托开发合同的研究开发人即受托人主要义务的规定。依据本条规定，受托人的主要义务如下：

第一，按照约定制订和实施研究开发计划。委托开发合同是指当事人一方委托另一方进行研究开发所订立的合同。在委托开发合作过程中，必要步骤是制订开发计划，依据切实可行的计划积极组织实施，保证研究开发工作的顺利进行。委托开发合同对制订和实施研究开发计划有约定的，受托人应该按照该约定的内容实施开发计划，若未制订研究开发计划，应在合同成立并生效后，及时制订研究开发计划。

第二，合理使用研究开发经费。委托人有义务按照约定支付研究开发经费，同样受托人也有义务合理使用研究开发经费，研究开发经费是专为研究开发工作使用的，与委托人支付的报酬不同。受托人需要按照合理的方式使用研究开发经费。所谓的合理使用，包括专款专用、落到实处、杜绝浪费、分项合理等内容。[①] 受托人应当合理使用研究开发经费，不得擅自挪作他用，不得浪费。委托人有权检查和跟进研究开发经费的使用情况，但不能妨碍受托人的正常研究工作。针对委托人对研究开发经费的检查权，双方当事人可以在合同中进行约定。

第三，按期完成研究开发工作，交付研究开发成果。受托人负有按照合同的约定，按期完成研究开发工作，并及时交付研究开发成果的义务。合同有约定交付研究成果的方式，须按照合同约定的方式交付；若未约定交付的方式，则需要按照研究开发成果的性质，以合理的方式交付。

第四，委托人的协助义务。研究开发人按照合同约定，完成研究开发工作并交付工作成果时，还应当向委托人提供有关的技术资料，并给予必要的技术指导，帮助委托人掌握该技术成果，使之尽快在生产实践中应用。研究开发人也不得在向委托人交付研究开发成果前，将研究开发成果转让给第三人。

第八百五十四条　【委托开发合同的违约责任】

委托开发合同的当事人违反约定造成研究开发工作停滞、延误或者失败的，应当承担违约责任。

本条来源

本条来源于《合同法》第三百三十三条：“委托人违反约定造成研究开发工作停滞、延误或者失败的，应当承担违约责任。”《合同法》第三百三十四条：“研究开发人违反约定造成研究开发工作停滞、延误或者失败的，应当承担违约责任。”本条将原《合同法》第三百三十三条、第三百三十四条内容合并为一条，该变动为立法技术上的简化。

① 崔建远主编：《合同法》，法律出版社2016年版，第403页。

立法演变

本条在一次审议稿第六百三十九条规定为："委托开发合同的当事人违反约定造成研究开发工作停滞、延误或者失败的，应当承担违约责任。"二次审议稿第六百三十九条和《民法典（草案）》第八百五十四条均无变动，最终为本条采用。

条文释义

本条是关于委托开发合同当事人违约责任的规定。委托人开发合作的当事人违反约定造成研究开发工作停滞、延误或者失败的，应当承担违约责任。这是对委托人和受托人违反约定应当承担责任的一般规定。委托开发合同中约定了各方当事人负有的义务，若其中一方违反约定，不履行合同中约定的义务，造成研究开发工作停滞、延误，甚至导致研究失败，未违约一方不承担责任。一方当事人违反合同约定给另一方当事人造成损失，另一方当事人有权请求违约方承担赔偿责任。

第八百五十五条　【合作开发合同的当事人主要义务】

合作开发合同的当事人应当按照约定进行投资，包括以技术进行投资，分工参与研究开发工作，协作配合研究开发工作。

本条来源

本条来源于《合同法》第三百三十五条的规定："合作开发合同的当事人应当按照约定进行投资，包括以技术进行投资；分工参与研究开发工作；协作配合研究开发工作。"相较于原法条，本条修改了两个标点符号，使法条层次更加清晰。

条文释义

本条是对合作开发合同的各方当事人主要义务的规定。依据本条规定，在合作开发合同中当事人各方的主要义务包括：

第一，按照合同的约定进行投资，包括以技术进行投资。合作开发合同中各方当事人共同投资，各方共同进行合作开发工作。由于合作开发合同是多方共同合作开发，合同当事人均有义务依照合同约定的投资方式进行投资。这里的投资包括但不限于各方当事人以资金、设备、材料、场地、试验条件、技术情报资料、专利权、技术秘密成果等方式的投入。

第二，按照合同约定的分工参与研究开发工作。合作开发合同中对各方当事人虽然共同进行投资，但各方还必须出人直接参与研究开发工作。合作开发合同中各方当事人均有权利和义务参与研究开发工作，各方均需要承担主要的工作任务，而非辅助性的工作，因此应该在合同中约定各方分工的内容，以明确相应的责任。

第三，协作配合研究开发工作。合作开发是以双方的共同投资和共同开发为主要特征，各方共同配合研究开发工作是研究开发成果诞生的重要前提。因此，合作各方均有协作配合研究开发工作的义务。例如，各方可以约定成立研究开发指导机构，对可能出现的重大问题进行决策、协调和组织，以保证研究开发工作按照合同规定进行。

第八百五十六条　【合作开发合同的违约责任】

合作开发合同的当事人违反约定造成研究开发工作停滞、延误或者失败的，应当承担违约责任。

本条来源

本条来源于《合同法》第三百三十六条，条文无变动。

条文释义

本条是关于合作开发合同当事人违约责任的规定。合作开发合同的当事人违反约定造成研究开发工作停滞、延误或者失败的，应当承担违约责任。如果当事人一方逾期不进行投资或者不履行其他约定的义务，另一方或者其他各方当事人有权解除合同。当事人一方应当赔偿因此给另一方或者其他各方造成的损失。

第八百五十七条 【技术开发合同解除】

作为技术开发合同标的的技术已经由他人公开，致使技术开发合同的履行没有意义的，当事人可以解除合同。

本条来源

本条来源于《合同法》第三百三十七条的规定："因作为技术开发合同标的的技术已经由他人公开，致使技术开发合同的履行没有意义的，当事人可以解除合同。"相较于原法条，本条删去首字"因"，法条的实质内涵未发生变化。

立法演变

本条在一次审议稿第六百四十二条、二次审议稿第六百四十二条、《民法典（草案）》第八百五十七条均沿用《合同法》第三百三十七条的规定。最终《民法典》第八百五十七条作了上述变动。

条文释义

本条是关于技术开发合同解除的规定。技术开发合同的解除，只要符合一般合同解除的规定即可解除合同。根据技术开发合同的自身特点，本条规定了技术开发合同可以解除的特殊情形，即作为技术开发合同标的的技术已经由他人公开，致使技术开发合同的履行没有意义的，可以解除合同。技术开发合同的当事人若发现作为合同标的的技术已经被公开，应及时通知合同的其他当事人，以避免造成不必要的损失。

第八百五十八条 【技术开发合同风险负担及通知义务】

技术开发合同履行过程中，因出现无法克服的技术困难，致使研究开发失败或者部分失败的，该风险由当事人约定；没有约定或者约定不明确，依据本法第五百一十条的规定仍不能确定的，风险由当事人合理分担。

当事人一方发现前款规定的可能致使研究开发失败或者部分失败的情形时，应当及时通知另一方并采取适当措施减少损失；没有及时通知并采取适当措施，致使损失扩大的，应当就扩大的损失承担责任。

本条来源

本条来源于《合同法》第三百三十八条的规定："在技术开发合同履行过程中，因出现无法克服的技术困难，致使研究开发失败或者部分失败的，该风险责任由当事人约定。没有约定或者约定不明确，依照本法第六十一条的规定仍不能确定的，风险责任由当事人合理分担。当事人一方发现前款规定的可能致使研究开发失败或者部分失败的情形时，应当及时通知另一方并采取适当措施减少损失；没有及时通知并采取适当措施，致使损失扩大的，应当就扩大的损失承担责任。"相较于原法条，本条在第一款中将"在技术开发合同履行过程中"修改为"技术开发合同履行过程中"，将两处"风险责任"改为"风险"，将"依照本法第六十一条的规定"改为"依据本法第五百一十条的规定"。该变动仅为立法技术上的简化，法条的实质内涵未发生变化。

立法演变

本条在一次审议稿第六百四十三条规定为："在技术开发合同履行过程中，因出现无法克服的技术困难，致使研究开发失败或者部分失败的，该风险责任由当事人约定。没有约定或者约定不明确，依照本法第三百零一条的规定仍不能确定的，风险责任由当事人合理分担。当事人一方发现前款规定的可能致使研究开发失败或者部分失败的情形时，应当及时通知另一方并采取适当措施减少损失。没有及时通知并采取适当措施，致使损失扩大的，应当就扩大的损失承担责任。"在第一款中将"依照本法第六十一条的规定"改为"依照本法第三百零一条的规定"。

二次审议稿第六百四十三条规定为："在技术开发合同履行过程中，因出现无法克服的技术困难，致使研究开发失败或者部分失败的，该风险由当事人约定。没有约定或者约定不明确，依照本法第三百零一条的规定仍不能确定的，风险由当事人合理分担。当事人一方发现前款规定的可能致使研究开发失败或者部分失败的情形时，应当及时通知另一方并采取适当措施减少损失。没有及时通知并采取适当措施，致使损失扩大的，应当就扩大的损失承担责任。”将第一款中两处“风险责任”改为“风险”。

《民法典（草案）》第八百五十八条规定为：“在技术开发合同履行过程中，因出现无法克服的技术困难，致使研究开发失败或者部分失败的，该风险由当事人约定；没有约定或者约定不明确，依据本法第五百一十条的规定仍不能确定的，风险由当事人合理分担。当事人一方发现前款规定的可能致使研究开发失败或者部分失败的情形时，应当及时通知另一方并采取适当措施减少损失；没有及时通知并采取适当措施，致使损失扩大的，应当就扩大的损失承担责任。”将“依照本法”改为“依据本法”。最终《民法典》第八百五十八条在第一款中将“在技术开发合同履行过程中”修改为“技术开发合同履行过程中”。

条文释义

本条是关于技术开发合同风险负担及通知义务的规定。技术开发合同需要面临特殊的风险，该风险是指在研究开发过程中，虽经当事人一方或者双方主观努力，却因受现有科技知识、认识水平和试验条件限制，面临现时无法预见、防止和克服的技术困难，导致研究开发失败或者部分失败所发生的损失。由于技术开发过程中存在高风险，当事人需在合同订立时明确约定风险责任的承担。如果当事人没有约定或者约定不明确，风险发生后，当事人可以协议补充风险责任。不能达成补充协议的，可以按照合同的有关条款或者交易习惯确定，仍不能确定的，风险责任由当事人合理分担。在研究开发过程中，当事人一方发现可能导致研究开发失败或者部分失败的情况时，应当及时通知另一方并采取适当措施减少损失。合同法明确规定这是技术开发合同当事人的义务。如果当事人未能及时通知对方当事人，也未能及时采取措施，制止损失的扩大，应当就扩大的损失承担责任。

第八百五十九条 【委托开发合同的技术成果归属】

委托开发完成的发明创造，除法律另有规定或者当事人另有约定外，申请专利的权利属于研究开发人。研究开发人取得专利权的，委托人可以依法实施该专利。

研究开发人转让专利申请权的，委托人享有以同等条件优先受让的权利。

本条来源

本条来源于《合同法》第三百三十九条的规定："委托开发完成的发明创造，除当事人另有约定的以外，申请专利的权利属于研究开发人。研究开发人取得专利权的，委托人可以免费实施该专利。研究开发人转让专利申请权的，委托人享有以同等条件优先受让的权利。"相较于原法条，本条在第一款第一句中增加"法律另有规定"，该变动使得法条的逻辑更为严谨。在第一款第二句中将"委托人可以免费实施该专利"改为"委托人可以依法实施该专利"，该变动表明委托人实施委托开发完成的专利技术不再是免费实施，而要依据法律的规定实施。

立法演变

本条在一次审议稿第六百四十四条采用《合同法》第三百三十九条的规定。二次审议稿第六百四十四条规定："委托开发完成的发明创造，除法律另有规定或者当事人另有约定外，申请专利的权利属于研究开发人。研究开发人取得专利权的，委托人可以免费实施该专利。研究开发人转让专利申请权的，委托人享有以同等条件优先受让的权利。"

《民法典（草案）》第八百五十九条规定："委托开发完成的发明创造，除法律另有规定或者当事人另有约定外，申请专利的权利属于研究开发人。研究开发人取得专利权的，委托人可以依法实施该专利。研究开发人转让专利申请权的，委托人享有以同等条件优先受让的权利。"在二次审议稿的基础上，在第一款第二句中将"委托人可以免费实施该专利"改为"委托人可以依法实施该专利"，并最终为本条采用。

条文释义

本条是关于履行委托开发合同的技术成果的归属的规定。委托开发合同的当事人可以在合同中约定委托开发完成的发明创造的权利归属。如果当事人在合同中没有约定或者约定不明确，那么，委托开发完成的发明创造的专利申请权，属于研究开发人。研究开发人取得专利权后，委托开发人可以依照法律的相关规定实施该专利。研究开发人转让专利申请权的，委托人可以在同等条件下优先受让该专利申请权。

第八百六十条 【合作开发合同的技术成果归属】

合作开发完成的发明创造，申请专利的权利属于合作开发的当事人共有；当事人一方转让其共有的专利申请权的，其他各方享有以同等条件优先受让的权利。但是，当事人另有约定的除外。

合作开发的当事人一方声明放弃其共有的专利申请权的，除当事人另有约定外，可以由另一方单独申请或者由其他各方共同申请。申请人取得专利权的，放弃专利申请权的一方可以免费实施该专利。

合作开发的当事人一方不同意申请专利的，另一方或者其他各方不得申请专利。

本条来源

本条来源于《合同法》第三百四十条的规定："合作开发完成的发明创造，除当事人另有约定的以外，申请专利的权利属于合作开发的当事人共有。当事人一方转让其共有的专利申请权的，其他各方享有以同等条件优先受让的权利。合作开发的当事人一方声明放弃其共有的专利申请权的，可以由另一方单独申请或者由其他各方共同申请。申请人取得专利权的，放弃专利申请权的一方可以免费实施该专利。合作开发的当事人一方不同意申请专利的，另一方或者其他各方不得申请专利。"相较于原法条，本条在第一款第一句中删去"除当事人另有约定的以外"，同时增加了"但是，当事人另有约定的除外"；在第二款中增加了"除当事人另有约定外"，该变动使得法条逻辑更为严谨。

立法演变

本条在一次审议稿第六百四十五条沿用《合同法》第三百四十条的规定。二次审议稿第六百四十五条和《民法典（草案）》第八百六十条均规定为："合作开发完成的发明创造，除当事人另有约定外，申请专利的权利属于合作开发的当事人共有。当事人一方转让其共有的专利申请权的，其他各方享有以同等条件优先受让的权利。合作开发的当事人一方声明放弃其共有的专利申请权的，可以由另一方单独申请或者由其他各方共同申请。申请人取得专利权的，放弃专利申请权的一方可以免费实施该专利。合作开发的当事人一方不同意申请专利的，另一方或者其他各方不得申请专利。"《民法典》第八百六十条作了上述变动。

条文释义

本条是关于合作开发合同的技术成果归属的规定。技术合作开发合同的当事人可以在合同中约定共同享有合作开发完成的发明创造的申请专利的权利归属和放弃。若当事人一方不同意申请专利的，另一方或者其他各方不得申请专利。当事人一方转让其共有的专利申请权的，其他各方可以优先受让其共有的专利申请权。当事人一方声明放弃其共有的专利申请权，可以由另一方单独申请或者由其他各方共同申请。申请人取得专利的，放弃专利申请权的一方可以免费实施该专利。

法条关联

◆《专利法》

第八条 两个以上单位或者个人合作完成的发明创造、一个单位或者个人接受其他单位或者个人委托所完成的发明创造，除另有协议的以外，申请专利的权利属于完成或者共同完成的单位或者个人；申请被批准后，申请的单位或者个人为专利权人。

第八百六十一条　【技术秘密成果归属与分享】

委托开发或者合作开发完成的技术秘密成果的使用权、转让权以及收益的分配办法，由当事人约定；没有约定或者约定不明确，依据本法第五百一十条的规定仍不能确定的，在没有相同技术方案被授予专利权前，当事人均有使用和转让的权利。但是，委托开发的研究开发人不得在向委托人交付研究开发成果之前，将研究开发成果转让给第三人。

本条来源

本条来源于《合同法》第三百四十一条的规定："委托开发或者合作开发完成的技术秘密成果的使用权、转让权以及利益的分配办法，由当事人约定。没有约定或者约定不明确，依照本法第六十一条的规定仍不能确定的，当事人均有使用和转让的权利，但委托开发的研究开发人不得在向委托人交付研究开发成果之前，将研究开发成果转让给第三人。"相较于原法条，本条第一款中将"以及利益的分配办法"修改为"以及收益的分配办法"，该变动使得法条用语更为严谨，将"依照本法第六十一条"改为"依据本法第五百一十条"，该变动为法律体系调整导致法条序号变动，法条的实质内涵没有发生改变。在"当事人均有使用和转让的权利"之前增加"在没有相同技术方案被授予专利前"的内容，该变动增加了当事人使用和转让技术秘密成果的时间限制。

立法演变

本条在一次审议稿第六百四十六条和二次审议稿第六百四十六条中均规定为："委托开发或者合作开发完成的技术秘密成果的使用权、转让权以及利益的分配办法，由当事人约定。没有约定或者约定不明确，依照本法第三百零一条的规定仍不能确定的，在没有相同技术方案被授予专利前，当事人均有使用和转让的权利，但是委托开发的研究开发人不得在向委托人交付研究开发成果之前，将研究开发成果转让给第三人。"将"依照本法第六十一条"改为"依照本法第三百零一条"。

《民法典（草案）》第八百六十一条规定为："委托开发或者合作开发完成的技术秘密成果的使用权、转让权以及利益的分配办法，由当事人约定；没有约定或者约定不明确，依据本法第五百一十条的规定仍不能确定的，在没有相同技术方案被授予专利前，当事人均有使用和转让的权利。但是，委托开发的研究开发人不得在向委托人交付研究开发成果之前，将研究开发成果转让给第三人。"在"当事人均有使用和转让的权利"之前增加"在没有相同技术方案被授予专利前"的内容，将"依照本法第三百零一条"改为"依照本法第五百一十条"。《民法典》第八百六十一条在第一款中将"以及利益的分配办法"修改为"以及收益的分配办法"；将"被授予专利前"修改为"被授予专利权前"。

条文释义

本条是关于履行技术开发合同产生的技术秘密成果的归属和分享的规定。合作开发合同的当事人可以在合同中约定，因履行技术开发合同产生的技术秘密的使用权、转让权的归属以及利益的分配办法。如果当事人没有约定或者约定不明确，可以协议补充；不能达成补充协议的，按照合同的有关条款或者交易习惯确定；仍不能确定的，在没有相同技术方案被授予专利前，当事人各方对技术秘密都有使用和转让的权利。由于技术秘密与发明专利不同，无需经过申请，技术秘密不得公开具有保密性。若已经有相同技术方案被授予专利，可以通过公开的专利获取该技术，技术秘密的转让则没有意义。但委托开发的研究开发人在向委托人交付研究开发成果前，不得擅自将研究开发成果转让给第三人。

法条关联

◆《促进科技成果转化法》

第四十条 科技成果完成单位与其他单位合作进行科技成果转化的，应当依法由合同约定该科技成果有关权益的归属。合同未作约定的，按照下列原则办理：

（一）在合作转化中无新的发明创造的，该科技成果的权益，归该科技成果完成单位；

（二）在合作转化中产生新的发明创造的，该新发明创造的权益归合作各方共有；

（三）对合作转化中产生的科技成果，各方都有实施该项科技成果的权利，转让该科技成果应经合作各方同意。

第四十一条 科技成果完成单位与其他单位合作进行科技成果转化的，合作各方应当就保守技术秘密达成协议；当事人不得违反协议或者违反权利人有关保守技术秘密的要求，披露、允许他人使用该技术。

第三节 技术转让合同和技术许可合同

第八百六十二条 【技术转让合同和技术许可合同的定义】

技术转让合同是合法拥有技术的权利人，将现有特定的专利、专利申请、技术秘密的相关权利让与他人所订立的合同。

技术许可合同是合法拥有技术的权利人，将现有特定的专利、技术秘密的相关权利许可他人实施、使用所订立的合同。

技术转让合同和技术许可合同中关于提供实施技术的专用设备、原材料或者提供有关的技术咨询、技术服务的约定，属于合同的组成部分。

本条来源

本条为新增条款。

立法演变

本条为一次审议稿第六百四十七条的新增条款，规定为：“技术转让合同是合法拥有技术的权利人，将现有特定的专利、专利申请、技术秘密的相关权利让与他人，或者许可他人实施、使用所订立的合同。技术转让合同中关于让与人向受让人提供实施技术的专用设备、原材料或者提供有关的技术咨询、技术服务的约定，属于技术转让合同的组成部分。技术转让合同包括专利权转让、专利申请权转让、技术秘密转让、专利实施许可合同。技术转让合同应当采用书面形式。”增加了技术转让合同的概念和内容。

二次审议稿第六百四十七条和《民法典（草案）》均规定为：“技术转让合同是合法拥有技术的权利人，将现有特定的专利、专利申请、技术秘密的相关权利让与他人所订立的合同。技术许可合同是合法拥有技术的权利人，将现有特定的专利、技术秘密的相关权利许可他人实施、使用所订立的合同。技术转让合同和技术许可合同中关于提供实施技术的专用设备、原材料或者提供有关的技术咨询、技术服务的约定，属于合同的组成部分。”在一次审议稿的基础上，在第一款中删去“或者许可他人实施、使用”；新增第二款“技术许可合同是合法拥有技术的权利人，将现有特定的专利、技术秘密的相关权利许可他人实施、使用所订立的合同”，该变动增加了技术许可合同的定义；将“技术转让合同中关于让与人向受让人提供实施技术的专用设备、原材料或者提供有关的技术咨询、技术服务的约定，属于技术转让合同的组成部分”改为“技术转让合同和技术许可合同中关于提供实施技术的专用设备、原材料或者提供有关的技术咨询、技术服务的约定，属于合同的组成部分”，该变动增加了技术许可合同的内容；删除了“技术转让合同应当采用书面形式。”最终为本条采用。

条文释义

本条是关于技术转让合同和技术许可合同的定义的规定。技术转让合同是指合法拥有技术的当事人就专利权、专利申请权、技术秘密的相关权利转让给他人所订立的合同。技术许可合同是合法拥有技术的权利人，将现有特定的专利、技术秘密的相关权利许可他人实施、使用所订立的合同。技术转让合同和技术许可合同具有以下特征：

第一，双务合同、有偿合同、诺成合同、要式合同。在技术转让合同和技术许可合同中，让与人或许可人须转让或许可其技术成果的所有权、使用权或专利申请权，受让人须向让与人或许可人支付价金或使用费，故其为双务合同。合同当事人任何一方取得利益均须支付代价，故为有偿合同。技术转让合同和技术许可合同并不以技术成果的实际交付为成立生效要件，而自当事人意思表示一致时起即成立生效，所以技术转让合同和技术许可为诺成合同。技术转让合同和技术许可合同须以书面形式订立，有的还要求特定手续，因此，为要式合同。

第二，技术合同标的应当是现有的、特定的技术使用权或转让权。技术转让合同是以转让特定和现有的专利权、专利申请权、技术秘密使用权和转让权为内容，不包括转让尚待研究开发的技术成果或传授不涉及专利或技术秘密成果权属的知识、技术、经验和信息订立的合同。

第三，技术转让合同和技术许可合同的双方当事人可以在合同中对实施专利的期限、实施专利或者使用技术秘密的地区和方式作出约定式的限制。但是，不得以合同条款限制技术竞争和技术发展。

第四，技术转让合同和技术许可合同时效具有长期性。技术转让合同和技术许可合同的有效期一般较长。如果当事人双方在订立合同时，约定的期限过短，一方面会使让与人无利可图，不愿转让技术，另一方面会影响受让人吸收、消化和掌握该技术，达不到受让技术的目的。

法条关联

◆《计算机软件保护条例》

第十九条　许可他人专有行使软件著作权的，当事人应当订立书面合同。

没有订立书面合同或者合同中未明确约定为专有许可的，被许可行使的权利应当视为非专有权利。

第二十条　转让软件著作权的，当事人应当订立书面合同。

第二十一条　订立许可他人专有行使软件著作权的许可合同，或者订立转让软件著作权合同，可以向国务院著作权行政管理部门认定的软件登记机构登记。

◆《技术合同认定规则》

第六条　以技术入股方式订立的合同，可按技术转让合同认定登记。

以技术开发、转让、咨询或服务为内容的技术承包合同，可根据承包项目的性质和具体技术内容确定合同的类型，并予以认定登记。

第八百六十三条　【技术转让合同和技术许可合同类型和形式】

技术转让合同包括专利权转让、专利申请权转让、技术秘密转让等合同。

技术许可合同包括专利实施许可、技术秘密使用许可等合同。

技术转让合同和技术许可合同应当采用书面形式。

本条来源

本条来源于《合同法》第三百四十二条的规定："技术转让合同包括专利权转让、专利申请权转让、技术秘密转让、专利实施许可合同。技术转让合同应当采用书面形式。"相较于原法条，本条进行重新修订，增加了技术转让合同的部分内容与技术许可合同。

立法演变

本条在一次审议稿第六百四十七条第三款、第四款沿用《合同法》第三百四十二条的规定。二次审议稿第六百四十七条之一和《民法典（草案）》第八百六十三条均规定为："技术转让合同包括专利权转让、专利申请权转让、技术秘密转让等合同。技术许可合同包括专利实施许可、技术秘密使用许可等合同。技术转让合同和技术许可合同应当采用书面形式。"在一次审议稿的基础上作出了较大的变动，将第一款"专利实施许可合同"删去，该变动表明专利实施许可合同不再属于技术转让合同的类别；增加第二款技术许可合同的种类，表述为"技术许可合同包括专利实施许可、技术秘密使用许可等合同"；将"技术转让合同应当采用书面形式"改为"技术转让合同和技术许可合同应当采用书面形式"。该变动明确了技术许可合同的形式要件。最终为本条采用。

条文释义

本条是关于技术转让合同和技术许可合同类型及形式的规定。依据本条规定，技术转让合同包括专利权转让、专利申请权转让、技术秘密转让等合同。第一，专利权转让合同。是指专利权人作为让与人将其发明创造专利的所有权或持有权移交受让人，受让人支付约定价款的合同。只有经过申请取得专利权后才能进行专利权的转让，与他人签订专利权转让合同。第二，专利申请权转让合同。是指让与人将其就特定的发明创造申请专利的权利移交受让人，受让人支付约定价款的合同。专利申请权转让合同转让的是专利申请权，即发明创造完成后申请专利的权利。第三，技术秘密转让合同。是指受让人在合同成立以后，可以在约定的地区内，以约定的方式使用技术秘密，但双方必须严格遵守约定的保密义务的合同。技术秘密包括未申请专利的技术、未授予专利权的技术以及不受专利法保护的技术。

技术许可合同包括专利实施许可、技术秘密使用许可等合同。第一，专利实施许可合同。是指专利权人或者其授权的人作为让与人许可受让人在约定的范围内实施专利，受让人支付约定使用费的合同。专利实施许可合同分为三类：普通专利实施许可合同、排他专利实施许可合同和独占专利实施许可合同。专利实施许可可以在合同中约定由被许可人再许可他人使用，再许可只能签订普通专利实施许可。第二，技术秘密使用许可合同。是指技术秘密所有权人或者使用权人作为让与人许可受让人在约定的范围内实施技术秘密，受让人支付约定使用费的合同。技术秘密使用许可合同的类型参照专利实施许可合同，分为普通技术秘密使用许可合同、排他技术秘密使用许可合同和独占技术秘密使用许可合同。

依据本条第三款的规定，技术转让合同和技术许可合同应当采用书面形式。

第八百六十四条　【技术转让合同和技术许可合同的限制性条款】

技术转让合同和技术许可合同可以约定实施专利或者使用技术秘密的范围，但是不得限制技术竞争和技术发展。

本条来源

本条来源于《合同法》第三百四十三条的规定：“技术转让合同可以约定让与人和受让人实施专利或者使用技术秘密的范围，但不得限制技术竞争和技术发展。”相较于原法条，本条增加“技术许可合同”内容，并删去“让与人和受让人”，该变动增加了技术许可合同的许可范围。

立法演变

本条在一次审议稿第六百四十八条沿用《合同法》第三百四十三条的规定。二次审议稿第六百四十八条和《民法典（草案）》第八百六十四条均规定为："技术转让合同和技术许可合同可以约定实施专利或者使用技术秘密的范围，但是不得限制技术竞争和技术发展。"最终为本条采用。

条文释义

本条是关于技术转让合同和技术许可合同的限制性条款的规定。技术转让合同和技术许可合同可以约定让与人和受让人实施专利或者使用技术秘密的范围。实施专利或者使用技术秘密的范围，是指实施专利或者技术秘密的期限、地区和方式。但是，技术转让合同和技术许可的当事人不得以合同条款限制技术竞争和技术发展，包括：第一，不得通过合同条款限制另一方在合同标的技术的基础上进行新的研究开发；第二，不得通过合同条款限制另一方从其他渠道吸收技术，或者阻碍另一方根据市场的需求，按照合同的方式充分实施专利和使用技术秘密。

法条关联

◆**《最高人民法院关于审理不正当竞争民事案件应用法律若干问题的解释》**

第十五条 对于侵犯商业秘密行为，商业秘密独占使用许可合同的被许可人提起诉讼的，人民法院应当依法受理。

排他使用许可合同的被许可人和权利人共同提起诉讼，或者在权利人不起诉的情况下，自行提起诉讼，人民法院应当依法受理。

普通使用许可合同的被许可人和权利人共同提起诉讼，或者经权利人书面授权，单独提起诉讼的，人民法院应当依法受理。

第十六条 人民法院对于侵犯商业秘密行为判决停止侵害的民事责任时，停止侵害的时间一般持续到该项商业秘密已为公众知悉时为止。

依据前款规定判决停止侵害的时间如果明显不合理的，可以在依法保护权利人该项商业秘密竞争优势的情况下，判决侵权人在一定期限或者范围内停止使用该项商业秘密。

第八百六十五条 【专利实施许可合同的限制】

专利实施许可合同仅在该专利权的存续期限内有效。专利权有效期限届满或者专利权被宣告无效的，专利权人不得就该专利与他人订立专利实施许可合同。

本条来源

本条来源于《合同法》第三百四十四条的规定："专利实施许可合同只在该专利权的存续期间内有效。专利权有效期限届满或者专利权被宣布无效的，专利权人不得就该专利与他人订立专利实施许可合同。"相较于原法条，本条将"只在该专利权的存续期间内有效"修改为"仅在该专利权的存续期限内有效"、"宣布"修改为"宣告"，该变动仅就条款中个别字词进行了修改，法条的实质内涵未发生变化。

立法演变

本条在一次审议稿第六百四十九条、二次审议稿第六百四十九条和《民法典（草案）》第八百六十五条均沿用《合同法》第三百四十四条的规定。最终《民法典》第八百六十五条作了上述变动。

条文释义

本条是关于专利实施许可合同期限限制的规定。专利实施许可合同只在该项专利权的存续期间内有效，超出该专利权存续期间的部分无效。根据专利法的规定，发明专利权的期限为二十年，实用新型专利权和外观设计专利权的期限为十年，均自申请之日起计算。专利权有效期限届满或者专利权宣布无效后，专利权人不得就该项专利与他人订立专利实施许可合同。当事人可以约定，在合同有效期内专利权被宣布无效的违约责任。

第八百六十六条 【专利实施许可合同许可人主要义务】

专利实施许可合同的许可人应当按照约定许可被许可人实施专利，交付实施专利有关的技术资料，提供必要的技术指导。

本条来源

本条来源于《合同法》第三百四十五条的规定："专利实施许可合同的让与人应当按照约定许可受让人实施专利，交付实施专利有关的技术资料，提供必要的技术指导。"相较于原法条，本条将"让与人"改为"许可人"、"受让人"改为"被许可人"，该变动使得法条用语更为严谨。

立法演变

本条在一次审议稿第六百五十条沿用《合同法》第三百四十五条的规定。二次审议稿第六百四五十条和《民法典（草案）》第八百六十六条均规定为："专利实施许可合同的许可人应当按照约定许可被许可人实施专利，交付实施专利有关的技术资料，提供必要的技术指导。"最终为本条采用。

条文释义

本条是关于专利实施许可合同许可人主要义务的规定。依据本条规定，专利实施许可合同中许可人的主要义务如下：

第一，许可人应保证其是所提供专利技术的合法所有人，即自己享有专利权是通过合法的转让获得或者是自己提出专利申请并经专利机关审查已授予了专利权。第二，按照合同的约定，许可被许可人实施专利。第三，许可人需要完成许可专利实施的交付工作，即交付实施专利有关的技术资料。由于专利许可对技术要求很高，许可人需提供必要的技术指导，以保证被许可人顺利使用被许可的专利。

第八百六十七条　【专利实施许可合同被许可人主要义务】

专利实施许可合同的被许可人应当按照约定实施专利，不得许可约定以外的第三人实施该专利，并按照约定支付使用费。

本条来源

本条来源于《合同法》第三百四十六条的规定："专利实施许可合同的受

让人应当按照约定实施专利，不得许可约定以外的第三人实施该专利；并按照约定支付使用费。”相较于原法条，本条将“受让人”改为“被许可人”，该变动使得法条用语更为严谨。

立法演变

本条在一次审议稿第六百五十一条沿用《合同法》第三百四十六条的规定。二次审议稿第六百五十一条和《民法典（草案）》第八百六十七条均规定为：“专利实施许可合同的被许可人应当按照约定实施专利，不得许可约定以外的第三人实施该专利，并按照约定支付使用费。”最终为本条采用。

条文释义

本条是关于专利实施许可合同被许可人主要义务的规定。专利实施许可合同被许可人的主要义务包括：专利实施许可合同的被许可人应当按照约定的范围、期限、方式实施专利；不得许可约定以外的第三人实施该专利，若擅自许可他人实施该专利，许可人因此受到损失可请求被许可人承担；被许可人实施专利需按照约定支付使用费。

法条关联

◆**《最高人民法院关于审理技术合同纠纷案件适用法律若干问题的解释》**

第二十五条 专利实施许可包括以下方式：

（一）独占实施许可，是指让与人在约定许可实施专利的范围内，将该专利仅许可一个受让人实施，让与人依约定不得实施该专利；

（二）排他实施许可，是指让与人在约定许可实施专利的范围内，将该专利仅许可一个受让人实施，但让与人依约定可以自行实施该专利；

（三）普通实施许可，是指让与人在约定许可实施专利的范围内许可他人实施该专利，并且可以自行实施该专利。

当事人对专利实施许可方式没有约定或者约定不明确的，认定为普通实施许可。专利实施许可合同约定受让人可以再许可他人实施专利的，认定该再许可为普通实施许可，但当事人另有约定的除外。

技术秘密的许可使用方式，参照本条第一、二款的规定确定。

第二十六条 专利实施许可合同让与人负有在合同有效期内维持专利权有效的义务，包括依法缴纳专利年费和积极应对他人提出宣告专利权无效的请求，但当事人另有约定的除外。

第二十七条 排他实施许可合同让与人不具备独立实施其专利的条件，以一个普通许可的方式许可他人实施专利的，人民法院可以认定为让与人自己实施专利，但当事人另有约定的除外。

第八百六十八条 【技术秘密让与人和许可人主要义务】

技术秘密转让合同的让与人和技术秘密使用许可合同的许可人应当按照约定提供技术资料，进行技术指导，保证技术的实用性、可靠性，承担保密义务。

前款规定的保密义务，不限制许可人申请专利，但是当事人另有约定的除外。

本条来源

本条来源于《合同法》第三百四十七条的规定："技术秘密转让合同的让与人应当按照约定提供技术资料，进行技术指导，保证技术的实用性、可靠性，承担保密义务。"相较于原法条，本条增加了技术秘密使用许可合同的许可人的义务，并增加了第二款关于申请专利的规定。

立法演变

本条在一次审议稿第六百五十二条和二次审议稿第六百五十二条均规定为："技术秘密转让合同的让与人应当按照约定提供技术资料，进行技术指导，保证技术的实用性、可靠性，承担保密义务。前款规定的保密义务，不限制让与人申请专利，但是当事人另有约定的除外。"在《合同法》第三百四十七条的基础上，增加第二款"前款规定的保密义务，不限制让与人申请专利，但是当事人另有约定的除外"。

《民法典（草案）》第八百六十八条规定："技术秘密转让合同的让与人和

技术秘密使用许可合同的许可人应当按照约定提供技术资料，进行技术指导，保证技术的实用性、可靠性，承担保密义务。前款规定的保密义务，不限制让与人或者许可人申请专利，但是当事人另有约定的除外。”增加“技术秘密使用许可合同的许可人”。《民法典》第八百六十八条删去第二款中“让与人或者”。

条文释义

本条是关于技术秘密转让合同的让与人和技术秘密使用许可合同的许可人的主要义务的规定。技术秘密转让合同让与人和技术秘密使用许可合同许可人的主要义务包括：第一，保证自己是所提供的技术秘密的合法拥有者，保证所提供的技术具有合法性；第二，按照合同的约定，提供技术资料，进行技术指导，保证技术的实用性、可靠性；第三，承担保密义务。但是，除当事人在合同中另有约定，技术秘密使用许可合同的许可人，可以就该技术秘密申请专利。

第八百六十九条　【技术秘密受让人和被许可人主要义务】

技术秘密转让合同的受让人和技术秘密使用许可合同的被许可人应当按照约定使用技术，支付转让费、使用费，承担保密义务。

本条来源

本条来源于《合同法》第三百四十八条的规定：“技术秘密转让合同的受让人应当按照约定使用技术，支付使用费，承担保密义务。”相较于原法条，本条增加“技术秘密使用许可合同的被许可人”，增加“转让费”，该变动明确了技术秘密使用许可合同的被许可人的义务。

立法演变

本条在一次审议稿第六百五十三条和二次审议稿第六百五十三条均沿用《合同法》第三百四十八条的规定。《民法典（草案）》第八百六十九条规定为：“技术秘密转让合同的受让人和技术秘密使用许可合同的被许可人应当按照约定使用技术，支付使用费，承担保密义务。”《民法典（草案）》第八百六十九条增加“转让费”。

条文释义

本条是关于技术秘密转让合同的受让人和技术秘密使用许可合同的被许可人的义务的规定。技术秘密转让合同的受让人和技术秘密使用许可合同的被许可人的义务包括：第一，应当按照合同中的约定使用技术；第二，支付技术秘密的使用费；第三，承担保密义务，不泄露技术秘密给第三人。

第八百七十条　【技术转让合同让与人和技术许可合同许可人基本义务】

技术转让合同的让与人和技术许可合同的许可人应当保证自己是所提供的技术的合法拥有者，并保证所提供的技术完整、无误、有效，能够达到约定的目标。

本条来源

本条来源于《合同法》第三百四十九条的规定："技术转让合同的让与人应当保证自己是所提供的技术的合法拥有者，并保证所提供的技术完整、无误、有效，能够达到约定的目标。"相较于原法条，本条增加"技术许可合同的许可人"，该变动规定了技术合同许可人的基本义务。

立法演变

本条在一次审议稿第六百五十四条、二次审议稿第六百五十四条和《民法典（草案）》第八百七十条中均沿用《合同法》第三百四十九条的规定。

条文释义

本条是关于技术转让合同让与人和技术转让合同许可人的基本义务的规定。技术转让合同和技术许可合同中，让与人和许可人应保证其是所提供技术的合法拥有者，即通过合法的转让合同获得或者是自己提出专利申请，经专利机关审查已授予了专利权。技术转让合同中和技术许可合同中，让与人和许可人还应当保证自己提供的技术完整、无误、有效，并能够达到约定的目标。这是技术转让合同让与人和技术许可合同的受让人最基本的义务，也是保证技术转让或许可的合法性的前提。技术转让合同的受让人和技术许可合同的被许可人使用转让技术而被第三人指控侵权，应当由受让人应诉，并承担侵权责任。

第八百七十一条　【技术转让合同受让人和技术许可合同被许可人保密义务】

技术转让合同的受让人和技术许可合同的被许可人应当按照约定的范围和期限，对让与人、许可人提供的技术中尚未公开的秘密部分，承担保密义务。

本条来源

本条来源于《合同法》第三百五十条，的规定："技术转让合同的受让人应当按照约定的范围和期限，对让与人提供的技术中尚未公开的秘密部分，承担保密义务。"相较于原法条，本条增加了技术许可合同的被许可人的保密义务。

立法演变

本条在一次审议稿第六百五十五条、二次审议稿第六百五十五条和《民法典（草案)》第八百七十一条中均沿用《合同法》第三百五十条的规定。《民法典》第八百七十一条作了上述变动。

条文释义

本条是关于技术转让合同受让人和技术许可合同的被许可人保密义务的规定。技术转让合同包括专利权转让合同、专利申请权转让合同和技术秘密转让合同，技术许可合同包括专利使用权许可合同和技术秘密许可合同，在转让技术和许可使用技术的过程中，转让或许可的技术，有的是处于保密状态的秘密技术，有的技术还未申请专利，有的技术虽已获得专利，但是相关的背景材料、技术参数等未曾公开，这些技术还处于秘密状态。因此，应当按照合同约定的范围和期限承担保密义务。

第八百七十二条　【许可人和让与人违约责任】

许可人未按照约定许可技术的，应当返还部分或者全部使用费，并应当承担违约责任；实施专利或者使用技术秘密超越约定的范围的，违反约定擅自许可第三人实施该项专利或者使用该项技术秘密的，应当停止违约行为，承担违约责任；违反约定的保密义务的，应当承担违约责任。

让与人承担违约责任，参照适用前款规定。

本条来源

本条来源于《合同法》第三百五十一条的规定：“让与人未按照约定转让技术的，应当返还部分或者全部使用费，并应当承担违约责任；实施专利或者使用技术秘密超越约定的范围的，违反约定擅自许可第三人实施该项专利或者使用该项技术秘密的，应当停止违约行为，承担违约责任；违反约定的保密义务的，应当承担违约责任。”相较于原法条，本条在第一款中将“让与人”删去；并增加了第二款“让与人承担违约责任，参照适用前款规定”，该变动增加许可人承担违约责任的规定。

立法演变

本条在一次审议稿第六百五十六条和二次审议稿第六百四五十六条均沿用《合同法》第三百五十一条的规定。《民法典（草案）》第八百七十二条规定为：“让与人未按照约定转让技术的，应当返还部分或者全部使用费，并应当承担违约责任；实施专利或者使用技术秘密超越约定的范围的，违反约定擅自许可第三人实施该项专利或者使用该项技术秘密的，应当停止违约行为，承担违约责任；违反约定的保密义务的，应当承担违约责任。许可人应当承担违约责任的，参照适用前款规定。”《民法典》第八百七十二条在第一款中将“让与人未按照约定转让技术的”修改为“未按照约定许可技术的”；在第二款中将“许可人承担违约责任的”修改为“让与人承担违约责任”。

条文释义

本条是关于技术转让合同的让与人和技术许可合同的许可人违约责任的规定。依据本条规定，技术转让合同的让与人和技术许可合同的许可人的违约责任包括：

第一，未按照约定转让技术时的违约责任。技术转让合同的让与人未按照约定转让技术的，例如，让与人不履行合同义务，迟延办理专利权移交手续，未提供有关的技术资料，应当返还部分或者全部使用费，并且应当承担违约责任。技术许可合同的许可人未按照合同的约定许可被许可人实施技术，参照技术转让合同的让与人未按照约定转让技术时的违约责任，许可人应当返还部分或者全部使用费，并承担相应的违约责任。

第二，实施专利或者使用技术秘密超越约定的范围的，违反约定擅自许可第三人实施该项专利或者使用该项技术秘密时的违约责任。技术转让合同的让与人实施专利或者使用技术秘密超越约定的范围的，违反约定擅自许可第三人实施该项专利或者使用该项技术秘密的，应当停止违约行为，承担违约责任。技术许可合同的许可人自己实施专利或者使用技术秘密超越约定的范围的，违反约定擅自许可第三人实施该项专利或者使用该项技术秘密的，参照技术转让合同让与人的违约责任的规定，应当停止违约行为，承担违约责任。

第三，违反约定的保密义务的违约责任。技术转让合同的让与人，违反约定的保密义务的，致使未公开的技术资料被泄露，应当相应地承担违约责任。技术许可合同的许可人，违反约定的保密义务，参照技术转让合同让与人的违反保密义务时的违约责任的规定，应当停止违约行为，承担违约责任。

案例评议

云南常青树化工有限公司与张某英技术合同纠纷案①

原告云南常青树化工有限公司和被告张某英就云南常青树化工有限公司磷石膏砖和水泥缓凝剂的生产技术改进签订协议一份。协议约定：被告张某

① 云南省寻甸回族彝族自治县人民法院民事判决书（2015）寻民初字第2293号。

英用其专有技术帮助原告企业就磷石膏砖和水泥缓凝剂的生产工艺进行改造，技术转让费用为40万元，如果技术不能达到或部分达不到约定标准和效果，根据实际情况退还或部分退还技术转让费。协议签订后，原告将转让费40万元汇入被告张某英银行账户内。而后，被告未按约定用其所谓的专有技术对原告企业磷石膏砖和水泥缓凝剂的生产工艺进行改造，产生纠纷，诉至法院。

◆ **裁判规则**

法院经审理认为，当事人均应按约定履行自己的义务。本案原被告双方签订了相应的技术转让协议，原告依约支付被告转让费40万元，被告未按协议约定向原告提供专有技术及对原告企业磷石膏砖和水泥缓凝剂的生产工艺进行改造。同时，被告在庭审中也未提交相关证据证实自己享有相应的专有技术。技术转让合同的让与人应当保证自己是所提供的技术合同的合法拥有者，并保证所提供的技术完整、无误、有效，能够达到约定的目的。让与人未按照约定转让技术的，应当返还部分或者全部使用费，并应当承担违约责任。故原告要求被告返还技术转让费40万元的诉讼请求本院予以支持。因被告未按协议约定履行自己的义务给原告造成了相应的损失，原告要求按中国人民银行同期贷款利率支付转让费利息的诉讼请求符合相关法律规定，本院予以支持。

◆ **评议**

本案是技术转让合同的让与人承担违约责任的典型案例。依据本条规定，技术转让合同的让与人未按照约定转让技术的，应当返还部分或者全部使用费，并应当承担违约责任。本案中，原告按照合同的约定履行了支付技术转让费用后，被告未按约定用其所谓的专有技术对原告企业磷石膏砖和水泥缓凝剂的生产工艺进行改造，即未按照约定转让被告声称的专有技术，符合本条规定的“技术转让合同的让与人未按照约定转让技术的”情形，因此法院认为，被告应返还全部技术转让费40万元，并赔偿原告的损失。

第八百七十三条 【被许可人和受让人违约责任】

被许可人未按照约定支付使用费的，应当补交使用费并按照约定支付违约金；不补交使用费或者支付违约金的，应当停止实施专利或者使用技术秘密，交还技术资料，承担违约责任；实施专利或者使用技术秘密超越约定的范围的，未经许可人同意擅自许可第三人实施该专利或者使用该技术秘密的，应当停止违约行为，承担违约责任；违反约定的保密义务的，应当承担违约责任。

受让人承担违约责任，参照适用前款规定。

本条来源

本条来源于《合同法》第三百五十二条的规定："受让人未按照约定支付使用费的，应当补交使用费并按照约定支付违约金；不补交使用费或者支付违约金的，应当停止实施专利或者使用技术秘密，交还技术资料，承担违约责任；实施专利或者使用技术秘密超越约定的范围的，未经让与人同意擅自许可第三人实施该专利或者使用该技术秘密的，应当停止违约行为，承担违约责任；违反约定的保密义务的，应当承担违约责任。"相较于原法条，本条在第一款中将"受让人"修改为"被许可人"，将"让与人"修改为"许可人"；并增加第二款"受让人承担违约责任，参照适用前款规定"，该变动增加了被许可人的违约责任。

立法演变

本条在一次审议稿第六百五十七条和二次审议稿第六百四五十七条均沿用《合同法》第三百五十二条的规定。《民法典（草案）》第八百七十三条规定为："受让人未按照约定支付使用费的，应当补交使用费并按照约定支付违约金；不补交使用费或者支付违约金的，应当停止实施专利或者使用技术秘密，交还技术资料，承担违约责任；实施专利或者使用技术秘密超越约定的范围的，未经让与人同意擅自许可第三人实施该专利或者使用该技术秘密的，应当停止违约行为，承担违约责任；违反约定的保密义务的，应当承担违约责任。被许可人应当承担违约责任的，参照适用前款规定。"《民法典》第八百七十三条在第一款中将“受让人”修改为“被许可人”，将“让与人”修改为“许可人”；在第二款中将“被许可人应当承担违约责任的”修改为“受让人承担违约责任”。

条文释义

本条是关于技术转让合同的受让人和技术许可合同的被许可人的违约责任的规定。依据本条规定，技术转让合同的受让人和技术许可合同的被许可人的违约责任包括：

第一，未按照约定支付使用费时的违约责任。技术转让合同的受让人未按照约定支付使用费，应当补交使用费并按照约定支付违约金；若受让人不补交使用费或者拒绝支付违约金的，应当停止实施专利或者使用技术秘密，交还技术资料，承担违约责任。技术许可合同的被许可人未按照约定支付使用费，参照技术转让合同的受让人未按照约定支付使用费的违约责任规定，应当补交使用费并按照约定支付违约金；若被许可人不补交使用费或者拒绝支付违约金的，应当停止实施专利或者使用技术秘密，交还技术资料，承担违约责任。

第二，实施专利或者使用技术秘密超越约定的范围的，未经让与人或许可人同意擅自许可第三人实施该专利或者使用该技术秘密的违约责任。技术转让合同的受让人实施专利或者使用技术秘密超越约定的范围的，未经让与人同意擅自许可第三人实施该专利或者使用该技术秘密的，应当停止违约行为，承担违约责任。技术许可合同的被许可人实施专利或者使用技术秘密超越约定的范围的，未经许可人同意擅自许可第三人实施该专利或者使用该技术秘密的违约责任，参照技术转让合同的受让人的违约责任的规定，应当停止违约行为，承担违约责任。

第三，违反约定的保密义务时的违约责任。技术转让合同的受让人违反约定的保密义务，应当承担违约责任。技术许可合同的被许可人违反约定的保密义务时，参照技术转让合同受让人的违约责任的规定，应当承担违约责任。

第八百七十四条　【受让人和被许可人侵权责任】

受让人或者被许可人按照约定实施专利、使用技术秘密侵害他人合法权益的，由让与人或者许可人承担责任，但是当事人另有约定的除外。

本条来源

本条来源于《合同法》第三百五十三条的规定："受让人按照约定实施专利、使用技术秘密侵害他人合法权益的，由让与人承担责任，但当事人另有约定的除外。"相较于原法条，本条将"受让人"改为"受让人或者被许可人"、"让与人"改为"让与人或者许可人"，该变动使得法条用语更为严谨。

立法演变

本条在一次审议稿第六百五十八条沿用《合同法》第三百五十三条的规定。二次审议稿第六百五十八条和《民法典（草案）》第八百七十四条均规定为："受让人或者被许可人按照约定实施专利、使用技术秘密侵害他人合法权益的，由让与人或者许可人承担责任，但是当事人另有约定的除外。"并最终为本条采用。

条文释义

本条是关于技术合同受让人或被许可人侵权责任的规定。技术合同转让或许可的是技术成果，技术成果具有很强的技术性和专业性，让与人或者许可人有义务保证受让人按照合同约定实施专利、使用技术秘密不会导致侵害他人的合法权益。如果受让人或被许可人按照合同约定实施专利、使用技术秘密引起侵害他人合法权益的，该侵权责任由让与人承担，但是合同当事人另有约定的除外。

第八百七十五条　【后续技术成果的归属和分享】

当事人可以按照互利的原则，在合同中约定实施专利、使用技术秘密后续改进的技术成果的分享办法；没有约定或者约定不明确，依据本法第五百一十条的规定仍不能确定的，一方后续改进的技术成果，其他各方无权分享。

本条来源

本条来源于《合同法》第三百五十四条的规定："当事人可以按照互利的原则，在技术转让合同中约定实施专利、使用技术秘密后续改进的技术成果的分享办法。没有约定或者约定不明确，依照本法第六十一条的规定仍不能确定的，一方后续改进的技术成果，其他各方无权分享。"相较于原法条，本条删去"在技术转让合同中约定实施……"中的"技术转让"一词，该变动表明可以约定实施专利、使用技术秘密后续改进的技术成果的分享办法的合同，不仅包括技术转让合同还包括技术许可合同。将"依照本法第六十一条的规定"改为"依据本法第五百一十条"的规定，该变动仅为法律体系调整导致法条序号变动，法条的实质内涵没有发生改变。

立法演变

本条在一次审议稿第六百五十九条规定为："事人可以按照互利的原则，在技术转让合同中约定实施专利、使用技术秘密后续改进的技术成果的分享办法。没有约定或者约定不明确，依照本法第三百零一条的规定仍不能确定的，一方后续改进的技术成果，其他各方无权分享。"将"依照本法第六十一条的规定"改为"依照本法第三百零一条的规定"。

二次审议稿第六百五十九条规定为："当事人可以按照互利的原则，在合同中约定实施专利、使用技术秘密后续改进的技术成果的分享办法。没有约定或者约定不明确，依照本法第三百零一条的规定仍不能确定的，一方后续改进的技术成果，其他各方无权分享。"删去"在技术转让合同中约定实施……"中的"技术转让"一词。

《民法典（草案）》第八百七十五条均规定为："当事人可以按照互利的原则，在合同中约定实施专利、使用技术秘密后续改进的技术成果的分享办法；没有约定或者约定不明确，依据本法第五百一十条的规定仍不能确定的，一方后续改进的技术成果，其他各方无权分享。"最终为本条采用。

条文释义

本条是关于技术转让合同和技术许可合同中后续改进技术成果分享办法的

规定。后续改进是指在技术转让合同的有效期内，一方或双方对作为合同标的的专利或技术秘密所作的革新和改良。在技术转让合同中，当事人可以按照合理的原则，约定实施专利、使用技术秘密的后续改进技术成果的分享办法。在合同没有约定或者约定不明的情况下，当事人可以协议补充；不能达成补充协议的，按照合同中有关条款或交易习惯确定；依照合同有关条款或交易习惯仍不能确定的，一方后续改进的技术成果，其他各方无权分享，而由后续改进方享有。

第八百七十六条　【其他知识产权的转让和许可】

集成电路布图设计专有权、植物新品种权、计算机软件著作权等其他知识产权的转让和许可，参照适用本节的有关规定。

本条来源

本条为新增条款。

立法演变

本条为二次审议稿第六百五十九条之一的新增条款，规定为："集成电路布图设计专有权、植物新品种权、计算机软件著作权等其他知识产权的转让和许可，参照适用本节的有关规定。"该变动增加了其他知识产权的转让和许可的规定，《民法典（草案）》第八百七十六条无变动，最终为本条采用。

条文释义

本条是关于其他知识产权转让和许可的规定。其他知识产权包括集成电路布图设计专有权、植物新品种权、计算机软件著作权等，这些知识产权属于十分重要的的技术成果。集成电路布图设计专有权、植物新品种权、计算机软件著作权等其他知识产权的转让和许可，参照适用本节的有关规定。

第八百七十七条　【技术进出口合同和专利、专利申请合同的法律适用】

法律、行政法规对技术进出口合同或者专利、专利申请合同另有规定的，依照其规定。

本条来源

本条来源于《合同法》第三百五十五条，条文无变动。

条文释义

本条是关于技术进出口合同的规定。我国境内的自然人、法人或者其他组织从国外引进或者向国外输出技术与技术输出国或者技术引进国的当事人订立的合同，称为技术进出口合同。技术进出口合同法律另有规定，依照其规定。当事人订立有关专利合同或者专利申请合同，不仅要遵守本章的有关规定，还要遵守专利法等其他法律、法规的规定。

第四节　技术咨询合同和技术服务合同

第八百七十八条　【技术咨询合同和技术服务合同的定义】

技术咨询合同是当事人一方以技术知识为对方就特定技术项目提供可行性论证、技术预测、专题技术调查、分析评价报告等所订立的合同。

技术服务合同是当事人一方以技术知识为对方解决特定技术问题所订立的合同，不包括承揽合同和建设工程合同。

本条来源

本条来源于《合同法》第三百五十六条："技术咨询合同包括就特定技术项目提供可行性论证、技术预测、专题技术调查、分析评价报告等合同。技术服务合同是指当事人一方以技术知识为另一方解决特定技术问题所订立的合同，不包括建设工程合同和承揽合同。”相较于原法条，本条重新调整技术咨询合同的定义。

立法演变

本条在一次审议稿第六百六十一条沿用《合同法》第三百五十六条的规定。二次审议稿第六百六十一条和《民法典（草案）》第八百七十八条均规定为：“技术咨询合同是当事人一方以技术知识为对方就特定技术项目提供可行性论证、技术预测、专题技术调查、分析评价报告等所订立的合同。技术服务合同是当事人一方以技术知识为对方解决特定技术问题所订立的合同，不包括承揽合同和建设工程合同。”在第一款中增加了“当事人一方以技术知识为对方”的规定，该变动使得法条的内容更符合逻辑；在第二款中将“另一方”改为“对方”，该变动为立法技术上的简化，并最终为本条所采用。

条文释义

本条是关于技术咨询合同和技术服务合同定义的规定。本条规定的技术咨询合同是指当事人一方以技术知识为对方就特定技术项目提供可行性论证、技术预测、专题技术调查、分析评价报告等所订立的合同。以技术知识提供咨询的一方是受托方，接受咨询报告并支付报酬的一方是委托方。技术咨询合同的法律特征主要表现在：

第一，技术咨询合同是受托方向委托方提供技术项目决策参考的软科学技术的合同。技术咨询合同中一方以技术知识为主要依托，对另一方提出的技术问题进行解答或者提供咨询，其技术问题解答或咨询报告本身是一种技术方案。

第二，技术咨询合同有其特殊的风险责任承担原则。技术咨询合同中的咨询报告实施风险，除当事人另有约定外，由委托方承担，受托人可免于承担责任。咨询报告实施风险是指委托人按照受托人符合约定要求的咨询报告和意见作出决策所造成的损失。

第三，技术咨询合同的目的在于：受托方为委托方进行科学研究、技术开发、成果推广、技术改造、工程建设、科技管理等项目提出建议、意见和方案，供委托方在决策时参考，从而使科学技术的决策和选择真正建立在民主化和科学化的基础之上。因此，技术咨询合同的履行结果并不是某些立竿见影的科技成果，而是供委托方选择的咨询报告。

本条规定的技术服务合同是指当事人一方以技术知识为另一方解决特定技术问题所订立的技术合同，不包括建设工程合同和承揽合同。可见，技术服务不是一方只向对方提出决策建议，而是由服务方实际、直接、具体地处理特定的技术问题。技术服务合同当事人不只是提供技术，而是运用技术知识解决具体技术问题。

技术服务合同在实践中包括技术辅助服务合同、技术中介合同和技术培训合同。其中技术辅助服务合同是指当事人一方利用科技知识为另一方解决特定专业技术问题所订立的合同。技术中介合同是指双方当事人约定中介人依据委托人的要求，为委托人与第三人订立技术合同提供机会或促成技术合同订立，由委托人向中介人支付约定报酬的合同。可见，技术中介合同是技术居间合同。技术培训合同是指双方当事人约定，受托方为委托方的指定人员进行特定技术培养和训练的合同。技术培训合同是国际上公认的技术服务合同形式。就技术中介合同、技术培训合同，其他法律、行政法规另有规定的，依照其规定。

法条关联

◆《技术合同认定规则》

第三十九条 技术服务合同是一方当事人（受托方）以技术知识为另一方（委托方）解决特定技术问题所订立的合同。

第四十条 技术服务合同的认定条件是：

（一）合同的标的为运用专业技术知识、经验和信息解决特定技术问题的服务性项目；

（二）服务内容为改进产品结构、改良工艺流程、提高产品质量、降低产品成本、节约资源能耗、保护资源环境、实现安全操作、提高经济效益和社会效益等专业技术工作；

（三）工作成果有具体的质量和数量指标；

（四）技术知识的传递不涉及专利、技术秘密成果及其他知识产权的权属。

第四十一条 下列各项符合本规则第四十条规定，且该专业技术项目有明确技术问题和解决难度的，属于技术服务合同：

（一）产品设计服务，包括关键零部件、国产化配套件、专用工模量具及工装设计和具有特殊技术要求的非标准设备的设计，以及其他改进产品结构的设计；

（二）工艺服务，包括有特殊技术要求的工艺编制、新产品试制中的工艺技术指导，以及其他工艺流程的改进设计；

（三）测试分析服务，包括有特殊技术要求的技术成果测试分析，新产品、新材料、植物新品种性能的测试分析，以及其他非标准化的测试分析；

（四）计算机技术应用服务，包括计算机硬件、软件、嵌入式系统、计算机网络技术的应用服务，计算机辅助设计系统（CAD）和计算机集成制造系统（CIMS）的推广、应用和技术指导等；

（五）新型或者复杂生产线的调试及技术指导；

（六）特定技术项目的信息加工、分析和检索；

（七）农业的产前、产中、产后技术服务，包括为技术成果推广，以及为提高农业产量、品质、发展新品种、降低消耗、提高经济效益和社会效益的有关技术服务。

（八）为特殊产品技术标准的制订；

（九）对动植物细胞植入特定基因、进行基因重组；

（十）对重大事故进行定性定量技术分析；

（十一）为重大科技成果进行定性定量技术鉴定或者评价。

前款各项属于当事人一般日常经营业务范围的，不应认定为技术服务合同。

第四十二条　下列合同不属于技术服务合同：

（一）以常规手段或者为生产经营目的进行一般加工、定作、修理、修缮、广告、印刷、测绘、标准化测试等订立的加工承揽合同和建设工程的勘察、设计、安装、施工、监理合同。但以非常规技术手段，解决复杂、特殊技术问题而单独订立的合同除外。

（二）就描晒复印图纸、翻译资料、摄影摄像等所订立的合同；

（三）计量检定单位就强制性计量检定所订立的合同；

（四）理化测试分析单位就仪器设备的购售、租赁及用户服务所订立的合同。

第八百七十九条　【技术咨询合同委托人义务】

技术咨询合同的委托人应当按照约定阐明咨询的问题，提供技术背景材料及有关技术资料，接受受托人的工作成果，支付报酬。

本条来源

本条来源于《合同法》第三百五十七条的规定：“技术咨询合同的委托人应当按照约定阐明咨询的问题，提供技术背景材料及有关技术资料、数据；接受受托人的工作成果，支付报酬。”相较于原法条，本条将“数据”删除，该变动为立法技术上的简化，使得法条用语更为严谨。

立法演变

本条在一次审议稿第六百六十二条、二次审议稿第六百六十二条和《民法典（草案）》第八百七十九条均沿用《合同法》第三百五十七条的规定。最终《民法典》第八百七十九条作了上述变动。

条文释义

本条是关于技术咨询合同的委托人义务的规定。依据本条规定，委托人的义务主要包括：第一，阐明咨询的问题的义务。技术咨询合同的委托人只有先阐明咨询的问题，受托人才能就该问题提供技术咨询和解决方案。第二，按照合同的约定向受托方提供有关技术背景资料及有关材料的义务。必要时还应当依合同约定为受托方做现场调查、测试、分析等工作提供方便。第三，按时接受咨询顾问的工作成果的义务。第四，按约定支付报酬的义务。委托方迟延支付报酬的，应当承担迟延履行的违约责任；不支付报酬的，应当退还咨询报告和意见，补交报酬，赔偿损失。

第八百八十条　【技术咨询合同受托人义务】

技术咨询合同的受托人应当按照约定的期限完成咨询报告或者解答问题，提出的咨询报告应当达到约定的要求。

本条来源

本条来源于《合同法》第三百五十八条的规定："技术咨询合同的受托人应当按照约定的期限完成咨询报告或者解答问题；提出的咨询报告应当达到约定的要求。"相较于原法条，本条将"；"修改为"，"，使法条层次更为清晰。

条文释义

本条是关于技术咨询合同的受托人主要义务的规定。依据本条规定，技术咨询合同的受托人的义务有：第一，按照约定的期限完成咨询报告或者解答问题的义务。技术咨询合同的主要标的是受托人利用自己的技术知识和人才优势，按照合同的约定完成咨询报告或者解答问题，按照约定的期限完成咨询报告或者解答问题的义务是受托人的主要义务。第二，提出的咨询报告应当达到约定的要求的义务。受托人应保证咨询报告和意见符合合同约定的要求。

第八百八十一条　【技术咨询合同的违约责任】

技术咨询合同的委托人未按照约定提供必要的资料，影响工作进度和质量，不接受或者逾期接受工作成果的，支付的报酬不得追回，未支付的报酬应当支付。

技术咨询合同的受托人未按期提出咨询报告或者提出的咨询报告不符合约定的，应当承担减收或者免收报酬等违约责任。

技术咨询合同的委托人按照受托人符合约定要求的咨询报告和意见作出决策所造成的损失，由委托人承担，但是当事人另有约定的除外。

本条来源

本条来源于《合同法》第三百五十九条的规定："技术咨询合同的委托人未按照约定提供必要的资料和数据，影响工作进度和质量，不接受或者逾期接受工作成果的，支付的报酬不得追回，未支付的报酬应当支付。技术咨询合同的受托人未按期提出咨询报告或者提出的咨询报告不符合约定的，应当承担减收或者免收报酬等违约责任。技术咨询合同的委托人按照受托人符合约定要求的咨询报告和意见作出决策所造成的损失，由委托人承担，但当事人另有约定的除外。”相较于原法条，本条将第一款“提供必要的资料和数据”中“和数据”删除，该变动为立法技术上的简化，使得法条用语更为严谨。

立法演变

本条在一次审议稿第六百六十四条、二次审议稿第六百六十四条和《民法典（草案）》第八百八十一条均沿用《合同法》第三百五十九条的规定。最终《民法典》第八百八十一条作了上述变动。

条文释义

本条是关于技术咨询合同的委托人与受托人的违约责任的规定。依据本条规定，技术咨询合同的违约责任包括：第一，委托方的违约责任。技术咨询合同的委托人未按照约定提供必要的资料，影响工作进度和质量，支付的报酬不得追回，未支付的报酬应当支付。委托人不接受或者逾期接受工作成果的，支付的报酬不得追回，未支付的报酬应当支付，还应支付违约金或赔偿损失。第二，受托方的违约责任。技术咨询合同的受托人未按期提出咨询报告或者提出的咨询报告不符合约定的，应当承担减收或者免收报酬等违约责任。

依据本条规定，技术服务合同的违约责任包括：第一，委托方的违约责任。技术服务合同的委托人不履行合同义务或者履行合同义务不符合约定，影响工作进度和质量，应当承担违约责任。委托人不接受或者逾期接受工作成果的，支付的报酬不得追回，未支付的报酬应当支付，还应支付违约金，也可以要求委托人支付保管费。第二，受托方的违约责任。技术服务合同的受托人未按照合同约定完成服务工作的，应当承担免收报酬等违约责任。

第八百八十二条　【技术服务合同委托人义务】

技术服务合同的委托人应当按照约定提供工作条件，完成配合事项，接受工作成果并支付报酬。

本条来源

本条来源于《合同法》第三百六十条的规定：“技术服务合同的委托人应当按照约定提供工作条件，完成配合事项；接受工作成果并支付报酬。”相较于原法条，本条将“；”修改为“，”，使法条层次更为清晰。

条文释义

本条是关于技术服务合同委托人的义务的规定。依据本条规定，技术服务合同委托人的义务包括：第一，按照约定提供工作条件，完成配合事项。只有技术服务合同按约提供工作条件后，受托人才能开展技术服务工作。委托人配合受托人完成相关事项，有助于技术服务工作的顺利完成。第二，接受工作成果并支付报酬。受托人完成工作成果后，委托人应当及时验收，若工作成果符合合同约定的标准，委托人负有接受工作成果的义务。委托人还负有向受托人支付报酬的义务。

案例评议

东北大学诉赤峰市巴林左旗浙盛铅锌矿业有限责任公司公司技术服务合同纠纷案①

原告东北大学与被告浙盛公司于2013年7月签订了《技术服务合同》1份，约定由原告东北大学为被告赤峰市巴林左旗浙盛铅锌矿业公司铜铅锌多金属矿石可选性试验研究项目提供技术服务。原告与被告于2013年签订了技术服务合同，约定由原告为被告铜铅锌多金属矿石可选性试验研究项目提供技术服务，被告需按照合同约定分两次共计向原告支付技术服务费350000元。具体支付方式和时间如下：合同签订生效后1周内，支付合同总额的60%，即21万元整；乙方实验结束后，提交研究报告前，支付剩余的40%，即14万元整。合同签订后，被告至今未向原告支付任何技术服务费用。原告就上述事宜多次向被告主张权利未果，故诉至法院。

◆ **裁判规则**

法院经审理认为，技术服务合同的委托人应当按照约定提供工作条件，完

① 赤峰市中级人民法院民事判决书（2015）赤民知初字第37号。

成配合事项；接受工作成果并支付报酬。本案中被告浙盛公司按照合同约定，应在合同签订生效后1周内，支付合同总额60%的服务费，乙方实验结束后，提交研究报告前，支付剩余的40%。但是被告却没有在约定的时间内向原告支付服务费，已经构成违约。被告浙盛公司提出的因原告东北大学未提交符合标准的技术报告，故被告方不应该给付服务费的抗辩理由，因不符合双方合同中关于被告应当先交纳服务费原告再提交研究报告的约定，不能成立。被告应向原告承担违约责任。

◆ **评议**

本案为技术合同委托人支付报酬义务的典型案例。本案争议的问题是赤峰市巴林左旗浙盛铅锌矿业公司是否应该向东北大学支付技术服务费用。合同签订生效后1周内，被告应支付合同总额60%的服务费却未支付，已经违反合同的约定，被告未履行支付义务。依据本条规定，技术服务合同的委托人应接受工作成果并支付报酬。由于被告未履行支付义务，已经构成合同违约，应当向原告承担相应的责任。因此法院认为被告应向原告承担违约责任。

第八百八十三条 【技术服务合同受托人义务】

技术服务合同的受托人应当按照约定完成服务项目，解决技术问题，保证工作质量，并传授解决技术问题的知识。

本条来源

本条来源于《合同法》第三百六十一条，条文无变动。

条文释义

本条是关于技术服务合同受托人义务的规定。依据本条规定，技术服务合同受托人的义务包括：第一，应当按照约定完成服务项目，解决技术问题。技术服务合同的受托人需要完成合同规定的服务事项，解除委托人委托解除的技术问题。第二，保证工作质量。受托人有义务保证其完成的工作成果的质量符合约定。第三，传授解决技术问题的知识。受托人在交付工作成果的时候，还负有向委托人传授解决技术问题的知识，对委托人提出相关的建议的义务。

第八百八十四条　【技术服务合同的违约责任】

技术服务合同的委托人不履行合同义务或者履行合同义务不符合约定，影响工作进度和质量，不接受或者逾期接受工作成果的，支付的报酬不得追回，未支付的报酬应当支付。

技术服务合同的受托人未按照约定完成服务工作的，应当承担免收报酬等违约责任。

本条来源

本条来源于《合同法》第三百六十二条的规定："技术服务合同的委托人不履行合同义务或者履行合同义务不符合约定，影响工作进度和质量，不接受或者逾期接受工作成果的，支付的报酬不得追回，未支付的报酬应当支付。技术服务合同的受托人未按照合同约定完成服务工作的，应当承担免收报酬等违约责任。"相较于原法条，本条在第二款中将"受托人未按照合同约定"改为"受托人未按照约定"，该变动为立法技术上的简化。

立法演变

本条在一次审议稿第六百六十七条沿用《合同法》第三百六十二条的规定。二次审议稿第六百六十七条作了上述变动，最终为本条所沿用。

条文释义

本条是关于技术服务合同双方当事人的违约责任的规定。依据本条规定，技术服务合同当事人的违约责任包括：

第一，技术服务合同委托人的违约责任。委托人不履行合同义务或者履行合同义务不符合约定，影响工作进度和质量，不接受或者逾期接受工作成果的，支付的报酬不得追回，未支付的报酬应当支付。技术服务合同不履行合同约定或者违反合同约定，进而影响工作的进度、质量，委托人支付的报酬不得追回，未支付的报酬应当支付。委托人迟延接受或者不接受工作成果，受托人有权处置工作成果。委托人不仅应支付报酬及违约金，还需支付因处置工作成果产生的合理费用。

第二，技术服务合同的受托人的违约责任。技术服务合同的受托人未按照约定完成服务工作的，应当承担免收报酬等违约责任。受托人未按照约定的期限交付工作的，应支付违约金或者赔偿损失。受托人完成的工作成果、服务质量不符合约定，委托人同意利用的，受托人应当减收报酬并采取适当补救措施；若无法解决合同约定的技术问题的，受托人应当免收报酬，支付违约金或者赔偿损失。

第八百八十五条　【创新技术成果归属】

技术咨询合同、技术服务合同履行过程中，受托人利用委托人提供的技术资料和工作条件完成的新的技术成果，属于受托人。委托人利用受托人的工作成果完成的新的技术成果，属于委托人。当事人另有约定的，按照其约定。

本条来源

本条来源于《合同法》第三百六十三条的规定："在技术咨询合同、技术服务合同履行过程中，受托人利用委托人提供的技术资料和工作条件完成的新的技术成果，属于受托人。委托人利用受托人的工作成果完成的新的技术成果，属于委托人。当事人另有约定的，按照其约定。"相较于原法条，本条将"在技术咨询合同"修改为"技术咨询合同"，该变动仅就条款中个别字词进行了修改，法条的实质内涵未发生变化。

立法演变

本条在一次审议稿第六百六十八条、二次审议稿第六百六十八条和《民法典（草案）》第八百八十五条中均沿用《合同法》第三百六十三条的规定。最终《民法典》第八百八十五条作了上述变动。

条文释义

本条是关于新创新技术成果的归属和分享的规定。本条中新创新技术成果是指技术咨询合同或者技术服务合同的当事人在履行合同义务之外的派生完成的或者后续发展的技术成果。依据本条规定，新创新技术成果的权利归属情形包括：第一，在技术咨询合同、技术服务合同履行过程中，受托人利用委托人提供的技术资料和工作条件完成的新的技术成果，除非当事人另有约定，该技术成果属于受托人。第二，委托人利用受托人的工作成果完成的新的技术成果，除非当事人另有约定，该技术成果属于委托人。

第八百八十六条　【工作费用的负担】

技术咨询合同和技术服务合同对受托人正常开展工作所需费用的负担没有约定或者约定不明确的，由受托人负担。

本条来源

本条为新增条款。

立法演变

本条为一次审议稿第六百六十九条的新增条款，规定为："技术咨询合同和技术服务合同对受托人正常开展工作所需费用的负担没有约定或者约定不明确的，由受托人负担。"该变动增加了受托人开展工作费用的负担的规定。二次审议稿第六百六十九条和《民法典（草案）》第八百八十六条均无变化，最终为本条所采用。

条文释义

本条是关于受托人正常开展工作所需费用的负担的规定。技术咨询合同和技术服务合同的受托人正常开展工作时会因此产生相应的费用。依据本条规定，技术咨询合同和技术服务合同的当事人对受托人正常开展工作所需费用的负担没有约定或者约定不明确的，由受托人自行负担。

第八百八十七条　【技术培训合同和技术中介合同的法律适用】

法律、行政法规对技术中介合同、技术培训合同另有规定的，依照其规定。

本条来源

本条来源于《合同法》第三百六十四条，条文无变动。

条文释义

本条是关于技术培训合同、技术中介合同的法律适用的规定。技术服务合同包括技术培训合同、技术中介合同。本条的技术中介合同是指合同一方当事人以知识、技术、经验和信息为另一方与第三方订立技术合同，进行联系、介绍、组织并对履行合同提供服务所订立的合同。技术培训合同，是指一方当事人委托另一方对指定的技术人员进行特定项目的指导和训练所订立的合同。如果技术中介合同、技术培训合同有在法律、行政法规中另行规定的，依照其规定。

法条关联

◆《技术合同认定规则》

第四十三条　技术培训合同是当事人一方委托另一方对指定的专业技术人员进行特定项目的技术指导和业务训练所订立的合同。

技术培训合同是技术服务合同中的一种，在认定登记时应按技术培训合同单独予以登记。

第四十四条　技术培训合同的认定条件是：

（一）以传授特定技术项目的专业技术知识为合同的主要标的；

（二）培训对象为委托方指定的与特定技术项目有关的专业技术人员；

（三）技术指导和专业训练的内容不涉及有关知识产权权利的转移。

第四十五条　技术开发、技术转让等合同中涉及技术培训内容的，应按技术开发合同或技术转让合同认定，不应就其技术培训内容单独认定登记。

第四十六条　下列培训教育活动，不属于技术培训合同：

（一）当事人就其员工业务素质、文化学习和职业技能等进行的培训活动；

（二）为销售技术产品而就有关该产品性能、功能及使用、操作进行的培训活动。

第四十七条　技术中介合同是当事人一方（中介方）以知识、技术、经验和信息为另一方与第三方订立技术合同、实现技术创新和科技成果产业化进行联系、介绍、组织工业化开发并对履行合同提供专门服务所订立的合同。

技术中介合同是技术服务合同中的一种，在认定登记时应按技术中介合同单独予以登记。

第四十八条　技术中介合同的认定条件是：

（一）技术中介的目的是促成委托方与第三方进行技术交易，实现科技成果的转化；

（二）技术中介的内容应为特定的技术成果或技术项目；

（三）中介方应符合国家有关技术中介主体的资格要求。

第二十一章　保管合同

本章概要

从条文数量上看，本章与《合同法》的条文数保持一致，共十六条。从条文内容上看，对《合同法》第十九章保管合同进行了一定的增减。主要注意以下变化：一是扩大了保管的适用范围，明确购物、就餐、住宿等活动时将物品存放在指定场所的，也视为保管，更好地保护消费者的权益。二是将交付保管物从成立要件改为生效要件，更科学、合理。三是扩大保管人承担责任的范围，不限于承担损害赔偿责任。

第八百八十八条　【保管合同的定义】

保管合同是保管人保管寄存人交付的保管物，并返还该物的合同。

寄存人到保管人处从事购物、就餐、住宿等活动，将物品存放在指定场所的，视为保管，但是当事人另有约定或者另有交易习惯的除外。

本条来源

本条来源于《合同法》第三百六十五条的规定："保管合同是保管人保管寄存人交付的保管物，并返还该物的合同。"相较于原法条，本条增加了第二款，该变动明确了某一类特定情形也属于保管行为，扩大了保管的范围。

立法演变

本条在一次审议稿第六百七十一条规定为："保管合同是保管人保管寄存人交付的保管物，并返还该物的合同。寄存人到保管人处从事购物、就餐、住宿等活动，将物品存放在指定场所的，视为保管，但是当事人另有约定或者另有交易习惯的除外。”二次审议稿第六百七十一条和《民法典（草案）》均无变动，最终为本条所采用。

条文释义

本条是关于保管合同定义的规定。保管合同，又称寄存合同，是指一方当事人保管另一方当事人交付的物品，并按约定的期限返还该物品的合同。其中委托保管的一方称为寄存人，为他提供保管劳务的一方称为保管人。理论上，将保管合同分为一般的保管合同和仓储保管合同，但合同法的保管合同单指一般的保管合同，不包括仓储保管合同。保管合同具有如下法律特征：

第一，保管合同是以对物品的保管为目的。保管合同订立的直接目的是由保管人保管物品，而非以保管人获得保管物品的所有权为目的。因此，保管合同只需转移保管物的占有由保管人实际控制，不转移保管物的所有权。保管合同的标的表现为保管人的保管行为，保管人只对保管物进行保护、看管以及维持保管物的现状。除当事人事先约定外，保管人不得对保管物进行利用和改造。保管合同的这一特征使得保管合同与买卖、租赁、借用、赠与等合同区别开来。

第二，保管合同是不要式合同，可以是无偿也可以是有偿合同，是双务合同。法律和行政法规对保管合同的形式未作要求，故保管合同是不要式合同。在通常情形下，保管合同为无偿合同，但当事人可以对保管费用加以约定，在明确约定保管费的前提下，该保管合同即为有偿合同。不管保管合同是有偿合同还是无偿合同，保管合同的双方当事人均负一定的义务，在无偿保管合同中，保管人仍须负担支付保管人因保管所支出的必要费用。故保管合同为双务合同。

本条第二款拟定了一类特殊的保管合同。法律拟定寄存人在从事购物、就餐、住宿等活动时，按照物品保管人的指示，物品存放在指定场所的，视为保管，但是也有例外情况，即当事人另有约定或者另有交易习惯认为不属于保管行为的。

案例评议

中国平安财产保险股份有限公司重庆分公司、中国邮政速递物流股份有限公司郑州市物流分公司保险人代位求偿权纠纷案①

和强公司向中国平安财产保险股份有限公司重庆分公司（下称中国平安重庆分公司）投保财产综合险，承保标的存货（库存摩托车及零配件）。后和强公司（作为乙方）与中国邮政速递郑州分公司（作为甲方）签署《仓库租赁合同》，约定由和强公司租赁中国邮政速递郑州分公司的仓库2400平方米用于存货。中国邮政速递郑州分公司仓库发生大火，烧毁了和强公司存放的货物。中国平安重庆分公司在赔付和强公司后，作为第三人向中国邮政速递物流股份有限公司郑州市物流分公司代位求偿，因此提出诉讼。

◆ **裁判规则**

法院经审理认为，本案中关于《仓库租赁合同》的法律定性问题。由于租赁合同是出租人将租赁物交付承租人使用、收益，承租人支付租金的合同。保管合同是保管人保管寄存人交付的保管物，并返还该物的合同。从仓库租赁合同的内容上看，和强公司未向中国邮政速递郑州分公司交付摩托车及配件，涉案合同约定的内容不符合保管合同的法律特征。和强公司租赁中国邮政速递郑州分公司的仓库，在租赁期间内，向中国邮政速递郑州分公司支付仓库租赁费、仓库管理费、物业管理费等费用，涉案合同约定的内容符合租赁合同的法律特征，故涉案仓库租赁合同应定性为租赁合同。

◆ **评议**

本案中涉及的争议焦点是《仓库租赁合同》的有效问题。若要判断《仓库租赁合同》是否有效，需要先确定该合同的法律性质。本案存在《仓库租赁合同》是保管合同还是租赁合同之争，需要依据保管合同的特征进行判断。首先，保管合同是以保管物品为目的的合同，和强公司与中国邮政速递郑州分公司签署的《仓库租赁合同》是以租赁仓库为目的，不符合保管合同的目的。其次，保管合同中，是寄存人将寄存之物交付给保管人后，由保管人自行保管。和强

① 河南省高级人民法院民事判决书（2018）豫民终1944号。

公司的摩托车及零配件，是租赁中国邮政速递郑州分公司的仓库后，和强公司自行存放，未经过中国邮政速递郑州分公司之手，不属于中国邮政速递郑州分公司的保管行为。最后，和强公司储存物品的行为是租赁仓库后的合理使用，属于租赁物的利用，不是保管物的储存。因此法院认定涉案合同约定的内容不符合保管合同的法律特征。

第八百八十九条　【保管费】

寄存人应当按照约定向保管人支付保管费。

当事人对保管费没有约定或者约定不明确，依据本法第五百一十条的规定仍不能确定的，视为无偿保管。

本条来源

本条来源于《合同法》第三百六十六条的规定：“寄存人应当按照约定向保管人支付保管费。当事人对保管费没有约定或者约定不明确，依照本法第六十一条的规定仍不能确定的，保管是无偿的。”相较于原法条，本条将“保管是无偿的”改为“视为无偿保管”，该变动为法条用语上的改变。将“依照本法第六十一条的规定”改为“依据本法第五百一十条的规定”，该变动仅为法律体系调整导致法条序号变动，法条的实质内涵没有发生改变。

立法演变

本条在一次审议稿第六百七十二条和二次审议稿第六百七十二条均规定为：“寄存人应当按照约定向保管人支付保管费。当事人对保管费没有约定或者约定不明确，依照本法第三百零一条的规定仍不能确定的，保管是无偿的。”《民法典（草案）》第八百八十九条规定为：“寄存人应当按照约定向保管人支付保管费。当事人对保管费没有约定或者约定不明确，依据本法第五百一十条的规定仍不能确定的，视为无偿保管。”最终为本条所采用。

条文释义

本条是关于保管费的支付的规定。保管合同的寄存人应当按照约定的期限向保管人支付保管费。若当事人对支付期限没有约定或者约定不明确，可以协议补充，达不成补充协议的，可以按照合同的有关条款或交易习惯加以确定，若无法确定的，视为无偿保管。在无偿保管合同中，寄存人不承担给付保管费的义务。但是不论是有偿保管还是无偿保管，寄存人均应支付在保管期间保管人为保管寄存物而支出的必要费用。寄存人未按照约定支付保管费以及其他费用的，除当事人另有约定外，保管人可以留置保管物，并在宽限期后行使留置权以实现自己的利益。

第八百九十条　【保管合同成立时间】

保管合同自保管物交付时成立，但是当事人另有约定的除外。

本条来源

本条来源于《合同法》第三百六十七条的规定："保管合同自保管物交付时成立，但当事人另有约定的除外。"相较于原法条，本条将"但"改为"但是"，该变动仅就条款中个别字词进行了修改，法条的实质内涵未发生变化。

立法演变

本条在一次审议稿第六百七十三条和二次审议稿第六百七十三条均沿用《合同法》第三百六十七条的规定。《民法典（草案）》第八百九十条规定为："保管合同自保管物交付时生效，但是当事人另有约定的除外。"《民法典》第八百九十条重新规定为："保管合同自保管物交付时成立，但是当事人另有约定的除外。"

条文释义

本条是关于保管合同的成立的规定。本条规定的保管合同的成立规则是，保管合同的当事人之间对保管合同成立条件有约定的，从其约定。若当事人之间没有特别约定，则保管合同自保管物交付时成立。且还需寄存人实际交付保管的物品于保管人，可见，交付保管物是保管合同的成立要件。作为例外，当事人可以约定保管合同其他的成立方式，例如，保管合同自双方意思表示一致时成立的。

第八百九十一条　【保管人出具保管凭证义务】

寄存人向保管人交付保管物的，保管人应当出具保管凭证，但是另有交易习惯的除外。

本条来源

本条来源于《合同法》第三百六十八条的规定："寄存人向保管人交付保管物的，保管人应当给付保管凭证，但另有交易习惯的除外。"相较于原法条，本条将"给付"改为"出具"，该变动使得法条用语更为严谨。

立法演变

本条在一次审议稿六百七十四条、二次审议稿第六百七十四条和《民法典（草案）》第八百九十一条均沿用《合同法》第三百六十八条的规定。最终《民法典》第八百九十一条作了上述变动。

条文释义

本条是关于保管人向寄存人出具保管凭证的义务的规定。一般情况下，保管合同自保管物交付时生效，出具保管凭证并非保管合同生效的形式要件。保管人向寄存人出具的保管凭证是证明合同存在的凭据。保管人有向寄存人出具保管凭证的义务，但是如果当事人另有约定或者依交易习惯无须出具保管凭证的，也可以不出具保管凭证，不影响保管合同的成立与生效。例如，在车站、码头等设立的小件寄存处，一般的交易习惯是出具保管凭证。而在某些商场外的停车场，按照交易习惯就不出具保管凭证，只要有车位就可以停车，只是出来时需付款，保管人出具付款凭证。

第八百九十二条　【保管人妥善保管义务】

保管人应当妥善保管保管物。

当事人可以约定保管场所或者方法。除紧急情况或者为维护寄存人利益外，不得擅自改变保管场所或者方法。

本条来源

本条来源于《合同法》第三百六十九条的规定：“保管人应当妥善保管保管物。当事人可以约定保管场所或者方法。除紧急情况或者为了维护寄存人利益的以外，不得擅自改变保管场所或者方法。”相较于原法条，本条将“除紧急情况或者为了维护寄存人利益的以外”中的“了”“的”“以”删去，该变动为立法技术上的简化。

条文释义

本条是关于保管人对保管物尽妥善保管义务的规定。保管合同订立的目的是为寄存人保管物品，需要妥善管理保管物并按照约定的情形返还给寄存人。因此保管人为履行返还保管物的约定，应当妥善保管保管物，这是保管人应负的主要义务之一。本条中“妥善保管”是指保管人应该按照法律的规定或者合同的约定，并依据保管物的特性，提供合适的保管场所，采用合理的保管方式等，使得保管物处于完好状态。①

当事人之间约定了保管场所或者保管方法的，除紧急情况或者为了维护寄存人利益的以外，不得擅自改变保管场所或者方法。本条“紧急情况”是指，因不可抗力等其他危险因素导致保管物发生可能毁损、灭失。保管人在紧急情况下或者为维护寄存人的利益时，可以改变原来约定的保管场所或者保管方法，但是应当及时通知寄存人。

第八百九十三条　【寄存人告知义务】

寄存人交付的保管物有瑕疵或者根据保管物的性质需要采取特殊保管措施的，寄存人应当将有关情况告知保管人。寄存人未告知，致使保管物受损失的，保管人不承担赔偿责任；保管人因此受损失的，除保管人知道或者应当知道且未采取补救措施外，寄存人应当承担赔偿责任。

---

① 王利明著：《合同法》（王利明法学教科书），中国人民大学出版社2015年版，第453页。

本条来源

本条来源于《合同法》第三百七十条的规定："寄存人交付的保管物有瑕疵或者按照保管物的性质需要采取特殊保管措施的，寄存人应当将有关情况告知保管人。寄存人未告知，致使保管物受损失的，保管人不承担损害赔偿责任；保管人因此受损失的，除保管人知道或者应当知道并且未采取补救措施的以外，寄存人应当承担损害赔偿责任。"相较于原法条，本条将"除保管人知道或者应当知道并且未采取补救措施外"修改为"除保管人知道或者应当知道且未采取补救措施的以外"，将"按照"修改为"根据"，将"损害赔偿责任"修改为"赔偿责任"，该变动仅就条款中个别字词进行了修改，法条的实质内涵未发生变化。

立法演变

本条在一次审议稿第六百七十六条、二次审议稿第六百七十六条和《民法典（草案）》第八百九十三条均沿用《合同法》第三百七十条的规定。最终《民法典》第八百九十三条作了上述变动。

条文释义

本条是关于寄存人告知义务的规定。若寄存人交付的保管物有瑕疵或者按照保管物的性质需要采取特殊保管措施的，寄存人应当将有关情况告知保管人。保管物本身的性质是指保管物为易燃、易爆、有毒、放射性等危险物品或易腐烂物品的情形。寄存人未告知，致使保管物受损失的，保管人不承担损害赔偿责任。保管人因此受损失的，除保管人知道或者应当知道并且未采取补救措施的以外，寄存人应当承担损害赔偿责任。若寄存人寄存货币、有价证券或者其他贵重物品的，应当向保管人声明，由保管人验收或者封存。寄存人未声明的，该物品毁损、灭失后，保管人可以按照一般物品予以赔偿。

第八百九十四条　【保管人亲自保管保管物义务】

保管人不得将保管物转交第三人保管，但是当事人另有约定的除外。

保管人违反前款规定，将保管物转交第三人保管，造成保管物损失的，应当承担赔偿责任。

本条来源

本条来源于《合同法》第三百七十一条的规定：“保管人不得将保管物转交第三人保管，但当事人另有约定的除外。保管人违反前款规定，将保管物转交第三人保管，对保管物造成损失的，应当承担损害赔偿责任。”相较于原法条，本条在第一款中将“但”改为“但是”；在第二款中将“对保管物造成损失的”改为“造成保管物损失的”，将“损害赔偿责任”改为“赔偿责任”，该变动使得法条用语更为严谨。

立法演变

本条在一次审议稿第六百七十七条和二次审议稿第六百七十七条均规定为：“保管人不得将保管物转交第三人保管，但是当事人另有约定的除外。保管人违反前款规定，将保管物转交第三人保管，对保管物造成损失的，应当承担损害赔偿责任。”在第一款中将“但”改为“但是”。《民法典（草案）》第八百九十四条规定为：“保管人不得将保管物转交第三人保管，但是当事人另有约定的除外。保管人违反前款规定，将保管物转交第三人保管，造成保管物损失的，应当承担赔偿责任。”在第二款中将“对保管物造成损失的”改为“造成保管物损失的”，将“应当承担损害赔偿责任”改为“应当承担赔偿责任”，最终为本条所采用。

条文释义

本条是关于保管人亲自保管保管物的规定。保管人亲自保管保管物是保管人履行妥善保管义务的重要内容之一。保管合同的成立往往基于寄存人对保管人的信任，故保管人应当亲自为寄存人保管保管物。但当事人另有约定的，保管人可以将保管物交给第三人保管的情形除外。保管人违反该义务，擅自将保管物转交第三人保管，使保管物因此受到损害，保管人应当承担损害赔偿责任。

第八百九十五条　【保管人不得使用或者许可他人使用保管物的义务】

保管人不得使用或者许可第三人使用保管物，但是当事人另有约定的除外。

本条来源

本条来源于《合同法》第三百七十二条的规定："保管人不得使用或者许可第三人使用保管物，但当事人另有约定的除外。"相较于原法条，本条将"但"改为"但是"，该变动仅就条款中个别字词进行了修改，法条的实质内涵未发生变化。

立法演变

本条在一次审议稿第六百七十八条作了上述变动，二次审议稿第六百七十八条和《民法典（草案）》第八百九十五条均无变动，最终为本条所采用。

条文释义

本条是关于保管人不得使用或者许可第三人使用保管物义务的规定。保管合同只转移保管物的占有权能，而未转移使用权能，因此，保管人不得使用或者许可第三人使用保管物，但当事人另有约定保管人可以使用的情形除外。保管人应当妥善保管保管物，使得保管物处于完好状态，一般要求是维持保管物的现状。虽然没有使保管物升值的义务，但却负有尽量避免减损其价值的义务，若保管人使用或者许可第三人使用保管物，势必导致保管物价值减损，因此保管人不得使用或者许可第三人使用保管物。

第八百九十六条　【保管人返还保管物及通知寄存人的义务】

第三人对保管物主张权利的，除依法对保管物采取保全或者执行措施外，保管人应当履行向寄存人返还保管物的义务。

第三人对保管人提起诉讼或者对保管物申请扣押的，保管人应当及时通知寄存人。

本条来源

本条来源于《合同法》第三百七十三条的规定："三人对保管物主张权利的，除依法对保管物采取保全或者执行的以外，保管人应当履行向寄存人返还保管物的义务。第三人对保管人提起诉讼或者对保管物申请扣押的，保管人应当及时通知寄存人。"相较于原法条，本条将"除依法对保管物采取保全或者执行的以外"改为"除依法对保管物采取保全或者执行措施外"，该变动使得法条用语更为严谨。

立法演变

本条在一次审议稿第六百七十九条和二次审议稿第六百七十九条均沿用《合同法》第三百七十三条的规定。《民法典（草案）》第八百九十六条规定为："第三人对保管物主张权利的，除依法对保管物采取保全或者执行措施外，保管人应当履行向寄存人返还保管物的义务。第三人对保管人提起诉讼或者对保管物申请扣押的，保管人应当及时通知寄存人。"最终为本条所采用。

条文释义

本条是关于第三人对保管物主张权利的规定。第三人对保管物主张权利，除保管物已经被法院采取财产保全措施或者已经被法院强制执行而不能返还的以外，保管人仍应当履行向寄存人返还保管物的义务。当第三人对保管物主张权利时，保管物陷入纠纷中，此时保管人应当履行向寄存人返还保管物的义务，这是保管人履行返还义务的法定原因。若第三人依法对保管物采取保全或者执行措施，保管物已经实际脱离保管人的控制，保管人的返还义务陷入履行不能，保管人不再负有向寄存人返还保管物的义务。

按照本条第二款的规定，第三人对保管物主张权利而对保管人提起诉讼或者对保管物申请扣押的，保管人应当及时通知寄存人。这是法律规定在此种情形之下保管人的通知义务。通知的目的在于使寄存人及时参加诉讼，以维护自己的合法权益。

第八百九十七条　【保管人赔偿责任】

保管期内，因保管人保管不善造成保管物毁损、灭失的，保管人应当承担赔偿责任。但是，无偿保管人证明自己没有故意或者重大过失的，不承担赔偿责任。

本条来源

本条来源于《合同法》第三百七十四条的规定："保管期间，因保管人保管不善造成保管物毁损、灭失的，保管人应当承担损害赔偿责任，但保管是无偿的，保管人证明自己没有重大过失的，不承担损害赔偿责任。"相较于原法条，本条将"保管期间"改为"保管期内"，该变动使得法条用语更为严谨；将"但保管是无偿的，保管人证明自己没有重大过失的"改为"但是，无偿保管人证明自己没有故意或者重大过失的"，增加了"没有故意"使得法条扩大了判断责任承担的主观要件，法条内容更为合理；将两处"承担损害赔偿责任"改为"承担赔偿责任"，明确保管人不限于承担损害赔偿责任，还应该承担其他的赔偿责任；改变了原有表述，该变动使得法条更符合逻辑。

立法演变

本条在一次审议稿第六百八十条和二次审议稿第六百八十条均沿用《合同法》第三百七十四条的规定。《民法典（草案）》第八百九十七条规定为："保管期间，因保管人保管不善造成保管物毁损、灭失的，保管人应当承担赔偿责任。但是，无偿保管人证明自己没有故意或者重大过失的，不承担赔偿责任。"《民法典》第八百九十七条将"保管期间"改为"保管期内"。

条文释义

本条是关于保管物在毁损、灭失的情况下，保管人责任的规定。保管人对保管物负有妥善保管的义务。保管期内，因保管人保管不善造成保管物毁损、灭失的，保管人违反妥善保管保管物的义务，原则上保管人应当承担损害赔偿责任。但是有例外，本条规定了保管人的免责事由，即无偿保管人证明自己没有故意或者重大过失的，无需承担保管物损毁灭失的赔偿责任。免责的保管必须是无偿保管人，而非有偿保管人。无偿保管人因故意或者重大过失造成保管物毁损、灭失的情形承担损害赔偿责任。无偿保管人是否具有故意或者重大过失的情形的举证责任由无偿保管人自己承担。

在有偿与无偿的情况下，保管人承担损毁灭失的责任的大小有所区别：第一，有偿保管的情况下，无论保管人是故意还是过失，保管人都应对保管物的毁损、灭失负责；第二，无偿保管的情况下，保管人只对故意或者重大过失造成保管物毁损、灭失的后果负责，轻微过失不负责；第三，因不可归责于保管人的事由造成保管物毁损、灭失的，二者都不负损害赔偿责任。

法条关联

◆《最高人民法院关于审理旅游纠纷案件适用法律若干问题的规定》

第二十二条 旅游经营者或者旅游辅助服务者为旅游者代管的行李物品损毁、灭失，旅游者请求赔偿损失的，人民法院应予支持，但下列情形除外：

（一）损失是由于旅游者未听从旅游经营者或者旅游辅助服务者的事先声明或者提示，未将现金、有价证券、贵重物品由其随身携带而造成的；

（二）损失是由于不可抗力、意外事件造成的；

（三）损失是由于旅游者的过错造成的；

（四）损失是由于物品的自然属性造成的。

案例评议

景德镇市鸿远家电有限公司、景德镇市鸿鑫家电有限公司合同纠纷案①

鸿鑫公司作为乙方、鸿远公司作为甲方签订《联营合同书》，合同约定甲方提供适当经营场地，乙方提供商品，双方联合经营，且甲方鸿远公司负责验收保管乙方提供的货物。乙方鸿鑫公司将商品运送至甲方指定仓库。鸿远公司

① 江西省景德镇市中级人民法院民事判决书（2019）赣02民终788号。

承租景德镇市第一塑料总厂有限公司的仓库，并签订《房屋租赁合同》。后鸿远公司所租用的景德镇市第一塑料总厂有限公司的存储仓库发生火灾，将存储的商品烧毁。火灾事故发生后，双方进行核对，鸿远公司制作并出具“2017 年 4 月 3 日小天鹅火烧机库存和价格明细”，因损失金额双方产生纠纷，提起诉讼。

◆ **裁判规则**

法院经审理认为，本案中，该保管行为基于联营的目的，不能说是无偿的，且无偿的保管行为也需保管人能证明自己没有重大过失不承担赔偿责任。经查，景德镇市公安消防支队昌江区大队对火灾认定为“起火部位位于仓库第六、七根承重柱家电堆放处，可以排除雷击、自燃、遗留火种、用火不慎等引起的火灾，不能排除因外来火源或电气线路故障引起火灾的可能”。上诉人鸿远公司虽然举证其对仓库进行了修缮，该修缮合同未有其他证据予以佐证，不能验证真实性，且该行为并不能证明上诉人尽到了合理的审慎义务，在保管过程中没有重大过失，上诉人鸿远公司对其没有重大过失应当承担举证不能的法律后果。故上诉人鸿远公司对被上诉人鸿鑫公司负有保管义务，对货物损失应当承担赔偿责任，原审认定正确，并无不当。

◆ **评议**

保管人对保管物负有妥善保管的义务，保管期内，因保管人保管不善造成保管物毁损、灭失的，保管人应当承担赔偿责任。保管人的免责条件是保管人证明自己对保管物损毁、灭失没有故意或者重大过失的，且保管人需是无偿保管。本案中鸿鑫公司是有偿保管。根据相关证据，无法证明鸿鑫公司尽到妥善保管的义务，所以鸿鑫公司应当承担赔偿责任。

第八百九十八条　【寄存人声明义务】

寄存人寄存货币、有价证券或者其他贵重物品的，应当向保管人声明，由保管人验收或者封存；寄存人未声明的，该物品毁损、灭失后，保管人可以按照一般物品予以赔偿。

本条来源

本条来源于《合同法》第三百七十五条的规定：“寄存人寄存货币、有价证券或者其他贵重物品的，应当向保管人声明，由保管人验收或者封存。寄存人未声明的，该物品毁损、灭失后，保管人可以按照一般物品予以赔偿。”相较于原法条，本条仅修改了标点符号，使法条层次更清晰。

条文释义

本条是关于寄存贵重物品告知义务的规定。寄存人就货币、有价证券或者如珠宝等贵重物品进行寄存的，应当向保管人声明，由保管人验收或者封存。由于贵重物品与普通物品在价值上存在巨大的差别，为降低风险，对贵重物品的保管应当更加严格。不仅保管人要采用更严格的保管方式，例如封存保管；寄存人也要履行相应的告知义务，需要主动向保管人告知保管物的性质及数量，以便退还保管物后进行核对和检验。

寄存人将货币、有价证券或者其他贵重物品夹杂于其他物品之中，按一般物品寄存，且在寄存时未声明其中有贵重物品并经保管人验收或者封存的，如果货币、有价证券或者其他贵重物品与一般物品一并毁损、灭失，保管人不承担货币、有价证券或者其他贵重物品毁损、灭失的损害赔偿责任，只按照一般物品予以赔偿。

第八百九十九条　【领取保管物】

寄存人可以随时领取保管物。

当事人对保管期限没有约定或者约定不明确的，保管人可以随时请求寄存人领取保管物；约定保管期限的，保管人无特别事由，不得请求寄存人提前领取保管物。

本条来源

本条来源于《合同法》第三百七十六条的规定：“寄存人可以随时领取保管物。当事人对保管期间没有约定或者约定不明确的，保管人可以随时要求寄存人领取保管物；约定保管期间的，保管人无特别事由，不得要求寄存人提前领取保管物。”相较于原法条，本条将两处“要求”均改为“请求”，将两处“保管期间”均改为“保管期限”，该变动是法条用语严谨的表现。

立法演变

本条在一次审议稿第六百八十二条和二次审议稿第六百八十二条均沿用《合同法》第三百七十六条的规定。《民法典（草案）》第八百九十九条规定为：“寄存人可以随时领取保管物。当事人对保管期间没有约定或者约定不明确的，保管人可以随时请求寄存人领取保管物；约定保管期间的，保管人无特别事由，不得请求寄存人提前领取保管物。”将两处“要求”均改为“请求”。《民法典》第八百九十九条将两处“保管期间”均改为“保管期限”。

条文释义

本条是关于领取保管物的规定。寄存人拥有领取保管物的权利，可以随时领取保管物。即使保管合同约定了保管期限的，寄存人也可以随时领取保管物，若因此给保管人造成损失的，寄存人应予以补偿。保管人有请求寄存人领取保管物的权利，但是这一权利受到时间上的限制。只有当事人对保管期限没有约定的，保管合同可以随时终止，保管人可以随时请求寄存人领取保管物。若当事人之间约定保管期限的，保管人无特别事由，如保管人患病、丧失行为能力等事由，不得请求寄存人提前领取保管物。

第九百条　【返还保管物及其孳息】

保管期限届满或者寄存人提前领取保管物的，保管人应当将原物及其孳息归还寄存人。

本条来源

本条来源于《合同法》第三百七十七条的规定：“保管期间届满或者寄存人提前领取保管物的，保管人应当将原物及其孳息归还寄存人。”相较于原法条，本条将“保管期间届满”修改为“保管期限届满”，该变动使得法条用语更为严谨。

立法演变

本条在一次审议稿第六百八十三条、二次审议稿第六百八十三条和《民法典（草案）》第九百条中均沿用《合同法》第三百七十七条的规定。最终《民法典》第九百条作了上述变动。

条文释义

本条是关于保管人返还保管物及其孳息的规定。保管人负有返还保管物的义务，保管期间届满保管人返还保管物，或者应寄存人的要求随时返还保管物。保管人在履行返还义务时，应当将原物及其孳息一并归还寄存人。在保管合同中，寄存人并没有将保管物的所有权转移给保管人，所有权归寄存人享有，保管物产生的孳息仍归寄存人。因此，保管人除返还保管物外，如果保管物有孳息的，还应一并返还孳息。

第九百零一条　【消费保管合同】

保管人保管货币的，可以返还相同种类、数量的货币；保管其他可替代物的，可以按照约定返还相同种类、品质、数量的物品。

本条来源

本条来源于《合同法》第三百七十八条的规定：“保管人保管货币的，可以返还相同种类、数量的货币。保管其他可替代物的，可以按照约定返还相同种类、品质、数量的物品。”相较于原法条，本条仅修改了标点符号，使法条层次更清晰。

条文释义

本条是关于货币等可替代物为保管物的返还的规定。货币等可替代物作为保管物的返还不同于一般保管物的返还，一般不需要返还原物。保管人保管货币，只需要返还相同种类、数量的货币即可。保管人保管其他可替代物的，若有约定，按照约定返还相同种类、品质、数量的物品。这种保管是不规则保管，又可以称之为消费保管。本条规定的消费保管合同的特征为：第一，消费保管合同的保管物必须为可替代物，即种类物，货币就是典型的种类物，能被其他货币取代。消费保管合同的保管物只能是种类物，而不能是特定物。第二，保管物为种类物的并非均属于消费保管合同。本章第八百九十八条规定的货币的保管，属于返还原货币的保管合同，而不属于消费保管合同。第三，保管人仅须以同种类、品质、数量的物返还即可。

第九百零二条　【保管费支付期限】

有偿的保管合同，寄存人应当按照约定的期限向保管人支付保管费。

当事人对支付期限没有约定或者约定不明确，依据本法第五百一十条的规定仍不能确定的，应当在领取保管物的同时支付。

本条来源

本条来源于《合同法》第三百七十九条规定："有偿的保管合同，寄存人应当按照约定的期限向保管人支付保管费。当事人对支付期限没有约定或者约定不明确，依照本法第六十一条的规定仍不能确定的，应当在领取保管物的同时支付。"相较于原法条，本条将"依照本法第六十一条的规定"改为"依据本法第五百一十条的规定"，该变动仅为法律体系调整导致法条序号变动，法条的实质内涵没有发生改变。

立法演变

本条在一次审议稿第六百八十五条和二次审议稿第六百八十五条均规定为："有偿的保管合同，寄存人应当按照约定的期限向保管人支付保管费。当事人对支付期限没有约定或者约定不明确，依照本法第三百零一条的规定仍不能确定的，应当在领取保管物的同时支付。"《民法典（草案）》第九百零二条将"依照本法第三百零一条的规定"改为"依据本法第五百一十条的规定"，最终为本条所采用。

条文释义

本条是关于保管费支付期限的规定。在无偿保管合同中，寄存人不承担给付保管费的义务。本条是关于有偿保管合同中保管费，寄存人应当按照约定的期限向保管人支付保管费。当事人对支付期限没有约定或者约定不明确，可以协议补充，达不成补充协议的，可以按照合同的有关条款或交易习惯加以确定，若无法确定的，寄存人应当在领取保管物的同时支付保管费。当然，无论是有偿保管还是无偿保管，寄存人均应支付在保管期间保管人为保管寄存物而支出的必要费用。

第九百零三条 【保管人留置权】

寄存人未按照约定支付保管费或者其他费用的，保管人对保管物享有留置权，但是当事人另有约定的除外。

本条来源

本条来源于《合同法》第三百八十条的规定："寄存人未按照约定支付保管费以及其他费用的，保管人对保管物享有留置权，但当事人另有约定的除外。"相较于原法条，本条将"但"改为"但是"，将"以及"改为"或者"，该变动仅就条款中个别字词进行了修改，法条的实质内涵未发生变化。

立法演变

本条在一次审议稿第六百八十六条作了上述变动，二次审议稿第六百八十六条和《民法典（草案）》第九百零三条沿用一次审议稿的表述，最终《民法典》第九百零三条将"以及"改为"或者。

条文释义

本条是关于保管人留置权的规定。寄存人有支付保管费和偿还必要费用的义务。在无偿保管合同中，寄存人无需承担给付保管费的义务。有偿的保管合同中，寄存人应当按照约定向保管人支付保管费。无论是有偿保管还是无偿保管，寄存人均应支付在保管期间保管人为保管寄存物而支出的其他费用。本条中的其他费用是指保管人为保管保管物而实际支出的必要费用。寄存人未按照约定支付保管费以及其他费用的，保管人对保管物享有留置权，即以该财产折价或者以拍卖、变卖该财产的价款优先受偿的权利。

法条关联

◆《担保法》

第八十二条　本法所称留置，是指依照本法第八十四条的规定，债权人按照合同约定占有债务人的动产，债务人不按照合同约定的期限履行债务的，债权人有权依照本法规定留置该财产，以该财产折价或者以拍卖、变卖该财产的价款优先受偿。

第八十三条　留置担保的范围包括主债权及利息、违约金、损害赔偿、留置物保管费用和实现留置权的费用。

第八十四条　因保管合同、运输合同、加工承揽合同发生的债权，债务人不履行债务的，债权人有留置权。

法律规定可以留置的其他合同，适用前款规定。

当事人可以在合同中约定不得留置的物。

第八十五条　留置的财产为可分物的，留置物的价值应当相当于债务的金额。

第八十六条　留置权人负有妥善保管留置物的义务。因保管不善致使留置物灭失或者毁损的，留置权人应当承担民事责任。

第八十七条　债权人与债务人应当在合同中约定，债权人留置财产后，债务人应当在不少于两个月的期限内履行债务。债权人与债务人在合同中未约定的，债权人留置债务人财产后，应当确定两个月以上的期限，通知债务人在该期限内履行债务。

债务人逾期仍不履行的，债权人可以与债务人协议以留置物折价，也可以依法拍卖、变卖留置物。

留置物折价或者拍卖、变卖后，其价款超过债权数额的部分归债务人所有，不足部分由债务人清偿。

第八十八条　留置权因下列原因消灭：

（一）债权消灭的；

（二）债务人另行提供担保并被债权人接受的。

案例评议

内蒙古际誉仓储物流有限责任公司与中铁现代物流科技股份有限公司仓储合同纠纷案①

中铁鹰潭公司使用际誉仓储公司煤场仓储煤炭，中铁鹰潭公司（作为甲方）与际誉仓储公司（作为乙方）签订的《仓储协议》，协议中约定未经甲方书面同意，乙方不得以任何理由对甲方货物行使留置权。中铁鹰潭公司要求提取存储在际誉仓储公司煤场货物遭际誉仓储公司拒绝而引发的纠纷，提起诉讼。

◆ **裁判规则**

法院经审理认为，寄存人未按照约定支付保管费以及其他费用的，保管人对保管物享有留置权，但当事人另有约定的除外。本案所涉《仓储协议》中约定，未经中铁鹰潭公司书面同意，际誉仓储公司不得以任何理由对中铁鹰潭公司货物行使留置权。因此，在没有中铁鹰潭公司书面同意的情况下，即便是中铁鹰潭公司欠缴仓储费，际誉仓储公司也无权对本案所涉煤炭行使留置权。

◆ **评议**

“仓储合同”一章未作规定的可以适用保管合同的规定。保管合同中规定了保管人享有留置权，仓储合同中的保管人也享有留置权。当寄存人未按照约定支付保管费以及其他费用的，保管人可以对保管物行使留置权。但有例外情况，保管人的留置权可以通过当事人之间达成合意予以排除。本案中中铁鹰潭公司与际誉仓储公司签订协议，约定际誉仓储公司不得以任何理由对中铁鹰潭公司货物行使留置权，双方通过约定排除了际誉仓储公司的留置权，因此，在中铁鹰潭公司欠缴仓储费的情况下，际誉仓储公司也无权行使留置权。

① 北京市高级人民法院民事判决书（2016）京民终148号。

第二十二章　仓储合同

本章概要

本章从内容上看，基本延续《合同法》第二十章仓储合同的规定，共十五条，该章变化并不大，需要注意的有以下两点：一是将《合同法》第三百八十二条规定的“仓储合同自成立时生效”变更为“仓储合同自保管人和存货人意思表示一致时成立”，明确仓储合同的成立时间。至于生效时间可以从保管人的验收义务推出仓储合同的生效无需交付标的物，是诺成性合同，合同成立即生效，无需在此条款多言。二是扩大了仓储物保管人给付保管凭证的种类，除了仓单之外还可以是入库单等凭证，不局限于仓单一种，更加符合实践。

第九百零四条　【仓储合同的定义】

仓储合同是保管人储存存货人交付的仓储物，存货人支付仓储费的合同。

本条来源

本条来源于《合同法》第三百八十一条，条文无变动。

条文释义

本条是关于仓储合同定义的规定。仓储合同，又称仓储保管合同，是指当事人双方约定由保管人储存存货人交付的仓储物，存货人为此支付仓储费的合同。其中，为他人储存货物收取仓储费的是保管人；货物被储存并支付仓储费的是存货人。仓储合同与保管合同具有相似的地方，如两者均是双务合同、不要式合同、只转移保管物的占有、保管人不得使用或许可第三人使用保管物、由保管人提供保管劳务等。但与保管合同相比，本条规定仓储合同具有的法律特征包括：

第一，仓储合同的保管人具有特定性。仓储合同的保管人可以是法人、个体工商户、合伙或其他组织。但必须是专门从事保管业务活动的主体。保管人具有能够满足储藏和保管物品需要的设施。这是仓储合同主体上的重要特征，也是法律对仓储合同主体的限制。而法律对保管合同的主体一般没有限制。

第二，仓储合同是诺成合同。仓储合同自双方意思表示一致时即成立，可见仓储合同不以交付保管的货物为成立要件，是诺成性合同。而保管合同在没有特别约定的前提下，为实践性合同，交付保管物是保管合同的成立要件。

第三，仓储合同是有偿合同。仓储保管人为存货人提供保管劳务，存货人则应向保管人支付保管报酬，故仓储合同为有偿合同。而保管合同一般为无偿合同，在当事人对保管合同没有约定有偿保管的情形下，均视为无偿保管。无偿是保管原则，有偿只是例外。

案例评议

孙某杰、周某仓储合同纠纷案①

孙某杰、周某双方口头约定孙某杰在周某、钱某平经营的冷库中储存土豆。孙某杰将需要储存的土豆运送到周某、钱某平冷库外，由周某、钱某平负责装库，周某、钱某平在称重入库土豆重量后，给付孙某杰入库单据复写联。销售孙某杰冷库土豆后，周某、钱某平共计扣留了62690元（含2000元定金）土豆款作为冷库仓储费。后双方因为仓储期间的土豆损耗和土豆仓储费产生纠纷，诉至法院。

◆ **裁判规则**

法院经审理认为，孙某杰将土豆存入周某、钱某平的冷库，双方之间形成仓储合同关系。孙某杰主张周某、钱某平没有仓库营业资质，但孙某杰未能证明从事土豆存储业务是否需要特别资质，且即使从事土豆储存业务需要特别资

① 山东省青岛市中级人民法院民事判决书（2019）鲁02民终9088号。

质，孙某杰作为存货人在订立合同之前也应对保管人的资格和保管能力尽到应有的注意义务，而非在纠纷发生后再主张保管人不具有仓储资质，故孙某杰该主张缺乏事实及法律依据，本院不予支持。孙某杰与周某、钱某平之间虽未签订书面仓储合同，但存在事实上的仓储合同关系，双方仍应全面、适当履行各自合同义务。周某、钱某平未提供充分证据证实其适当履行了仓储义务，存在过错。案中孙某杰作为存货人，未能提供充分证据证实其所储存的土豆入库时质量是否完好，不能排除土豆本身存在质量问题的原因，存在一定过错。故一审法院综合双方在合同履行过程中的过错程度，认定由孙某杰自担40%的损失，由周某、钱某平承担60%的损失适当。

◆ **评议**

仓储合同的重要特征之一是仓储合同的保管人须是专门从事仓储业务的人，要求仓储合同的保管人具有相应的资质，具有专门的仓储设施。在实践中承认事实上的仓储合同关系。虽然保管人没有经过有关部门的许可或者没有办理相关经营手续而开展仓储业务的，但是双方达成仓储的合意且实际上已经交付了仓储物，仓储关系已经建立。本案中孙某杰、周某双方口头约定储存土豆，孙某杰也已经将土豆存入周某、钱某平的冷库，孙某杰与周某、钱某平构成事实上的仓储合同关系。

第九百零五条　【仓储合同成立时间】

仓储合同自保管人和存货人意思表示一致时成立。

本条来源

本条来源于《合同法》第三百八十二条的规定："仓储合同自成立时生效。"相较于原法条，本条将"仓储合同自成立时生效"改为"仓储合同自保管人和存货人意思表示一致时成立"。该变动明确了仓储合同的成立时间，同时表明仓储合同成立时间并不等同于生效时间。

立法演变

本条在一次审议稿第六百八十八条中规定为："仓储合同自保管人和存货人

意思表示一致时成立。”二次审议稿第六百八十八条和《民法典（草案）》第九百零五条均无变动，最终为本条所采用。

条文释义

本条是关于仓储合同成立的规定。仓储合同是诺成合同，即双方当事人意思表示一致合同成立。仓储合同为不要式合同，既可以采用书面形式，也可以采用口头形式。无论采用何种形式，只要符合当事人意思表示一致的要求，合同即告成立，而无须以交付仓储物为合同成立的要件。而仓储合同的生效时间可以参照保管合同的生效时间的规定。

第九百零六条　【危险物品和易变质物品的储存】

储存易燃、易爆、有毒、有腐蚀性、有放射性等危险物品或者易变质物品的，存货人应当说明该物品的性质，提供有关资料。

存货人违反前款规定的，保管人可以拒收仓储物，也可以采取相应措施以避免损失的发生，因此产生的费用由存货人负担。

保管人储存易燃、易爆、有毒、有腐蚀性、有放射性等危险物品的，应当具备相应的保管条件。

本条来源

本条来源于《合同法》第三百八十三条的规定：“储存易燃、易爆、有毒、有腐蚀性、有放射性等危险物品或者易变质物品，存货人应当说明该物品的性质，提供有关资料。存货人违反前款规定的，保管人可以拒收仓储物，也可以采取相应措施以避免损失的发生，因此产生的费用由存货人承担。保管人储存易燃、易爆、有毒、有腐蚀性、有放射性等危险物品的，应当具备相应的保管条件。”相较于原法条，本条将“或者易变质物品”改为“或者易变质物品的”；在第二款中将“由存货人承担”改为“由存货人负担”，该变动仅就条款中个别字词进行了修改，使得法条用语更为严谨，实质内涵未发生变化。

立法演变

本条在一次审议稿第六百八十九条沿用《合同法》第三百八十三条的规定，二次审议稿第六百八十九条规定：“储存易燃、易爆、有毒、有腐蚀性、有放射性等危险物品或者易变质物品，存货人应当说明该物品的性质，提供有关资料。存货人违反前款规定的，保管人可以拒收仓储物，也可以采取相应措施以避免损失的发生，因此产生的费用由存货人承担。保管人储存易燃、易爆、有毒、有腐蚀性、有放射性等危险物品的，应当具备相应的保管条件。”在第二款中将“由存货人承担”改为“由存货人负担”。《民法典（草案）》第九百零六条在第一款中将“或者易变质物品”改为“或者易变质物品的”，最终为本条所采用。

条文释义

本条是关于储存危险物品和易变质物品存储的规定。存货人储存易燃、易爆、有毒、有腐蚀性、有放射性等危险物品或者易变质物品，应当向保管人说明该物的性质，并提交有关材料。所谓“说明”，应当是在合同订立时予以说明；“提供有关资料”，目的在于使保管人进一步了解该危险物品的性质，为储存该危险物品作必要的准备。存货人在储存危险物品或者易变质物时，负有说明和提供资料的义务，这是诚实信用原则的必然要求。如果存货人在订立合同后或者在交付仓储物时才予以说明，那么保管人根据自身的保管条件和技术能力，可以采取相应措施以避免损失，或者可以拒收仓储物或者解除合同。因此产生的费用由存货人负担。如果存货人未说明所存货物是易变质物品而导致该物品变质损坏的，保管人不承担赔偿责任。

保管人储存易燃、易爆、有毒、有腐蚀性、有放射性等危险物品的，应当具备相应的保管条件。如果保管人不具备相应的保管条件，就对上述危险物品予以储存，对自身造成的损害，存货人不负赔偿责任。

第九百零七条　【保管人验收义务以及损害赔偿】

保管人应当按照约定对入库仓储物进行验收。保管人验收时发现入库仓储物与约定不符合的，应当及时通知存货人。保管人验收后，发生仓储物的品种、数量、质量不符合约定的，保管人应当承担赔偿责任。

本条来源

本条来源于《合同法》第三百八十四条的规定："保管人应当按照约定对入库仓储物进行验收。保管人验收时发现入库仓储物与约定不符合的，应当及时通知存货人。保管人验收后，发生仓储物的品种、数量、质量不符合约定的，保管人应当承担损害赔偿责任。"相较于原法条，本条将"承担损害赔偿责任"改为"承担赔偿责任"，该变动使得法条用语更为严谨。

立法演变

本条在一次审议稿第六百九十条和二次审议稿第六百九十条均沿用《合同法》第三百八十四条的规定。《民法典（草案）》第九百零七条作了上述调整，最终为本条所采用。

条文释义

本条是关于仓储物验收的规定。保管人有验收入库的义务。保管人应当按照约定的时间和仓储量，向存货人提供仓位，接受存货人交付储存的货物。在接受仓储物时，应当按照约定的项目、方法、期限对入库仓储物进行验收。保管人验收时发现入库仓储物与约定不符合的，应当及时通知存货人，要求寄存人予以改正，寄存人在合理期限内不予以改正的，保管人可以拒收仓储物并可以解除合同，并要求赔偿因此给保管人造成的损失。保管人验收后，发现仓储物的品种、数量、质量不符合约定的，保管人应当向存货人或仓单持有人承担损害赔偿责任。

第九百零八条　【保管人出具仓单、入库单义务】

存货人交付仓储物的，保管人应当出具仓单、入库单等凭证。

本条来源

本条来源于《合同法》第三百八十五条的规定：“存货人交付仓储物的，保管人应当给付仓单。”相较于原法条，本条将“保管人应当给付仓单”改为“保管人应当出具仓单、入库单等凭证”，该变动扩大了仓储保管人给付保管凭证的种类。

立法演变

本条在一次审议稿第六百九十一条规定为：“存货人交付仓储物的，保管人应当给付仓单、入库单等凭证。”二次审议稿第六百九十一条和《民法典（草案）》第九百零八条均沿用一次审议稿的规定。《民法典》第九百零八条将“应当给付仓单”改为“应当出具仓单”。

条文释义

本条是关于保管人给付凭证义务的规定。仓单、入库单等凭证是保管人收到仓储物后给存货人出具的提取仓储物的证明，以便存货人取回或处分其仓储物。存货人交付仓储物的，保管人应当给付仓单、入库单等凭证，保管人有给付凭证的义务。仓单、入库单等凭证的效力表现在：其一，受领保管物的效力。在合同约定的领取期限内，提货人出示仓单、入库单等凭证，保管人应向其返还货物。其二，转移保管物的效力。仓单的性质为记名式的物权证券，可以通过背书转让。

第九百零九条　【仓单】

保管人应当在仓单上签名或者盖章。仓单包括下列事项：

（一）存货人的姓名或者名称和住所；

（二）仓储物的品种、数量、质量、包装及其件数和标记；

（三）仓储物的损耗标准；

（四）储存场所；

（五）储存期限；

（六）仓储费；

（七）仓储物已经办理保险的，其保险金额、期间以及保险人的名称；

（八）填发人、填发地和填发日期。

本条来源

本条来源于《合同法》第三百八十六条的规定："保管人应当在仓单上签字或者盖章。仓单包括下列事项：（一）存货人的名称或者姓名和住所；（二）仓储物的品种、数量、质量、包装、件数和标记；（三）仓储物的损耗标准；（四）储存场所；（五）储存期间；（六）仓储费；（七）仓储物已经办理保险的，其保险金额、期间以及保险人的名称；（八）填发人、填发地和填发日期。"相较于原法条，本条将"签字"改为"签名"，将"存货人的名称或者姓名"改为"存货人的姓名或者名称"，将"包装、件数和标记"改为"包装及其件数和标记"，将"储存期间"改为"储存期限"，该变动使得法条用语更为严谨。

立法演变

本条在一次审议稿第六百九十二条和二次审议稿第六百九十二条均规定为："保管人应当在仓单上签字或者盖章。仓单包括下列事项：（一）存货人的姓名或者名称和住所；（二）仓储物的品种、数量、质量、包装、件数和标记；（三）仓储物的损耗标准；（四）储存场所；（五）储存期间；（六）仓储费；（七）仓储物已经办理保险的，其保险金额、期间以及保险人的名称；（八）填发人、填发地和填发日期。"将"存货人的名称或者姓名"改为"存货人的姓名或者名称"。

《民法典（草案）》第九百零九条规定为："保管人应当在仓单上签字或者

盖章。仓单包括下列事项：（一）存货人的姓名或者名称和住所；（二）仓储物的品种、数量、质量、包装及其件数和标记；（三）仓储物的损耗标准；（四）储存场所；（五）储存期间；（六）仓储费；（七）仓储物已经办理保险的，其保险金额、期间以及保险人的名称；（八）填发人、填发地和填发日期。”将“包装、件数和标记”改为“包装及其件数和标记”。最终《民法典》第九百零九条将“签字”改为“签名”，将“储存期间”改为“储存期限”。

条文释义

本条是关于仓单应记载事项的规定。仓单是表示一定数量的货物已交付的法律文书，是提取仓储物的凭证，属于有价证券的一种。存货人交付仓储物的，保管人应当给付仓单。无论仓单是转让还是出质，受让人和质权人并不了解存货人和保管人之间合同的具体内容，因此法律规定了仓单应当记载的事项，以便受让人或质权人明确自己的权利和行使自己的权利。仓单应记载下列事项：（1）存货人的姓名或者名称和住所；（2）仓储物的品种、数量、质量、包装以及件数和标记；（3）仓储物的损耗标准；（4）储存场所；（5）储存期限；（6）仓储费；（7）仓储物已经办理保险的，应记载其保险金额、期间以及保险人的名称；（8）仓单的填发人、填发地和填发日期。保管人应当在仓单上签名或者盖章方有效。

第九百一十条 【仓单性质和转让】

仓单是提取仓储物的凭证。存货人或者仓单持有人在仓单上背书并经保管人签名或者盖章的，可以转让提取仓储物的权利。

本条来源

本条来源于《合同法》第三百八十七条的规定：“仓单是提取仓储物的凭证。存货人或者仓单持有人在仓单上背书并经保管人签字或者盖章的，可以转让提取仓储物的权利。”相较于原法条，本条将“签字”改为“签名”，该变动使得法条用语更为严谨。

立法演变

本条在一次审议稿第六百九十三条、二次审议稿第六百九十三条和《民法典（草案）》第九百一十条均沿用《合同法》第三百八十七条的规定。最终《民法典》第九百一十条作了上述变动。

条文释义

本条是关于仓单性质和转让的规定。我国对仓单采单一主义，即可以依法转让，也可以依法出质。仓单作为有价证券，可以流通，流通的形式有两种：一是转让仓单，即转让仓单项下仓储物的所有权；二是以仓单出质，质权人即享有提取仓单项下仓储物的权利。仓单转让的，仓单持有人即成为所有权人，可以依法提取仓储物。以仓单出质的，适用质权的有关规定。仓单上载明提货日期的，如果提货日期先于债务履行期的，质权人可以在债务履行期届满前提货，并与出质人协议将提取的货物用于提前清偿所担保的债权或者向与出质人约定的第三人提存。

无论是转让的仓单还是出质的仓单，都应当具备相应的形式要件才有效力。存货人转让仓单应当在仓单上背书并经保管人签名或者盖章始生效力。存货人应当在仓单上背书外，还应当由保管人在仓单上签名或者盖章，两个要件缺一不可，仓单转让的行为才发生效力。存货人以仓单出质的，应当与质权人签订质押合同，在仓单上背书并经保管人签名或者盖章，并将仓单交付质权人，质押合同始生效力。

第九百一十一条　【存货人或者仓单持有人有权检查仓储物或者提取样品】

保管人根据存货人或者仓单持有人的要求，应当同意其检查仓储物或者提取样品。

本条来源

本条来源于《合同法》第三百八十八条，条文无变动。

条文释义

本条是关于仓单持有人有权检查仓储物或者提取样品的规定。存货人或者仓单持有人有检查仓储物或者提取样品的权利。存货人将货物存置于仓库，保管人因存货人的请求，应允许其进入仓库检查仓储物或者提取样品。仓单经背书并经保管人签字或者盖章可以转让或出质，仓单受让人或质权人即成为仓单持有人。无论是转让仓单还是出质仓单，仓单持有人与存货人一样，都有检查仓储物或者提取样品的权利。

第九百一十二条　【保管人危险通知义务】

保管人发现入库仓储物有变质或者其他损坏的，应当及时通知存货人或者仓单持有人。

本条来源

本条来源于《合同法》第三百八十九条的规定："保管人对入库仓储物发现有变质或者其他损坏的，应当及时通知存货人或者仓单持有人。"相较于原法条，本条将"保管人对入库仓储物发现有变质或者其他损坏的"改为"保管人发现入库仓储物有变质或者其他损坏的"，该变动仅在表述方式上进行适当调整，法条的实质内涵未发生变化。

立法演变

本条在一次审议稿第六百九十五条作了上述变动。二次审议稿第六百九十五条和《民法典（草案)》第九百一十二条均无变动，最终为本条所采用。

条文释义

本条是关于保管人危险通知义务的规定。保管人对入库的仓储物，一旦发现有变质或者其他损坏，危及其他仓储物的安全和正常保管的危险时，应当催告存货人或者仓单持有人做出必要的处置。无论何种原因造成仓储物有变质或者其他损坏，保管人都有通知存货人的义务。保管人有义务妥善保管仓储物，保管人因保管不善造成仓储物变质或者其他损坏的，也应当及时通知存货人或者仓单持有人。保管人没有及时履行通知义务的，保管人应对仓储物损失的扩大承担赔偿责任。如果危险情况紧急的，保管人可以做出必要的处置，并在事后将该情况及时通知存货人或者仓单持有人。

第九百一十三条　【保管人危险催告义务和紧急处置权】

保管人发现入库仓储物有变质或者其他损坏，危及其他仓储物的安全和正常保管的，应当催告存货人或者仓单持有人作出必要的处置。因情况紧急，保管人可以作出必要的处置；但是，事后应当将该情况及时通知存货人或者仓单持有人。

本条来源

本条来源于《合同法》第三百九十条的规定："保管人对入库仓储物发现有变质或者其他损坏，危及其他仓储物的安全和正常保管的，应当催告存货人或者仓单持有人作出必要的处置。因情况紧急，保管人可以作出必要的处置，但事后应当将该情况及时通知存货人或者仓单持有人。"相较于原法条，本条将"保管人对入库仓储物发现有变质或者其他损坏的"改为"保管人发现入库仓储物有变质或者其他损坏的"，将"但"改为"但是"，该变动仅在表述方式上进行适当调整，法条的实质内涵未发生变化。

立法演变

本条在一次审议稿第六百九十六条和二次审议稿第六百九十六条均规定为："保管人对入库仓储物发现有变质或者其他损坏，危及其他仓储物的安全和正常保管的，应当催告存货人或者仓单持有人作出必要的处置。因情况紧急，保管人可以作出必要的处置，但是事后应当将该情况及时通知存货人或者仓单持有人。"将"但"改为"但是"。《民法典（草案）》第九百一十三条规定为："保管人发现入库仓储物有变质或者其他损坏，危及其他仓储物的安全和正常保管的，应当催告存货人或者仓单持有人作出必要的处置。因情况紧急，保管人可以作出必要的处置；但是，事后应当将该情况及时通知存货人或者仓单持有人。"最终为本条所采用。

条文释义

本条是关于保管人危险催告义务和紧急处置权的规定。保管人对入库仓储物发现有变质或者其他损坏，保管人应及时通知存货人或者仓单持有人，做出必要的处置。存货人或者仓单持有人在接到保管人的通知或催告后，应当及时对变质的仓储物进行处置，这是存货人的义务。如果存货人不履行此义务，给其他仓储物或者保管人的财产造成损害的，存货人应当承担损害赔偿责任。变质或者其他损坏的仓储物危及其他仓储物的安全和正常保管的，情况紧急下无法及时通知存货人或者仓单持有人，保管人可以做出必要的处置，但事后应当将该情况及时通知存货人或者仓单持有人。这规定了保管人对变质货物的紧急处置权。保管人紧急处置变质的仓储物，产生的费用也应该由存货人承担。

第九百一十四条　【储存期限不明确时仓储物提取】

当事人对储存期限没有约定或者约定不明确的，存货人或者仓单持有人可以随时提取仓储物，保管人也可以随时请求存货人或者仓单持有人提取仓储物，但是应当给予必要的准备时间。

本条来源

本条来源于《合同法》第三百九十一条的规定：“当事人对储存期间没有约定或者约定不明确的，存货人或者仓单持有人可以随时提取仓储物，保管人也可以随时要求存货人或者仓单持有人提取仓储物，但应当给予必要的准备时间。”相较于原法条，本条将“储存期间”改为“储存期限”，将“要求”改为“请求”，将“但”改为“但是”，该变动使得法条用语更为严谨。

立法演变

本条在一次审议稿第六百九十七条和二次审议稿第六百九十七条均规定为：“当事人对储存期间没有约定或者约定不明确的，存货人或者仓单持有人可以随时提取仓储物，保管人也可以随时要求存货人或者仓单持有人提取仓储物，但是应当给予必要的准备时间。”《民法典（草案）》第九百一十四条规定：“当事人对储存期间没有约定或者约定不明确的，存货人或者仓单持有人可以随时提取仓储物，保管人也可以随时请求存货人或者仓单持有人提取仓储物，但是应当给予必要的准备时间。”《民法典》第九百一十四条将“储存期间”改为“储存期限”。

条文释义

本条是关于储存期限不明确时仓储物提取时间的规定。在储存期限没有约定或者约定不明确的情况下，存货人或者仓单持有人提取仓储物没有时间限制，可以随时提取仓储物；保管人请求存货人或者仓单持有人提取仓储物也没有时间限制，可以随时请求存货人或者仓单持有人提取仓储物。无论是存货人或者仓单持有人还是保管人，都应当给予必要的准备时间。存货人或者仓单持有人不提取仓储物的，保管人可以催告其在合理的期限内提取，超过合理期限仍未提取的，保管人可以向提存机关提存。因此产生的费用和风险由存货人或者仓单持有人承担。

第九百一十五条　【储存期限届满仓储物提取】

储存期限届满，存货人或者仓单持有人应当凭仓单、入库单等提取仓储物。存货人或者仓单持有人逾期提取的，应当加收仓储费；提前提取的，不减收仓储费。

本条来源

本条来源于《合同法》第三百九十二条的规定：“储存期间届满，存货人或者仓单持有人应当凭仓单提取仓储物。存货人或者仓单持有人逾期提取的，应当加收仓储费；提前提取的，不减收仓储费。”相较于原法条，将“储存期间”改为“储存期限”，将“应当凭仓单提取仓储物”改为“应当凭仓单、入库单等提取仓储物”，该变动扩大了提取仓储物凭证的种类，为了保持本章内容的统一。

立法演变

本条在一次审议稿第六百九十八条和二次审议稿第六百九十八条均沿用《合同法》第三百九十二条的规定。《民法典（草案）》第九百一十五条规定："储存期间届满，存货人或者仓单持有人应当凭仓单、入库单等提取仓储物。存货人或者仓单持有人逾期提取的，应当加收仓储费；提前提取的，不减收仓储费。"《民法典》第九百一十五条将"储存期间"改为"储存期限"。

条文释义

本条是关于储存期限有明确约定时提取仓储物的规定。存货人或者仓单、入库单持有人有领取仓储物的权利和义务。仓储合同对储存期限有明确约定的，储存期限届满，存货人或者仓单、入库单持有人应当凭相关凭证提取仓储物。在储存期限届满前，保管人不得要求存货人或者仓单持有人提取仓储物，法律另有规定或者当事人另有约定的除外。存货人或者仓单、入库单持有人逾期提取的，应当加收仓储费。存货人或者仓单持有人也可以提前领取仓储物，但仓储费和必要费用仍应照常承担。

第九百一十六条　【逾期提取仓储物】

储存期限届满，存货人或者仓单持有人不提取仓储物的，保管人可以催告其在合理期限内提取；逾期不提取的，保管人可以提存仓储物。

本条来源

本条来源于《合同法》第三百九十三条的规定："储存期间届满，存货人或者仓单持有人不提取仓储物的，保管人可以催告其在合理期限内提取，逾期不提取的，保管人可以提存仓储物。"相较于原法条，本条将"储存期间届满"改为"储存期限届满"，并修改个别标点符号，该变动使得法条用语更为严谨。

立法演变

本条在一次审议稿第六百九十九条、二次审议稿第六百九十九条和《民法典（草案）》第九百一十六条均沿用《合同法》第三百九十三条的规定。最终《民法典》第九百一十六条作了上述变动。

条文释义

本条是关于逾期提取仓储物的规定。储存期间届满，存货人或者仓单持有人提取仓储物，既是存货人或者仓单持有人的权利，也是存货人或者仓单持有人的义务。如果在储存期间届满，存货人或者仓单持有人不能或者拒绝提取仓储物，保管人可以催告存货人或者仓单持有人在一个合理的期限内提取仓储物。经催告后，逾期仍不提取的，保管人可以提存仓储物。储存期间届满，保管人只有履行催告义务后，存货人或者仓单持有人依然不提取仓储物的，保管人才能提存仓储物。保管人未履行催告义务，不能直接提存仓储物。

案例评议

衡阳市湘水物流投资有限公司、深圳市嘉鑫运通国际货运代理有限公司仓储合同纠纷①

湘水公司通过电子邮件，以邮件附件的形式，向嘉鑫公司发送海运货物委托代理协议书，之后嘉鑫公司和湘水公司书面签署了协议。该协议书约定：湘水公司同意将出口货物委托嘉鑫公司办理订舱手续，嘉鑫公司按照协议规定的条款接受货运代理工作。后湘水公司向嘉鑫公司发送电子邮件称：艾丽舍公司将两个集装箱货物作为其拖欠湘水公司的外汇货款的抵押物，艾丽舍公司已将货物存放于湘水公司指定的嘉鑫公司的仓库。因前述两个集装箱货物堆放在嘉鑫公司的仓库产生了高额的堆存费用，嘉鑫公司多次向湘水公司发送电子邮件要求湘水公司支付仓储费并处理集装箱货物。因此产生纠纷诉至法院。

◆ **裁判规则**

法院经审理认为，嘉鑫公司已经根据湘水公司的委托，为湘水公司的货物

① 广东省高级人民法院民事判决书（2018）粤民终2209号。

提供了仓储服务，湘水公司应支付相应的仓储费用。湘水公司上诉主张，根据“储存期间届满，存货人或者仓单持有人不提取仓储物的，保管人可以催告其在合理期限内提取，逾期不提取的，保管人可以提存仓储物的规定，嘉鑫公司未提存货物不当。但该规定适用于合同当事人约定储存期间的情形，涉案仓储合同中并未约定仓储期限，在涉案货物仓储期间，嘉鑫公司多次向湘水公司发送邮件，要求其支付费用、处理货物，但湘水公司一直未予理会，导致涉案货物长期堆存，产生高额仓储费用，其过错在于湘水公司。湘水公司应向嘉鑫公司支付仓储费用。

◆ **评议**

仓储合同中保管人有提存货物的权利，同时这也是保管人的义务。当储存期间届满时，若存货人或者仓单持有人未履行及时提货的义务，保管人可以催告存货人或者仓单持有人在一个合理的期限内提取仓储物。经催告后仍不提取的，保管人可以提存仓储物。仓储合同保管人提存货物的条件之一是仓储合同有明确约定仓储的期限，仓储合同中未约定仓储期限时，保管人无权提存仓储物。本案中嘉鑫公司与湘水公司虽然产生仓储合同关系，但是嘉鑫公司与湘水公司没有约定货物存放期限，嘉鑫公司没有提存货物的义务，因此过错在于湘水公司。

第九百一十七条　【保管人的损害赔偿责任】

储存期内，因保管不善造成仓储物毁损、灭失的，保管人应当承担赔偿责任。因仓储物本身的自然性质、包装不符合约定或者超过有效储存期造成仓储物变质、损坏的，保管人不承担赔偿责任。

本条来源

本条来源于《合同法》第三百九十四条的规定：“储存期间，因保管人保管不善造成仓储物毁损、灭失的，保管人应当承担损害赔偿责任。因仓储物的性质、包装不符合约定或者超过有效储存期造成仓储物变质、损坏的，保管人不承担损害赔偿责任。”相较于原法条，本条将“储存期间”改为“储存期内”，将“保管人保管不善”中的“保管人”删去，将“仓储物的性质”改为“仓储物本身的自然性质”，该变动使得法条用语更为严谨。将两处“损害赔偿责任”均改为“赔偿责任”，该变动为了保持本章内容的统一。

立法演变

本条在一次审议稿第七百条和二次审议稿第七百条均沿用了《合同法》第三百九十四条的规定。《民法典（草案）》第九百一十七条规定为：“储存期间，因保管不善造成仓储物毁损、灭失的，保管人应当承担赔偿责任。因仓储物的性质、包装不符合约定或者超过有效储存期造成仓储物变质、损坏的，保管人不承担赔偿责任。”《民法典》第九百一十七条将“储存期间”改为“储存期内”，将“仓储物的性质”改为“仓储物本身的自然性质”。

条文释义

本条是关于保管人因保管不善造成保管物毁损、灭失时责任的规定。保管人负有妥善保管仓储物的义务，保管人必须按照合同约定的保管条件和保管要求进行保管。未按照保管条件和保管要求进行保管，属于保管不善的情形。由于保管不善造成仓储物毁损、灭失的，保管人应当承担相应的赔偿责任。

本条同时规定了保管人保管仓储物的免责事由：保管人能够证明仓储物的毁损、灭失是因仓储物本身的自然性质、包装不符合约定，或者因仓储物超过有效储存期造成的，保管人不承担赔偿责任。仓储物本身性质、包装不符合约定，或者因仓储物超过有效储存期，即使保管人履行了妥善保管义务都无法避免仓储物毁损、灭失，保管人不应承担赔偿责任。

第九百一十八条　【适用保管合同】

本章没有规定的，适用保管合同的有关规定。

本条来源

本条来源于《合同法》第三百九十五条，条文无变动。

条文释义

本条是关于仓储合同适用保管合同的规定。仓储合同与保管合同存在不同之处，例如保管合同是实践合同，而仓储合同为诺成合同；保管合同包括有偿和无偿，而仓储合同均为有偿合同。但仓储合同与保管合同的合同目的是一致的，即为他人保管财物，有相通之处。因此本条规定，在本章没有规定的，适用保管合同的有关规定。

案例评议

中铁物总进出口有限公司、福州松下码头有限公司港口作业纠纷案①

中铁物总公司与鑫海冶金公司签订货物买卖合同，由案外人鑫海公司办理运输，中铁物总公司取得该批货物的提货单，提货单记载收货人为中铁物总公司。鑫海冶金公司与松下码头公司签订了含有仓储内容的《港口作业合同》，其后自行安排车辆在码头前沿接收货物再转运至松下码头公司堆场。案外人鑫海冶金公司以作业委托人身份将货物交付给松下码头公司保管。松下码头公司以其与鑫海冶金公司存在《码头作业合同》为由，未经中铁物总公司和五矿物流公司同意，将案涉五艘外轮所载并存放于码头的大部分货物交由鑫海冶金公司提取。为此，中铁物总公司以侵权事由主张权益，并对松下码头公司提起诉讼。

◆ 裁判规则

法院经审理认为，根据法律规定“仓储合同一章没有规定的，适用保管合同的有关规定”。保管合同和仓储合同属于提供服务类而非移转物之所有权类的合同，保管人仅是代寄存人或存货人对物进行占有，该类合同并不规范物的所有权问题。在途运输买卖、仓储货物的转售交易频繁，在保管或仓储合同的订立和履行过程中，对保管人课以识别物之所有权人的义务实属苛刻。要求保管人仅可与货物所有权人订立合同，仅应将货物交还货物所有权人，因保管人无识别物之归属的能力，此要求超出了保管人的能力范围。在保管合同和仓储合

① 中华人民共和国最高人民法院民事裁定书（2019）最高法民申3119号。

同的相关规定中对寄存人或存货人的身份或资格并未进行任何限定，更未限定与保管人建立保管或仓储合同关系的寄存人或存货人必须为保管物或仓储物的所有权人。本案中松下码头公司向鑫海冶金公司放货无过错。法院认为，原判决认定松下码头公司交付货物给鑫海冶金公司的行为并不构成侵权，其不应承担相应的侵权赔偿责任，并无不当，因此驳回中铁物总进出口有限公司的再审申请。

◆ **评议**

仓储合同没有规定的内容适用保管合同的规定，若保管合同仍然没有作出规定，则该项内容不受本章和保管合同的限制。本案中仓储合同并未规定寄存人或存货人必须为仓储物的所有权人，且保管合同中也未规定保管人必须为保管物的所有权人。仓储合同和保管合同均未规定寄存人或存货人必须为保管物或仓储物的所有权人，松下码头没有义务审查寄存人或存货人是否是货物的所有权人，本案中松下码头公司没有过错。

第二十三章　委托合同

本章概要

从条文的数量上看本章相较于《合同法》第二十一章委托合同的规定，没有进行增减，总共十八条。内容上的变化主要体现在以下几个方面：一是放宽转委托的条件，既包括委托人事前的同意，也包括事后的追认。二是在委托人的介入权中，除外条件减轻了受托人和第三人的证明责任。三是明确委托人是否支付报酬应按约定，因为委托合同未必有偿，是否有偿由当事人约定。四是区分有偿委托与无偿委托合同双方行使任意解除权的法律后果。

第九百一十九条　【委托合同的定义】

委托合同是委托人和受托人约定，由受托人处理委托人事务的合同。

本条来源

本条来源于《合同法》第三百九十六条，条文无变动。

条文释义

本条是关于委托合同定义的规定。委托合同，又称委任合同，是指一方委托他方处理事务，他方允诺处理事务的合同。委托他方处理事务的人为委托人，允诺为他方处理事务的人为受托人。委托合同具有以下法律特征：

第一，委托合同是以处理他人事务为宗旨的合同。委托合同的宗旨在于通过受托人处理委托人事务来实现委托人追求的结果。因此，委托合同的标的是受托人处理委托事务的行为。委托合同成立后，受托人在委托的权限内以委托人的名义处理委托的事务，与相对人发生民事法律关系，其法律后果直接由委托人承担。委托人处理委托事务的费用也应由委托人负担。

第二，委托合同的订立以委托人和受托人之间的相互信任为前提。委托人之所以选定特定的受托人为其处理事务，是基于其对受托人办事能力和信誉的了解，相信受托人能够处理好委托的事务。而受托人之所以接受委托，也是基于对委托人的了解和信任，愿意为委托人服务，能够完成受托事务。因此，委托合同强调当事人之间的信任关系。法律要求受托人应当亲自处理委托事务。除经委托人同意或在紧急情况下受托人为维护委托人的利益需要外，受托人不得转委托。

第三，委托合同既可以是有偿合同，也可以是无偿合同。当事人可以对委托事务的报酬予以约定，当事人对受托人处理委托事务的报酬没有约定或没有特殊的交易习惯时，除个别事项由法律特别规定为商事委托是有偿外，委托人无支付报酬的义务。但不论是有偿还是无偿的委托合同，对于受托人处理委托事务的费用，委托人都应当预付或事后予以补偿。

第四，委托合同是诺成合同及不要式合同。委托合同的成立无须以交付标的物为要件，只要双方意思表示一致时，合同即告成立，因此，委托合同为诺成合同。委托合同原则上是不要式合同，当事人可以根据实际情况选择适当的形式，但法律规定或依委托事项性质应采用书面形式的，当事人应采用书面形式，如委托不动产买卖等。

第九百二十条　【委托权限】

委托人可以特别委托受托人处理一项或者数项事务，也可以概括委托受托人处理一切事务。

本条来源

本条来源于《合同法》第三百九十七条，条文无变动。

条文释义

本条是关于委托权限的规定。委托人可以特别委托受托人处理一项或者数项事务，也可以概括委托受托人处理一切事务。以委托人委托范围为标准可以把委托划分为特别委托和概括委托。特别委托是指，委托人委托受托人处理一项或者数项事务的委托。概括委托，又称一般委托，是指双方当事人约定受托人为委托人处理一切事务的委托。概括委托中受托人的权限比特别委托的权限大。划分特别委托与概括委托的意义在于，使受托人能够明确自己可以从事哪些代理活动，也使第三人知道受托人的身份和权限，使之有目的、有选择地订立民事合同，以防止因代理权限不明确而引起不必要的纠纷。

第九百二十一条　【委托费用的预付与垫付】

委托人应当预付处理委托事务的费用。受托人为处理委托事务垫付的必要费用，委托人应当偿还该费用并支付利息。

本条来源

本条来源于《合同法》第三百九十八条的规定："委托人应当预付处理委托事务的费用。受托人为处理委托事务垫付的必要费用，委托人应当偿还该费用及其利息。"相较于原法条，本条将"费用及其利息"改为"费用并支付利息"，该变动使得法条逻辑更为清晰。

立法演变

本条在一次审议稿第七百零四条和二次审议稿第七百零四条均沿用《合同法》第三百九十八条的规定。《民法典（草案）》第九百二十一条作了上述变动，最终为本条所采用。

条文释义

本条是关于委托费用的预付和垫付的规定。受托人在处理事务过程中往往需要花费一定的费用，本条中的"必要费用"是指受托人处理委托事务所支出的合理费用，并非受托人从事委托事务的报酬。不论是有偿的委托合同还是无偿的委托合同，委托人都负有支付此项费用的义务。委托人支付的费用包括：第一，委托人预付处理委托事物的费用。委托合同中受托人接受委托处理事务，受托人对委托事务需要的费用没有支付义务，因此委托人应当预付受托人相应的费用。第二，委托人偿还受托人为处理委托事务垫付的必要费用。委托人应当预付处理委托事务的费用，若委托人没有预付或者预付的费用不足，由受托人自己垫付了处理委托事务的费用，委托人应当偿还该费用。第三，委托人偿还受托人为处理委托事务垫付的必要费用的利息。偿还费用还应包括自受托人暂付费用之日起的利息。如果双方当事人在订立合同时对利率有约定的，事后就应按其约定。

案例评议

杨某星与谭某朝委托合同纠纷案①

杨某星是阳光财产保险股份有限公司武汉中心支公司业务员，谭某朝是恩施地区兼职保险业务员。谭某朝在恩施推销杨某星公司的保险业务，从中收取返点获利。谭某朝替案外人陈某文、刘某章先后在原告处购买交强险和代收车船税、第三者责任保险等，两笔保费均由原告杨某星先行垫付并出具保单寄给被告，原告杨某星多次通过微信向被告催讨该笔欠款，被告以没有资金为由至今未付。原告为追讨该笔欠款到恩施法院起诉立案。

◆ 裁判规则

本院经审理认为，受托人为处理委托事务垫付的必要费用，委托人应当偿还该费用及其利息。本案原告受被告委托代为购买车辆保险，原告作为受托人垫付了保费并出具了保单，被告应当偿还垫付费用。因原、被告之间有返点利益约定，根据庭审质证，本院确认被告谭某朝仍欠原告杨某星 5964 元垫付费用。且投保人将保险事务的办理委托给被告，被告转委托原告，原告在未超出委托事项范围内办理保险后代为签字，该行为的法律后果由委托人承担。法院判决被告谭某朝偿还原告杨某星垫付的保险费 5964 元。

① 湖北省恩施市人民法院民事判决书（2019）鄂 2801 民初 7235 号。

◆ **评议**

本条规定委托人应当预付处理委托事务的费用，实践中存在委托人未预付必要费用或者预付的必要费用不足的情况，使得受托人为了顺利处理委托事务自己垫资。受托人为处理委托事务垫付的必要费用，委托人应当偿还该费用并支付利息。本案中谭某朝委托杨某星办理保险，杨某星先行垫付保险费并出具保单寄给被告谭某朝，且杨某星先行垫付的保险费是处理委托事务的必要费用，因此谭某朝作为委托人有义务支付受托人垫付的保险费。

第九百二十二条　【受托人应当按照委托人的指示处理委托事务】

受托人应当按照委托人的指示处理委托事务。需要变更委托人指示的，应当经委托人同意；因情况紧急，难以和委托人取得联系的，受托人应当妥善处理委托事务，但是事后应当将该情况及时报告委托人。

本条来源

本条来源于《合同法》第三百九十九条的规定："受托人应当按照委托人的指示处理委托事务。需要变更委托人指示的，应当经委托人同意；因情况紧急，难以和委托人取得联系的，受托人应当妥善处理委托事务，但事后应当将该情况及时报告委托人。"相较于原法条，本条将"但"改为"但是"，该变动仅就条款中个别字词进行了修改，法条的实质内涵未发生变化。

立法演变

本条在一次审议稿第七百零五条作了上述变动，二次审议稿第七百零五条和《民法典（草案）》第九百二十二条均无变动，最终为本条所采用。

条文释义

本条是关于受托人按照委托人指示处理委托事务的规定。受托人依照委托人的指示处理委托事务，是受托人的基本义务。委托合同是受托人接受委托人的委托而订立的，受托人需要按照委托人的指示处理委托事务。委托人有指示时，原则上受托人不得变更指示，受托人想要变更委托人的指示需要经过委托人的同意。本条规定了受托人无需委托人的同意变更指示，需符合下列条件：第一，处于情况紧急状态，需要马上作出决定；第二，受托人难以与委托人取得联系；第三，受托人应当是为了委托人的利益，妥善处理委托事务。受托人因情况紧急变更委托人指示后，事后应当将该情况及时报告委托人。若不符合上述条件，受托人私自变更指示或者未履行事后及时通知义务，给委托人造成损失，受托人应负赔偿责任。

第九百二十三条　【受托人亲自处理委托事务】

受托人应当亲自处理委托事务。经委托人同意，受托人可以转委托。转委托经同意或者追认的，委托人可以就委托事务直接指示转委托的第三人，受托人仅就第三人的选任及其对第三人的指示承担责任。转委托未经同意或者追认的，受托人应当对转委托的第三人的行为承担责任；但是，在紧急情况下受托人为了维护委托人的利益需要转委托第三人的除外。

本条来源

本条来源于《合同法》第四百条的规定："受托人应当亲自处理委托事务。经委托人同意，受托人可以转委托。转委托经同意的，委托人可以就委托事务直接指示转委托的第三人，受托人仅就第三人的选任及其对第三人的指示承担责任。转委托未经同意的，受托人应当对转委托的第三人的行为承担责任，但在紧急情况下受托人为维护委托人的利益需要转委托的除外。"相较于原法条，本条将"转委托经同意的"修改为"转委托经同意或者追认的"，同时将"转委托未经同意的"修改为"转委托未经同意或者追认的"，该变动增加了事后追认转委托的情形。将"在紧急情况下受托人为维护委托人的利益需要转委托的除外"修改为"在紧急情况下受托人为了维护委托人的利益需要转委托第三人的除外"，该变动使得法条用语更为严谨。

立法演变

本条在一次审议稿第七百零六条沿用《合同法》第四百条的规定。二次审议稿第七百零六条和《民法典（草案）》第九百二十三条均规定为："受托人应当亲自处理委托事务。经委托人同意，受托人可以转委托。转委托经同意或者追认的，委托人可以就委托事务直接指示转委托的第三人，受托人仅就第三人的选任及其对第三人的指示承担责任。转委托未经同意或者追认的，受托人应当对转委托的第三人的行为承担责任，但是，在紧急情况下受托人为维护委托人的利益需要转委托的除外。"将"转委托经同意的"修改为"转委托经同意或者追认的"，同时将"转委托未经同意的"修改为"转委托未经同意或者追认的"，将"但"改为"但是"。《民法典》第九百二十三条将"在紧急情况下受托人为维护委托人的利益需要转委托的除外"修改为"在紧急情况下受托人为了维护委托人的利益需要转委托第三人的除外"。

条文释义

本条是关于受托人亲自处理委托事务及转委托的规定。受托人负有亲自处理委托事务的义务。委托合同的订立以委托人和受托人之间的相互信任为前提，有较强的人身属性，因此受托人应亲自处理受托事务。受托人有亲自处理委托事务的义务，但是也有将委托事务转让给第三人，即转委托的权利。

除非委托人同意，受托人不得转委托。转委托后责任承担的规定如下：第一，转委托经委托人同意或者事后追认的，委托人可以就委托事务直接指示次受托人，由次受托人直接就委托事务向委托人负责，无需经过受托人。受托人也可以向次受托人发布指示，受托人仅对次受托人的选任及其对次受托人的指示承担责任。第二，转委托未经委托人同意或者事后追认的，受托人应当对转委托的第三人的行为承担责任；但是，在紧急情况下受托人为维护委托人的利益需要转委托，对第三人的行为不承担责任。

第九百二十四条　【受托人的报告义务】

受托人应当按照委托人的要求，报告委托事务的处理情况。委托合同终止时，受托人应当报告委托事务的结果。

本条来源

本条来源于《合同法》第四百零一条，条文无变动。

条文释义

本条是关于受托人报告义务的规定。受托人应当按照委托人的要求，报告受托事务的处理情况。受托事务终了或者委托合同终止时，受托人应当报告委托事务的结果。受托人此项义务的具体内容由当事人根据实际需要约定。如果没有约定，报告的内容大致包括处理事务的过程、进展、方法、费用、损益和结果等。受托人作事务结果的报告时，不以有委托人的请求为前提，并应提交相关的证明文件。

第九百二十五条　【委托人介入权】

受托人以自己的名义，在委托人的授权范围内与第三人订立的合同，第三人在订立合同时知道受托人与委托人之间的代理关系的，该合同直接约束委托人和第三人；但是，有确切证据证明该合同只约束受托人和第三人的除外。

本条来源

本条来源于《合同法》第四百零二条规定：“受托人以自己的名义，在委托人的授权范围内与第三人订立的合同，第三人在订立合同时知道受托人与委托人之间的代理关系的，该合同直接约束委托人和第三人，但有确切证据证明该合同只约束受托人和第三人的除外。”相较于原法条，本条将“但”修改为“但是”，该变动仅就条款中个别字词进行了修改，法条的实质内涵未发生变化。

立法演变

本条在一次审议稿第七百零八条规定：“受托人以自己的名义，在委托人的授权范围内与第三人订立的合同，第三人在订立合同时知道受托人与委托人之间的代理关系的，该合同直接约束委托人和第三人，但是有确切证据证明该合同只约束受托人和第三人的除外。”将“但”修改为“但是”。

二次审议稿第七百零八条和《民法典（草案）》第九百二十五条均规定为：“受托人以自己的名义，在委托人的授权范围内与第三人订立的合同，第三人在订立合同时知道受托人与委托人之间的代理关系的，该合同直接约束委托人和第三人；但是，有证据证明该合同只约束受托人和第三人的除外。”将“有确切证据证明”改为“有证据证明”。《民法典》第九百二十五条重新将“有证据证明”改为“有确切证据证明”，采用《合同法》第四百零二条的规定。

条文释义

本条是关于受托人以自己的名义和第三人订立合同时第三人知道代理关系的规定。受托人以自己的名义与第三人订立的合同，第三人知道受托人与委托人之间存在代理关系的，该合同不是直接约束受托人和第三人，而是直接约束委托人和第三人。这种情况下，突破了合同的相对性。但有例外情况，即有证据证明该合同只约束受托人和第三人。第三人是在订立合同时就必须知道受托人与委托人之间的代理关系，如果是订立合同的当时不知道而是事后知道，不适用本条的规定。

第九百二十六条　【委托人对第三人的权利和第三人选择权】

受托人以自己的名义与第三人订立合同时，第三人不知道受托人与委托人之间的代理关系的，受托人因第三人的原因对委托人不履行义务，受托人应当向委托人披露第三人，委托人因此可以行使受托人对第三人的权利。但是，第三人与受托人订立合同时如果知道该委托人就不会订立合同的除外。

受托人因委托人的原因对第三人不履行义务，受托人应当向第三人披露委托人，第三人因此可以选择受托人或者委托人作为相对人主张其权利，但是第三人不得变更选定的相对人。

委托人行使受托人对第三人的权利的，第三人可以向委托人主张其对受托人的抗辩。第三人选定委托人作为其相对人的，委托人可以向第三人主张其对受托人的抗辩以及受托人对第三人的抗辩。

本条来源

本条来源于《合同法》第四百零三条的规定：“受托人以自己的名义与第三人订立合同时，第三人不知道受托人与委托人之间的代理关系的，受托人因第三人的原因对委托人不履行义务，受托人应当向委托人披露第三人，委托人因此可以行使受托人对第三人的权利，但第三人与受托人订立合同时如果知道该委托人就不会订立合同的除外。受托人因委托人的原因对第三人不履行义务，受托人应当向第三人披露委托人，第三人因此可以选择受托人或者委托人作为相对人主张其权利，但第三人不得变更选定的相对人。委托人行使受托人对第三人的权利的，第三人可以向委托人主张其对受托人的抗辩。第三人选定委托人作为其相对人的，委托人可以向第三人主张其对受托人的抗辩以及受托人对第三人的抗辩。”相较于原法条，本条将两处“但”改为“但是”，该变动仅就条款中个别字词进行了修改，法条的实质内涵未发生变化。

立法演变

本条在一次审议稿第七百零九条作了上述变动，二次审议稿第七百零九条和《民法典（草案）》第九百二十六条均无变动，最终为本条所采用。

条文释义

本条是对委托人对第三人的权利及第三人的选择权的规定。本条第一款规定了委托人的介入权。受托人以自己的名义与第三人订立合同时，第三人不知道受托人与委托人之间存在代理关系的，受托人因第三人的原因对委托人不履行义务的，受托人应当向委托人披露第三人，委托人因此可以行使受托人对第三人的权利。因为此时第三人不履行合同，将影响委托人利益的实现。但第三人与受托人订立合同时如果知道该委托人就不会订立合同的除外，因为在这种情况下，意味着第三人不愿与委托人发生债权债务关系，若让委托人主张权利有违第三人订立合同的本意。

本条第二款规定的是第三人的选择权。受托人因委托人的原因对第三人不履行义务，受托人应当向第三人披露委托人，第三人因此可以选择受托人或者委托人作为相对人主张其权利。向哪一方请求权利，由第三人决定。但第三人不得变更选定的相对人。即如果选择受托人，在权利不能实现时，不能再向委托人主张权利；如果选择委托人，在权利不能实现时，不能再向受托人主张权利。

本条第三款规定了委托人行使受托人对第三人的权利的，第三人可以向委托人主张其对受托人的抗辩。同时，第三人选定委托人作为其相对人的，委托人可以向第三人主张其对受托人的抗辩以及受托人对第三人的抗辩。也就是说，委托人行使介入权或者第三人行使选择权时，被请求的一方不因委托人的介入或者第三人的选择改变了合同的相对人，就丧失应有的抗辩权。

第九百二十七条　【受托人转移利益】

受托人处理委托事务取得的财产，应当转交给委托人。

本条来源

本条来源于《合同法》第四百零四条，条文无变动。

条文释义

本条是关于受托人转移利益的规定。受托人有交付财产的义务。受托人因处理委托事务所取得的财产，应当转交给委托人。这些财产，包括物品、金钱、孳息及其权利等，这些财产不论是以委托人名义还是以受托人自己名义取得的，也不论是由次委托人还是由受托人自己在处理事务时直接取得的，受托人均应将其交付于委托人。受托人交付财产的义务，不仅适用于受托人，还适用于转委托的第三人。

第九百二十八条　【委托人支付报酬】

受托人完成委托事务的，委托人应当按照约定向其支付报酬。

因不可归责于受托人的事由，委托合同解除或者委托事务不能完成的，委托人应当向受托人支付相应的报酬。当事人另有约定的，按照其约定。

本条来源

本条来源于《合同法》第四百零五条的规定："受托人完成委托事务的，委托人应当向其支付报酬。因不可归责于受托人的事由，委托合同解除或者委托事务不能完成的，委托人应当向受托人支付相应的报酬。当事人另有约定的，按照其约定。"相较于原法条，本条将"委托人应当向其支付报酬"修改为"委托人应当按照约定向其支付报酬"，该变动使得法条用语更为严谨。

立法演变

本条在一次审议稿第七百一十一条沿用《合同法》第四百零五条的规定。二次审议稿第七百一十一条和《民法典（草案）》第九百二十八条均规定为："受托人完成委托事务的，委托人应当按照约定向其支付报酬。因不可归责于受托人的事由，委托合同解除或者委托事务不能完成的，委托人应当向受托人支付相应的报酬。当事人另有约定的，按照其约定。"最终为本条所采用。

条文释义

本条是对委托人支付报酬的规定。无偿的委托合同，委托人无支付报酬的义务。有偿的委托合同，受托人完成委托事务的，委托人应当向受托人支付报酬。因不可归责于受托人的事由，委托合同解除或者委托事务不能完成的，委托人仍应当向受托人支付相应的报酬。对于因不可归责于受托人的事由而致委托合同解除或委托事务不能完成时，受托人有权请求支付报酬。

第九百二十九条　【受托人的赔偿责任】

有偿的委托合同，因受托人的过错造成委托人损失的，委托人可以请求赔偿损失。无偿的委托合同，因受托人的故意或者重大过失造成委托人损失的，委托人可以请求赔偿损失。

受托人超越权限造成委托人损失的，应当赔偿损失。

本条来源

本条来源于《合同法》第四百零六条的规定："有偿的委托合同，因受托人的过错给委托人造成损失的，委托人可以要求赔偿损失。无偿的委托合同，因受托人的故意或者重大过失给委托人造成损失的，委托人可以要求赔偿损失。受托人超越权限给委托人造成损失的，应当赔偿损失。”相较于原法条，本条将“要求”修改为“请求”，并在表达方式上进行修改，将“给委托人造成损失的”调整为“造成委托人损失的”，该变动使法条用语更为严谨。

立法演变

本条在一次审议稿第七百一十二条和二次审议稿第七百一十二条中沿用《合同法》第四百零六条的规定。《民法典（草案）》第九百二十九条规定为：“有偿的委托合同，因受托人的过错造成委托人损失的，委托人可以请求赔偿损失。无偿的委托合同，因受托人的故意或者重大过失造成委托人损失的，委托人可以请求赔偿损失。受托人超越权限造成委托人损失的，应当赔偿损失。”最终为本条所采用。

条文释义

本条是关于受托人的赔偿责任的规定。受托人在处理受托事务时，应尽到必要的注意义务。如因受托人未尽合理的注意义务致委托人损害的，应承担赔偿责任。受托人过错的构成与受托人注意义务、委托合同有偿与否而有别。有偿的委托合同，因受托人的过错给委托人造成损失的，委托人可以要求赔偿损失。无偿的委托合同，只有因受托人的故意或者重大过失给委托人造成损失的，委托人才可以要求赔偿损失。此外，受托人超越权限给委托人造成损失的，也应承担赔偿损失的责任。

案例评议

佛山市环亚物流有限公司与佛山市顺德区广豪物流有限公司、杨某财产损害赔偿纠纷案[1]

原告环亚公司与被告广豪公司达成口头协议，通过广豪公司向第三人太平保险公司投保，由广豪公司与太平保险公司签订保险协议，广豪公司按照环亚

① 广东省佛山市顺德区人民法院民事判决书（2019）粤0606民初14683号。

公司确认的专线提交专线报备清单给太平保险公司，由太平保险公司在广豪公司提交的专线报备的专线范围内根据相关保险合同进行承保。投保人及被保险人均为广豪公司。环亚公司在运输途中发生交通事故，上述损失已有环亚公司向实际货主以运费的方式予以赔偿，因该损失未能由太平保险公司进行理赔，环亚公司诉至法院，请求广豪公司对该损失承担赔偿责任。同时环亚公司认为，被告杨某当时是太平保险公司的保险代理人，环亚公司给到杨某的保费，杨某没有缴纳应缴保费，杨某对环亚公司的财产损害有直接关系，请求其与广豪公司对该损失共同承担赔偿责任。

◆ **裁判规则**

法院经审理认为，有偿的委托合同，因受托人的过错给委托人造成损失的，委托人可以要求赔偿损失。表明此时受托人的责任承担采用过错责任原则，即按照当事人的过错程度确定承担损害赔偿的责任形式及责任范围。依据各方陈述，若环亚公司出险，一般的处理程序为向太平保险公司报案，并按太平保险公司的要求通过广豪公司向太平保险公司提交事故资料，加盖广豪公司的公章。且受托人应当按照委托人的指示处理委托事务。在广豪公司与环亚公司之间的委托合同中，广豪公司的合同义务为以自己的名义代环亚公司进行投保，缴纳保费，协助环亚公司等物流公司向太平保险公司递交理赔资料等，广豪公司已经实际履行了投保义务及与太平保险公司签订《货物运输预约保险协议》的义务，环亚公司述称，已经报案并且向太平保险公司递交事故资料，但被退回，但环亚公司并未提交加盖广豪公司公章的事故资料，且无法确认事故发生的时间、经过，是否报警、是否交通事故等事故情况，显然不符合常理，故本院对广豪公司称环亚公司并未向广豪公司递交资料的抗辩予以采纳，本案中，广豪公司对环亚公司不能理赔的损失并不具有任何过错，不应承担责任。太平保险公司已依约承保，并不存在环亚公司述称的杨某为代为缴纳保费的情形，故环亚公司请求杨某对事故损失承担赔偿责任，无事实依据，不予支持。

◆ **评议**

有偿委托合同中，因受托人的过错造成委托人损失的，受托人应当承担赔偿责任，委托人可以请求受托人赔偿损失。在有偿委托合同中，以受托人的是否有过错作为承担责任的认定标准，无论受托人是故意或者过失造成委托人损失，都应当承担责任，本案中环亚公司与广豪公司之间是有偿委托合同关系，经法院认定广豪公司对委托人的损失没有过错，因此广豪公司不应承担责任。

第九百三十条　【委托人的赔偿责任】

受托人处理委托事务时，因不可归责于自己的事由受到损失的，可以向委托人请求赔偿损失。

本条来源

本条来源于《合同法》第四百零七条的规定：“受托人处理委托事务时，因不可归责于自己的事由受到损失的，可以向委托人要求赔偿损失。”相较于原法条，本条将“要求”改为“请求”，该变动为了保持条文内容的统一，使法条用语更为严谨。

立法演变

本条在一次审议稿第七百一十三条和二次审议稿第七百一十三条中均沿用《合同法》第四百零七条的规定，《民法典（草案）》第九百三十条规定为：“受托人处理委托事务时，因不可归责于自己的事由受到损失的，可以向委托人请求赔偿损失。”最终为本条采用。

条文释义

本条是对委托人对受托人损失承担责任的规定。受托人在委托权限范围内处理委托事务，因不可归责于自己的事由，使自己的财产或者人身造成损害的，有向委托人请求赔偿的权利。本条中“不可归责于自己事由”是指对该事由的产生，受托人无过错或者过失。

第九百三十一条　【委托人另行委托他人处理事务】

委托人经受托人同意，可以在受托人之外委托第三人处理委托事务。因此造成受托人损失的，受托人可以向委托人请求赔偿损失。

本条来源

本条来源于《合同法》第四百零八条的规定："委托人经受托人同意，可以在受托人之外委托第三人处理委托事务。因此给受托人造成损失的，受托人可以向委托人要求赔偿损失。"相较于原法条，本条将"要求"修改为"请求"，并在表达方式上进行修改，将"因此给受托人造成损失的"调整为"因此造成受托人损失的"，该变动使得法条用语更为严谨。

立法演变

本条在一次审议稿第七百一十四条和二次审议稿第七百一十四条均沿用《合同法》第四百零八条的规定。《民法典（草案）》第九百三十一条规定为："委托人经受托人同意，可以在受托人之外委托第三人处理委托事务。因此造成受托人损失的，受托人可以向委托人请求赔偿损失。"最终为本条所采用。

条文释义

本条是关于委托人另行委托第三人处理事务的规定。委托合同的订立以委托人和受托人之间的相互信任为前提，具有严格的人身属性，因此，委托人如果要把委托事务再委托第三人处理，需要征得受托人的同意。委托人另行委托第三人处理委托事务，可能给受托人造成损失。给受托人造成损失的，受托人可以向委托人请求赔偿损失。

第九百三十二条　【共同委托】

两个以上的受托人共同处理委托事务的，对委托人承担连带责任。

本条来源

本条来源于《合同法》第四百零九条，条文无变动。

条文释义

本条是关于共同委托的规定。共同委托是指委托人委托两个或者两个以上的受托人共同处理事务。如果委托人为两个或者两个以上的，而受托人只有一个人时，则不是共同委托。共同委托的特征：第一，共同委托的受托人共同处理委托事务。数个受托人共同、平等地享有权利、负担义务。第二，数个受托人对委托人承担连带责任。如果共同受托人中的一个受托人或者数个受托人没有经过协商而擅自单独行使代理权的，由此造成的损失，仍然对外要承担连带责任。

第九百三十三条 【委托合同解除】

委托人或者受托人可以随时解除委托合同。因解除合同造成对方损失的，除不可归责于该当事人的事由外，无偿委托合同的解除方应当赔偿因解除时间不当造成的直接损失，有偿委托合同的解除方应当赔偿对方的直接损失和合同履行后可以获得的利益。

本条来源

本条来源于《合同法》第四百一十条的规定："委托人或者受托人可以随时解除委托合同。因解除合同给对方造成损失的，除不可归责于该当事人的事由以外，应当赔偿损失。"相较于原法条，本条将"应当赔偿损失"改为"无偿委托合同的解除方应当赔偿因解除时间不当造成的直接损失，有偿委托合同的解除方应当赔偿对方的直接损失和合同履行后可以获得的利益"，该变动明确了有偿委托合同和无偿委托合同的不同的承担责任的方式，完善了委托合同的当事人任意解除合同的规定。

立法演变

本条在一次审议稿第七百一十六条规定为："委托人或者受托人可以随时解除委托合同。因解除合同造成对方损失的，除不可归责于该当事人的事由外，无偿委托合同的解除方应当赔偿因解除时间不当造成的直接损失，有偿委托合同的解除方应当赔偿对方的直接损失和可以获得的利益。"二次审议稿第七百一十六条和《民法典（草案）》第九百三十三条均沿用一次审议稿的规定。《民法典》第九百三十三条将"可以获得的利益"改为"合同履行后可以获得的利益”，该变动明确了有偿委托合同的解除方赔偿对方可得利益的范围限于合同履行后的可得利益。

条文释义

本条是关于委托合同解除的规定。按照本条规定，委托合同的委托人和受托人均享有任意解除权，可以随时解除合同。委托人可以单方解除委托合同，无须征得受托人的同意即可发生解除合同的效力。受托人不愿意办理受委托的事务，受托人无须表明任何理由，即可解除合同。

因行使任意解除权给委托人或者受托人造成损失的，除了不可归责于该当事人的事由外，应当承担相应的赔偿责任。无偿委托合同与有偿委托合同承担责任是有区别的。无偿委托合同的解除方应当赔偿因解除时间不当造成的直接损失；有偿委托合同的解除方应当赔偿对方的直接损失和合同履行后可以获得的利益。

第九百三十四条　【委托合同的终止】

委托人死亡、终止或者受托人死亡、丧失民事行为能力、终止的，委托合同终止；但是，当事人另有约定或者根据委托事务的性质不宜终止的除外。

本条来源

本条来源于《合同法》第四百一十一条的规定：“委托人或者受托人死亡、丧失民事行为能力或者破产的，委托合同终止，但当事人另有约定或者根据委托事务的性质不宜终止的除外。”相较于原法条，本条将“委托人或者受托人死亡、丧失民事行为能力或者破产的”改为“委托人死亡、终止或者受托人死亡、丧失民事行为能力或者终止的”，该变动使得法条用语更严谨，更具有逻辑性。

立法演变

本条在一次审议稿第七百一十七条中规定：“委托人或者受托人死亡、丧失民事行为能力或者破产的，委托合同终止，但是当事人另有约定或者根据委托事务的性质不宜终止的除外。”

二次审议稿第七百一十七条和《民法典（草案）》第九百三十四条均规定为：“委托人或者受托人死亡、丧失民事行为能力或者终止的，委托合同终止；但是，当事人另有约定或者根据委托事务的性质不宜终止的除外。”将“或者破产的”改为“或者终止的”。《民法典》第九百三十四条将“委托人或者受托人死亡、丧失民事行为能力或者终止的”改为“委托人死亡、终止或者受托人死亡、丧失民事行为能力或者终止的”。

条文释义

本条是关于委托合同终止的规定。本条规定了委托合同终止的原因之一，即因委托人死亡、终止或者受托人死亡、丧失民事行为能力或民事行为能力终止，委托合同终止。由于委托合同的订立以委托人和受托人之间的相互信任为前提，委托合同委托人或者受托人死亡或终止时，委托人和受托人之间的信任就此终结，委托合同终止。委托人丧失民事行为能力时，委托合同并不终止。当受托人死亡、丧失民事行为能力或终止行为能力时，终止委托合同。但是也有例外，即双方当事人另有约定或者根据委托事务的性质不宜终止的，委托合同不因委托人死亡、终止或者受托人死亡、丧失民事行为能力或终止行为能力而终止。

第九百三十五条　【受托人继续处理委托事务】

因委托人死亡或者被宣告破产、解散，致使委托合同终止将损害委托人利益的，在委托人的继承人、遗产管理人或者清算人承受委托事务之前，受托人应当继续处理委托事务。

本条来源

本条来源于《合同法》第四百一十二条的规定：“因委托人死亡、丧失民事行为能力或者破产，致使委托合同终止将损害委托人利益的，在委托人的继承人、法定代理人或者清算组织承受委托事务之前，受托人应当继续处理委托事务。”相较于原法条，本条将“因委托人死亡、丧失民事行为能力或者破产”改为“因委托人死亡或者被宣告破产、解散”，并删去“法定代理人”，将“清算组织”改为“清算人”，增加了“遗产管理人”作为承受委托事务的主体，该变动完善了委托人的后合同义务的内容。

立法演变

本条在一次审议稿第七百一十八条中沿用《合同法》第四百一十二条的规定。二次审议稿第七百一十八条规定为：“因委托人死亡、丧失民事行为能力或者终止，致使委托合同终止将损害委托人利益的，在委托人的继承人、法定代理人或者清算组织承受委托事务之前，受托人应当继续处理委托事务。”将“丧失民事行为能力或者破产”改为“丧失民事行为能力或者终止”。

《民法典（草案)》第九百三十五条规定为：“因委托人死亡、丧失民事行为能力或者终止，致使委托合同终止将损害委托人利益的，在委托人的继承人、遗产管理人、法定代理人或者清算人承受委托事务之前，受托人应当继续处理委托事务。”在二次审议稿的基础上，在“委托人的继承人”后增加了“遗产管理人”，将“清算组织”改为“清算人”。《民法典》第九百三十五条将“因委托人死亡、丧失民事行为能力或者终止”改为“因委托人死亡或者被宣告破产、解散”，删去“法定代理人”。

条文释义

本条是关于受托人继续处理义务的规定。本章第九百三十四条规定了委托人死亡、终止或者受托人死亡、丧失民事行为能力或者终止的，委托合同终止。委托人死亡或者终止的，但是符合本条的规定，委托合同不能终止，受托人应当继续处理委托事务。本条中委托合同不能终止的条件包括：第一，委托合同终止将损害委托人利益的。此时应当继续履行委托合同而不是终止合同；第二，时间条件，即委托人的继承人、遗产管理人或者清算人承受委托事务之前。由于委托人死亡或者被宣告破产、解散，需要有一段时间进行善后处理，因此有时间限制。

第九百三十六条　【受托人的继承人等的义务】

因受托人死亡、丧失民事行为能力或者被宣告破产、解散，致使委托合同终止的，受托人的继承人、遗产管理人、法定代理人或者清算人应当及时通知委托人。因委托合同终止将损害委托人利益的，在委托人作出善后处理之前，受托人的继承人、遗产管理人、法定代理人或者清算人应当采取必要措施。

本条来源

本条来源于《合同法》第四百一十三条的规定："因受托人死亡、丧失民事行为能力或者破产，致使委托合同终止的，受托人的继承人、法定代理人或者清算组织应当及时通知委托人。因委托合同终止将损害委托人利益的，在委托人作出善后处理之前，受托人的继承人、法定代理人或者清算组织应当采取必要措施。"相较于原法条，本条将"破产"修改为"被宣告破产、解散"，将"清算组织"改为"清算人"，并增加了"遗产管理人"作为受托人死亡后负担委托合同后义务的主体，该变动完善了受托人死亡后委托合同后的义务的规定。

立法演变

本条在一次审议稿第七百一十九条中沿用《合同法》第四百一十三条的规定。二次审议稿第七百一十九条规定为："因受托人死亡、丧失民事行为能力或者终止，致使委托合同终止的，受托人的继承人、法定代理人或者清算组织应当及时通知委托人。因委托合同终止将损害委托人利益的，在委托人作出善后处理之前，受托人的继承人、法定代理人或者清算组织应当采取必要措施。"在一次审议稿的基础上将"丧失民事行为能力或者破产"改为"丧失民事行为能力或者终止"，该变动使得法条用语更为严谨。

《民法典（草案）》第九百三十六条规定为："因受托人死亡、丧失民事行为能力或者终止，致使委托合同终止的，受托人的继承人、遗产管理人、法定代理人或者清算人应当及时通知委托人。因委托合同终止将损害委托人利益的，在委托人作出善后处理之前，受托人的继承人、遗产管理人、法定代理人或者清算人应当采取必要措施。”在二次审议稿的基础上，将“清算组织”改为“清算人”，于“受托人的继承人”后增加了“遗产管理人”。《民法典》第九百三十六条将“因受托人死亡、丧失民事行为能力或者终止”改为“因受托人死亡、丧失民事行为能力或者被宣告破产、解散”。

条文释义

本条是关于受托人的继承人等的义务的规定。本条规定了受托人的继承人、遗产管理人、法定代理人或者清算人在委托合同履行过程中的法定义务。受托人死亡、丧失民事行为能力或者被宣告破产、解散，致使委托合同终止后，受托人的继承人、遗产管理人、法定代理人或者清算人负有两项义务：第一，及时通知委托人的义务。合同终止后，为防止损失扩大，要及时通知委托人，以便委托人做出善后处理。第二，委托合同终止将损害委托人利益的情况下，在委托人做出善后处理之前，受托人的继承人、遗产管理人、法定代理人或者清算人应当采取必要措施。委托人做出善后处理，受托人的继承人、遗产管理人、法定代理人或者清算人就无需继续处理委托事务。

第二十四章　物业服务合同

本章概要

随着我国住宅商品化改革的推进，物业服务合同因而成为最为重要的物业管理方式。因此民法典合同编将物业服务合同作为独立的有名合同加以规定，本章共十四条。具体需要注意：一是明确将公开作出的有利于业主的“服务承诺”自动纳入物业服务合同，有利于保护业主的权益。二是承认前期物业服务合同的效力，以强化保护业主的利益。三是明晰物业服务合同双方当事人的义务，如物业服务人的管理和报告义务，并对其转委托行为进行规范，同时明确业主的付费义务和告知义务。四是明确业主任意解除权的行使程序，以更好地平衡业主与物业服务企业之间的利益。

第九百三十七条　【物业服务合同的定义】

物业服务合同是物业服务人在物业服务区域内，为业主提供建筑物及其附属设施的维修养护、环境卫生和相关秩序的管理维护等物业服务，业主支付物业费的合同。

物业服务人包括物业服务企业和其他管理人。

本条来源

本条为新增条款。

立法演变

本条为一次审议稿第七百二十条的新增条款，规定为：“物业服务合同是物业服务人在物业服务区域内，为业主持续提供建筑物及其附属设施的维修养护、环境卫生和相关秩序的维护等物业服务，业主支付报酬的合同。物业服务人包括物业服务企业和其他物业管理人。”明确了物业服务合同的概念。二次审议稿第七百二十条未发生变动。

《民法典（草案）》第九百三十七条规定为：“物业服务合同是物业服务人在物业服务区域内，为业主提供建筑物及其附属设施的维修养护、环境卫生和相关秩序的管理维护等物业服务，业主支付物业费的合同。物业服务人包括物业服务企业和其他物业管理人。”将第一款中“业主支付报酬的合同”改为“业主支付物业费的合同”，该变动明确业主支付的是物业费而非物业服务人的报酬。

《民法典》第九百三十七条将第二款“物业服务人包括物业服务企业和其他物业管理人”改为“物业服务人包括物业服务企业和其他管理人”。该变动仅就条款中个别字词进行了删减，法条的实质内涵未发生变化。

条文释义

本条是关于物业服务合同的概念的规定。依据本条规定，物业服务合同是指物业服务人在物业服务区域内，为业主提供建筑物及其附属设施的维修养护、环境卫生和相关秩序的管理维护等物业服务，业主支付物业费的合同。具体包括以下含义：

第一，物业服务合同的主体。物业服务合同的主体即物业服务合同的当事人，包括业主和物业服务人，其中业主是接受物业服务的一方，物业服务人是提供物业服务的一方，包括物业服务企业和除了物业服务企业以外的其他管理人。

第二，物业服务合同不同于委托合同。物业服务合同具有一定的委托合同的性质，不能将其与一般的委托合同相混淆。一般的委托合同的受托人必须严格按照委托人的指示处理事物，而物业服务合同中的物业服务人的企业的自主性较强，无须在处理每项事务时都按照业主的指示，只要其提供的物业服务符合合同约定的标准和要求即可。

第三，物业服务合同是有偿合同。在物业服务合同中，业主负有向物业服务人支付物业费的义务。物业服务人提供约定的物业服务，业主需要按照合同的约定支付物业费。

第九百三十八条 【物业服务合同的内容和形式】

物业服务合同的内容一般包括服务事项、服务质量、服务费用的标准和收取办法、维修资金的使用、服务用房的管理和使用、服务期限、服务交接等条款。

物业服务人公开作出的有利于业主的服务承诺，为物业服务合同的组成部分。

物业服务合同应当采用书面形式。

本条来源

本条来源于《物业管理条例》第三十四条的规定："业主委员会应当与业主大会选聘的物业服务企业订立书面的物业服务合同。物业服务合同应当对物业管理事项、服务质量、服务费用、双方的权利义务、专项维修资金的管理与使用、物业管理用房、合同期限、违约责任等内容进行约定。"相较于原法条，本条也规定了物业服务合同的内容和书面形式，但是具体规定有大幅修改。

立法演变

本条为一次审议稿第七百二十一条的新增条款，规定为："物业服务合同的内容包括服务事项、服务质量、服务费用的标准和收取办法、维修资金及服务用房的管理和使用、服务期限、服务交接等条款。物业服务人公开作出的有利于业主的服务承诺，为物业服务合同的组成部分。物业服务合同应当采用书面形式。"增加了关于物业服务合同内容的规定。

二次审议稿第七百二十一条和《民法典（草案）》第九百三十八条均规定为："物业服务合同的内容一般包括服务事项、服务质量、服务费用的标准和收取办法、维修资金的使用、服务用房的管理和使用、服务期限、服务交接等条款。物业服务人公开作出的有利于业主的服务承诺，为物业服务合同的组成部分。物业服务合同应当采用书面形式。"在一次审议稿的基础上将"维修资金及服务用房的管理和使用"改为"维修资金的使用、服务用房的管理和使用"，该变动使得法条用语更为严谨，最终为本条所采用。

条文释义

本条是关于物业服务合同内容的规定。物业合同的当事人应当在平等、自愿的基础上，协商确定物业服务合同的内容，物业合同的内容包括了物业合同的主要合同条款，是当事人履行合同和判明违约责任的主要依据。为了规范当事人订立的物业服务合同，本条对物业服务合同的主要条款作出规定。依据本条第一款规定，物业服务合同一般包括服务事项、服务质量、服务费用的标准和收取办法、维修资金的使用、服务用房的管理和使用、服务期限、服务交接等条款。上述物业合同条款是指导性的条款，不限制当事人在合同中约定其他内容。本条第二款规定了物业服务合同的例外情况。依据本条规定，将物业服务人公开作出的有利于业主的服务承诺拟定为物业服务合同的组成部分。物业服务人作出的服务承诺即使是口头承诺，未补充在物业服务合同之中，也应当认定其是物业服务合同的内容。本条第三款规定了物业服务合同应当采用书面形式。

第九百三十九条　【物业服务合同的效力】

建设单位依法与物业服务人订立的前期物业服务合同，以及业主委员会与业主大会依法选聘的物业服务人订立的物业服务合同，对业主具有法律约束力。

本条来源

本条来源于《最高人民法院关于审理物业服务纠纷案件具体应用法律若干问题的解释》（法释〔2009〕8 号）第一条的规定：“建设单位依法与物业服务企业签订的前期物业服务合同，以及业主委员会与业主大会依法选聘的物业服务企业签订的物业服务合同，对业主具有约束力。业主以其并非合同当事人为由提出抗辩的，人民法院不予支持。”相较于原法条，本条将“物业服务企业签订”修改为“物业服务人订立”、“约束力”修改为“法律约束力”，并删除“业主以其并非合同当事人为由提出抗辩的，人民法院不予支持”，该变动使法条表述更为简洁、严谨。

立法演变

本条在一次审议稿第七百二十二条的新增条款，规定为："建设单位依法与物业服务人签订的前期物业服务合同，以及业主委员会与业主大会依法选聘的物业服务人签订的物业服务合同，对业主具有约束力。"增加了关于物业服务合同对业主的效力的规定。

二次审议稿第七百二十二条和《民法典（草案）》第九百三十九条均规定为："建设单位依法与物业服务人订立的前期物业服务合同，以及业主委员会与业主大会依法选聘的物业服务人订立的物业服务合同，对业主具有法律约束力。"将"对业主具有约束力"改为"对业主具有法律约束力"，该变动使得法条用语更为严谨，最终为本条所采用。

条文释义

本条是关于物业服务合同的效力的规定。业主与物业服务人签订的物业服务合同，由于合同的当事人受合同的约束，因此该物业服务合同对业主具有法律拘束力。本条还规定了非业主与物业服务人订立的服务合同，对业主具有法律效力的情形，具体情形包括：第一，前期物业服务合同。前期物业服务合同是建设单位与物业服务人签订的物业服务合同，虽然合同的一方当事人不是业主而是建设单位，但是业主在购买房屋后需要概括承受建设单位在前期物业服务合同中的权利义务关系，其中就包括物业服务合同中的权利义务，因此前期物业服务合同对业主具有法律约束力。第二，业主委员会与业主大会依法选聘的物业服务人订立的物业服务合同。业主委员会与业主大会是经过业主的选举，代表业主行使权利的主体，因此业主委员会与业主大会与物业服务人签订的物业服务合同的效力自然及于全体业主。对于上述规定，不妨碍业主解除物业服务合同的权利。

第九百四十条　【前期物业服务合同法定终止条件】

建设单位依法与物业服务人订立的前期物业服务合同约定的服务期限届满前，业主委员会或者业主与新物业服务人订立的物业服务合同生效的，前期物业服务合同终止。

本条来源

本条来源于《物业管理条例》第二十六条的规定："前期物业服务合同可以约定期限；但是，期限未满、业主委员会与物业服务企业签订的物业服务合同生效的，前期物业服务合同终止。"相较于原法条，本条也规定了前期物业服务合同的终止情形，但是具体规定有大幅修改。

立法演变

本条为一次审议稿第七百三十一条的新增条款，规定为："建设单位依法与物业服务人订立的前期物业服务合同约定的服务期限届满前，业主或者业主委员会与新物业服务人订立的物业服务合同生效的，前期物业服务合同终止。"增加了关于物业服务合同终止日期的规定。二次审议稿第七百二十二条之一和《民法典（草案）》第九百四十条均无变动，最终为本条所采用。

条文释义

本条是关于终止前期物业服务合同的规定。对前期物业服务合同，由于业主没有参与该合同的订立，业主委员会或者业主可以选择概括承受前期物业服务合同的权利义务，也可以选择新的物业服务人。依据本条规定，前期物业服务合同终止的条件包括：第一，时间条件，即前期物业服务合同约定的服务期限届满前可以终止合同。第二，业主委员会或者业主与新物业服务人订立物业服务合同，且该合同已经生效。

第九百四十一条　【物业服务转委托的条件和限制性条款】

物业服务人将物业服务区域内的部分专项服务事项委托给专业性服务组织或者其他第三人的，应当就该部分专项服务事项向业主负责。

物业服务人不得将其应当提供的全部物业服务转委托给第三人，或者将全部物业服务支解后分别转委托给第三人。

本条来源

本条来源于《物业管理条例》第三十九条的规定："物业服务企业可以将物业管理区域内的专项服务业务委托给专业性服务企业，但不得将该区域内的全部物业管理一并委托给他人。"相较于原法条，本条也规定了物业服务合同的转委托，但是具体规定有大幅修改。

立法演变

本条为一次审议稿第七百二十三条的新增条款，规定为："物业服务人将物业服务区域内的部分专项物业服务委托给专业性服务组织或者其他第三人的，应当就该部分专项物业服务向业主负责。物业服务人不得将其应提供的全部物业服务转委托给第三人，或者将全部物业服务支解后分别转委托给第三人。"增加了关于物业服务人将物业服务转委托的规定。

二次审议稿第七百二十三条和《民法典（草案）》第九百四十一条均规定为："物业服务人将物业服务区域内的部分专项服务事项委托给专业性服务组织或者其他第三人的，应当就该部分专项服务事项向业主负责。物业服务人不得将其应当提供的全部物业服务转委托给第三人，或者将全部物业服务支解后分别转委托给第三人。"将第一款中"部分专项物业服务"改为"部分专项服务事项"，表明物业服务人可以转委托的只能是物业服务中的部分事项，并与支解后部分物业服务相区别，该变动使得法条用语更为严谨，最终为本条所采用。

条文释义

本条是关于物业服务转委托的条件和限制性条款的规定。依据本条规定，物业服务的转委托包括以下内容：第一，物业服务合同的物业服务人可以将其负责的区域内的部分专项服务事项委托给他人。物业服务人转委托的对象包括专业性服务组织或者其他有相应资质的第三人。物业服务人转委托的事项只限于部分专项服务事项。第二，物业服务人不得将其应当提供的全部物业服务转委托给第三人。业主签订物业服务合同是基于对物业服务人的信任，具有较强的人身属性，因此物业服务人应亲自处理物业事务。第三，物业服务人不得将全部物业服务支解后分别转委托给第三人。物业服务人将全部物业服务支解后进行转委托，实际上物业服务人并未处理物业服务事物。由于物业服务人负有亲自处理物业事务的义务，因此不得将全部物业服务转委托给第三人。第四，物业服务人应当对转委托的事项负责。当物业服务人委托给他人的部分专项服务事项出现问题时，由物业服务人对业主负责。

第九百四十二条　【物业服务人的一般义务】

物业服务人应当按照约定和物业的使用性质，妥善维修、养护、清洁、绿化和经营管理物业服务区域内的业主共有部分，维护物业服务区域内的基本秩序，采取合理措施保护业主的人身、财产安全。

对物业服务区域内违反有关治安、环保、消防等法律法规的行为，物业服务人应当及时采取合理措施制止、向有关行政主管部门报告并协助处理。

本条来源

本条为新增条款。

立法演变

本条为一次审议稿第七百二十四条的新增条款，规定为：“物业服务人应当按照约定和物业的使用性质，妥善维修、养护、清洁、绿化和经营物业服务区域内的业主共有部分，维护物业服务区域内的基本生活秩序，采取合理措施保障业主的人身财产安全。对物业服务区域内违反有关治安、环保等法律法规的行为，物业服务人应当及时采取合理措施制止、向相关行政管理部门报告并协助处理。”增加了物业服务人的管理物业服务区内相关事务的义务。

二次审议稿第七百二十四条规定为：“物业服务人应当按照约定和物业的使用性质，妥善维修、养护、清洁、绿化和经营物业服务区域内的业主共有部分，维护物业服务区域内的基本秩序，采取合理措施保护业主的人身、财产安全。对物业服务区域内违反有关治安、环保等法律法规的行为，物业服务人应当及时采取合理措施制止、向相关行政管理部门报告并协助处理。”在一次审议稿的基础上将第一款中“维护物业服务区域内的基本生活秩序”改为“维护物业服务区域内的基本秩序”，该变动为立法技术上的简化。

《民法典（草案）》第九百四十二条规定为：“物业服务人应当按照约定和物业的使用性质，妥善维修、养护、清洁、绿化和经营管理物业服务区域内的业主共有部分，维护物业服务区域内的基本秩序，采取合理措施保护业主的人身、财产安全。对物业服务区域内违反有关治安、环保等法律法规的行为，物业服务人应当及时采取合理措施制止、向有关行政主管部门报告并协助处理。”在二次审议稿的基础上，其第二款将“向相关行政管理部门报告”改为“向有关行政主管部门报告”，该变动使得法条的表述更为严谨。最终《民法典》第九百四十二条在第二款中增加“消防”一词，明确了消防作为物业服务人管理物业服务区内的事务。

条文释义

本条是关于物业服务人的一般义务的规定。物业服务人负有按照物业服务合同的规定管理服务区域的义务。依据本条规定，物业服务人的管理义务主要包括：第一，物业服务人按照约定和物业的使用性质进行管理。对服务区域内的业主共有部分，物业服务人应妥善进行维修、养护、清洁、绿化和经营。对业主的人身、财产安全也应该采取合理措施加以保护，同时也要维护物业服务区域内的基本秩序。第二，物业服务人对服务区域内违反法律法规的行为进行管理。针对物业服务区域内违反有关治安、环保、消防等法律法规的行为，物业服务人有管理的义务。物业服务人应当及时采取合理措施制止发生在服务区域内的违反法律法规的行为，同时也需要向有关行政主管部门报告并协助处理。

第九百四十三条　【物业服务人信息公开义务】

物业服务人应当定期将服务的事项、负责人员、质量要求、收费项目、收费标准、履行情况，以及维修资金使用情况、业主共有部分的经营与收益情况等以合理方式向业主公开并向业主大会、业主委员会报告。

本条来源

本条为新增条款。

立法演变

本条为一次审议稿第七百二十五条的新增条款，规定为：“物业服务人应当及时将服务项目及负责人员、服务质量要求、服务收费项目、服务收费计算标准、服务履行情况、维修资金管理与使用情况、业主共有部分的经营与收益情况、服务项目收支情况和预算方案等事项以合理方式向业主公开或者向业主大会、业主委员会报告。”增加了物业服务人的报告义务。

二次审议稿第七百二十五条和《民法典（草案）》第九百四十三条均规定为：“物业服务人应当定期将服务的事项、负责人员、质量要求、收费项目、收费标准、履行情况，以及维修资金使用情况、业主共有部分的经营与收益情况等以合理方式向业主公开或者向业主大会、业主委员会报告。”在条文表述方面作出了较大的改动，该变动为立法技术上的简化，最终为本条所采用。

条文释义

本条是关于物业服务人信息公开义务的规定。为了更好地保护业主的知情权，便于业主对物业服务事项予以监督，物业服务人应当定期将服务的相关事项向业主公开，同时向业主大会、业主委员会报告。物业服务人的报告义务包括：第一，物业服务人需要定期履行报告义务；第二，物业服务人报告的事项必须是与物业服务有关的，包括服务的事项、负责人员、质量要求、收费项目、收费标准、履行情况，以及维修资金使用情况、业主共有部分的经营与收益情况；第三，物业服务人报告的对象是业主、业主大会和业主委员会；第四，物业服务人必须以合理的方式进行报告，即需要以能够让业主知晓的方式进行报告。

第九百四十四条　【业主支付物业费义务】

业主应当按照约定向物业服务人支付物业费。物业服务人已经按照约定和有关规定提供服务的，业主不得以未接受或者无需接受相关物业服务为由拒绝支付物业费。

业主违反约定逾期不支付物业费的，物业服务人可以催告其在合理期限内支付；合理期限届满仍不支付的，物业服务人可以提起诉讼或者申请仲裁。

物业服务人不得采取停止供电、供水、供热、供燃气等方式催交物业费。

本条来源

本条为新增条款。

立法演变

本条为一次审议稿第七百二十六条的新增条款，规定为："业主应当按照约定向物业服务人支付报酬。物业服务人已经按照约定和有关规定提供服务的，业主不得以未接受或者无需接受相关物业服务为由拒绝支付报酬。业主违反约定逾期不支付报酬的，物业服务人可以催告其在合理期限内支付；逾期仍不支付的，物业服务人可以提起诉讼或者申请仲裁。"明确了业主支付物业费的法定义务。

二次审议稿第七百二十六条和《民法典（草案）》第九百四十四条均规定为："业主应当按照约定向物业服务人支付物业费。物业服务人已经按照约定和有关规定提供服务的，业主不得以未接受或者无需接受相关物业服务为由拒绝支付物业费。业主违反约定逾期不支付物业费的，物业服务人可以催告其在合理期限内支付；逾期仍不支付的，物业服务人可以提起诉讼或者申请仲裁。"在一次审议稿的基础上将两处"支付报酬"改为"支付物业费"，该变动明确了业主支付的费用是物业费而不是物业服务人的报酬，同时也为了本章内容的统一。《民法典》第九百四十四条将第二款中"逾期仍不支付的"修改为"合理期限届满仍不支付的”，该变动使得法条在逻辑上更为合理。增加了第三款“物业服务人不得采取停止供电、供水、供热、供燃气等方式催交物业费”。增加了禁止物业服务人以停止供电、供水、供热、供燃气等方式催交物业费的规定。

条文释义

本条是关于业主支付物业费的义务的规定。本条规定了业主有支付物业服务费的义务。当物业服务人已经按照约定和有关规定为业主提供物业服务，业主不能以未接受或者无需接受相关物业服务为由拒绝支付物业费。若物业服务人未提供或者未按照约定和有关规定提供物业服务，业主可以拒绝支付物业费。当业主不履行支付物业费的义务时物业服务人可以催告其在合理期限内支付，经过催告后仍不支付的，物业服务人可以提起诉讼或者申请仲裁。物业服务人有权向业主催交物业费，但是不能以停止供电、供水、供热、供燃气等不合理的方式催交物业费。

第九百四十五条　【业主告知、协助义务】

业主装饰装修房屋的，应当事先告知物业服务人，遵守物业服务人提示的合理注意事项，并配合其进行必要的现场检查。

业主转让、出租物业专有部分、设立居住权或者依法改变共有部分用途的，应当及时将相关情况告知物业服务人。

本条来源

本条来源于《物业管理条例》第五十二条的规定：“业主需要装饰装修房屋的，应当事先告知物业服务企业。物业服务企业应当将房屋装饰装修中的禁止行为和注意事项告知业主。”相较于原法条，本条也规定了装饰装修房屋业主的告知义务，但是具体规定有大幅修改，并新增第二款内容。

立法演变

本条为一次审议稿第七百二十七条的新增条款，规定为：“业主装饰装修房屋的，应当事先告知物业服务人，遵守物业服务人提示的注意事项，并配合其进行必要的现场检查。业主转让、出租物业专有部分、设立居住权或者依法改变共有部分用途的，应当及时将相关情况告知物业服务人。”增加了业主的告知义务。

二次审议稿第七百二十七条和《民法典（草案）》第九百四十五条第一款均规定为：“业主装饰装修房屋的，应当事先告知物业服务人，遵守物业服务人提示的合理注意事项，并配合其进行必要的现场检查。”将“遵守物业服务人提示的注意事项”改为“遵守物业服务人提示的合理注意事项”。该变动使得法条用语更严谨，最终为本条所采用。

条文释义

本条是关于业主的告知、协助义务的规定。为了便于物业服务人履行物业合同的有关规定，业主作为物业合同的当事人也应该履行相应的告知义务。业主的告知义务包括：第一，业主装饰装修房屋时应当履行告知义务。业主在进行装饰装修时，可能会对公共空间、楼房安全等产生较大的影响，需要告知物业服务人。便于物业服务人的管理和监督。第二，业主转让、出租物业专有部分、设立居住权或者依法改变共有部分用途时，应当履行告知义务。当业主有转让、出租物业专有部分、设立居住权或者依法改变共有部分用途的行为，涉及小区业主的变更或者其他重大事项影响物业服务合同的履行时，需要及时告知物业服务人。业主负有相应的协助义务，业主需要遵守物业服务人提示的合理注意事项，并配合其进行必要的现场检查。

案例评议

李某、黄石市晨锋装饰工程有限公司装饰装修合同纠纷案①

李某与晨锋公司签订《装饰装修工程承包合同》，约定李某将自己位于黄石市黄石港区橄榄家园小区的房屋发包给晨锋公司装修。合同签订后李某与晨锋公司就房屋装修到相伴物业公司处进行了登记，相伴物业公司未明确告知李某、晨锋公司关于房屋进水管的具体位置。晨锋公司在装修客厅吊顶过程中将

① 湖北省黄石市中级人民法院民事判决书（2019）鄂02民终1819号。

李某楼上住户的进水管钻破两处导致水直接从破损处漏入李某家中，直至漏至李某楼下住户杨某家中才发现。李某赶至家中发现家中已被水淹，方知晨锋公司在装修客厅吊顶过程中将楼上住户的进水管钻破两处。因李某坚持要求晨锋公司对损坏的其他家电、家具进行赔偿，双方协商调解未果。李某房屋装修完毕后，相伴物业公司未向李某退还装修保证金，且李某认为相伴物业公司对房屋漏水问题存在过错，应与晨锋公司一起承担赔偿责任，因此诉至法院。

◆ **裁判规则**

法院经审理认为，业主需要装饰装修房屋的，应当事先告知物业服务企业；物业服务企业应当将房屋装饰装修的禁止行为和注意事项告知业主。在装修开始前李某与晨锋公司就设计方案在相伴物业公司处进行了登记，但相伴物业公司未将房屋装饰装修的禁止行为和注意事项明确告诉李某和晨锋公司，故相伴物业公司应对李某的损失承担次要责任。综合以上事实，法院确定晨锋公司承担80%的责任，相伴物业公司承担20%的责任。

◆ **评议**

本案涉及业主向物业服务人履行告知义务的问题。依据本条规定业主装饰装修房屋时负有向物业服务人告知的义务，本案的业主李某在对自己的房屋进行装修时，与晨锋公司就房屋装修到相伴物业公司处进行了登记，履行了业主的告知义务，因此业主李某对装修产生的漏水问题没有过错。业主已经事先告知物业服务人，物业服务人也应该向业主提示合理的注意事项，并进行必要的现场检查。然而本案中相伴物业公司未将房屋装饰装修的禁止行为和注意事项明确告知业主，对装修产生的漏水问题存在过错，也应当部分承担对李某的赔偿责任。

第九百四十六条　【业主合同任意解除权】

业主依照法定程序共同决定解聘物业服务人的，可以解除物业服务合同。决定解聘的，应当提前六十日书面通知物业服务人，但是合同对通知期限另有约定的除外。

依据前款规定解除合同造成物业服务人损失的，除不可归责于业主的事由外，业主应当赔偿损失。

本条来源

本条为新增条款。

立法演变

本条为一次审议稿第七百二十八条的新增条款，规定为："业主依法共同决定解聘物业服务人的，可以解除物业服务合同。决定解聘的，应当提前六十日书面通知物业服务人，但是合同对通知期限另有约定的除外。因解除合同造成物业服务人损失的，除不可归责于业主的事由外，业主应当赔偿损失。"增加了业主解聘物业服务人的规则。

二次审议稿第七百二十八条规定为："业主依照法定程序共同决定解聘物业服务人的，可以解除物业服务合同。决定解聘的，应当提前六十日书面通知物业服务人，但是合同对通知期限另有约定的除外。因解除合同造成物业服务人损失的，除不可归责于业主的事由外，业主应当赔偿损失。"将"业主依法共同决定解聘物业服务人的"改为"业主依照法定程序共同决定解聘物业服务人的"，该变动表明解聘物业服务人过程中需要重视的是解聘的程序问题，为了进一步规范业主的单方面解除权。

《民法典（草案）》第九百四十六条规定为："业主依照法定程序共同决定解聘物业服务人的，可以解除物业服务合同。决定解聘的，应当提前六十日书面通知物业服务人，但是合同对通知期限另有约定的除外。依照前款规定解除合同造成物业服务人损失的，除不可归责于业主的事由外，业主应当赔偿损失。"将"因解除合同造成物业服务人损失的"修改为"依照前款规定解除合同造成物业服务人损失的"。《民法典》第九百四十六条在第二款中将"依照前款规定解除合同造成物业服务人损失的"改为"依据前款规定解除合同造成物业服务人损失的"。该变动仅就条款中个别字词进行了修改，法条的实质内涵未发生变化。

条文释义

本条是关于业主合同任意解除权的规定。本条规定业主有解除权，可以单方面解聘物业服务人。但是业主的解除权受到限制：第一，时间限制。决定解聘物业服务人的，应当提前六十日以书面通知的方式通知物业服务人。若物业合同对通知期限另有约定，按照约定的期限进行。第二，程序限制。业主解聘物业服务人需要严格遵循法定程序，例如业主的决议程序、通知程序。只有符合法定的程序，行使单方解除权，该解聘行为有效。若业主行使单方面解除权，在解除物业合同时给物业服务人造成损失的，业主应当赔偿损失，但是因不可归责于业主的事由给物业服务人造成损失的，无须承担赔偿责任。

第九百四十七条　【物业服务合同的续订】

物业服务期限届满前，业主依法共同决定续聘的，应当与原物业服务人在合同期限届满前续订物业服务合同。

物业服务期限届满前，物业服务人不同意续聘的，应当在合同期限届满前九十日书面通知业主或者业主委员会，但是合同对通知期限另有约定的除外。

本条来源

本条为新增条款。

立法演变

本条为一次审议稿第七百二十九条的新增条款，规定为："物业服务期限届满前，业主依法共同决定续聘的，应当与原物业服务人在合同期限届满前续订物业服务合同。物业服务期限届满前，物业服务人不同意续聘的，应当在物业服务合同期限届满前九十日书面通知业主或者业主委员会，但是合同对通知期限另有约定的除外。"增加了业主续聘物业服务人的规定。二次审议稿第七百二十九条无变动。

《民法典（草案）》第九百四十七条规定为："物业服务期限届满前，业主依法共同决定续聘的，应当与原物业服务人在合同期限届满前续订物业服务合同。物业服务期限届满前，物业服务人不同意续聘的，应当在合同期限届满前九十日书面通知业主或者业主委员会，但是合同对通知期限另有约定的除外。"

第二款中将“应当在物业服务合同期限届满前”改为“应当在合同期限届满前”，该变动为立法技术上的简化，最终为本条所采用。

条文释义

本条是关于物业服务合同续订的规定。业主有权决定是否续聘物业服务人。依据本条规定，若业主依法共同决定续聘物业服务人，需要在物业服务期限届满前与原物业服务人续订物业服务合同。同时，物业服务人也有权决定是否同意续聘，依据本条规定，若物业服务人不同意续聘的，需要在合同期限届满前九十日以书面的方式通知业主或者业主委员会。但是合同对通知期限另有约定的，按照合同约定的期限通知。

第九百四十八条　【不定期物业服务合同】

物业服务期限届满后，业主没有依法作出续聘或者另聘物业服务人的决定，物业服务人继续提供物业服务的，原物业服务合同继续有效，但是服务期限为不定期。

当事人可以随时解除不定期物业服务合同，但是应当提前六十日书面通知对方。

本条来源

本条为新增条款。

立法演变

本条为一次审议稿第七百三十条的新增条款，规定为：“物业服务期限届满后，业主没有依法作出续聘或者另聘物业服务人的决定，物业服务人按照原合同继续提供物业服务的，原物业服务合同继续有效，但是服务期限为不定期。当事人可以随时解除不定期物业服务合同，但是物业服务人解除合同应当在合理期限之前书面通知业主或者业主委员会。”增加了不定期物业服务合同的规定。

二次审议稿第七百三十条和《民法典（草案）》第九百四十八条均规定为："物业服务期限届满后，业主没有依法作出续聘或者另聘物业服务人的决定，物业服务人继续提供物业服务的，原物业服务合同继续有效，但是服务期限为不定期。当事人可以随时解除不定期物业服务合同，但是应当提前六十日书面通知对方。"将第二款中"但是物业服务人解除合同应当在合理期限之前书面通知业主或者业主委员会"改为"但是应当提前六十日书面通知对方"。该变动明确了解除不定期物业服务合同的具体期限，最终为本条所采用。

条文释义

本条是关于不定期物业服务合同的规定。依据本条规定，不定期物业服务合同认定的条件包括：第一，物业服务期限届满后，业主没有依法作出续聘或者另聘物业服务人的决定。采用默示推定的方式，推定物业服务期限届满后，业主不做表示视为同意续聘原物业服务人。第二，物业服务人继续提供物业服务。若物业服务人在物业服务期限届满后拒绝提供服务的，视为拒绝续聘。不定期物业服务合同的特点是没有规定服务期限，因此物业合同的当事人可以随时解除物业服务合同。但是不定期物业服务合同的任意解除，必须符合法定程序，应当提前六十日书面通知对方。

第九百四十九条　【物业服务人的移交义务及法律责任】

物业服务合同终止的，原物业服务人应当在约定期限或者合理期限内退出物业服务区域，将物业服务用房、相关设施、物业服务所必需的相关资料等交还给业主委员会、决定自行管理的业主或者其指定的人，配合新物业服务人做好交接工作，并如实告知物业的使用和管理状况。

原物业服务人违反前款规定的，不得请求业主支付物业服务合同终止后的物业费；造成业主损失的，应当赔偿损失。

本条来源

本条为新增条款。

立法演变

本条为一次审议稿第七百三十三条的新增条款，规定为："物业服务合同终止后，原物业服务人应当在合理期限内退出物业服务区域，将物业服务用房、相关设施、物业服务所必需的相关资料和代管的维修资金等交还给业主委员会或者其指定的人，配合新的物业服务人做好交接工作，并如实告知物业的使用和管理状况。原物业服务人违反前款规定的，不得请求业主支付物业服务合同终止后的报酬。"增加了物业服务合同终止后原物业服务人退出物业服务区域的义务。

二次审议稿第七百三十三条规定："物业服务合同终止后，原物业服务人应当在约定期限或者合理期限内退出物业服务区域，将物业服务用房、相关设施、物业服务所必需的相关资料等交还给业主委员会、决定自行管理的业主或者其指定的人，配合新的物业服务人做好交接工作，并如实告知物业的使用和管理状况。原物业服务人违反前款规定的，不得请求业主支付物业服务合同终止后的报酬；给业主造成损失的，应当赔偿损失。"第一款中将"原物业服务人应当在合理期限内退出"改为"原物业服务人应当在约定期限或者合理期限内退出"，并增加"决定自行管理的业主"，删去"代管的维修资金"。该变动明确了物业服务合同当事人可以自主约定物业服务人退出的期限。在第二款中，增加了"给业主造成损失的，应当赔偿损失"，该变动规定了物业服务人的违约责任。

《民法典（草案）》第九百四十九条规定为："物业服务合同终止的，原物业服务人应当在约定期限或者合理期限内退出物业服务区域，将物业服务用房、相关设施、物业服务所必需的相关资料等交还给业主委员会、决定自行管理的业主或者其指定的人，配合新物业服务人做好交接工作，并如实告知物业的使用和管理状况。原物业服务人违反前款规定的，不得请求业主支付物业服务合同终止后的物业费；造成业主损失的，应当赔偿损失。"将第二款中"报酬"改为"物业费"，该变动为了保持本章内容的统一，最终为本条所采用。

条文释义

本条是关于物业服务合同终止后物业服务人退出义务的规定。物业服务合同虽然终止，但是还需要履行相应的退出义务。依据本条规定主要包括：第一，原物业服务人应当在约定期限或者合理期限内退出物业服务区域。第二，将物业服务用房、相关设施、物业服务所必需的相关资料等交还给业主委员会、决定自行管理的业主或者其指定的人。第三，配合新物业服务人做好交接工作，并如实告知物业的使用和管理状况。第四，原物业服务人可以请求业主支付物业服务合同终止后，履行物业职责的物业费。原物业服务人如果违反前款规定的，不得请求业主支付物业服务合同终止后的物业费。如果还给业主造成损失的，应当承担赔偿责任。

第九百五十条　【物业服务人的后合同义务】

物业服务合同终止后，在业主或者业主大会选聘的新物业服务人或者决定自行管理的业主接管之前，原物业服务人应当继续处理物业服务事项，并可以请求业主支付该期间的物业费。

本条来源

本条为新增条款。

立法演变

本条为一次审议稿第七百三十二条的新增条款，规定为："物业服务合同终止后，在业主选定的新物业服务人接管之前，原物业服务人应当继续处理物业服务事务，并可以请求业主支付该期间的报酬。"增加了物业服务合同终止后原物业服务人的继续处理物业服务事项的义务。

二次审议稿第七百三十二条和《民法典（草案）》第九百五十条均规定："物业服务合同终止后，在业主或者业主大会选聘的新物业服务人或者决定自行管理的业主接管之前，原物业服务人应当继续处理物业服务事项，并可以请求业主支付该期间的物业费。"在一次审议稿的基础上，将"在业主选定的新物业服务人接管之前"改为"在业主或者业主大会选聘的新物业服务人或者决定自行管理的业主接管之前"，该变动明确了业主和业主大会是选聘新物业服务人的主体，并表明小区业主或者业主大会不仅可以选聘新物业服务人还可以由业主自行管理。最终为本条所采用。

条文释义

本条是关于物业服务人的后合同义务的规定。物业服务合同终止后，物业服务人并不立即停止物业服务，依据本条规定，物业服务合同终止后，在业主或者业主大会选聘的新物业服务人或者决定自行管理的业主接管之前，原物业服务人负有继续处理物业服务事项的义务。原物业服务并非无偿进行物业服务，业主应当向其支付该期间的物业费。

第二十五章　行纪合同

本章概要

行纪合同也称信托合同，最早罗马法所称信托是一种遗产处理形式，是指被继承人将遗产的全部、一部分或者特定物，嘱托其继承人转交给指定的第三人，这时的信托并不产生法律上的效力。信托是英美法中一项很重要的财产法律制度，主要内容是受托人根据信托人（财产所有人）的委托，为受益人（第三人）的利益而运用此财产，对信托人的财产进行管理、处分。随着行纪业务的发展，行纪合同逐渐被广泛应用，成为一种独立的合同类型，与委托合同并存。无论从条款数量还是从合同具体内容上看，本章基本延续《合同法》对行纪人的主要权利义务所作的规定。

第九百五十一条　【行纪合同的定义】

行纪合同是行纪人以自己的名义为委托人从事贸易活动，委托人支付报酬的合同。

本条来源

本条来源于《合同法》第四百一十四条，条文无变动。

条文释义

本条是关于行纪合同定义的规定。行纪合同又称为信托合同，本条规定的行纪合同是指行纪人以自己的名义为委托人从事贸易活动，委托人支付报酬的合同。行纪合同包括下面三个含义：

第一，行纪人具有主体限定性。行纪合同中的行纪人只能是经批准经营行纪业务的自然人、法人或其他组织，未经法定手续批准或核准经营行纪业务的其他组织或个人不得经营行纪业务，不能成为行纪合同的行纪人。

第二，行纪人以自己的名义为委托人的利益办理委托事务。行纪合同是由行纪人为委托人服务的，行纪人是为了委托人的利益而不是为自己的利益进行活动。行纪人所提供的服务不是一般的劳务，应是与第三人为一定的法律行为。行纪人在与第三人进行民事法律行为时，是以自己的名义而非以委托人的名义，由此产生的权利义务由行纪人承受。

第三，行纪合同是双务合同、有偿合同、诺成合同和不要式合同。行纪人负有为委托人办理受托事务，而委托人负有给付报酬的义务，二者互为对价关系，故行纪合同为双务、有偿合同。行纪合同的成立无须交付标的物，也无须采用特定的形式，故行纪合同是诺成合同、不要式合同。

案例评议

李某、张某瑞、兰某强委托合同纠纷案①

李某与张某瑞、兰某强口头约定，李某借用张某瑞、兰某强九鼎水果批发市场的摊位出售水果，李某向张某瑞、兰某强支付相应的费用。双方协商一致后，李某在张某瑞、兰某强的摊位出售水果，现金由李某自行收取，如有赊账，李某在确认是张某瑞、兰某强的长期客户后，买方可在不向李某出具欠据的情况下将水果拉走，由李某自行记账。李某认为在张某瑞、兰某强的摊位卖水果是以张某瑞、兰某强的名义卖出去的，且张某瑞、兰某强收取了费用，张某瑞、兰某强有义务向买方索要赊欠李某的货款，应当向李某支付代收南丰桔和沙糖桔货款。张某瑞、兰某强认为虽然收取了相应费用，但水果是李某自行出售的，李某应当自行向未支付货款的买方索要货款，不应当要求张某瑞、兰某强支付，双方为此产生争议，故李某诉至法院。

◆ **裁判规则**

法院经审理认为，行纪合同是行纪人以自己的名义为委托人进行一定的法

① 新疆维吾尔自治区乌鲁木齐市中级人民法院（2019）新01民终482号。

律行为，办理所受委托事务的合同。行纪人与第三人之间的权利义务由行纪人自己享有或承担，委托人与第三人之间不存在直接的权利义务关系，委托人也不对行纪人的行为承担责任。行纪合同的标的是行纪人为委托人的利益而进行一定的民事判决书法律行为，即：行纪人与第三人进行的法律行为才是订立行纪合同的目的，才是行纪合同的标的。本案中，根据已查明的事实，上诉人李某在将货物运到九鼎市场后，由其自行售卖。前来交易的买受人当场付款的，由上诉人李某直接收取，买受人要求赊账的，由上诉人李某在征询被上诉人意见后记账赊卖。从上诉人李某与买受人交易的整个过程来看，出卖人和买受人仍然是上诉人李某与前来购买货物的人，二被上诉人在交易中并没有以自己的名义对外出售货物，也不直接与货物买受人进行交易。上诉人与二被上诉人之间的这种关系，并不符合行纪合同的法律特征。因此，上诉人李某以行纪合同纠纷为由要求张某瑞、兰某强向其支付货款的请求，无事实及法律依据，法院不予支持。

◆ **评议**

本案中争议的问题是李某与张某瑞、兰某强之间是否构成行纪合同关系。行纪合同的一个重要的特征是行纪人以自己的名义为委托人的利益办理委托事务，即行纪人在与第三人进行民事法律行为时，是以行纪人自己的名义而非以委托人的名义。本案中张某瑞、兰某强并没有以自己的名义售卖李某的水果，实际上是李某在张某瑞、兰某强的水果摊以自己的名义售卖属于自己的水果，张某瑞、兰某强不直接与货物买受人进行交易，该行为不符合行纪人处理行纪事物的特征，李某与张某瑞、兰某强之间不是行纪合同关系。

第九百五十二条　【行纪人承担费用的义务】

行纪人处理委托事务支出的费用，由行纪人负担，但是当事人另有约定的除外。

本条来源

本条来源于《合同法》第四百一十五条的规定：“行纪人处理委托事务支

出的费用，由行纪人负担，但当事人另有约定的除外。”相较于原法条，本条将“但”改为“但是”，该变动仅就条款中个别字词进行了修改，法条的实质内涵未发生变化。

立法演变

本条在一次审议稿第七百三十六条作了上述变动，二次审议稿第七百三十六条和《民法典（草案）》第九百五十二条均无变动，最终为本条所采用。

条文释义

本条是关于行纪人的处理委托事物支出的费用的规定。行纪费用是指行纪人在处理委托事务时所支出的费用。我国行纪费用是以行纪人负担为原则，但当事人另有约定的除外。因为行纪人是以营利为目的进行行纪活动的，行纪人处理委托事务支出的费用，相当于为获取利润而支出的成本，行纪人通过向委托人收取报酬来弥补，一般情况下行纪人的经营成本包括了行纪人处理委托事物支出的费用。若是当事人另有约定的，行纪人处理委托事物支出的费用可以由委托人负担。

第九百五十三条　【行纪人的保管义务】

行纪人占有委托物的，应当妥善保管委托物。

本条来源

本条来源于《合同法》第四百一十六条，条文无变动。

条文释义

本条是关于行纪人的保管义务的规定。这是由于行纪合同为有偿合同，因而行纪人在实施行纪行为的过程中，对其占有的买进或者卖出的委托物，负有妥善保管的义务。本条中的妥善保管，是指行纪人应该尽到一般人的合理注意义务，对委托物进行保管。如因行纪人保管不善，造成物品的灭失、毁损等，行纪人应当承担赔偿责任。

第九百五十四条　【行纪人处置委托物的义务】

委托物交付给行纪人时有瑕疵或者容易腐烂、变质的，经委托人同意，行纪人可以处分该物；不能与委托人及时取得联系的，行纪人可以合理处分。

本条来源

本条来源于《合同法》第四百一十七条的规定：“委托物交付给行纪人时有瑕疵或者容易腐烂、变质的，经委托人同意，行纪人可以处分该物；和委托人不能及时取得联系的，行纪人可以合理处分。”相较于原法条，本条将“和委托人不能及时取得联系的”修改为“不能与委托人及时取得联系的”，该变动仅就条款中个别字词进行了修改，法条的实质内涵未发生变化。

立法演变

本条在一次审议稿第七百三十八条、二次审议稿第七百三十八条、《民法典(草案)》第九百五十四条均沿用《合同法》第四百一十七条的规定。《民法典》第九百五十四条作了上述变动。

条文释义

本条是关于行纪人处置委托物的义务的规定。本条规定行纪人可以处置委托物，这即是行纪人的权利也是行纪人的义务。行纪人处置委托物的情形包括：第一，交付的委托物有瑕疵或者容易腐烂、变质的，经委托人同意处置的，行纪人可以处置委托物。由于瑕疵或者易腐烂、变质的委托物不易保存，需要及时处理，行纪人在处理这类委托物时还要经过委托人的同意，否则不能自行处置。第二，不能与委托人及时取得联系的，行纪人可以合理处分委托物。当委托物有瑕疵或者易腐烂、变质的情况下，需要及时和行纪人取得联系处置委托物，但无法与委托人取得联系时，行纪人可以自行合理处分。需要注意的是，此时行纪人的处分必须是合理的，若因不合理处分造成的损失，行纪人需要承担相应的责任。

第九百五十五条 【行纪人依照委托人指定价格买卖的义务】

行纪人低于委托人指定的价格卖出或者高于委托人指定的价格买入的，应当经委托人同意；未经委托人同意，行纪人补偿其差额的，该买卖对委托人发生效力。

行纪人高于委托人指定的价格卖出或者低于委托人指定的价格买入的，可以按照约定增加报酬；没有约定或者约定不明确，依据本法第五百一十条的规定仍不能确定的，该利益属于委托人。

委托人对价格有特别指示的，行纪人不得违背该指示卖出或者买入。

本条来源

本条来源于《合同法》第四百一十八条的规定："行纪人低于委托人指定的价格卖出或者高于委托人指定的价格买入的，应当经委托人同意。未经委托人同意，行纪人补偿其差额的，该买卖对委托人发生效力。行纪人高于委托人指定的价格卖出或者低于委托人指定的价格买入的，可以按照约定增加报酬。没有约定或者约定不明确，依照本法第六十一条的规定仍不能确定的，该利益属于委托人。委托人对价格有特别指示的，行纪人不得违背该指示卖出或者买入。"相较于原法条，本条将"依照本法第六十一条的规定"改为"依据本法第五百一十条的规定"，该变动仅为法律体系调整导致法条序号变动，法条的实质内涵没有发生改变。

立法演变

本条在一次审议稿第七百三十九条和二次审议稿第七百三十九条均规定为："行纪人低于委托人指定的价格卖出或者高于委托人指定的价格买入的，应当经委托人同意。未经委托人同意，行纪人补偿其差额的，该买卖对委托人发生效力。行纪人高于委托人指定的价格卖出或者低于委托人指定的价格买入的，可以按照约定增加报酬。没有约定或者约定不明确，依照本法第三百零一条的规定仍不能确定的，该利益属于委托人。委托人对价格有特别指示的，行纪人不得违背该指示卖出或者买入。”《民法典（草案）》第九百五十五条将“依照本法第三百零一条的规定”改为“依据本法第五百一十条的规定”，最终为本条所采用。

条文释义

本条是关于行纪人依照委托人指定价格买卖的义务的规定。对于委托人所指定的卖出委托物的价格或买入价格，行纪人有遵从指示的义务。本条规定了两类行纪人不遵从指示的情况：第一，行纪人以低于指定价格卖出或者高于指定价格买入的。这种情况下，应当经委托人同意。未经委托人同意，由于行纪人违反了委托人的指示，只有在行纪人补偿其差额的，该买卖对委托人发生效力。第二，行纪人以高于指定价格卖出或低于指定价格买进委托物的。这种情况下，行纪人可以要求增加报酬。虽然行纪人没有遵守委托人的指示处理事务，但是原则是符合委托人的利益，对委托人是有利的，可以增加报酬。增加报酬在合同中有约定的，依其约定；没有约定或者约定不明确，可以补充协议，不能达成补充协议的可以按照合同的有关条款或者交易习惯确定。若最后仍不能确定的，该利益属于委托人。

第九百五十六条　【行纪人的介入权】

行纪人卖出或者买入具有市场定价的商品，除委托人有相反的意思表示外，行纪人自己可以作为买受人或者出卖人。

行纪人有前款规定情形的，仍然可以请求委托人支付报酬。

本条来源

本条来源于《合同法》第四百一十九条的规定“行纪人卖出或者买入具有市场定价的商品，除委托人有相反的意思表示的以外，行纪人自己可以作为买受人或者出卖人。行纪人有前款规定情形的，仍然可以要求委托人支付报酬。”相较于原法条，本条将“除委托人有相反的意思表示的以外”中的“以”删去，将“要求”改为“请求”，该变动使得法条用语更为严谨。

立法演变

本条在一次审议稿第七百四十条和二次审议稿第七百四十条均沿用《合同法》第四百一十九条的规定。《民法典（草案)》第九百五十六条作了上述变动，最终为本条所采用。

条文释义

本条是关于行纪人的介入权的规定。行纪人的介入权，是指行纪人根据委托人的指示，实施行纪行为时有权以自己作为相对人，即自己可以作为买受人或者出卖人进行交易活动。行纪人介入合同，无须委托人的承诺，仅依行纪人的意思表示就产生效力，故行纪人的介入权为形成权。本条规定行纪人行使介入权的要件包括：第一，所受委托的物品须为有市场定价的有价证券或其他商品；第二，委托人未作出反对行纪人介入的意思表示；第三，行纪人尚未对委托事务作出处理，即行纪人尚未对第三人卖出或向第三人买进。因为行纪人的介入，一方面，在委托人和行纪人之间产生了买卖合同，法律关于买卖合同的规定，均可适用。另一方面，行纪人的介入同时也是行纪人对行纪合同的履行，因此，行纪人仍有报酬请求权。

第九百五十七条　【委托人及时受领、取回和处分委托物及行纪人提存委托物】

行纪人按照约定买入委托物，委托人应当及时受领。经行纪人催告，委托人无正当理由拒绝受领的，行纪人依法可以提存委托物。

委托物不能卖出或者委托人撤回出卖，经行纪人催告，委托人不取回或者不处分该物的，行纪人依法可以提存委托物。

本条来源

本条来源于《合同法》第四百二十条的规定：“行纪人按照约定买入委托物，委托人应当及时受领。经行纪人催告，委托人无正当理由拒绝受领的，行纪人依照本法第一百零一条的规定可以提存委托物。委托物不能卖出或者委托人撤回出卖，经行纪人催告，委托人不取回或者不处分该物的，行纪人依照本法第一百零一条的规定可以提存委托物。”相较于原法条，本条将“行纪人依照本法第一百零一条的规定”修改为“行纪人依法”，该变动扩大了行纪人提存委托物的法律依据，行纪人提存委托物不再限于法律规定的一种情况。

立法演变

本条在一次审议稿第七百四十一条和二次审议稿第七百四十一条中沿用《合同法》第四百二十条的表述。《民法典（草案)》第九百五十七条规定：“行纪人按照约定买入委托物，委托人应当及时受领。经行纪人催告，委托人无正当理由拒绝受领的，行纪人依法可以提存委托物。委托物不能卖出或者委托人撤回出卖，经行纪人催告，委托人不取回或者不处分该物的，行纪人依法可以提存委托物。”最终为本条所采用。

条文释义

本条是关于委托人及时受领、取回和处分委托物及行纪人提存委托物的规定。依据本条规定，行纪人提存委托物的情况包括：第一，行纪人按照行纪合同的约定买入委托物的，委托人未及时受领，经行纪人催告，委托人无正当理由拒绝受领的，行纪人依法可以提存委托物。对于行纪人按照约定买入的委托物，委托人有及时受领的义务，若未及时受领，行纪人仍然不能直接提存委托物，还需要符合两个条件：一是在合理期间内进行催告；二是行纪人无正当理由的，此时才可以提存委托物。第二，委托物不能卖出或者委托人撤回出卖，委托人未将委托物取回或处分的，若经行纪人催告后仍不取回或处分的，行纪人有权就该委托出卖物提存。不能卖出委托物或者委托人撤回出卖时，行纪人无法按照合同约定处理委托物，此时委托人有义务取回或处分委托物。若委托人未取回，行纪人不能直接提存，需要经过催告后仍不处分或者取回，才能提存委托物。

第九百五十八条　【行纪人的直接履行义务】

行纪人与第三人订立合同的，行纪人对该合同直接享有权利、承担义务。

第三人不履行义务致使委托人受到损害的，行纪人应当承担赔偿责任，但是行纪人与委托人另有约定的除外。

本条来源

本条来源于《合同法》第四百二十一条的规定：“行纪人与第三人订立合同的，行纪人对该合同直接享有权利、承担义务。第三人不履行义务致使委托人受到损害的，行纪人应当承担损害赔偿责任，但行纪人与委托人另有约定的除外。”相较于原法条，本条在第二款中将“承担损害赔偿责任”改为“承担赔偿责任”，该变动使得法条用语更为严谨。将“但”改为“但是”，该变动仅就条款中个别字词进行了修改。

立法演变

本条在一次审议稿第七百四十二条和二次审议稿第七百四十二条均规定为：“行纪人与第三人订立合同的，行纪人对该合同直接享有权利、承担义务。第三人不履行义务致使委托人受到损害的，行纪人应当承担损害赔偿责任，但是行纪人与委托人另有约定的除外。”《民法典（草案）》第九百五十八条将“承担损害赔偿责任”改为“承担赔偿责任”，最终为本条所采用。

条文释义

本条是关于行纪人直接履行义务的规定。由于行纪人是以自己的名义代委托人进行交易，与第三人签订合同，该合同的一方当事人为行纪人而非委托人，本条规定行纪人对该合同直接享有权利、承担义务。第三人履行义务时，应当向行纪人直接给付，行纪人再将所取得的利益转交委托人。因第三人不履行义务致委托人受到损害的，除双方另有约定的外，行纪人应当承担损害赔偿责任。

案例评议

赤壁市赤丰种业有限公司、汪某赐买卖合同纠纷案[①]

赤丰种业与周某平签订委托代销协议，双方约定赤丰种业将其经营的所有杂交种子在柳山湖镇代销权授予周某平，汪某赐在柳山湖镇周某平处购买中稻种子，周某平向此前一直在种皖稻153种子的汪某赐推荐赤丰种业试销的中稻“深两优862”种子，并向汪某赐承诺“如果‘深两优862’种子的产量和抗倒伏低于皖稻153就不要种子钱”，汪某赐在该品种的水稻种植后期，发现该品种结实率低、预估产量不高，未付款。因赤丰种业多次上门催收种子款，汪某赐一直拒绝支付，故诉至法院。

◆ **裁判规则**

法院经审理认为，本案当事人在行纪活动中，形成三层法律关系，即行纪人周某平（原审第三人）与委托人赤丰种业（原审原告）的行纪合同关系、被上诉行纪人周某平与被上诉人汪某赐（原审被告）之间的买卖合同关系、委托人赤丰种业和行纪人周某平共同对购种农户汪某赐的事实关系。本案中，行纪人周某平与被上诉人汪某赐之间的合同关系系行纪人完成委托事务的关键。在行纪人周某平与被上诉人汪某赐的买卖合同中，行纪人周某平作为合同一方的当事人，为委托人赤丰种业的利益而与被上诉人汪某赐订立合同。被上诉人周某平对该合同直接享有权利、承担义务。由于委托人赤丰种业与被上诉人汪某赐之间不产生直接的法律关系，委托人赤丰种业无权对行纪人周某平与被上诉人汪某赐之间的买卖关系提出自己的异议，被上诉人汪某赐如果违约，委托人赤丰种业不得直接对被上诉人汪某赐行使请求权。故上诉人赤丰种业直接向被上诉人汪某赐主张清偿种子款没有事实和法律依据。

◆ **评议**

行纪人在处理委托事务时是以自己的名义代委托人进行交易，与第三人签订合同的，该合同的一方当事人为行纪人而非委托人，依据合同的相对性，该合同直接约束行纪人和第三人。本条规定了行纪人与第三人订立合同的，

① 湖北省咸宁市中级人民法院（2019）鄂12民终1275号。

行纪人对该合同直接享有权利、承担义务。本案中赤丰种业与周某平之间存在的是行纪合同关系，行纪人周某平是以自己的名义与汪某赐之间订立买卖合同，周某平直接享有权利、承担义务，而委托人赤丰种业并不直接对买卖合同享有权利、承担义务。因此只有行纪人周某平享有对汪某赐请求支付种子费用请求权，而委托人赤丰种业不得直接对被上诉人汪某赐行使该请求权。

第九百五十九条　【行纪人的报酬请求权及留置权】

行纪人完成或者部分完成委托事务的，委托人应当向其支付相应的报酬。委托人逾期不支付报酬的，行纪人对委托物享有留置权，但是当事人另有约定的除外。

本条来源

本条来源于《合同法》第四百二十二条的规定："行纪人完成或者部分完成委托事务的，委托人应当向其支付相应的报酬。委托人逾期不支付报酬的，行纪人对委托物享有留置权，但当事人另有约定的除外。"相较于原法条，本条将"但"改为"但是"，该变动仅就条款中个别字词进行了修改，法条的实质内涵未发生变化。

立法演变

本条在一次审议稿第七百四十三条作了上述变动，二次审议稿第七百四十三条和《民法典（草案）》第九百五十九条均无变动，最终为本条所采用。

条文释义

本条是关于委托人支付行纪人相应报酬的义务。行纪人按照合同约定完成或部分完成委托事务的，委托人应当按照约定向其支付相应的报酬，这是委托人的一项基本义务。依据本条规定，即使行纪人只完成部分委托事务，只履行了部分合同义务，可以就该已经履行的部分支付部分的报酬，至于数额可以由当事人自行约定。行纪人全部完成或部分完成委托事务，委托人应当支付报酬却逾期不支付的，行纪人享有留置委托物，并依照法律的规定对委托物折价或从拍卖、变卖该财产所得的价款中优先受偿的权利。

第九百六十条　【参照适用委托合同】

本章没有规定的，参照适用委托合同的有关规定。

本条来源

本条来源于《合同法》第四百二十二条的规定："本章没有规定的，适用委托合同的有关规定。"相较于原法条，本条增加"参照"二字，该变动使得法律用语更为严谨。

立法演变

本条在一次审议稿第七百四十四条和二次审议稿第七百四十四条均沿用《合同法》第四百二十二条的规定。《民法典（草案）》第九百六十条作了上述变动，最终为本条所采用。

条文释义

本条是关于参照适用委托合同的规定。由于行纪合同与委托合同有许多共同之处，行纪关系中委托人与行纪人的关系就是委托关系，二者都是一方为另一方提供服务的合同，因此，本条规定本章没有规定的，适用委托合同的有关规定。

第二十六章　中介合同

本章概要

本章将《合同法》“居间合同”更名为“中介合同”，由此相应地将合同一方当事人称为“中介人”，全章用六个条文对中介合同的概念及中介合同双方当事人在中介人是否促成合同成立时的权利义务作出规定，从内容上看，基本沿袭《合同法》的规定，增加中介合同没有规定时参照委托合同的相关规定。特别值得注意的是，中介合同与一般的委托合同不同，中介人以信息控制为生命线，为了防止当中介人如实告知其所了解的交易信息，而委托人在掌握交易信息之后绕开中介人直接订立合同，中介人落得个徒劳的下场，即俗称“跳单”，法律特别规定于此情形中介人仍有权要求委托人支付相应报酬。

第九百六十一条　【中介合同的定义】

中介合同是中介人向委托人报告订立合同的机会或者提供订立合同的媒介服务，委托人支付报酬的合同。

本条来源

本条来源于《合同法》第四百二十四条的规定：“居间合同是居间人向委托人报告订立合同的机会或者提供订立合同的媒介服务，委托人支付报酬的合同。”相较于原法条，本条将“居间合同”改为“中介合同”，将“居间人”改为“中介人”，该变动为了保持本章内容的统一。

立法演变

本条在一次审议稿第七百四十五条规定为：“中介合同是中介人向委托人报

告订立合同的机会或者提供订立合同的媒介服务，委托人支付报酬的合同。”二次审议稿第七百四十五条和《民法典（草案）》第九百六十一条均无变动，并最终为本条所采用。

条文释义

本条是关于中介合同的定义。本条所指的中介合同，是指双方约定一方为他人报告订立合同的机会或者提供订立合同的媒介服务，另一方支付报酬的合同。其中，报告订约机会或提供交易媒介的一方为中介人，给付报酬的一方为委托人。中介合同具有以下含义：

第一，合同的标的是中介人为委托人报告订约机会或为订约媒介。在中介合同中，中介人接受委托人的委托，寻找和介绍第三人与委托人订立合同，中介人并不以任何一方的名义或者以自己的名义订立合同。

第二，中介合同为双务、有偿、诺成、不要式合同。中介合同中的中介人为委托人提供中介服务，委托人向中介人支付报酬或佣金，两者互为对价关系，故中介合同是双务、有偿合同。中介合同只需双方当事人意思表示一致即成立，其订立也无需采用特定的形式，故居间合同为诺成、不要式合同。

第三，委托人报酬义务的给付具有不确定性。在中介合同中只有中介人的中介活动达到目的，委托人才负给付报酬的义务。中介人若未促成合同成立的，不得要求委托人支付报酬，因此委托人给付报酬具有不确定性。中介合同因此被视为一种委托人的给付义务附延缓条件的合同。

法条关联

◆《房地产经纪管理办法》

第三条 本办法所称房地产经纪，是指房地产经纪机构和房地产经纪人员为促成房地产交易，向委托人提供房地产居间、代理等服务并收取佣金的行为。

第七条 本办法所称房地产经纪机构，是指依法设立，从事房地产经纪活动的中介服务机构。

房地产经纪机构可以设立分支机构。

第九百六十二条　【中介人报告义务】

中介人应当就有关订立合同的事项向委托人如实报告。

中介人故意隐瞒与订立合同有关的重要事实或者提供虚假情况，损害委托人利益的，不得请求支付报酬并应当承担赔偿责任。

本条来源

本条来源于《合同法》第四百二十五条的规定："居间人应当就有关订立合同的事项向委托人如实报告。居间人故意隐瞒与订立合同有关的重要事实或者提供虚假情况，损害委托人利益的，不得要求支付报酬并应当承担损害赔偿责任。"相较于原法条，本条将"居间人"改为"中介人"，将"要求"改为"请求"，将"承担损害赔偿责任"改为"承担赔偿责任"，该变动保持了本章内容的统一，法条用语更为严谨。

立法演变

本条在一次审议稿第七百四十六条和二次审议稿第七百四十六条均规定："中介人应当就有关订立合同的事项向委托人如实报告。中介人故意隐瞒与订立合同有关的重要事实或者提供虚假情况，损害委托人利益的，不得要求支付报酬并应当承担损害赔偿责任。"将"居间人"改为"中介人"。

《民法典（草案）》第九百六十二条规定为："中介人应当就有关订立合同的事项向委托人如实报告。中介人故意隐瞒与订立合同有关的重要事实或者提供虚假情况，损害委托人利益的，不得请求支付报酬并应当承担赔偿责任。"将"要求"改为"请求"，将"承担损害赔偿责任"改为"承担赔偿责任"，最终为本条所采用。

条文释义

本条是关于中介人报告义务及赔偿责任的规定。本条规定了中介人报告义务和中介人的损害赔偿责任。第一，中介人的报告义务。本条第一款规定了中介人应当就有关订立合同的事项向委托人如实报告，这是中介人在中介合同中承担的主要义务。由于中介人向委托人报告订立合同的机会或提供订立合同的媒介服务，以实现与第三人缔结合同，因此中介人应当就有关订立合同的事项向委托人如实报告。第二，中介人的赔偿责任。若中介人在履行报告义务时，故意隐瞒与订立合同有关的重要事实或者提供虚假情况，违背了中介人如实告知的义务，损害委托人利益的，依据本条第二款规定，居间人不得要求委托人支付报酬，并应当承担造成委托人损害的赔偿责任。

第九百六十三条　【中介人报酬请求权】

中介人促成合同成立的，委托人应当按照约定支付报酬。对中介人的报酬没有约定或者约定不明确，依据本法第五百一十条的规定仍不能确定的，根据中介人的劳务合理确定。因中介人提供订立合同的媒介服务而促成合同成立的，由该合同的当事人平均负担中介人的报酬。

中介人促成合同成立的，中介活动的费用，由中介人负担。

本条来源

本条来源于《合同法》第四百二十六条的规定："居间人促成合同成立的，委托人应当按照约定支付报酬。对居间人的报酬没有约定或者约定不明确，依照本法第六十一条的规定仍不能确定的，根据居间人的劳务合理确定。因居间人提供订立合同的媒介服务而促成合同成立的，由该合同的当事人平均负担居间人的报酬。居间人促成合同成立的，居间活动的费用，由居间人负担。"相较于原法条，本条将"居间人"修改为"中介人"，为保持本章内容的统一，将"依照本法第六十一条的规定"改为"依据本法第五百一十条的规定"，该变动仅为法律体系调整导致法条序号变动。

立法演变

本条在一次审议稿第七百四十七条和二次审议稿第七百四十七条均规定为："中介人促成合同成立的，委托人应当按照约定支付报酬。对中介人的报酬没有约定或者约定不明确，依照本法第三百零一条的规定仍不能确定的，根据中介人的劳务合理确定。因中介人提供订立合同的媒介服务而促成合同成立的，由该合同的当事人平均负担中介人的报酬。中介人促成合同成立的，中介活动的费用，由中介人负担。”《民法典（草案）》第九百六十三条将“依照本法第三百零一条的规定”改为“依据本法第五百一十条的规定”，最终为本条所采用。

条文释义

本条是关于中介人的报酬和中介活动费用的规定。本条包括了两方面内容：

第一，关于中介人获取报酬的权利。若中介人促成委托人与第三人订立合同的，应当由委托人向中介人按照合同约定支付报酬。对中介人的报酬没有约定或者约定不明确，可以补充协议，不能达成补充协议的，按照合同有关条款或者交易习惯确定。若仍然不能确定的，根据中介人的劳务合理确定。

第二，中介人报酬的负担。中介人提供媒介服务的中介合同中，中介人在委托人与第三人之间传达双方的意思，为合同的成立而付出了劳动、时间、物力等，对委托人和第三人而言享受的中介服务是平等的，故中介人促成合同成立的，由该合同的双方当事人平均负担报酬。当然并不因此否认委托人与第三人就中介人的报酬负担自行约定的效力。

第九百六十四条　【中介人必要费用请求权】

中介人未促成合同成立的，不得请求支付报酬；但是，可以按照约定请求委托人支付从事中介活动支出的必要费用。

本条来源

本条来源于《合同法》第四百二十七条的规定：“居间人未促成合同成立的，不得要求支付报酬，但可以要求委托人支付从事居间活动支出的必要费用。”相较于原法条，本条将“居间人”修改为“中介人”，将“要求”修改为“请求”，将“但可以要求委托人支付从事居间活动支出的必要费用”改为“但是，可以按照约定请求委托人支付从事中介活动支出的必要费用”，该变动使法条的表述更为严谨。

立法演变

本条在一次审议稿第七百四十八条中规定为："中介人未促成合同成立的，不得要求支付报酬，但是可以按照约定要求委托人支付从事中介活动支出的必要费用。"二次审议稿第七百四十八条和《民法典（草案）》第九百六十四条均无变动，最终为本条所采用。

条文释义

本条是关于中介人必要费用请求权的规定。本条规定包括两方面内容：

第一，中介人未促成合同，不得要求支付报酬。在中介合同中只有中介人的中介活动达到合同约定的目的，委托人才负有给付报酬的义务。且委托人支付报酬存在着不确定性，委托人的给付义务是否须履行，也是不确定的。因此，中介人未促成合同成立的，不得请求支付报酬。

第二，中介人未促成合同，可以按照约定请求委托人支付从事中介活动支出的必要费用。根据本条规定，中介活动费用是中介人在促使合同成立的活动中支出的必要费用，与报酬不是一个概念。因此，有时中介人虽然为促成合同成立付出了劳务和费用，但合同未促成，仍不能请求支付报酬，只能请求委托人支付从事中介活动支出的必要费用，如中介活动中支出的交通费等。

第九百六十五条　【委托人私下与第三人订立合同后果】

委托人在接受中介人的服务后，利用中介人提供的交易机会或者媒介服务，绕开中介人直接订立合同的，应当向中介人支付报酬。

本条来源

本条为新增条款。

立法演变

本条为一次审议稿第七百四十九条的新增条款，规定为："委托人在接受中介人的服务后，利用中介人提供的交易机会，绕开中介人直接与第三人订立合同的，应当向中介人支付中介报酬。”该变动对委托人绕开中介人订立合同的情况下是否支付报酬作出了明确规定。

《民法典（草案）》第九百六十五条规定：“委托人在接受中介人的服务后，利用中介人提供的交易机会或者媒介服务，绕开中介人直接订立合同的，应当向中介人支付报酬。”在一次审议稿的基础上将“利用中介人提供的交易机会”改为“利用中介人提供的交易机会或者媒介服务”，该变动增加了“媒介服务”作为中介人提供服务的类型。

条文释义

本条是关于委托人绕开中介人直接订立合同时需支付报酬的规定。实践中经常出现委托人从中介人处得知信息后为省下中介费而绕开中介人与第三人订立合同的情况。为了保护中介服务的公平，本条明确规定委托人在接受中介人的服务后，利用中介人提供的交易机会或者媒介服务，绕开中介人直接订立合同的，应当向中介人支付报酬。本条中委托人是否利用中介人提供的交易机会或者媒介服务的信息，是委托人是否应向中介人支付报酬的法定要件。若委托人未利用中介人提供的交易机会或者媒介服务，例如委托人与第三人签订合同的内容与中介人提供的交易机会或者媒介服务无关，则不需要向中介人支付报酬。

案例评议

无锡荣正健康管理服务有限公司与江苏南轩家政服务有限公司居间合同纠纷案[①]

荣正公司欲在无锡租赁房屋，南轩公司法定代表人唐某富与荣正公司法定代表人朱某正联系，唐某富带领朱某正考察待租房屋情况。二人签订了《中介看房协议》。双方约定：南轩公司为荣正公司提供房产信息3套，同时提供相关房地产咨询等中介服务。通过南轩公司提供中介服务后，荣正公司与上述房产的产权人签订合同即视为南轩公司完成中介、咨询服务的责任。荣正公司自看房6个月内无任何理由不通过南轩公司、自己或通过第三方而与南轩公司提供

① 江苏省无锡市中级人民法院民事判决书（2019）苏02民终3718号。

的房屋业主达成交易，购买或者租赁成交该房屋，视为本次交易成功。上述协议签订后，唐某富带领朱某正至本市滨湖区看房，因上述房屋系本市滨湖区荣巷街道荣巷社区居民委员会所有，故看房后，唐某富还组织社区工作人员至荣正公司考察荣正公司的基本情况和履约能力。上述房屋需公开招租，荣巷社区将环湖路58号房产挂至滨湖区农村产权交易中心公开交易，后荣正公司中标。因荣正公司未支付南轩公司中介服务费用，产生纠纷诉至法院。

◆ **裁判规则**

法院经审理认为，《合同法》第424条①规定，居间合同是居间人向委托人报告订立合同的机会或者提供订立合同的媒介服务，委托人支付报酬的合同。南轩公司向荣正公司提供了涉案房产的待出租信息及相关咨询服务，并带领荣正公司与涉案房屋产权人进行了相互之间的交流考察，按照双方签订的《中介看房协议》的约定，南轩公司提供中介咨询服务后，荣正公司与上述房产的产权人签订合同，包含意向合同，即视为南轩公司完成中介、咨询服务。现荣正公司已经实际承租了涉案房屋，说明南轩公司的中介义务已经履行完毕。虽然，涉案房屋产权人通过竞价的方式最终确定荣正公司为承租人，但这并不影响南轩公司作为居间人已经完成了向荣正公司进行介绍及提供订立合同的机会。至于荣正公司上诉提到的竞价的房屋租金远高于《中介看房协议》中约定的年租金250万元的问题，产权人以竞价方式还是协商方式确定租金，与居间人无关。另外，涉案房屋产权人在与荣正公司接触之后发布的招标信息，受发布时间、地点、方式的制约，并非众所周知。荣正公司能按照招标信息参与竞价，也完全得益于南轩公司之前提供的信息。因此，荣正公司取得本市环湖路58号房屋承租权，应当认定是南轩公司居间促成。故判决荣正公司应依约按照实际成交价格的1个月租金支付中介费。

◆ **评议**

本案的关键问题是判断荣正公司承租环湖路58号房产是否为与南轩公司提供的中介服务有关。本案中南轩公司向荣正公司提供了涉案房产的待出租信息及相关咨询服务，荣正公司才能了解并关注环湖路58号房屋。且因南轩公司之

---

① 《合同法》第四百二十四条：居间合同是居间人向委托人报告订立合同的机会或者提供订立合同的媒介服务，委托人支付报酬的合同。

前提供的信息使得荣正公司能按照招标信息参与竞价，参与竞价的行为也与中介服务有关联。符合本条规定的“利用中介人提供的交易机会或者媒介服务”的情况。同时也符合南轩公司与荣正公司签订的《中介看房协议》中交易成功的情形。荣正公司即使是通过竞价的方式直接订立合同的，也应当向中介人支付报酬。实际上南轩公司作为中介人，已经按照约定完成了向委托人提供报告订约机会或为订约媒介的中介服务，南轩公司已经履行了合同义务，委托人应该履行支付的义务，委托人在接受中介人的服务后，利用中介人提供的交易机会或者媒介服务，绕开中介人直接订立合同的，应当向中介人支付报酬。

第九百六十六条　【参照适用委托合同】

本章没有规定的，参照适用委托合同的有关规定。

本条来源

本条为新增条款。

立法演变

本条为一次审议稿第七百五十条的新增条款，规定为：“本章没有规定的，适用委托合同的有关规定。”二次审议稿第七百五十条和《民法典（草案）》第九百六十六条均无变动，最终为本条所采用。

条文释义

本条是关于中介合同参照适用委托合同的规定。本条是中介合同的兜底条款。中介合同是一方受到另一方委托为其办理事务的合同，中介合同关系其实是一种特殊的委托关系。由于中介合同和委托合同存在许多相同之处，因此本章没有规定的，适用委托合同的有关规定。

第二十七章　合伙合同

本章概要

本章为合同编新增的一类典型合同。合伙合同继受了大陆法系国家合伙的立法传统，并且与我国《民法通则》及其司法解释确立的民事合伙的指导思想和规范体系基本一致，具体条文更加精细和科学，以此保障合伙法律关系在社会变迁和法典制定中的延续性和法律适用的安定性。其核心构成要件主要有三：债务合同、共同目的和属人性。基于合同之债这一特征重点列举了当事人间的一系列权利义务关系；明确了“共同目的”之于合伙的特殊性；强调了合伙的“属人性”典型特征。

第九百六十七条　【合伙合同的定义】

合伙合同是两个以上合伙人为了共同的事业目的，订立的共享利益、共担风险的协议。

本条来源

本条为新增条款。

立法演变

本条为一次审议稿第七百五十一条的新增条款，规定为：“合伙合同是二人以上为了共同的事业目的，订立的共享利益、共担风险的协议。”增加了合伙合同概念的规定。二次审议稿第七百五十一条和《民法典（草案）》第九百六十七条沿用一次审议稿的规定。《民法典》第九百六十七条将“二个以上合伙人”

修改为“两个以上合伙人”，该变动仅就条款中个别字词进行了修改，法条的实质内涵未发生变化。

条文释义

本条是关于合伙合同的概念的规定。依据本条内容，合伙合同是指二个以上合伙人为了共同的事业目的，订立的共享利益、共担风险的协议。本条是合伙合同的一般性规定，其既调整了民事合同，同时也包括商事合伙。合伙合同通常分为民事合伙合同和商事合伙合同，二者区别包括：第一，民事合伙合同主要是由本章进行调整。由于民事合伙主要表现为协议，所以其适用以合同编为主，无法适用《合伙企业法》关于合伙组织体的规则。[①] 我国商事合伙主要由《合伙企业法》进行调整，本章关于合伙合同的规定不能完全适用于商事合同。第二，民事合伙合同是指以非营利为目的设立的，且不具有较强组织性的民事合同关系。民事合伙是一个共同体而不是一个组织体[②]，不具备商事合伙的组织性，即合伙组织作为独立的民事主体可以以合伙组织的名义进行对外活动。民事合伙是基于民事合伙合同产生的，产生的只是合同的关系。第三，民事合伙合同的设立并非以营利为目的。相比商事合伙合同，合同的成立是为从事商事交易活动而获取营利为目的。

第九百六十八条　【合伙人履行出资义务】

合伙人应当按照约定的出资方式、数额和缴付期限，履行出资义务。

本条来源

本条为新增条款。

① 王利明：《论民法典对合伙协议与合伙组织体的规范》，载《甘肃社会科学》2019 年第 3 期，第 27 – 28 页。

② 江平、龙卫球：《合伙的多种形式和合伙立法》，载《中国法学》1996 年第 3 期，第 48 页。

立法演变

本条为一次审议稿第七百五十二条的新增条款，规定为：“合伙人应当按照合伙合同约定的出资方式、数额和缴付期限，履行出资义务。一个或者数个合伙人不履行出资义务的，其他合伙人不能因此拒绝出资。”增加了合伙人出资的规定。

二次审议稿第七百五十二条和《民法典（草案）》第九百六十八条均规定为：“合伙人应当按照约定的出资方式、数额和缴付期限，履行出资义务。一个或者数个合伙人不履行出资义务的，其他合伙人不能因此拒绝出资。”在一次审议稿的基础上将“合伙人应当按照合伙合同约定”改为“合伙人应当按照约定”，删减了“合伙合同”的内容，表明合伙人不限于在合伙合同中约定出资方式。《民法典》第九百六十八条删去第二款“一个或者数个合伙人不履行出资义务的，其他合伙人不能因此拒绝出资”。

条文释义

本条是关于合伙人出资义务的规定。依据本条规定，合伙人负有履行出资的义务，其中合伙人的出资方式、数额和缴付期限等由合伙人通过合同自行约定。按约定履行出资义务是指合伙人按照合伙协议约定的出资方式、数额与缴付期限向合伙投入资产的行为。在合伙设立之前，或协商合伙协议过程中，各合伙人都要按上述出资财产类别进行出资方式的选择。若合伙人未按照合伙合同的约定出资，不履行出资义务，其他合伙人可以依据合伙合同的约定向其主张违约责任。

第九百六十九条　【合伙财产】

合伙人的出资、因合伙事务依法取得的收益和其他财产，属于合伙财产。

合伙合同终止前，合伙人不得请求分割合伙财产。

本条来源

本条为新增条款。

立法演变

本条为一次审议稿第七百五十三条的新增条款，规定为：“合伙人的出资、因合伙事务依法取得的收益和其他财产，属于合伙财产。合伙财产由全体合伙人共有。合伙合同终止前，合伙人不得请求分割合伙财产。”增加了关于合伙财产的规定。

二次审议稿第七百五十三条和《民法典（草案）》第九百六十九条均规定为：“合伙人的出资、因合伙事务依法取得的收益和其他财产，属于合伙财产。合伙合同终止前，合伙人不得请求分割合伙财产。”在一次审议稿的基础上，删去“合伙财产由全体合伙人共有”，并最终为本条所采用。

条文释义

本条是关于合伙财产的规定。依据本条规定，合伙财产包括合伙人的出资、因合伙事务依法取得的收益和其他财产。合伙财产在分割之前是以合伙人全体共有的形式存在。一般情况下，在合伙合同存续期间，合伙人不得请求分割合伙财产。当合伙合同终止后，合伙人可以请求分割合伙财产。

法条关联

◆ **《合伙企业法》**

第十七条　合伙人应当按照合伙协议约定的出资方式、数额和缴付期限，履行出资义务。

以非货币财产出资的，依照法律、行政法规的规定，需要办理财产权转移手续的，应当依法办理。

第九百七十条　【合伙事务的执行】

合伙人就合伙事务作出决定的，除合伙合同另有约定外，应当经全体合伙人一致同意。

合伙事务由全体合伙人共同执行。按照合伙合同的约定或者全体合伙人的决定，可以委托一个或者数个合伙人执行合伙事务；其他合伙人不再执行合伙事务，但是有权监督执行情况。

合伙人分别执行合伙事务的，执行事务合伙人可以对其他合伙人执行的事务提出异议；提出异议后，其他合伙人应当暂停该项事务的执行。

本条来源

本条为新增条款。

立法演变

本条为一次审议稿第七百五十四条的新增条款。一次审议稿第七百五十四条与二次审议稿第七百五十四条均规定为："合伙事务由全体合伙人共同执行。合伙人对合伙事务作出决定，除合伙合同另有约定以外，应当经全体合伙人一致同意。按照合伙合同，可以委托一个或者数个合伙人执行合伙事务；其他合伙人不再执行，但是有权监督执行情况。合伙人分别执行合伙事务的，执行事务合伙人可以对其他合伙人执行的事务提出异议。提出异议时，应当暂停该项事务的执行。"增加了执行合伙事务的规定。

《民法典（草案）》第九百七十条规定："合伙事务由全体合伙人共同执行。合伙人就合伙事务作出决定的，除合伙合同另有约定外，应当经全体合伙人一致同意。按照合伙合同的约定或者全体合伙人的决定，可以委托一个或者数个合伙人执行合伙事务；其他合伙人不再执行合伙事务，但是有权监督执行情况。合伙人分别执行合伙事务的，执行事务合伙人可以对其他合伙人执行的事务提出异议；提出异议后，其他合伙人应当暂停该项事务的执行。"将第二款中"其他合伙人不再执行"改为"其他合伙人不再执行合伙事务"，该变动使得法条的表述更为严谨，最终为本条所采用。《民法典》第九百七十条将第一款中“合伙事务由全体合伙人共同执行”调整到第二款中。

条文释义

本条是关于执行合伙事务的规定。依据本条规定，有关合伙事务的规则包括：第一，合伙事务决定的作出。在执行合伙事务之前，需要作出执行合伙事务的决定。合伙事务的决定应当经全体合伙人一致同意。第二，合伙事务的执行。合伙事务原则上由全体合伙人共同执行。但是按照合伙合同的约定或者全体合伙人的决定，可以委托一个或者数个合伙人执行合伙事务，其他合伙人不再执行合伙事务。第三，合伙人的监督权。当合伙人委托一个或者数个合伙人执行合伙事务，其他合伙人有权监督执行情况。合伙人分别执行合伙事务的，执行事务合伙人可以对其他合伙人执行的事务提出异议。合伙人提出异议后，其他合伙人应当暂停该项事务的执行。

法条关联

◆《合伙企业法》

第二十六条　合伙人对执行合伙事务享有同等的权利。

按照合伙协议的约定或者经全体合伙人决定，可以委托一个或者数个合伙人对外代表合伙企业，执行合伙事务。

作为合伙人的法人、其他组织执行合伙事务的，由其委派的代表执行。

第二十七条　依照本法第二十六条第二款规定委托一个或者数个合伙人执行合伙事务的，其他合伙人不再执行合伙事务。

不执行合伙事务的合伙人有权监督执行事务合伙人执行合伙事务的情况。

第二十八条　由一个或者数个合伙人执行合伙事务的，执行事务合伙人应当定期向其他合伙人报告事务执行情况以及合伙企业的经营和财务状况，其执行合伙事务所产生的收益归合伙企业，所产生的费用和亏损由合伙企业承担。

合伙人为了解合伙企业的经营状况和财务状况，有权查阅合伙企业会计账簿等财务资料。

第二十九条　合伙人分别执行合伙事务的，执行事务合伙人可以对其他合伙人执行的事务提出异议。提出异议时，应当暂停该项事务的执行。如果发生争议，依照本法第三十条规定作出决定。

受委托执行合伙事务的合伙人不按照合伙协议或者全体合伙人的决定执行事务的，其他合伙人可以决定撤销该委托。

第九百七十一条　【执行合伙事务报酬】

合伙人不得因执行合伙事务而请求支付报酬，但是合伙合同另有约定的除外。

本条来源

本条为新增条款。

立法演变

本条为一次审议稿第七百五十五条的新增条款，规定为："合伙人不得因执行合伙事务而请求支付报酬，但是合伙合同另有约定的除外。"增加了合伙人执行事务不得请求报酬的规定。二次审议稿第七百五十五条和《民法典（草案）》第九百七十一条均无变动，最终为本条所采用。

条文释义

本条是关于执行合伙事务的报酬。合伙合同是合伙人为了共同的事业目的，共同经营、共享利益、共担风险的合同，所有合伙人均有共同经营合伙事务的责任。合伙人执行合伙事务是作为合伙人的义务，不得因此请求支付报酬。但是合伙合同中有约定合伙人可以请求支付报酬的除外。

第九百七十二条　【合伙利润分配和亏损分担】

合伙的利润分配和亏损分担，按照合伙合同的约定办理；合伙合同没有约定或者约定不明确的，由合伙人协商决定；协商不成的，由合伙人按照实缴出资比例分配、分担；无法确定出资比例的，由合伙人平均分配、分担。

本条来源

本条为新增条款。

立法演变

本条为一次审议稿第七百五十六条的新增条款，规定为：“合伙的利润分配和亏损分担，按照合伙合同的约定办理；合伙合同没有约定或者约定不明确的，由合伙人协商决定；协商不成的，由合伙人平均分配、分担。”增加了合伙人分担利润分配和亏损的规定。

二次审议稿第七百五十六条和《民法典（草案）》第九百七十二条均规定：“合伙的利润分配和亏损分担，按照合伙合同的约定办理；合伙合同没有约定或者约定不明确的，由合伙人协商决定；协商不成的，由合伙人按照实缴出资比例分配、分担；无法确定出资比例的，由合伙人平均分配、分担。”将“协商不成的，由合伙人平均分配、分担”改为“协商不成的，由合伙人按照实缴出资比例分配、分担；无法确定出资比例的，由合伙人平均分配、分担”，该变动增加了合伙人按照实缴出资比例分担利润分配和亏损的规定，最终为本条所采用。

条文释义

本条是关于合伙的利润分配和亏损分担的规定。合伙的利润分配和亏损承担是合伙合同中的一项重要内容，需要法律加以规制。依据本条规定，合伙的利润分配和亏损承担的顺序如下：第一，约定优先。合伙的利润分配和亏损分担，有约定的按照合伙合同的约定办理。第二，协商决定。合伙合同没有约定或者约定不明确的，由合伙人协商决定。第三，按实缴出资比例分配、分担。协商不成的，由合伙人按照实缴出资比例分配、分担。第四，平均分配、分担。若合伙人仍然无法确定出资比例的，由合伙人平均分配、分担。

法条关联

◆ **《合伙企业法》**

第三十三条 合伙企业的利润分配、亏损分担，按照合伙协议的约定办理；

合伙协议未约定或者约定不明确的，由合伙人协商决定；协商不成的，由合伙人按照实缴出资比例分配、分担；无法确定出资比例的，由合伙人平均分配、分担。

合伙协议不得约定将全部利润分配给部分合伙人或者由部分合伙人承担全部亏损。

案例评议

戴某、曹某林合伙协议纠纷案①

戴某、曹某林系朋友关系，双方常一起合伙做生意。从未签订过书面合伙协议，双方的合伙习惯是：可由一人先行出资、共同参与合伙事务、共享利润、共担亏损。戴某、曹某林与汪某、王某宏就油菜籽收购事宜达成协议，协议由戴某与汪某两人签字确认。协议达成后，曹某林负责在货源地进行收购，并随车将收购的油菜籽运至戴某与他人合伙承租的仓库，油菜籽经过筛选、去杂、干燥、包装后由戴某负责出售。戴某因准备与货源方结账要求曹某林出钱，曹某林遂于当日将30万元转入戴某账户，此款戴某后偿还给曹某林。后油菜籽行情变好，双方因利润分配问题产生纠纷，曹某林认为自己与戴某是合伙做生意，应分配相应的利润而未分配，诉至法院。

◆ **裁判规则**

法院经审理认为，合伙的利润分配、亏损分担，按照合伙协议的约定办理；合伙协议未约定或者约定不明确的，由合伙人协商决定；协商不成的，由合伙人按照实缴出资比例分配、分担；无法确定出资比例的，由合伙人平均分配、分担。本案中，双方对除曹某林支付30万元给戴某外，剩余收购案涉油菜籽的货款均由戴某支付的事实无争议。戴某亦认可在收购油菜籽的过程中存在边收边销的情形。因戴某未提交充分证据证明其就涉案油菜籽出售时间、数量、价格，导致本案无法查清资金周转情况，致使无法确定双方的出资比例，依据上述规定，判定双方合伙盈余应进行平均分配，戴某应向曹某林分配合伙利润。

---

① 安徽省安庆市中级人民法院民事判决书（2018）皖08民终811号。

◆ 评议

本案是关于合伙人的利润分配的典型案例。本案争议的焦点是戴某、曹某林之间对盈余金额的分配问题。本案认定戴某、曹某林双方是合伙关系，依据本条规定，合伙人对合伙利润的分配，有约定的按照合同的约定进行分配；合伙合同没有约定或者约定不明确的，由合伙人协商决定；协商不成的，由合伙人按照实缴出资比例分配、分担；无法确定出资比例的，由合伙人平均分配、分担。由于戴某、曹某林并未订立合同约定利润的分配，且戴某未提交充分证据证明其就涉案油菜籽出售时间、数量、价格，导致本案无法查清资金周转情况，致使无法确定双方的出资比例，因此法院认为双方合伙盈余应进行平均分配。

第九百七十三条　【合伙人的连带责任及追偿权】

合伙人对合伙债务承担连带责任。清偿合伙债务超过自己应当承担份额的合伙人，有权向其他合伙人追偿。

本条来源

本条来源于《民法通则》第三十五条第二款的规定："合伙人对合伙的债务承担连带责任，法律另有规定的除外。偿还合伙债务超过自己应当承担数额的合伙人，有权向其他合伙人追偿。"相较于原法条，本条将"法律另有规定的除外"删去，将"偿还"改为"清偿"，将"数额"改为"份额"，使法条表述更为严谨。

立法演变

本条为一次审议稿第七百五十七条的新增条款，规定为："合伙人对合伙财产不足以清偿的合伙债务，承担连带责任。清偿合伙债务超过自己应当承担份额的合伙人，有权向其他合伙人追偿。"增加了合伙人对合伙债务承担的规定。二次审议稿第七百五十七条无变动。

《民法典（草案）》第九百七十三条规定为："合伙人对合伙债务承担连带

责任。清偿合伙债务超过自己应当承担份额的合伙人，有权向其他合伙人追偿。”将“合伙人对合伙财产不足以清偿的合伙债务”改为“合伙人对合伙债务”，删去“合伙财产不足以清偿”这一前提条件。该变动不再限制合伙人承担合伙债务的范围，最终为本条所采用。

条文释义

本条是关于合伙人的连带责任及追偿权的规定。依据本条规定，合伙人对合伙债务承担连带责任。合伙合同即使有约定各个合伙人的责任份额，这约定也是作为合伙人的内部约定，不能排除合伙人对外承担连带责任。但在合伙关系内部，各个合伙人仍应当严格依据合伙合同的规定承担相应份额的责任。如果清偿合伙债务超过自己应当承担份额的合伙人，有权向其他合伙人追偿。

法条关联

◆《合伙企业法》

第三十九条 合伙企业不能清偿到期债务的，合伙人承担无限连带责任。

第九百七十四条 【合伙人转让其财产份额】

除合伙合同另有约定外，合伙人向合伙人以外的人转让其全部或者部分财产份额的，须经其他合伙人一致同意。

本条来源

本条为新增条款。

立法演变

本条在一次审议稿第七百五十八条的新增条款，规定为：“除合伙合同另有约定以外，合伙人向合伙人以外的人转让其全部或者部分财产份额时，须经其他合伙人一致同意。”增加了合伙人对外转让合伙财产的规定。二次审议稿第七百五十八条和《民法典（草案）》第九百七十四条均无变动，并最终为本条所采用。

条文释义

本条是关于合伙人转让其财产份额的规定。本条规定了合伙人对合伙人以外的人转让其全部或部分财产份额，需要经过其他合伙人一致同意。由于合伙人向合伙人以外的人转让其财产份额时，将会引起合伙人的变更或增加，可能影响合伙人之间的信赖关系以及合伙事务的进行，因此法律对这类转让作出了严格的限制，规定该转让须经其他合伙人一致同意方能生效。

法条关联

◆《合伙企业法》

第二十二条　除合伙协议另有约定外，合伙人向合伙人以外的人转让其在合伙企业中的全部或者部分财产份额时，须经其他合伙人一致同意。

合伙人之间转让在合伙企业中的全部或者部分财产份额时，应当通知其他合伙人。

第二十三条　合伙人向合伙人以外的人转让其在合伙企业中的财产份额的，在同等条件下，其他合伙人有优先购买权；但是，合伙协议另有约定的除外。

第九百七十五条　【合伙人权利代位】

合伙人的债权人不得代位行使合伙人依照本章规定和合伙合同享有的权利，但是合伙人享有的利益分配请求权除外。

本条来源

本条为新增条款。

立法演变

本条为一次审议稿第七百五十九条的新增条款，规定为："合伙人负担与合伙事务无关的债务的，债权人不得以其债权抵销其对合伙人负担的因合伙事务产生的债务。合伙人的债权人不得代位行使合伙人依照本章和合伙合同享有的权利，但是合伙人享有的利益分配请求权除外。"增加了合伙人的债权人行使抵销权和代位权的规定。《民法典（草案）》第九百七十五条规定为：“合伙人的债权人不得代位行使合伙人依照本章规定和合伙合同享有的权利，但是合伙人享有的利益分配请求权除外。”删去第一款关于合伙人的债权人抵销债务的规定。最终为本条所采用。

条文释义

本条是关于合伙人权利代位的规定。合伙人在合伙关系中不仅共同享有财产性质的收益权，还包括其在合伙关系中的合伙事务执行权、监督权等其他权利。根据本条的规定，合伙人的债权人不得代位行使合伙人依照本章规定和合伙合同约定而享有的权利。但是有例外情况，合伙人的债权人要求合伙人偿还债务，可以通过与合伙人签订合同或通过诉讼等方式，获得对合伙人享有的收益分配的请求权。而对合伙人的其他权利如合伙事务执行权、监督权等均没有请求权，同时对合伙人在合伙合同的这些权利也不得行使代位权。

法条关联

◆《合伙企业法》

第四十一条 合伙人发生与合伙企业无关的债务，相关债权人不得以其债权抵销其对合伙企业的债务；也不得代位行使合伙人在合伙企业中的权利。

第九百七十六条 【合伙期限】

合伙人对合伙期限没有约定或者约定不明确，依据本法第五百一十条的规定仍不能确定的，视为不定期合伙。

合伙期限届满，合伙人继续执行合伙事务，其他合伙人没有提出异议的，原合伙合同继续有效，但是合伙期限为不定期。

合伙人可以随时解除不定期合伙合同，但是应当在合理期限之前通知其他合伙人。

本条来源

本条为新增条款。

立法演变

本条为一次审议稿第七百六十条的新增条款，规定为：“当事人对合伙期限没有约定或者约定不明确，依照本法第三百零一条的规定仍不能确定的，视为不定期合伙。合伙期限届满，合伙人继续履行合伙事务，其他合伙人没有提出异议的，原合伙合同继续有效，但是合伙期限为不定期。当事人可以随时解除不定期合伙合同，但是应当在合理期限之前通知其他合伙人。”增加了合伙人的合伙期限的规定。

二次审议稿第七百六十条规定为：“合伙人对合伙期限没有约定或者约定不明确，依照本法第五百一十条的规定仍不能确定的，视为不定期合伙。合伙期限届满，合伙人继续执行合伙事务，其他合伙人没有提出异议的，原合伙合同继续有效，但是合伙期限为不定期。合伙人可以随时解除不定期合伙合同，但是应当在合理期限之前通知其他合伙人。”在一次审议稿的基础上将两处“当事人”改为“合伙人”，该变动使得法条的表述更为严谨。《民法典（草案）》第九百七十六条在二次审议稿的基础上，将“依照本法第三百零一条的规定”改为“依据本法第五百一十条的规定”，最终为本条所采用。

条文释义

本条是关于合伙期限的规定。合伙分为定期合伙和不定期合伙，定期合伙在合伙合同中明确约定合伙的期限，不定期合伙依据本条规定包括两种情况：第一，合伙人对合伙期限没有约定或者约定不明确，可以协议补充；不能达成补充协议的，按照合同有关条款、合同性质、合同目的或者交易习惯确定，仍不能确定的，视为不定期合伙。第二，合伙期限届满，合伙人继续执行合伙事务，其他合伙人没有提出异议的，该合伙视为不定期合伙。对于不定期合伙，合伙人均有解除权，可以随时解除不定期合伙合同。但是应当在合理期限之前通知其他合伙人。

第九百七十七条　【合伙合同终止】

合伙人死亡、丧失民事行为能力或者终止的，合伙合同终止；但是，合伙合同另有约定或者根据合伙事务的性质不宜终止的除外。

本条来源

本条为新增条款。

立法演变

本条在一次审议稿第七百六十一条的新增条款，规定为："合伙人死亡、终止的，合伙合同的权利义务终止。"增加了合伙合同终止的有关规定。二次审议稿第七百六十一条无变动。

《民法典（草案）》第九百七十七条规定为："合伙人死亡、丧失民事行为能力或者终止的，合伙合同终止；但是，合伙合同另有约定或者根据合伙事务的性质不宜终止的除外。"作了较大的变动，除增加了合伙人丧失民事行为能力时合同终止，还增加了合同终止的例外情况。最终为本条所采用。

条文释义

本条是关于合伙合同终止的规定。依据本条规定，合伙人死亡、丧失民事行为能力或者终止的，合伙合同终止。合伙人死亡、丧失民事行为能力或者终止的，合伙人失去履行合伙合同义务的能力，合伙合同实际履行不能。合伙人死亡或者终止的，合伙人同时丧失民事权利能力，不再具有法律人格，当然也就同时丧失了合伙人资格，合伙合同因此终止。但是有例外，如果合伙合同中另有约定合伙合同不因合伙人死亡、丧失民事行为能力或者终止而终止，或者根据合伙事务的性质不宜终止的，合伙合同不必然终止。

第九百七十八条　【合伙剩余财产分配顺序】

合伙合同终止后，合伙财产在支付因终止而产生的费用以及清偿合伙债务后有剩余的，依据本法第九百七十二条的规定进行分配。

本条来源

本条为新增条款。

立法演变

本条为一次审议稿第七百六十二条的新增条款，规定为：“合伙合同的权利义务终止后，合伙财产在支付因终止而产生的费用及清偿合伙债务后有剩余的，应当返还合伙人的出资；不足以返还全部合伙人的出资的，按照各合伙人实际出资的比例返还。”增加了合伙合同终止后的财产分配的规定。

二次审议稿第七百六十二条规定：“合伙合同的权利义务终止后，合伙财产在支付因终止而产生的费用以及清偿合伙债务后有剩余的，依照本法第七百五十六条的规定进行分配。”将“应当返还合伙人的出资；不足以返还全部合伙人的出资的，按照各合伙人实际出资的比例返还”改为“依照本法第七百五十六条的规定进行分配”，该变动使得合伙合同终止后的财产分配的规定更为全面、更为合理。

《民法典（草案）》第九百七十八条规定：“合伙合同终止后，合伙财产在支付因终止而产生的费用以及清偿合伙债务后有剩余的，依据本法第九百七十二条的规定进行分配。”在二次审议稿的基础上，将“合伙合同的权利义务终止后”改为“合伙合同终止后”，该变动使得法条用语更为严谨，最终为本条所采用。

条文释义

本条是关于合伙剩余财产分配顺序的规定。合伙合同终止后，需要对合伙财产进行结算，以更好地分配剩余财产。合伙人结算合伙财产以合伙合同终止时的合伙企业财产状况为准。依据本条规定，在合伙合同终止时，合伙人要进行财产清算，在清理债权债务、支付因终止而产生的费用后，合伙财产有剩余的，需要进行分配。分配则按照本章合伙的利润分配和亏损分担的规则：先按照合伙合同的约定处理。若合伙合同没有约定或者约定不明确的，由合伙人协商决定。协商不成的，由合伙人按照实缴出资比例分配、分担。仍然无法确定出资比例的，由合伙人平均分配、分担。

第三分编

准　合　同

第二十八章　无因管理

本章概要

从内容上看，《民法通则》及其司法解释关于无因管理的规定仅两条内容，现行准合同编以专章共六条对无因管理的管理人权利义务作了详细规定。具体需要注意：一是延续管理人基本权利的规定，即费用偿还请求权，同时增加损害补偿请求权。二是明确受益判断标准以客观有利于受益人。三是明确规定管理人的义务，包括适当管理、通知、报告与结算义务。四是增加无因管理向委托合同转化的规定，受益人一旦事后追认，除管理人有明确意思表示外，无因管理即转化为委托合同，应依照典型合同中的委托合同处理双方的法律关系，且追认效力可及于管理事务开始时。

第九百七十九条　【无因管理的定义】

管理人没有法定的或者约定的义务，为避免他人利益受损失而管理他人事务的，可以请求受益人偿还因管理事务而支出的必要费用；管理人因管理事务受到损失的，可以请求受益人给予适当补偿。

管理事务不符合受益人真实意思的，管理人不享有前款规定的权利；但是，受益人的真实意思违反法律或者违背公序良俗的除外。

本条来源

本条来源于《民法通则》第九十三条的规定：“没有法定的或者约定的义务，为避免他人利益受损失进行管理或者服务的，有权要求受益人偿付由此而支付的必要费用。”相较于原法条，本条还增加了“管理人因管理事务受到损失的，可以请求受益人给予适当补偿”的权利，以及增加了第二款内容。

立法演变

在一次审议稿第七百六十三条规定为：“管理人没有法定或者约定的义务，为避免他人利益受损失而管理他人事务，并且符合其知道或者应当知道的受益人真实意思的，可以请求受益人偿还因管理行为而支出的必要费用；管理人因管理行为受到损失的，可以请求受益人适当补偿。管理行为不符合受益人真实意思的，管理人不享有前款规定的权利，但是为维护公序良俗的除外。”在二次审议稿第七百六十三条规定为：“管理人没有法定或者约定的义务，为避免他人利益受损失而管理他人事务，并且符合受益人真实意思的，可以请求受益人偿还因管理行为而支出的必要费用；管理人因管理行为受到损失的，可以请求受益人给予适当补偿。管理行为不符合受益人真实意思的，管理人不享有前规定的权利，但是为维护公序良俗的除外。”

本条在一次审议稿中的“并且符合其知道或者应当知道的受益人真实意思的”，在二次审议稿改为“并且符合受益人真实意思的”，《民法典（草案）》采纳了二次审议稿的规定。

《民法典》删除了“并且符合受益人真实意思的”表述，条文的表意更加简洁。

条文释义

构成无因管理，管理人主观上须有为他人利益而管理的意思，亦即具有为他人谋利益的主观动机，这是无因管理成立的主观要件，也是无因管理阻却违法性的根本原因，是区分无因管理与侵权行为的主要依据。管理人是否具有为他人谋利益而为管理的意思，应由管理人负举证责任。管理人应从自己的主观愿望、事务的性质、管理的必要性以及管理的后果等方面来证明自己的管理是为他人谋利益的。虽然无因管理的管理人须为他人的利益而为管理，但并不要求管理人须有为他人利益的明确表示，只要管理人的管理在客观上确实避免了他人利益的损失或为他人带来了利益，即使其未有明确的为他人利益管理的目的，只要不单纯是为自己利益管理事务的“利己”行为，就可以构成无因管理。

第九百八十条　【受益人享有管理利益时的法律适用】

管理人管理事务不属于前条规定的情形，但是受益人享有管理利益的，受益人应当在其获得的利益范围内向管理人承担前条第一款规定的义务。

本条来源

本条为新增条文。

立法演变

本条在一次审议稿第七百六十四条规为："无因管理人的管理行为不符合前条规定，但是受益人主张享有管理利益的，受益人应当在其获得的利益范围内向无因管理人承担前条第一款规定的责任。"在二次审议稿第七百六十四条规定为："管理人的管理行为不符合前条规定，但是受益人主张享有管理利益的，受益人应当在其获得的利益范围内向管理人承担前条第一款规定的责任。"

一次审议稿的"无因管理人"改为二次审议稿的"管理人"，表述更简洁。《民法典（草案）》第九百八十条采用了二次审议稿的规定，《民法典》将草案中的"责任"改为"义务"。

条文释义

管理人主观上同时既有为他人的目的又有为自己的动机，客观上自己也同时受益的，仍可成立无因管理。因此，管理人仍可以在受益人获得的利益范围内请求受益人偿付必要费用。

案例评议

乐山市开源木业有限公司诉成都市虹宇木业有限公司无因管理案①

原、被告均为木工板生产企业，由原告为被告提供细木工板等产品作为生

① 四川省邛崃市人民法院（2014）邛崃民初字第435号。

产原料。2013年下半年，被告由于生产经营管理不善，无力支付煤炭供应商彭某的煤炭款。考虑到与被告的商业合作关系，为使被告煤炭供应不被中断，避免影响生产，2013年11月8日，原告通过银行转账代被告向煤炭供应商彭某垫付了无烟煤款41300元。彭某向原告出具了收条，并将其与被告的交易手续移交给原告。被告的生产厂长刘某军在彭某出具的收条复印件上注明了情况属实。其后原告多次向被告催收该笔垫付煤款无果。原告为保护自己的合法权益，现诉请法院判令被告给付原告垫付无烟煤款41300元。

被告成都市虹宇木业有限公司辩称：原、被告之间存在商业往来，但被告不认可原告陈述的垫付货款事实，不同意原告的诉讼请求。

◆ **裁判规则**

法院经审理认为，根据《中华人民共和国民法通则》第93条规定，"没有法定的或者约定的义务，为避免他人利益受损失进行管理或者服务的，有权要求受益人偿付由此而支付的必要费用"。原告代被告垫付煤款不违反法律的禁止性规定，没有增加被告的负担，该情形符合法律关于无因管理的规定，故原告主张被告给付垫付的无烟煤款41300元合法有据，四川省邛崃市人民法院予以支持。

◆ **评议**

无因管理，是指没有法定或者约定义务，为避免他人利益遭受损失，主动管理他人事务或为他人提供服务的行为。无因管理是一种法律事实，是债的发生根据之一。无因管理之债发生后，管理人享有请求本人偿还因管理事务而支出的必要费用的债权，本人负有偿还该项费用的债务。无因管理之债成立需具备以下主客观要件：(1) 管理人在主观上须有为他人管理的意思；(2) 客观上管理人须具有为他人管理事务的行为；(3) 管理人没有法定义务或约定义务。据此，当事人在没有法定和合同约定义务的情况下，原告主张被告给付垫付的无烟煤款41300元合法有据，有权要求原债务人偿付由此支出的相应费用。

第九百八十一条　【管理人的适当管理义务】

管理人管理他人事务，应当采取有利于受益人的方法。中断管理对受益人不利的，无正当理由不得中断。

本条来源

本条为新增条文。

立法演变

此条在《民法典（草案）》中将一次审议稿第七百六十五条，以及二次审议稿第七百六十五条的第一款独立出来整合成一个条文，《民法典》进行了表述上的修改。

条文释义

所谓有利于受益人的方法，是指管理人对事务管理的方式、手段、管理的结果有利于受益人，而不损害受益人的利益。管理方法是否有利于受益人，应以管理人管理事务当时的具体情况确定，而不能以管理人的主观意识为标准。管理人虽主观上认为其管理方法有利于受益人，而客观上并不利于受益人，甚至反而使受益人的利益受损失的，则其管理是不适当的。反之，受益人主观上认为管理人的管理方式不利于自己，但从当时的情况看，管理人的管理是有利于受益人的利益的，则管理人的管理是适当的。管理人所管理的事务如是受益人应尽的法定义务或者公益义务，则管理的结果虽不利于受益人的利益，管理人的管理也是适当的。同时，管理人在管理事务中未尽到如同管理自己事务一样的注意，对擅自中断管理有过错的，应当承担债务不履行的责任。

第九百八十二条　【管理人通知义务】

管理人管理他人事务，能够通知受益人的，应当及时通知受益人。管理的事务不需要紧急处理的，应当等待受益人的指示。

本条来源

本条为新增条文。

立法演变

此条在《民法典（草案）》中将一次审议稿第七百六十五条和二次审议稿第七百六十五条的第二款独立出来整合成一个条文，并最终为本条所采用。

条文释义

管理人在开始管理后，应将开始管理的事实通知受益人，但管理人的此项义务以能够通知和有必要通知为限。如果管理人无法通知，例如，不知受益人的住址，则不负通知义务；受益人已知管理事实的，管理人则没有必要通知。管理人将开始管理的事实通知受益人后，只要停止管理会使受益人不利而继续管理又可避免受益人利益受损失，就应当继续管理；否则，应当听候受益人的处理。管理人未履行通知义务的，对因其不通知所造成的损失应负赔偿责任。

第九百八十三条　【管理人报告和交付义务】

管理结束后，管理人应当向受益人报告管理事务的情况。管理人管理事务取得的财产，应当及时转交给受益人。

本条来源

本条为新增条文。

条文释义

管理人开始管理后应及时地将管理的有关情况报告给受益人，尤其是管理过程中发生的财务支出情况，应列明清单，并应受益人的要求予以说明。管理人的报告义务也应以管理人能够报告为限。管理关系终止时，管理人应向受益人报告事务管理的始末，并将管理事务所取得的各种利益如取得的权利、物品、金钱及孳息等转移于受益人。

第九百八十四条　【受益人追认的法律效果】

管理人管理事务经受益人事后追认的，从管理事务开始时起，适用委托合同的有关规定，但是管理人另有意思表示的除外。

本条来源

本条为新增条文。

条文释义

无因管理人虽然没有受他人的委托，但是在特定情况下，当他人不能自行处理事务时，为他人管理事务，避免利益损失，这种互助的精神法律是鼓励的。如果管理人管理事务经受益人事后追认，受益人的这一追认具有溯及力，即追认后，管理行为实施之时即视为委托合同关系，除非管理人另有意思表示的除外。

第二十九章　不当得利

本章概要

从内容上看，《民法通则》及其司法解释关于不当得利的规定仅两条内容，现行准合同编以专章共四条对不当得利中得利人与受损人的权利义务作出规定。值得注意的是：一是明确双方当事人的称谓，取得利益的一方为"得利人"，遭受损失的一方"受损失的人"。二是在不当得利概念后明确列举常见的例外情形。三是依据得利人得利时主观状态区别利益返还的不同范围。四是增加受损失的人对无偿受让的第三人享有返还请求权的规定。

第九百八十五条　【不当得利的定义】

得利人没有法律根据取得不当利益的，受损失的人可以请求得利人返还取得的利益，但是有下列情形之一的除外：

（一）为履行道德义务进行的给付；

（二）债务到期之前的清偿；

（三）明知无给付义务而进行的债务清偿。

本条来源

本条来源于《民法通则》第九十二条的规定："没有合法根据，取得不当利益，造成他人损失的，应当将取得的不当利益返还受损失的人。"相较于原法条，本条增加了例外情形的规定。

立法演变

本条在一次审议稿第七百六十八条规定："得利人没有法律根据取得不当利

益的，受损失的人可以请求得利人返还获得的利益，但是有下列情形之一的除外：（一）为了履行道德义务进行的给付；（二）债务到期之前的清偿；（三）明知无给付义务而进行的债务清偿。”在二次审议稿第七百六十八条规定为：“得利人没有法律根据取得不当利益的，受损失的人可以请求得利人返还获得的利益，但是有下列情形之一的除外：（一）为履行道德义务进行的给付；（二）债务到期之前的清偿；（三）明知无给付义务而进行的债务清偿。”

一次审议稿中“为了履行道德义务进行的给付”改为二次审议稿中“为履行道德义务进行的给付”，表述更为简洁。《民法典（草案）》第九百八十五条采纳了二次审议稿的规定，《民法典》将“获得”改为“取得”，并适用于本章相关条文之中。

条文释义

本条是关于不当得利的规定。不当得利是引起法定之债发生原因的一种。不当得利是指没有合法根据，使他人受到损失而自己获得了利益，正因为不当得利没有合法根据，因此虽属既成事实也不能受到法律的保护，不当利益应返还给受损失的人，这种权利义务关系就是不当得利之债。其中，取得不当利益的人叫受益人，是不当得利之债的债务人，负有返还不当得利的债务；财产受损失的人叫受害人，是不当得利之债的债权人，享有请求受益人返还不当利益的债权。

但在下列情形下，当事人一方虽没有给付义务而给付，另一方的得利也不为不当得利：第一，履行道德义务而为给付。例如，养子女对其生父母的法定赡养义务因收养而解除，不再负担。若该养子女仍赡养其生父母，则属于尽道德义务。对于因此而支出的费用，养子女不得以不当得利请求返还。第二，为履行未到期债务而交付财产。债务未到清偿期，债务人本无清偿的义务，但若债务人主动提前清偿而债权人受领时，即使债务人因此而失去利益，债权人因此而取得利益，债权人得到利益也不为不当得利。第三，明知无给付义务而交付财产。一方明知自己没有给付义务而向他人交付财产的，对方接受该财产不成立不当得利。此种情形应视为赠与。

案例评议

李某与杨某不当得利纠纷案①

原告李某与丈夫宋某某于1998年4月10日登记结婚，婚后共同创办公司并经营。2011年5月，宋某通过朋友介绍与被告杨某发展为情人关系，原告李某一直蒙在鼓里。2011年11月8日，宋某为履行对杨某的承诺，通过招商银行将66万转账到杨某账号上，原告李某发现后，多次找杨某索要未果，故向法院起诉。原告李某起诉认为，其丈夫宋某背着自己私自将66万元钱支付给与其有不正当关系的被告杨某，不仅违反了相关法律规定，也违背了公序良俗和社会道德，被告杨某应返还其取得财产并承担本案的诉讼费用。诉讼中，被告杨某经合法传唤，未到庭参加诉讼。

◆ **裁判规则**

法院经审理认为：夫或妻非因日常生活需要对夫妻共同财产作出的重要处理决定，夫妻双方应当平等协商，取得一致意见。宋某背着妻子将66万元的现金支付给情人，违背了公序良俗和社会道德，违反了《婚姻法》的规定，其行为应认定为无效，被告杨某所得66万元款项没有合法依据，取得了不当利益，造成了原告的损失，属不当得利，依法应予返还。为此，法院依法判决由被告杨某将66万元现金返还给原告李某。

◆ **评议**

本案是因婚外情导致的不当得利纠纷，因现实生活中有类似情况的出现，故本案的处理引起了广泛的关注。法律明确规定，夫或妻在处理夫妻共同财产上的权利是平等的。因日常生活需要而处理夫妻共同财产的，任何一方均有权决定。夫或妻非因日常生活需要对夫妻共同财产作重要处理决定，夫妻双方应当平等协商，取得一致意见。他人有理由相信其为夫妻双方共同意思表示的，另一方不得以不同意或不知道为由对抗善意第三人。本案例中，杨某接受宋某赠与的财产并没有付出相应的对价，因此不属于有偿取得，不能适用善意取得制度。另外，因该66万元数额巨大，且并非日常生活需要，宋某无权单独处

① 最高人民法院公布49起婚姻家庭纠纷典型案例之二十三。

理，其无偿赠与杨某的行为损害了李某的合法权益，有违公平原则。并且原告丈夫与情人的关系与我国提倡的社会主义道德是相违背的，违反了公序良俗，是不受法律保护的。因此，宋某的赠与行为应认定为无效，李某作为财产所有人和利害关系人有权要求杨某全部返还。

第九百八十六条　【善意得利人返还义务免除】

得利人不知道且不应当知道取得的利益没有法律根据，取得的利益已经不存在的，不承担返还该利益的义务。

本条来源

本条为新增的条文。

立法演变

本条在一次审议稿第七百六十九条规定为："得利人不知道并且不应当知道获得的利益没有法律根据，获得的利益已不存在的，不承担返还该利益的责任。"在二次审议稿第七百六十九条规定为："得利人不知道并且不应当知道获得的利益没有法律根据，获得的利益已经不存在的，不承担返还该利益的责任。"

一次审议稿中"获得的利益已不存在的"改为二次审议稿中"获得的利益已经不存在的"，《民法典（草案）》第九百八十六条采用了二次审议稿的内容，《民法典》将"获得"改为"取得"。

条文释义

得利人为善意，即得利人不知情，是指得利人于取得利益时不知道自己取得利益无合法的根据。于此情形下，若受损失的人的损失大于得利人取得的利益，则得利人返还的利益仅以现存利益为限。利益已不存在时，得利人不负返还义务。所谓现存利益，是指得利人受到返还请求时享有的利益，而不以原物的固有形态为限。原物的形态虽改变但其价值仍存或者可以代偿的，仍不失为现存利益。例如，得利人将其受领的财物以低于通常的价格出卖，得利人只返还所得的价款。如果该价款已经被其消费，并因此而省下其他的费用开支，则其节省的开支为现存利益，得利人仍应返还。但是若得利人所得的价款被他人盗走，则为利益已不存在。得利人受有的利益大于受损失的人的损失时，得利人返还的利益范围以受损失的人受到的损失为准。

第九百八十七条　【恶意得利人返还义务】

得利人知道或者应当知道取得的利益没有法律根据的，受损失的人可以请求得利人返还其取得的利益并依法赔偿损失。

本条来源

本条为新增条文。

立法演变

一次审议稿中“赔偿损失”改为二次审议稿中“依法赔偿损失”，《民法典(草案)》第九百八十七条采用了二次审议稿的规定，《民法典》将“获得”改为“取得”。

条文释义

得利人为恶意，又称得利人知情，是指得利人于受有利益时知道其取得利益是没有合法根据的。于此情形，得利人应当返还其所取得的全部利益，即使其利益已不存在，也应负责返还。若得利人所得到的利益少于受损失的人的损失时，得利人除返还其所得到的全部实际利益外，还须就其损失与得利的差额加以赔偿。这实质上是得利人的返还义务与赔偿义务的结合。

第九百八十八条　【第三人返还义务】

得利人已经将取得的利益无偿转让给第三人的，受损失的人可以请求第三人在相应范围内承担返还义务。

本条来源

本条为新增条文。

条文释义

得利人已经将取得的利益无偿转让给第三人的，受损失的人对第三人享有返还请求权。对第三人返还条款规定沿袭大陆法系国家传统，规定第三人无偿获益时承担返还责任。在此种情形下，恶意得利人在无偿转让其利益时，受损人就有两条途径取得救济，一条是可以向恶意得利人请求承担赔偿责任；另一条是可以向第三人主张其承担返还责任，扩大了对受损人的救济途径。同时，本法规定第三人在“相应范围内”承担责任，衡平了第三人与受益人之间的责任分配，也赋予了法官一定裁量权。

图书在版编目（CIP）数据

民法典合同编释论：条文缕析、法条关联与案例评议 / 林旭霞编著．—北京：中国法制出版社，2020
ISBN 978－7－5216－1071－0

Ⅰ．①民…　Ⅱ．①林…　Ⅲ．①合同法－法律解释－中国　Ⅳ．①D923.65

中国版本图书馆 CIP 数据核字（2020）第 080173 号

责任编辑：刘晓霞　欧丹　　封面设计：李宁

民法典合同编释论：条文缕析、法条关联与案例评议

MINFADIAN HETONGBIAN SHILUN：TIAOWEN LÜXI、FATIAO GUANLIAN YU ANLI PINGYI

编著/林旭霞
经销/新华书店
印刷/三河市国英印务有限公司
开本/710 毫米×1000 毫米　16 开　　印张/ 50.75　字数/ 658 千
版次/2020 年 8 月第 1 版　　2020 年 8 月第 1 次印刷

中国法制出版社出版
书号 ISBN 978－7－5216－1071－0　　定价：148.00 元

北京西单横二条 2 号
邮政编码 100031　　传真：010－66031119
网址：http：//www.zgfzs.com　　**编辑部电话：010－66066621**
市场营销部电话：010－66033393　　**邮购部电话：010－66033288**

（如有印装质量问题，请与本社印务部联系调换。电话：010－66032926）